叢書・ウニベルシタス　958

科学の花嫁

ロマンス・理性・バイロンの娘

ベンジャミン・ウリー
野島秀勝・門田 守 訳

法政大学出版局

Benjamin Woolley
THE BRIDE OF SCIENCE : Romance, Reason and Byron's Daughter

Japanese Translation published by
arrangement with Macmillan Publishers Ltd
through The English Agency (Japan) Ltd.

目次

謝辞

本書の執筆に当たり、第一次資料として使用した文献は、主としてラヴレス・バイロン文書、並びにサマヴィル文書である。前者はメアリ・クラピンソン氏、後者は故エリザベス・パターソン氏によって目録が完備している。これらの文献資料はボドレー図書館に所蔵されており、筆者は近世文献資料閲覧室において長時間にわたり閲読させていただいた。同閲覧室は（オーウェル流にいえば）ただ「一三二号室」とのみ呼ばれている。ボドレー図書館西洋手稿資料室の責任者であるクラピンソン氏、同図書館員の方々、並びにサマヴィル文書の閲覧を許可してくださったオックスフォード大学サマヴィル学寮に感謝申し上げたい。

さらに、下記資料の担当職員の方々、並びに所蔵館にも謝意を表したい。該当する資料および施設は国立歴史資料所在総合目録、シェリーとその周辺資料所蔵のカール・プフォルツハイマー・コレクション、ニューヨーク公立図書館アスター・レノックス・チルデン財団、ケンブリッジ大学図書館、マンチェスター大学付属ジョン・ライランズ大学図書館、英国国教会公文書館、ハートフォードシャー、エセックス、ノース・ライディングの各州立公文書館である。筆者はとりわけ、サリー州地域研究資料館（現サリー州歴史資料館）のダンカン・ミリーリーズ氏には深謝せねばならない。同氏には、捉えどころのないジョン・クロスの手がかりを見つけるのにお力添えいただいた。さらに、トーントンのサマセット歴史資料公文書館のトム・メイベリー氏にも感謝申し上げたい。同氏は優れたご著書の『西部地方のコールリッジとワーズワス』を進呈された上に、アシュリー・クームにあるエイダの邸宅に関する多くの重要資料をお示しくださった。ノース・サマセットはブリテン島の荘厳な文学風景の一部を成しているが、メイベリー氏のご著書は同地域の秀麗さへの最上の案内書といえよう。もう一つの壮麗な文学風景として、ノッティンガムシャーのニューステッド・アビーを見落とすわけにはいかない。筆者の彼《か》の地への熱愛に釣り合うものは、アビー所蔵資料の管理者であるハイディー・ジャクソン氏への感謝の念のみである。同氏はわざわざ時間を割いて、筆者の訪問を歓迎してくださった。

各地域の事情に関する知識を提供してくださった方々、たとえば小冊子『ポーロック・ウィア近隣のアシュリー・クーム荘の繁栄と衰退』の著者であるバーバラ・ミルン氏にも感謝申し上げねばならない。また、ファイン・コートではオードリー・ミード氏、イーリング地方史資料館ではアン・ノーベリー氏にもお世話になった。

イェール大学出版局には、アダム・クラブツリー著『メスメルからフロイトまで』からの引用をご許可いただいた。また、ジョン・マリ書店には、ドリス・ラングリー・ムア著『エイダ――ラヴレス伯爵夫人』と『バイロン卿の死後』、マルコム・エルウィン著『バイロン卿の家族』からの引用をご許可いただいた。記して感謝したい。

本書中の話に現れる主要人物たちとご血縁の方々は、寛大にも家系にまつわる逸話を提供され、かつ種々の資料の閲覧を許可してくださった。ラヴレス家の地所を相続されたリットン伯爵からは、アシュリー・クームの所有地一帯をご案内いただく光栄を賜った。伯爵はさらに、ボドレー図書館所蔵のラヴレス・バイロン文書の閲読、および引用の許可もしてくださった。シャトルワス卿のご許可により、ご先祖のジョン・ケイ＝シャトルワス博士が著した魅力溢れる日記を利用させていただいた。ネヴィル・バベッジ博士からは、チャールズ・バベッジに関する情報提供先について貴重なご助言を頂戴した。その一つがオーストラリアはシドニーのパワーハウス博物館であり、そこでコンピュータ関係学芸員のマシュー・コネル氏は興味深い新資料を見つけてくださった。アンドルー・クロスの血縁者であるアンドルー・ハミルトンとピーター・ハミルトンの両氏からは、ご先祖にまつわる興味津々のお話、そして少なくとも本書がカバーする時期における謎めいた昔話をお聞かせいただいた。

一般読者または研究者を対象とした、いくつかの一流図書館における職員の方々からは多大なるご助力を賜った。たとえば大英図書館、スコットランド国立図書館、ウェルカム財団医学史資料館、ロンドン科学博物館付属資料館、トマス・カーライル設立のロンドン図書館である。

以下に記す方々は、専門家の立場からご助言をくださった。ご紹介して、感謝申し上げたい。ベティ・アレグザンダー・トゥール氏は、エイダの書簡を丹念に整理・編集された方である。（そのご努力は『エイダ、数の女魔法使い』の出版という形で実を結ばれた。）ドロン・スウェイド氏は、ロンドン科学博物館のコンピュータ関係の学芸員をされている。ハワード・ニコルソン氏、レスリー・カウアン氏、ダグラス・リスター氏からは、速記の古い字体についてご意見を賜った。お三方は一丸となって、一八三三年にエイダに送られた速記書簡一通を解読するのに多大なる努力を傾けられた。最終的に、その暗号解読に成功されたのはリスター氏であった。筆者は同氏に深甚の謝意を述べつつ、書簡の中身に接したのであるが、残念ながら結局は期待外れの平凡な内容であったという次第……。

特別な謝意が、以下に記す方々に送られねばならない。ドロシー・スタイン氏は本書のタイトルについて示唆されたばかりか、執筆中一貫して援助の手を惜しまれなかった。クレア・アレグザンダー氏からは本書の執筆依頼をいただいた。マクミラン社のジョージーナ・モーリー氏とニコラス・ブレイク氏には、本書の出版に至るまで種々のご面倒をおかけした。ドロシー・スタイン氏、ダンカン・ウー氏、ピーター・コクラン氏には本書の原稿をお読みいただいた。数多の間違いを修正できたのは三氏のお陰であり、厚く感謝申し上げたい。

個人的な謝意をアンソニー・シール氏、デイヴィッド・スチュワート氏、アシャ・ジョゼフ氏、ジョイ・ウリーとマシュー・ウリーにも送りたい。彼らの支えと閃《ひらめ》きには、感謝せねばならない理由があるがゆえに……。

挿絵リスト

第一章――トマス・フィリップス作、アルバニア風衣装をまとったバイロン卿の肖像画、一八三五年（国立肖像画美術館）
第二章――「別れの歌」……クルックシャンク作、イングランドから船出するバイロン卿の想像画（大英博物館）
第三章――「わが家《いえ》と心にとってただ一人の娘たるエイダよ！」……エイダ・バイロンの彫版画、F・ストーンによる彼女（当時おそらく五歳）の肖像画を模写したもの（マリ・コレクション）
第四章――ロンドン―クロイドン間の鉄道風景、ニュークロス近辺を描いたもの、一八四〇年頃（メアリ・エヴァンス画像資料館）
第五章――カルボーン教会、R・ポコック作の石版画、ミス・スウィーティングによる風景画を模写したもの（サマセット研究資料館、トーントン）
第六章――「女性患者の肉体になされる、エリオットソン医師の奇妙な治療の完全暴露！」、パンフレットの表紙より（ウェルカム財団図書館）
第七章――バベッジの階差機関第二号の側面図（ロンドン科学博物館付設、科学と社会の画像資料館）
第八章――成長した動物における脳の比較図、ジョン・フレッチャー著『生理学原理』（一八三五―三七）より
第九章――ニューステッド・アビー、『文学の鏡』（一八二四年一月二十四日号）より
第十章――死の床にあるエイダ、母親のスケッチによる（ボドレー図書館）

エイダの家系図

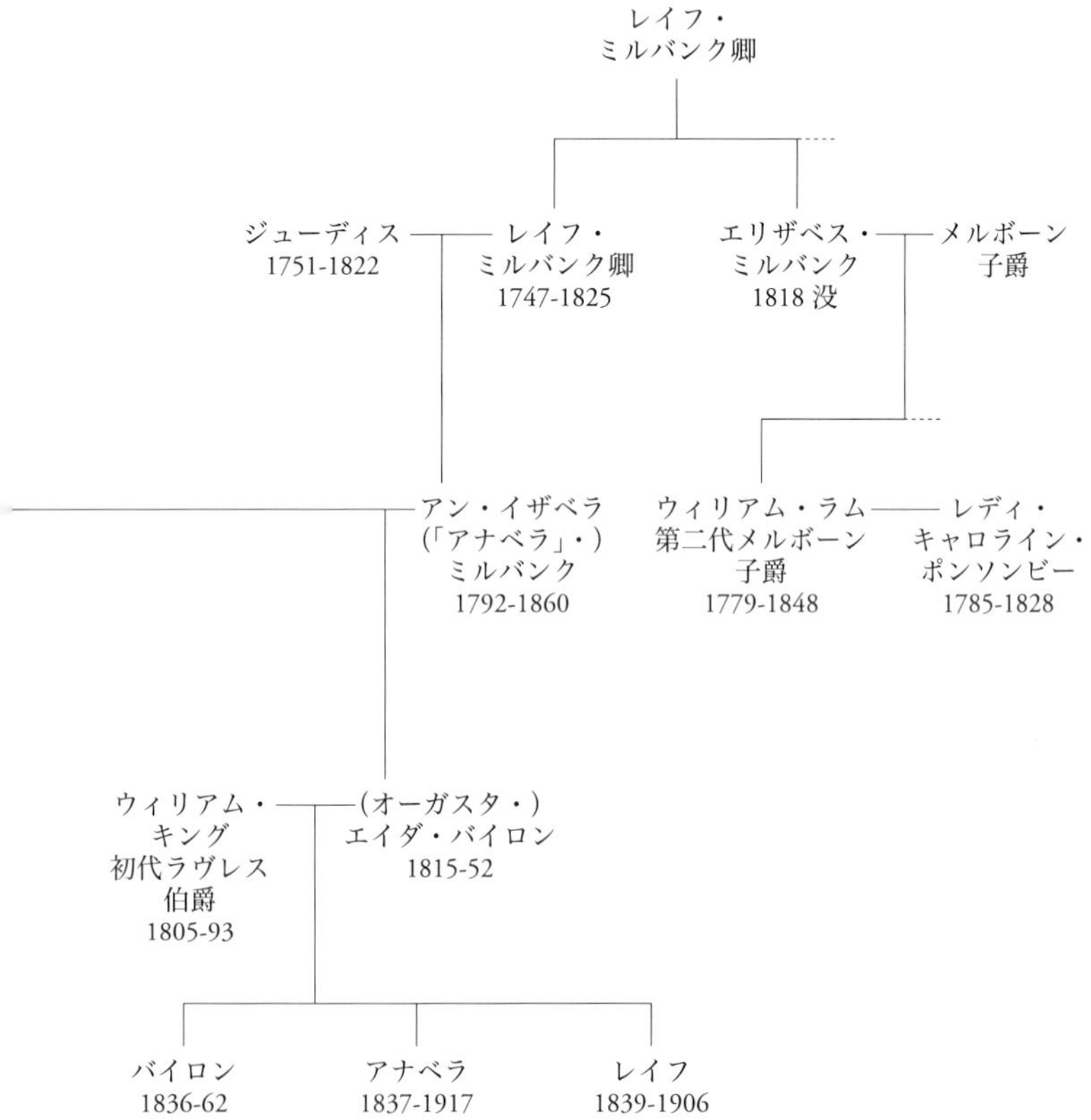
レイフ・
ミルバンク卿
ジューディス
1751-1822
レイフ・
ミルバンク卿
1747-1825
エリザベス・
ミルバンク
1818 没
メルボーン
子爵
アン・イザベラ
(「アナベラ」・)
ミルバンク
1792-1860
ウィリアム・ラム
第二代メルボーン
子爵
1779-1848
レディ・
キャロライン・
ポンソンビー
1785-1828
ウィリアム・
キング
初代ラヴレス
伯爵
1805-93
(オーガスタ・)
エイダ・バイロン
1815-52
バイロン
1836-62
アナベラ
1837-1917
レイフ
1839-1906

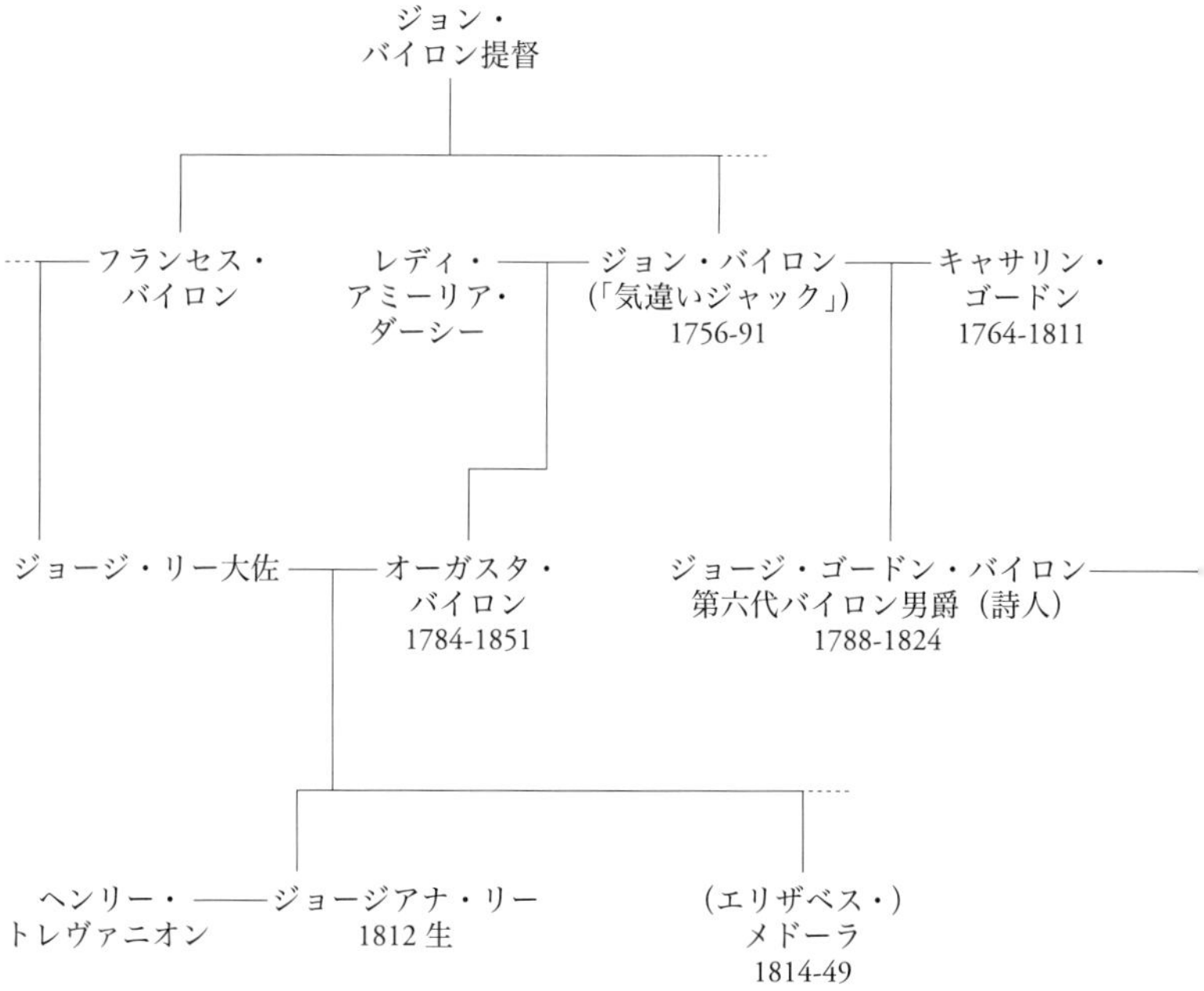
ジョン・
バイロン提督
フランセス・
バイロン
レディ・
アミーリア・
ダーシー
ジョン・バイロン
(「気違いジャック」)
1756-91
キャサリン・
ゴードン
1764-1811
ジョージ・リー大佐
オーガスタ・
バイロン
1784-1851
ジョージ・ゴードン・バイロン
第六代バイロン男爵（詩人）
1788-1824
ヘンリー・
トレヴァニオン
ジョージアナ・リー
1812 生
(エリザベス・)
メドーラ
1814-49

本書の注に関して

一、著者ウリーによる原注は（ ）内にアラビア数字で示し、各章ごとに番号を通した。訳者注は〔 〕内に漢数字を付し、同じく各章ごとに番号を通した。原注・訳者注ともに、原則として本文中に参照番号が現れた段落直後に添える形で示した。また、比較的短い訳者注に関しては、漢数字を付さず、本文中の〔 〕内に直接示した。

一、原書において、原注は巻末注の体裁を採り、「注と関連文献」のあとに一括して載せられている。本訳書では、原注を本文中で示したため、「注と関連文献」はその前文のみを訳出してある。

序

これは奇妙だが本当の話だ。真実は常に奇妙であり、
作り話より一層奇妙なものなのだから(1)。

(1)『ドン・ジュアン』第一四歌第一〇一節。筆者の知り得る限り、今や人口に膾炙するに至ったこの言い回しの起源は、この一節にこそ求められるであろう。

一九八〇年代以降、世界最強の軍事力は〃エイダ〃と呼ばれるコンピュータのプログラム言語によって操作されてきた(2)。アメリカが戦争をはじめたとき、その武器は〃エイダ〃という女性の名のもとに発射されることになった。この十九世紀英国貴族の女性と合衆国の軍隊とを結びつける物語は、まさしく彼女の父バイロン卿がいったように、作り話より一層奇妙なものにちがいない。

(2)〃エイダ〃というコンピュータ言語の歴史に関する情報は『国防科学《ディフェンス・サイエンス》』一九八四年三月号に見出される。一九九七年、アメリカ国防総省は命令口調の規格化した言語の使用を緩和し、純正主義的でなく「工学技術的」な扱い方を採用することにしたのである。

エイダ・ラヴレスは世界最初の有名人の一人、その詩が万人に読まれ、その絵姿が衆目を一身に集め

た人の娘であった——といっても彼女は例外だった、二十歳《はたち》になるまでロマンティックな栄光に輝く父の絵姿を観ることは許されなかったのだから。エイダは聡明だが夫に遺恨を抱く母アナベラ、バイロンが娘に宛てて書いた詩のなかで「お前の存在から私の血をすっかり抜き取り」、彼とは全然異質の人間——数学が得意で規律正しく道義を重んじる科学的な人間にしようと企んでいると苦言を呈しているバイロン卿夫人によって育てられた。アナベラの努力はどうやら功を奏したかに見えた。エイダは詩を棄てて数学を採《と》り、芸術を拒否して科学を好んだ。メアリ・シェリー〔一七九七—一八五一。『政治的正義』の急進的思想家W・ゴドウィンと『女性の諸権利の擁護』を書いた女権論者メアリ・ウルストンクラフトの娘で、バイロンの詩的僚友シェリーの妻〕が描き出したゴシック小説『フランケンシュタイン』〔一八一八年、空想科学小説の祖型〕の主人公のモデルと噂された電気力の研究者アンドルー・クロス〔一七八四—一八五五〕や、計算機の発明者チャールズ・バベッジ〔一七九二—一八七一〕といった当代もっとも興味ある重要な科学者の誰彼《だれかれ》との共同研究にもたずさわった。コンピュータと関連する共同研究は後者とのもので、そのことは一八四三年、エイダがバベッジのもっとも野心的な発明〝解析機関《アナリティカル・エンジン》〟に関する論文を書いていることからも判然としている。この論文はコンピュータ・プログラムと呼び得るものの最初の発表例を含んでいる——プログラムを処理するのに必要な科学技術が出現するより一世紀以上も前に書かれたのだ。この功績をたたえて、一九八〇年、アメリカ国防総省は軍の組織体制化のために採用した標準的プログラミング言語を〝エイダ〟と命名することに決めたのだった。

しかし後に見るように、エイダの科学者としての人生は機械的な計算にかかわる域を遥かに越えていった。彼女は危険な新思想——催眠術《メスメリズム》、骨相学〔母アナベラもF・J・ガルとJ・C・シュプルツハイムが世にひろめたこの〝新学問〟に一生憑かれていた〕、唯物論にまで手を出しはじめた。それればかりではない、社会の慣習や性的慣習についても身をもって実験に当たった。エイダは浮気で、遠慮会釈なしに何でも口に出しては人びとを驚かした〔これは父バイロンの不治の悪癖である〕。社会の中枢にいる人たちのみならず周辺の人たちとも交わった。貴族という身分、女という性別が課するさまざまな制約に反抗した。経済的独立、名声に憧れ、仲間の貴族たちの期待を逃れ、「完全な職業人」たらんと熱望した。

エイダはこのようなことが万能になりはじめていた時に、このようなことすべてを試したのだった。彼女の生涯は〝ワーテルローの戦い〟〔一八一五年七月十八日、ナポレオンはウェリントン指揮の連合軍に致命的に大敗した〕からはじまり、〝大博覧会〟〔一八五一年ロンドンのハイドパークで開催され、国際的博覧会の先駆となった〕で終わった時代——世界が変容するのを目の当たりにした四十年に満たぬ時期にぴったりと重なる。この時期は社会的知的技術的発展が文化に深い裂け目を穿ち、ロマンティックな心情と理性が、本能と知性が、芸術と科学が分裂しはじめた時代であった。エイダはこれら新しい両極性を体現するために生まれたのだった。彼女はこれら対立する二極を和解させようと苦闘した、その苦闘がついに彼女を引き裂いたのだった。

*

地球の形成や生命の進化がさまざまな時代や測り知れぬ長い年代——デヴォン紀、ペルム紀〔二畳紀〕、トリア紀〔三畳紀〕、ジュラ紀——を経てきたと同様、人間の歴史や文化も中世、ルネサンス、啓蒙主義、ロマン主義、ヴィクトリア時代、現代を閲《けみ》してきた。すべての歴史家はこのような分類を用い、それらの分類を採用する者もいれば、それらを疑問視する者もいるといった塩梅である。たとえば〝ロマン主義運動〟を研究する人は、誰でも、果たしてそんな運動は存在したかどうか考察しているし、ヴィクトリア時代の分析研究はどれもこれも、この時代がヴィクトリア女王の在位期間と一致することを頑なに拒んで論じている。世紀にも〝長い〟のもあれば〝短い〟のもあるといった次第で、たとえば歴史の観点からすれば、十九世紀がはじまったのは一八〇〇年ではなく一七八九年〔フランス革命勃発の年〕であり、終わったのは一九一四年〔第一次世界大戦勃発の年〕であると論じた人もあるくらいだ(3)。

(3) こうした時代区分は、エリック・ホブズボームが有名な三部作『革命の時代』、『資本の時代』、『帝国の時代』において提唱しているものである。「短い」二十世紀を論じた彼の著作『両極の時代』六頁も併せて参照。

歴史の記録資料によってこれらの区分けを疑うのは正しい。区分けは自明なものではないのだから。それは木の幹の年輪や堆積岩の層とは違う。が、重なるところがあったり混じり合うところがあっても、それぞれの形は見分けられそうに思える。線は引ける、少なくともそっと鉛筆で描き込むことはできる。十八世紀の終わりと十九世紀の始めの頃合い、詩・絵画・日記・小説——文化史のいわば化石的記録——は、そこに起こった質的変化をはっきりと示している。詩人たちは新しい主題について書きはじめ、思想家たちは新しい観念について考えはじめている。これらの変化は一つに調整された芸術ないし思想の運動に達しているわけではなく、ある人の言葉を借りていうなら、一つの〝気分《ムード》〟に達している(4)。が、これはまた、なんという気分であることか——私たちが今日〝ロマン主義〟として知っている、この荒れ狂う真実の激情は。

(4) 『ありのままの心』三八頁を参照。この著作はピーター・ゲイによる十九世紀文化の広範な調査研究書『ブルジョワジーの経験——ヴィクトリアからフロイトへ』〔邦題『快楽戦争——ブルジョワジーの経験』青土社〕の第四巻目を成すものである。

ロマン主義は精神性が払底した世界——人間文明のあの冷酷な岩盤の下層の遺産たる〝啓蒙主義〟にたいする抗議の叫び、苦悶の絶叫だった。信仰は場所によっては急速に後退しているかと見えた——神の手はコペルニクス、ガリレオ、ニュートンの発見によって手錠をかけられたと思えた。ロマン主義者たちは神に代わる何ものかを見出そうと懸命だったが、その探求がゆきついたところは彼ら自身にほかならなかった。思うように振舞う自由が許されれば、それまで単なる一種の〝空想力《ファンシー》〟と侮蔑されてきた機能、彼ら自身の想像力《イマジネーション》はいかなる神にも劣らぬ創造力たり得ることを発見した〔空想力と想像力の差異はすべてのロマン派詩人を捕えた問題であったが、もっとも精緻で崇高な想像力論を展開したのは英国の詩人S・T・コールリッジである〕。彼らは新しい思想、行動、道徳倫理、世界を発明することができたのだ！　まさにロマン主義の神話的英雄プロメテウスが天上の神々のもとから神聖な贈り物、火を地上にもたらしたように、ロマン派の詩人たちは人間に想像力という神聖な贈り物をもたらしたのだった。

この新しい力の意識で沸きたったのは独り芸術家ばかりではなかった。科学者もまた、神なしでも仕事はできると信じるようになった。何世紀もつづいた教会の権威による抑圧のせいで、彼らは公然とそう宣言するのをしばしば躊躇したけれども、今や宇宙も自然界も生命そのものも聖なる奇跡などではなく、単なる物理的機械《からくり》が発する屁みたいなものにすぎないと確信するに至った。かくして、彼らは科学的方法を駆使して、そのことを証明しようと身構えた。

こうして十八世紀後期と十九世紀前期の堆積のなかに混在して見出せるのは、芸術家と科学者の鋭敏な新種族であり、彼らは共に中世以来世界を支配してきた巨大な恐竜のごとき神の支配に挑戦したのだった。

もう一つ見出せるのは突然の大変動にも似た環境の変化だ。すなわち新しい力が登場し、これら新種の生物が生息する世界を形づくり、彼らの進化を加速する。この新しい力こそテクノロジーであり、そこから噴出した時代こそヴィクトリア時代にほかならない。

私たちは今われわれが生きているこの時代、すでに〝情報化時代〟と名づけられている現代を、前例を見ないテクノロジーによる変化の時代と見なしている。が、ヴィクトリア時代の初めの何十年かは現代以上でないにせよ、同じように劇的な変容を――時間、旅行、富、健康、動力、速度さまざまの変容を目の当たりにした時代だったのだ。それは初めて迅速に遠くまで達する公共の輸送手段、交信システム――鉄道、郵便、電信が出現した時代だった。ということは、ロンドンからエディンバラにゆくのに昔のように二週間も要せず一日足らずでゆけるようになったということであり、便りは同じ距離を一瞬のうちに飛んでいくようになったということであり、都市の人口が地方の人口に追いつき追い越したということであり、ロンドンが世界最初の近代的大都市に変貌したということであり、蒸気力のお陰でピンから新聞に至るありとあらゆる物の大量生産が可能になったということであり、公立の学校教育、民主的政体、公衆衛生が初めて試験的に出現した、そういう時代だったということだ。工業化と機械化の効果は社会のあらゆる階層にわたって感じとられ、新しい発展は連鎖反応によって別の発展を生み出し、世界を揺さぶったし、いまなお揺さぶっている。

エイダの階級に属するおおかたの女性はこれら地震のような大変動から隔離されていたが、エイダは震動のすべてを感じとっていた。彼女の肉体さえ共鳴しているかに思えた。エイダの健康は時代を特徴づけたさまざまな病気、ヒステリーのような神経の変調、コレラのような伝染病に冒された。だが、それは時代の文化風土にたいする反応であって、彼女はとりわけ〝時代精神〟と呼ばれるようになったものを捕えたのだった――〝時代精神〟というのは、期待と不安につきまとわれていたと思える時代のために新たに鋳造された言葉である。

*

芸術と科学を仕切る〝二つの文化〟の問題は今やほとんどお上品な議論として一般に扱われている趣きであるが、いささか誤解に基づく議論である。科学者がもう少し明瞭な言葉を使っていさえしたなら、芸術家がもう少し広い関心をもっていさえしたら、両者はめでたく手を結び得ただろうに。〔一〕しかしエイダの時代、この分裂はもっと不吉なものであって、まもなく相争うことになる二つの世界観の境界線を画するものだった。

〔一〕　一九五九年、作家にして科学者でもあったC・P・スノーがケンブリッジで「二つの文化と科学革命」と題する講演をおこない、文学者および大学の文学教育を批判した。そこに「コンピュータによるアメリカ的帝国主義」を感じとったケンブリッジの英文科教授で文芸評論家のF・R・リーヴィスが、スノーを激しく論難した。以来、多くの文学者科学者がこの論争に加わり世間をにぎわした。

そもそもロマン派詩人のおおかたは科学をむしろ好んでいた。科学は詩に新しい観念を吹き込んでくれる有望な源泉だと、彼らは見なしていた。詩人は科学者と歩みを共にして、「科学自体が扱う対象のまっただ中に感動をもち込まなければならない」とワーズワスは書いていた〔一七九八年、コールリッジと共に世に問うたイギリス・ロマン主義の出発を画する『抒情民謡詩集』再版に付した有名な序文中の一句〕。「科学者、植物学者、鉱物学者の縁遠い発見も、詩人の芸術が用いられ得るいかなる素材とも異ならず、詩的芸術の適切な対象となるであろう」と彼は公言していた。

サミュエル・テイラー・コールリッジは、一人のシェイクスピア、あるいは一人のミルトンはアイザック・ニュートン五百人に匹敵するとかつては考えていたかもしれないが、そういう彼もまた科学的観念に惹きつけられていたのだ。それは彼の超自然的傑作詩『老水夫の歌』〔『抒情民謡詩集』に所収〕に深ぶかと染みとおっている観念だった。科学は「知識のあらゆる部門につながる共通の道」を切り開いたと、かつて彼は書いたが、「この道は今日にいたるまで熱烈に、ほとんど流行病といっていい熱狂ぶりで追求され、それは政治的革命にいささかも劣らず、時代の精神を性格づけている」(5)。

（5）　コールリッジの科学に関する見解は彼の著作全体にゆきわたっている。しかしながら、もっとも総括的な表明といえば、一八四八年に死後出版された『より包括的な生命理論の形成に向けての指針』であろう。

しかしながら、これらの芸術家たちが「流行病といっていい熱狂ぶり」に屈したと同様、やがて多くの芸術家がこの熱狂に反逆しはじめた。かつて仲間の詩人たちに科学者と歩みを共にしなければならないと説いたワーズワスは、今や『序曲』〔「一詩人の心の成長」と副題された長篇自伝詩。一八〇五―六年に初稿は成っていたが、彼は一八五〇年の死にいたるまで改稿の筆を加えつづけた〕のなかで、自分たちはどこに連れてゆかれるのだろうかと疑いはじめる。これらの〝自然哲学者たち〟、当時科学者はそう呼ばれていたが、彼らは今や――

その先見の明によって一切の出来事を支配し、
まさに己れの意のままに構築した道に
われらを機械のごとく固定しようと図る
賢者ども……

〔『序曲』第五巻第三八〇―八三行（一八五〇年版）〕

として断罪されなければならない。

コールリッジのいう「共通の道」は、今やなんの逸脱や気晴らしの希望もなしに横断する一本の鉄道線路のごときものになりさがった。

科学者のほうはどうかといえば、彼らは概して驚くべきほどに対立する芸術家たちに敬意を払っていたけれど、譲歩しようとはしなかった。自然と生命の様相で科学者の領分を越えるのを許されるものはなかった。十九世紀の中頃、医師で催眠術師のジョン・エリオットソン〔一七九一―一八六八〕は阿片《アヘン》常用によって生まれたコールリッジの詩的流露を「病める眠り」の病理の例として用いて、詩人たちの常軌を逸した行動も、科学者にとっては惑星の偏心軌道同様、事物の科学的秩序を超えるものではないと証明した。

　このような傲慢さは珍しいものではなかった。つとに一七五四年、有力な批評家で哲学者だったニコラ・トリュブレ師は、詩は今や時代遅れのものになろうとしていると確信をもって宣言していた。「理性が完成されるにつれて、判断力は想像力よりますます重視され、その結果、詩人はますます評価されなくなるであろう」と、トリュブレは書いていた。「最初に物を書いたのは詩人だといわれる。私もそう思う、確かに詩人とはそれ以外のなにものでもなかったのだ。そして最後に物を書く者こそ哲学者〔自然哲学者、すなわち科学者〕であるであろう」。

　それより一世紀前、詩人たちはすでに懸念を抱いていた。ミルトン自身、天文学者の試みは「天空を束縛する」ものだと弾劾した。十九世紀初めの頃には、その束縛は以前よりも激しくなっていた。テクノロジーが意味するところは、科学は世界を解釈するにとどまらず世界を変えるということであった[6]。以来、どうやら詩人にできることといえば、工学者と技術者が規定する工学と数学の法則のままに、科学の王国が情容赦なく眼前に産み出されるのを、ただただ呆然と立ちつくして見守るばかりだった。主観的経験は客観的測定に、架空の想像は現実具体の観察に屈服させられる破目《はめ》となった。ロマン派詩人の永続する魅力は、このような危機的瞬間にあっても、ただ呆然と見守るばかりではなかったところにある。彼らは画一性という観念そのもの、神のみならず自然の法則という観念そのものに挑戦し、それらを打ちこわすことができるかどうか試してみようと脅《おびや》かしたのだった。そうすることで、彼らは芸術を――人によっては、それこそ人間性そのものだという人もあるだろうが――それの命脈を守ったのだ。

彼らの挑戦は今日までつづいている。もっともロマン主義的詩の代わりに今日あるのはロックンロールであり、バイロンやコールリッジに代わって今日あるのは、ジェイムズ・ブラウン〔米国の黒人ソウルシンガー（一九三三—二〇〇六）、ロックンロールの基盤となったR&Bの大御所〕やカート・コベイン〔米国のロックバンド「ニルヴァーナ」のボーカリスト（一九六七—一九九四）〕の同類ではあるけれど。

（6）この議論において、筆者は科学とテクノロジーを、或る種避けがたき相互依存関係にあるものとして扱ってきた。ところが、科学史家（さらに科学者自身）の多くが指摘しているごとく、このことは実際には正しくない。たとえば、蒸気機関を生み出した発明家たちは、その背後に横たわる科学的原理について何も知らなかったのだ。とはいうものの、十八世紀以降一気呵成に世に広まったテクノロジーに対し、必要欠くべからざる知的条件整備をおこなったのはこうした科学的原理の発見であったし、なかんずく自然法則の不変統一性に関する信念であった。筆者はそのように考える者である。

エイダの人生は歴史のこの大潮流の流れの向うところを、まさにその源泉で明らかにしている。流動しはじめた強力な渦や潮の流れとたたかった彼女の苦闘を、やがて私たちすべてを呑み込むことになる荒れ狂った歴史のヘレスポント海峡〔現在のダーダネルス海峡のギリシアの古名。西欧とアジアを分かつ境界〕を勇敢に泳ぎ渡った一人の女性の物語を跡づけることこそ、本書の試みにほかならない。

第一章

暗い想像力に呪われた人びと

エイダは運送馬車がロンドン街道を急に斜めにそれ、オッカム荘園に通じる緩やかに弧を描く道を走っていたとき、おそらくは屋敷の書斎でダイオニシアス・ラードナーのえらく部厚い『平面三角法および球面三角法に関する分析的研究』を熱心に読んでいたにちがいない。馬車の積荷は平たい大きな荷物で——母のアナベラ、バイロン卿夫人のクリスマス・プレゼントだった。なにも知らぬ無邪気な人の目には、包みのなかに大事にしまってある贈り物は心優しい寛大な母親にふさわしいもの——結婚して最初の子を身籠もったばかりのエイダが将来の世代に伝える血統を慶賀する貴重な家宝と思えたことだろう。エイダの人生と鋭敏な感性のことを知っている人なら、まったく違ったふうに思ったにちがいない。彼らにはこの届け物は郵便爆弾になりかねないものだった。へたに扱おうものなら、包みを解いた瞬間、受取り手の人生をめちゃくちゃにしてしまうような危険物だった。

この危険を未然に防ごうとする人が身近にいた。エイダの良き指導者、ウィリアム・キング博士である。彼は当時エイダの新婚家庭に住みついて、彼女をじっと見守っていた。医師で精神病院の経営者で、敬虔な福音伝道派キリスト教徒で生活協同組合運動の促進者だったキング博士は、エイダが父のバイロン卿から遺伝によって受け継いだと恐れられた病、道徳的自制心の欠如について十分知っていた。三角法と計算の学習過程を処方してエイダを破滅から救い出していたのは彼であった。三角法と計算を学べば、絶えずエイダを襲う「好ましくない思念」の発動を抑え、彼女に必要な規律の意識を育成することになると、博士は約束したのだった。

この医療は功を奏したかに思える。あやうく破滅の淵に沈み、母までも共に引きずり込もうとした危機から一年経つか経たぬかで、エイダはたいへん立派な人士のウィリアム・キング卿（あの同姓の良医とはなんの関係もない人）と結婚し、妊娠し、さらにはロンドンの科学の天空に輝きはじめた知的新星の名を獲得して、生まれて初めて母の意志に見事に添うところを示したのだった。今や彼女には父のロマン主義も古臭い摂政時代〔一八一一―二〇〕の放縦の痕跡もなかった。彼女は完全に近代的な若い女性、十八ヵ月後にはじまるヴィクトリア時代に女性がなり得るものの典例だった。

こうしてエイダは今まさに夫君の優雅なイタリア風の田舎の屋敷に、生垣に降りた霜や凍《い》てついた水たまりにできた氷の複雑な幾何図形を通り越し、ついには玄関わきで直立不動のまま待ち受けている召使たちの列に近づいてきた贈り物を受けとることとなった。

キング卿は荷を屋敷に運び込む作業を監督し、贈呈式の次第を用意する仕事一切を自分一人でこなすつもりであっただろう。彼はなにやかやと取り仕切るのが好きで、それは今までも義母の追従《ついしょう》をかち得てきた彼の利点の一つだった。だが実際に除幕の段になると、キング博士もそれに加わるよう要請されたにちがいない。エイダの母のアナベラがそう要請したのは間違いない、娘の反応を監視するために。

おそらくキング博士の切りつめられた感情の翼でさえ、いよいよ贈り物の被いが解かれる瞬間が到来したとき、いささかはたはたと羽撃《はばた》いたに相違ない。エイダはどうするだろう？　あれほど数学の訓練を受けたのだから、あれほど自然哲学と物理の法則に関する最新の思想にさらされてきたのだから、彼女の反応は化学的なもの――ある程度の好奇心に焦点を合わせた冷静な客観的観察であるだろうか？　あるいはもっと危険な反応、目にしたものと非理性的・本能的・情熱的にかかわり合うものであるだろうか？

封印された箱が開けられ、包装が取り払われると、それは眼前にあった。生まれて初めてエイダは、バイロン卿の娘は、ロマンティックな栄光に満ち輝いた父の実物大の顔に接した。[1]

（1）父の肖像画を目の当たりにしたエイダの反応に関しては、なんの記録も残っていない。しかし、キング博士とエイダの母が不安感を匂わす通信文を取り交わした形跡が無いことから推して、エイダは己の感情を内に隠していたと考えて間違いない。感情をいくらかでも表に出せば、たちまちにして報告され、詳細に分析されたであろうから。アナベラはこの贈り物〔バイロンの肖像画〕につけて、一通の手紙をエイダに送っている。筆者がここで披露している挿話は、この手紙、さらにはエイダ、アナベラ、キング博士の間で取り交わされたさまざまな通信文から、多少の潤色を交えて、再構成したものである。カークビーで肖像画が覆い隠された逸話については、ドリス・ラングリー・ムア著『バイロン卿の死後』四二九頁を参照。アナベラの母ジューディスは、遺書のなかではっきりと書いている。この絵はエイダが二十一歳になるか、アナベラが娘に与えてもよいと判断するまでは、〝封印〟されるべきものだと。このことは、エルウィン著『バイロン卿の家族』二二八頁を参照。件の肖像画は現在、アテネの英国大使館に展示されている。ロンドンの英国肖像画美術館に展示されている物は複製画である。

　父の似姿に対面したのと同じ年、エイダ自身も肖像画を描いてもらっている。描いた画家は、マーガレット・カーペンター〔一七九三―一八七二〕という有名人士を顧客にして活躍中の肖像画家であった。エイダはカーペンターに不満を洩らしている。自分の顎があまりに大きく描かれていて、〝数学（Mathematics）〟という言葉をその上に書けるほどだと（エイダからアナベラ宛の手紙、一八三五年十月二十九日）。その肖像画は、ダウニング街十一番地の英国大蔵大臣公邸に飾られている。

アナベラが娘に与えたバイロンの肖像画はトマス・フィリップス〔一七七〇―一八四五、バイロンのほかにもスコット、コールリッジらの肖像を描いた〕の筆になるもので、一目みれば肖像の伝説的人物が誰であるか見まごうわけもない風姿を創造していた。肖像の彼はアルバニア風の衣裳を身にまとい、手には儀礼用の剣を握り、高く秀いでた額は波打つターバンに包まれ、ターバンには編んだ絹の飾り房がついていて、ふさふさした頭髪が滝となったかのように肩にかかっている。長く物柔らかな顎《あご》の線は、どこかエイダ自身の顎の形をしのばせる。恋の神キューピッドの弓そっくりの形をした彼の唇は、上は鉛筆描きの線のように繊細な口ひげ、下はえくぼのある突き出た頤《おとがい》に縁どられている。目は……数年前、バイロンがエイダの母と結婚するよりほんの何日か前、独身の彼の部屋を訪れた一人の娘が目を見張って、黒い長い睫《まつげ》で翳《かげ》を帯びた世界一美しい目と絶賛した当の目だった、「後にも先にも、あんな目を見たことない」。

それはエイダが何度もその前を通りすがったことのある絵だった。幼い頃、レスターシャー〔イングランド中部の州〕の一家の屋敷カークビー・マロリーの祖父母のところにいたときには、この肖像は煖炉棚の上にかかっていた。母がバイロンと結婚してちょうど一年後、カークビーに避難し、娘が生まれて一ヵ月後の頃には、肖像は緑の掛布で被い隠されてしまった。

こんな幼いときに、不思議なことながら歴然とした隠し立ての振舞いを知った年端もいかぬ幼い女の子がその訳を尋ねることも、なぜ父の詩が厳しく検閲されるのか、またなぜに自分と心優しい伯母オーガスタとの仲が——バイロンが死ぬまで、エイダにとって国を追われた父との唯一の縁《えにし》だった伯母との関係が〔オーガスタ・リーはバイロンのただ一人の血を分けた身内、異母姉〕遠ざけられたのか、その理由を訊くことなど、もとよりできなかっただろう。しかし、エイダは自分の父が脅威の象徴であることは知っていただろう。召使たちから牧師の娘にいたるまで誰もが、エイダの父はいつなんどき彼女をひっさらって、ペルセポネーのように彼の放蕩無頼の地獄にひきずり込むか知れないと、聞かされていたのだから。カークビーにいたあいだ、エイダは地下にひそんで彼女を誘拐しようと待ち伏せしていると思われる〝悪魔の手先〟から彼女を守るために、絶えず召使たちの監視のもとにおかれる破目になっていた。孫娘の身の安全をあんずる祖母は、女中の一人が誘拐者の一団と結託して、一家が寝静まる真夜中に彼らを引き込むにちがいないと確信し、いつも弾丸を込めたピストルを枕もとに置いて、いざとなったらそれで賊を撃退する覚悟だった。

さて二十歳になり、科学とヴィクトリア時代の倫理道徳による反省の盾で身を鎧《よろ》ったエイダは、この背徳の妖怪《メドゥーサ》〔ギリシア神話の蛇髪の鬼女で、これに睨まれると人は瞬時にして石と化したという〕を見ても安全無事だった。現にこの妖怪の絵姿を見てもひるまなかった。キング博士は満足し、自分がほどこした治療は成功したと安堵した。エイダは最終試験に合格したのだ、その顔を一目見るだけで致命的になりかねないとかつて考えられていた危険な男と直面しても、平然としているではないか。エイダの母親の友人、ラヴェル卿夫人はローマを訪れたときバイロンを見かけると、自分の娘にこう注意したことがあった。「あの人を見てはいけません、見るのは危険です」。

*

一八一二年三月二十五日、もう一人の二十歳の若い女性が大胆にもその危険な顔を見つめた。アナベラ・ミルバンクはメルボーン子爵邸の客間の一方の側からバイロンを注意ぶかく見つめていた。二人はキャロライン・ラム夫人〔メルボーン子爵の第二子ウィリアム・ラムの妻〕が催した昼のパーティに出席していた。キャロラインはアナベラ〔メルボーン子爵夫人の姪〕のロンドンに住む派手好きな従姉である。アナベラは若い詩人を動物学者が蒸し暑い密林に生息するエキゾティックな珍種を観察するように見つめ、彼がしじゅう口もとを手で覆う仕草や、彼の唇が侮蔑で歪む（アナベラの言い方だと「厚くなる」）様子や、苛立つと目がぎょろりと異様に光るさまなど、事細かく注視していた。いいかえれば、アナベラは羽根が生えそろった成熟期のバイロンの姿を見たのだ。それはバイロン自身、二年後の『ラーラ』のなかで詩的にとらえることになる自分の姿にほかならなかった……。

　彼には一切にたいする決定的な侮蔑があった。
　あたかも起こり得る最悪のことが起こったかのように、
　彼はものみな全てが息づくこの世界に独り降り立った異邦人、
　他界から放逐された罪ある流浪者、
　暗い想像力に呪われた者だった……

〔第一詩篇 第一八連〕

　おおかたの女はこの暗い想像力に呪われた者に抵抗できなかったが、アナベラはできた。彼女は彼ゆえに堕落するにはあまりにも賢く冷静だった。彼を取り巻き息をはずませて騒々しく御機嫌とりをしている娘たちは、アナベラにはただただ不快なものだったし、また部屋のまわりをこれ見よがしに気取って歩いている連中も同様、それとなく軽蔑の眼《まなこ》で見すごすだけだった。
　しかし、その日の晩、アナベラは今朝目にした珍奇な者について、もう少し知らなければと感じた。ある知り合い、ケンブリッジの友人の母から、バイロンの感性は「恐ろしく歪んでいる」と聞かされた。また別の人の話だと、彼は——アナベラにはとても口にすることができない言葉——「異端者《インフィデル》」とのことだった。
　彼が当時はまだ極めて稀《まれ》だった人種、有名人であることは、アナベラもすでに知っていた。デヴォンシャー公爵夫人エリザベスがいったように、英仏海峡の向うで当時荒れ狂っていたナポレオン戦争でさえ、彼ほどに世間の注目をひくものではなかった。「当世の人びとの話題、好奇心、熱狂といってもいいものの的《まと》はスペインでもポルトガルでも、戦士でも愛国者でもありません、それはバイロン卿です！」　彼の本は二十世紀に出版されたどんな本にも負けない部数で売れた。『海賊』〔一八一四年〕は出版されたその日に、一万部売れたのだ。しかも、それが世に出たとき、ブリテン〔イングランド、スコットランド、ウェールズ〕の人口は現在の五分の一にすぎず、読み書きができるのは人口の半数に満たなかった。この販売率からすれば、バイロンの作品はブリテンの出版史上最高のベストセラー、『ダイアナ——彼女自身の言葉に基づく真実の物語』に匹敵する。(2)

（2）　遠く時をへだてた二つのものを比較するのは明らかに困難である。しかしながら、ブリテンの書籍出版の販売資料を編纂しているホイッティカー・ブックトラック社のリータ・アラムによれば、販売率からして、バイロンは出版第一週で四万一千部売れたダイアナ物語の著者アンドルー・モートンと優に肩を並べる部類に属している。今日、本がベストセラーの首位に達するには、出版第一週に六千から八千の部数を売らなければならないのが普通である。読者人口と識字率に関する数値は、E・J・ホブズボーム著『産業と帝国』によった。

バイロンの人気は絶大になり、セント・ジェイムズ通りの彼の家の門前は人馬でごった返した。馬車に乗った宮廷人が彼の戸口に招待状を届けようとひしめいた。詩人としてよりもバイロンの知人として当時（も今も）知られる詩人サミュエル・ロジャーズは、あなたと是非とも懇意になりたいと求める手紙にはどれもこれも判で押したように、末尾の追伸にこんな嘆願が書き添えてあると皮肉まじりに語っている、「なんとかバイロン卿もご一緒にお連れ願えないものでしょうか」。

バイロンの名声を生み出したのは、かの驚異の年、一八一二年の三月十日に出版され、三日経たずに売り切れた『御曹子《おんぞうし》ハロルドの遍歴』〔第一・第二詩篇〕だった。この偉大な詩的紀行で、彼はまずは悲劇的な、ついで悪魔的な、さらには憂鬱なロマンティック・ヒーローの原型を創造した。そして、この主人公《ヒーロー》、この御曹子ハロルドは——誰の目にも明らかだったように、いかに作者が否定しようと——バイロン自身だった。(3) 窓際に〝罪〟の長い迷路を通り抜け、ああ悲しいかな！ 決して自分のものにはなり得ない女《ひと》（それが誰であるか、さまざまな憶測があるが）を愛したのは、バイロンだった。快楽に耽溺し、苦悩を希求し、故国を去ろうと決心したのは、バイロンだった……。

（3）一八一一年十月三十一日、バイロンはみずからの文学的代理人あるいは相談役たるロバート・ダラスに宛てて、「ぼくは自分を〝ハロルド〟と同一視する気などさらさらないし、あいつとのつながりを一切合切〝否定〟したいくらいなんだ」と書き送っている。『御曹子ハロルド』の第四詩篇、すなわち最終詩篇に筆が及んだ頃、彼は突然この否定を取り下げてしまった。ジョン・ホブハウスに宛てた公開書状——『御曹子ハロルド』第四詩篇の序文に当たるもの——において、彼は「事実を述べよう。ぼくは、誰も信じようとしない詩行を書くのに辟易してしまったのだ」と綴っている。バイロンの伝記作家で友人のトマス・ムアはこう書いている。「バイロン卿ほど想像力豊かな人間ならば、己の人生を詩に溶け込ませたばかりでなく、少なからぬ詩の部分を己の人生として生きたことは大いにあり得るだろう。かくして、彼の感情の綾を解きほどこうとすれば、いつでも空想と現実の区別をするのが難しくなるのである」。アナベラはのちに、バイロンの主要登場人物すべての源泉は「自己洞察の結果でありましょうし、ああいう方の感情や同情の炎が燃え上がるのは、ご自分と同一視できる人物に対してのみでございましょう」と述懐している。彼女の言辞は辛辣そのものだが、完全に的外れというわけにもいかない。

ああ、幸せな女よ！　純潔を汚さずに措かなかった
彼の口づけをまぬがれたとは。まもなく彼は

女の魅惑をあとにして俗悪な歓楽を漁《あさ》り、
みずからの荒廃を金色《こんじき》に輝かさんと、女の気高い国を台無しにしたのだ……

〔第一詩篇第五連〕

背後には何か恐ろしい、暗いものがひそんでいる気配があった。それが何かは特定できなかったが、「この上なく狂的な歓楽の気分」に襲われると、その徴《しるし》は彼の額に閃光のようにきらめき出た。一体、それは何なのか？　一体、彼は何をしたんだろう？　昼はあのように力強い詩を書き、夜は夜でシャーウッドの森〔イングランド中部ノッティンガムシャーの森、ロビン・フッドの伝説で名高い〕のど真ん中にある先祖代々の屋敷、ニューステッドの神さびた修道院で、友人たちと共に修道士の衣裳をまとい、修道院の時代を経た墓地から盗んできた髑髏《どくろ》で赤葡萄酒《クラレット》をあおっては馬鹿騒ぎをしでかしていた、この若殿さまは？　何をしたにせよ、彼はその詩であれほど見事にとらえた時代同様、破滅し救済を必要とする身の上になったのだ。なんとしてでも彼を救済しなければ、それは私の運命だという想念がアナベラの生真面目な心のなかで徐々に形づくられはじめた。

自分のような者こそ、あのような男《ひと》の目に留まるはずだと考えたのは、アナベラの自信の現れである。彼女はとどのつまり、ただの田舎娘、貧しい地方の準男爵、イングランドの遠い北の地から選出されたホイッグ党の下院議員の一人娘にすぎなかった。彼女は少しも美しくなかった、姿はよかった。のちにバイロン自身がいったように、極上の林檎《ピピン》の頬をしていた。

しかし彼女には何かがあった。一八一二年の社交シーズンには、彼女は「まさに売れっ子」だった。これはアナベラ自身が母に語ったところだ。「殿方たちは私に頭を下げ、女性たちは私のことをいっぱ、しの人物と思っています」。これは誇張ではなかった。求婚者たちは豪奢なファラオの墓に忍び込んで宝を盗もうとする盗賊のように、彼女の心にもぐり込んで愛情をかすめ取ろうとした。そして彼らはすべてアナベラの全域鉄壁の慎みの前に撃退された。

彼女の魅力の一つは生まれによるさまざまな係累《けいるい》の偶然のお陰で、実子をもたず最近病に倒れた母方の伯父ウェントワス卿の由緒ある多大な土地財産の推定相続人になっていたことである。また彼女には強力な縁故があった。父レイフ卿はメルボーン子爵の妻エリザベスの兄だった。メルボーン子爵夫人は有力な賢く美しい摂政時代の社交界の淑女で、高等娼婦だった。(4) 彼女は十八世紀に出現し十九世紀に入ると忽ち姿を消したいかがわしいロンドン社交界の女家長《メイトリアーク》だった。彼女は後続のヴィクトリア時代人たちをひどく不快にさせた生活、遅い朝食、物憂い昼餐といった生活を象徴していた……。

それから衣裳《ドレス》だ、つぎは食事《ディナー》だ、それで世界はやっと目覚める！
すると馬車の灯がぎらぎらぎら輝き、車輪がぐるぐる回り出す、
と見るまに、街路と広場を馬具つけた流星さながらに
馬車は光芒を放って轟々と疾駆する……
〔『ドン・ジュアン』第一一歌第六七節〕

(4) メルボーン子爵夫人の肖像をつくづくと見ながら、彼女の今は老齢に達した息子〔ウィリアム、かつてのキャロライン・ラムの夫〕、すでにヴィクトリア女王の宰相となっていた息子は、こう語ったという。「すばらしい女性だった、献身的な母、この上ない良き妻だった――でも貞淑ではなかった、決して貞淑ではなかった」(デイヴィッド・セシル卿『若

き日のメルボーン』一九三九年、二一四―一五頁)。

アナベラをそんな渦巻のなかに押し入れ、当時その中心にいた男、バイロンに近づけたのは、この子爵夫人にほかならなかった〔夫人はバイロンがなんでも腹蔵なく相談できる〝腹心の友〟だった〕。しかしアナベラには階級や縁故を越えて、そのような世にもてはやされる男の関心を惹きつける力が自分にはあると、自負できる何かがあった。彼女も彼同様、軽佻浮薄な社交界を超越した次元に生きていると考えられていた。彼はその詩的天才によって、彼女は知性と敬虔な心によって、彼は〝情熱のプリンス〟、彼女は彼がのちに渾名《あだな》したように、〝平行四辺形の君《プリンセス・オヴ・パラレログラム》〟であった〔バイロンはアナベラを〝哲学者四角四面《スクエア》〟とも呼んでいる。いずれの渾名もメルボーン子爵夫人宛の手紙に見える〕。

アナベラが早熟な知識人の評判をかちえたのは、ただに彼女の態度、決定的にユーモアを欠いた尊大な態度によるのではなく、最新の思想や哲学に関する彼女の知識によるものだった。他の連中がロンドンの社交シーズンを活用して肉体的快楽をほしいままにしているときをば、アナベラは精神を改良する絶好の季節と見ていた。いろいろな講演会に出席し、最新の思想に関する書物を読みあさって、科学と宗教、芸術と文学における意義ある新しい発展の跡をたどる機会をすべて捕えていた。彼女は詩と共に地質学にも、ロマン主義と共に岩石の形成にも関心を寄せた。さらには科学の奥義《エソテリカ》――催眠術、骨相学、記憶術――かてて加えて、神の存在は認めるがイエスの神聖やキリスト教の秘蹟は否定したソッツィーニ主義〔十六世紀末イタリアのファウトゥス・ソッツィーニが唱えた反三位一体論的神学〕のような異端の神学にまで手を染めた。

そんな冒険をおかしても、アナベラはその非凡な自己抑制の力のお陰で、彼女の信念信条の岩盤を揺るがすことはなかった。十三歳のときから、彼女は小説で読んだ主人公や女主人公にたいするロマンティックな愛着はすべて抹殺することに決め、可能ならどんな箇所であれ、偉大な思想学や詩人や説教師の教えのままに小説の本文を改良するのに懸命だった。以来、どんなに扇情的な文章でも、彼女の厳格な理知と厳正な信仰心のつねに変わらぬ冷たい光に当てて考えることになった。たとえば『御曹子ハロルド』は彼女の興味を惹いたけれど、彼女を興奮させることはなかった様子だ。これはマニエリスム〔誇張し歪曲する表現様式〕の詩人の作品だと、彼女は断定した。が、この作者には深い感情と人間性の理解が多少ともあると認めた。

　こうして、アナベラはあの日メルボーン邸でバイロンに会っても、「御曹子ハロルドの神殿に供物を捧げる」必要など感じなかったと、冷静に母に伝えることができたのだった。

　それから数週間、彼女はロンドン中で催される目も綾な夜会や大舞踏会で演じられる恋人選びの儀式を観察し、記録するのに余念がなかった。熟練した動物学者の目で、「極めてお上品な淑女たち」が椅子に坐る前に、踝《くるぶし》のまわりにまといつくガウンの裾を際《きわ》どく意味ありげに引きずり上げる習慣を身につけている様子や、彼女たちの衣裳が自然を「おそろしく戯画化している」さまに注目した。また彼女は社交界の紳士淑女のさまざまな種族の呼び声にも注意した。ある集団（そこにはキャロライン・ラムが含まれていた）は、話のなかで〝メー〟という羊の鳴き声に似た音《おん》を好んで使う。別の集団（〝グレヴィル家〟一統）は「物憂げな、だらけた、生気のない〝シャー〟」という音を用いる。また別の集団（近衛騎兵連隊の連中）はいかにも騎兵らしく驢馬《ろば》の鳴き声のように騒々しい、あるいは耳ざわりな喇叭《らっぱ》の響きのような笑い声を立てる。

　アナベラはまた、ささやかな詩を書くのを楽しみにした。みずから〝バイロマニア〟と題した短詩をものした。自分とは無縁だと見なしている英雄崇拝にたいする風刺だけれど、必ずしも説得力があるとはいいえない――

魔法のごとき支配力もてるバイロンを改心させんとすれば、
誰しも心は彼を愛し、彼に服さずにはいられぬ——
ならば、われらの傷つける虚栄心を眠らせ、
かくも深き痛手をわれらの心に与えし真実の数々を忘却せずにはいられぬ……
〔第五一八行〕

*

四月十三日、アナベラは友人のゴスフォード夫人が催した夜会に出席した。バイロンが——「今年の彗星」と今やアナベラが命名した当の人が——やって来ていた。「いつもの栄光にまばゆく輝いていた」。このとき、アナベラはもはや自分の関心の的を遠くから観察するだけでは満足できなかった。誰かに紹介してもらいたかった、その仲介の道具として使えるのは、そのころ彼女の高くそびえる誇りの断崖絶壁から哀れにもぶら下がっていた求婚者、ウィリアム・ジョン・バンクスが適任だと思った。バンクスはケンブリッジでバイロンの同窓だった〔彼に男色の趣味を教えたのはバンクスだった〕。もともとアナベラが読んだ『御曹子ハロルド』は、バンクスが作者から送られた献呈本だったのである。(5)

（5）『アンクル・トムの小屋』の作者で、のちにバイロン卿夫人の擁護者となるハリエット・ビーチャー・ストウは、『御曹子ハロルド』の感化力を描く際に、まったく手を抜くそぶりさえ見せていない。どう見ても、彼女はその影響力に対して免疫がなかったようだ。

私はこの詩に接しました時のことをよく覚えております。その響きは音楽的であり、哀愁に満ち溢れ、素

晴らしく雅趣に富んだ詩でございました。私の心は受苦の人ハロルドへの茫漠たる悲嘆の念、同時に彼の心を掻きむしった冷たき無関心への憤りの念で一杯になりました。この偉大なる詩の魅力を感じた読者の方々は数千にも上りましょう。この詩が未来永劫、一つの記念碑と呼び得るものでありつづけることに何の疑いの念も抱いておりません。何の記念碑かと言いますれば、それは神がこの邪悪なる男にどんなに神聖で荘厳なる力をお与えになったのか、そしてこの男がいかに恥さらしなことに、その力を罪なき人びとを殺める武器として濫用したのかを伝えるものであると申せましょう。
ストウ著『バイロン卿夫人弁護』二九頁を参照。

具合が悪いことに、バンクスには別の考えがあった。恋敵が近くにいると感づいた彼はアナベラを会話にひきとめて離さず、彼女の願いを邪魔しにかかった。彼女はバンクスの肩越しに、目ざす獲物に飢えた視線を投げかけるしかなかった。

多分、バンクスの振舞いで一番許しがたかったのは、結局そのために彼は棄てられる定めとなったわけだが、それはアナベラに結婚を強要したことだったにちがいない。夜も更け、目的をかなえる機会も終わりに近づくと、アナベラはバンクスを振り切り、独力でバイロンに自己紹介する手立てを工夫せざるを得なかった。

偉大な詩人は優しかった。あなたのことは知っています、とくにジョゼフ・ブラケットとのかかわりでと、アナベラを嬉しがらせるようなことまで言ってくれた。これは外交辞令的な話題の選択ではなかった。ブラケットというのはアナベラの被保護者《プロテジェ》で、彼女と母のジューディスが力を貸して詩集を出版させてやった、貧しい靴直しで野心に燃える詩人だった。ジューディスはミルバンク家の地所にある小屋に彼を住まわせ、現金の包みを召使いに届けさせては彼の暮らしを支えてやった。そのお返しとして、彼は保護者が示唆する主題について感動的な詩を書き、またアナベラ自身の試作を読んでは賛辞を惜しまなかった。が、いかにもロマンティックな詩人らしく、二十三歳の若さでこの世を去った。

　この哀れな詩人仲間にたいするバイロンの扱い方はまったく違っていた。風刺詩集『イギリスの詩人とスコットランドの書評家』〔一八〇九年〕のなかで、バイロンは彼のことを詩を書く小百姓、「商売道具の突き錐《ぎり》よりも鈍いペン」を片手にして「馬小屋に住み」、今はもう靴直しの店をたたんで「詩神《ミューズ》の靴の修理に余念がない」と、見くだしたように茶化《ちゃか》していた。

　哀れな男の保護者《パトロン》を前にして、バイロンはもっと情けがあった。彼を援助した貴女《あなた》は親切なお人だとアナベラを褒《ほ》め、さらにはサミュエル・プラットとかいうブラケットの著作権代理人に選ばれた男をあまり信用しないほうがいいとも、真剣に忠告してくれさえした。一八〇九年、プラットはブラケットの詩を集めて出版し、ミルバンク家の人びとに捧げていた。出版による収益はブラケットの遺児に渡されるのが道理だが、プラットが着服するのではないかと、バイロンは疑ったのである。

　アナベラは感動した……そして、この最初の出会い以来、もう一度彼に会って感動したいと熱望した。その週のうちに、さらに二度、彼を捜し当て、会うごとに強い感情はいや増して、アナベラの自信の土台に沁み込んでいった。二人は詩と文学について語り合った。詩人は深い感動を経験しなければならないのでしょうか、読者にもそれを感じさせるために？　バイロンはこれには何とも答えなかった。イギリス最高の小説は？　バイロンは『ケイレブ・ウィリアムズ』〔一七九四年、ウィリアム・ゴドウィンが世に問うた政治的恐怖小説〕の名を挙げた（これはアナベラがまったく別の、もっとずっと暗い情況で、バイロンの口から再び聞くことになる小説の名である）。

　話を交わし合っているうちに、相手にたいする互いの見方が変わりはじめた。バイロンはアナベラが確信に満ちているばかりでなく、聡明でもあることに気づいた。彼女は心にもないお世辞をいうことも、こちらのいうこと一つ一つに睫毛《まつげ》をぱちぱちさせたり、場所柄もわきまえず突然けらけらと高笑いすることもなかった。

アナベラはアナベラで、今までとは違ったものを見はじめていた。実際、なんでも見てやろうという観察の行為からはじまったものが、いつしか啓示に変容していった。彼女はバイロンがいかに真の美男であるかを、いかに謙虚で礼儀正しいかを、生まれながらにして、いかに〝自然〟の紳士であるかを悟った。彼は自分の犯した罪を悔いた――彼の親しい友人もその真実をアナベラに保証した。彼は独りぼっちだった。その孤独の壁を突き破ってほとばしる崇高な善良さの衝動の数々を、アナベラは見てとっていた。「敢えて自分自身の内部を覗く勇気のある人が一人でも、ここにいると思いますか？」と、人の立て込む部屋のまんなかで突然、彼に訊かれたことがある。それから彼がこういっているのを、ふと耳にしたこともある、「ぼくにはこの世で友と呼べる人はいないのだ」。いいえ、いるわ――いま、ここに、私が。永遠にこの人の友になろう！

こうして自信満々、自分の感情は自分で制御できると確信してロンドンにやって来た女は、かつて彼女に拒絶された求婚者の一人の母親からまるで氷柱《つらら》だと評された女は、二、三週間経つやたたずで……溶けたのだった。今こそ自分の本当の姿を見せる時だ、自分の赤裸な真実をバイロンの凝視にまかせる時だ――そう、自作の詩を彼に見せよう。

＊

彼女がバイロンに送った詩のなかには、「ダーモディの美点に寄せて想いを述ぶる」が入っていた。

この詩はアナベラ十七歳のとき、酒と病ゆえに夭折した詩人トマス・ダーモディ〔一七七五―一八〇二。アイルランドの早熟早世の詩人〕について書かれたものである……

退廃の詩人よ！　汝の胸中の激動が
時ならぬ時に鎮まりし墓の上で、
茫々《ぼうぼう》たる雑草は風にそよぎ、咲きそめし花は
盛りを待たずに枯れ凋んでいる。ここ、汝の住まいは
荒涼として、ありし日の汝の姿を物語っている、
社会からの追放者、放浪者……

アナベラが退廃の死せる天才に関する詩を退廃の生ける詩人に届ける飛脚に決めたのは、アナベラの叔母メルボーン子爵夫人の義理の姪、キャロライン・ラム夫人だった。

そのときキャロライン夫人はバイロンにのぼせあがっていた。『御曹子ハロルド』の新刊見本を読んで以来、彼女はなんとしてでも作者と知り合いにならなければと、心に決めていた。彼は爪を噛む、片方の足は内飜足だと人に注意されたが、「たとえイソップのように醜かろうと」かまわないと、意に介さなかった。

内飜足で爪を噛む癖があろうと、彼は決してイソップのような醜男ではないことがすぐにわかった。たちまちキャロラインの偏執狂的なバイロン追跡が、「狂気――悪――知るのは危険だ」と彼女みずからが呼んだ男の追求がはじまる〔この有名な一句は、ある夜会でバイロンに紹介された、その日の日記にしたためられた。日記はさらに付け加える、「あの美しい蒼白な額は、わたしの宿命だ」と〕。

それまでにも、バイロンは何人かの女性ファンの有難迷惑な深情けに閉口してきた。たとえばクリスティーナ。彼女の妊娠中、夫のフォークランド卿が決闘で命を落とした。まもなく彼女は出産した。バイロンは生まれてきた子の洗礼命名式で、聖杯のなかに大枚《たいまい》五百ポンドを投じた、子の養育の助けとするために。いかにもバイロンらしい法外なこの身振りをクリスティーナは婚約の証《しるし》と解釈して、愛の宣言を雨霰《あめあられ》と彼に浴びせる始末となった。困り果てたバイロンは一切を彼の弁護士に委ねた。

だが、バイロンはフォークランド夫人のようなファンとはキャロライン夫人の場合のような間違いを犯しはしなかった。情事をもつことは一度もなかった。キャロラインとなら戯れても安全だと計算したにちがいない。彼女は有夫の身で、二人の関係を仮初《かりそ》めの仲以上に発展させて、大事な結婚生活をあやうくするような愚行は多分、しないだろうから。はじめバイロンはキャロラインに魅せられた――彼女の両性具有者《アンドロギュヌス》を思わせるほっそりした容姿（ホブハウス〔バイロンのケンブリッジ以来の無二の親友〕は彼女のことを〝気狂い骸骨〟と名づけた）、彼女の尋常ならざる振舞いに。ときにバイロンは彼女に心《しん》から情愛を感じることもあった。が、すぐ彼女から逃げた、彼女がそら恐ろしくさえなった。彼の熱が冷めるにつれ、彼女の熱は一層高じて、現代人の目には明らかに有名人漁《あさ》りと見えるような行動パターンをとって、さらに執拗に彼を追いまわし、熱愛の仕草《ジェスチャ》と自己破壊と邪悪な怨念の行為を交互に繰り返すようになった。熱愛しているときには、彼が訪れている家の外に立って、一目でもいいから彼に会いたいと待ち構え、自分の宝石は全部彼にあげると契約する始末。ついには切り取った自分の陰毛まで彼に送りとどけ、「根もとから切りすぎたもので」血が出てしまった、あなたも同じようにして血のお返しをしてくださらなければと要求した。〔一〕怨念に凝り固まったときには、あなたを殺すか、こちらが自殺すると脅したり、バイロンの署名がある偽の手紙をでっちあげたり、彼から来た手紙に火をつけたりした。

〔一〕 バイロン宛キャロラインの手紙には、「同じ過ちを繰り返さないで、お願いだから鋏の先をあの毛の生え際にあまり近づけないようにしてくださいね」とあるだけである。彼女が「宿命の男」への恋慕にどうしようもなく狂うのは、この手紙が書かれてから半年後のことである。

キャロラインの感情は極端から極端へと振れ動いているのに、彼女の心のメカニズムは完全に調整されていた。バイロンを喜ばせようとする計画も、彼を罰しようとする計画も、ますます巧緻を極めていった。それでアナベラも今や知らぬ間に、キャロラインの計画の網にからめとられてゆく破目になった。

アナベラがキャロライン夫人に渡した詩は、幸運にも配達人の手に渡った興味津々な爆薬だった。詩はどれもこれも感傷的でロマンティックな、ほとんど情熱的といってもよい代物《しろもの》で、背は低くても気位は高いミス・ミルバンク自身がそうはなりたくないと必死に願ったものだった。キャロラインはうまいこと、「これらの詩をバイロンに手渡して彼の意見を尋ねてみた。おそらくアナベラもその哀れな靴直し屋のブラケットと同じ扱いを受けるだろうと期待しながら。

バイロンは期待に応えなかった。一八一二年五月一日付のキャロライン夫人宛バイロンの手紙は、意外にも寛容で率直なものであった。真の才能の煌《きら》めきが垣間見られる、とくにアナベラが好きな主題の一つ、シーアム〔イングランド北東部ダラム州の北海に臨む町。アナベラの生まれ故郷で、やがてバイロンとの結婚の地となる〕の海岸線についての詩には、ブラケットの詩など足もとにも寄りつけない冴えがあると思うと、書いてあった。が、ちょっと皮肉な味つけなしに手紙を書き終えられない彼は、ダーモディに関する詩はたいへん気に入ったけれど、できれば韻を踏んで欲しかったと書き添えていた。彼女の才能を示す適例になる詩がもっとあるだろうか？　彼女は確かに「非凡な娘さん」だ——「一体、誰があの平静な顔つきの陰に、これほど力強く多様な思想が秘められていると想像するでしょうか？」「以上が小生の嘘いつわりのない感想です」と手紙は結ばれていた。「ミス・ミルバンクともっと親しくなりたいとは思いません。彼女は堕落した人間が知るには、知りたいと希《ねが》うには、あまりにも善良にすぎます。彼女があれほど完璧でなかったなら、もっと好きになれるだろうけれど」。

バイロンは彼の意見で適当と思えるものなら何なりとアナベラに伝えるよう、キャロラインを促している。

キャロラインはバイロンのいうとおりにした。手紙末尾の一頁は手もとに残し、あとは全部アナベラに送った。[6] もしキャロラインがバイロンの愛を求める恋敵《こいがたき》を始末したいと思っていたとしたら、これは一見、自分で自分の墓を掘るにも似た愚かな戦略と思えよう。アナベラの内に秘める詩的流露を熱烈に歓迎するバイロンの言葉は、その流露感に満ちた詩を書いた女は彼には「あまりにも完璧にすぎる」という手紙末尾の判断を剝ぎとってしまったなら、なおさらに気をもたせる励ましの言葉と解されるのは必定だからだ。だが、多分、それこそキャロラインの意図するところだったにちがいない。おそらく彼女は邪悪な怨念のおもむくままに、手紙を利用してバイロンとアナベラを危険な関係に引き込み、それでアナベラも破滅すると推定したに相違ない。そんな策略を仕組むほど心のねじれた人間を想像するのは不可能に思えるかもしれないけれど、しかし、その後の経緯《いきさつ》が証明するように、自暴自棄になったレディ・キャロラインはまことに心のねじれた人間だったのだ。

（6） キャロラインはバイロンから手紙を受け取り、それをアナベラに転送した。その手紙はラヴレス文書のなかに含まれ、しかも最後の頁が抜け落ちている。この事実から、マルコム・エルウィンはここで叙述されている結論を導いたのである。この手紙の完全版は、ローランド・E・プロザロ編『手紙と日記』〔正確には『バイロン全集――手紙と日記』第二巻二二頁〕」に載せられている。

それから数週間経って、キャロラインはアナベラに酔っぱらって支離滅裂な、やたらと聖書的警告に沸き返った手紙を書き送った。アナベラ、あなたは危険よ、蛇にとり囲まれ、いつなんどき「堕天使」――無論、バイロンを指している――「いつも幸せすぎて手近の若木に巻きつけない」堕天使にさらわれるかもしれないのだから。ロンドンに触れれば誰だって汚れる、「夜会や伊達《だて》男やゴシップ」によってではなく、天才や英雄の皮をかぶった悪党たちのために。もしアナベラ、あなたが私のように生きようとしたら、「断崖絶壁の縁《ふち》で遊び戯れ、世間の誰もがあなたなんか落ちて死んでしまうがいいと思うようになったら」、どんなに快楽を味わおうと、その代償として「にがい、にがい苦しみ」に耐えることになるでしょう。

この奇妙奇天烈な手紙をどうしたか、アナベラはなにも記録に残していない。手紙を受け取った頃、バイロンにたいする彼女の気持ちは一時的に冷えていた。何度か催し事で会ったが、彼はますます怒りっぽく、皮肉になっていた。とすると、キャロラインの茶番は一体、なにを狙っていたのだろう？これまた、いつもの逆を狙う彼女の心理の計略《からくり》、アナベラの関心をそそって救済本能を目覚めさせようとの企みであったか。(7)

(7)　キャロラインがアナベラに与えた手紙は、バイロンの世界に巻き込まれるのは危険だから思いとどまったほうがいいという、単純な解釈に落着いている大抵の伝記研究者に筆者は従わない。彼らは正しいかもしれないが、アナベラとバイロンの関係を生かしておくために演じたキャロラインの役割を無視している。もしキャロラインが二人の間をつなぐ仲介者として働かなかったとしたら、二人の関係は竜頭蛇尾に終わったかもしれない。これは大いにあり得ることのように思える。

それはキャロラインの意図ではなかったとしても、結果ではあったのは確実である。アナベラはキャロラインの凶事の予告を無視して、バイロンにたいする自分の気持ちが再び深まるのを許しはじめた。自分の気持ちは少しも病んでなどいないと確かめるために、ミルバンク家のかかりつけの医師、ダラムのフェニック博士にも相談して、自分の気持ちを整理しようとした。博士はアナベラが幼いとき水疱を治してくれた人で、彼女に父のような深い愛情を抱いていた多くの人たちの一人だった。博士は協力的だった。バイロンには無関心でいられない、彼が非難の対象どころか確かに同情の対象たるべきであるのは、その詩が証明しているとおりだと、手紙にも書いてきた。

アナベラは一八一二年の社交シーズンの残りの数週間を、彼女らしくもないのんびりした気分で過ごした。彼女の日記には「夜明けまで居残っていた！」夜会や舞踏会のことが、点々と感歎符づきで記されている。ロンドンを去る準備をしながら、アナベラはこの数カ月のあいだに知り合いになった男たちの一覧を作成した。延べ二十人ほどの名が挙げられている。が、彼女の関心を呼んだと思われる者は一人もいない。バイロンの名は記載されていない。

ということなら、この時期、バイロンはキャロラインだけのものだったのかもしれない。実は彼女はこれ以上問題を起こさぬようにと無理やり母親に引きずられて、アイルランドに渡っていたのだが、そこから錯乱した手紙を矢継ぎ早にバイロンに浴びせつづけていたのだった。事態を悪化させたことに、バイロンは返事を書き送っていた。キャロラインがなにか物狂おしいことを（たとえばロンドンに舞い戻ってくるといったようなことを）しでかすのを未然に防ぎたいと願ってのことだったのは、明らかだ。罠《わな》にかかって狩り立てられていると感じた彼はバイロン家代々の屋敷、ニューステッドにある今は廃墟と化している美しいロマンティックな修道院を競売にかけ、故国を去る計画をいろいろと思案した。

〝修道院〟は最低競売価格にさえ達しなかった。絶望して、バイロンはキャロラインの義母でアナベラの叔母にあたるメルボーン子爵夫人に助言を求めた。彼女はバイロンの親密な腹心の友《コンフィダント》だった、数十歳年上だったけれど〔正確には三十七歳年上〕、おそらく彼の恋人でもあっただろう。キャロラインを厄介ばらいするのに力を貸して欲しいと、夫人に手紙を書き送った。

子爵夫人はキャロラインを厄介ばらいしたいというバイロンの理由、その証拠を求めた——なんといっても、キャロラインのエロティックな接近を受け入れたのは、そもそも彼女の気持ちをそそって誘いさえしたのは彼なのだから。こうして理由を示す破目になったバイロンは切羽《せっぱ》つまって、「別の女性に愛着をもっている」——アナベラ・ミルバンクにと、つい口をすべらしてしまった。

それが説得力がないことくらい、彼にもわかっていた。釈明すればするほど、ますます説得力が希薄になってゆく、この前さしあげた二通の手紙のなかで、確かに自分は他のどんな女性にも興味はないと書きましたが、あれは自分をごまかしていたのです。ええ、書いてはいけないと注意されていながらキャロラインに手紙を書いていたのは事実です。が、あれは彼女を宥《なだ》めるためでした。いいえ、アナベラの財政事情はまったく知りません（つまり彼女の財産を狙っているわけではない）。自己正当化の万策も尽きて、バイロンはひたすら嘆願の一手に出た。メルボーン子爵夫人、どうか私を自由の身にしてください。「さもなければ」——ここで彼得意の皮肉な調子がほとばしる——「少なくとも足枷《あしかせ》を取り換えてください」。

メルボーン子爵夫人はそれは馬鹿げていると思い、そのままをバイロンに告げた。が、彼は頑固に言い張ってゆずらなかった。二、三日後、バイロンはどうしてアナベラに関心があるのか、新しい理由をいくつかひっさげて現れた。彼女は「高貴な血筋」の人です、そういうことが魅力に感じられる先入観が私には今もって心にあるのです。あの人は聡明で気立てがよく可愛らしい――といって、数多くの恋《こい》敵《がたき》の注意を惹きつけるほど可愛らしいわけではありません。「恋なんか、一週間もすれば一巻の終わりです……それに、結婚というものはロマンティックな心情よりも尊敬と信頼によってこそ、うまくゆくものです」。メルボーン子爵夫人はなおも納得しなかった。そこで、ついにバイロンは本音を吐いた。「……結婚だけが、それも速やかな結婚だけが、ぼくを救えるのです」、彼は涙にむせんだ。もしアナベラと結婚できなければ、結婚の相手は「ぼくの顔に唾を吐きかけそうに見えない女なら誰でもいい、早い者勝ちということになりましょう」。

＊

バイロンがメルボーン子爵夫人に嘆願の手紙を送ったのは、一八一二年九月の末であった。十月の初旬、アナベラはもう一人の求婚者、哀れなウィリアム・バンクスに別れを告げた。彼はその年の春、アナベラが初めてバイロンに話しかけようと懸命になっていたとき、その折角の骨折りを台無しにしてしまって、彼女の苛立ちを買った当人だった。彼がついに諦めて去っていったとき、アナベラは彼についての所見を日記にしたためた。彼は弱い、他人が聞きたいと思っていると思えることを言いたいあまり、自分が本当に思っていることを口に出せない人だ。

アナベラがそう日記に書いたのは、叔母経由でバイロンの結婚申し込みを受けたときで、それには二人の縁組を正当化するために彼が書いた手紙の抜き書きが添えてあった。

この結婚申し込みを断わらなければならないのは分かっていた。それで彼女はウィリアム・バンクスのときと同じように、腰を据えて「性格一覧」を、つまり当該人物の長所と短所の綿密な分析を書きあげた。ただしバンクスの「性格一覧」は僅か三つの文章でさっさと片付けられた暗殺にも似たものであったのに、バイロンのは何日もかけて熟考され、数頁にもわたる長いものになった。その結果できた記録は、なぜ二人は結ばれてはならないか、その理由をはっきりと確定するとともに、申し込みを無視するために考えつく限りの口実が列挙してあった。

アナベラのほとんど専門的といってよい言語を翻訳解釈してみると、(8) 彼女が叙述している当の男は極めて優秀な知力の持ち主だが、その知力はさまざまな情熱の暴君的支配に圧迫されている。来世への信念も信仰もないゆえに、彼は刹那《せつな》的に生きている。だが、彼には「善を愛し」、人間の弱さを憎むところがあり、それゆえ彼が基本的には道徳的な人間であることは明らかである。彼は衝動的で、たやすく悪意に満ちた者になるけれど、すぐ立ち直って後悔する。彼は善良と見なした人びとには胸襟をひらき、尊敬する人びとには謙虚である。

(8) ここにアナベラの典型的文体の例がある――「〔バイロンの情熱〕は屡々《しばしば》〔彼の知性〕を永遠不滅なる存在への信仰によって啓蒙されぬ一時的迷妄の闇に包み込んだ」。

アナベラが彼の善良と見なす人びと、彼の尊敬する人びとの中に自分を数え入れていたのは明らかだ――メルボーン子爵夫人から受け取った結婚申し込みに元気づけられ、自分こそ彼がそのように見なした唯一の人間だとさえ思いなしたにちがいない。それがどうして私と結婚したいと彼が望むのか、少なくともその理由の一つだ。もう一つの理由は、彼の「絶え間ない不安な移り気」から生まれる惨めさから逃げおおせる機会だからだ。彼は自分の人生には「安定」がないと嘆き、著作に専念したいと願っている。敬虔な信条、真摯さ、成熟度、浮薄と流行への侮蔑、親密な交友圏――これらのどれもこれもヴィクトリア時代中産階級《ブルジョワ》の廉潔の典型だが――これらの美点を兼備したアナベラこそ、バイロンの切望する安定を提供できる最適の候補であるのは歴然としていた。

その後、ある友人への手紙のなかで、アナベラはバイロンを受け入れる理由をあますところなく探索しつづけている。わたしは彼の情熱を恐れていない、情熱は彼の善良さの一面なのだからと断言している。彼の善良さは「もっと冷たい性格の人が帯びる理路整然とした善良さ」より誠実なものだと思う（彼女は自分の性格をこの範疇《カテゴリー》に入れていなかった）。すべては彼の「天才」と一体のものだと、(9)言い切っている。天才《ジーニアス》という言葉の意味は長い年月のあいだに変わってしまっている。アナベラがこの一語を使った当時、それは今日のように、超越的知性と想像力に恵まれた人を指す意味合いはなかった（もっともバイロンの場合、彼は今日的意味においても天才と見なされていたけれども）。アナベラが指していたのは、生まれついて備わっているもの、先天的な知力と想像力のことだった。そのような天才こそ、結婚を成功に導くのに必要不可欠なものだ、なぜならこのような天才なしに夫婦が互いに理解し合うことは不可能だからと、彼女は結論づけている。さらに語を継いで、満足を期待して成立した結婚はおうおうにして不幸に終わるとも書いている。

(9) 天才という言葉の意味はこの二世紀のあいだに変わってしまった。アナベラの使い方はこの語の古い意味と新しい意味とを結びつけている。彼女がここで使っている意味は、今日われわれが使っているのと同じで、後天的というより先天的というべき特質を指している。が、この語の古い意味、すなわち天才とは誕生時に私たちめいめいに割り当てられ、以後われわれの運命形成に責任のある個人的神ないし霊魂だという観念の反響も残っている。

こうしてアナベラは心がかくも歴然と欲しているものを正当化しようと努めたが、彼女の精神はそれが不可能なことを知っていた。だが、彼女でさえ自分自身の冷酷非情な合理性を論破することはできなかった。情熱と知性の合体など決してうまくゆくはずはないことを、彼女は知っていた。

　アナベラはメルボーン子爵夫人を通じて、バイロンに断わり状を送った。苦労して書きあげた彼の性格描写《スケッチ》も一緒に――これはバイロンに未練が残っている歴《れっき》とした証拠ではあった。メルボーン子爵夫人はそれに短い手紙を添え、この拒絶を大目に見てやって欲しいと書いてきた。バイロンは喜んでそれに従い、二度とこの件は蒸し返さないと誓い、これからは互いに良い友だちになりたいと返事した。実は彼の心はこの結婚話にあまり乗り気ではなかったのである。結婚すればメルボーン子爵夫人と親戚になれるということ以外は。

　その後のメルボーン子爵夫人宛の手紙で、バイロンは恨みからではなく楽しみのために、この件を再び取りあげた。アナベラが書いた自分の性格描写を読んだ彼は、今度はお返しに自分が彼女の性格を明確に描き出す番だと決めた様子だ。彼女は言葉やイメージより数や線のほうが得意な人だと結論づけた。バイロンはアナベラのことを「美わしき哲学者」、「可愛らしい数学者」、「平行四辺形の君《プリンセス・オヴ・パラレログラム》」と名づけた。「彼女のやり方は何も彼《か》もすべて四角四面です。いっそ、こう言ったほうがいいかもしれません、僕たち二人は並んで無限に延びてはいても、決して交わることがない二本の平行線だと」。バイロンのいうとおりだった。が、まもなくアナベラが彼のために幾何学の法則を破ろうと心に決めようとは、神ならぬ身の知る由もないことであった。

　沈黙がつづいた。アナベラもバイロンも次のロンドン社交界の季節にはあちこち廻って、顔を合わすこともあったが、話を交わすことはなかった。アナベラの日記にはところどころにこんな覚書が見られる、「バイロン卿は御自分の著作を出版して利益を得ようとはなさらない」……「バイロン卿は彼の食卓で、人がほんの僅かでも宗教を侮るようなことを仄《ほの》めかすのを許さない」……「スペンサー夫人の夜会に行って、今年初めて遠くからバイロン卿をお見受けした」……「またバイロン卿にお会いしたけれど、旧交を温めることはなかった」。二本の平行線……。

春は過ぎ夏が来た。もう一度、求婚拒絶があった。このたび拒絶されたのはフレデリック・ダグラス、グレンバーヴィ卿の跡取りだった。それから拒絶されたダグラスの母が催したパーティで、アナベラは初めてオーガスタと一緒のバイロンに会った。アナベラのバイロンにたいする感情が一瞬にして取り返しようもなく変容したようであった。

*

オーガスタはバイロンの異母姉で、父はジョン・バイロン陸軍大尉だった。〝気狂いジャック〟と異名をとったこの父は、第一級の碌《ろく》でなしで近衛兵だったが、軍隊をやめるとロンドンで放埒な生活を送り、そこで美しいアミーリア、カマーゼン夫人と情事に耽った。情事が明るみに出ると、アミーリアは夫の侯爵に離縁され、〝気狂いジャック〟と再婚した。二人はロンドンで、アミーリアが父から受け取る年四千ポンドの仕送りで贅沢三昧に暮らしていたが、ついには無一文になり債権者に追われてフランスに逃げた。そこで一七八四年、アミーリアはオーガスタを産んだ。彼女がジャックに産んだ三人の子のうちで、幼年期を生きのびたのはオーガスタだけだった。

アミーリアが一年後に他界すると、〝気狂いジャック〟はイギリスに舞い戻り、裕福な女相続人の後釜《あとがま》を求めて、バース〔英国エイヴォン州の都市。十八世紀に栄えた温泉保養地〕の舞踊場をうろつきまわった。まもなく、ずんぐり太ってはいるけれど金持ちのキャサリン・ゴードン・オヴ・ギクトに出会い、ただちに結婚した。二年後、彼女の土地財産を蕩尽《とうじん》し、彼女を妊娠させたジャックは、またぞろフランスに逃げ帰ろうとした。身重《みおも》にもかかわらず、キャサリンは彼のあとを追った。ジャックを見つけるや否や、病弱な彼の娘オーガスタを手渡され、面倒をみろといわれた。キャサリンは少女を介護して健康に復させると、オーガスタを連れてイギリスに戻った。一七八八年一月二十二日〔二〕、ロンドンのオックスフォード通りの裏手にある貸し間で自活していた彼女は、片足が内翻足の息子を生み落とした。亭主は一時的にロンドンに戻って、彼女から金銭を強請《せび》っていたが、息子の洗礼式には顔を出さなかった。仕方なくキャサリンは一七七九年にバースの運河に身を投げて死んだ自分の父の名にちなんで、息子をジョージ・ゴードンと名づけた。

〔二〕　一体どちらの足が不具であったか、バイロンの友人知人の証言もまちまちで判然としないが、母キャサリンが義妹すなわち〝気狂いジャック〟の妹に語った「右足が」という一言を信じるよりほかはない。

アナベラはバイロンとオーガスタが一緒にいるのを目にしたとき、この身の上話のおおかたをすでに知っていたことだろう。知らなかったと思われるのは、その後二人のあいだで育まれた関係がどういう性質のものかということだった——が、それが特殊なものであることは、とっさに見てとれた。オーガスタはアナベラの孫たちの一人〔三〕が残している洞察力に富んだ評定によれば、極めて愛らしかった——これはあれほど愛らしくない人びとが群がる社会の選良集団のなかでは、希有な特質だった。バイロンと一緒だと、オーガスタは朗らかで子供っぽく茶目っけがあり、いっぽうバイロンはバイロンで、アナベラの目には剽軽《ひょうきん》で情愛深く応対しているのが見えた。今まで目にしたこともないバイロンの優しい側面が現れていて、彼女はそれに強く惹きつけられた。

〔三〕　エイダがウィリアム・キングすなわち初代ラヴレス伯との間にもうけた二男レイフ。彼には祖母アナベラが残した厖大なオーガスタ断罪の記録資料に忠実に依拠した『アシュタルテ』と、『バイロン卿夫人とリー家の人びと』がある。

アナベラはバイロンとの交際を再開したいと心に決め、彼女らしくもなく無我夢中になって、その口実を探し求めた。彼女が見つけた口実は哀れにも見えすいたものだった。叔母のメルボーン子爵夫人に手紙を書いて、ニューステッドの屋敷を買い取ったばかりの「無分別な若者」にたいするバイロンの振舞いは不当だという噂が世間に流れていることを伝えた。バイロンに再び会う気はありませんので手紙を書くことに決めました。私はあんな噂を信じてはいません、彼のとった処置は正しかったと信じているると、それだけ彼にわかって欲しいと思うばかりです。なんとも持って回った苦しい釈明であった。

実は「無分別な若者」というのはトマス・クロートンというランカスターの弁護士だった。彼は〝修道院〟の代金として十四万ポンド支払うことに同意していたのだったが、金《かね》の工面がつかないのを知って、今は二万五千ポンドの手付金支払いを延期するさまざまな法的手段に訴えているところだった。

メルボーン子爵夫人はアナベラの不器用な申し出を忠実にバイロンに伝えたが、彼は仕事に忙殺されていて対応できず、この件に関する一切の事務をメルボーン子爵夫人にまかせた。夫人は持ち前の見事な外交手腕を発揮して事を処理した。

このこと自体は大したことではなかったけれど、アナベラにはこれで十分だった。彼女はメルボーン子爵夫人の手紙を僅かな弁解の手蔓《てづる》に使って、自分自身の書いた手紙を直接バイロンに送った。それは長い、長い手紙だった。アナベラの伝記研究の権威エセル・コルバーン・メインは、「世界最長の書簡の一つで、英語のなかで最長の言葉がかなり使われている」と評している。アナベラは努めて優しくなろうとしていた。

手紙はバイロンの誤ったアナベラ観を正そうとする必死懸命な試みからはじまる。私は貴方《あなた》には太平楽に見えるかもしれません、でも私とて「気苦労を知らぬ」わけではありませんし、将来が安定しているわけでもありません。私とて強い感情を「深く密《ひそ》かに」はぐくむことができるのです。たとえ貴方の振舞いをたしなめたことがあったとしても、それは「冷たい計算」の結果などではありません。私だって悩みました。貴方がお悩みになったように悩んだのですから。

彼女は「貴方の御好意を受けているとは夢にも思っていなかった」馴れ初めの頃を思い出している。私は貴方の性格を調べ、貴方が「寂しい孤独な身の上」でいらっしゃるのを、この目で見とどけました。貴方がなんの取り柄もない仲間や無能な友人に取り巻かれているのが分かりました。貴方はおだてられ、迫害されていたのです。どんなに貴方に御同情申し上げたことか、貴方と同じ気持ちを抱いたことか。そして私は世の中の仕来たりを無視して、自分の本当の気持ちを表したいと、どれほど憧れておりましたことか。

私が貴方の幸せに心をわずらわすのは、貴方がご自分の過ちに盲目でいらっしゃるからではなく、貴方のお心の強さと寛大さ、「〝悪徳〟の習慣」などで歪められることなどあり得ない直《なお》く純粋な道義心のためを思ってのことなのです。貴方はかつてメルボーン子爵夫人におっしゃったそうですね、夫としては私に拒まれたとしても、なお私の望みに従う気持ちはあると。今こそ、貴方にその約束を守っていただきたいのです。そうお願いする資格が私にはあります。貴方のお幸せのみを願っているのですから。どうか「瞬間の奴隷」であることをやめ、善をおこない、人間を愛し、人間の弱さを赦し、他人には慈悲心を抱いて……美徳の一覧は続きに続く、バイロンが救済に至るために踏まなければならぬ段階だといわぬばかりに。

最後に、アナベラは自分がここで書いたことは内緒にしておいてくださいと、バイロンに頼んでいる。とくにメルボーン子爵夫人には、あの叔母とは気が合わず、私の言葉の裏にはどんな企みを読みとるか分かりませんから。

バイロンの返事は素早く、彼も指摘しているように（二度も）短かった。メルボーン子爵夫人を弁護する二、三の言葉のあとで、彼はアナベラの友人になる自信がないと告げている――「貴方を愛さないで済ませられるかどうか疑わしい」し、「といって、関心なしと言い切る訳にも参りません」とバイロンは手紙を結びながら、なおも「これが第一段階になるかも知れぬと心配です」と書き添えている。

アナベラの返事はさらに短かったが、意味深長だった――「もうこれ以上、貴方をわずらわせはいたしません」。

無論、これで終わらせることもできただろうし、終わらせるべきだったろう。なにもかも四角四面で、二人の人生はいつまでも平行線をたどるのか――それとも、こちらのほうが可能性が高いが、分岐線となって絶対に交わることがないのか。だが、そうはならない運命だった。平行線も分岐線も軌道を跳び越え、結果は痛ましい不幸に終わった。

＊

以前、アナベラはメルボーン子爵夫人に自分の思い描く理想の夫の概要を書き送っていた。子爵夫人はそれをバイロンに見せた〔四〕。これを読んだバイロンはアナベラをクラリッサ、サミュエル・リチャードソン〔一六八九―一七六一、十八世紀英国の大作家〕の小説の題名にもなっている女主人公クラリッサにたとえた。クラリッサは育ちの良い若い淑女で、「たいへん繊細な、先天的後天的、ありとあらゆる教養を身につけた女性の鑑《かがみ》」だったが、自分は絶対に誤りを犯さないという不可謬性の意識がわざわいして、ついには無節操な道楽者と駈け落ちし破滅する。アナベラをクラリッサにたとえたとき、バイロンには悲惨な前兆が読めたはずだが、にもかかわらず――いや、おそらく正に読めたがゆえに悪戯《いたずら》な心が起きて――アナベラが本当に欲しているものが何か、こちらはよく知っているところを見せようと、彼女に返書を送ることに決めた。彼は貴女《あなた》と友だちになりたい、貴女の言うとおりにする、ついては「これからの二人の文通と交際の限度を明確に規定して欲しい」と誘った。それに応《こた》えて、アナベラは貴方のお好きなように私を扱ってもいいとバイロンを励まし、私の鎮静力が貴方の憂鬱を癒やせればと願ってお仕えいたしますと申し出た。さらには、自分にできる影響力の手本まで用意していた。貴方は中年を過ぎた劇作家ジョアナ・ベイリーを知らなければ、あの女《ひと》こそは貴方が交際すべき女性の鑑《かがみ》ですと推奨した。ベイリーはアナベラが尊重する美徳すべてを備え、やがてアナベラの人生の顕著な特色となる品行方正な中産階級の女性の支援団体のなかで、その名を親しく知られることになる人物である。ジョアナは素朴で正直な顔つき、控え目な快活さの持ち主で、虚栄心とは無縁の人――こういう女性こそ、これらの美徳を経験したことがない男性には打ってつけの矯正の手蔓《てづる》になるでしょう。

〔四〕 アナベラの「理想の夫一覧」は八箇条に分かれているが、どの項目においてもバイロンは完全に失格者だった。一覧をメルボーン子爵夫人に返しがてら、彼は夫人に書いている――「理路整然と自分を〝クラリッサ・ハーロウ〟に仕立て、一種始末に困る正しさを身につけてしまっている感じです――自分の不可謬性だけを信頼しているわけですが、そんなことをしていれば、いまにとんでもない過ちを犯すことになるやも知れません、いや、きっとそうなることでしょう」(一八一二年九月五日)。

こうして、互いに自分の役割を演じるのを楽しみにする文通がはじまった――バイロンは矯正不可能な情熱と軽率さを、アナベラは甘いながらも決然とした罪の治療士《セラピスト》を。バイロンはアナベラに意気阻喪していると言われたことに反発する、「反対です――時折り憂鬱の発作はあるにしても、それは例外であって――ぼくは自分をひどく滑稽な人物と見なしています……ぼくほどよく笑う人間もいません……人生の大きな目的は〝感動〟です――存在していると感じること、たとえ苦しみのなかにいようと……」。アナベラはこの快楽主義《ヘドニズム》の挑発的宣言に対して、貴方《あなた》の欠点を赦す私の寛大さは無尽蔵です、貴方の軽率さは実は自己不満の感情を隠す仮面だと私は心得ていますと、応酬した。

議論の日程は決まっていた。バイロンは免罪を、アナベラは抑制を、彼は情熱を、彼女は理性を、彼は軽率な言行を、彼女は真面目な生き方を擁護した。手紙の遣《や》り取りをつづけるうちに、さまざまな問題を論じようとする二人の努力の範囲はどんどん広くなっていった。宗教を論じる段になると、彼はそれを受け入れるのを拒み、彼女はそれを抱擁するよう彼を説得しにかかった。これに挑発されて、彼は力強い、感動的といってもよい科学的疎外感を、世界は無で、いかなる未来もなく、人間は科学が啓示している偉大にして無関心な機械的宇宙のなかの無力な粒子にすぎないという見解を持ち出す。人間は単なる原子で「生と死の千差万別の世界――さまざまな星々、さまざまな体系、無限のただなかにいる――ならば、たかが一粒の原子のことで心わずらわす必要がどこにある?」これに対して、ユニテリアン派〔三位一体説を否定して唯一絶対の神格を認め、個人の信仰の自由や宗教における理性の活用を容認する〕の信者であるアナベラには、科学と宗教的信仰をもろともに包摂する答えがあった。もちろん、私たちは宇宙の尺度でいえば単なる原子にすぎませんけれど、一粒の原子だって〝至向存在〟にはなんらかの意味がありますと、彼女は答えた。

ユニテリアン派の教義は科学や産業に関心のある人びとが選んだ非国教徒の信仰で――チャールズ・

ダーウィンの祖父イラズマス〔一七三一—一八〇二。医師・詩人〕の言葉を借りれば、「墜落するキリスト教徒を優しく受けとめる羽毛布団」だった。アナベラのような信者の手に渡ると、それは厳格な信仰形式になった。神は奇跡や崇拝よりも理性と良心を通じて啓示されるということになった。小説家でトーリー党の政治家でもあったベンジャミン・ディズレイリ〔一八〇四—八一。七四年から八〇年にかけて英国の首相〕自身、アナベラとバイロンの関係を一八三七年出版の彼の小説『ヴィニーシャ』で虚構化しながら、ユニテリアン派の信者は、美と喜びに反して有用性こそ世界で一番大切なものと信じる功利主義者の宗教上の等価物だと考えている。ディズレイリの見るところでは、いずれの教理も「想像力を教義の体系から排除しているが、しかし想像力こそ人間を支配しているのだ」。

　アナベラも他の論題に移ると、想像力を排除している。今や紙吹雪のようにバイロンの玄関先の靴ぬぐいの上に舞い降りる手紙のなかで、彼女は科学と経験主義の偉大な哲学者——ロックやベイコンのような名前——を引用して、いかに理性が救済への道を用意するか、それを証明しようとしている。「私は貴方《あなた》の推理力を貴方の想像力ほどに高く評価いたしません。二つの力が一つに結合するのは希有《けう》のことですもの」と、アナベラは精一杯おどけた調子でバイロンを責めている。しかし多分、この二つの力は一つに結合できるだろう。多分、彼女と彼はこの二つの力を一つに結合できることだろう。一体、それはどんな結合になるのだろう！

　バイロンはアナベラの評価をあっさり認めた。ぼくには論理の頭も算術の頭もない、試みるたびに自分の無能を証明するばかりです。２タス２ハ４と教えられれば、では２タス２ハ５になる方法を見つけてやろうと、謀反気《むほんぎ》を起こすのが関の山。ぼくは詩人で、詩は理性とはなんの関係もない。詩は「想像力の溶岩で、それが噴出してこそ地震も未然に防げるのです」。

バイロンがこう手紙に書いたとき、彼がどんな爆発の危機に直面していたのか、アナベラには思いも及ばぬことだった。彼がいっていた溶岩の噴出とは『邪宗徒《ジャウア》』〔一八一三年刊〕の改訂版と、まったくの新作詩『アバイドスの花嫁』〔一八一三年発表〕だった。これらの詩が解き放った地下の緊張は、もしアナベラが知ったら、人間性格の判定者と自任する彼女の自信をも揺るがしただろうと思われる事件が原因であった。

*

アナベラと文通していた頃、バイロンは同時に異母姉のオーガスタとより多くの時を一緒に過ごしていたのだが、いつしか弟としての愛情は激しくなって不吉なものに変わったことに気づいた。が、これは彼がバイロン家の仕来たりに従っていたまでのことである。バイロン家では代々近親結婚を繰り返していたというばかりでなく、父の〝気狂いジャック〟は実の妹のフランセス・リー（オーガスタの従兄で夫でもあった短気な賭博狂ジョージ・リー大佐の母）に近親相姦的感情を抱いたのだった。

別の意味でも、バイロンは家代々の仕来たりに従っていた。そのうちの一つは彼みずからが鋭く意識していたものだ。彼はニューステッドで人間の頭蓋骨を酒杯にして飲み干すたびに、その仕来たりを復活させ、敷地内で大騒ぎをしでかすたびに、その仕来たりを実演して見せていたのである。十八世紀には、バイロン家の人びとは堕落の見本と化していた。啓蒙主義運動の偉大な思想家や芸術家が人間能力の頂点を画したとすれば、バイロン家の人びとはその奈落の底に飛び込んだのだった。フランス革命が清らかなヒューマニズムの夜明けはついには恐怖政治を生み出すのを証明したように、バイロン家の人びとは個人の天才には自己中心的な堕落が伴うことを現実に示したのだった。

それは、〝気狂いジャック〟のみのことではなかった。〝邪悪な殿様〟の異名をとったバイロンの大伯父、第五代男爵もいたのだ。彼は雷鳥の首を絞《し》める絞めないで従弟と口論の末、彼を殺害した。ニューステッドの庭の池で海戦を何度も再演して見せた〔彼は退役の提督だった〕。池の端に城の模型をいくつも築き、そのなかで夜毎に乱痴気の酒宴を張ったという。跡継ぎの息子が従妹と駆け落ちしたのに激怒して、哀れな子が相続するはずだった土地財産を奪い取るのに晩年の何十年かを費やした。一七九八年、彼が世を去ったとき、あとには略奪した土地と根こそぎにされた森と淀《よど》んだ池と荒れ果てた建物と、鳴き音《ね》を聞いて寝入るために家内に誘い込んでおいたペットのこおろぎ数匹だけが残されていた。

それから五十年後、バイロンの娘で〝邪悪な殿様〟の曾孫に相当する姪《グレート・グランドニース》がニューステッドを訪れ、「わが一族の霊廟」を検分して、思わず宣言することになる、「わたしの邪悪な父祖たち」すべてを愛すると。幾世代もの近親結婚によって蒸溜されたバイロンの血は、それが血管を流れている人びとを駆って人間性にひそむ内的働きと戯れさせ、ついには極限まで血の宿命を試させ、彼らの人生を無軌道に突っ走らせずには措かないかのようであった。

オーガスタ——有名、悪名を一身に兼ね備え、誘惑に弱く、孤独と負債に苦しみ、老人と独身の若者の区別なく色欲に悩む女〔五〕——はバイロンに果てまで戯れる機会を与え、彼もその機会を捉えたようだった。一八一三年の夏、オーガスタの夫があちこちの競馬に出かけて不在のとき〔ジョージ・リーは騎兵大佐で競馬狂だった〕、バイロンはシックス・マイル・ボトムという奇妙な名の、リー家の人びとが住んでいたニューマーケット〔サフォーク州西部の競馬で有名な町〕近くの村で数週間、オーガスタと過ごした。そのとき、一緒に外国に行かないかと彼女を誘った。彼女は三人の子持ちで、借金もバイロン同様破局に近い状態だったが、彼の誘いを受け入れた。興奮と恐れに心乱れてロンドンに帰ったバイロンは〝腹心の友《コンフィダント》〟メルボーン子爵夫人にさえ、オーガスタとの間に何があったか打明けられず、彼女と共に海外に逃避するという決心も萎えてしまった。どうしてそうなったかは判然としないけれど、彼はシックス・マイル・ボトムに戻り、今後どうするか話し合った結果、逃避行の計画はこれ以上追わないことに決した。二、三日後、バイロンは今や抑えようもなくなった近親相姦の衝動を逸《そ》らしてくれる何かを、何でもいいから見出そうと意を決してオーガスタのもとを去った。

〔五〕 善良すぎて倫理的軟体動物と化したかの趣きのあるオーガスタの欠点弱点をあれこれあげつらってみても、彼女はますます捉えどころがなくなるだけだ。一生オーガスタに憑きまとい、バイロンとの秘密の証拠を引き出そうと死に至るまで妄執しつづけたアナベラ晩年のオーガスタ評、「生まれついての道徳的白痴」の一言がもっともよく正鵠を射ているというしかない。

彼が最初におもむいたのはケンブリッジだった。そこで旧友のスクループ・デイヴィスと赤葡萄酒《クラレット》六本がぶ飲みの乱痴気をやってみたが、なんの効果もなかった。次いで、ジェイムズ・ウェダバーン・ウェブスターのロザラム〔イングランド北部サウス・ヨークシャーの都市〕の屋敷アストン・ホールに向かった。ここには前にも来たことがあった。メルボーン子爵夫人への一連の親密な手紙の一つで打ち明けているところによれば、「ぼくの悪霊《デーモン》」――オーガスタへの愛――を「別の女性に転移して退散させる」ために。別の女性というのはウェブスターの華奢《きゃしゃ》で病弱ではあるが小癪な二十一歳の若妻、レディ・フランセスだった。あいにくバイロンの誘惑計画はうまく運ばなかった。彼の情熱がこの対象によっては起きなかったからだった。そこで彼は欲求不満を不運なウェブスターに向けた。ウェブスターはニューステッドへの招待を甘言で騙《だま》しとろうとしていた。その目的は――バイロンも先刻承知だったが――ニューステッドの小間使いの一人を思いのままにすることだった。心根《こころね》の秘密な動機をバイロンに無慈悲にからかわれた哀れな男は、自分の名誉と細君の名誉をやっきになって弁護しにかかった。家内はキリストみたいに善良だと、愚弄された屋敷の主人は宣《のたも》うた。この譬《たと》えを聞いてバイロンは哄笑の発作に捕われ、ウェブスターは怒りの発作に捕われた。翌朝、バイロンはロンドン目指して立ち去らなければならなかった。

二、三週間も経たぬまに、二人は喧嘩をどうやら丸く収め、ウェブスターはニューステッドへの招待を手にすると、バイロンの酒倉を空《から》にし、おのが肉欲を満足させた自慢話にほとんどの時を費やしていた。バイロンがもう一度レディ・フランセスを口説く気になったのは情熱に駆られてというより、ウェブスターに挑発された怒りのせいであった。一日、フランセスと二人だけで、〝修道院〟に居残っていられるように手配した。その日がやってくると、バイロンは錠をこじ開ける夜盗の決意を固めて仕事にとりかかった。メルボーン子爵夫人に洩らした話によれば、ようやく難関を突破したのは真夜中の二時になってからで、突然、フランセスは屈服した。これには然《さ》しものバイロンも度胆を抜かれたが、「この身は貴方《あなた》に差し上げます」と彼女は叫んだのだった。結果のことを考えるのは耐えがたかったが、彼女は完全にバイロンのなすがままだった——「お好きなようになさって！」彼女は泣いたり喚いたりしなかった、抵抗もしなかった。だが……バイロンは仕事を完了する気になれなかった。非情と純な気持ちを込めてメルボーン子爵夫人に語っているように、彼はフランセスを「見逃がした」のだった。彼女の声には何かがあった——彼女のは「上品ぶった否々《いやいや》」ではなかった、本物だった。

今やレディ・フランセスへの恋が目覚め、それがオーガスタへの未解決な気持ちと綯い交ぜになって、バイロンはますます混乱した状態でロンドンに帰った。

溶岩が溢れ、詩が噴出した。『邪宗徒』と『アバイドスの花嫁』に加えられた新しい詩行は、ロンドン帰京後一週間も経たぬまに、「現実から想像へ」とバイロンの詩想を絞り出すために書かれたものである。いずれの詩も場面はトルコで、東方風《オリエント》のロマン主義の新しい規準を設定して、「花々が常に咲き誇り、日の光が常に輝きわたる／ヒマラヤ杉と葡萄の」豊かな想像世界を読者に開示するものだった。
異国趣味に満ちているにもかかわらず、これら二篇の詩は故国になお一層密着した問題と戯れていた。『邪宗徒』に書き加えられた詩連には、危険な愛への言及がいくつもある。その愛が……

……たどりゆく道は
狼さえ餌食を漁《あさ》るのを恐れるところ……
〔第一〇四八―四九行〕

そして、『アバイドスの花嫁』の主題は近親相姦だった。ズーレイカの「至福の木陰の友、幼年期を共に過ごした仲間」兄セリムへのエロティックな愛だった。詩が発する声は濃密な欲望に濁っている――

彼は生き、喘《あえ》ぎ、歩み寄り、触れた。
跪いていた乙女を抱き起こした。
彼の忘我の恍惚は消え――目は鋭く光っていた。
長い年月《としつき》暗闇に巣籠っていた思いゆえに、
何ものをも溶かす光線を放って燃える思いのゆえに……
〔第一詩篇第一二連〕

出版する前にバイロンは恐れをなして、二人の主人公を兄妹から従兄妹に変えた。が、詩はなおも世間を憤激させ、非難と売れゆき双方を掻き立てた。とくにズーレイカのエロティックな言葉は批評家を憤慨させた。

あなたの頬、あなたの目、あなたの唇をこんなふうに
――こんなふうに――もう接吻できない。
ああ、あなたの唇は火と燃えているのだもの……〔第一詩篇第一三連〕

女性はこんなふうに自分を表現すべきではない。『反ジャコバン評論』一八一四年三月号は、かくのごとき言葉は「恋人の口から発せられたとしても卑猥だ」と断じ、ズーレイカの単刀直入な振舞いは不自然だと決めつけた。同情的な自由主義系の新聞雑誌さえ衝撃を受けた〔バイロンは自由党の前身のホイッグ党員だった〕。『ドラカーズ・ペイパー』（のちに『チャンピオン』と名を変え、バイロン後年の人生〔ギリシア独立義勇軍の英雄としての人生〕をめぐるメディアの熱狂に主要な役割を果たすことになる雑誌）の一八一三年十二月号は、「それ自体まったく不快な物語を支配するために見事な筆さばきを使った」と作者を非難した。「ズーレイカの情熱を共にするどころか……われわれの感情は反撥して、それを熟視するに堪えない」。

バイロンにとって、事は支配するしないの問題ではなかった。想像力の地下の岩漿《マグマ》が彼の好むと好まざるとにかかわらず、彼の内部でふつふつと煮えたぎったままでのことであった。身内でたぎり荒れ狂うものを解き放ってやらなければならない、それが詩だった。ある意味で、詩とはバイロンみずからが認

めているように、さまざまな過誤に引き裂かれた性格の帯びる一つの弱みにすぎなかったのである。

*

どろどろに溶けた情熱の岩漿《マグマ》が噴き上げてバイロンの詩を表面に現出させるというイメージに、アナベラはいたく心を捕えられた。バイロン宛の次の手紙で、私は貴方《あなた》が仄めかしておいでのような数学の頭ばかりの人間ではありませんと、やっきになって弁明している――実際、私は「秩序立った感情」の人は好きではないと主張している。彼女はまた、バイロンに信仰上の忠告などして偉ぶっているという印象を与えたかもしれないけれど、そんな間違った印象は訂正したいと切に願っているとも書いている。私は実はそんな人間などではありません、詩的にもなれるのです。試しに貴方の新しい情熱の流露を見せてくださいませ。私は「ユークリッドのすべての証明完了《Q・E・D》からよりも」、貴方の詩からもっと多くの喜びが得られるのですから。

これは説得力ある要求とはいえなかった、ただバイロンのためにだけ取っておかれたものだった。友人たちには、アナベラは相変わらず秩序立った感情の人のままであった。バイロンにたいする関心は純粋に精神的なものだと、今や彼女は主張するようになった。「天国に生まれた天才」でありながら「天の恩寵」を欠いている貴方《あなた》を拝見していると、キリスト教徒としての私の心は「なおさらに募《つの》った敬虔の念と愛の心で、神の祝福を抱きしめます」と書いてきた。

自分の情熱を去勢して信心に変えようとするアナベラの努力はすべて、またたくまに土台からくつがえることになる。バイロンはすぐさま彼女に返書を送り、前の手紙で彼女がバイロンに順応しようと努めたように、今度は自分がアナベラに順応しようと試みる。貴女《あなた》は小生を気まぐれな男と思いなしているかもしれないが、「ぼくは必ずしも衝動の奴隷とは限りません」と指摘した。その証拠は？　二十六というこの盛りの年に至るまで馬鹿な結婚もせずに、どうやら生きてきたという事実です。理想の連れ合いを求めてきたけれど、候補は二人しか見つからなかった。一人は知り合ったときには若すぎて、結局のところ理想には全然ならなかった。もう一人は、ぼくが妻にと真剣に考えていた唯一の人は、「すでに心は他人のものになっていて、今さら第三の候補を探すのは遅すぎると思っています」。

　おそらくアナベラは第一の候補が誰であるか、そのときは知らなかった。それはメアリ・チャーワス、バイロンの初恋で、〝邪悪な殿様〟が射ち殺した人物の子孫だった。バイロンの弁護士兼保護者のジョン・ハンソンがそのとき冗談まじりに、バイロンはメアリと結婚すべきだと示唆すると、若殿様はこう答えたという。「なんだって、ミスター・ハンソン？　キャピュレット家とモンタギュー家が近親結婚するの？」〔無論、『ロミオとジュリエット』の物語が下敷にあるが、〝邪悪な殿様〟が殺したのは彼の従弟だったことも併せて思い出そう。四九頁参照〕。第二の候補については、誰を指しているかは明白だった。バイロンはアナベラ自身を意味していた。というのも、自分の心はもう別の人のものになっていると彼に語ったのは、ほかならぬ彼女自身だったからである。

　アナベラにとって不幸なことに、彼女の心は誰のものでもなく今なお自分のもので、しかも今やどきどきと打ち震えていた。では、どうして事実に反して、心を寄せている人がいるなどとバイロンにいったのか？　また、どうして事態をありのままに伝える機会がいくらもあったというのに、そうしなかったのか？　アナベラは一つの可能な説明を友人のレディ・ゴスフォード宛手紙のなかで試みている。私は——なんと言ったらいいのかしら——「慎重」を期したのよ、事実、積極的に慎重になろうとしたわ。バイロンを傷つけるのは避けたいと思い、それでこんな小さな欺瞞はそのままにして、彼が私への思いを募《つの》らせないようにしたの。とうてい彼の願いに応えることなど出来ないのだから。

欺瞞、慎重――こんな血の気のない婉曲語法を自分自身に適用しなければならないのは、アナベラにとって耐えがたかった。彼女の論理の機構《からくり》は崩れはじめた。レディ・ゴスフォードにすでに心は他人のものになっていたというバイロンの言葉を繰り返して――まったく意味をなさぬことを付け加えた、私は「十分に確信している」けれど、そんなことを言った憶えはないと。まるでそんな考えはバイロンから出たもので、自分から出たものでないかのように。だから欺瞞はもう終わりにしたい、「沈黙をつづけるのは嘘を黙認する」ことだからと、アナベラは断言している。

彼女はバイロンへの返信の下書きをつくり、レディ・ゴスフォードに見せて試してみた。思いがけず貴方を欺いてしまいましたが、今は「私が変わらずに実践したいと願ってきた〝誠実〟のために」真実を明かしたい思いで胸が一杯です。さらにアナベラはレディ・Gに、なんとか事実をありのままに伝えるまでは私は不幸ですと悲しげに付言しながら、事の一切は〝想像力の仕業〟だと非難している。想像力こそは、やがて彼女が徹底的に侮蔑し、自分の人生と自分の娘からそれを抹殺するためなら万策を尽すことになる、あのメルクリウス〔ギリシア神話のヘルメースと同じ。靴の踵に羽根がついていて好きな所に飛んでゆける超越の悪戯者、錬金術の祖神〕的才能にほかならない。

アナベラの正義感と思いもかけなかった情念の目覚めとの葛藤は、このとき彼女を真っ二つに引き裂いた。彼女は小さな「欺瞞」で自分自身を正義の帆柱に括りつけていたのだが〔海の魔女セイレーンの魅惑から身を守るための舟の帆柱に我が身を縛りつけたユリシーズのイメージ〕、今や死に物狂いで綱をほどこうと引っ張っていた。あたかもそうすることで、自分の道徳的理性的存在の実体そのものを引き裂こうとしているかのように。緊張はひどく、彼女は病に倒れた。バイロンが国を去ったという知らせを聞いて、病状は一段と悪化した。

この知らせは嘘だった。バイロンはレディ・フランセス・ウェブスターとの自作自演のメロドラマの続篇を楽しんでいたのだった。ニューステッドでの密通は流産に終わったにもかかわらず、彼女はひそかにバイロンと文通しはじめ、彼は彼で物思いに沈む人の自画像めいた手紙を書き送った、ただフランセスの気持ちが切れないようにするために。彼はつとに適当に芝居がかった筋書きを想像していた。それは二人の秘密が激しやすいウェブスターの知るところとなり、彼は決闘を挑まれて殺される。世の女どもはこぞって彼の思い出に改めて恋をし、世の才人たちはこぞって冗談に打ち興じ、世の道学先生はこぞって説教に熱中し、なかんずく今なお執念ぶかく彼を悩ましていたレディ・キャロラインは「どうして私のときにはこうならなかったのか——と嘆きに嘆いて、物狂いする」という筋だった。

レディ・フランセスだけがバイロンの文通の相手ではなかった。オーガスタからも白リボンで結ばれ、彼女の名が記された紙に包んだ一房の頭髪《かみのけ》を受け取った。彼はその包紙に「ぼくが一番愛したひとの頭髪と書き添えた。またメアリ・チャーワスからも、彼の少年時代の恋人で、アナベラに「ぼくの幼い頃のアイドル」と打明けていた女性からも手紙を受け取った。夫に棄てられて今は友人のところに身を寄せている、ついては是非ともお会いしたいとの文面だった。

バイロンは途方に暮れた。つい最近彼の関心をそそった問題とは、もはや係わりたくなかった。いたずら半分の婚約の方針に代わって、倦怠と懶惰《らんだ》の気分が彼の心を支配していた。当時つれづれなるままに彼がつけていた日記の一八一三年十二月七日の記入は、次のようなものだった——

ベッドに入り、夢も見ずに眠った。が、気分は晴れず。目覚めて、朝食に呼ばれるより一時間も早く起きる。が、服を着るのに三時間もぐずぐずしていた。人生から幼年期（これは植物的生長期だ）を差し引けば——眠り、食い、がぶ飲みする——ボタンを掛けたり外《はず》したり——これでは生きる暇もないじゃないか。ヤマネの夏だ〔ヤマネdormouseの語源は「眠たがり屋のネズミ」の意。しかも奴さんは冬眠するのだから、生きる時間はまるでない〕。

これでは有名詩人《ライオン》の冬といったほうがよかった、あの十二月は。バイロンはもう一つの東方物語《オリエント》、もっとも成功し、もっとも悪名高いものになる詩篇『海賊』を執筆中だった。この詩篇は悪党を主人公にするばかりか、女主人公の救い手をこともあろうに女殺人者に仕立てることで、世の中の慣習を踏みにじった。それにはまた、この上なく完璧なバイロン風のヒーローの肖像、コンラッドも登場する。「孤独と謎の人間」、「一つの美徳と一千の罪悪の人間」、その顔の……

深まる皺、さまざまに変わる肌の色合いは
ときに人目を惹きつけるが、当惑させる。
あたかも暗澹たるその心の内には恐ろしい感情が、
いまだ定義しようもない感情がうごめいているかのように……

悪しき想念が表に証《しるし》となって現れるのは微《わず》かだが、
内部——内部こそ、悪霊が活動する場所だった！
愛は変化のすべてを表に現す——憎悪、野心、策略は
苦い微笑《ほほえみ》しか浮かべない。
抑制された顔面に浮かぶほんの僅かな
唇の歪みと、ほんの僅かな蒼白な影のみが

深く秘められた情念を物語っている……〔第一詩篇第九一―一〇連〕

『海賊』は翌年〔一八一四年〕の春に出現するバイロン風のヒーローの肖像ばかりのことではなかった。バイロンは彼の詩篇の異国的な背景に自分の面影を当てはめるアルバニア風の衣装に全身を包んで、肖像画家トマス・フィリップスの前に坐ってもいたのである。

彼はそこにいる、二十一年後、彼の娘が、幼い頃ほんの一瞬目にしただけの娘が女になる戸口に立って、いま眺めているままの姿態《ポーズ》で。

第二章

ただ一つの優しい弱みが欠けていた

あらゆる期待、論理、感情、経験、忠告に反して、バイロンはソファーの上でアナベラ・ミルバンクを「物にした（had）」〔一〕。これはバイロンの友人トマス・ムア〔詩人。バイロンの最初の本格的伝記『バイロン卿の人生と書簡』の編著者〕にすれば、バイロンがその回想録でアナベラとの結婚の仕上げ、床入りを叙するのに使っている嘲笑的な言葉である。バイロンがこれほど賢明ならざる言葉を選んだことはない。やがて判明するように、アナベラは誰かに「物にされる」ような、そんなへまな女ではなかったのだから。

〔一〕これは「幻の回想録」と呼ばれるものである。バイロンの死のほぼ一ヵ月後、一八二四年五月十七日月曜の十二時、バイロンの著作の出版を一手に引き受けていた書肆ジョン・マリの応接室に、主人マリのほかホブハウス、ムア、ラトレル（以上バイロンの友人）、ホートン、ドイル大佐（アナベラの代弁者）が参集する。回想録をどうするかが議題であった。そもそも回想録の草稿はバイロンが生前ムアに与えていたものだったが、結局、アナベラの代弁者たちの強硬な主張がムアの反対を押し切り、草稿はその写しと共に火に投じられた。ちなみに五月十七日は、アナベラの誕生日に当たる。

アナベラを二人しかいない結婚相手の候補の一人としているバイロンの手紙から、彼が不可能と見なしていた彼女との結婚縁組に至りつくまでには、さらに一年近くの手紙の往復が必要だった。まず、アナベラは自分が結婚できる身の上であることをバイロンに告げる術を見出さなければならなかった。もう約束を交わした男《ひと》がいるといったのは嘘だったと、自分自身にもバイロンにも正直に白状することなしに。彼女は正直な告白をなんとも不可解な説教で包《くる》むことによって、なんとか窮地を切り抜けた。が、不可解なことに変わりはなく、バイロンは一体これはどういう意味なのか、返信で問いたださずにいられなかった（たとえば、その見本——「〝知恵〟（しばしばもっとも困難な〝知恵〟、つまり〝自己認識〟）は、絶対的に〝正直〟であろうとすれば、〝意志〟に劣らず必要なものだということに気づいたのです。それをどうして或る程度見捨てたのか——〝誠実〟たらんとする熱烈な熱情に促されて——それを説明してみたところで、私たちのどちらにとっても何の益にもなりません……」）。

その間、オーガスタは娘のエリザベス・メドーラを産んでいた（〝メドーラ〟という名は『海賊』に登場する一人物に由来するものだが、われわれの話のなかで再び恐ろしい因果を帯びて登場することになる）。バイロンは生まれてくる子の生誕について腹心の友《コンフィダント》メルボーン子爵夫人に、もしその子が「猿」だったら責は自分にあるという、奇妙な手紙を書いた。彼が示唆しているのは、近親相姦から生まれてくる子は奇形になるという中世の俗信ではないかという疑念を呼ぶものだった。この疑念の真偽のほどは——バイロンでさえ、おそらく知る由もないことだったが——いずれにせよ、「善と悪魔的なもの」とが混じったと彼みずからがいうオーガスタにたいする情念から救われるとしたら、もはや結婚しかないと今や彼は悟ったのである。

アナベラが美徳に関する説教やジョン・ロックの『キリスト教の合理性』のような有益な書物の推薦のみにとどまらず、どうやら救済へと導くこともできる女であるのは確からしかった。が、不幸にして、彼女自身の淑徳はバイロンへの思いで厳しい試練を受けていたのだ。彼女は狼さえ餌食を漁るのを恐れる道をゆく愛について書き加えた詩行を含む『邪宗徒』の新刊増補版を読んで、自分も道を踏み迷ってみたいという誘惑に駆られていた。詩の熱烈な言葉に駆られて、この詩の作者ともっと「親密」になりたいという憧憬は募っていった。まさしく、彼女は今や死物狂いだった。〝平行四辺形の君〟であるばかりか、取り澄ました〝気取り《プリムネス》の君〟でもあったアナベラでさえ、この詩の作者と昵懇になれるものなら浮気女とそしられようとかまわない覚悟だった。

こうして、アナベラはバイロンを両親に会わせるためシーアム〔三一頁参照。アナベラの生誕地〕に招待する。彼の到来を待つあいだ、彼女は海辺を長いことさ迷った。波が岸辺の岩に打ちつけるように、容赦なく彼女の自己抑制の岩壁に寄せては砕ける熱情の波を鎮めるために。

その頃、バイロンはピカディリー大通りから外れた所にあった独身男性用の有名な宿舎〝オルバニー〟に住んで〔自由党の大御所グラッドストンも歴史家のマコーレーも、若き日をここで過ごすことになる〕、ナポレオン戦争に勝った連合国の首領たちがロンドンで摂政皇太子の歓待を受けていた、いわゆる〝元首たちの夏〟を満喫していた。コヴェント・ガーデンやドルリー・レーンの劇場に出かけてはエドマンド・キーン〔一七八九―一八三三、当代随一の悲劇俳優〕のオセローに心を奪われたり、「舞踏会や馬鹿騒ぎ」、「仮面舞踏会や乱痴気の夜会」に出席したり、外国から帰ってきたばかりの忠実な旧友ホブハウスと夜っぴて飲み且《か》つ話したりしていた。

バイロンは依然、書きつづけてもいた。『海賊』の続篇、『ララ』となる物語詩を書きはじめ、さらには彼のもっとも抒情的でロマンティックな詩二篇、「音楽のための詩連《スタンザ》」と「彼女は美を纏《まと》って歩む」を一気に書き上げもした。「詩連」は明らかにオーガスタに関するもので、その美しさはただひたすらバイロンの感情の熾烈さを証し立てるものだった――

君の名は語るまい、辿《たど》るまい、洩らすまい、
その名の響きには嘆きが、その名の世評には罪がある。
されど今、わが頬を灼《や》く涙は告げよう、
黙せる心に宿る深き思いを……

一八一四年三月以来、バイロンはレディ・シャーロット・レヴィソン＝ガウアーを万能な結婚相手の候補と考えていた、たとえ彼女のオーガスタにたいする友情の好誼《よしみ》のためであろうと。これがアナベラの度重なるシーアムへの招きに、彼がいつも逃げ腰の曖昧な返事を繰り返していた所以だ。アナベラへの返書のなかで、バイロンは成立し得たかもしれぬ結婚が彼女の気持ちと彼の性格ゆえに不可能になってしまったと執拗に繰り返している――アナベラも敬虔な淑徳の自己イメージを保つために、不本意ながら彼のいうことに同意せざるを得ない気になった。が、そう度々いわれて彼女は緊張し、興奮と挫折感はますます高まるばかりであった。

九月初め彼女はもう一度、信仰について論じようと試み、次のような修辞疑問でバイロンの厭世観を正そうとした、「この世を統《す》べる者を揶揄するのは、あらゆる世界の〝統治者〟にたいする崇拝の証《あかし》ではないでしょうか？」――だが追伸に至って、それまで彼女の気持ちを見事に統制していた圧力調整弁が崩れる。アナベラはこの手紙を燃やしてしまいたいと書いた。私の「明白な矛盾」も、貴方にお会いできさえすれば消えましょうとも書いた。

アナベラがそんな懇願の追伸を書き送ったのとほぼ同じ頃、バイロンのレディ・シャーロット・レヴィソン＝ガウアーとの結婚縁組の見込みは、唐突に終止符を打たれた。シャーロットの家族が彼女を別の男のところに片付けようとしているのがわかったからだった。バイロンはただちにアナベラに手紙を書き求婚した。彼女もすぐさま返事を書いて、求めに応じた。

それから旋風のような手紙の遣り取りがつづき、二人は自分たちの婚約が理にかなっていることを互いに確かめ、ほかの誰彼をも納得させようと努めた。バイロンは彼の「これまでの振舞い」は自分から犯した罪であると同時に人から犯された罪でもあると釈明に努め〔『リア王』第三幕第二場の有名な科白のパロディ〕、アナベラは自分が以前抱いていたバイロンの性格に関する意見は「虚偽の話」に基づくものだったと弁解にこれ努めた。バイロンが身辺の用事を片付けるためにロンドンにとどまらなければならないと、分別ある実務的な手紙をよこすと、アナベラは貴方は「数学的」、つまり合理的な方だと褒めちぎった。

アナベラの友人のおおかたは敢えて明るい面を見ようとして、彼女の選択は正しかったと信じると祝福してくれた。が、ジョアナ・ベイリー〔四五頁参照〕のような二、三人の友人は、アナベラの選択が間違っていなかったことを望むばかりと、ただ希望を述べるのが精一杯だった。レディ・グランヴィルはもっと私的な意見を端的に要約してみせた――「分別があって用心深い〝やかまし屋〟の娘さんが選りによって、あんな〝詩〟と〝罪悪〟と〝悪い仲間〟の〝巣窟〟みたいな男に白羽の矢を立てるなんて、なんて素敵なんでしょう」。

まさに、なんと素敵なことか。ロンドン社交界は固唾を呑んで成り行きや如何にと待っていた。満足が得られるには、しばらく待たなければならなかった。祭壇への旅は運まかせの、時間のかかるものになりそうだった。バイロンは依然、いろいろと口実を設《もう》けてシーアムには現れなかった。アナベラは駅伝馬車がロンドンから到着する鍛冶屋の店で、毎朝じっと待ちつづけるよりほかなかった。

バイロンが北へ旅する時間のゆとりを見出し、ついに日取りまで決めるには二ヵ月近くを要した。それでもなお、彼がなんとか実際に到着したのは予定より二日も遅れていた。その頃には、アナベラの母親ジューディスは心配のあまり半狂乱のありさまであった。

出会い早々は不吉だった。アナベラは読書室にいた――そこ以外のどこに彼女の居場所があったろう？――そこでバイロンを乗せた馬車の到着を告げる物音を耳にしたのだった。蠟燭を消し、しばらく闇の中に坐って、どうしたらよいのか思案した。二人だけで会おうと決めた。バイロンが客間に通された。アナベラが入っていくと、彼は煖炉のすぐそばに立っていた。彼女が入っていっても、彼は身動きもせず、挨拶の言葉もなかった。近づいていって、手を差し伸べると、その手に口づけした。それから彼女は煖炉棚の彼とは反対側に立った。二人は一対の鋳鉄製の薪《まき》載せ台のように凝然と、気まずい沈黙のまま立っていた。とうとう彼が口を切った、ずいぶん長いこと会わなかったねと言った。アナベラは訳のわからぬ返事を口走ると、部屋を飛び出していった。

結局、アナベラは戻ってきた、このたびは両親に付き添われて。彼女はバイロンの隣りに坐った、おそらくは押し黙ったまま。神経がぴりぴりと緊張しているのは確かだった。バイロンとミルバンク夫妻が話を交わし、バイロンはエドマンド・キーンの演技の素晴らしさについて滔々《とうとう》と弁じていた。彼もまた緊張していた。アナベラがこれほど静かなのは記憶になかった。それで彼は居心地が悪かったのだ（「女は喋るほうが好きです、喋っていれば、それだけ考えていないから」と、彼は事の顚末を報告しながら、メルボーン子爵夫人に戯《おど》けて言うことになる）。寝る時間がきて、一同は別れた。別れ際に、バイロンは起きるのは何時とアナベラに訊いた。十時と彼女は答えた。

アナベラは早く目が覚め、バイロンが起きてくるのを待っていた。正午になっても彼は姿を見せなかった。アナベラは大好きなシーアムの海岸のごつごつした岩のあいだを独り散歩しようと、家を出た。不安だった――多分、こんなに不安になったのは生まれて初めてのことだったろう――一体、私がしたことは何だったのかと。やっと二人が話を交わせるようになると、早速、彼女はバイロンの口にすることとすべてを厳密に分析し、それと彼を理想の夫と思い定めるようになった自分の推理とが辻褄《つじつま》が合うかどうか試してみた。辻褄はまるで合わなかった。

アナベラの父が一緒だと、事態は好転した。バイロンは老レイフ卿がすぐ好きになった。卿はこの世にも名高い詩人で将来の義理の息子を前にしても、あるがままに話し、率直で単純明快だった。いっぽうジューディスのほうは体が小刻みに震える興奮状態のままで、バイロンの神経に触った。

最初の一週間が過ぎ、第二週に入ると、事態は悪化しはじめた。アナベラは結局のところ、今まで考えていたような数学的人間ではなさそうだとバイロンは気づきはじめていた。まず第一に、彼女は心気症の気《け》があるらしく、なんの病気の徴候もないのに二、三日おきに病気になった（これは彼女の一生を通じて、六十八歳の誕生日の前日に死を迎えるまで続くことになる生態のパターンである）。さらに悪いことには、泣いたり喚《わめ》いたりの〝騒ぎ〟もあった――キャロライン・ラムに勝るとも劣らぬ騒ぎが。バイロンはメルボーン子爵夫人にそう語っている。

*

〝騒ぎ〟の前触れは、アナベラがまもなく夫になる人の発する或る「不可思議な言葉や話しぶり」に気づいたことだった。最初、彼女はこれもまた過度に興奮した彼の想像力の徴候だろうと見なしていた。が、何日か経ち、この問題についてくよくよ考えつづけているうちに、アナベラは何か別の、もっと具体的な原因があるにちがいないと確信するようになった。数年後、この件について再び語ったとき、彼女は自分自身をまるで患者に接する医師のように描いている。病の徴候の型《パターン》を理路整然と観察し、診断を下そうと試みている。実をいえば、彼女はパニックに近い状態にいたのだ――バイロンにいわせれば、心配のあまり自分を責め苛んでいたのである。彼女はバイロンについてばかりでなく、自分自身についても意外なことをいろいろと発見していたのだった。たとえば〝平行四辺形の君〟は非常に強い情欲の持ち主であることがわかった。二人だけのとき、愛撫の実験をしていたのだが、予期に反して彼女は敏感に反応した。バイロンには、これによってアナベラのいつもの態度は性的欲求不満が原因なのだと合点がいった――彼女がヒステリックになったら、バイロンが照れながら「鎮静処置」と呼ぶものを一服投与すれば足りるというわけだった。

バイロンは自慢話をしたり冗談をいったりして、自分を元気づけるのに懸命だった。アナベラのますます高じる不安の原因がなんであれ、それは海辺の岩に砕ける波の轟《とどろ》きなどで直せるものではなかった。彼女は多くの求婚者を退け、自分の人生の伴侶はバイロンと決めた選択を正当化する複雑な仕組みの理屈づけをこしらえていたのだが、ほんの二、三日、直《じか》に彼と付き合っただけで、それは脆くも揺らぎはじめている気配だった。バイロンは改心して、彼女に読むべき宗教書を選ばせ、彼女を「導者、哲学者、友」とし、自分の心を彼女の心にふさわしいものにするという考えに、もはや熱心ではなくなっている様子だった。

こうして、「騒ぎ」の舞台は用意された。

ある晩、二人だけのとき、アナベラが彼に尋ねた――「穏やかに、優しく」と彼女は後年語っているのだが――私たちの結婚についてお気持ちを変えたようなことがあるかどうか、もしあるなら、私は「真の友人」として、この婚約を解消してもよろしいのです、心の用意はできておりますから。彼女はまったく無邪気な質問だったと物語っているのだけれど、こう質問されてバイロンが痙攣《けいれん》に襲われるのを目の当たりにした彼女はひどく驚いた。バイロンは顔面「土気《つちけ》いろ」になり、ソファーに倒れて気を失った。正気に戻ると、彼は「怒りと非難が入り混じった判然としない言葉」を呟いた——「君は自分が何をしたか、ご存じない」と彼は言った。どうか許して欲しいと、アナベラは嘆願した。彼を宥めることは不可能だった。以来、彼が心の内を打明けることは決してなかった。彼の過去は二人が決して無事には戻ってこれない異国となったのだった(1)。

（1）この〝騒ぎ〟の場面に関するアナベラの叙述は、バイロンとの結婚生活について彼女が記した数多くの話の一つと、『バイロン卿夫人弁護』のなかで報告されている著者ハリエット・ビーチャー・ストウとの会話のなかにしか残っていない。バイロンはこの出来事をそれが起こった数日後、メルボーン子爵夫人宛の手紙でついでながら触れているが、軽くあしらっているだけである。

非難を無邪気な質問に包んでくらますのは、アナベラのいつもの手だった。質問は彼女一流の謙虚で敬虔な態度でおこなわれるのが常で、それに答えるバイロンの応対の激しさの度合いによって罪の深浅を測定する狙いのものであった。いうまでもなく、それは激烈な応対を産み出した罪同様、鼻持ちならない傲慢な態度になりがちだった。エリザベス・バレット・ブラウニング〔一八〇六―六一。英国の女流詩人、ロバートの妻〕は、それがいかに鼻持ちならないかを心得ていた。何年も後に彼女はアナベラについて、「絶対に自分は正しいと平然と構えているというのは——おぞましい」と述べている。

バイロンを思う自分の気持ちのほうが自分のことを思う彼の気持ちより強いと分かりはじめたアナベラは、平衡を回復しよう、自己抑制を取り戻そうと努めた——自己抑制こそ、アナベラにとって自分の存在を解く鍵であった。バイロンが到着して以来、抑制は彼女の身の内から洩れ出していた。彼を自分の時間割に、いや、どんな時間割にも従わせることさえできなくなった——彼がかつて言ったように、「君の望みどおりにする」などということは可能だろうか？　私の救済計画に必須な可鍛性、すなわち悔恨はどこにある？　私の手にあるのは柔軟なパテだろうか？　いや、いや、彼は火打ち石のように硬い。

アナベラが自己抑制に駆られて動く人間とすれば、バイロンは衝動に操られて動く人間だった。実際、これこそがジョン・キャム・ホブハウス、フランシス・ホジソン、スクループ・デイヴィスのような友人たちにとって、バイロン最大の魅力の一つだった。彼は友人たちから何も期待しなかったし、何かを彼らに与えても、その見返りを期待することもなかった。彼は突飛な言動の達人だった。その言動は衝動的で、それがもたらすかも知れぬ危険や報酬など、計算する暇《いとま》もないほどのものだった。その例を挙げることなら、誰にでもできた。たとえば一八一四年の末、ホジソンはふと気づいてみると、愛する女の子との結婚を彼女の母親に拒まれていた。彼が背負っていた借金が拒絶の理由だった。バイロンはニューステッドでのレディ・フランセス・ウェブスターとの失敗に終わった密会から帰って来たばかりの頃で、このケンブリッジ以来の旧友の苦境を知った。彼は他のすべての用事をうっちゃって、夜通し馬を走らせ女の子の母親に会うと、ホジソンの借金は一切きれいに清算するからと説得した。それからロンドンにとって返し、ただちに友人をハマズリー銀行に連れていって、自分の口座から一千ポンド引き出して友人に手渡すよう命じた。お陰で、長いこと憧れていた自分自身の海外旅行の資金はふいになってしまった。

この寛大さを裏返せば、借金にたいする無造作な態度ということになる。バイロンは贅沢な暮らしぶりをつづけるために平気の平左で借金した。が、浪費癖を改めて借金を返すなどとはつゆ思わず、そのため多くの小売商人を破産寸前まで追いやることがあった。

これとアナベラの人に金銭を与える態度とは、まったく対照的だった。彼女は吝嗇《けち》ではなかった。母方の伯父ウェントワスの遺産から相続できるかなりの金額から、適当と彼女に思える人なら誰にでもすすんで喜捨した。だが、彼女が人に与える場合は長期契約に基づき、しばしば弁護士を仲介として利用した。すべては事態の入念慎重な考慮の上のことであった。こちらのほうが金銭を受け取る側にとっては、水がおのずから湧き出るように現金が溢れ出るバイロンの遣《や》り方よりも、はるかに実際的で対処しやすかった。が、それはまた彼らに寄贈者への恩義をつくづくと感じさせる暇《いとま》を与えるものでもあった。

バイロンのおのずからの態度は彼自身に関する限り、欠点ではなかった。それは一つの哲学であって、女との関係や結婚にたいする態度にまで及んでいた。彼は開放的な結婚を欲した。彼が再度アナベラに求婚して受け入れられる直前、メルボーン子爵夫人に洩らしたように、彼の妻に誰がなろうと、彼を「良心の同じ自由」にまかせてくれる限り、彼女は好きなように何でも自由にやっていいのだ。無論、アナベラにはそのような結婚観は無縁だった。彼女にとって、結婚とは義務に根ざすものであり、義務は妻としての彼女のためのみならず、同じ人間の仲間、平等な人間としての彼女のためのものでもあった。

つづく数十年のあいだ、ハリエット・ビーチャー・ストウやハリエット・マーティノー〔一八〇二―七六。英国のジャーナリスト、社会改良家〕のような急進的な著述家は世の女性たちのために、アナベラを男女同権（少なくとも男女平等な待遇）を促進する一種の聖像《イコン》として取り入れた。彼女たちはアナベラが急進的態度をとった生き方に、後世がフェミニズムと呼ぶことになるものの最初の微《かす》かな鼓動を聞きとっていたのである。それはバイロンが機械的な宇宙に生きる存在の無意味さを絶望的に見つめながら、人間を目的なき原子にたとえたとき、彼に答えたアナベラの手紙の中にはっきりと見てとることができる。彼女にとって、それら目的なき原子たちは性別《ジェンダー》にかかわりなく、すべて同一の実体からできているものだった。事実、後年になって彼女は論じることになる、目的なき原子は階級の如何《いかん》にかかわらず同一の実体であると。

一方、バイロンは男と女は根本的に異質なものからできていると見ていた。その証拠はふんだんに見つかる――その多くは一人の女性、メルボーン子爵夫人との文通のなかに。バイロンは子爵夫人を名誉男性に選ぶことで、彼女の女としての欠陥を見逃している。ある手紙で、彼はアナベラの「能力と卓越した特質」を絶賛しているが、これらの男性的特質はもっぱら自分を彼の賛美の的にしようと狙った彼女の隠密な計算のために、台無しになっていると見ている。なにもかも備わっているにもかかわらず、これを見れば、「彼女にも女特有の何か」が残っているのは明らかだと、バイロンは断言している。彼が女を高く評価しないのも、彼にたいする女たちの態度が悪いからだとも書いている。女たちの浅薄さ、女たちが本当に欲している〝バイロン〟、ロマンティックに美化された〝バイロン〟、御曹子ハロルド＝コンラッド＝ラーラ＝バイロンの身代りとして彼を遇する、その愚劣さには、吐き気を催すと言い切っている。

＊

驚いたことに、シーアムを訪れてみて、アナベラには実際に女特有の何かがあるのが分かった――あれこれと小細工を弄したり、何かを企んだり、独占欲が強かったりするところが。あの〝騒ぎ〟以後の彼女の振舞いは、この事実を裏づけるばかりだった。バイロンは訪問を早々に打ち切り、この結婚には「重大な疑問点」が多々あると言い残して、ロンドンへの帰途についた。アナベラの和解を求める嘆願が矢継ぎ早に彼のあとを追った。バイロンが立ち去らざるを得なかったのは、彼が傍にいるとアナベラがひどく神経を尖らせ、いらいらするからだった。そんな彼女が今はもう、彼を取り戻そうと必死なのだ！　愛の誓い、約束、嘆願がえんえんとつづいた――そして最後には、捨て鉢な宣言が。「貴方《あなた》なしに苦しみをまぬがれるより、いっそ貴方と共に苦しみを分かち合いたい」。

バラブリッジで旅を中断して、バイロンは辛辣な彼の手紙のなかでも最《さい》たるものといえる一通をアナベラに書き送った。君もこれを読んでおそらく満足するだろうが、ぼくは「エンドウ豆がいくつも入った靴を履いた巡礼のように居心地が悪い」。実は商用の手紙を何通か持参しているのだけれど、これを君の母上に渡してもらいたいんだ、あの人は「商売熱心だから、商売にかかわりがありそうなものなら、何でも見たがるだろうからね」。

しかし二、三日すると、バイロンの気持ちは和らいでいた。まだロンドンに向う途中だというのに、彼は母校のケンブリッジに立ち寄った。彼がある選挙に参加するため評議会を訪れると、学生たちは明らかに禁止されていたにもかかわらず、天井の垂木《たるき》にも届けとばかり大声を張り上げて彼を歓迎した。これに励まされ、女を交《まじ》えぬ男ばかりに囲まれて、バイロンはいかにも安気にアナベラへ手紙を書いた。「今、隣りに坐っているのは、ぼくの親友――どうやら今まさに彼の選ばれし配偶者に手紙を書いている最中……『この前の手紙でまた僕の便りを聞きたいと思っていることだろうね――君の便りを聞きたいのは、こちらも同じだよ』。これは隣りで〝愛しき淑女〟に手紙を書いている求婚者の許可を得て拝借した文章です」。（求婚者というのはフランシス・ホジソン、バイロンが借金をきれいに返済してやったもので、やっと手紙を書き送れる〝愛しき淑女〟を得た男のことである）。アナベラ、君は自分を責めるのをやめなくては、とバイロンの手紙はつづく。ぼくは君のせいで怒ったりはしなかった、「〝希望〟が可能にしてくれる限り幸せだし、〝愛〟が許す限りに陽気です、また逢う日まで」。

バイロンがロンドンに帰って落着くと、二人の文通はこれと同じ気楽な調子でつづけられた。バイロンは問題はなにもない振りを装いながら、アナベラは問題は解決できると確信ありげに。「私は貴方《あなた》が滞在していらっしゃる間、確かに私自身ではありませんでした」と彼女はバイロンに語っている——本当の私は貴方がシーアムで出会った「重苦しい、お説教好きな、そんな嘆かわしい」人間などよりずっと増しな人間です。かつてバイロンは彼女を「世の中で一番静かな女」と呼んだことがあるが、少なくとも彼女の沈黙をどう解釈したらいいのか、今になってわかった気がした。なにもかも、うまくいくだろうと思えた。

もう一度、結婚を告げる鐘の音《ね》が聞こえるようだった。といっても、鐘を鳴らしているのは当の二人ではなく、ますます好奇心に燃える世間と新聞だった。一八一四年十二月四日、サンダーランドの一新聞はすでに婚礼は執り行なわれたと報じた——気が早い近隣の村々の教会は一斉に鐘を鳴り響かせ、アナベラを大いに面白がらせた。その翌日、バイロンは『モーニング・ヘラルド』紙の切り抜きをアナベラに送った。そこには「かくも興味津々たる御両人」の結婚が報じられ、おまけにアナベラの「詩的煌めき」は「借り物」だという論評が添えてあり、それを目にした彼女の機嫌をそこねた。

二人の結婚式が実際に挙行されるのは、それから一ヵ月後のことである。結婚式を早くしてというアナベラの訴えに応えて、バイロンはニューステッド売却の件でいろいろと問題があるものでと、書いている。弁解は無用ですと、アナベラは返事した。若い恋人たちにはお金は要りません。ささやかな収入でなんとかやっていけます、「私たち二人には好ましいと思える静かなお客」を迎えられる家が一軒、馬車が一台ありさえすれば(アナベラがこう返事したのは、バイロンが友人のトマス・ムアが上京して来たので、二人して大いに飲み、翌朝、目が覚めたら頭が「つむじ風」みたいだったと彼女に伝えた僅か三日後のことである)。収入相応に暮らせれば、私は満足です、借金するのはとりわけ恐ろしいことですから、アナベラはそう書いている。

いうまでもなく、バイロンは身の毛のよだつような恐ろしい借金地獄にいた。それにまた、衝動的に起こったもう一つ別の情事の深みに嵌《はま》ってもいた。初めてシーアムを訪れるちょっと前、彼はイライザ・フランシスと名乗る崇拝者の戸別訪問を受けた。彼女は野心に燃える詩人だった。その態度に大いに感心したバイロンは彼女の詩作の仕事を援助する五十ポンドの小切手と共に、彼自身の馬車に乗せて家《うち》まで送ってやった。その彼女がまたもやオルバニーの宿舎の戸口でぐずぐずしているのを見て、招き入れた。イライザはバイロンの結婚式が迫っているので一言《ひとこと》、お別れの挨拶をしに来たのだった。のちに彼女は世界の偉大なロマン主義詩人が安っぽいロマンティック小説の典型的主人公になり下がるさまを描くことになる。

しばらく二人で話してから、彼女が立ち去ろうとすると、込み上げてくる感情に圧倒されて、よろめく。バイロンがさっと彼女を両腕に抱きとめる。

項垂《うなだ》れて立っていると、彼は帽子からはみ出していた巻き毛をそっと脇によけて……首に接吻した――それでかっとなった私は手を彼の腕の縛《いまし》めから自由にしようと抗《あらが》った。だが、彼は熱っぽく私を胸に抱きしめた、恐ろしかった……「顫えることはない、驚かなくていい、何もしないから――ぼくと一緒なら安全だ」と激情のままに言うと、彼は肘掛け椅子に身を投げ、私を引き寄せた――一瞬、私は彼にしがみついた――人を恋したのは初めてだった、これがこの卓越した〝存在〟との最後の別れになるにちがいない……彼は私を膝の上に引き下ろした、両腕を私の腰に廻した、逃げる術《すべ》もなかった……

彼女が立ち去ろうとすると、彼は「気が触れたように兇暴な力で私を胸に抱きしめ、その熱っぽい目差しには内面の感情が剝き出しに現れていた」。彼女は優しく話しかけた。彼は手を放して、もう家にお帰りと言った、「もう二度と君を苦しめるようなことはしない」と言い添えた。

一八一四年十二月二十四日、バイロンはついにシーアムに向かって出発した、独身最後の旅であった。「これほど先を急がない恋人もいなかった」と、花婿バイロンの介添え人で気まぐれな旅の道連れだったホブハウスは語っている。彼らは北陸街道《グレート・ノースロード》をのらくらと旅して、三日かかってやっとニューアークに着き、さらに二日かけてサークスにたどり着いた。とうとうシーアムに到着したのは十二月三十日金曜の夜、晩《おそ》くだった。あまりにも遅いので、アナベラの母ジューディスはこの度も胸騒ぎに襲われ、自室に閉じ籠もらずにいられなかった。

ホブハウスがアナベラに会うのは初めてだったが、会ってもあまり感銘を受けなかった。彼女は「裾が長く襟ぐりが小さい」ドレスを着ていた――これは大きい襟ぐりを好んだ摂政時代〔一八一一―二〇〕の趣味を拒否する流行だった〔道徳重視のヴィクトリア時代がはじまるのはもう間もない〕。ホブハウスは彼女の踝《くるぶし》には感嘆したが、顔つきには感心しなかった。知り合うようになって、その印象は改善されたけれど。アナベラはバイロンと二人きりになると、両腕を彼に投げかけ抱きついて、わっとばかりに泣き出した。ホブハウスが居合わせるところでは、再び世界で一番静かな女になって、いかにも愛《いとお》しげに花婿を見つめるばかりだった。

翌日、雰囲気はもっと気楽になり、ホブハウスはアナベラの魅力に気づきはじめた。最たる魅力は彼女の気取りのない態度だった。レイフ卿は調子が上々で、さまざまな話を披露して客人をもてなした。

この日はホブハウスが花嫁の役を演じた模擬結婚式で、楽しい気分のうちに終わった。寒さ厳しい大晦日、みんな幸せだった、なにもかも素晴らしかった。

一八一五年の元日、結婚式の前日、再び緊張が戻ってきた。夕食はみんなが共に飲み食いする楽しみどころの話ではなかった。食後、バイロンはホブハウスに別れの挨拶をした、あたかも二人が一堂に会するのは、これが最後といわんばかりに。

結婚式の当日と翌日にあったことを伝える記録は互いに矛盾している。レイフ卿の執事の息子がずっと後に記しているところによれば、バイロンは式のはじまる直前に姿をくらまし、ようやく屋敷の庭で見つかったときには、自分の手袋を的にして闇雲にピストルを乱射していたという。ホブハウスはそのことには言及せず（ことによると、その頃バイロンのもっとも忠実な友であった彼は、知っていても言及する気にならなかったのかもしれない）、ただ目が覚め着替えを済ましていってみると、バイロンはすでに自分の部屋で用意万端ととのえ待っていたと語っているのみである。

式は客間でおこなわれる手筈になっていた。拝跪用のマットが二枚、床に並べてある。参列者一同は今か今かと花嫁の到来を待ち構えている。アナベラが子供のときの乳母《ナニー》、ミセス・クラーモントに付き添われて入って来た。(2) 衣装は簡素な白のモスリンの上着と、ごく僅かなレースの飾りがあるガウン——これは神に祈りを捧げるときの懺悔服だった。式のあいだ、アナベラは終始落着き払って、じっとバイロンを見つめ、誓いの言葉をはっきりと繰り返した。バイロンはためらいがちだった。

(2) ミルバンク家の人びとは、ミセス・クラーモントを決して実際に乳母と呼んでいたわけではない。とはいっても、アナベラと彼女の関係を表すのに、それはおそらく最適の用語であろう。

式は十一時までに終わり、二人は結婚した。六梃《ちょう》のマスケット銃が放つ祝砲の響きが玄関前から聞こえてきた。シーアム教会の鐘が鳴り渡った。今やバイロン卿夫人となったアナベラはしばらく部屋をあとにしていたが、戻ってくると教区記録簿に署名した。署名し終え、再び戸口に向かう行きがけに、両親のほうにちらっと目を遣る、彼女の目は涙で溢れていた。

一時間もしないうちに、アナベラは旅装——灰色がかった青のケープ——を身にまとい、花婿に付き添われて外で待機している馬車に向かった[3]。雪が降っていた。馬車に乗り込むと黄いろのモロッコ革で綴じられたバイロンの詩集が座席に置いてあった。ホブハウスからの結婚祝いの贈り物だった。ついでバイロンが乗り込み、馬車の窓から手をさし出して、ホブハウスの手を握った。馬車が動き出しても、彼は友の手を離そうとはしなかった。ホブハウスは馬車が車寄せの道を走り出しても手をつながれたまま、馬車の脇を走りつづけた。ついに二人の手は引き離され、新婚夫婦は二人だけで、レイフ卿が二人のハネムーン用に貸してくれたヨークシャーのミルバンク家の別邸ハルナビー目指して、四十マイルの旅の途についた。

(3) アナベラの伝記の決定版を著した(そして彼女に同情的だった)エセル・コルバーン・メインは、オッカム荘園までおもむき、同屋敷内に保存されたウェディング・ドレスとケープの調査をおこなっている。メインはホブハウスによる描写に異議を唱え、もっぱら刺繍の細やかさと色彩の落ち着きのほうを強調している。

＊

旅のあいだ、二人はシーアムで一緒に過ごした初めの頃と同じ態度に戻っていた。バイロンは怒りっぽく辛辣で、アナベラは押し黙って不安げだった。突然、バイロンが「気狂いじみた調子」で歌いはじめた。後年、アナベラは彼が歌っていたのは多分、お気に入りのアルバニアの民謡だったろうと回想している。

彼らが最初に着いたのは、旅路を僅か数マイル行ったばかりのダラム〔イングランド北東部ダラム州の州都、有名なノルマン時代の大聖堂がある〕で、そこの壮大なロマネスク様式の大聖堂の大きな鐘が二人の到着を迎えて鳴り渡った。「ぼくらの幸せのために鳴っているのかな?」バイロンは皮肉っぽく尋ねた——旅に出てから彼が話しかけた最初の言葉だったと、アナベラはのちに断言することになる。

降りしきる雪で窓外の景色は柔らかく霞んでいた。馬車の内部の雰囲気は凍てついていた。何年かのち、アナベラはこの新婚旅行の思い出をバイロン反駁の気味あいで書いているが、そういう泥仕合いめいた責め合いのため、彼女の記述の調子はそれだけ信じがたいものになってしまっているけれど、ともあれ彼女は頑なに、こう主張してやまない——彼が一連の苦々しいことを言ったのは私を不安にし怖がらせるためだった、私と結婚したのはただ私に求婚していた他の人びとに屈辱感を味わわせるためだった、私をなんとか自分のものにすることができたのは彼のほうが抜け目がなかったからだ、彼との結婚に同意するのにあれほど手間どった罰として私は苦しむことになるだろう、今までは愛の仮面をつけていたが今はもう脱ぎ棄てるつもりだ、彼が私の母を憎んだのは母がメルボーン子爵夫人の意地悪な批評の標的だったからだ。

こうして、やがてヴィクトリア時代の大事件《センセーション》の一つとなるメロドラマの幕が上がる。無数の小説(たとえばディズレイリの小説『ヴィニーシャ』)、暴露物(たとえば気違いじみたタブロイド判新聞の元祖『ジョン・ブル』に載った結婚初夜の記事)、論争(たとえばハリエット・ビーチャー・ストウの『バイロン卿夫人弁護』)で再演されて、このメロドラマは時代の不安を劇化するに至った。どちらの側もいろいろと演じる役があり、どちらも見事に演じおおせた。アナベラは近代世界と同一視され、冷たく打算的、敬虔で合理的、「卑しい精神」に「絶対的支配力」を行使できる典型的人物となった。バイロンはゴシック小説的ロマン派で、「過剰なるものに呪縛された者」、「何事にあれ極端に走らざるを得ない奴隷」となった。

ハリエット・マーティノーが公表した報告によれば、馬車がハルナビーに着くや否や、バイロンは花嫁を放ったらかしにして歩み去り、取り残されたアナベラは独りぼっちで屋敷の玄関まで歩いていかなければならなかったと、召使の一人は回想している。彼女の表情は恐怖と絶望にひきつっていたと、召使は断言している。別の召使が一八六〇年代に或る新聞に伝えた話だと、アナベラは浮きうきした快活な気分で到着すると、管理人や借地人が差し出す歓迎を喜んで受けたという。トマス・ムアのバイロン伝――ムアが焼却される直前に読んだというバイロンの回想録〔六三頁参照〕の記憶に基づく問題含みの記述――のなかで、バイロンは客間のソファーの上で結婚の床入り式をさっさと片付けたことが語られている。これらの回想が『ジョン・ブル』紙が一八二四年に再現してみせた結婚初夜の芝居がかった記事の出所だといわれた。

もう午前二時近くだ。私は待ちくたびれて骨の髄までへとへとだった。私は皆と別れ私室に引き下がっていた。花婿たる者は初夜には完全に愛に満たされ、他の感情に心をゆだねることなど不可能だと考える方々《かたがた》にはお許しを乞わねばならないが、私はソファーでほとんど眠り込んでいたのだ。するとくすくす忍び笑いしながら半ば赤らめた顔がひょいとドアの陰から現れ、舞台で侍女役(*suivante*)がするように、アンヌさまはお床入りなされましたと囁くと、またさっと引っ込んだ。

それは新婦付き添いの娘の一人だった。

これは嘘ではない、実際の話だ。私は事実まどろんでいたのである。まもなく俺は結婚したんだという意識が麻薬のように作用しはじめた――これが情婦だったら――ペチコートを穿《は》いた獣《けもの》か何かとの密会でもあったなら――妻以外の何かだったなら――そうなれば、多分、事態は違ったものになっただろうに。

しかしながら、私はすぐさま寝室に直行し、衣服をかなぐり捨てた。あの夜――いや、あの朝まだき、私はお祈りを唱えもしなかったと言ったら、方々の熱烈に敬虔な心は大変な衝撃を受けられることだろうと思う。私が大変な間違いを犯したことは正直に認めよう、私は祈りを忘れぬ敬虔なスコットランド王国で教育を受け、白状すれば――お笑いなさるな――こう見えても、少なくとも半ばは長老教会〔十五世紀スコットランドに成立した、カルヴァン主義を信奉する厳格・酷烈な教会〕の信徒なのだから。

この記事が新聞に出た当時は広くそのままに信じられたが、明らかな誤りが二つあり、これが作り話であるのは歴然としている（アナベラはバイロンによっても、他のいかなる人によっても、アンヌと呼ばれた例《ためし》はないし、結婚式にもハネムーンにも付き添いの娘など一人もいなかった）。同じ記事にはさらにもう一つ私事の暴露があるが、これまた世の人びとに信じられた。この場合は、バイロンの〝驚異の年《アヌス・ミラビリス》〟のあいだ、甘言を弄する社交界の女連中に騙されてバイロンへの紹介状を何通も書かされたと大いに立腹した詩人にしてゴシップ屋、サミュエル・ロジャーズ〔一九頁参照〕経由の話に基づいている。話は初夜につづく夜明けどきにかかわる――

澄みきった一月の朝だった。ぼんやりした灰色の光が二人のベッドの燃えるような赤いカーテンを透かして陰気に流れ込んでいた。それはまさに想像力が地獄を照らし出す暗鬱な溶鉱炉の光かと見えた。妻は枕にもたれて横になっている……彼女は眠っている、が、その面《おもて》には心乱れた影がたゆたっている。かの暗鬱な光——かの洞窟のようなベッド——あの青白い憂鬱な容貌——あの寝みだれた黒髪、これらすべては私が切れぎれの微睡《まどろみ》のなかで見たばかりの物たちと完全に一致していた……「ようこそ、プロセルピナ〔地獄の王に連れ去られて彼の妻となり、冥界の女王となった〕」、またしても私はそう呼びかけた。しかし理性がすぐ戻って来た。

細部は間違っているかもしれないが、全体の調子はこのとおりのものだったにちがいない。二人は自分たちのハネムーンが内密な〝地獄〟になろうとしているのに気づいていた。その後につづく日々の真実がどうであれ、それが十分に知れることなど決してあり得ないが、現存する彼ら二人の物語はすべて(主としてアナベラ自身が彼女の弁護士たちのために綴ったものであるが)、いかなる小説作品にも劣らぬゴシック的怪奇と恐怖が綯《な》いまぜになった世界に沈んでゆく一組の夫婦を描き出している(4)——まさに多くの人にとって、情熱と犯罪と愛と迷信と狂気を包含する典型的物語となっている。

(4) 彼らのハネムーンに関して知られている物語のおおかたは、バイロンと別居後アナベラが作成した一連の記述に由来するが、それらの記述は現在、ラヴレス文書〔二〕の中に見出すことができる。この文書は永続的な別居を求めるアナベラの訴訟を支持するために書かれたもので、したがって必然的に偏ったものになっている。が、バイロン自身もこの時期の自分の振舞いの非は認めているのである。

〔二〕 エイダの次男、二代目ラヴレス伯爵が祖母の書いたおびただしい覚書、人に洩らした内密な話を収集編纂した資料集。閲覧許可を得た一部の伝記研究家を除いて、公開されることはなかった。

＊

結婚して初めて迎える日の朝、二人が眠りから覚めて目にしたのは氷河期のような世界だった。雪がハルナビーの庭を被い、庭の飾りにしつらえた池には一面氷が張りつめていた。確かに指が凍えていたせいもあろうが、アナベラは結婚指輪がずり落ちないように、一片の黒いリボンで指に固定した。妻と違って迷信深かったバイロンはそれを目にして不吉な前兆だと恐れをなし、リボンを外すよう促した。アナベラはいわれたとおりにしたが、二人が化粧室で暖をとっていると、指輪が指から滑り、火格子の中に落ちた。それで一層、バイロンは不吉な予感を覚えて心穏やかではいられなかった。

一通の手紙が届くと、彼の機嫌はますます悪くなった。手紙は彼の姉、今はアナベラの友となっているオーガスタからのものだった。バイロンは彼を気づかう姉の気持ちを述べた箇所を読んで聞かせ、アナベラの意見を尋ねた。バイロンはあからさまに姉の不在を嘆き、彼女の愛を求めてやまなかった。

この気分はつづいた。バイロンは彼の過去、母方の祖父を自殺に追いやり従兄弟の一人に放火の罪を犯させた家系の狂気に執心するようになっていった。彼はさらに自分自身がかつて犯した罪について、悪党であることについて、アナベラとの結婚にのしかかっている呪いについて、最初求婚したときアナベラが結婚してくれていさえしたら避けられたかもしれぬ行為、それを犯した自分を赦すことは絶対にできない行為について、語りつづけた。

アナベラはこれらの譫言《うわごと》は、とくに彼の姉についての譫言は極度に活動する想像力の発散以上のものではあるまいかと疑いはじめた。弟と姉の近親相姦的結びつきは、二人が自分たちの血統を知らなければ起こっても不思議はないと、アナベラは二、三日後、何気なしにいった。その言葉には、隠れた動機など何もないとアナベラが言い張ると、バイロンはかっと怒って、なぜそんなことを言うのだ、その理由を知りたいと迫った。なぜって、ドライデン〔ジョン――、一六三一―一七〇〇。英国王政復興期最大の詩人・劇作家・批評家〕の悲喜劇『ドン・セバスチャン』〔一六八九年初演。ポルトガル王セバスチャンは恋人が実の妹であることを知って隠者となる〕を読んだことがあるから、あの芝居にはそんな挿話があるからと、アナベラは答えた――ほかにどんな理由があるというのでしょう？　のちにアナベラが主張するところによれば、彼女がそう答えると、バイロンはテーブルの拳銃のわきに置いてあった短剣を取り上げ、部屋を出ていった。長い廊下を伝って自分の部屋に入ると、ドアをばたんと力まかせに閉めた。

その夜、彼は晩《おそ》くなって再び姿を見せたが、その顔つきは彼の詩『ラーラ』に描かれている表情をアナベラに思い出させた――

一瞬、ラーラの額は
悪魔の色に染って、どす黒く翳《かげ》り……
〔第二詩篇第四連〕

長い夜、彼はいやいやながらアナベラと共に過ごしたが、突然立ちあがると、自分の部屋に通じる長く暗い廊下を不安げに行ったり来たりして、自殺の虞《おそれ》を現実のものにしかねない気配を見せるのが習いとなった。地獄の火がかっかと燃えるベッドに夫婦が横たわると、彼は苦しみ悶える、まるで炉に閉じ込められた子供のように――哀れな幼い子供が逃れようもない炉のなかで悶え苦しむというのは、ヴィクトリア時代の好んだ堕地獄の描写である。
　自分には子供が何人かいる、妻もいる、バイロンはそう話した。アナベラが頭を彼の胸にのせると、「ぼくの胸なんかよりもっと柔らかな枕をもったらどうだ」と言い――彼女を絶望に追いやった。
　彼は女を誘惑した話もした――レディ・フランセス・ウェブスターのことではない、そのことならすでに告白ずみで、別のもっと罪深いものだった。オーガスタもそのことを知っているのとアナベラが訊くと、姉さんにそんなこと訊くなと一言いって、彼は眠ってしまった。翌朝、アナベラはこの問題を蒸し返し、私にも手助けさせて、貴方《あなた》の良心の重荷に私も一緒に耐えるからと、訴えた。彼はそれを断わり、じっと煖炉の火を見つめながら言った、おそらく君もいつかは僕の秘密を知るようになるだろうが――しかし、『ケイレブ・ウィリアムズ』〔二七頁参照〕のことを忘れるなと警告した。それは二人が馴れ初めの頃、彼がその名を挙げて感動していた小説だった。作者はウィリアム・ゴドウィン〔一七五六―一八三六。英国の哲学者・小説家、主著は『政治的正義』（一七九三）〕、あの急進的な女権論者《フェミニスト》メアリ・ウルストンクラフトの夫で、のちに『フランケンシュタイン』の作者となるメアリ・シェリーの父である。あの小説を書いたゴドウィンの狙いは、「家庭内の記録にとどめられない専制政治の形態」を明らかにするところにあった。
　物語は一人の地方地主の殺害にかかわるものだ。「名声気違い」と呼ばれている誇り高く高潔な人物、フォークランドが下手人ではないかと疑われる。彼は身分卑しいケイレブを秘書に任じるが、ケイレブは雇い主の罪を確信するようになる。物語の後半は二人を一つにつなぐ共謀と、二人を引き裂く疑惑にかかわる――フォークランドの彼を疑う召使いへの非情冷酷な迫害と、主人に忠実に仕え、それによって彼を救おうとするケイレブの命がけの願い。小説と事実の相似はアナベラには説明の要もなかった、ただ彼女自身のフォークランドが犯した罪は何だったのかということになると、小説と事実の相似はどこまで広げられるのか疑わしくなったけれど。近親相姦だったのだろうか？　それとも……？　彼の仄めかす暗示と意見に従えば、不可抗的に殺人の嫌疑につながる。でも、彼は何もはっきりとは語ろうとしない。アナベラは彼女みずからが「疑念の荒野」と呼ぶ暗礁に乗り上げてしまった。

「さあ――腰を落着けて、ぼくを改宗させてみるがいい」、ある日、バイロンはそう言ってアナベラに挑戦した。「貴方自身の冷静な反省」のほうが有効でしょうと応えて、彼女は挑戦を退けた。私を異教徒にしようとなさっても無駄ですとも予告した。彼女の信念――「数学的に整然と適合した確固たる原則と主義」と後にバイロンがいうことになるもの〔三〕――は、彼の攻撃に曝されてもびくともしなかった。しかし、君は規律にやかましいメソディスト派だという非難攻撃には絶えず心が痛んだ（この非難が彼の飲み友だちのホブハウスから出たものであるのは分かっていた）。確かに私はあのように厳格な哲学に同感しすぎるかもしれませんけれど――人を許す態度も、「暗闇と懐疑の世界に……平和と喜び」を与えたいという願いも、それに劣らず身をもって示してきましたと、彼女は抗弁した。

〔三〕‘Methodist’が十八世紀英国でジョン・ウェズレーによってはじめられた信仰覚醒運動を指すのはいうまでもないが、語源的には‘method’（方法・形式）に由来する。この新しいプロテスタント教会が推進した覚醒運動も、ひっきょう信仰生活の形式と方法を重んじるところにあったといっていいし、〃メソディスト〃という呼称が生まれた所以もそこにあったのである。が、アナベラは信仰上はメソディストではなく、ユニテリアンである〔四六頁参照〕。心情的かつ理性的には、彼女はメソディストにより近いといえるにちがいない。

アナベラはもっと強固な基盤を見出したいと必死だった。聖書の神秘主義を攻撃した十八世紀の戦闘的な神学者コニヤーズ・ミドルトンの『自由な探究』のような著作を研究しはじめた――それはまさしく過剰な感情に首まで浸っていた時期の彼女に必要だった精神を鼓舞してくれる、そんな種類のさわやかな合理主義であった。読んだことについて覚書を記して、宗教的観念を偏見なしに沈思黙考する喜び、各人がそれぞれの信仰に直面する大切さを信じる自分の信念を祝福した。

アナベラが神学の抽象世界の高処《たかみ》に登ってゆくにつれ、バイロンは地獄落ちの観念と戯れていた。ぼくは堕天使だ、命のかよう此の世の女たちを愛したお陰で——この片輪な足の呪いのせいで、天から引きずり落とされた天使さ、この怨みはぼくの悪によって必ず晴らしてみせると、彼はアナベラに語った。バイロンは旧約聖書的怒りに溢れ、それは当時書いていた詩、『ヘブライの唄』〔一八一五年〕に収められている「セナケリブの破壊」と題された詩となって現出した〔セナケリブは列王紀略下、一八章一三—三七節で語られるアッシリア王、バビロンの破壊者〕——

〝死の天使〟疾風に乗りて翼をひろげ、
飛び行くしなに敵の顔面に息を吹きかけたりければ、
眠れる者の眼《まなこ》みな冷たき空洞《うつろ》と化し、
胸の鼓動は一度《ひとたび》は高まり、瞬時にして永遠に静まりぬ！

軍馬は鼻孔を一杯にひろげて横たわりしが、
誇り高き気息が洩れ出ずることなし。
断末魔の喘ぎの泡は芝土の上に白く点々たり、
岸打つ波の飛沫《しぶき》のごとく冷たく……

〔第三—四連〕

詩——これこそ二人を一つにつなぎ得るもの、相異なる幾何の法則が適用でき、二本の平行線が交われる高度の次元だった。アナベラも自身の詩のなかで、そのような別個の次元の領域を見出そうと苦闘したのだが、おそらくハルナビーでバイロンと共に暮らしたときほどに、その領域に近づいたことはなかった。バイロンは『ヘブライの唄』に追加する詩を書きつづけ、アナベラは彼の以前の詩を美しい字体で書き写していた、たとえば次のような詩の……

彼女は美を纏《まと》って歩む、雲なき風土の、
　満天に星の輝く夜のように。
明と暗の至高なるもの一切が
　彼女の容貌と眼に集《つど》っている。
かくて天がけばけばしい昼には許さぬ
　あの優しい光に美しく豊かに熟して……

〔「彼女は美を纏って歩む」第一連〕

一緒に過ごしたこのような時のことを、のちにアナベラは「砂漠の泉」と呼んでいる。

*

ハネムーンは出発してから三週間後、気分もずっと晴れやかになって終わりを告げた。二人がシーアムに着くと、乳母《ナニー》クラーモントは愛するアナベラの様子が変わったことに気づいた――帰って来た女は出発するとき目にした花ではないことに。でも、二人は幸せそうだった、陽気でさえあった。室内ゲーム――「アヒルと悪魔」「ぶらぶら歩きに這い這い歩き」――では、浮かれ騒いだ。バイロンがジューディスの鬘《かつら》をひったくったのは少々、羽目を外しすぎた所作だったにちがいない。もっと優雅な整髪のお芝居では、アナベラはバイロンの巻き毛を一房、刈り取った。彼女はそれを死ぬまで大事に取って置くことになる。二人の肉体的感情は激しくなっていった、アナベラは二人だけの内密な「悪戯」の時を待ち望む憧れの気持ちを見出しはじめていた。足の不自由をものともせず、バイロンは海辺の岩を這い登り這い降りしながら、アナベラについておいでとけしかける。二人が行き着いた所はお気に入りの場所、「羽毛ベッド」と命名された高くそそり立つ崖の上、バイロンはそこに立っていた。「……あの人の姿が今、目の前にある」、アナベラはのちに抒情的に回顧している――

あの人の目は逆巻く波を見つめている、
目には生々とした魂が宿っているようだ。
あの人の腕を戦慄《おののき》ながら、わが腕は抱きしめ、
夢を抱く――この人を幸せにしようと！
ああ、きっと――たとえ幻は虚空に消え去ろうと、
わが心の献身が絶望することはないだろう！

それから或る夜、バイロンは彼女に告げた、「君を愛していると思う――サーザよりもずっと……」。

これはバイロンが与え得るもっとも意味深長な愛の宣言であった。「サーザに」という詩はもともと一八一二年に『御曹子ハロルド』の一部として世に出たものだが、まったく違った衝動に促されて書かれたものだった。それはサーザという名のみで知られる愛しい女の死を悼む悲歌《エレジー》である。この詩が世に出ると、ここに歌われている主題＝主体、心ひき引く悲痛な愛の表白が向けられている相手＝対象は自分のことではなかろうかと願望する賛美者たちの手紙が殺到して、バイロンはほとほと困惑した。レディ・フォークランド〔三〇頁参照〕などは、これらの詩行は私のために書かれたのだ、次のようなものを彼に与えたのは、この私だとさえ想像した――

……ほかの誰も目にしたことのない目差し。
ほかの誰にも理解できない微笑み。
一つに結び合った心と心の思いの囁き、
わなわなと戦慄する手の感触。

恋の神さえ募《つの》る熱き思いを慎しむほどに
罪知らぬ優雅な口づけ。
あの両の眼《まなこ》が宣言していたのは清浄無垢な心だった、
激情でさえ更に多くを求めるのを恥じたのだった……
〔「サーザに」第八―九連〕

これらの詩行はレディ・フォークランドに宛てたものでも、そもそも如何なる女性に宛てたものでもなかった。一人の少年、ジョン・エイドルストン〔ケンブリッジの聖歌隊の少年〕に宛てたものだった。(5) バイロンはケンブリッジの学生だったとき、この少年に激しい情熱を抱いた――この情熱は詩が清浄無垢と明言しているにもかかわらず、爾来、さまざまな憶測を呼んできたものである。エイドルストンはバイロンが『御曹子ハロルド』執筆の霊感を得た東方旅行から帰国して間もなく、此の世を去った。彼の死は致命的な打撃だった。バイロンと彼最初の傑作いずれもの性質を変え、両者の上に深い影を投げかけたのだった。

(5) 多くの伝記研究家はエイドルストンへの愛は「激しかったが、清浄無垢」だったというバイロンの叙述を額面どおりに受け入れているが、注目に値する例外はルイス・クロンプトンの『バイロンとギリシア的愛――十九世紀イギリスにおける同性愛嫌悪』〔一九八五年〕で、そこではバイロンの曖昧な性欲について詳細な検討がおこなわれている。

アナベラには真実のサーザが誰であるかまるで見当がつかず、どこかの女の人、おそらくバイロンが最初の恋文で書いていた女《ひと》、彼が結婚しようと考えていたもう一人の候補〔五五頁参照〕だと、勝手に想像していた。しかし今、はっきりと分かったのだ、サーザはこの私なのだと。あの眼差し、あの微笑み、あの一つに結び合った心と心の思いの囁き――あれはこの私のものなのだ。ついに希望の煌きが見えた、アナベラはそう思った。

バイロンには希望はまったくなかった。あるのは恐れだけだった。遁れられぬ過去、過去が汚さずに措かぬ未来への恐れだけだった。ある日の真夜中、ブランデーを二、三杯あおると、彼は机の前に坐ってペンを走らせた――

此の世は喜びを与えると共に奪わずにはいない、
若き日の思考の輝きは感情の鈍麻と衰微と共に衰え亡びるのであれば(6)……
〔「音楽のための詩連」の一篇、一八一五年二月作〕

(6) この詩は「音楽のための詩連」の一部を成すものだが、アナベラは自分がそのなかで歌い込まれていることを見逃しはしなかった。「ぼくは君の名を唱えず、記さず、呟きもしない、／その名の響きに悲嘆があり、その名声にこそ罪あるがゆえに……」〔第一二行〕という箇所である。〔原注に引用された詩行は一八一四年五月に書かれ、実際はアナベラではなく、オーガスタに宛てたものである〕

バイロンはロンドンに帰りたい、それも一人で、家の乱れた経済状態を整理しなければならないからと言い出した。ニューステッド売却に絡んで出て来たさまざまな問題で、家の経済状態は悪化していた。アナベラは私も一緒にゆくと言い張り馬車に乗り込んだ途端、彼の態度が一変したのを見て、ハルナビーへの旅を思い出し、ぞっとした。オーガスタを訪問しがてら二、三日滞在するつもりだったシックス・マイル・ボトムに近づくにつれて、バイロンの気分は何を仕出かすか分からなくなっていった。目的地まであと数マイルというところで、突然、彼はアナベラを愛撫しはじめ、小間使いも同じ馬車に乗っているというのに、接吻を強要する始末だった。

彼らのシックス・マイル・ボトム滞在は災厄だった、少なくともアナベラ後年の回想が描出している限りは。バイロンのありとあらゆる狂気が一時《いちどき》に戻ってきたようだった。彼の残酷さ、彼のブランデー鯨飲、彼の気分の激烈な揺れ動き、彼の言語を絶する犯罪への暗い仄めかしの数々。三人一緒のときには、アナベラと婚約中、どんな非道いことをやろうとしたか、オーガスタに露骨に話すのが習いだった。ある時、彼はソファーに寝ころぶと、アナベラとオーガスタにかわるがわる彼に口づけするよう促した。それは一つの儀式と化した趣きだったが、アナベラには彼は妻よりも姉のほうを愛しているという印象を残した。そんな遊びに飽きると、彼は手を振ってアナベラを追いやり、姉と二人だけになった。妻は仕方なく自分の部屋に独り閉じ籠もっていると、やがて彼はたいてい酔っぱらって機嫌も悪く、戻ってくるなり眠りについた。

ある晩、たまたま肖像画のことが話題になると、アナベラが唐突に提案した。バイロンがオーガスタの末娘、当時まだ一歳にもなっていないメドーラを見つめているところを描かせたらいい、彼はあの子をいつも愛しげに見つめているからと。この無邪気な提案（本当にアナベラは無邪気であっただろうか？）を耳にすると、バイロンは顔面蒼白になった。どうして彼が青くなったのか、そのときは分からなかったとアナベラは主張している。が、四十年近くのちに彼女は或る友人に告白しているのである、そのときバイロンは赤子《あかご》のメドーラを自分の子だと言ったのだと。彼がそう言った真意は名付け子のことだろうと、私はそのとき一人合点したのだけれど、彼の言葉の曖昧さは意識的なものだったのかもしれない、何年か後に私と私自身の子エイダに憑《つ》きまとうことになる少女にまつわる恐るべき真実を予告する先触れの幻影だったのかもしれない。

シックス・マイル・ボトム滞在最後の数日の記述では、性的問題への言及をつつみ隠すために、アナベラは何度か速記術の方法を用いている(7)。その最初の箇所は、オーガスタが下履《ズロース》きをはいているのはよく知っているというバイロンの自慢だった。これで彼が姉の下着について親密に熟知しているのがアナベラに判明した。次の暗号による観察記録はもっと明け透けなものだ。バイロンが言うには、彼の到着以来オーガスタは格別に疲れている様子だという——どうして彼女が格別に疲れているのか、バイロンはその結論をアナベラにまかせたが、それが想像し得る限りの最悪な結論になることを正確に予測しているのは明らかだった。そういえば、シックス・マイル・ボトムに着く直前、バイロンは馬車のなかで親密な愛撫を繰り返したが、その後アナベラに触れることはなかった。彼はどこか余所で性欲を満足させているにちがいないと、アナベラは疑いはじめた。だが、それから訪問も終わり間近になると、彼は突如性的関係を再開した。それですぐにアナベラは気づいた、彼のこの精力の回復はオーガスタの生理の周期と一致していることに。

（7） 速記の箇所は、エイダの息子レイフが祖父母の結婚に関する彼自身の著述〔『アシュタルテ』〕のためにアナベラの書き残した書類を照合した際、普通の文字に書き換えられた。

新婚の二人は二週間滞在していたシックス・マイル・ボトムを去り、メルボーン子爵夫人が彼らのために見つけてくれたロンドンで一番しゃれた通りの一つ、ピカディリー・テラス十三番地の新居に向かった。二人を乗せた馬車が動きだすと、バイロンは姉に向かってハンカチを振った。アナベラはむらむらと湧いてくる疑惑を抑え、オーガスタは恋敵ではなく友だちであり、気難しい夫の操縦を助けてくれる協力者だと考えて満足しようと決心した。これから先の何ヵ月か、そのような助っ人が必要になるだろう、アナベラが妊娠したのに気づいたばかりの時だった。

二人ががたがた揺れる馬車に耐え結婚生活に耐えている間に、彼らが再び仲間入りしようとしていた世界のほうも打ちつづく衝撃に耐えていた。老レイフ卿はナポレオンのエルバ島脱出〔一八一五年〕についてアナベラに手紙を送り、〝ナップ〟は「世界を絶えず驚かさずにいない〝髑髏〟と血塗られた骨二本を十字に交差させた〝死の象徴〟みたいな奴だと書き、この年になって平和ばかりを乞い願っているというのに、またぞろ戦争がありそうだという見通しを悲嘆するとは、と愚痴をこぼしていた。二日後、母のジューディスはサンダーランド〔イングランド北部タイン・アンド・ウィア州の港市〕の暴動について書いてきた。彼女は心配顔に、この暴動は、「首都の暴徒」が演じた騒ぎの真似だといい、首都の騒動はロンドンにおける政治的弾圧と変動してやまぬ食品価格に反対する騒ぎだと書いてきた。それにつづく数ヵ月のあいだに、これら二つの事件はそれぞれワーテルローの戦い〔一八一五年七月十八日〕と、一八一五年穀物法〔輸入穀物への課税を定めた〕の可決へとつながってゆく。一つの世代が次の世代へ権力を手渡そうとする最後の偉大な勝利であった。バイロンの結婚もそれ自身の、同じように劇的な到達点に達する運命であった。

*

アナベラとバイロンは一八一五年の春、グリーンパークを見下ろす豪荘なテラス・ハウスの新居に引越した。バイロンはこれでまた首都での生活がはじめられるという期待で、上機嫌だった。アナベラの妊娠も新たな出発の意識と幸せな将来への希望を募らせたにちがいない。バイロンは再び出版界に身を投じ、文学的名声という点では当時彼の唯一の競争相手だったウォルター・スコットに思いがけなく出会えて、ことのほか喜んだ。二人は政治的哲学的には互いに対立する立場にいたけれど、仲は良かった。スコットはいたずら半分に言ったものだ、バイロンの考えも年を取れば変わると（そのときバイロンは二十七歳、スコットは四十三歳――バイロンがこの年に達することはなかった〔彼の享年は三十六〕）。バイロンはスコットの言葉を、年取ればメソディスト〔八八頁参照〕になるという意味にとったが、スコットは抜け目なく見分けていたのである、バイロンのようなバロック的な性格はカトリック以外にはなれないと〔バロックのフランス語源は「歪んだ真珠」の意で、そこから奇異・怪奇・装飾過多・いびつな様態・様式を指す〕。

アナベラはおそらく新婚生活の家事を扱うのをあまり楽しいとは思わなかったに相違ない――彼女は生まれつき専業主婦にはなれない性質《たち》だった。それゆえ伯父のウェントワス卿が重い病に冒されたという知らせが届いたときには、ほっとした。これで家事から解放されるかもしれないから。ウェントワスの財産を妻との間柄で相続できそうな立場にいたバイロンは、事の成り行き如何にと待っていたが、あまり辛抱強くとはいえなかった。あの子爵は「不死身」だと、一月にはホブハウスに零《こぼ》している、奴《やっこ》さんは日毎に元気になる、「今ごろは歯が一揃い生えかわっていることだろうよ」。いや、そんなに長くはもたなかった。アナベラが子爵のロンドンの屋敷を見舞ってみると、彼はすでに危篤状態だった。彼女は子爵のベッドわきに陣取り、母のジューディス(ウェントワスの妹)がロンドンに上京する準備を整えるあいだの数日、病床に付きっきりだった。ウェントワスは四月十七日に死んだ。

バイロンがすぐさま経済的救済が得られると夢みていたとすれば、その夢はあえなく打ち砕かれた。老子爵の遺産相続人はアナベラではなく、あの憎きジューディス、アナベラの母親であるのが判明したからである。遺書に記された条件のもとに、ウェントワスの家名ノエル、レスターシャーのカークビー・マロリーの先祖代々の家屋敷、それから年収七千ポンド、これらすべてはミルバンク家の人びとの手に渡ることになった。

こんな知らせにもかかわらず、つねに金銭の問題を超越しようと努めていたバイロンは、そのような事の成り行きに少しも影響された様子を見せなかった。どちらかといえば、彼の気分は改善され、春が暖かい夏に変わると、彼ら二人の結婚生活も季節の移り変わりと共に温暖化したように見えた。新しい錬金の魔法がともかくも敬虔なものと冒瀆的なもの、ロマンティックなものと数学的なものとを統一できたのだった。バイロンの友人たちは彼がどんなにアナベラを溺愛しているか、夜会で彼がアナベラの椅子の背にかがみ込んで彼女に話しかけたり、通りすがりの知人に彼女を誇らしげに紹介する様子などについて、いろいろと取り沙汰した。バイロン夫妻を何度か訪問したアメリカの訪問者はバイロンがアナベラに対して如何に愛情細やかであったかに注目している。そしてバイロンの著作を一手に引き受けていた書肆マリは、アナベラの平静な気性と良識に感嘆している。

それから破壊工作——いや、バイロンのではない、驚くべきことにアナベラのだ。バイロンの明白な警告にもかかわらず、シックス・マイル・ボトムにおける歴然たる証拠にもかかわらず、マリが彼女のなかに正確に見てとった良識にもかかわらず、アナベラは義理の姉をピカディリーの家に招いて一緒に暮らそうと決めたのだった。

アナベラはこの決心に合理的な説明は何も与えていない。ということは、非合理的説明についてあれこれ推量してみる余地は十分に残されているわけである。

『蕾《つぼみ》に巣くう虫』のなかで、ロナルド・ピアソールはヴィクトリア時代人について、「セックスがその存在を知らせる手旗信号を送れば、理性はたちまち混乱して退却する」と書いている。この点において、他の多くの点におけると同様、アナベラはまさにはじまろうとしていた時代を先取りしていたように思える。彼女を抑圧された女と考えるのは間違いだ——バイロンにたいする色情に関していえば、彼女はほとんど摂政時代風といっていいほどに開放的だった。が、色情が法的に正当でない対象に向けられた場合には、彼女の情動はより多くの問題を引き起こしたように思われる。

いうまでもないことだけれど、現代の伝記研究家すべてには、彼らの扱う人物の性衝動を問題にすることが期待されている。アナベラの場合、証拠になる事実は数少ない。が、数は少なくても暗示的だ。彼女は幼少の頃、多くの年上の女性に夢中になった。彼女が学校に通っていたら、そういう夢中な気持ちは女学生のお熱《ねつ》と呼ばれることだろう。しかし、アナベラが後年思い出しているさまを見ると、それが一時的なお熱に終わらず、のちのちまでも深い傷跡を残しているのがはっきりと判《わか》る。彼女は従姉のソファイア・カーズンに「内在する熱烈な感情」を抱いたことを思い出している。ソファイアは母の死後、アナベラの母の養女となり、やがてオーガスタに代わって、エイダの名付け親になる人である。ソファイアがタムワス卿と結婚すると、アナベラはひどく惨めになり、「孤独な夢想に耽る存在に引き籠もった」。彼女は次の熱愛の対象、「美しく孤独な」ハリエット・ブランドが去っていったときにも、同じような気持ちに陥った。

オーガスタもまた、アナベラに強烈な感情を掻き立てずにいなかった。ある夜会でバイロンの隣りに坐っているオーガスタを初めて目にしたとき、アナベラは心を奪われた。できる限り「上品に」じっと貴女《あなた》を見つめたと、のちにオーガスタに述懐している。そのとき以来、アナベラはバイロンに夢中になったように、オーガスタにも夢中になったように思われる。このように掻き立てられた情熱には、なにか禁制の情熱、やがて圧倒的な嫉妬の感情をあおり立てる欲望が秘められていたということは、あり得ると思える。そう考えれば、オーガスタへの感情が愛から残忍なものへ、まさにバイロン的というしかないアナベラの気持ちの激甚な揺れ動きの説明にもなるだろう。さらには、この抑圧感情の代価が後年、彼女が義姉に対して抱きつづけた復讐の執念の説明にもなるかもしれない。

アナベラがオーガスタをピカディリーに招いたもう一つの、それほど奇異とはいえない説明は、自分に関心を惹きつけたいという願いだ。おそらく彼女はそれだけがバイロンの反応を刺激し、彼の関心を――たとえ優しくなくても、残酷であってもかまわない――関心を取り戻す唯一の手立てだと見ていたにちがいない。彼の関心をそらしているのが首都での生活のさまざまな気晴らしであるのは、アナベラには先刻承知のことだったのだから。それが彼女の狙いであったとしたら、ほんの部分的にではあるが、狙いは成功したといっていい。現にオーガスタが到着するや否や、バイロンは狂暴になり、彼の妻を以前と変わらず残酷に扱った。だが間もなく流産の虞《おそれ》があって（とアナベラは主張しているが）、彼女は自室に引き籠もり、誰からも無視されて独り横たわり、バイロンとオーガスタが笑いさざめきながら廊下を渡ってゆくのを耳を澄まして聴いているよりほかなかった。

オーガスタがシックス・マイル・ボトムに帰ると、重苦しく心にかぶさっていた雲はまたたく間に晴れた。バイロンもオーガスタにつづいて数日ロンドンを離れていった。別れ別れになると、夫婦の愛情は以前よりも遥かに細やかになり、互いに書き送る手紙は子供じみた愛情表現や、相思相愛の恋人たちが交換したがる取るに足らぬ私的些事で一杯になる。バイロンはアナベラを「ぼくの最愛のリンゴちゃん」と呼びかけ（この愛称は彼女の赤い頬に由来する）、〝not Frac〟（つまり not fractious〔気難し屋に非ず〕）と署名した。アナベラは彼の留守中、春の大掃除でごった返しているただなかから（もちろん掃除は召使いたちの仕事で、その騒ぎで朝早くから目が覚めてしまうと彼女は不平を洩らしている）――「バイロン無しより……悪たれバイロンでもいたほうがまし」と返事を書いた。彼の返事には〝ガチョウ〟（オーガスタの愛称）が僕の部屋に置きざりにした鼠取りで足の指を怪我してしまったとあった。

バイロンが帰ってくると、夫婦の仲はがたがたと崩れはじめた。結婚生活を通じて不吉にも未解決のままだったバイロンの経済状態が今や新たな力を帯びて侵入してきた。いくばくかの現金を工面しようとする最後の窮余の一策として、バイロンはニューステッド・アビーその他の不動産物件を競売にかけた。が、それらはいずれも最低の入札価格にも達しなかった。こうして彼に残されたのは、ピカディリー・テラスの邸宅と担保として借りた三万ポンドにのぼる借金だけだった。しかもこの大邸宅の生活を維持するには大勢の召使いを常備しなければならず、馬車の払い、その他の費用《かかり》はすべて彼が当時夫婦財産契約の一部としてミルバンク家から得ていた七百ポンドで賄《まかな》わなくてはならなかった。七百ポンドでは全然、足りなかった。まもなく執達吏が家にやって来た。そのうちの一人は家に住み込んで、バイロンが金目《かねめ》の物をひっさらって行方をくらますのではないかと、警戒の目を光らせていた。

この新来のありがたくもない客は家の主人夫妻に、実は劇作家のリチャード・シェリダンさん〔一七五一—一八一六。喜劇作者、代表作は『悪口学校』〕のお宅に一年ばかりお世話になってきたところですと、自慢げに話した。シェリダンも一時、金に困っていたのだった。シェリダンは執達吏を丁重に遇していたので、彼が口さがない近隣の人びとの目に留まることはなかった——たとえ近所の連中は彼の存在がいったい何を意味するかには気づいていたとしても。

危機にたいするバイロンの反応は例によって例のごとく知らぬ顔の半兵衛だった。混乱を片付けようとするどころか、ドルリー・レーン劇場〔当時ロンドン第一の劇場、ギャリック、ケンブル、ミセス・シドンズらの名優が活躍した〕に心を傾注しはじめた。劇場は運営委員会のメンバーに彼を選出していたのである。心を傾注したといえば、それはとくに劇場専属の女優、スーザン・ボイスにだった。彼女はアナベラの妊娠二ヵ月後には、どうやらバイロンの情婦になっていたようである。哀れ無残な彼の妻はボイスの官能的演技の秘話の大盤振舞にあずかる破目とはなった。

バイロンはまた飲み友だちの一座にも話を向け、酔いどれパーティの突飛な行動を、たとえば彼と同類の借金地獄の住人シェリダンと共演したお戯《ど》け狂言を熱っぽい口調で語って聞かせた——シェリダン又《また》の名シェリー〔強い白ワイン、シェリー酒に掛けている〕は、そのあと前後不覚になって道のど真ん中でぶっ倒れているところを夜警に見とがめられた（ロバート・ピール〔一七八八—一八五〇。保守党の政治家、警察制度を整備した〕のロンドン警官隊ができるより十年六ヵ月前のことである）。バイロンはこの話をトマス・ムア宛手紙のなかで取り上げている。『あなたはどなたですか？』——返答なし。『あんたの名前は？』——しゃっくり。『名前は？』——答えはゆっくりと慎重、平然たる調子で――『ウィルバーフォース!!!』」 ウィリアム・ウィルバーフォース〔一七五九―一八三三、ホイッグ党の政治家〕は奴隷貿易絶対廃止論者であると共に絶対禁酒論者としても有名だった。あんなに泥酔していたのに、そういう人物の名を借用したシェリーの皮肉な頓知に、バイロンは深く感動したのだった。

アナベラはまたしてもバイロンが野放図な夜の外出から戻ってきたときの話を語っている。バイロンが帰ってみると、彼女は寝ずに待っていた、かんかんに怒っていた。彼はすっかり恐縮し、こんな怪物じみた自分を罰しようと彼女の足もとに平伏《ひれふ》した。貴方の度重なる非道い仕打ちは絶対に忘れないと、アナベラは誓った。もうこれで永遠の別れか？ バイロンは必死な懇願の表情を浮かべて彼女の顔を見あげた。途端にアナベラは泣きくずれ、とめどなく溢れる涙が彼の顔を濡らした。許してあげる、もう二度とこのことは口にしないと彼女は約束した。それを聞くや、バイロンはすっくと立ちあがり、腕を組むと突如、高笑いしだした。〝科学〟だよ！ すべては実験だったのさ、君がどれくらい人を許さないでいられるか、ちょっと試してみたくてね。彼はアナベラをからかうように、そう言い放った。

アナベラがまさしく人を許さない女であり得ることは、バイロンより立ち直りの早い男たちでさえ嫌というほど味わっていたことである。だが、彼女はバイロンを許したいと思った。やがて社会科学の標語《モットー》になることに忠実だった。彼女の考えでは、すべてを許すためには、すべてを理解するしか術《すべ》はなかった。彼女の作成した「性格分析」の一つで、アナベラはバイロンの複雑な性格の原因を析出しようと試み、お馴染みの犯人、彼の想像力こそ原因だと名指している。それは「あまりにも高揚しすぎていて」、いつも過去か未来かに流離《さすら》い、現在に適応することがないと、彼女は記している。同じ頃オーガスタに送った手紙では、「単調な人生の倦怠《アンニュイ》」に駆られて彼は「習慣的に興奮を求める情熱」の俘虜《とりこ》になっていると、書いている。さらには、彼の暴飲暴食がそういう事態を一層悪化させているのかもしれないと推量し、運動ができて新鮮な空気が吸える所に住めば問題は解決するのではなかろうかと、楽天的に思案をめぐらしている。

　問題は空気と運動で片付くはずのものではなかったろう。その頃の何ヵ月か、バイロンに一つの闇が訪れていた。その闇は彼の詩に溢れ出ている。たとえば『コリントス攻囲』〔一八一六年〕のすみずみまで、闇は沁み渡っている。この詩のなかで、お馴染みのバイロン的人物、冷酷非情の裏切り者アルプが海辺を独り彷徨《さまよ》っている。彼の足が向くのは敵に包囲され粉砕された城砦、コリントス。そして彼がそこで目にしたのは……

……痩せさらばえた犬どもが城壁の下で
死者を餌食《えじき》に謝肉祭を祝っている、
死体や手脚を唸りながら貪っている。
犬どもは彼を見ても喰うのに忙しく、吠えもしなかった！
タタール人の頭蓋から彼らは肉を剝ぎ取っていた、
まるで人間が取り立ての無花果《いちじく》の実の皮を剝《む》くように……
〔第一六連〕

アナベラ自身が書き写すのを手伝った結末の詩行で、バイロンは都市も住民も征服者も一切もろともに滅ぼした大爆発の有様を描写している……

生死の別なく残れるものはすべて、
粉々に砕かれた神殿もろとも天空高く投げあげられ、
　轟音一発の瞬時に絶滅したのだ！
粉砕された町――城壁は崩れ落ち――
海の波も一瞬逆流し――
山々は引き裂かれることはなかったとしても、
　地震が通り過ぎたかのように揺れ動いた――
何千何万という形なき物が煙と焔に巻かれて
空を斜交《はすか》いに横切り飛散していった、
かの巨大な爆発によって……

……その一瞬あとには、もはや人間の
姿も顔も跡方なかった、
ちりぢりに飛び散った頭蓋と骨のほかには。
と見るまに炎々と燃えあがる垂木《たるき》が焼け落ちて
あたり一面に散らばり、落下する無数の石は
地面を深く穿ち、
いずれも黒ずみ、悪臭を放っていた。
あの致命的な地響きを耳にした

生きとし生けるものは全て消滅した。
野鳥の群れは飛び去り、野犬の群れも
埋葬されずに横たわる死者を残して逃げ去った……〔第三連〕

一八一五年が終わりに近づくにつれ、破局の時も切迫してきた。バイロンは友人のホブハウスに、アナベラを酷く扱ってきたと認め、それもみな僕の肝臓と住み込み執達吏たちのせいだと責めた。アナベラはオーガスタに一連の手紙を書いた――一通は絶望的な手紙、バイロンがまた外出して酒を飲み出し、今度は朝の四時半まで帰宅しなかったという。次の手紙は、彼が僅かながらも優しさを見せてくれて安堵したという。次の手紙は恐れて心配に満ち、心痛のあまりに書かれたもの。ピカディリーの家はその頃、激情の修羅場と化して、いつ何時コリントスの町のように激甚に破裂するか分からぬありさまだった。

*

オーガスタがピカディリーに戻ってきた。彼女とアナベラは二人だけで幾晩も一緒に過ごして、いま外でさまざまな「背徳行為」に耽溺している人〔バイロン〕のことを話し合った。アナベラによれば、彼は帰ってくると、自分の犯した背徳行為を事細かに話して聞かせるのが習慣だったという。そんな或る晩、オーガスタは彼女自身の悔恨の情に圧倒されて叫んだ、「彼のことで私がどんなに愚かだったか、あなたは御存じないわ」。「彼女が震える手で額にかかった髪の毛を掻き上げたときの苦しげな表情を見て、私の心は締めつけられるように痛んだ」、アナベラは後にそう思い出している。「私は悔悟の苦悩も露わな額に口付けして、部屋を出た。読者よ、これでも貴方は私を責めるおつもりか？」

バイロンの忠実な従僕、主人の死に至るまで彼の傍らに侍り、そして永遠《とわ》の憩いの場所に運ばれる彼の遺骸にずっと付き添うことになるフレッチャーが、このような恐ろしい日々のあいだ、例のどんちゃん騒ぎから帰ってきたバイロンがアナベラに手荒な真似をしないように見張っていたのは、明らかだと思える。

アナベラは十二月九日の大半を気分がすぐれずに過ごした。両親の古い友人、ヘイウッドという上級法廷弁護士に会って、さし迫った出産に備え家と夫のもとを離れるべきかどうか相談した。どうやらバイロンはアナベラの話をふと耳にしたらしい。夜になって突然、産気づいたことに気づいた彼女は客間に降りていって、夫に告げた。彼はアナベラの告知を無視した様子で、このまま一緒の生活をつづけたいのか、つづけたくないのか、一体どっちなんだと詰問した。アナベラは泣きながら部屋を飛び出した。階段を駆けのぼっていくと、ミセス・クラーモントに出会った。アナベラは自分が受けた仕打ちを涙ながらに話した。彼女がかつての懐かしい乳母《ナニー》の腕に抱えられて自分の部屋に連れもどされたのはいうまでもない。正面玄関の扉がばたんと音激しく閉まったのは、バイロンが今夜も劇場に出かけていく証《しるし》だったただろう。ずいぶん遅くなって帰ってくると、バイロンはオーガスタにアナベラの加減を尋ねた。あなたの軽率な一言《ひとこと》のせいで、あまり気分はすぐれない様子と、いつものオーガスタとは違ってはっきりした口調でいわれると、時を選ぶのが下手なのは僕の生まれつきの性癖だと、バイロンは悲しげに合点した。

その夜、アナベラは階下の部屋からごつんごつんと物を打ちつける音で眠れなかったと訴えている。あれは私を寝かすまいとして、バイロンがソーダ水の壜を天井に投げつけているのだと、アナベラは思い込んだ。が、バイロンの親友ホブハウスがあとで部屋を調べたところ、それらしい証拠は何も見つからず、バイロンは火掻き棒で壜の首をたたき落とすという奇妙な癖を存分に楽しんでいたのだと考えるほうが理にかなった説明になると、彼には思えた。原因が何であれ、その騒音はさらに階段を二つ登った部屋にいたオーガスタさえも眠らせなかったほどのものだった。

翌日、女の赤子が生まれた。

娘の誕生についてバイロンがどう反応したかについては、十人十色の話があるばかりである。分娩の最中、彼はアナベラに子供は死んだかと訊いたとか、子がオーガスタに似ていたら、それは僕たちがシックス・マイル・ボトムに滞在中に胎《はら》に宿ったからにちがいないと彼が言ったとか、生まれたばかりの娘が母親の傍らに寝ているのを歓喜の微笑みを浮かべて見つめながら、「ああ、お前は生まれて来て僕を苦しめ苛む拷問具になったんだ！」と叫んだとか、翌日ミセス・クラーモントに赤子の足について心配そうに尋ね、彼自身の奇形が遺伝していないと知って安堵したとか……。

アナベラは産後の二週間、自分の部屋に引き籠もっていた。バイロン夫妻が彼らの子の名をオーガスタと決めたのは、その時である。オーガスタ——諸般の事情からして危険な名の選択であったが、その時にはおそらく無難な名前と見なされていたにちがいない。なぜなら成人のオーガスタは誰からも愛情を寄せられる女性であり、バイロン夫妻も娘がオーガスタのような女性になってくれればと希っていたのは明らかだからだ。セカンドネームのエイダはバイロン家の系統樹の最深の茂みから見つけられたものだった。

翌日の晩、ホブハウスが訪れ新米の父親と数時間、いかにも楽しげに過ごしていった。次の日には、彼は母と子に祝意を表するため再びやってきた。多分、そのときだったであろう、ホブハウスが赤ん坊に目をやるとじっと見つめていたアナベラに、初めて恐ろしい考えがひらめいたのは。ハルナビー以来、彼女はバイロンに狂気の発作を起こさせるきっかけは或る人物、バイロンが過去に犯した恐ろしい何かを思い出させる誰かだと信じて疑わなかった。この人物に出会うと決まって罪と悔恨の感情が起こり、それが彼を狂気の錯乱に駆る。これまでアナベラはその〝誰か〟というのはオーガスタで、〝何か〟とは近親相姦ではなかろうかと疑っていたようだった。しかし、その〝誰か〟とはホブハウスではなかろうかと今は疑いはじめた。そういえば新婚旅行中、『ケイレブ・ウィリアムズ』のことで私たち二人の間に激しい諍《いさか》いがあったけれど〔八七頁参照〕、あのとき言及された犯罪は殺人だった。ホブハウスは『御曹子ハロルド』執筆の霊感となったバイロンの外国旅行に同行していた。バイロンの人生でホブハウスが現れるたびに私の夫の狂気の発作がはじまるように思えて、彼を信用するわけにはいかない——実際、彼の諂《へつら》い方には吐き気を催す。外国にいたとき、あの人はバイロンが何か恐ろしいことを犯すのを目撃することがあったのだろうか？　現実の御曹子ハロルドが「罪の長い迷路」を脱出するのに手を貸したのだろうか？　しかしまた一方では、「友情の仮面」をつけて、バイロンが会ってくれなくなったら、何もかも一切をばらすと脅迫したのだろうか？　それがバイロンには逃れようもない呪縛となって、彼は悲鳴をあげながら堕地獄の道をひきずられているのだろうか？

十九世紀の末に考え出されるそんな馬鹿げた理論は、シャーロック・ホームズの書斎に招き入れられたヴェールで顔を隠した貴婦人の一人くらいには、ふさわしいものだったろう。だとすれば、法医学や心理的プロファイリングの先駆的段階にあって、アナベラが科学に目を向け、彼女の苦境を打開する答えを見出そうとしたのは、おそらく適切であったといっていい。

彼女はかつて婚約中バイロンを心から推奨した知人、彼女にとって計り知れないほど貴重だったジョアナ・ベイリー〔四五頁参照〕の弟のマシュー・ベイリー博士に相談した。彼は傑出した医学者で、病理の分析的研究と神経系統の病気に関する講義で世に知られていた。後者はウィリアム・カレン〔一七一〇―九〇、臨床医学、理論医学の権威〕が神経系統が健康と病気いずれにおいても果たす重要な役割を論じはじめた一七六〇年代以降、ますます流行の医学研究分野となっていた。

アナベラはある雑誌で、脳に水が溜まって発症する脳水腫《ハイドロセファラス》に関する論文を見出していた。彼女が参照した雑誌が何であったか、その記録は残っていないが、彼女の見出した論文はその年の『エディンバラ内科外科ジャーナル』にリード博士とかいう人が発表したものと思われる。そこに精神錯乱はこの病の最終的致命的段階と記されていたのである。アナベラはこれがバイロンの振舞いを説明するものであるかどうか、ベイリー博士の意見を求めた。ベイリーは診断を下すことはできなかったが、他の医学的所見を求める間、少なくとも実験的にしばらく夫君と別居してみたらと忠告した。

アナベラにはいまだそのような行動路線をとる覚悟はなかった。でも、夫の狂気のなんらかの外的な、測定万能な、たぶん治癒万能な原因を見出す必要があった。

それを見出そうと、ついには最後の非常手段として、彼女はバイロンの部屋に忍び込み、彼の書類と所持品すべてにわたって点検してみようと決心した。部屋で見つかったのは阿片チンキの小瓶〔同時代のロマン派ド・クインシーの『阿片常用者の告白』参照〕とマルキ・ド・サドの『ジュスティーヌ』〔一七九一年刊。副題は『美徳の不幸』〕。後者を彼女がどう理解したか想像するのは難しい。思うに、それは地震のごときものだったにちがいない――彼女は自分が道徳と信仰の不動の岩盤と思いなしてきたもの、これこそ真実と心得ていたものが揺れ動き、木っ端微塵に砕けるのを目の当たりにして、実感したに相違ない。アナベラはド・サドを理解しようと思えば理解できただろう——彼女ほどの読書範囲と知的素養をもった女性ならできたはずだ。彼女なら、サドが示しているのは信仰によって規制されなければ、啓蒙思想の諸原理がゆきつく先はかくもあろうということくらい理解したことだろう。人間性の極限を探り、経験のいまだ知らぬ土地を探険すれば、ド・サドが今まさにアナベラの手にする小説で語っているように、「人間の知覚領域は……信じがたいほどに拡大する」だろう。そう、これはバイロン自身の宣言、御曹子ハロルドの使命、芸術衝動ではないか？

アナベラはバイロンの部屋の最暗最深の奥、彼女の意図する救済など到底届かぬ領域を凝視しているうちに、自分が懐疑と神聖冒瀆の裂け目の縁でよろめいているのに気づいた。ベイリー博士の忠告に従って、すぐにも家を出ようと彼女は心に決めた。

＊

アナベラによれば、一八一六年一月十四日の晩、彼女はバイロンに明日、家を出る、子供は連れてゆくと告げた。「僕ら三人はいつ、また会える？」と、彼は尋ねた。「天国で」と、アナベラは答えた。彼女はすすり泣きながら部屋を出た、自制心は失われていた。その夜、荷造りが終わり階下に運ばれると、彼女はぐっすりと眠った、「こんな深い悲しみの時に、よくまあ眠れるものだと呆れるほどに」。翌朝、起きてみると疲れ切っていた。階下に降り、バイロンの部屋の扉の前を通りかかった。そこには彼が愛したニューファンドランド犬がよく寝そべっていたドアマットが敷いてあった。アナベラは一瞬、その上に身を投げ、「どんな酷い目に会ってもいいから待っていよう」と思った。が、そのまま通り過ぎ、外で待ち受けている馬車へと向かった。馬車の行き先はカークビー・マロリー〔九八頁参照〕だった。

アナベラはウォーバーンで一泊して、夫に一通の手紙を書いた。これは愛情細《こま》やかな調子で書かれた手紙で、後に悪名高いものになる――バイロンの味方にとって、それは彼の仕打ちに関してアナベラが後におこなった抗議はすべて誇張だという証拠になったのだから。まさにそういう反発を予測して、彼女は友人のセリーナ・ドイルに手紙を送り、自分はただベイリー博士の忠告に従ったまでで、博士からバイロンには気が休まるような軽い話題についてしか書いてはいけないと言われたものだからと書いた。さらに彼女は自分の真実の動機を信じようとしない人に見せる便宜にしようと、この釈明の写しまで用意したのだった。いいかえれば、この手紙はバイロンに関する誇張の証拠ではなしに、後に敵側が彼女の正体を明かす不快な特質と見なすことになるもの、すなわちこの〝平行四辺形の君〟の抜け目ない計算、打算の適例となったのである。

アナベラの策士的性質と数学的天分との結合は、今日に至るまでつづいている主題となりおおせている。歴史家で新聞のコラムニストのポール・ジョンソンが新聞紙上でおこなった〝架空〟会見で、バイロンは「あの怪物、ミス・ミルバンク」について猛烈に怒りをぶちまけている。[8]「あの女の頭にあるのは数学だけだ。私は彼女を〝平行四辺形の君〟と呼んでいる。彼女《あれ》は始終、化石みたいに古臭いチャールズ・バベッジ〔一七九二―一八七一。英国の数学者・機械工学者〕とかいう名の奴と一緒だ。奴はコンピュータと自称する自動計算機を発明した男で、これさえあれば宇宙の謎はすべて解けると豪語している。あんな連中はさっさとくたばっちまえ！」　バベッジについて細い点ではいくつか間違っているけれど、風刺は絶対的に正しい。アナベラがバイロンに書き送った愛情細やかな手紙のなかで伝えたことが、この風刺を生むのに大いに役立ったのは確かである。

(8) ポール・ジョンソンとバイロンの会見が活字になったとき、見出しには「妻との初夜、ふと目が覚めると地獄にいた」という文言が躍っていた。これは一九九七年十二月二十七日付の『デイリー・メール』紙に載った記事のことを指している。

バイロンの味方にとって、〝情熱の君〟が抜け目ない計算の正反対――ありのままの、誠実な、鷹揚《おうよう》な人であるのはいうまでもない。が、バイロンは弁護を必要とする人ではない。必要とするのは、アナベラのほうだ。彼女は同時代の女性にとってこの上なく危険な、いや勇気あるといっても結構な、想像し得る限りの困難な旅に――夫のもとから去るという旅に船出したのだった。もしアナベラが我が子を、自分の財産を、あるいは彼女がときどき主張しているように、強引に婚家に連れもどされたなら必ずや奪われるはずの自分の命を失うことなく、計画どおりに別居を実現できるとしたら、ユークリッドの天才をもって計算する必要があったのである。

カークビーの両親のもとで数日過ごす間、誰しも親もとに落着けば心も平静になるものだが、アナベラもこんな極端な善後策はしばらくすれば不要になると、なおも希望を失わなかった。別居は一時的なもので、オーガスタがバイロンの従弟ジョージ・アンソンの協力を得て適用するはずになっている厳格な禁酒療法によって、正気を回復する機会をバイロンに与えるのが、そもそもの目的だった。別居はまた、アナベラに法医学的検診を推し進める機会を与えるものでもあった。彼女はバイロンをなんとか説得して、彼女の侍医のフランシス・ル・マンに診てもらう手筈を決めていた。ル・マンは夫の精神状態を内密に診断してくれるだろう。

一方、言わでものことを言って事態を一層紛糾させてしまう危険を冒してまでも、アナベラはまたもや心細やかな手紙をバイロンに書き送った。彼女はバイロンを「最愛のアヒルちゃん」と呼びかけ、末尾には「いつまでも変わりなく貴方を愛するリンゴより」と署名し〔アヒル、リンゴいずれも家庭内での愛称〕、この二つの親密な挨拶に挟まれた本文、実は余白みたいなところは、貴方さえお出でになる気になればカークビーの手洗いは、貴方が独占できる理想的な「居間（*sitting*-room）か、ふさぎの間（*sulking*-room）」になるでしょうというような、冗談めかした当てこすりで埋めていた。

それから、事態は取り返しようもなく激変した。

アナベラのもとに、ル・マンのバイロンの健康に関する診断報告が届いた。バイロンには「肝臓の不調」以外、なんの問題もないと医師は告げ、塩化第一水銀《キャロメル》の錠剤をしばらく服用するよう指示していた。(9) つまりバイロンの振舞いの原因が何であれ、それは精神的なもので肉体的なものでなく、個人の責任領域に属するものであって、医学の関知するところではないということである。

（9）ル・マンが選んだ薬物治療は暗示的だ。塩化第一水銀というのは肝臓疾患治療のみでなく、主として梅毒治療に用いられた水銀を主成分とする製薬だからである。ル・マンはバイロンの病の原因として肝臓疾患と診断したと伝えられているが、（鼠蹊部の痛みを訴えていたバイロン自身、多分ひそかに危惧していたにちがいない）疑い、つまり彼は梅毒に感染していたという疑いもまた、否定できないと思える。この病の最終段階は一種の狂気で、性的放縦となって現れたり、興味ぶかいことに、数学的計算の不能となって現れたりする。この時代を通じて、見さかいなく異性と関係した男たちの多くは、〝瘡《かさ》（pox）〟に感染するのを偏執狂的に恐れていた――一種の心気症《ヒポコンデリ》で、多くの人がこれに罹《かか》ったところから〝心因性梅毒〟（*syphilis imaginaria*）と名づけられた。梅毒は二、三の軽い初期症状を示したあと、徐々にひそかに進行し、何年も眠ったように潜伏していたかと思うと、さまざまな病状を生み出して顕在化する病である。

バイロンが別居以後もアナベラに夫婦の契りの権利を行使するのを未然に防ぐため、弁護士スティーヴン・ラッシントンは、バイロンの性的乱行は彼が病に感染している可能性を意味し、したがって病気をアナベラに移す虞があると論じた。

人によっては、もしバイロンが本当に感染していたとすれば、家出以前のアナベラに病気を移していたのは確実であり、後年の彼の恋人ティリーザ・グイッチョリ伯爵夫人が移されていたのは確かなのだからと論じるかもしれない。無論、それは完全にあり得る話である。病に感染した人がすべて症状を表に現すとは限らない。症状が現れても、それは往々にして隠せるものである。

こういうことは、いかなる場合であれ証明することはできない。性病はあからさまに書ける話題ではないのだから。性病にかかわる言及が一切、アナベラの子孫が作成した記録文書から排除されているのも道理である。

アナベラは友人のセリーナ・ドイルからも一通の手紙を受け取った。それはアナベラがピカディリーの家を出た日に書いた手紙に答える返事だった。セリーナはアナベラと彼女がいま世話をまかされている赤ん坊の将来の人生で一つの鍵になる重要人物であるが、そういう彼女が友人のアナベラに「最後の手段」に訴えて、永久にバイロンと別れるべきだと忠告したのである。セリーナは一人の「友人」(実は彼女の実兄で頑固一徹な陸軍大佐フランシスであることが、やがて分かった)と相談してみたところ、その人もバイロンの病の原因は「病的な情熱であり……それに狂的な想像力が作用して次第に高じた結果、次から次へと暴虐行為に走り、その目的はといえば、あなたに〝あの男〟を彼のさまざまな悪しき性質にもかかわらず、あなたの〝道徳観〟にもかかわらず、いわば彼の〝本質〟ゆえに〝愛〟させようとの魂胆だ」と、わたしの意見に賛成してくれたという。ここに使われている大文字筆記された言葉〔〝 〟で囲んだ言葉〕はアナベラにもよく理解できる種類の言葉だった。これらの言葉には意図どおりの効果があった。今やアナベラも悟った――時は来たれり、賽《さい》は投げられた、もはや永久の別離しかないと。

事ここに至って初めて、ジューディスは可愛い一人娘の結婚生活の現実がどうなっているのか知ったようである。憤慨した母親はすぐさま弁護士に会うためロンドンに出発した。アナベラはアナベラで、自分の告訴を固める証拠を集めにかかった。

　幸運にも、相手を断罪し、その罪を証明するこの上ない証拠が棚ぼた式に、彼女の膝もとに落ちてきた。キャロライン・ラムから二人だけで会いたい、バイロンが「震え戦慄《おのの》く」ような秘密を明かすからという短い手紙が、届いたのである。アナベラは約束を守り、レディ・キャロラインとひそかに会ってみると、彼女は見るからに動揺の体《てい》であった。彼女が言うには、バイロンはオーガスタと近親相姦の罪を犯したという。いや、もっと悪いことも。ハロー校〔ロンドン北西部にある有名なパブリック・スクール〕在学中に同性愛に耽ったことも、彼は白状した――この行為は当時、格別におぞましいものと見なされていた。それはソドミーを死刑に値する犯罪と規定していた法律を見れば、一目瞭然だ。

　アナベラはこの証拠を決定的と見なし、弁護士たちのために編集していた自分の結婚に関する一連の詳細な「叙述《ナラティヴ》」をこれで補強しようと、書き留めておいた。これらの覚書は五十年後、彼女が今や求めていた夫との永久的別離の正当性を立証するため、孫〔エイダの次男、二代目ラヴレス伯〕によって収集され、彼女が一生の使命として築き上げようとした自己正当化の巨大な建造物の土台を形づくることになる。それらの覚書はずっと後まで如何なる形であれ発表されることはなかったけれど、やがて起こる〝別居〟大論争の問題点を決定づけ、これは単なる個人的反目争闘の問題にとどまらず、倫理的哲学的主義主張の問題であることを明らかにしたのだった。新聞も社会もこのことを認識して、実際、最初から時代の精神をとらえる象徴的事件として扱ったのだ。当時の新聞にも広く引き合いに出されたスコットランドの保守党《トーリー》系の雑誌『ブラックウッズ・マガジン』は、「〔バイロンの〕結婚が幸せなものであったなら、今世紀の歴史の流れは大いに変わったかもしれない」とさえ公言して憚らなかった。

＊

今日の基準からすれば、この〝別居〟のニュースが新聞に出るには少し間《ま》があったが、いったん出ると、今日のどんな醜聞にも劣らぬ衝撃で世間を驚かした。まことに、それは多くの点で、有名人をめぐる大騒《センセーション》ぎの原型であった。ここには今日と変わらぬ口角泡を飛ばす憤慨、互いに他よりも高度な二重規準を立てようとする新聞編集者間の競争、相変わらずの助平根性、相変わらずの気取った態度、相変わらずの似非《えせ》上品ぶりが見られる。

「イギリスは如何に生くべきかを国民に教える世界に冠たる国柄であることを忘れまい」というスローガンのもとに発行している好戦的愛国主義の日曜新聞『チャンピオン』が、一八一六年四月十四日、まず最初にこの事件をすっぱ抜いた。同新聞はバイロンが〝別居〟について書いた二篇の詩、「別れの歌」と「私生活スケッチ」をなんとか手に入れていた。これら二篇の詩はもともとバイロンが友人知人の間に配るために印刷した私的なものだったが、彼の版元のマリがどういう訳か、これらの詩を『チャンピオン』紙の野心満々な編集者ジョン・スコットに漏れるがままにしていた。スコットは真ん中の頁に──当時、新聞でもっとも目立つ場所、第一面は部門別案内広告で埋められていたから──二つの詩を、「バイロン卿みずから彼の家庭事情を語るの詩」という見出しで掲載して、派手に扱った。

「別れの歌」はバイロンとアナベラとの関係を物語仕立てにして、結婚の仕来たりや道徳の拘束を越え、到達不可能ではあっても否定し得べくもない理想に結ばれた二人の絆に訴える詩である──

たとえ数多《あまた》の過失が僕を汚したとしても、

かつて僕を抱いてくれた
腕より他に、不治の傷を加える
　腕がまたとあろうか？

しかし、ああ、しかし、君は自分を欺いてはいけない、
　愛はゆっくりと朽ちくずれるもの、
突然もぎ取られて絶えるものではない。信じてはいけない。
　二つの心がこんなふうに引き裂かれるなどと。

引き裂かれようとも、君の心はなお生きつづける——
　僕のは血を流しながらも、なお脈打つに違いない。
死に絶えることなく苦しみ与える思いは——もう二度と
　僕らは相見ることはあるまいという思いのみ。

〔第一七—二八行〕

ついで批評家たちには、この悪党は同情をかち取ろうと我が子まで利用せずに措かぬ証《あか》しと読めた、娘のためにアナベラの憐れみに訴える条《くだり》——

僕たちの子の口から最初の言葉が流れ出て、

君が慰めを得る時が来たなら、
あの子に教えてやってくれないか、〝父！〟と言うのを？
たとえ彼の情愛を、あの子は諦めねばならぬとしても。

あの子の小さな両手《もろて》が君にしっかりと抱きつき、あの子の唇が
君の唇に重ねられる時が来たら、
君の幸せを神に祈っている彼のことを思い出して欲しい、
かつて君の愛が祝福してくれた彼のことを！

あの子の目鼻立ちが、君のもはや会おうとしない
男のそれに似かよっていたら、
その時は君の心も優しく戦《おのの》くことだろう、
今なお僕に忠実な鼓動のままに……

〔第三二一四四行〕

数日後、ある新聞がこれらの詩行が世の女性たちの心の琴線にどう響いたか推量して報じたところによれば、「一人の美しい〔すなわち女性〕寄稿者」は、もし私の夫がこのような別れの挨拶を告げたとしたら、私は「彼の腕のなかに飛び込んで、すぐさま和解せずにはいられなかったでしょう――*Je n'aurais pu m'y tenir un instant*」――「一瞬たりと自分を抑えることはできなかったでしょう」。

しかし、効果はこれにつづく無作法な詩のせいで、かえって弱まってしまった。「別れの歌」同様、「私生活スケッチ」も一人の女性、アナベラのかつての乳母《ナニー》ミセス・クラーモントに関するものだ。バイロンは彼女が妻を背《そむ》かしたと難じている（他の書簡が証しているように、これは正当な非難とはいえない）。この詩には、およそ詩として発表されたもののなかでももっとも悪意に満ちた詩行がいくつか含まれている。バイロンの風刺詩の名人芸によって、ますます悪意はどぎついものになっている――

屋根裏部屋で生まれて台所で育ち、
そこから女主人の髪結いに出世して……
話上手で、嘘は電光石火の早業師、
優しき腹心の友《コンフィダント》にして、密偵《スパイ》のよろず屋……

〔第一―二行および第九―一〇行〕

「スケッチ」には、ミセス・クラーモントが一人前に育てるのに力を貸したアナベラの肖像もある――

お世辞に騙されず、贋ものには目を晦《くら》まされず、
虚偽に染まらず、流行に汚れず、
甘やかされても虚弱にならず、悪しき手本に害《そこな》われず、

科学を修得しても貧しき才能を憐れみの渋面つくって蔑まず、
天才あっても高慢ならず、美しくとも自惚れず、
妬みゆえに心乱れて苦痛の仕返しすることもなく、
運の浮沈《うきしずみ》に動ずることなく、誇りあっても驕らず、
激情に屈せず、美徳ゆえに厳しからず、
かかる若々しき心のゆえに、邪道に陥るのは
未然に防がれていた——今までは。
この世に生きる女のなかで誰よりも清らかに澄みきった人、
だがしかし、一つの優しい弱み——許す心が欠けている……

〔第二一一—三二行〕

賛美の歌の体裁はとっているものの、これらの詩行はしいて言えば、あの「憎しみの鬼ばば」ミセス・クラーモントの悪意に満ちた描写より一段と破壊的だった。これが堅苦しい気取り屋、科学者めいた超然たる態度と敬虔な信者然とした脱俗の姿勢で、お高くとまっている人間の肖像であるのは、一目でわかる。以来、これがアナベラの世間周知の面貌《プロフィール》となるのである。

このイメージは今日まで変わることなくつづいているものであって、バイロンとアナベラの伝記研究家のほとんどが（実に多くの研究者たちがいたものだ）、〝数学者〟・科学者・〝平行四辺形の君〟というバイロン自身が描いた妻の戯画を額面どおりにとってきたのだった。数学や科学に関心があったことは事実だが、そんなことをいえば、彼女は文学や芸術にも関心があったのだ。彼女にはこれといって専門

的知識は何もなかった。ずっと後にバベッジの革新的な計算機〝階差機関《ディファレンス・エンジン》〟を初めて目にしたとき、彼女の反応は博識ではあっても、しょせん当惑した素人の反応にすぎなかった。

アナベラが数学者にされたのは彼女が実際に数学者だったからではなく、それは〝別居ドラマ〟と呼びならわされることになる芝居で、彼女に振り当てられた是非もない役柄だったからである。彼女は近代の、産業革命後の世界が必要とするほとんど機械的な人間種族の化身だった。彼バイロンは進歩の潮流を呪い罵るロマン主義精神の象徴だった。かくして、彼ら二人の闘いは単なる夫婦間の争いではなくして、分裂した文化の二つの側面間の壮絶な闘争だったのだ。この分裂に二股《ふたまた》かけてはらはらしていた社会一般の人びとは、どちらが勝つかやっきになって見守っていた。

*

みずからの「家庭事情」を語るバイロンの二篇の詩の公表の結果は、『チャンピオン』紙の狙いにかなっていた。同紙はこの放蕩者は裏切り者であるばかりか（バイロンはナポレオンに共感する意見の持ち主で悪名高かった）偽善者でもあると暴露したのである。

二篇の詩に付した論評で、『チャンピオン』紙は今日のタブロイド判新聞に負けず劣らぬ残酷さで、バイロンに打ちかかった。今日ならメディアの人権侵害と呼ばれそうなことを難ずる、例によって例のごときもっともらしい前置きのあとで、やおら同紙は舌鼓を打ちながらバイロン攻撃に乗り出す。彼は「泥酔の擁護者にして女性を中傷する者」、この二篇を書くに当たって「人間最低の下劣さ」を発揮したと宣告した。

「バイロン卿は、これらの詩は結婚後いくばくもなくバイロン卿夫人と別居するに至った責を、当の無防備な弱き器に帰する意図あって書かれた訴えなどでは毛頭ないと、今さら逃げを打つ御所存ではありますまい」。今や頁からぽっぽと湯気が立つ勢いで、攻撃は進む――

「別れの歌」と題された作品には凝《こ》りに凝った言葉遣いと、精妙に組み合わされた涙を誘う非難を駆使して、B卿夫人には妻としての第一の義務も、女性としての最善の美点も全く欠けていることを証し立てようと企てている。バイロン卿は世に名高い詩人としての立場を利用して、世間の非難と不満の流れすべてを彼の妻に向け、彼が負うた傷の数々、心優しい悲しみに世間の同情と賛嘆すべてを集めようと、試みているのである！

『チャンピオン』紙の介入はいろいろな点で〝別居〟の結果に、決定的な影響を及ぼした。第一に、二篇の詩が公共の場に引き出された結果、他のロンドンの新聞のおおかたも、多くの地方新聞（たとえばシーアムの地方新聞、『ダラム・カウンティ・アドヴァタイザー』）も、今や参加できるような（彼らの好んだ言い方だと、参加を「余儀なくされた」）気になった。つづく二週間のうちに、『タイムズ』、『モーニング・クロニクル』、『モーニング・ポスト』、『モーニング・スケッチ』、『イグザミナー』、それから『クリア』〔いずれもロンドン中心の有力紙〕すべてが、この物語を鳴り物入りで報じ、何度も版を重ねた。

レイフ卿は『モーニング・クロニクル』に食ってかかることで、抗議の先陣を切るのに大成功を収めた。『モーニング・クロニクル』はつとに『チャンピオン』紙の編集者弾劾に乗り出していたのである。『チャンピオン』紙はバイロンを陥れる陰謀の一味だと。レイフ卿は自分と家族がどうやらこの陰謀に加担していると仄めかされたと早合点して、早速、『モーニング・クロニクル』の編集者ジェイムズ・ペリーの事務室に怒鳴り込み、記事の撤回を要求した。ペリーにはそのようなことを示唆する意図はまるでなかったので、翌日の新聞に一つの作り話を載せ、そのなかで次のように主張した——

レイフ・ミルバンク卿はバイロン卿の家庭の平和を破壊せんとする陰謀について一切御存知ないという事実を、卿御自身の明言に依り当社は権威をもって茲《ここ》に確言する次第である。なお高貴なる准男爵の声明を掲載せよとの御希望には、吾人は快く従うものである。卿の言明の真実は卿を知る者なら何人《なんびと》も疑い得ぬところだからである……レイフ卿の言明に依り、かの仄めかしの記事は卿の関知せぬままに発表されたものであるのみならず、卿に多大なる不安と世の非難を呼んだものと確信して、茲に深く陳謝するものである。

どうやら事の一部始終に錯乱したらしく、レイフ卿にはこれでは不十分だった。彼はあの声明は「全く不満足」だと主張する手紙をペリーに送り、それを紙上に載せよと要求した。ペリーが手紙の印刷を断わると、レイフ卿は『モーニング・ポスト』の宿敵である『クリア』紙に手紙を持ち込んだ。『クリア』は待ってましたとばかりに大喜び、手紙はただちに公表することに決め、翌日、ペリーの応対ぶりを含んだ別の作り話を捏《でっ》ち上げた。この時点で、『クリア』はあの悪名高い二篇の詩を公表するのをためらっていた数少ない新聞の一つだった。ところがレイフ卿自身が自分の目的のためにこの新聞を味方にひき入れた今、『クリア』もあの二篇の詩を「余儀なく」公表する気になったのだった、「我等が読者諸氏の要望に応えて」と。

家庭内で〝新聞戦争〟として知られることになる事件のもう一つ別の結果は、あの結婚が産み落とした一粒だねの子も公然と家庭崩壊に巻き込まれる破目になったことである。彼女もまた、今や有名人で——まだほんの幼児だというのに、アナベラが外に連れ出すと、この幼い有名人は群集をひき寄せずには措かなかった。「別れの歌」のなかでこの子に言及した詩行は、彼女一生の役割——バイロンがさらに書かずにいられなかった詩に補強されて——〝別居〟の具体的表現としての役を決定づけたのである。世間の目には、彼女は今やバイロンが描いたとおりになっていた——純粋な愛の象徴、人間の弱さに汚されたお陰で私たちすべてから完全に失われてしまったものの象徴であった。

新聞報道の力が及ぶ究極の目標は、バイロン自身であった。三月には、新聞はイングランド中部地方の地震がニューステッド・アビーの建物に与えた被害、数ある食堂の一つの天井が崩れ落ちたということ以上に不気味なニュースを伝えていなかった。が、四月に入ると二、三の新聞を除いて、すべての新聞が毎日、バイロン中傷に余念がなかった。彼の振舞いにたいする新聞の憤激は、いかなる地震の揺れよりも一段と激しく世間を揺さぶった。

バイロンは世間の攻撃に公然と無頓着を決め込んで、今までどおりの生き方をつづけていた。晩餐会や劇場に出かけたり、辛辣な風刺詩を流布させたり、自分の考えを遠慮会釈なく吹聴したりしていた。彼はまた情事にも耽った。今度の相手はメアリ・ジェイン・クレア・クレアモント、『ケイレブ・ウィリアムズ』の作者ウィリアム・ゴドウィンの継娘〔メアリ・ウルストンクラフトの死後、ゴドウィンが再婚した女の連れ子〕だった。クレアはあのレディ・キャロラインはだしの決意を固めて、バイロンのあとを追いかけまわっていた。彼女は野育ちの自然の衝動のままに生きる女を主人公にした小説を書いているところだった——この主題は自然の衝動が薄弱なアナベラとの最近の経験のあとでは、バイロンを惹きつけたに相違ない。彼の名があらゆる新聞に出る頃には、クレアは彼を恋人として公然とひけらかし、義理の姉メアリ・シェリーをドルリー・レーン劇場の楽屋に連れていって、自分が獲得した戦利品《トロフィー》〔つまりバイロン〕を賛美させたりした。彼女もバイロンの子を身籠っていた。オーガスタ・エイダにとっては腹違いの妹〔その名はアレグラ〕であるが、エイダは終生、この妹に会うことはなかった。

しかし、そんな気晴らしなど、メディアの狂熱にたいするバイロンの真の返答の序曲にすぎなかった——彼の真の返答とは、今やどうしようもなく腐敗し偽善的道学者の正体を明らかにした祖国を堂々と脱出することにほかならなかった。壮大な反抗の身振りを示すため、彼はロンドンの馬車製造業者に大《たい》枚《まい》をはたいて注文しておいたナポレオンの馬車の複製《レプリカ》に乗り、ヨーロッパに運んでもらいたいと提案した(10)。所有している物品はすべて公共の競売にかけて売り払い、目前に迫った出発を派手な芝居に仕組んだ。昔の敵と和解しようとは露《つゆ》思わず、〝別居〟の最終的契約書を皮肉たっぷりに「ミセス・クラーモントの手に成る証書」として関係者たちに配布した。

(10) 哀れな馬車製造業者は実費を回収することはなかった。彼がバイロンから得たものは、乗り心地が悪かったという苦情だけであった。

この戯れの仮面の背後にひそむ真《まこと》の心情をちらっと吐露するかのように、バイロンはオーガスタに短い手紙を書き、娘が幸せに暮らしているかどうか事情をいつも知らせて欲しいと頼み、「バイロン卿夫人の名は如何なる形であれ——如何なる場合であれ——万やむを得ない用件の場合を除いて、言及することも示唆することも」二度と再び断じてないようにしてくれと懇願している。彼はまたアナベラに最後の手紙を送り、オーガスタには優しくしてやって欲しいと頼み、娘のためには指環を同封した。この指環はのちにエイダにとって掛け替えのない宝となるのである。

バイロンがヨーロッパ大陸に出立する予定だった前日、今やアナベラの半ば公的な弁護人の役に満悦していた『クリア』紙は、バイロンにたいする辛辣この上ない攻撃を開始した。世論を代表する陪審員長を自任する『クリア』は「我等の怒りを宥めんとする彼の哀切な訴え——彼自身の激越な感情の優雅な表現」を拒否する。「我等は平明な分別の厳しさを要求する者であって、熱っぽい想像力の輝きを要望しはしない」。「公衆は彼の優しき叱責、あるいは彼の熱情あふれる非難に応える我らが返答を待つまでもなく、すでにこの一件を裁定し終えているのである」。さらにつづけて、「公衆はつとに彼バイロン氏を奔放な才能の持ち主ではあっても実用には適さず——その才能は崇高ではあっても礼儀を知らぬ、そういう希有な種類の人間の部類に属させているのである」。

これらの言葉のあとには、「ああ、もう私のことなんか忘れて！」と題された「別れの歌」を小馬鹿にした詩がつづく——

もしも情熱の嵐が貴方をとらえることがあったなら、
もう家のことなどで思い悩まず——
家庭の平和が侮られ踏みつけられたと思うだけで
張り裂ける、そんな疑心暗鬼はさっさと捨てて——
ああ、もう私のことなんか忘れて——もし時の恵みで、
貴方の胸から疼《うず》き苛む傷が掻き消えたなら、
羞恥心などに煩わされず、罪を犯すことなど物ともせずに、
どこかの暖かい、もっと優しい心にお縋りなさいませ。

バイロンが故国を去る間際の頃、新聞に見出された唯一の親切な詩は、急進的な週刊誌『イグザミナー』に載った。さらに『イグザミナー』はこの事件に霊感を得た一篇の詩も発表することになる。作者は同誌の編集者リー・ハントで〔一七八四―一八五九。ジャーナリスト・詩人・批評家・随筆家。一八〇八年、兄ジョンと共に『イグザミナー』を創刊、その編集に当たった〕、彼には数年前、摂政皇太子の名誉毀損の罪に問われ下獄した際、バイロンが牢を訪ね彼を激励したという好誼《よしみ》があった。もっとも数年後には、バイロンの名声にそれほど忠実でないところを見せることになるのだけれど。

……運命の女神の麗《うらら》かな光に浴する岸辺で成熟したる
尊き果実を芯まで切り裂く時ならぬ時の嵐のゆえに――
世の人同様の美点をもちながら、包み隠さぬ欠点ゆえに――
否《いな》、〝何も出来ぬ能なし〟〔四〕が急遽、王位に就くことなければ、
混じりけなしの純なる美点のゆえに、
何人《なんぴと》も所有せず、所有している振りさえし得ぬ美点のゆえに――
最後に、昔の友人たち――雨にもめげず
風にもめげず、終始、一致団結していた心のゆえに――
思うままに勇気を発揮する習性ゆえに――
常に変わらず我に差し伸べられし手ゆえに――
さらには偽善の光栄ある全き欠如のゆえに。
　さらば、さらば――もう何も言わぬ――道中ご無事で！
君の詩を読む我等の期待を忘れ給うことなかれ。

〔四〕　原語は、'Cant'――ジョージ四世を指す。父ジョージ三世が一八一一年発狂したため摂政となり、二〇年父王が他界してジョージ四世を継いだ。彼が遊蕩に明け暮れした、いわゆる〝摂政時代〟はバイロンが時代の寵児となった出発の時期と重なる。彼らはかなり親密な遊び仲間だった。摂政皇太子もバイロン同様、自由主義的ホイッグ党寄りであった。

*

バイロンは一八一六年四月二十三日、ドーヴァーを目指して早朝に出発した。彼の巨大な新調のナポレオン式馬車がごろごろと道を往く、まさにそのとき執達吏の一団がピカディリー・テラス十三番地、数少ない幸せな日々と数多くの惨めな日々を閲《けみ》した場面に乗り込んで来て、家財を一切合切没収し裸にした。バイロンに随行した連中は新たに採用された医師ジョン・ウィリアム・ポリドーリ博士〔五〕と、友人のホブハウスとスクループ・デイヴィス、一同は夕方にはドーヴァーに着き、例の馬車はイギリスの領土に置いておけば執達吏に没収されるのは目に見えていたので、すぐさま船に引き上げた。翌日、風の向きが悪く、出港は見合わせなければならなかった。順風を待つあいだを利用して、バイロンは彼と共に名高い風刺詩人の栄誉を共有しながら、破産して妻と別れたチャールズ・チャーチル〔一七三二―一七六四〕の墓を訪《とぶら》った。バイロンはこの心の友の墓の上に身を投げ、芝土を張り替え墓の見栄えを幾分でもよくするため一クラウン寄付した。

〔五〕　一七九五年生―一八二一年没。バイロン漂泊中の侍医兼秘書、いずれの職務も無能に近かったらしい。最初に立ち寄ったジュネーヴ湖畔で雨に降りこめられて、バイロンが無聊を慰めるために手がけ、中途で投げ出した怪奇小説をネタにして、一八一九年、ポリドーリが出版したのが英国最初の吸血鬼小説『ヴァンパイア』である。なおこのとき一八一六年七月にはシェリー夫妻もジュネーヴ湖畔を旅してバイロンの隣人になっていて、彼らもまた怪奇小説に手を染めたが、シェリーは恐怖のあまりすぐ断念し、メアリだけが一篇を書き上げた。それが『フランケンシュタイン』（一八一八年）である。このような怪奇恐怖小説の伝統は、長く健全（？）なヴィクトリア時代を通じ、一つの暗流となって流れつづける。たとえば、エミリー・ブロンテの『嵐が丘』が世に出たのは一八四七年、ブラム・ストーカーの『ドラキュラ』が出たのは一八九七年である。

のちにアナベラの弁護士が伝えている噂によれば、バイロンと彼の友人が二日目の夜を過ごした宿には、小間使いに扮した多くの女たちが「別れの歌」の作者を一目見て、別れを告げたいと願い、潜入して来たという。

翌朝は風向きが変わり、バイロンの船は出帆の準備で忙しかった。バイロンはホブハウスと腕を組んで波止場に歩いていった。彼を待っていた船に乗り込んだ。船は錨を揚げ帆を張り、今にも出帆する構えだった。ホブハウスはかつてシーアムで婚礼の馬車の傍らをひた走ったように、木の桟橋を夢中で走った。バイロンは帽子をぐいと力まかせに脱ぐと、それを振って友に最後の別れを告げた。ホブハウスは桟橋の外れまで来ると、岸から遠ざかってゆく友の姿をじっと見つめていた。バイロンがこの岸辺に生きて還ることは決してあるまいと思いながら。

*

その年も晩《おそ》くなって、バイロンはこの別れの時を詩のなかで思い返すことになる。彼もまた、大事と

思う人との隔たりが開いていくのを悲しんだ。といっても、それはホブハウスのことではなかった──

美しい我が子よ！　お前の顔は母親似だろうか？
エイダ！　我が家の我が心の一人娘は？
お前の青い目を最後に見たとき、それは微笑んでいた、
別れ別れになったあの時には──今のような別れ方ではなしに、
まだ一縷《いちる》の望みがあったのだ──
はっと目が覚めると、
波が僕の身の回りでうねっている、空では
風がびゅうびゅうと声を張りあげている、僕は去ってゆく、
どこか知らぬ所へ。でも、もはや時は過ぎ去ったのだ、
アルビオンの薄れゆく岸辺が僕の目を悲しませるか、喜ばせるかした時は。

〔『御曹子ハロルドの遍歴』第三詩篇第一連〕

第三章

人間の危険な才能

誰もが知りたがっていた――そんな突然変異にも似た結婚から生まれた子は、どんな子になるのだろう？　両親の結婚の納骨堂で朽ちていた天才と堕落、詩と幾何学、忠誠心と嫉妬、自由と放埒、愛と憎悪、美徳と罪悪の遺骸から一体、どんな種類の生物が組み立てられるのだろう？〔著者ウリーの脳裡に浮かんでいるのは『フランケンシュタイン』における怪物誕生の秘密だと思われる〕。

イーリー〔ケンブリッジ州東部の町、十一世紀の大聖堂で有名〕を訪れ、アナベラが聖堂参事会長の妻に大聖堂を案内された旅のあいだ、彼女と赤子の娘が泊まっていた宿には、バイロンの子を一目見て、その子の背中に天使の翼の蕾《つぼみ》があるか、それともその額には悪魔の角の蕾があるか確かめようと、多くの人が群れ集まった。同じことがピーターバラ〔ケンブリッジ州北部の都市〕でも起こっていた。アナベラはカークビーの実家に、娘の名で手紙を書き送った。娘の名はもはやオーガスタではなくエイダ（*Ada*）、この事実を強調するために下線が引かれていた。二人は〝有名人《ライオネス》〟扱いされていた。

無論、ごく幼い頃にはエイダがどんな人物になるかは予言しようもなかった。たとえば彼女の母には予想の立てようもなかった。なにしろ今やこの母たるや国じゅうを絶えず経めぐり、お気に入りの温泉町や海辺の保養地を訪れるために借家から借家へと移転しつづけていたのだから。

母親の旅まわりの間、エイダは大抵カークビー・マロリーに残されていた。そこで祖父母とつぎつぎと代わる乳母の手で育てられた。二歳になる頃には、元気一杯な女の子になっていて、甘い祖母の保護の下で幸せに暮らし、よく反響《こだま》する広間や優雅な部屋をスキップしながら通り抜けたりしたが、煖炉棚の上に被いをかけて飾ってある肖像や、ベッド傍に弾丸を込めたピストルや、裏口を見張っているたくましい召使たちの意味には、まったく気づかなかった。

アナベラと彼女の娘との関係はほとんどもっぱら、今なお展開している〝別居〟劇における娘の役割に集中していた。この幼い娘には、アナベラが淑徳と正義の側に立っていることを証す非常に大きな役廻りがあった。社会の態度は教会の法同様（結婚は依然、民事というより〝教会〟に係わる事柄と見なされていた）、いかなる別居係争においても父側の強力な味方だったのである。女はどんなに非道な家庭内の専制にも堪え忍ばなければならないとしても、夫を〝棄てて〟いい道理にはならないと単純に考えられていた。このような事態をやわらげる手立てがあるとすれば、子の幸せを保証するという一筋しかなかった。こうしてアナベラはエイダを堕落した〝摂政時代〟の放蕩者の価値観にさらせば、必ずや幼い娘の破滅につながることを何としてでも証明しなければならなかったのである。

そうすることの不可避的結果は個人的にも世間的にも、この子はバイロンの言葉を借用すれば、「僕たち夫婦の悲痛の相続者」になるということであった。アナベラの訴訟を有利にし、子を溺愛する有徳の母というイメージを助長するために、この上なく親密な母としての演技《ジェスチャー》さえ効果的に使われた。たとえば、彼女はエイダが幸せにしているかどうか気づかう感動的な手紙をカークビーの実家に送っているが、短い添書を同封してジューディスにこう指示するのを忘れなかった。母親としての関心の証を提出する必要があるかも知れないから、この手紙は大切に保管しておいて欲しいと。

これは賢明な用心だった。というのも、彼女が育成しなければならなかった対世間のイメージは、個人的現実とは完全に相反するものだったからだ。アナベラは我が子の人生の最初の数年間、母としての苦しみなど経験したことはほとんどなかったからである。まだ妊娠中の頃、彼女は間もなく生まれてくる子にいかなる愛情も主義として抱くまいと、心に決めていた。エイダが生まれてほどなく書かれた詩の題名に言うように、彼女はまさしく「不自然な母」であった。「私があれに話しかけるのはお母《かあ》さまを喜ばせるためで、私自身の喜びのためにではありません。あれがお母さまのお世話になるようになったら、どんなにか嬉しいことでしょう」と、アナベラはジューディスに書いた。文中「あれ」とあるのはエイダのことである。

アナベラにとって、母とは彼女の美徳を表現し、彼女の行為を正当化する媒体という、そんな抽象的なものとしてしか存在しなかった。母というものが感情や救いとかかわりがある何ものかだと考えたときには、彼女は詩的象徴と隠喩の形をとるしかなかった――

樫の樹のおかげで嵐から守られた
　一輪の花を目にして

（母より――子へ捧ぐ）

雨宿りの傘をひろげるこの樹のように
私も「無常の嵐の礫《つぶて》」に耐えて、
足下に咲くこの花を助けよう――
ああ、私の花よ！　もし悲しみの器から
私の頭に悲しみが注がれたら、一滴くらいはお前の上にも滴るだろう、お前を無事に守るはずの愛の手を逃れて――
悲しみの滴《しずく》よ、お前の上にも落ちるがよい、優しい露となって
　いや増す美を――一層美しい彩りを添えるがいい！

　したがって、乳母が幼児を母親と二人だけにするたびに、この小さな花は「アメリカ人も顔負けの鬨《とき》の声」をあげるとアナベラがこぼしたとしても〔アメリカ独立戦争が起こったのはアナベラ十七歳のとき〕、驚くには当たらない。対照的に、乳母がこの小さな花を大好きな祖母と二人だけにすると、嬉しそうにくっくっと喉を鳴らし、乳母が戻ってきて連れ去ろうとすると、不平を鳴らして祖母にしがみつく。アナベラが当時の習わしどおり歯茎を切開して乳歯が生えやすくしようとすると、エイダの痛がりようはすさまじく、乳母もひるむばかりだった。ジューディスが同じ手術を親知らずの歯にほどこせば、エイダは祖母に感謝するのだった。
　アナベラも我が子に幾分なりと母を慕う気持ちを植えつけようと、二、三あまりぱっとしない試みをしてはみた。たとえば自分が旅に出て家を留守にしたら、不在の母の肖像に口づけするよう仕込んで欲しいと両親に頼んだりして。しかし、彼女の関心は母の心に根ざすというより、あくまでも道徳観に根ざすものであった。娘はアナベラが身をもって示しているものの手本に育てあげなければならなかった。つまり彼女の知的倫理的力の発達と想像力の完全な抑制に、すべては集中されなければならぬことを意味していた。

＊

「ロマン主義の予言者」ノヴァーリス〔一七七二―一八〇一。ドイツロマン派初期を代表する詩人。代表作は死を賛美して永遠の生に憧れる魂を歌った『夜の賛歌』(一八〇〇)〕は書いていた、「想像力は……最も背徳的、最も獣的なものに最も惹きつけられる」と。別の批評家に言わせれば、想像力は人間の「危険な才能」ということになる。想像力は普通の人間には種々な物を作ったり創造したりして、神の聖なる法に挑戦できるよう人間を神と同じ地平に置くものだった。想像力の探求には限界がないように思えた時代――人間が地球を横断し、風景を思いのままに造型し、大地をほしいままに略奪することができるようになった時代では、人間の可能性の限界を探求することにほかならなかった。

アナベラ自身の想像力に関する考えは、彼女のお気に入りの哲学者の一人だったフランシス・ベイコンのそれに類似していた。科学的方法についての偉大な論考『学問の進歩』〔一六〇五年〕のなかで彼は書いていた――「想像力は物質の法則に縛られないから、好き勝手に自然が切り離していた物を結合し、自然が結合していた物を切り離す。かくして事物の非合法な結婚と離婚を成立させる」。ベイコンはこのこと自体にさして害を認めていなかったけれど、アナベラは大いなる害悪をそこに認めていた。バイロンの場合のように想像力が野放しにされれば、非合法な結婚と離婚はきりもなく起こって来たではないか。

アナベラはこれと同じ思想の自由がエイダの心のなかで野放しになる危険を冒すわけにはいかなかった。子供は組織的な絶え間ない監督のもとに育てられなければならない、想像力を欠いた自制心ある忠実な性格の発達を確実なものにするために。不運な乳母や家庭教師が取っかえ引っかえ雇われ、この重い仕事を課せられたが、誰一人アナベラの厳しい基準にかなう者はいなかった。最初の乳母は〝グライムズ〟という名でしか呼ばれていないが、彼女は世話を託された子に病的といっていいほどの愛情を寄せ、たとえば子供が水疱瘡《みずぼうそう》になったときには自分独りで看病の責任を全うした。アナベラは相変わらず自分自身の健康を気づかい、感染を恐れて寄りつかなかった。乳母のこの愛情は、「我が子」の機嫌は思いどおりに操縦できるというアナベラの自負心を傷つけ、許せなかった。グライムズは解雇された。ミス・ラモントという人が、少女の正規な学習を五歳からはじめるために家庭教師に選ばれたが、十分な影響力をもち得ず、あの乳母とは逆な意味で被害を蒙った。彼女はエイダの「堂に入った」精神に圧倒され、それで注意を引きつけることも服従させることもできなかった。アナベラの考えでは、「エイダのような性格の子に何かを徹底的に教え込むには、当人にやるしかないという義務感を起こさせ、やれば愛する人びとから認められるという希望をもたせるしかない」。明らかに、このラモント先生には及びもつかぬ難事だった。そういう次第で、翌年には彼女もまた立ち去っていった。暖かい身元保証書と、決してエイダについては他言無用という警告を携えて。

　立ち去る日まで、ミス・ラモントはアナベラのためにエイダの成長を記録する日記をつけていた。その冒頭の数頁は少女の賛美に満ち、縦列に並んだ数字の足し算に如何に優れているか、かつて少女の父が決して交わることがない定めだと強調したことがある平行線を引くのに如何に正確であるか、垂直のような幾何の概念を如何によく理解しているか、アナベラの好きな作家の一人マライア・エッジワス〔一七六七―一八四九。社会生活の弱点を風刺的に描くのを得意とした〕の『幼き日々の教訓』のような本を如何に流暢に読めるかが、逐一報告されている。

　履修科目《カリキュラム》はアナベラが決めた。彼女は博愛と生活協同組合運動と共に、教育への次第に強まる関心をも培っていたのである。――これらの関心事によって、彼女は前の年、是非もなく住まずにいられなかったバイロン的バビロンの都〔奢侈と退廃の象徴〕から、可能な限り遠ざかることができたのだった。当時は今日から見てそれと分かるような教育制度はなかったが、新式の農業や工業の急速な発展と共に、是非とも教育制度を確立しなければならぬ社会的必要が生じているのは明らかだった。アナベラは私費を投じて、シーアムに実験的村の学校を一つ建てようと決めた。その学校はヨーハン・ハインリヒ・ペスタロッチ〔一七四六―一八二七。スイスの教育改革者、個人の自然な発達の順序に沿った教授法を説いた〕やエマニュエル・ド・フェルレンベルクのような教育学者によって開拓されつつあった新しい原理に基づいて運営される手筈だった。ペスタロッチはスイスのベルトゥに学校を建て、生徒は自然の法則に従って教えられた。ということは、彼らが学習するのはすべて観察を通して得られるということだった。アナベラはあの不運なミス・ラモントにペスタロッチの考えのあるものを、たとえば積み木を使って様々なデザインの箱を組み立てることで、積み木の物理的性質を探求するといったようなことをエイダに試してみるように命じた。不運なことに、ミス・ラモントの怒りをますます高じさせたことには、エイダはこの考えにすっかり夢中になり、積み木と箱に関する観察に自分自身を限定するどころか、積み木と箱を都市や塔に変えるにはどうしたらいいか想像をたくましくするばかりだった。

この少女は他の授業のときは我が儘で、気が散りがちでもあった。彼女に言うことを聞かせようと、賞罰の方式が導入された。何かの勉強で出来がよければ、切符が褒美として与えられた。あとで切符を植物に関する本のような為になる本に引き換えることはできた。行儀が悪ければ、切符は没収された――足し算で不注意な間違いをすれば切符二枚、音楽のレッスンで注意散漫だったら切符二枚といった具合に。ときには切符を全部取り上げると脅しても言うことを聞かないことがあった。そういうときには体罰が課せられた。部屋に錠をかけて閉じ込めるとか、木の板の上でじっと横たわらせるとか、もじもじする手に袋を縛りつけるとか。これらの矯正法も失敗に終わることがあった。たとえばフランス語の授業中不注意だというので、部屋の隅に追いやると、彼女は腰羽目の手すりに噛みついて反抗した。

ミス・ラモントの日記の頁を繰《く》るごとに、話はますます酷くなる――切符の没収、部屋の隅への追放、手錠がわりに縛りつける袋、これらの懲罰すべてがしきりに試みられ、ついには堪忍袋の緒が切れてミス・ラモントは去っていった。彼女の後継者たちも同じ訓育法を用いざるを得ず、それを意気軒昂たる生徒に強制しては、同じような挑戦に直面する仕儀とはなった。各学科の教授法は綿密に規定されていた。たとえば、歴史は厳密に年代順に従い、近代に力点が置かれた。個人の行動の価値は普通、キリスト教の原理によって評価されるからだ。決してエイダが幽霊のような、彼女の〝空想〟を刺激するやも知れぬことについて教えられる気づかいはなかった。彼女が摂取すべきは事実と道義的精神に限られていた。

　警察官や刑務所長の任にも完全に耐えられるほどの自制心があると自任していたアナベラは、雇った教師が揃いもそろってエイダを抑制するのに失敗したことで、次第に憂慮するようになっていった。表向きには娘の生得の知的優秀さがその原因だとしたが、心の中では別のあり得ても不思議はない原因について、もっと深い心配があったのである。これは本当に我が娘の早熟のせいなのか、それともバイロンの気質が出現しはじめている証しなのか？　同じ見習うなら、この母のなかに人間の美徳と純潔の見本があるというのに、あの子は選りによって父親みたいな人間になろうとしているのか、それを目の当たりにするのは恐ろしかった。もしそんなことが起ころうものなら、アナベラが依然として人気のあるバイロンに対して、自分のとった行為を弁護するために築き上げた自己正当化の不安定な建造物――彼と別居した決断〔一〕と、彼の子を彼に渡すまいとする法的努力の数々の土台を打ち崩すことになるだろう。

〔一〕　別居であって離婚ではないことに注意すべきだ。神によって成った結婚の絆をみずから絶つのは、キリスト教の道義に反するのはいうまでもない。いや、なによりも「忍苦の聖女」という自己正当化のイメージを護持するためにも、離婚ではなしに〝別居〟が必要条件だったのである。現にアナベラは死に至るまでバイロン卿夫人を名乗りつづけたのだった。

＊

母と娘が或る日、一緒に庭を散歩していたとき、エイダが小さな子供がよくするような甲高い声で訊いた、「ねえ、ママ、よその女の子にはパパがいるのに、どうしてあたしにはいないの？」この出来事について何年も後にエイダ自身が一友人に洩らした話によれば、アナベラの返事は「恐ろしいほど厳しく険悪な調子だったので、エイダは二度と再びこの話題に触れることはできなかった」、彼女は以来、「母にたいする恐れの感情を抱くようになり、その恐れは彼女の死ぬ日までつづいた」という〔エイダが夭折したのは母の死より八年前である〕。

同じような気難しさはアナベラのオーガスタにたいする態度にも歴然としていた。オーガスタはバイロンと彼の娘との間をつなぐ唯一許された仲介者だった。アナベラとオーガスタの共通の友人ティリーザ・ヴィリアズ宛の率直な手紙で、アナベラは書いている――

エイダの知能は年よりもずっと進んでいるので、影響を及ぼすかもしれぬ印象をすでに受け取ることができます――それがどの程度の影響になるかは分かりませんけれど――A〔オーガスタ〕が私を傷つけようと思っているなどとは思いもかけませんが、彼女が錯覚〔バイロンは救いようもない悪人なんかではないという〕に誘われるままに、いろいろな考えを――「かわいそうなパパ」とか、そんな考えをエイダの頭に吹き込んで、それが心に根づくかもしれません。私の心配は大袈裟かもしれませんが——でも、エイダがあの人と親しくしていることに、私はどうしようもない嫌悪を感じています。

〝別居〟直後の年月、アナベラの夫への憎しみと、自分の生きる世界を彼の生きる世界から遠ざけたいという願望はますます顕著になっていった。それは彼女が当時つけていた日記を見れば一目瞭然だ。建前としては個人的な一連の文書で、これほど生一本な思想に満ちているものはいまだかつて見たことはない。そこには畏怖の念を起こさずに措かぬ倫理道徳論の余《あま》すところのない読書一覧が記載されている。たとえば「両親に対する子の義務」（エイダは相応の年ごろになるや否や読まされた）といったような論文の数々、アナベラもその姿を実際に見て感銘を受けた麻の粗末な懺悔服を着て頭には灰を振りかけた格好で、アバディーンの街を歩いていた長老教会の牧師ジョン・バークレーのような過激な聖職者たちの伝説、さらには人間性の原動力である情熱と理性は第三の原動力、良心によって抑制されると見る「客観的直観主義」といった影響力ある倫理論をものしたジョゼフ・バトラーのような神学者の説教全集が含まれている。これらの記載に混じって、アナベラ自身の倫理学と神学へのささやかな試みや（たとえば、使徒たちはどうして復活したキリストが詐欺師でないと分かったのか、その三つの理由を詳述している）、友人のフランシスとセリーナ・ドイルとおこなった記憶と想像力の意味に関する議論の報告や、エイダへの何気ない言及などが点在している。ごくたまにバイロンのことが氷の容器に納められたように冷たくちらちらと見え隠れする——『エディンバラ評論』に出た最新作の寸評とか、バイロンがアナベラの弁護士を通じて彼女に送った一通の手紙とか、一篇の新作の詩とか。

一八二一年、エイダ〔六歳〕は一箇所に落着いていられない母に付き従って、国のあちこちを旅して廻りはじめた。カークビーに何通もの手紙が届く。署名はアナベラになっていたが、どうやらエイダが口にしたことを書き取ったものらしく、彼女を溺愛する祖父母に、工業地帯や友人たちの家や時折りの娯楽を経めぐる如何にもアナベラらしい旅程を、項目別に事細かく伝えるものだった。ある日はバーミンガムのガラス工場見学の旅があるかと思えば、翌日はゴスフォード家訪問（この一家の親切はお世辞まじりに記されている）、その間には多分ロバに乗って楽しんだこともあったろう。エイダはときには旅の途中で目にした風景の見事な描写――たとえば海の白と黄の色調といったような描写――の冴えを見せ、そういう手紙には入念に描いた大文字でADAと署名した。

一八二二年一月二十八日、ジューディスが死んだ。エイダの反応は記録に残っていないが、致命的な打撃だったに相違ない。ジューディスこそは彼女に心《しん》から愛情を示してくれた唯一の家族だったのだから。祖母の死はまた、カークビーでのエイダの生活に終止符を打つものでもあった。アナベラはそこを引き払うことに決めたからである。ジューディスは遺言のなかで、孫娘は成人に達するまで彼女の父と如何なる接触もないよう、用心するようにと厳重に指示していた。被いをかぶせてカークビーの煖炉棚の上に掛けられていたアルバニア風の衣装をまとったバイロンの肖像は、然るべく箱詰めされて倉庫に片づけられ、二十歳《はたち》になるまでエイダの目に触れることはなかった。

エイダが初めて自分の手で書いた文字は、その年の終わり近くになって現れた。残存する最初期の文字は恐ろしく不自然な装飾的書体で書かれているが、そこには彼女の学習の詳細な時間割が良（good）と不可（bad）を表す頭文字〝G〟と〝B〟を頂く二つの縦列《コラム》と一緒に記入されている。この二つの縦列には、各学科の成績が褒美にもらった切符の数と没収された切符の数で明記されている。〝B〟列が幸いにも空白な日は、おそらく彼女が時間割作成に多くの時間を費やしたからにちがいない。それにつづく文字では、エイダは達成したことよりも出来なかったことに力点を置いて、教師の言うことに服従しなかった過ちと、それを正そうとする決意を細心に記録している。

それから間もなく別の主題が、孤独の主題が登場する。愛する祖母を失い、父も知らず、たいていは放浪癖の母もおらず、エイダはまったく独りぼっちだった。母の命令で、家敷の地所で働く雇い人や土地の村人との付き合いは一切、禁じられていた。ときどき見かける、あのよく笑う愛嬌のある伯母オーガスタも、会ってはならぬ人だった。オーガスタ自身もそのことに気づいて悲嘆に暮れた。エイダが付き合えるのは家庭教師と何人かの召使いと、それからアナベラを支援する集団の人びと、そのおおかたは老嬢か後家さんで、みんなアナベラの訴訟と意見を惜しみなく支持するために選ばれた連中だった。

エイダに同年配の仲間を与えるため、承認済みの友人や親類の者から成る数少ない仲間が集められた。そのなかにジョージ・バイロンがいた。彼は詩人の従弟で、ついには彼の爵位を継ぐことになるジョージ・アンソン・バイロンの息子である。息子のジョージはエイダより二歳年下であったけれど、彼が手の届く近くにやってくるや、エイダは彼にしがみつき、名誉上の弟に任じて、ごく内密な自分の気持ちや希望を彼に打ち明けた。とくに心のこもった一通の手紙で、これは止めどなくつづく意識の流れの文体で書かれているのだが、彼女は自分たち二人をこんな風に想像している――

ママとパパといっしょに外国にいくお内《うち》の兄弟姉妹みたいに。二人は大きくなると、あまりかまってくれなかった兄さんとお嫁にいった姉さんと別れるの、でもあとで弟はとてもうれしいというのよ、姉さんのめんどうが見られるからって。これ、とっても心やさしい家ぞく、ほんとうに心やさしい家ぞくだったにちがいないって、思わない？

『天路歴程』〔ジョン・バニアンの宗教寓意物語、一六七八年〕の主人公クリスチャンのように、エイダは絶え間なく犯す非行の重荷に圧倒されているように思え、ジョージにその罪の重荷を肩から取り除けてもらいたいと願っている。彼女は嘘つきだった、目上の人に服従しなかった、だから愛だけが彼女の罪を浄めてくれる――ジョージへの彼女の愛、彼のエイダへの愛だけが。こうして、エイダは自分が抱いている愛の限りを、自分が知っている唯一つの方法で、つまり自分自身をジョージの審判にまかせ、必ずや彼の口を衝いて出てくる非難を喜んで抱擁することで、示したいと願っている。

この手紙を書いたのはエイダ八歳のときだった。そして、どうやらこれがジョージに宛てて書かれた彼女の最後の手紙だったようである。そのとき以降、愛するジョージへの言及は、ぷっつりと跡を絶つ。バイロンの身内の者にそんな強烈な感情を吐露するのは危険だと見なされたからだとしか、推測のしようもない。エイダは二度と再び兄弟と呼べるような人間と出会うことはない定めだった。

＊

エイダがジョージと共に分かち合えたら、彼の慰めの手を握りながら見られたらと願った事件の一つは、フロリダという名の船――エイダの呼び方だと「パパのお船」を訪れることだった。

五月二十四日、フロリダ号はザンテ（現在のザキントス）というイオニア海の島から、バイロンの遺体を積んで出帆していた〔バイロンが死去したのは一八二四年四月十九日〕。詩人は今や英雄で、ギリシア独立のためにトルコ軍と戦い、ミソロンギ〔ギリシア西部パトラス湾に近い町、対トルコ反攻の前衛拠点〕でマラリヤ熱のために客死したのだった。彼は死の床で忠実な従者ウィリアム・フレッチャーに大声でこう言ったと伝えられている——

ああ、可哀そうな子、愛しいエイダ！　神よ！　一目でいいから、あの子に会えたら！　あの子に僕の祝福を与えてやってくれ、愛する姉と彼女の子供たちにも——お前はバイロン卿夫人のところに行って言うのだ——彼女に何もかも——お前は彼女と仲よしなんだから……僕の妻！　僕の子！　僕の姉！——お前はみんな知っている——みんな話すんだ——お前は僕の願いを知っているのだから！

これらの言葉が発せられたのは一八二四年四月十七日。それから二十四時間後、彼はフレッチャーに「もう眠りたい」と言うと、仰向けになって目を閉じ、そして死んだ。

エイダへの最後の言及は、おそらく空想に駆られて感傷的になったと思われるかもしれないが、バイロンはイタリアとギリシアを流浪する異郷の生活を通じて、いつもオーガスタを介しエイダのことを尋ねつづけていたのだ。アナベラはときどき形ばかりの恩着せがましい報告を寄越していた。死ぬ六ヵ月前、バイロンはオーガスタに書いていた——

B卿夫人からエイダの素質、習慣、勉強ぶり、道義心、気質について知らせてもらってくれないか——あの子の容貌についても。……これらの点について教えてもらえたら、ある程度あの子の性格について概念が掴めるし、やる気と嫌気をどう扱かったらいいかも分かるからね。……あの子は想像力に恵まれているだろうか？　あの子の今の年頃には、僕はいろんな感情や考えを抱いていたと思う——今さらそれを言っても誰も信じてくれないだろうけれど……あの子は社交的だろうか、孤独好きだろうか。無口だろうか、話好きだろうか。本を読むのが好きだろうか、それともその逆かな。ところで、その子の癖《ティック》はなんだろう？　つまり欠点は？　情熱的だろうか？　どうか詩的にだけは生まれつかなかったようにと、神々に祈るばかり——そんな痴れ者は一家に一人いれば沢山だからね。

　数日後、彼はエイダが病気だとも聞き、彼女の健康状態を知らせて欲しいと願う切々たる手紙を書き送っている。

　アナベラはオーガスタを介して、エイダの肖像を細かく入念に描いてバイロンに応《こた》えた。あの子は朗らかで（確かにそのとおりだったと思われるが、母親と一緒のときは概してその反対だったようである〔本書の著者の注釈、以下の括弧内も同様〕）、幸せで、生々として、自然で、利発で、目ざとく、想像力にも恵まれていますが、それは（ありがたいことにという、アナベラの内心の声が聞こえてくる）「あの子の機械的発明の才と結びついて使われています」。詩よりも散文のほうが好きで（これまたありがたいことに）、音楽と線描の絵が得意、フランス語も少し修得しました。これはあの子のプラス面です。マイナス面は熱心さに欠け、衝動的になりがちだということ、でもこれらの悪癖も今は抑制されています。肉体的には、「背は高く、体つきはしっかりしています」が、目鼻立ちは整っているとは申せません、という意味は格別美しいとは言えないということです。貴方《あなた》はあの子の健康について心配なさることは何もありません。今はウォーナー博士とメイヨー博士の医療を受けているのですから。お二人は穏やかに効《き》く薬と蛭《ひる》に悪血を吸わせる療法を処方してくださる、その道では一流の内科医です〔アナベラ自身も別居後、死に至るまで蛭による瀉血をつづけた「忍苦の聖女」の苦行であったか、鬱血する情熱浄化の政治学であったか〕。

　アナベラはエイダの「肖像《プロフィール》」だか影絵《シルエット》だかも同封して、父親とよく似ていると保証した。バイロンは大喜びで、それをミソロンギの駐屯地のあちこちで誇らしげに見せて廻った。返事には、彼が最近経験した発作について心配している短信を送った。それを読んで、オーガスタは彼の娘の容態にも先天的癲癇性の徴候が見られるかどうか警戒の目を凝らした。が、バイロンの発作は数週間後、彼の命を奪うことになる病の先触れだったように思われる。

　彼の死は彼が最後の詩で予想していたように、幸せな死であった。少なくとも故国における彼の死の受け取り方に関して言えば。「お前の若さを嘆くなら、なぜ生きている?」、彼は死の僅か三ヵ月前に書かれた「今日、〔二〕この日、われは三十六年の生涯を終える」と題した詩で、修辞疑問の形をとって、そう問いかけていた。彼が死んだ今、彼の若さを嘆かない者はいなかった。誰もが彼の死を嘆いた。

〔二〕「名誉ある死の国は／ここにある――戦場に行け、そして息絶えるがいい!」とつづいている。念のため、それにつづく最終連四行は、「捜し出すのだ――いや探すまでもない、すぐ見つかる――／兵士の死に場所を、お前にとって最高の墓を／あたりを見て、お前の場所を選ぶがいい／そして、休らうがいい」とある。

　世界じゅうの人びとがバイロンの死を悼んだ。ずっと後に『バイロン卿夫人弁護』のなかで、バイロンの近親相姦の罪を世間に申し立てて憚らなかったアメリカの小説家、ハリエット・ビーチャー・ストウは当時はまだほんの子供にすぎなかったが、にもかかわらずバイロンの死の知らせにどう反応したか、生々と思い出している。遊ぶのをやめ、寂しい丘の辺に独り行って、午後いっぱい英雄と見なしていた人のことを思って過ごした。彼女がかつての英雄を悪魔として攻撃するのは後日の話である。まだ十代だったテニソン〔アルフレッド――、一八〇九―九二。ヴィクトリア時代の英国を代表する詩人〕は、リンカンシャーの田舎を独り歩き、岩に「バイロン死す！」という赤裸々な事実を刻んだ。おそらく当時生存していた最大のヨーロッパ作家ゲーテは、バイロンの死について書くよう依頼されたが、心乱れてついに書き得なかったという。

一体、バイロンの文化的遺産は何だったのか？　偉大なロマン主義者すべての遺産同様、批評家ピーター・ゲイ〔一九二三―。ユダヤ系アメリカの歴史学者、代表作は『啓蒙思潮、一つの解釈』〕の言葉を借用すれば、「感情の働きは人の全的人間性にとって適切かつ必須なものでさえあるという、大胆な主張」にちがいない。今や感情はただイギリスのみにとどまらず、全ヨーロッパ、さらには遠く北アメリカに至るまで、その役割を果たしていて、すべての人は束の間、彼らの人間性を十全に感じとっているかに見えた。

アナベラは違っていた。彼女がまさに気づいていたのは、彼バイロンのギリシアにおける生きざまはつねに不安定だったし、彼があのように死んでいったのも、おそらく当然なことだった……彼は〝ロマンティック〟な読者を彼の詩の「謎めかした壮麗さ」と、彼の告白の偽りの率直さで騙したのだということであった。「上辺を剥いでみれば――何が残る？――〝自分勝手〟――〝臆病〟――〝残酷さ〟――〝女々しさ〟――」。

エイダは父の訃報に接して泣いた。が、アナベラはあの涙は私のために流されたのだと決め込んだ。娘は父親のことを何も知らないのだから、彼に対して何の感情もあろうはずはないと。エイダはバイロンの帰還を迎える世間の悲しみに加わることは許されなかった。エイダが「パパのお船」を訪ねたのは、船がパパの遺体を積んで帰国してから三ヵ月も後のことで、その頃には積み荷はとうに片付けられていたのだから、それは彼女の感情の我が儘がいっとき大目に見られたにすぎなかった。

フロリダ号がテムズ川の河口に着いたのは一八二四年六月二十九日。三日後、ジョン・キャム・ホブハウスが旧友の遺骸に付き添って川を遡るために到着した。この経験は彼のような忠実な友には悲痛極まるものだった。甲板で戯れるバイロンの愛犬たちを目にして、悲しみは一層無惨なものとなった〔生前バイロンはどこにゆくにも多くの愛犬を引き連れて旅した。世間はそれを「バイロン巡回動物園」と呼んでいた〕。

遺体のロンドン到着は『ロンドン・マガジン』によれば、まるで「地震のような」騒ぎだった。遺体はグレート・ジョージ街のエドワード・ナッチブル卿の屋敷に運ばれ、そこで数日、葬儀に先立って正装安置される手筈だった。ついにホブハウスは勇を鼓して、八年前ドーヴァーの桟橋から、水平線に向かって消えてゆくのを最後に見た顔と対面した。もはや見る影もなかった。

バイロンの遺体はすでにギリシアで検死解剖されていた。執刀した医師たちは、このような天才の身体はどういう出来具合になっているのか、それを知りたいという好奇心に圧倒されたのだった。彼の心臓、脳、腸が摘出され、それぞれ別の容器に納められた。彼の顔はギリシア滞在中に口髭をたくわえ面変わりしていたが、長旅のあいだ酒樽に詰められていたもので歪んでいた。ホブハウスにとって、眼前に横たわっている人間が彼の記憶している愛する友ではないのは、いっそほっとする気持ちであった。

バイロンの死体は強烈な臨床的興味の対象となった。一八一六年、〝別居〟スキャンダルで大役をこなした『モーニング・クロニクル』紙は検死解剖について詳細な記事を掲載し、両肺の法外な大きさと頭蓋骨の異常な厚さに注目している。また同紙は、もしバイロンが病気のもっと初期に定期的に瀉血《しゃけつ》するのを承諾していたなら、彼は生きながらえたかも知れぬとも言っている〔三〕。

〔三〕　前に触れたように、アナベラも瀉血の常習者だったが、どうやら十九世紀初期、瀉血はほとんどすべての病に適用された治療法だったようである。ロマン派屈指の天才詩人ジョン・キーツ（一七九五―一八二一）は肺結核で喀血に苦しんでいたが、そういう彼をも当時の医師は瀉血しつづけたのである。

いっぽうバイロンの遺骸をどこに埋葬するか議論が沸騰した。彼の過去は許されるべきか、忘れ去られるべきか？　今や彼は華やかな国葬に価するだろうか？　生きているとき裏切り者、悪魔として国外追放された男が死んで帰ってきたからといって、今さら偉大な愛国者として歓迎される資格があるか？『タイムズ』紙は資格ありと、考えている様子だった。「バイロン卿より道義的特性ゆえに是認され――追従しても安全無事、優しく愛し得る類《たぐい》の人なら今までにも多々あったが、その突然の死去が……これほどまでに人びとの心を深甚かつ純粋な哀悼の念で感動させるよう定められていたかに見える人は、いまだかつて此の地上に生きた例《ためし》はない」と、『タイムズ』はその死亡記事で書いている。

バイロン卿はその暗鬱な想像力、その御し難い情熱の活力に見られる巨大な知性に対して、自然がときに課す代価を支払う運命であった。さまざまな面で発揮された驚くべき力こそ、卿が彼の同時代人すべてとの比類を絶して傑出していた証しにほかならない。彼の支配した領土は、まさしく崇高の世界であった。

『ジョン・ブル』紙だけが不機嫌な調子を抑えることができなかった様子だ。この新聞が認めたことといえば、バイロンが死んだのは「この上なく不幸な死に方……自発的亡命の最中《さなか》であった。そのとき彼の精神は悪しき交際と想像上の諸悪を敵意に満ちて抱くことによって堕落し果て、もっぱら凝りに凝った人間風刺の詩文創作に没頭していたのである」ということだけだった。

個人的にはアナベラは『ジョン・ブル』紙の意見に同感していたかもしれない[四]が、社会的には世間の気分に同調して、ウェストミンスター寺院にバイロンの記念碑を建てようとする運動を支持せざるを得ない気持ちだった。が、それは間違いであった。寺院の尊大な首席司祭アイアランド博士〔ジョン——、一七六一—一八二四〕が遺体であれ名前だけであれ、バイロンを寺院に入れるわけにはゆかぬと反対したもので、しばしアナベラはもはや天使の側にいないかのような趣きになってしまったからである。

〔四〕ウェストミンスター寺院の南翼に「文人顕彰コーナー（Poets' Corner）」と呼ばれる一区画があり、そこには『カンタベリー物語』のチョーサーをはじめ有名な詩人や文人の墓や記念碑がある。

　結局、このような人気抜群の人物に依然居心地の悪さを感じていた既成の政治体制や貴族階級が大いに安堵したことには、バイロンはニューステッド・アビー近くにあるハクナル・トーカード教会のバイロン家代々の地下納骨堂に葬られることに決まった。それはオーガスタの示唆によるものだった。しかし、これでやっとバイロンは静かにあの世に逝《ゆ》けるという望みは、世人が遺体を参観するのを許された僅か二日間、七月九日と十日、遺体が正装安置されていた屋敷に群衆が殺到して、あえなく潰《つい》え去った。

　バイロンの棺《ひつぎ》と彼の脳と心臓を納めた二つの壺がついに黒塗りの霊柩車に乗せられロンドンを旅立とうとした矢先、これまた大変な数の群衆が夏の日盛りを物ともせず、あちこちの道で長蛇の列をつくっていた。柩車が馬にひかれてウェストミンスター寺院の前にさしかかると、これだけは容赦していた寺院が弔鐘を打ち鳴らした。柩車はホワイトホールとトテナム・コート通りを北に向かって進んだ。四十七台を下らぬ数の馬車の葬列が後につづいた。やがてグレート・ノース街道に通じる通行料金徴収所に達すると、馬車の葬列はそこで止まり、柩車はみちみち群がった身分がそれほど高くない人びとだけに伴われて、進んだ。

　そのとき異常なことが起こった。柩車がノッティンガム目指してグレート・ノース街道をゆっくりと進みはじめた。そのとき——

村という村から群集が霊柩車のまわりに群がり、これらの階級［中産と下層《（原文のママ）》］の人びとが敬意をあらゆる形で表したのだ。村々の鐘が「葬送の鐘」をゆっくり繰り返し鳴らした。そして葬列が停止するたびに、群衆の不安は露わになり、それは死者に対する思いやりと敬意を明らかに示すものだった……遺体は葬列が休止する夜は毎夜、正装安置されているかのような気配であった。

同時代の或る記述はそう記録にとどめている。いいかえれば、民衆がバイロンの弔《とむら》いを引き継いだのだ。バイロンは選良階級の生まれだったけれど、選良階級は彼を除け者にした。それで民衆が彼を自分たちの仲間、いわば養子縁組みして、集団的意志の自然のおもむくままに、彼を彼本来の墓へと運んだのだった。

それから一七〇年以上経って、ダイアナ妃の葬儀の数日後、バイロンの生と死をダイアナのそれとの相似に注目した新聞が、少なくとも一つあった(1)——

先週ロンドンをとらえた集団的悲嘆と罪意識が混じり合った感慨に類似したものがあるとすれば、それは如何なる王室の行事とも、あるいはチャーチルやウェリントンの盛大な国葬とも関係なく、もう一人の三十六歳の貴族、すなわちバイロン卿最後の帰郷のなかに見出される。バイロンは多くの点で、まさしく最初の近代的スーパースターだった。流星のような飽くことのない名声の創始者にして犠牲者であった。同じ運命が結局のところ、英国皇太子妃ダイアナの命を奪ったのである。

（1） 一九九七年九月九日付『デイリー・テレグラフ』紙掲載、デイヴィッド・クレイン「皇太子妃と国民詩人」を指す。

第一夜はウェリン、第二夜はハイアム・フェラズ、第三夜はオーカムに泊って、ついに霊柩車は金曜日の朝、五時にノッティンガムに着いた。幾筋もの通りを経て目指す旅宿「黒人の首《ブラッカムアズ・ヘッド》」亭へ向かう途中、すでに何千もの人びとが霊柩車を迎えようと待ちかまえていた。旅宿に着くと、棺と二つの壺は黒幕を張りめぐらしバイロン家の紋と六本の大蠟燭で飾られた部屋に安置された。民衆は一度に二十人ずつ入るのを許されたが、かなりの数の警官の一団が外で列をなして待っている群衆を整理するのに大わらわだった。午前中だけで、幾千もの人たちが参観を許された。

それから遺体は霊柩車に戻され、ハクナル・トーカード教会への最後の八マイルの旅程がはじまった。喪服を着た「住民の大群」が町外れまで徒歩で柩車の後につき従ったが、多くの人はそこで立ちどまり、柩車が遠ざかるのを見守っていた。なおも後についてゆく者もあった、その数は葬列が道すがら村を通り抜けるごとに増していった。霊柩車がついにハクナルに着いたときには、遺体が埋葬されて再び密閉される前に、開かれた納骨堂を垣間見ようと焦せる人びとで、教会はすでに混雑していた。

午後三時半を少しまわったとき、葬儀がはじまった。前に引用した同時代の記述はつづく――

最後の礼拝が行われている間に、会葬者たちは地下納骨所につながる階段の上に進み出た。ホブハウス氏は感極まった様子で、棺がこの上なく慎重に先のレディ・バイロン［バイロンの母《（原文のママ）》］の柩の隣りに置かれるのをじっと見つめていた。会葬者はみな深く感動していた。バイロン卿の召使たち、殊に二十年ほども彼に仕えてきたフレッチャーは悲しみに打ち拉《ひし》がれていた。

ホブハウスの脳裡をさまざまな思い出が走馬灯のように駈けめぐった――ニューステッドの、オルバニーの、外国での突飛な行動の、友人のシェリー、ポリドーリ、スクループ・デイヴィスに囲まれたバイロンとの大饗宴の思い出が。今はもう、みんな死んでしまったか、追放されてしまったかしている。残っているのは唯一人、このホブハウスだけだ。次のような結論は不可避だった――素晴らしいバイロンの時代は終わり、まったく違った時代がはじまろうとしている。バイロンは『御曹子ハロルド』のなかで、このような大詰め《フィナーレ》にふさわしい墓碑銘を書いていた――

わが仕事は終わった――わが歌は止み――わが主題は
死んで木霊《こだま》と化した。今こそ、
この果てしない夢の呪縛を解く時だ。
わが深夜の灯火《あかり》を点した松明は
消すとしよう――書かれたものは書かれたものだ――
もっと増しなものであったなら！　でも今の私は最早《もはや》
かつての私ではない――詩の幻影が眼前にちらついても、
最早しっかと捉えることはできず――わが魂の内に
住み慣れし光輝は今や徒《いたず》らにちらめくばかり、微《かす》かに、鈍く。

〔第四詩篇第一八五連〕

＊

こういうこと一切から隔絶され、付き合い仲間といえばアナベラが認めたお守役しかいなかったエイダも、ようやく自分自身の歌をうたいはじめた。その後何年か追求することになる奇異な考えや計画に乗り出した。

一八二六年、母に送った数通の手紙でいわれている最初の計画は、「共同体《コロニー》」の建設にかかわるものだった。どこからそんな考えを得たかは不明であるが、ありそうな出所はいくつかある。共同体建設という考えは、逃避の手段として、あるいは新しい世界を創造することで古い世界の諸問題を克服する手段として、十九世紀の人びとの意識にしっかりと根づいていたものだ。一七九五年、詩人のサミュエル・テイラー・コールリッジとロバート・サウジーは、アメリカのサスケハナ川〔ニューヨーク州中部から南流してチェサピーク湾に注ぐ〕の流域に理想的共同体、「一切平等集団」（pantisocracy）を建設するという考えを発展させた。これは「家父長制の時代の無邪気とヨーロッパ文化の知識と洗練」とを結合しようと図ったものであり、コールリッジはそういう所で「分裂を知らぬ勤勉の谷間《たにあい》に独立の生活を営む住民たちの小屋」を見つめながら、「落着いた人生の夕暮れ」を生き終えたいと想像したのだった。結局、この考えからは何も実現しなかったが、この考えを公表した一つの結果として、コールリッジはロマン主義と自由の観念の絆を補強することになった。ところで、そういう彼の劇作家としての経歴をドルリー・レーン劇場で発展させようと力を貸していたのは、ほかならぬバイロンだったのである。そういうわけで、コールリッジの理想的共同体がアナベラの目には、エイダが見習うのにふさわしい手本とは見えなかっただろう、それは明らかだ。コールリッジに代えて、アナベラが娘に見習うよう激励した案があったとすれば、それはまったく違った筋合いのもの、当時アナベラの頭を占有していた教育理論家たちのものであったろう。

たとえば、ペスタロッチはアナベラが「実業学校の歴史」について書いた評論で語っているように、スイスの山間に共同体を建設しようと努めた。アナベラの語るところによれば、ペスタロッチは教会での経歴を求めるのを断念して、より「実践的」なキリスト教の道に従い、身のまわりに「哀れ無力な子供たちを集め……僅かな資産を金《かね》に換え、小さな荷物をまとめると、出発した」、スイスはウンターヴァルト州のシュタンツという名の村の廃墟に、子供たちみんなの新しい家を建てようと。酷い天候にもめげず、彼はどうやらこうやら「新しい家族」の仮の住居を建て、毎日群れを成して集ってくる哀れ無残な標本のような子供たちに衣食を与えることができた。ペスタロッチが頼れる助けは子供たちしかなかったので、彼は適切な指導者の資質をもった子数人を助手に選び、学修指導、調理、家事、維持管理、農産物の栽培の責任を彼らに課した。「こうして小さな共同体は秩序整然とした共同社会《コミュニティ》の性格を帯びるに至った」と、アナベラは語っている。

幼い孤児のための「新しい家」建設という考えが、いつも独りぼっちだった少女の心をどんなに惹きつけるものだったかは想像に難くない。不在のアナベラへの手紙の数々を読めば、共同体《コロニー》という考えに興奮するエイダの気持ちが、母親ともっと一緒に過ごせたらという願望と綯《な》い交《ま》ぜになっているのがよく分かる。朝いつもより早く起きるのを許して欲しいと書けば、彼女が期待しているのは、母が最近出かけたロンドンなり友人の家なり保養地なり、どんな用事であれ、旅行から一刻も早く帰って来て、共同体計画に関する最新の考えを教えて欲しいということだった。エイダは理解力と性格を改善して、共同体が発足する五年後の「幸せな日」にふさわしい人間になるとさえ、約束している。それが母の注目と支持をかちえるためにエイダが思いつく精一杯の動機であった。

共同体という主題に触れた最後の手紙はなんとも奇妙なもので、共同体はバニヤンの『天路歴程』に出てくる神話的市《バザール》、ベルゼブル、アポリオン、レギオン〔元来いずれも聖書に登場する悪魔ないし悪魔に憑かれた者〕が〝永遠の都〟の周縁に建てた〝虚栄〟の町、そこでは宮殿だろうと名誉だろうと王国だろうと、あらゆる種類の誘惑や魅惑が手に入る〝虚栄の市〟に堕落するのではあるまいかという、エイダの心配を表している……かと思うと、彼女は唐突にこの思弁的憶測を打ち切り、もっと日常茶飯のことに戻って、飼い猫のパッフの幸せについて報告する、昨日はハタネズミと牡蠣《カキ》の特別料理を御馳走したと。お帰りのときには、あたしの可愛いネコちゃんに一番上等なヒラメをお土産《みやげ》に買ってきてと、エイダはアナベラにねだっている。

バイロンと違って動物があまり好きでなかったアナベラには、猫の餌などより大事な差し迫った問題があった。一八一八年、ヴェニスで暮らしていたバイロンは回想録を書きはじめていた。彼の出版社ジョン・マリ宛の手紙によれば、そこには〝別居〟に関する彼自身の弁明も含まれていた。翌年、彼はその一部をアナベラに送り、「事実と合っていないと思える箇所があったら何なりと印をつけて欲しい」と要請した。「僕はいつも真実を述べておいた」と、バイロンは添え手紙で書き加えて言う――

しかし、見方は二通《ふたとお》りある――君の見方は僕のとは違うかもしれない。僕は書いてから一切、直していない。君は目を通して――遠慮なしに印をつけてくれればいい……君にへつらうようなことは何も書いてないし――僕たち二人は一緒に幸せになり得たかもしれぬとか――今だってなり得るなどと、雲を掴むような縁遠い想定につながることは何も見出せないだろう。でも後世の人たちに僕たちが死から甦って証を立てたり、反証を挙げたりできないような陳述を与えたくないのだ――僕が君をどういう女だったと見ているか――どういう人間として描いているか、それを公平に十分に君に見せずには。

アナベラはバイロンが自分をどう見ていたか知りたいとは思わず、回想録の原稿を読むのは、どのつまりそれを保証することになり、それで売れ行きも一層よくなるだろうからという理由で、読むのを拒否した——またしても極めて計算高い返答であって、さすがのバイロンも動転した。多くの人と同様、彼もまたアナベラの生涯にわたる（極めて効果的な）方針《ポリシー》、いかなる行動であれ言質であれ、それを引き出そうと図るいかなる挑発に対しても断固不動の沈黙で応じるという方針には、当惑するほかなかった〔「沈黙の方針」という一句は自らの「行動原理」を語ったアナベラの「覚書」にも見える、彼女自身の言葉である〕。

バイロンはトマス・ムアにも回想録の原稿を一部渡していた。ムアはアイルランド出身の詩人で、文学的名声においても、実務的明敏さの点でも、バイロンに引けをとらなかった。ムアは後年ハリエット・ビーチャー・ストウが婉曲に示唆することになるのだが、「古来から男性が女性に魅惑されてきたように」、バイロンに魅了されていた。アナベラ陣営の見方とすれば、彼はアナベラの夫同様、信用できない男だった。彼は回想録の原稿をバイロンの死後に出版されると見込んで、書肆マリに二千ポンドで売却したばかりか、かなりの部数の印刷をも許していて、すでにロンドン中に出まわっていると考えられていた。アナベラの味方の一団がただちに動員され、マリから原稿を買いもどそうとした。が、そんな手間は必要なかった。マリ自身が回想録は絶対に出版すべきでないという意見に転向しようとしていたのだから。アナベラは事のなりゆきから距離を保ち、つねに忠実な、馬鹿げたことを許さない、〝ありのままに物を言う〟フランシス・ドイル大佐にすべてを委ねて、彼女自身の権益を守らせた。ドイルは一八二四年五月十七日、アルベマール街のマリの事務所で開かれた重要な会合に出席した。彼のほかにホブハウスとムアを含む五人も出席していて、目の前にうずたかく積まれていた原稿の山をめぐって言い争った。ドイルの使命は簡単なものだった、回想録がただちに灰燼に帰すのを自分の目で見とどけることだった。彼の唯一の味方はマリで、今や彼は説明不可能な犠牲を払ってまでも、その主題内容同様、世間をあっといわせるような売れゆきが確実な作品を火あぶりにしようと主張してゆずらなかった。他の連中は公表せずに原稿をなんとか救える妥協案はないものかと、やっきになった。たぶん抜粋なら取っておけると言う者がいるかと思えば、銀行の金庫に預けておけばいい、そうしておけば偽作が世に出まわったとき、それを抑えるためにだけ使えるからと言い出す者もいる――それは名案だと、何人かが賛成する、ただしオーガスタの同意が得られればの話だが〔五〕……。

〔五〕　オーガスタは何事も決断できぬ女だった。「生まれついての道徳的白痴」とアナベラが断じる所以の一端もそこにある。アナベラはバイロンの回想録事件に対しても頑なに「沈黙の方針」を守っているが、彼女がつとに自分の代理として、正直一徹だけが取り柄の単細胞的陸軍大佐ドイルを選んでいたことを失念してはなるまい。要するに、回想録の原稿焼却は最初からアナベラの決断だったといってかまわないと思う。無論、アナベラにバイロンとの近親相姦関係を疑われ怯えきっていたオーガスタは、アナベラの言いなりであった。

ドイルにはそんなことにかかずらっている暇はなかった。原稿をひったくると、バイロンの親戚で、〝別居〟交渉のときにはアナベラ側の仲裁人の一人として働いたこともあるウィルモット＝ホートンの協力を得て、原稿を八つ裂きにし、煖炉の火に投じた。この二人は他の連中の手をまたずに、異端者の火刑を執行しているかのようだった。ホートンがホブハウスに原稿の束をいくつか差し出し、火焔に投じるよう勧めたが、ホブハウスは異を唱えた。

無論、これで一件落着とはならなかった、落着どころか事の始まりだった。原稿焼却のニュースが外に洩れても、新聞はそれを信じなかった。「回想録はいかなる形であれ、出版には全く不向きだと考えられているに相違ない」と、或る新聞の社説は書いている。それにしても、情報の空白、真空状態があるのも事実で、今やそれを埋めなければ収まらなかった。アナベラがますます驚いたことに、情報の真空状態は人気とりの扇情主義《センセーショナリズム》のためなら暴露記事をつぎつぎと吸い込んだのだ――墓のなかのバイロンに静かに秘匿させておけばよいと思えるものさえ惜しいといわんばかりに。バイロンの遺体が埋葬されるより以前、一八二四年六月には早くも新聞はこぞって、「バイロン卿の内密な私信」を含む一冊の回想記の広告をすでに載せていたのである。著者はバイロンの遠い親戚で、『御曹子ハロルド』出版のお膳立てをしたロバート・ダラスだった。バイロンの指定遺言執行人で、バイロン神殿の番人を自認していたホブハウスは、ダラスが詩人との縁故をこんなふうな仕方で不当に利用しようとしているのに慄然とした。ダラスが出版計画を進めるのを思いとどまらせようとしたホブハウスの努力は拒絶され、やむなく彼は法に訴えて、出版差し止め命令を獲得した。だが、ダラスと国教会の牧師をしていた彼の息子アレグザンダーの意思は変わらず、出版差し止め命令の解除を求める法廷闘争をはじめ、挙げ句には今や第七代バイロン卿になっているジョージ・アンソンの後楯《うしろだて》を得て、遺言をめぐる争いを悪化させるばかりであった。繁雑な法的書簡の作成、大法官府法廷での果てしなくつづく審問の末に、この審問は手紙の所有権に関する大法官の裁定による著作権の重要な一判例になるのだが、ダラス父子は結局イギリスの管轄《かんかつ》を逃れて、フランスで回想記を出版することにした。

十一月、ロバート・サウジー〔一七七四―一八四三。代表作は『ネルソン伝』(一八一三)。同年桂冠詩人〕は、偉大な叙事詩『ドン・ジュアン』の冒頭で彼を揶揄《やゆ》したバイロンへの報復を、ここに至ってついに果たすことができた。『クリア』紙上で、桂冠詩人サウジーは憎き敵《かたき》バイロンを「揶揄が悍《おぞ》ましさと、汚穢が神聖冒瀆と、放蕩が教唆扇動並びに悪口雑言と入り混じった作品を世に送り出すことによって、社会に対する反逆の罪と非行の罪」を犯したと非難した。同じ頃、ホブハウスは伝記出版を狙う別の試みをも撃退しようとしていた。今度のはトマス・メドウィンの手になるもので、「一八二一年及び一八二二年、ピサに於ける卿の寓居に滞在の折、書き留めておいたバイロン卿の談話日録」と謳《うた》っていた。それは一八二四年十月〔バイロンが死んだのは同じ年の四月十九日〕、ロングマンから出版されるが、それには出版社自身の責任放棄声明が添えてあった。きりがない誤りの数々、いくつかの嘘があるにしても、一、二の興味をそそる暴露（たとえば、バイロンのレディ・キャロライン・ラムとの関係が初めて実質的に語られ活字になったもの）や、確かにバイロン自身のアナベラ評価にちがいないと納得のゆくことも含まれている。「彼女がぼくと結婚したのは虚栄心と、ぼくを改心させ堅気にしたいという望みからだった」、メドウィンはバイロンが或る日の会話で実際に語った言葉として伝えている。

彼女は甘やかされて駄目になった子で、生まれつき嫉妬深い性質だった。この性癖は彼女が信頼していた連中の悪魔的策謀によって倍化していった。……彼女は自分の人間認識に誤りはない、不可《ふか》謬《びゅう》だと信じて疑わなかった〔六〕……彼女には人びとの性格を一、二度会っただけで、こうだと決めつける習慣が身についていた……彼女は数学的に適合した一定の規則と原理とみずからが呼ぶものによって、がんじ搦らめになっていた。

〔六〕〝腹心の友〟メルボーン子爵夫人からアナベラの書いた「理想の夫一覧」を送られ、意見を訊かれたバイロンは答えていた――「Aの理想の夫一覧をお返しします、意見は何もありません、意見をいおうにも理解できないのですから――おそらく、このとおりであるべきものなのでしょうが。……彼女は甘やかされて増長しているように思われます――それも普通の子供のようにではなく――理路整然と自分を〝クラリッサ・ハーロウ〟に仕立て、一種仕末に困る正しさを身につけてしまっている感じです――自分の不可謬性だけを信頼しているわけですが、そんなことをしていれば、いまにとんでもない過ちを犯すことになるやもしれません、いや、きっとなることでしょう」（一八一二年九月五日）。バイロンがこう書いたのは、アナベラとの結婚二年前のことである。

バイロンの生涯を読み終わって閉じられた本のように、すでに決着のついたものとしておこうと努めたホブハウスの闘いは、今や敗れ去った。というのも、その頃ロンドンの新聞社や出版社の印刷所に備えつけられた蒸気印刷機はますます多くの情報を求める公衆の欲求を満たそうと大わらわだったからである。その間、アナベラは超然とした孤立の立場を保っていた。オーガスタがメドウィンの「邪悪な本」を二人で力を合わせて攻撃しましょうと持ちかけると、アナベラはその返事に、私たちはあの本を読みさえしなかった振りをしなければと書いた。その後の手紙では、私が争いから身を引いたのは「私の義務が絶対にそうせよと命じていると確信した」からだと書いている。しかし、そうするのが容易な業でないことが分かった。あたかも砂漠のど真ん中にいるような気持ちだった、「私の身の内には燃える世界があり、そのため外の世界は冷たく感じられた……私は親切を人情のかけらもなしに機械的に返すだけだった」。

神聖な塩湖《ソルトレイク》〔海への出口がなく塩分を多量に含んだ湖のことだが、聖者が語っている悪徳ゆえに滅亡したソドムの町がそのほとりに建っていた死海も塩湖だった〕に一人だけ置き去りにされているという、この感じは、傲慢で超然と構えているという、すでに定着していたアナベラのイメージを強めるばかりだった。彼女の身分、性別、階級ゆえに、誰も直接面と向かって彼女の性格を攻撃する者はいなかったが、彼女に捧げられる賛辞には攻撃と変わらぬ暗示が多く含まれていた。「アムブロージアの夜」（Noctes Ambrosianiae）に掲載されはじめたバイロンとの関係についての議論を読むのは、アナベラにとって格別に苦しいことであったに相違ない。

「夜《ノクテス》」はホイッグ党系の『エディンバラ評論』の好敵手、トーリー党系の非常に成功した当時の指導的文芸雑誌『ブラックウッズ・マガジン』の悪名高い連載コラムだった。多くの点で、このコラムは後世の風刺的パロディの原型、「私立探偵《プライヴェイト・アイ》」やその手のものの精神的祖先といっていい。大抵はスコットランドの明敏な弁護士で文筆家でもあったジョン・ウィルソン（〝クリストファー・ノース〟）が書いたもので、エディンバラの裏町に実在した居酒屋「アムブローズ酒場」に集った種々雑多な騒々しい摂政時代の道楽者が、一緒に飲みながら交わす会話を想像した続き物の形をとっていた。当然、これら明るく気のいい連中の話題はバイロン事件のほうに逸《そ》れてゆく。たとえば依然としてバイロンのことが新聞雑誌の見出しを独占していた頃に発売された、一八二五年の十一月号に見られるように——

ジェイムズ・ホッグ——「その黒い瓶《びん》、こっちによこしてくれ。ところでクリストファー、一体全体、バイロン卿と奥方の喧嘩のこと、お前さんは結局のところ、どう思ってるんだね？　亭主の味方かね、それとも上《かみ》さんの味方かね、どっちなんだ？　嘘いつわりのねえところを聞きてえもんだ。」

クリストファー・ノース——「……今のところ、頼れるのは世間の当てにならぬ噂話しかない。もし言われていることが本当だとしたら、必ずや何処からか完全な説明が現れるにちがいない。君、肝心なのは例の手紙［アナベラがピカディリーの家を出た直後、彼女の〝親愛なる家鴨《ダック》さん〟〔家庭内でのバイロンの愛称〕に書き送った手紙］のことを、どう説明するかだよ。勿論、君も聞いて知っているね、あの手紙に書かれている招待のことは。カークビー・マロリー〔アナベラの実家〕への温かい、情愛のこもった招待のことは。

ホッグ――「ミスター・ノース、お話の腰を折るのは気がすすまねえけど、訊かずにはいられねえ、あんたがそんな調子で話しているあいだ、このジョッキはじっとしていなけりゃ、ならんのかね？」
ノース――「そら、若豚の旨い肉だ！　これでも食べて聞いていたまえ。いま話したような事が書店という書店で、ましてやメイフェア〔ロンドンのハイドパーク東の高級住宅地〕の客間という客間で囁かれているお喋りの要点だ。しかし、事はそれで済むだろうか？　今は亡き偉人の思い出が地獄落ちの断罪を受けるままにしておいていいものかね、彼を救出しようとする但《ただ》し書みたいなものが、世間のいたる所で反対もされずに広まっているというのに？

　但し書みたいなものは、そう長くは世間に広まってはいられなかった。まもなく様々な反対、肯定、暴露、作り話の洪水に呑まれてしまった。バイロン没後一年半しか経っていない一八二六年までに、無数の論説、どうやらバイロンの結婚初夜のことが記述されていたと思われる今は焼却されて幻と化した回想録の偽作の一章、それに何冊かの伝記がすでに世に現れていた。それらの伝記のなかには、〝別居〟につづいて故国をも去ったバイロンへの惜別を感動的な詩に歌ったこともあるリー・ハント〔一二八頁参照〕のものも〔『バイロン卿と彼の同時代人たち』、一八二八年刊〕新たに加わっていた――これらの伝記にはホブハウス、オーガスタ・リー、アナベラの誰からも、何らかの権威を認める御墨付きを得たものは一つもなかった。つまりバイロンの友人・家族が採った沈黙の戦略は、彼の批評家や伝記作者の間に、それに相応する沈黙を生むことはなかったのである。
　ついにはホブハウスが折れた。彼はいやいやながら、トマス・ムアが〝伝記〟を書くことに同意した。

マリがそれを出版することに同意した、ただ彼がひどく嫌悪するリー・ハントの本の売れ行きを邪魔するためにであろうと。ムアの伝記は一八三〇年一月に世に出た。行く手にさまざまな障害があったにもかかわらず、ムアは昔も今も優れた伝記と一般に認められているものを書くのに成功した。ホブハウスは細部のいくつかについて文句をいったが、そういう彼でさえ、バイロンの性格描写は正確だと認めざるを得なかった。

しかし、頭上には復讐の天使がぐるぐると輪を描いて舞っていた。それが今初めて諍《いさか》いの真っ只中に突っ込んできた。「私は今まで私の知っている事実をひどく歪曲した出版物を無視して参りましたが」、アナベラは友人たちの間に配布しはじめたパンフレットのなかで書いている――

バイロン卿の腹心の友であり、公認の友であると自称する或る人物から出た誤りに満ちた申し立てに嫌でも注目せざるを得ない破目に至りました。家庭のこまごました事柄が世間の目に曝《さら》されてよいはずはございません。なれど、いったん曝されたからには、その災いを被《こうむ》った者には、非道な告発を反駁する権利がございます。ムア氏は私が何方《どなた》よりも近しくかかわっていた個人的事情を、あたかも自分こそ熟知しているといわんばかりに、それについて御自分の勝手な印象を公表したのでございます。バイロン卿に先立たれた私は、結婚当時にかかわりのある如何なる事態に言及することも、ますます気がすすまなくなっております。当面の目的に不可欠、必要と思えること以外、それを打ち明ける気は毛頭ございません。

沈黙は破られたと言っただけでは足りない、木っ葉微塵に打ち砕かれたのだった。

「私は自分を正当化しようとして、このような訴えを申し上げている訳ではありませんし」とアナベラはつづける、「また何方《どなた》かを告発する気など毛頭ございません。ただ私の両親がバイロン卿の手紙から抜き取られたあれこれの文章によって、また卿の伝記作者の所見によって、不面目な光の下《もと》に曝されたからには、私としては両親の性格が負わされた不当な汚名を、なんとしてでも晴らさなければと痛感している次第でございます」。以上がアナベラが沈黙を打ち砕いて、ついに公開に踏み切った理由だった。すなわち彼女の両親はなんらかの意味で〝別居〟に責任があるという非難に対して、両親を弁護するというのが。

アナベラは本当に憤慨したのか、それとも証拠のない曖昧《あいまい》な申し立てを弁明の口実に使って、彼女の側から見た事の次第を印刷に付したのか、いずれにせよ彼女の母と父にたいする侮辱に奮い起って、バイロン事件のなりゆき如何にと見守っていた当時の人びとには、棚ぼた式の確実な証拠とも意外な新事実の出現とも思えたにちがいないことを提示したのだった。アナベラはバイロンの狂気と思えることに関して医師のベイリー博士に相談してみたこと、医師から家を離れるようにと忠告されたことについて詳しく述べている。家を出たあと書かれた「最愛のアヒルちゃん」と呼びかけた手紙の優しく暖かい調子は見せかけだったとも、明かしている。バイロンが正気であることが判明したこと、それでももはや彼と一緒に暮らすわけにはゆかないと思った、正気なら彼の残酷な振舞いを情状酌量して許す余地はまったくないのだからとも、書いている。

次いで、アナベラはもっとも暗示に富んだ意外な新事実を提示する。それは彼女の弁護士ラッシントン博士からの手紙で、そのなかで彼は〝別居〟が決定的になるに至った経緯を思い出している。この手紙によれば、初め彼は和解は可能だと思った、アナベラの母親も彼の見解を支えるようなことは何も言わなかった。その後、アナベラが訪ねて来て、両親も「全く知らない事実」を告げたのだった。「この付加的情報を受けて、私の考えは完全に変わった。和解は不可能だと思った」と、ラッシントンは結論づけている。そういう次第で、アナベラのバイロンとの関係に終止符を打ったのが何であったにせよ、それはレイフ卿とジューディスとは何の関係もない。アナベラの両親はトマス・ムアが干渉して難じている罪とは無縁だ。いや、そんなことはどうでもいい、大事なのは別のことだ、或る「付加的情報」であって、そこにこそ責任の所在がある。そう認めた上で、アナベラは興味津々たる新しい探索の道を切り開いたのだ。内情に通じた者なら、この「付加的情報」というのは――うすうす噂にものぼっているバイロンの近親相姦と同性愛のことだろうと、すぐさま察しがついたことだろう。だが、「付加的情報」という短い言い回しには、何でも入る空洞がある。どんなにありそうもない事であれ、恥ずべき事であれ、その空洞を埋めるためなら何でも効果的に使える。

　ドイル大佐はアナベラにムアの回想録について彼女が書いたパンフレットは出版しないほうがいい、やがてはエイダの目に触れるのは必定だからと忠告した。これまでこの善良な大佐の忠告にいつも従ってきたアナベラは、私家版をそっと――友人、作家、図書館員、貴族、ジョージ四世〔摂政時代、バイロンのかなり親しい遊び友だちだった〕……思いつく限りの人々に送った。また、パンフレットの束を小包にして、レスター〔イングランド中部の州都〕のジョン・ヒルという人に急送した。この人は彼の図書館員たちに配布すると約束してくれた。さらには卑猥な文言を自分勝手に削除訂正するので名高いバウドラー博士〔一七五四―一八二五、『家庭版シェイクスピア』十巻を出版〕の親戚に当たるファニー・バウドラーにも送った。ファニーは原本を手もとに置き、削除訂正した内容のものは可能な限り広く流布するよう努力すると確約した。

　配本リストに載っている名の一つにトマス・キャンベルがいた。彼はかつてバイロンの支持者だったが、たちまちにしてアナベラのもっとも熱狂的な擁護者の一人に変貌した詩人・ジャーナリストだった。彼はアナベラを訪ね、彼女に奉仕すると申し出た。アナベラはそれを受け入れた様子で、彼の訪問のあとを追うようにして友好的な手紙を彼に書き送っている。そのなかでアナベラはバイロンの彼女にたいする振舞いは、彼の借金苦とは何の関係もないと明言している。バイロンの借金苦が原因というのは当時世間に流布していた数多くの臆説の一つである。

次いでアナベラが知ったのは、彼女が書いたこの手紙がキャンベルの編集する雑誌『ニュー・マンスリー』に、〝別居〟に関する詳細な（そして不正確な）報告の一部として掲載されたことだった。ムアの伝記をさんざん攻撃し、アナベラの性格について賛辞を重ねながら、ふと報告はバイロン卿夫人はことによったら卿にふさわしくない結婚相手だったかもしれないという考えに言及する。「バイロン卿にふさわしい女性とは」と、突然キャンベルは怒号を発する。今や彼の言わんとすることは、さまざまな叫びを交えて強調される、「フーン！　ヘン！　クソッ！　卿にぴったりな結婚相手になれた女のことなら、今ここで読者諸氏の目の前に描き出して御覧に入れてもよろしい……」。

この記事が及ぼした災厄は多様であった。まず第一に、それは反バイロン作戦行動の組織化に当たってアナベラが果たした隠密な役割を明るみに出した。それから「ぴったりな結婚相手」の正体も。これらの意味ありげに強調されている語句がそれほど隠微とはいえぬほどに示唆したのが何であるかは、誰にでも分かった。たとえば『ジョン・ブル』紙はそれが何を指しているのか、確かに気づいていた。あの記事がはらんでいる「恐るべき暗示」を読み取って、バイロンの血縁の者たちは多分、身もだえしたことだろうと訳知り顔に書いているところからしても、それは明らかだ。ところで、とくにぴったりな血縁の者といえば――もう、オーガスタに決まっている。

このような事が荒れ狂っていた時期、オーガスタとアナベラの関係はオーガスタに分与されるバイロンの遺産の分け前の管財人を誰にするかをめぐって悪化していた。アナベラは彼女自身の弁護士ラッシントン博士を推薦していたのだが、オーガスタはそれをきっぱりと断わった。アナベラは〝姉〟からそんな仕打ちを受けるのは初めてのことだったので、すぐさま居丈高になり、そんな非協力な調子をつづけるようなら、絶交すると警告した。しかし鞭《むち》のあとには飴《あめ》といった塩梅に、エイダの健康状態についてはオーガスタに知らせると約束した。バイロンが死んでからというもの、オーガスタにはエイダの消息を知る権利はまったくなかったのだ。オーガスタがめったに会うことも許されなかったこの少女に強い愛情を抱いていたのは明らかで、アナベラの申し出に縋りつくのは確実と思われた。

ところが、オーガスタは素直に聞き入れる態度を見せなかった。その理由の一端は、ムアの伝記に関するアナベラのパンフレットに含まれている「卑劣な長広舌」と見えるものに、オーガスタの苛立ちはますます強くなっていったからだ。しかしながら、エイダのこととなると、オーガスタはもっと親しみ合う雰囲気を保とうと努めた。

一八三〇年十二月十日、エイダ十五歳の誕生日に、オーガスタは特別に製本して古英語の字体で、‘Ada’と刻んだ美しい小さな祈禱書を丁寧に包装した。小包の上書きには、「男爵家令嬢ミス・バイロンに、心より御多幸を祈りつつ」と記し、「バイロン卿夫人の御許しを得て」と書き添えた。小包は特別に予約した郵便馬車で送り届けた……「その後、一言の音沙汰もなかった」。以来二十年間、アナベラとの文通は絶たれることになる。いや、アナベラばかりではない。自分の名付け子として同じ洗礼名を付けられた娘との文通さえも絶たれることになる〔エイダのフルネームはオーガスタ・エイダである〕。後年、エイダは疎遠になった名付け親のことを、両親の間を裂いた〝邪悪な女〟としてしか思い出さないことになる。

エイダにとって、バイロンの埋葬と伝記をめぐる騒動は、遠い戦場から聞こえてくる騒音くらいにしか感じられなかったことだろう。しかし、この騒動のお陰で、彼女の人生はいくつかの実際面で変化することになった。変化の第一は外国旅行だった。アナベラは以前からエイダをしばらく外国に連れていきたいと望んでいたのだが、バイロンがそんな危険な遠出を許すわけにはいかぬと拒んだのだった。もはやその望みを留め立てする人はいないからには、今こそ娘を連れて出かける時だとアナベラは思った。二人が出かけたのは一八二六年である。

*

エイダがイギリスにいる母の友人たちに書き送った手紙は、現存する彼女の書いたものとしては最初期のもので、きちんとした字を書かなくてはという抑制からようやく解放されはじめた続け字の装飾的な書体で、びっしりと埋められている。これらの手紙が明かしているのは、眼前に展開する世界に魅了された少女の心であり、そういう世界を描出したいと焦るあまり、彼女は句読点を打つのさえ、もどかしげな様子である。どの便りもまずは母親の体の調子に関する医学的な報告ではじまり、それから愛しい猫パッフの安否を尋ね、それから旅の途中で出会った一群の新しい友だちについて軽口まじりの報告少々といった具合だ。それからエイダは最近目の前を通り過ぎた様々な場所、光景、人々、動物、建物、樹木、湖、折々に思ったことを順不同のままに並べはじめる。

彼女が訪ねて深い印象を残した最初の場所はジュネーヴ湖だった。それはバイロンがレマン湖というフランスの呼び名で詩に歌っていた湖である。その岸辺を歩く自分の足跡が父の残した足跡といかに親しく出会っているか、もとよりエイダが知る由もなかった。彼女がディオダーティを、バイロンがシェリー夫妻とポリドーリ医師に挑んで怪談創作を競い合い、その結果メアリ・シェリーが『フランケンシュタイン』を書くことになった岸辺の別荘を訪れなかったのは、ほぼ確実なことである。だが、エイダは少なくとも岸辺にぼうっと無気味な姿を現しているシヨンの古城は見たことだろう。この古城の地下牢こそ、バイロンに投獄と絶望の偉大な詩的研究、『シヨンの虜囚』の霊感を与えたものである。

レマン湖はシヨンの城壁の傍らに横たわる――
一千フィートの深みで
巨大な湖水が出会い、流れる……〔第六連〕

エイダは同じ巨大な湖水を何時間も見つめつづけ、湖面に戯れる千変万化の色彩を理解しようと努めた。この旅行に付き添ってきた家庭教師スタンプ先生の助けを借り、ペスタロッチの教育原理にのっとって、彼女は目にしたことを、それを生み出した物理的現象に関連づけようと苦闘した。そのために、満月に照らされた岸辺からの眺めの簡単な絵を描き、湖面に明滅する「死んだ銀色」の光りの溜りと「生きた銀色」の光の溜りを図示した。彼女の説明によれば、死んだ銀色の溜りは水が動いていない所、生きた銀色は水が動いて小波《さざなみ》立ち光っている所だという。それから分析を中断して、エイダの目は湖を渡る一艘の舟をとらえる。船体、帆、乗組員、櫂《かい》が美しい光の垂れ絹を背景にして黒い影絵を形づくっている。

十月中に、エイダはジョアナ・ベイリーに、アナベラがかつてバイロンに是非とも知り合いにならなければいけない種類の女性の典型だと心から推奨した劇作家に、手紙を何通か書き送っている。「山間の深い谷をたどって」スイスとドイツを旅したこと、いくつもの都市を訪れ、とくにハイデルベルク〔ドイツ最古の大学と古城で有名〕に感動したことなどを伝えている。

一八二七年の初め、エイダは最初ジェノヴァのホテル・ダメリックに滞在した。このホテルからは海が見渡せ、美しい日没の景色や王様をジェノヴァの町にお連れする小艦隊を目撃した。クリストファー・コロンブスの時代に〔ジェノヴァはコロンブスの生地〕、この町が壮麗で北のナポリだったに相違ない時代に、ここで暮らしたらどんなふうだったろうと想像したりした。春がやってくると、エイダは昆虫採集をはじめた。家の中にサソリが一匹いるのを見つけた。外にはバッタ、トカゲ、美しいヘビがいた。庭一面にアリ塚があり、太った白アリが這っていた。夜にはあたり一帯、数知れぬホタルの点々とした光と黒や緑のカエルの合唱で満たされた。カエルの合唱には悩まされた。エイダは音楽のレッスンも受け、何よりも歌うのが楽しかった。

夏になると、母と娘はまた観光の旅を始め、トリノを訪れた後、アルプスを越えてジェノヴァに戻り、それからモン・ブランに登った。エイダは初めて氷河を目にして興奮した。しばらくの間、ウーシュ〔スイス西部、ジュネーヴ湖に臨む村。バイロン、シェリー回遊の地〕に滞在、それからドイツの都市をさらにいくつか訪れ、今やシュトゥットガルト〔ドイツ南西部の工業都市〕が彼女の気に入りの町になった。それからトリノに舞い戻って、一八二七年十月末にイギリスに帰る旅の支度をした。

エイダはアナベラが二人の旅立ち直前に借りたカンタベリー近くの家ビフロンズに帰った。留守中、アナベラはこの借家をオーガスタの娘の一人ジョージアナに又貸ししていた。ジョージアナはヘンリー・トレヴァニオンと結婚したばかりの時だった。ヘンリーはバイロンの遠縁に当たることを誇りにしていた美男のへぼ詩人だった。オーガスタには熱愛され、彼女のますます暴君的になった情緒不安定な夫リー大佐にはひどく毛嫌いされていた。

これらの一時的な客人たち、アナベラのバイロン家とのつながりの残滓《のこりかす》は、エイダが帰ってきた頃には、きれいさっぱり掃き浄められていて、彼女はまたしても自分だけの孤独の小部屋に閉じ籠もることになった。ときには、シヨン城の地下牢に幽閉されたように思えたに相違ない。しかし優しい牢番のスタンプ先生のお陰で、エイダはこの家庭教師に強い愛情を寄せるようになっていたのだが、今では厳しく規制された生活にも自分からすすんで慣れようとしている気配だった、「石の柱」に手足を縛りつけられたと彼女の父が想像した、あの〝虜囚〟のように――

まさに鎖と俺とは友だちになったのだ、
かくも長い年月、互いに慣れ親しめば、
それ御覧のとおり、昔の敵も友となる……
〔第一四連〕

*

このような是認と受容の気分に促されて、エイダは空中楼閣をいくつも築きはじめ、それら立ち並ぶ楼閣のあいだを飛行するのに必要な装置をいろいろと想像するのだった。

飛行機械への最初の言及は、エイダ十三歳の誕生日の二、三週間後に書かれた一八二八年一月八日付の母宛の手紙に見える。その頃には彼女の計画もだいぶ進んだ様子で、母が家に帰ってきたら実物で実験して見せると約束している。もしアナベラが気に入ったら、「月桂冠」を褒美に欲しいと望んでもいる。この離れ業を達成するためにエイダが製作しようともくろんでいた仕掛けがどういうものか、正確なところは不明であるが、それを示唆するものなら、その後の書簡の中に、いくつか残っている。

一種の実行可能性検討として、彼女は一組の紙製の翼の設計をはじめた。人間を乗せるのに必要な翼の比率を割り出すために。また彼女は「飛行学《フライオロジー》」と称する人工的飛行の新しい科学に関する本を書くつもりだと宣言した。ビフロンズの家に「飛行室《フライング・ルーム》」と名づけた実験室を用意して、ロープ、滑車、「起重機《トライアングル》」といった用具一式を装備した。おそらくこれらの用具は、彼女が設計しようとしている翼を取りつけるためのものであったろう。

計画が進むにつれ、エイダは「飛行術」の応用について考えはじめ、とくに郵便のいろいろな可能性に大いに興味をそそられた。彼女が指摘したことには、自分が〝伝書バト〟のようになって、「地上の手段」よりも遥かに迅速に母さんの手紙を取りにゆくのも夢ではない。そうなったら必要なのは郵便鞄と小さな羅針盤と地図、これだけあれば、山とか川とかいった物理的障害を無視して一直線に国を渡ってゆける。エイダはこの考えにすっかり心を奪われ、しばらくの間、アナベラ宛の手紙すべてに〝伝書バト〟と署名した。

この計画は何ヵ月にもわたって発展してゆき、ついにはエイダは解剖学の詳細な研究に乗り出す。とくに鳥の翼の研究、野原で見つけた死んだカラスの翼を実験材料にして。さらに彼女は自分自身のために鳥の翼とまったく同じ比率をもった一対の翼を作る計画を立てた。やがて針金を骨に使って強靭にした紙で翼を作り、自分の両肩に取り付けるつもりだった。
彼女は自分の計画の実行可能性についてメイヨー博士に相談してもみた。メイヨーはアナベラの増えつづける強力な医療顧問団の一員だった。彼は神経組織の疾患に関する調査研究で名を成していた。彼はまた、エイダにとって当時の科学界と接触する唯一の手蔓であっただろう。それで彼女は博士の専門家としての意見を検討するのに熱心だった。

何はともあれ、エイダの思考の連鎖は今や止めようもなかった。人工の翼で飛ぶ実験が完了するや否や、動力飛行の可能性を探険したいと思った——当時最新の輸送技術を代表していた蒸気船や蒸気運搬車より素晴らしい物を。エイダは馬の形をして内部には蒸気機関を仕込み、両脇に途轍もなく大きな一対の翼がついた、そんな物体を想像した。乗客はこの馬に股がり天高く飛翔する。

この突飛な考えには、空を飛んでみたいという憧れと馬に魅せられながら同時に恐れてもいるという感情が絡まっていた。馬への恐怖をエイダが完全に克服できるようになるのは、成人に達するまで待たなければならなかった〔しかし、そのとき彼女は重度の競馬狂になっていた〕。すでに小型種の馬《ポニー》が欲しいと母にねだっていた、そんな無害な馬なら、馬恐怖症を克服するのに役立つと思って。だが計画や着想においては、それほど臆病になる必要はなかった。エイダは大胆不敵に蒸気を動力にした駿馬に股がって天空に舞いあがり、想像力の翼に乗って恐怖心と閉塞感を一気に克服することができたのだった。

初めのうち、エイダの母はこれらの壮大な計画を激励することはなかったとしても、大目に見ていた。エイダは研究をつづけ、概してスタンプ先生も満足させていた（ときには、さしも寛大な先生もエイダの態度が昔に戻ったと母親への手紙で報告しなければならなかったけれど）。エイダは「鉱物・植物・動物など、自然の様々な産物に関する平易な解説」、ウィリアム・ビングレー牧師による『有益な知識』

とか、J・ミラーの『エンサイクロピディア・エディネンシス――芸術・科学・文学用語辞典』とか、ペイズリーという名の人が書いた幾何学の本、これが格別に気に入ったが、そういった世間に認められているさまざまな書物をかなり徹底的に読んでいた。彼女はまた天体図、「プラネタリウム」を作成しようと懸命な努力を重ね、一八二九年の初め頃にはほとんど完成されていた。

さらに、エイダはいくつかの文学上の研究課題にも着手した。それらの研究のなかには、たとえばサー・ウォルター・スコットの『ミッドロージアンの心臓』〔エディンバラの監獄トルブースの通称〕に関する評論があるが、これは新鮮で聡明な批評文体と物語の教訓、つまり主人公の「孝心は父母ある者すべてがいくら見習っても見習いすぎることはない」といったような、親にたいする子の義務の容認とが一体になったもので、そういうところに彼女の文学教育の核心が形づくられていた。他の研究はどうやら課外活動の産物と思われるが、それでもなお「人間性について」と題された作文のように、読み手〔母アナベラと家庭教師ミス・スタンプ〕の満足を得ようと狙っていて、人間性の四元素は感覚を満足させようとする傾向、他人にたいする善意と愛情、自分自身のためを思う気質（「自愛」として世に知られる性向）、それから反省する能力としている。他の元素を規制するのは最後に挙げた元素だと、エイダはみずからを顧みながら書いている。

なお創作の断片が二つばかり、彼女の少女時代に書かれたものの中に見出される。一つは或る一人の女主人公にまつわる一連の物語三篇。最初の物語はデンマーク王の娘、王女イザベラに関するもの（おそらく彼女は女ハムレットであるという暗喩があるにちがいない）。王女は二人の貴婦人と同じときに山間《やまあい》のホテルに到着する。二人の貴婦人はイギリスの男爵夫人の娘で、この夫人が〝レディNB〟を示唆しているのは見え透いている（アナベラが母の死後、採用した称号はノエル・バイロンだったことを思い出そう）。二人の貴婦人は旅に病んで、休息を切望している。が、不幸にして、ホテルには空き部屋は一つしかなく、そこには「汚れた小さな寝台」が二つあるきり。病に倒れた二人の貴婦人は王女が空き部屋を使うよう主張してやまない。王女は二人の申し出を受け入れるが、それはただ空き部屋に入って、二人の旅の道連れのために寝支度を整えてあげるためだった。その仕事が完了すると、王女は干し草置場で寝るために部屋を出てゆく。二番目の話は再び三人の貴婦人に関するもので、今や彼女たちは敵に追われている。三人は二頭の馬を見つけるが、貴婦人の一人が他の二人に二頭の馬に乗って逃げのびるよう言い張ってきかない。そう主張した貴婦人はあとに残り、敵に捕えられ、一生牢屋に監禁される破目になる。最後の話は山間の緑の土手で食事を楽しむ一団の人びとの話だ。突然、一人の侍女が激しい吐気に襲われ、彼女を救えるのは特定の薬草しかない。一団に加わっていた一人の貴婦人がただちに食事をやめ、馬に飛び乗ると全速力で山に入り、特効の薬草を見つけて戻ってくるなり、侍女の命を救う。

もう一つ残存している断片は、「ソファイアの物語」と題されている。最初はこれまた親孝行礼賛のお説教かと見える、なにしろ母親を喜ばせるのを大の楽しみにしている少女の話であるから。だが、ほとんど殴り書きしたといってもよい行間を読み取ってゆくと、この話は彼女が恐れている自分の行く末の恐ろしい幻影だと読める——美しくもなく聡明でもなく、ただただ母親と家庭教師の言いなりになるばかりで、何をしても叱られる心配もない、そういう自我をもたぬ十三歳の少女の姿だ。

これらの幻想の戯れは一八二九年、唐突に止む。その原因としては数多くの事情があったと思われる。まず第一に、家庭教師のミス・スタンプがエイダのもとを去って結婚した。エイダは謎めいた病に打ちのめされた。

麻疹《はしか》と思えたものが、やがて彼女の目と手脚を襲う病気に発展していった。まもなく手脚が麻痺し、目はほとんど見えなくなった。何週間も歩くことはもとより、立っていることさえできなかった。エイダの母はそう伝えている。

エイダをそれほど酷《むご》く苦しめた病が何であったか、正確な診断を下すのは不可能であるが、彼女の症状はつい最近まで飛ぶことに憑かれていた少女には、たいへん象徴的だと思われる。それは身体的挫折であると共に一種の精神的挫折でもあるという可能性、生まれついて以来耐えねばならなかったさまざまな拘束を解き放つことができなかったという、敗北の心身相関的な自認かもしれぬという可能性を無視するわけにはゆかない。

この種の病は当時ヒステリーが原因だと見られていたということもあり得る、大いにあり得る。アナベラには医学研究の新分野である神経組織を研究する医師の多くと密接な関係があった。前に触れたように、そういう医師の一人がハーバート・メイヨー博士だった。メイヨーは彼自身の医学理論のなかに、アナベラの意見を正確に反映させるという特技の持ち主だった。たとえば彼はアナベラの（実をいえば当時支配的だった）考えを確証した。すなわち栄養価の順序では「成長して熱い血が流れている四足獣の肉」が頂点を占め、次いで栄養価の減少する順に猟鳥猟獣の肉、家禽の肉、「澱粉質」の食品（シリアル）、クズ粉、パン、魚、そして最後に果物と野菜につづくという考えを。メイヨーはまた「節食」はヒステリーの原因になり得るとも信じていた。(2) 羊肉を偏執的に好んだアナベラがこのような栄養価の順序に沿った診断に飛びついて、娘の異常な症状を説明しようとしたとしても不思議ではない。初めのうちこそ多少は心配したにせよ、娘の病状をそれほど深刻に考えていた様子がないのは確かだ。当時彼女が書いた手紙のおおかたは、娘の健康よりも自分自身のいつ崩れるか分からぬ脆弱な健康状態への懸念を遥かに多く示しているのである。

（2）　ハーバート・メイヨー博士の食餌療法については、彼の『消化器系の健康維持について』を見られたい。当時は万民がこの食餌論に一斉になびいたわけだが、現在のわれわれの考え方との違いには驚くべきものがある。

＊

一八三〇年の夏、エイダは病気に対して、それからもっと手強い母に対して反抗を企てる。その頃、彼女はモートレイクに住んでいた。イーリング〔ロンドンの自治区の一つ〕近くのハンガー・ヒルにあるアナベラの借家の一つから、そこに引き移っていたのである。ビフロンズ〔一七五頁参照〕はまたしてもオーガスタの娘ジョージアナと彼女の連れ合いヘンリー・トレヴァニオンに占領されていた。ジョージアナは妊娠していた。出産に備え美しい妹のエリザベス・メドーラ・リーが付添いとして一緒に住みついていた。メドーラこそ赤子のとき、叔父バイロンに不思議にも父の感情を覚えさせるようだとアナベラが見てとった娘にほかならない〔九五頁参照〕。

彼ら三人がビフロンズに滞在していた何ヵ月かの間に巻き込まれた性的関係と激しい嫉妬のドグマは、ただにアナベラにとってばかりでなく、エイダにとっても恐ろしい衝撃であっただろう。が、それは後日の物語である。今のところは、エイダは近親の者たちの行動について何も知らず、彼女の頭は母が開始した教育と人格改良の新たな作戦行動のことで一杯であった。

今や教育顧問の全軍が彼女を助けようと配備されていた。彼らはすべて、今や全速力で進行中の産業革命によって育成された同じ非国教徒〔反体制派〕の知識人の種族から集められた人びとだった。そのなかにウィリアム・フレンドがいた。彼は教区牧師の聖職禄を投げ棄てて、ソッツィーニ主義〔二三頁参照〕に転向した革新派の数学者であり、ソッツィーニ主義はアナベラも好んだ厳格な教養であった。フレンドがエイダの教育に関心をもったとき、彼は保険会社（彼の場合はロック生命保険会社）が危険率を算定するために雇った保険数理士、数学者の十九世紀特有の結社の一員でもあった。エイダの教育に関するフレンドの助言は、彼のたいへん辛辣な娘ソファイアの協力によって補強された。彼女は娘の味方になって欲しいというアナベラの願いを満たすため、エイダにたいする根深い嫌悪を克服したのだった。

ウィリアム・キング博士、のちにエイダが初めて父の肖像とまみえるとき、彼女を監視するためアナベラが採用することになる人物〔一三頁以下参照〕もまた、このとき顧問団に編入されたのだった。彼は敬虔なユニテリアン派〔神の単一性を主張し、三位一体を認めない〕の信徒で、ブライトン〔イングランド南東部海岸の保養地、アナベラもしばしば訪れた〕に生活協同組合運動をもたらしたがゆえに、〝生協の予言者〟と呼ばれるようになった。彼と妻のメアリはいつもエイダを監視していて、彼女が正しい道から少しでも逸れると、その度にカーテンをぐいと音高く引いて注意を促した。

さらにもう一人、生活協同組合的心の持ち主でユニテリアン派の教育家、リヴァプールで学校を経営していたアラベラ・ロレンスがいた。エイダはまだ病気の回復期にあった一八三〇年に、モートレイクからアラベラに数通の手紙を書き送っている。そのなかには鉛筆書きのものもある、なにしろエイダは一日の大半を仰向きに横たわっていなければならず、ペンを使うわけにはいかなかったのだから。夏になると、車椅子に乗せられて短い散策に出かけるのを許され、ときおり自家《うち》のすぐそばを流れるテムズ川の川辺で休むことがあった。そんなとき、男と女の二人連れが川沿いの引き舟道をさまよっているのを見かけた。二人はふと足をとめて家を見つめ、男があれはバイロン卿夫人の家だよと言うのが聞こえた。女が是非とも会ってみたいと言い、卿夫人について何やかや話しつづけたが、まもなく二人は遠ざかって声が聞こえなくなってしまった。それでエイダは大いに欲求不満を感じた。

実際、欲求不満は病気が長びくにつれ、エイダのつねに変わらぬ友となっていった。反抗の気配が萌しはじめた――ベッドで寝るのを拒み、毛布で体を包んで床や長椅子で寝るようになった。母親以外の誰にも口づけするのを嫌い、やがて母でさえ、お座なりのキスしか受けられないことになる。食べ物はどうかといえば、好き嫌いが気まぐれになり、アナベラに娘の父親のことを思い出させずに措かなかった。エイダは理屈っぽくなり、取るに足らぬ意見の相違をいちいち〝フランス革命〟にしないではいなかった。自分が理屈っぽいことはアラベラには認めながら、なおもアラベラの民衆の幸福を願う博愛主義的関心は一層不都合だと言わずにはいられず、挙句、げんなりした調子で、平衡感覚の必要を受け入れるのだった。アナベラもエイダの「会話を論争の場にしてしまう」癖についてアラベラにこぼしながら、この癖は話し相手に対して無礼であるから早急に矯正しなくてはと言っている。同じ手紙で、アナベラはエイダの手紙の一通の内容について抗議しているが、これはエイダでさえ多分感づいていたように、彼女の手紙は逐一検閲されていたことを証している。

この圧迫感はアナベラの友人たち、その歴《れっき》とした社会的地位、節度、真面目さ、抑制、信心深さゆえに厳選された仲良しグループがいつも傍に侍っているもので、一層胸苦しいものであった。いいかえれば、彼らは間もなくヴィクトリア時代を支配することになる中産階級の価値観の典型であり、アナベラが娘にも見習うよう強いた手本だった。

〝別居〟以来、アナベラはもはや貴族階級とのつながりを欲しなかった。バイロン卿夫人の称号を保ち、ゴスフォード家のようなさまざまな貴族の家柄の人々とのつながりを維持しながらも、彼女はますます自分のことを中産階級と見なし、エイダも中産階級の環境のなかで育てたいと欲した。彼女はよく冗談まじりに（彼女の価値基準に従って）、自分と同じ貴族連を「劣等階級」に属するものと言い、もっぱら感化院、刑務所、病院、精神病院を訪れては、自分とは正反対の、援助に価する社会階層の末端になじもうと懸命だった。

こうして、アナベラはバイロンとはまったく別世界の住人となった。随筆家のハズリット〔ウィリアム──、一七七八─一八三〇〕がかつて説明したように、想像力は「貴族的な機能」であって、「誇張し独占する……一つの物から奪って他の物に付け加える──想像力はさまざまな状況を積み上げ、お気に入りの物に可能な限り最大限の効果を付与する」。すなわちバイロン的だというわけだ。それと対照的に、悟性はより中産階級《ブルジョワ》的、いや共和主義的ですらある。それは、「測定し分割する」ことにかかわる機能であって、「物事をそれが精神に与える直接的な印象によってではなく、物事相互の関係によって判断するものだからである」。

直接的印象によってでなく、他の人々との関係によって測定され、分割され、判断される──これこそまさに、これまでのエイダの人生にほかならず、病気から徐々に回復するにつれて、彼女がますます我慢できなくなったものだった。彼女の手紙の調子にはっきりした変化が認められる。弱さの自認と、ある種の苛立ち、ときどき閃光のように発する頑な態度と冷笑的な機知をほしいままにするのを許して欲しいという訴えが。アラベラ・ロレンスの「習慣的悪意」について、あの悪意の毒も実は格別に難解なテクストを楽しく読んでいると思えば、中和されて何でもなくなると書くとき、エイダは半ば冗談、半ば本気のように思える。母にたいする気持ちも、この頃には冷えきり、後に一友人に打ち明けているように、「愛とか愛情とかいうよりも畏怖と賞賛に近い」状態になっていたようだ。そういう気持ちは同じ友人と取り交わした現存する数少ない手紙に反映している。母と一人娘のあいだに期待される打ち解けて何でも話す消息にもっとも近いのは、「すごくハンサムな」男の人が黒馬に乗って玄関口に現れたので、「言いようもない興奮」を覚えたと伝えている便りだ――ここでエイダは母をからかっているのである。この男の人というのはアナベラが親しく付き合っている反体制派の仲間の一人、非国教徒の牧師フランシス・トレンチだったのだから。エイダがこの牧師に感銘を与えたのは、のちに彼がエイダの「申し分ない顔かたち、表情豊かな大きな目、カールした黒髪」、それから父親によく似た目鼻立ちについて意見を述べていることからしても、明らかだ。

一八三二年頃、エイダは依然、松葉杖に縋って歩いていたけれど、十分に動けると見なされ、またしても転居することになった。これで四度目の引越しだったが、彼女は今まで過ごした人生と同じ年数をかけて、この家を本当の我が家にしようと努力する覚悟だった。フォードフックはイーリング・コモンの外れにある優雅な別宅だった。かつては『トム・ジョーンズ』のような十八世紀の風俗を嘆かわしくもあからさまに書いた作家ヘンリー・フィールディング〔一七〇七―五四、十八世紀英国最大の小説家〕の持ち家だったが、アナベラはこの家がたいそう気に入っていたように思われる。

アナベラとエイダにかかわりのある多くの家（カークビー・マロリー、ハルナビー、オッカム・パーク、アシュリー・クームを含む陰鬱な家々）同様、フォードフックも二十世紀初めに取り壊された。ハンガー・ヒル近辺の土地はハンガー・レーン旋回道路網（ロンドンの交通渋滞が激しい内側の環状道路網の一部）となり、近隣の村は東アクトンの連接都市になっている。しかし一八三〇年代には、そこは六マイルも遠く離れたところで、白蟻の巣のようにうじゃうじゃと人の群がるロンドンの喧騒から、完全にへだてられた郊外の安息の場所だったのである。

しかしながら、エイダは新居に移っても落着かなかった。ときどき首都に出かけるのは今では黙認されていたけれど、彼女の孤立感と被圧迫感は次第に増大していった。まるでジェレミー・ベンサム〔一七四八―一八三二。功利主義哲学者、産業革命期のブルジョワ急進派の指導的思想家〕創案の円形刑務所《パノプティコン》に入っているみたいだった。それはアナベラも感嘆した新式の監獄の設計で、一ヵ所から周囲の監房すべてが完全に監視でき、プライバシーも個人であることも許されない、そんな仕組になっていた。

エイダには彼女の教育にたずさわる一団の家庭教師がおり、彼女は絶えずアナベラのもっとも親密な、もっとも信頼する独身の友人たち――ソファイア・フレンド（のちにオーガスタス・ド・モーガンと結婚）、セリーナ・ドイル、メアリ・モンゴメリー、それにフランセス・カーといった、いわば魔女集団の監視下に置かれていた。とくにあとの三人がエイダを見張る役を引き受け、陰口と非難の大釜を掻き混ぜながら、仲間うちで監視の結果を判定し合っていた。

エイダには彼女たちの監視が耐えられなかった。いつも見張っている三人の魔女をエイダは〝復讐の三女神〟と命名し、一生、彼女たちを格別に憎みつづけることになる。晩年、エイダは或る友人に彼女の手紙としては極めて珍しい辛辣な調子で、これら三人の女は私の行動について「誇張したり、ありもしないことを捏《でっ》ち上げて」、私のことを「毒」のように憎んでいると打ち明けている。後年エイダの弁護士となり、ときどき彼女の告白の聴き手《コンフィダント》ともなったウォロンゾー・グレグの伝えるところによれば、これら三人の女は「いつもバイロン卿夫人のそばに侍っていて、夫人は彼女らの思いのままに操られていた。夫人の娘が私に語ったところでは、彼女たちは夫人に対してこの上なく言語道断な無礼をも省みることなく、不当極まりない仕方で母と娘の間に介入した」。

一八三二年か一八三三年の初め頃か、アナベラはエイダのために新しい家庭教師を雇った。彼は近所に住む「身分の卑しい一家」の者だった。彼の身元は不明であるが、おそらくはロンドンのユニヴァーシティ・コレッジ〔今日のロンドン大学の前身、一八二六年創立〕最初の化学科教授エドワード・ターナーの弟、ウィリアム・ターナーだったにちがいない。彼はその頃エイダに速記を教えるために雇われていたのだから。[3] エイダはこの青年に愛情を寄せるようになっていた。二人は明らかに相思相愛の仲だった。

（3）　こう示唆しているのはベティ・アレグザンドラ・トゥールで、彼女の編んだエイダの書簡集『エイダ、数の女魔法使い』四五頁に見られる。もしエイダの愛したのが速記の家庭教師だったとすれば、二人が駆け落ちしたのは一八三三年の晩春以前だったに相違ない。なぜなら私は『ラヴレス文書』のなかに、エイダの速記秘書と名乗る〝ジェイムズ・B〟なる人物の一八三三年六月四日付の手紙を見出したからである。エイダがメアリ・サマヴィルとチャールズ・バベッジに会いにロンドンに出かけるまで、この人物が彼女の速記をずっと手助けしていたのは明らかである。

初めのうち、二人の仲は〝復讐の三女神〟に気づかれなかった。おそらくは自分の人生の恐ろしい静寂を掻き乱す絶好の機会が到来したと感じ取って、エイダは彼への関心をますますおおっぴらにする気になったように思える。ついには〝復讐の三女神〟の一人が（それが誰であるかは分からない。エイダの目には三人は似たり寄ったりで区別がつかなかったのだから）、エイダは勉強よりも若者に執心していると見抜いた。そう見抜いた復讐の女神は少女を厳しく叱りつけ、勉強に精出すよう命じた。エイダは命令を無視した、女神は怒り狂い、彼女を勉強部屋から追放する仕儀となった。エイダは「ひどく憤慨して」部屋を出ていった。やがて当然予期されたことだろうが、後悔している様子を見せて戻ってくると、本を何冊かもっていって読みたいと言った。願いは許され、お陰で彼女は一片の紙切れを速記の教師の手に滑り込ませることができた。紙切れには、真夜中、離れ家の一つでお会いしたいと書かれていた。

約束した時間には〝復讐の三女神〟の目も眠りに浸っていっとき閉じられたのは必定、エイダはそっと母屋を忍び出て、恋人と密会した。そのあとに熱烈な愛の合歓がつづくが、そのあいだ二人の若い恋人たちは、エイダの追憶に基づいてウォロンゾーが物語っているところによれば、「完全な挿入は避けながら、可能な限りの悦びを味わい尽くした」。のちにウォロンゾーは「完全な挿入」という一句をさっと線を引いて消し、「結合」という一語に換えた。

ここに到りつくまで、多分、エイダはただ反抗の気分が促すままに行動していたことだろう。が、今や事態は一変した。この恋人との経験が彼女の疎外されていた肉体を目覚めさせ、抑圧されていた感覚を蘇《よみがえ》らせた。かの若者に抱きついていたとき、彼女は父が『ドン・ジュアン』の旺盛な精力を賛美する手紙で書いていたように、「これこそが生きているということではなかろうか、これこそ一番大事なことではなかろうか？」と思ったにちがいない。

何日が過ぎる間《ま》に、さらに何度か逢瀬が重ねられたらしい。二人が取り押さえられるのは必然だった。男は即座に解雇され、エイダは家に閉じ込められた。が、もはやエイダは抑えられっぱなしになるような女ではなかった。フォードフックの家を抜け出し、まっすぐ恋人の家に向かった、おそらく徒歩で、麻痺の後遺症で脚は依然弱っていたというのに。二人は駆け落ちを計画した。ついにエイダは〝復讐の三女神〟から、叱責、説教、家庭教師の群れ、切符、付添いと一緒の旅行、修身の教科書、アナベラが娘を抑制するために集めた円形刑務所的手立てのすべてから、逃げおおせるはずだった。(4)

(4) 〝復讐の三女神〟にたいするエイダの思い、またのちに彼女が駆け落ちを試みたことに関しては、ウォロンゾー・グレグによるエイダの「伝記」の手稿において触れられている。

しかし、そうは問屋が卸《おろ》さなかった。アナベラを見知り越しの家庭教師の身内がエイダに気づき、すぐさま彼女の母親に注進した。まもなく、おそらく何時間も経たぬまに、エイダはフォードフックの自《う》家《ち》に連れ戻されていた。

もしこの事が外に漏れたら新聞が大きく取り上げるのは知れていたので、一致団結した隠蔽作戦行動がはじめられ、功を奏した。エイダは家に納まり、彼女の勉強も再開した。誰も——後にのっぴきならぬ事態に見舞われたバイロン卿夫人のほかは——この件について二度と再び触れる者はなかった、遠回しの言い方でそれとなく触れる以外は。四十年以上も後に、ソファイア・フレンド（当時はド・モーガン）がエイダの「不注意と無分別」に言及している。「この問題はこれ以上詮索する必要はないと思う。あのとき不行跡は実際には何もなかったと思う、それで露わな醜聞にならずに済んだのだと思いたい」と、彼女は微妙な言い回しで述べている。

多くの点で、アナベラと〝復讐の三女神〟は事をうまく処理したと自画自賛し得たにちがいない。確かに安定は一時失われたけれど、逃亡者は捕まり自家に引き戻されたのだ。エイダと同じ階級、同じ年頃の娘はこんなことをしがちなものだが、花嫁として選ばれる適格性と評判を傷つけない限り、そんなことは大した傷にはならない。ソファイア・フレンド自身も、この事件は「無分別」として扱うだけで十分だと仄《ほの》めかしていたのである。

しかしエイダの場合、事は世間一般の娘たちの場合とは異なっていた。彼女の行動は、アナベラが娘を養育するに当たって絶滅しようと懸命に努めた何ものかを——抑制の欠如、独立へのほしいままな嗜欲、規制に縛られることへの嫌悪、一言でいえば情熱を啓示していたのだ。ソファイア・フレンドはすべての人の発言の根底にひそむ言外の意味を、ありがたいことに解読していた。「父の異様な特質の多くを遺伝によって受け継いだ娘は、彼の性癖をも受け継いでいたのである」。娘をミルバンク家の人間にしようと願ったアナベラの奮励努力の甲斐もなく、エイダはやはりバイロン家の人間であるよりほかはなかったのである。

第四章

悪魔の客間

陽は沈み、煙がいまだ消えやらぬ
　火山から噴き出たかのように、
あの面妖な場所、誰かが奇しくも「悪魔の客間」と呼んだ
　あたり一帯に、立ちのぼった……

煉瓦と煙と船舶の巨大な塊が汚れ黒ずみ、
　目路の果てまで広がっている。
そこ、ここに帆が一つ、ぴょんぴょんと飛び跳ねて見えるが、
　それも束の間、たちまちマストの森に隠れてしまう。
尖塔の広野が海を渡って来た石炭の天蓋越しに
　爪先だって覗いている、あの巨大な灰褐色の円蓋《クーポラ》は
道化の頭に載っかった道化帽さながらだ――
そう、あれこそロンドンの市《まち》だ！

〔『ドン・ジュアン』第一〇歌第八一―八二節〕

これはバイロン最後最大の作品の主人公ドン・ジュアンが〝射手の丘《シューターズ・ヒル》〟〔十八世紀、ケント州はロンドンの東八マイル、テムズ川南、ドーヴァー街道に臨むあたりに実在した警護の丘〕からロンドンに近づいたとき、直面した場景である。一八三〇年代に同じ方角から近づく

訪問者は、これと似た光景を目にしたことだろう――にぎわう波止場に立ち並ぶマストの森、ロンドンのイーストエンドと中心街にそびえる尖塔の広野、セント・ポール寺院の道化帽そっくりの丸屋根、石炭の粉塵と煙の天蓋――しかし今はおまけに、強《こわ》い無精ひげのように煙突が密生している、その上には息つまるスモッグの棺覆いが垂れ込めている。

ジュアンは十九世紀の初頭には中心街とは隔絶していた地点に立っていた。追い剝ぎや盗賊は今なお森にひそみ、罪人の腐爛した死体が今なお絞首台の天辺からぶら下がっていた。一八三〇年代のわれらが訪問者はそれとは対照的に、産業革命と郊外開発の波がグリニッジ・パークの周辺から浸透してくるのを、ロンドンとグリニッジを結ぶ鉄道のきらめく鋼鉄の線路が剃刀のようにバーモンジーを切り裂くのを、目の当たりにすることになる。彼ないし彼女は、バイロンのもう一つの偉大な叙事詩『御曹子ハロルド』で描かれていた煌《きら》びやかにして猥雑な〝摂政時代〟のロンドンの市《まち》が〔第一歌第六九―七〇節〕、見るまに世界最初の近代都市に変貌するさまを目にすることになる。

「化物じみた異様な、たん瘤《こぶ》だ！」と、トマス・カーライル〔一七九五―一八八一、評論家・歴史家・思想家〕は一八二〇年代に生まれ故郷のスコットランドからロンドンを訪れたとき、弟に叫んでいる。まさしく気違いじみた雑踏だ――

> 馬車、荷車、羊、雄牛、物狂おしい人間の群れが鳴いたり、喚いたり、耳を聾する騒音を立てて突進している……分厚い埃が立ちこめて三十平方マイルの空間は昼なお暗い有様。がたびしした手押し車から巨大な荷車にいたる千差万別の車が絶えず道路を磨り減らしてやまぬ。

まるで温室、まったく人工的環境であって、そこでは異様な新種がつぎつぎと芽吹いていた――

どでかいスローチハット〔縁のたれた幅広のソフト帽〕を背中の半ばまで垂らした荷馬車の馭者が、牛か豚かの獣脂を塗ったパンの朝食を平らげている。ときには道々ふんぞり返って、いつもは急ぐあまり危なっかしい格好で。食い足りない分は絶えずパイプをふかしたり麦酒をぐい飲みしたりして補っている。社交界の淑女は午後の三時にお目覚めだ、それから真夜中目指して生きはじめる。これら二つの両極端の間にあるのは、いつに変わらぬ偽りの騒々しい生活……

カーライルは驚愕した、でも離れていることはできなかった。「この混沌には興奮がある」、彼はそう正直に告白している。こうして混沌が彼を引き戻すことになる。

がたびしした手押し車と巨大な荷車に混じって、外国産の新思想の船荷もやって来た。これを輸入したのは、〝非国教徒〟で自由思想を奉ずる、主として中産階級の思想家たちだった。今や改正の時代だった。独占選挙区〔選挙権が特定の個人ないし一家に握られていた選挙区、腐敗選挙区と同じ〕や救貧法の改正の季節だった。これらの名称は今では半ば忘れ去られた歴史教科書の遠いこだまにしか聞こえないかもしれないが、当時は産業革命や営利主義の動乱によって真っ二つに引き裂かれようとしていた都市の通りをつんざいて、響き渡っていたのである。一八三一年と三二年には、最初の選挙法改正法案の議事が議会でえんえんと滞って、政府がつぎつぎと代わり、改正を支持する連中は選挙権を中産階級に与え、昔ながらのさまざまな変則と慣例を撤廃しようと闘った。一八三四年、救貧法修正案が議会を通ると、公序良俗の核心に新しい科学的考え方を導入することになった。すなわちトマス・マルサスの人口増加の理論〔二〕が法の奥の院に祭られるに至ったのである。(1) それは当時ブリテン〔イングランド、スコットランド、ウェールズ〕の都市をつぎつぎに破砕しはじめた爆発的人口増加を指して或る時評家が形容した、「数の汚染」を抑制する道理的要請に応えるものであった。

〔一〕 マルサスの悪名高い人口論の要点は、人口は幾何級数的に増加するが食糧生産は算術級数的にしか増加しないから、過剰人口による社会的貧困と悪徳は必然だというところにある。この暗い必然に抵抗する方策は禁欲と道徳的抑制しかないと、この牧師出身の経済学者はいっている。ちなみに人口論が世に出たのは一七九八年であるが、マルサスが世を去ったのは一八三四年、奇しくも救貧法修正案成立の年であった。

(1) バイロンはマルサスの人口増加にたいする非情な処方を嬉々として茶化している。たとえば『ドン・ジュアン』第一二歌第一四節参照。

ブルームズベリー〔大英博物館とロンドン大学がある地区〕ではジェレミー・ベンサムの功利主義の申し子、「ガウア通りの神なき大学」として知られるユニヴァーシティ・コレッジが開設されたばかりだった。この新しい大学は世俗の人間も許容する方針だったので、オックスフォードやケンブリッジから締め出された非国教徒《ノン・アングリカン》、たとえばアナベラの友人でエイダの顧問弁護士でもあったウィリアム・フレンドのように、ユニテリアン派の見解を助長した廉《かど》でケンブリッジを追われた人々に避難所を提供した。(2) ユニヴァーシティ・コレッジでは、フレンドのような人びとはそんな拘束は何も受けなかった。そういう事情がやがて既成の宗教的秩序を脅かすことになるさまざまな科学的思想を、たとえば宇宙は神の摂理によるよりは物理学の法則によって動いているという考えや、世界とそこに棲息する万物は七日間で出来上がったのでなく、何百万年にもわたって進化してきたのだというような考えを発展させるのに力があったことは疑いない。

(2) もともと一八二六年にロンドン大学として創設されたが、一八三六年、国王の特許状を得た年に、名称をユニヴァーシティ・コレッジに改めた。

このような考えはただ単に学問の世界だけに用立ったわけではなかった。ロンドン動物協会やサリー文学・科学・動物学協会が、それぞれ動物の収集をはじめたのもこの時期である——前者はリージェント・パークへ、後者はヴォクソール・パークへと。こうして、急速に煉瓦や丸石で覆いつくされようとしている自然の世界への爆発的関心を呼び起こす次第となったのだ。

入場券は一シリングで売られ、純粋に投機的冒険としてはじまったサリー動物園は膨大な群衆をひきつけることに成功し（エイダは群衆に混じって我を忘れ幸せだった）、たちまちロンドンで一番人気の呼び物の一つになった。つい二、三年前、兵士が千人も出演する〝ワーテルローの戦い〟の再現といったような、ロンドン一番の途方もない見世物を上演した隣りのヴォクソール公園《ガーデンズ》と肩を並べるまでになった。

ロンドン動物園もまた、即座に成功を収めた。三十万人もの見物人が開園七ヵ月のあいだに訪れ、その後も、動物の数がウィンザー宮やロンドン塔の王室所有の動物たちが移されて増えたので、群衆は変わりなく滔々《とうとう》と流れ込みつづけた。一八三四年頃には、ここの動物たち——クマ、エミュー、カンガルー、ラマ、ウミガメ、シマウマは英帝国の東西南北すみずみから集められたと、動物園は豪語した。有名なサルたちを目にした『ジョン・ブル』紙の編集長シオダー・フック、かつてバイロンの回想録を種《たね》にしてもっともらしい結婚初夜の一章を偽造して公《おおやけ》にした男は、感極まって次のようなヘボ詩を数行、書きあげた——

ロンドンっ子はまさに熱狂の体《てい》、
動物園で生まれた
猿の赤ちゃん見にいこうと。
その子本来の名前はチンパンジー。
怪我させては大変と、赤子は
帽子とガンジー・シャツ〔船員用の紺の毛編みシャツ〕を着せられて、
付き添いの子守りの膝に抱かれてる。
子守り女はあたしのトミー・チンパンジーと呼んでいる。

群集がトミーに驚嘆した折りも折り、〝ビーグル号〟という名の船が遠く遥かな大陸の地図を作成するため出帆しようとしていた。乗組員のなかにチャールズ・ダーウィンという男が乗っていた。航海中、彼はアンデス山脈の七千フィートの高処に石化した樹木の森を、ティエラ・デル・フエゴ〔南米南端の諸島〕では未開の原住民を、ガラパゴス諸島では巨大なウミガメを目にすることになる、ガラパゴスの火山円錐丘はウルヴァーハンプトン〔イングランド中西部スタフォードシャーの都市〕の溶鉱炉を彼に思い出させた。一八三六年ロンドンに戻った彼は、当時人間の真似をするトミーを見て滑稽な冗談のように提起されていた面倒な問題に、やがて真っ向うから立ち向かう理論を形づくることになる〔『種の起源』が世に出たのは一八五九年〕。

動物学だけが科学と見世物とを結びつけるのに成功した唯一の部門とは限らなかった。巨大な円筒の内部に固定した風景画がつぎつぎと展開するパノラマは、科学と探検に改めて魅惑されようとしていた世界に、新しい不思議と現実そっくりな生々しい展望を開示して見せたのだった。もっとも壮観なものの一つは、リージェント・パークに設けられた万聖殿《パンテオン》の雛型、〝円形演技場《コロセウム》〟に置かれていた。これが興業をはじめたのは一八二〇年代後期で、つづく十年のあいだにエイダも訪れ畏怖の念に打たれる。場面は高さを誇る高層建築で、蒸気で動く昇降機に乗って高い展望台に登り、そこから眺められた。

宗教、博愛、科学さまざまの集会に使われた無党派の集会所エクセター・ホールは、それより数年後テムズ河岸のストランド街で開館されたが、のちには電信のような技術の驚異を展覧した。エイダはこれも見に出かけたけれど、見世物になったのは自分自身であることに気づいた。というのも、一人の厚かましい見物人がバイロンの娘を一目見ようと押し寄せ、エイダが逃げようとすると、彼女の馬車まで後を追って来たからである。

ストランド街をさらに行くと、人出で賑わう新築の天井がガラス張りのラウザー商店街があり、そこの呼び物はアデレイド・ギャラリー。正式の呼び名は国立実用科学館。教育と娯楽を兼ねたアデレイドは最新のテクノロジーを展示するので有名だった。たとえば携帯用寒暖計、防毒面《ガスマスク》、蒸気銃、それからお忍びで訪れた例の若き有名人の娘の興味を何よりも惹きつけたジャカード式紋織機、これは穴あき《パンチ》カードを使って模様のある織地を製造できる革命的な機械だった。

メリルボンのドーセット通りにあったジョージ朝風の上品なたたずまいの家は、さらにもっと風変わりな器械を展示する場所を提供した。発明者は技師のチャールズ・バベッジ〔一一二頁参照〕、彼はこの器械を見にやってきた知識人、政治家、実業家の群れに向かって——無論、そのなかにはわれらが飽くこと知らぬ好奇心の女主人公《ヒロイン》も含まれていた——この器械によって産業革命は新しい技術文明の領域に飛躍すると、大言壮語して憚らなかった。

*

ドーセット通りの家はバベッジの住居と仕事場を兼ねていて、彼らはそこで定期的に「夕べの集い」を催しては自分の仕事の成果を見せびらかした。エイダの知人ウォロンゾー・グレグによれば、これらの「夕べの集い」は一八三〇年代を通じて、ロンドン社交界の行事暦の〝目玉〟になったという。侯爵から技術者にいたるまで、ありとあらゆる人たちがやって来た。世界周航から帰ってきたばかりで、陸上歩行にやっと慣れかけていたチャールズ・ダーウィンは友人の地質学者チャールズ・ライエルから、ドーセット通りこそは、世離れしていた誰かさんには「ロンドンの文人としては最上の人たちに」、いや、それればかりじゃない、大勢の「きれいな御婦人連」にもお目にかかれる絶好の場所だと聞かされた。(どうやら、ライエルは度しがたい漁色家だったと見える。バベッジにコドリントン大佐も集いに招いたらと口説きにかかったのも、大佐の妻君が絶世の美女だったからである。)

これら恐れ多い人たちが群れをなして見に来た呼び物《アトラクション》は二つあった。一つはバベッジの客間に展示されていた。それはバベッジ自身が修復した銀製の美しい女人像で、ちょっとしたピルエットやアラベスクを演じてみせる機械仕掛けの踊り子だった。

もう一つの呼び物はもっと真面目な性質のもので、バベッジが本当に見てもらいたいと望んだのは、こちらのほうだった。これは入念に塵埃を払い清めた特別な部屋で展示されていた。「考える機械」と人々は呼んだ、人間の手をまたずに暗算ができると噂されていたので。十年以上もこの機械の製作に費やしたバベッジは、それほど人の好奇心をそそるものではないとしても、同じように謎めいた名を与えていた、いわく〝階差機関《ディファレンス・エンジン》〟。

それは工学技術の驚くべき傑作だった。ひとたび完成されたならば、世界中でもっとも複雑なものの中に数えられる見本のような機械だった。いまだかって誰も、こんな物を目にした者はいなかった。二千個にもなる微かに光る真鍮と鋼鉄の部分が互いに連関している物なんかを。バベッジの観客はそこに複雑な時計を、ことによると複雑な時計の最たるもの、ジョン・ハリソン〔一六九三―一七七六、発明家〕が海上で経度を測定する問題を解決しようとして製作した、偉大な高精度時計《クロノメーター》を見たかもしれない[3]。事実、バベッジは〝階差機関〟をハリソンの時計の一種の後継者にするつもりだったのだ。英国学士院院長ハンフリー・デイヴィ卿への公開状で〝階差機関〟発明を告知するかたわら、これは前例を見ない高精度で航海表を作成するときにも利用できると指摘しているのである。バベッジのこれらの文書は、結局のところハリソンの精密時計が生み出したといってよい経度問題解決の糸口を探るため、一七一四年に成立した〝経度制定法〟のもとに設置された組織〝経度問題検討委員会〟によって公表された。バベッジはこの委員会が一八二八年に解散する以前、自分の考えを推し進めるため委員会のメンバーになろうとさえしたのだった。

(3)『ドン・ジュアン』のなかで、バイロンはアナベラがモデルなのは歴然としている女性人物ドンナ・イネスの心を、「ハリソンが製作した最上の時計」にたとえている。第一歌第一七節参照。

しかし、バベッジの機械とハリソンの精密時計は、共に同じ問題の解決に画期的な水準の精巧さをもたらしたとしても、それらが具現した意匠《デザイン》の点でも原理においても、根本的に別種のものだった。ハリソンの十八世紀中頃に現れた最初期の時計は、そもそもそれらが計測するために設計された当の時計仕掛けの宇宙の小型模型に似ていた。宇宙の均衡、規則性、回転に関する思想を金属の組立てのなかに捕えるものだった。彼の最後の二つの時計は、驚くべき仕掛けをまったく隠している。その美しい文字盤の不可解さが証しているのは、製作者が時計の天文学的正確さを強く確信していて、その正確さが如何にして達成されたか、手の内を見せる必要などもはや感じなかったということだ。

バベッジの〝階差機関〟の見本は、ハリソンの最後の偉大な時計、〝H―5〟より六十年後に現れたが、設計意匠の点で月とすっぽんの違いがあった。バベッジのは旅行用トランクをひっくり返したような形の途轍もない金属の塊で、装飾はまったくない。頑丈な真鍮の柱数本で固定した二枚の分厚い金属板の間には、噛み合った歯車と操作レバーがあり、それが何であるか分かる部分は周縁に数字がきれいに印刻されていることだけである。

これらの数字が示しているのは、機械の計算の条件と結果だった。機械の天辺に下向きに取り付けられた不釣合いなクランク・ハンドルのほかは、中心も文字盤も焦点になるものは何もない。ハリソンの時計が均斉、対応、平衡を具現しているのに反して、バベッジの〝階差機関〟は機械的な反復の産物であり、まったく同じ歯車と車輪の集合が機械の仕組み《メカニズム》にはめ込まれた垂直軸を上昇する運動を繰返す。垂直軸もまた、機械の横方向に三本ずつ反復されている。この機械の完成品が実際につくられたのは一九九一年のことであり、ロンドン科学博物館〔一八五六年設立のサウス・ケンジントンにある国立の科学技術・産業博物館〕がバベッジの生誕二百年を祝うために、彼の原案に従って製作したのだった。ここに至って初めて、設計の容赦のない規則性が十分に明かされたのである。

このような機能上の画一性は議会での議事進行妨害、流れ作業による生産ライン、スーパーマーケットの陳列棚を見なれた二十世紀の人の目にはお馴染みのものであるが、ほとんどすべての物が自然か職人の技術の産物だった世界に住んでいた前ヴィクトリア時代の人びとには、衝撃であったに相違ない。

しかし、一八三三年六月十七日、月曜の晩に、この驚異的な機械を初めて目にした十七歳の娘にとって、それは衝撃としてではなく啓示として出現したのである。「他の見物人がこの美しい道具の働きを一種の表情で、敢えて言えば、野蛮人が初めて鏡を見たとき示したという、一種の感動で見つめていたのに」対し、この女性は「年若いにもかかわらず、機械の働きを理解し、この発明の偉大な美しさを見てとっていたのである」と或る一人の観察者は書いている。

その娘は件《くだん》の「美しい道具」を理解したばかりか、それとの一体感をもったことだろう。なぜなら彼女自身もまた、強い好奇心の対象で、普通とは違う新奇なものと見なされただろうから。その晩、彼女がドーセット通りに現れて、世間の人々は成人になったバイロンの娘を初めて目にする機会を与えられたのだから。

＊

バベッジの素晴らしい発明を見に来たエイダは以前とはすっかり変わっていた(4)――というより彼女自身も彼女の母親も、変わったと思いたがった。エイダはつい最近、家庭教師で恋人の腕から無理やり引き離され、フォードフックの自家《うち》に連れもどされたばかりだった。家に引き籠もって自分の過ちをひたすら反省するにまかされていた。その間、〝復讐の三女神〟が彼女の罪をめぐって周章狼狽と責任転嫁の修羅場を演じていたのは、明らかだった。

(4) エイダの自己改良の試みの年表を作成するのは困難である。鍵になる挿話、とくに肝心な駆け落ちの日付がはっきりしないからだ。エイダの手紙から内的証拠の筋をたどってゆくと、どうやら彼女が駆け落ちしたのは一八三三年の春先、名誉挽回に乗り出したのは同年の四月か五月、宮廷でのお披露目に備えてのことだったと思われる。この想像は一八三三年五月十九日付の母宛の手紙で混乱するけれども。この手紙は失敗に終わった駆け落ちに対して癇癪を起こしたせいだとされてきたが、私はチャールズ・ナイト・マリとの一件に関連していると思っている。

　チャールズ・ナイト・マリについての情報は、エリザベス・フィンの『英国国教会教務委員会の仕事と記録』から借用し、英国国教会記録センターによって補足した。

度重なる審問、非難、告発、判決の末、エイダも自分には悪いところが、生まれつき邪なところがあるのではないかと思うようになった。それを矯正するために何かしなければと決心した。一八三三年三月八日付の母への手紙で、わたしは変わったと告げている。「深い宗教的感情」を身につけ、そういう感情に導かれて一生を過ごすようになったら、わたしの願いは初めてかなえられるのが分かったとも。

　エイダはこの誓いを昔の家庭教師エリザベス・ブリッグズにも繰り返した。ブリッグズ先生は納得せず、人差し指を立てて左右にさかんに振り動かした。自分は変わったといっただけでは足りませんと、先生はエイダに注意した。あなたは救済への長い困難な道を歩まなければならないでしょう、あなたが自分の目的地に到達できる見込みがあるとしたら、お母さまの後に付いてゆくことです、それしかありません。あの方こそは「恐れながら救世主の聖徳を除けば、誰も遠く及ばない美徳の模範を何なりと、お示しになれる方なのだから」、これがブリッグズ先生の意見であった。

　協同組合の予言者で、のちにエイダが父の肖像と初めてまみえるとき監視役を引き受けることになる人物、ウィリアム・キング博士も、彼女の矯正を助けるために呼び出された〔一三頁以下参照〕。博士とエイダは彼女のおこなったことを詳しく分析するために長い散歩に出かけた。さぞや疲労困憊する経験だったにちがいない。博士はエイダにあの「危険な才能」、想像力にまつわる危険の数々を生々と描いて見せた。想像力を抑制するのが如何に絶対必須であるか、考えを心の中で自由にさ迷わせてはいけないか、是非とも規制しなくてはならないかを、諄々と説いて聞かせた。

アナベラにとって、この規制を達成するのが今や緊急な一大事だった。五月が近づけば一八三三年のロンドン社交シーズンの始まりである。用意ができてようといまいと、十七歳のエイダは社交界に船出しなければならない、二十年前のアナベラと同じように。

五月十日、エイダは貴族の家柄の娘が一人前の女になるために耐えねばならぬ通過儀礼を経験した。宮中でウィリアム四世とアデレイド王妃に御目見えしなければならなかった。アナベラにとって緊張の瞬間であった。もしエイダが不敬な振舞いに及んでもいいと決心したら、それは彼女自身の評判と将来を台無しにするばかりか、その時まさにバイロン事件〔〝別居〟係争〕で果たした自分の役割を弁明する慎重な作戦計画を進めていたアナベラ自身の、キリスト然たる忍苦の聖女と世にも謳われた自分の評判も将来も損われるのは必定だからだ。

決定的な瞬間が近づいて来た。エイダは神経過敏の恐慌に襲われた。誰かが、おそらく同じように社交界に初登場する娘が、イギリスで一番名高い詩人の有名な令嬢と同席して影が薄くなったことに向かっ腹を立て、「こういう時のいろいろな面倒と心配事」についてやたらと述べたてるのを耳にして、エイダは気もそぞろになったのだった。アナベラは固唾《かたず》を呑んで成りゆきは如何にと見守っていたにちがいない、何をしでかすか知れぬ我が子がどう出るか心配のあまり。エイダは精神的にも肉体的にも、依然傷つきやすい状態だ。気力が崩れて急に部屋を飛び出し、宮廷人の誰かに失礼な真似をしないとも限らない、あの子なら何でもする……。

結局のところ、エイダは行儀がよかった。アナベラはキング博士の妻に、私の「牝ライオン」は「かなり上手に」振舞ったと報告している（これはアナベラとしては、かなり高い評価である）。エイダは国王と王妃に礼にかなった正式なお辞儀〔スカートをつまみ左足を後ろに引いておこなう〕をして見せたし、ウェリントン公爵〔ワテルローでナポレオン軍を打ち破った国民的英雄〕をはじめ、外国の高位高官や公爵といった恐れ多いお偉方にも会った。そのなかにはオルレアン公爵、ブラウンシュヴァイク公爵、さらには老練なフランスの政治家タレーランも含まれていた。エイダはタレーランのことを無礼にも、ちょっと「老いぼれ猿」に似ていると内心、思った。

次の週、エイダは社交シーズンのハイライト、〝宮廷舞踏会〟に出た。彼女はこの催しを首を長くして待っていたのだった。その期待と興奮には、アナベラの言葉を借りれば「人々の注目を惹きつける女性がほかにも大勢いる」場面で、自分が関心の的になる戦慄《おののき》が混じっていた。母親はエイダが「軽佻浮薄の捕虜《とりこ》」になるのを懸念して、みずから娘の舞踏会に着てゆく衣裳《ガウン》を選んでいた。

宮廷舞踏会がどう進行したのか記録はないが、それを機にエイダが求婚者に取り巻かれる時がはじまったのは確かである。求婚者たちが惹かれたのは彼女が有名人だったばかりでなく、彼女の母が相続した年収八千ポンドにもなるといわれるウェントワスの莫大な資産の女相続人としての地位のせいでもあった。当然、エイダはウォロンゾー・グレグが「財産目当ての悪名高き結婚志願者」と呼ぶ多くの野心家の関心の的になった。そのうちの一人がチャールズ・ナイト・マリだった。彼は新進気鋭の鉄道投資家だった。まもなく国王の英国国教会にたいする関心を代表する組織、国教会教務委員会の第一書記に任じられることになるが。

マリは最初のうちは前途有望な人物と見えたにちがいない。爵位も肩書きもなかったけれど、強力な縁故と彼自身かなりの魅力があって、肩書きの不足を補って余りあった。だが、すぐに彼の紳士の化けの皮は剝がれた。エイダと会って僅か数日後、彼はエイダに或る種の「大胆な行為」を仕掛けたのだった。アナベラはそのことに感づき、二人に干渉したのは確実だ。こうしてエイダとの直接対決が起こるのは必然だった。エイダは今までの彼女では考えられぬような痛烈な手紙を母に書いた。子としての義務も大きくなるにつれて減少し、成年に達した暁にはまったく消滅すると論じた。「二十一になるまでは、あらゆる点で服従を強制する権力が法によって母に許されていますけれど、その時が来たら、わたし一人に関するあらゆる点で、母の権力も権利もなくなると思います」と書いた。

だが、この議論はアナベラには通じなかった。彼女は娘エイダのほうからマリを誘う素振りを見せたにちがいないと確信して、その「あさましさ」を激しく責め、もう二度と再びマリに会ってはならないと強硬に主張してゆずらなかった。

アナベラの干渉は結局、正しかったことが判明した。マリは金もうけしか頭にないペテン師だったのである。一八四〇年代に、彼は国教会教務委員会の第一書記の地位と南東鉄道会社の重役の地位を兼ねようともくろみ、挙句の果てに教務委員会から少なくとも六千ポンド（消息筋の或る概算によれば二万五千ポンド――当時としては厖大な額）を詐取して、職を二つとも失ってしまった。またしても破滅寸前まで追い込まれたことにエイダは衝撃を受け、当然のことながら振り子は唐突に、アナベラならエイダの不可謬性の傲慢と呼ぶと思われるものから、もう自分を信じることはできないという絶望的な確信へと振れ動いた。

一八三三年十一月頃には、エイダの母にたいする態度はすっかり変わってしまっていた。二人は宮中の行事に一緒に出席した。今回はブライトンの離宮で催されたが、エイダは彼女の「高名な母」を誇りに思った。母は「美しい」繻子《サテン》の衣裳をまとって深夜まで、お付きの貴婦人と共に王妃に侍《はべ》っていた。

このような気持ちの変化は翌年の春までつづいた。それは彼女自身の個人的〝改正案〟が〔選挙法改正法案が議会を通ったのは前年の一八三二年である〕、騒々しい情念の議会を通過し決着しようとしていた頃である。彼女自身の手紙が確証しているとおり、自己抑制の行為を改良する目的を目指して、次のような条項が然るべく規定されたのだった——

——あらゆる種類の興奮は自分の人生から排除すべし。ただし「知的改良」の興奮は例外なり。キング博士も忠告されたように、科学的思想に専念することによってのみ、想像力と情念が無軌道に走るのを予防し得るが故なり。

——数学の研究に専念すべし。かの善良な博士が診断されし如く、「彼女の最大の欠点は秩序の欠如であり、この欠点を是正するのは数学である」が故に。この学科は感情とは無関係であり、したがって「好ましからざる思念」を掻き立てることは、不可能なるが故に。

——母との関係を改善すべし。

——自らを欺く能力をとくと認識して要心すべし。

——何ものかを好む気配を察知したら、なお一層慎重に対処すべし。けだし好き心は自分にとって災いのもとであったことを忘れるべからず。

アナベラは娘にはこの改正案を是認してみせたが、キング博士への私信では、その実施の可能性について懐疑的なところを示している。手紙はアナベラの当面の関心事——骨相学〔オーストリアの解剖学者ガル（一七五八—一八二八）が、ドイツの解剖学者シュプルツハイム（一七七六—一八三二）の協力を得て創始した、頭骨の形状から性格や精神特性を推定する学問。アナベラはこのいかがわしい新学問に死ぬまで狂的に偏執した〕、保護施設、刑務所に関する意見を開陳するところから書き出されている。ついで彼女は、ベンサムの円形刑務所《パノプティコン》〔一八七頁参照〕の原理に従って建てられた新式のミルバンク感化院の収容者たちの救いようもない性質について、論評を加えている。この観察事実から「私たちの心配の種《たね》」、つまりエイダのことに「移るのは容易」だと、アナベラは述べている。あの駈け落ち以来、エイダは自分は不可謬だという自信を失ってしまいました――これは良い徴候です。しかしいまだそれに代わる「不可謬のお導き」を見出しておりません（「不可謬のお導き」とは多くのユニテリアン信徒が好んで使った神を意味する抽象的名辞で、アナベラもしばしばこの名辞を用いている）。いや、実はおそらくそれより一層憂慮すべき心配の種があったのである。エイダに顕著なのは道徳心の全き欠如だった――当時にあって、それは一種の狂気と見なされていた精神状態だった。エイダが道義の原則を守ろうと努めても、それは人からそうするよう期待されているがゆえにであって、根っからそれらの原則の善を理解していたわけではなかった。

この欠陥を正す試みとしてアナベラにできることといえば、キング博士の道徳訓の目録を作って本にまとめるようにと勧めることだけだった。キング博士は親切にもエイダへの手紙のなかで、道徳訓をふんだんに提供してくれた。博士はさらにまた、ユークリッド幾何学の勉強に精出すよう激励した。年若い娘は有名な通俗科学の普及者ダイオニシアス・ラードナー著わすところの六巻本の入門書を通読して、勉強に励んだ。

エイダが道徳訓を書き写すのにどれほど熱心だったたか、それを伝える記録は残っていない。が、その他の勉強ということなら、激励など少しも必要ではなかった。彼女は新しい関心事に熱烈に没頭した。そして新しい関心事にこと欠くことはなかった。実際、エイダを惹きつける新しい科学や数学の材料はふんだんにあった。これこそ神の摂理にちがいないと、彼女は心中ひそかに宣言した。あの駈け落ちも、母との諍《いさか》いも、私の病気も――そうだ、みんなこうなる定めだったんだ！

いかにもエイダらしいこの興奮した反応はキング家の人々のみならず、アナベラをも動揺させた。この興奮ぶりは願望的思考に恐ろしくよく似ていたからだが、これまたエイダが生来受け継いだ自己欺瞞の一種だった。だが、もはや彼らには抑える（より正確にいえば、エイダを抑える）以外なす術はなく、ただただ事の安泰を神だのみするしかなかった。

＊

事実、このとき神の摂理はエイダに微笑んでいるかに見えた――それはただ単に彼女が偉大な知的革命期にロンドンに居合わせたからというばかりではなく、彼女の数学研究が機縁となり、控え目ではあるがもっとも興味深い数学の革命家の一人、メアリ・サマヴィルに紹介されたからである。(5)

(5) サマヴィル文書自体は除き、本書におけるメアリ・サマヴィル関係の情報は、その大半をエリザベス・P・パターソン氏に負っている。パターソン氏は『メアリ・サマヴィルと科学の発達、一八一五―一八四〇』（ボストン、一九八三年）、並びに「メアリ・サマヴィル」、『英国科学史ジャーナル』第四巻、三一一―三七頁の執筆者でもある。

エイダが一八三四年に彼女を知ったときには、メアリ・サマヴィルはすでに重要な科学者、数学者として一家を成していた。一八七二年に他界したとき、『ロンドン・ポスト』紙の伝えるところによれば、彼女は「十九世紀科学の女王」とたたえられた。さまざまな〝ディオファントス〟方程式〔整数を係数とする多項方程式で整数解を求めるもの。ディオファントスは古代ギリシアの数学者〕に取り組んで、賞をいくつも獲得していた。紙とプリズムと留め針だけを使って、「屈折性の強い太陽光線の磁化力」を研究した。「太陽光スペクトルの化学光線が異質の媒体を透過する」実験を試みた。さらに同じ化学光線が野菜ジュースに及ぼす作用について書いてもいた。

メアリの仕事の頂点はラプラス〔一七四九―一八二七。フランスの数理天文学者・数学者〕の『天体力学』（*Mécanique Céleste*）の翻訳で、これはバイロンの出版社だったジョン・マリの絶賛を受け、『天空の仕組み』（*The Mechanism of the Heavens*）という題名で出版された。ラプラスの著作は平衡から流体力学に至るすべてを網羅した天空の機構を五巻にわたって概観した記念碑的な複雑難解さをもって鳴るものだった。ラプラス当人さえ、私の著述すべてと同様、これも読むに堪えないと認めていた。

彼の天文学への偉大な貢献は、太陽系の惑星間の相互連関にかかわるものだった。ニュートンは一つの惑星が太陽のまわりをめぐる軌道でもう一つの惑星のすぐ近くを通れば、引力が作用して太陽系の安定を崩し、ついには世界の終わりをもたらす――少なくとも万物を安定調和させる神の力添えなしには、世界は滅びると信じていた。いや、それは違う、世界は惑星を導く神の助けなしでも、まったく幸せに生きのびることができると、ラプラスは証明してみせたのである。事実、ラプラスの事物の体系では神は必要ではなかった。ナポレオンが不満をもらしたと伝えられる所以もそこにある。〔二〕

〔二〕ラプラスはナポレオンの厚遇を得て、内務大臣その他の国務の要職につき侯爵にもなったが、ナポレオンが連合軍に破れると彼の退位に賛同し、新政府のもとで貴族院議員になった。この変わり身の早さも、彼の「天体力学」と無関係ではあるまい。

メアリが英語を話す世界に開示して見せたのは、以上のような神なき宇宙であった。彼女は読者が本文を理解するのに必要な数学への手引きを含む充実した「予備的論考」を付して、ラプラスの著書を一層近づき易いものにした。

このような立派な仕事を成し遂げ、世間にも熱狂的に迎えられたにもかかわらず、メアリ・サマヴィルはなおも控え目で、自分の能力も女性一般の能力も蔑みがちで、男の同僚たちを大いに喜ばせた。彼女は科学が要請するのは献身と根気だと強調して、アルキメデスが風呂から飛び出したときのように〔比重の原理を発見して〕、優れた考えは偉大な精神から不意に飛び出してくるという考えを批判した。

英国の天文学者ジョン・アダムズ〔一八一九―九二。理論天文学者、理論的に海王星の存在を予告した〕は、科学はまさにメアリ・サマヴィルが示唆したような仕方でおこなわれることを確認することになる。メアリの二番目の充実した仕事『自然科学諸部門の関連について』は、当時旺盛に発育していた科学の枝葉は同じ知の幹から生まれたという考えの宣言《マニフェスト》であった。この考えを例証するため、彼女はこの本の新版が出るたびに、前の版以後に見出された発見や資料《データ》を付け加えた。そういう追補のなかには、天王星の運動を説明するために初版で掲載した表には、運動と矛盾する変則的なことがあるのが判明したというような観測結果も含まれていた。アダムズがのちにメアリに語ったところによれば、この訂正のお陰で、彼は天王星の外側をめぐるもう一つの惑星の軌道によって、それらの変則的なことは説明がつくのではないかと直感した――これが海王星の発見につながったと。アダムズのこの啓示にたいするメアリの反応は、残念無念という感情に染まった感謝の気持ちであった。「もし私に独創性なり天才があったなら、私が海王星を発見していたかもしれない」とノートに記し、ついでにこう付け加えた、「これは発見の独創性は女には与えられていない証拠か⁈」

メアリはこの性差《ジェンダー》の主題を自伝の草稿のなかで発展させている。「私は自分が発見らしきことを何もしてこなかったことを、自分には独創性が皆無であることを、よく弁《わきま》えていた。私にあるのは忍耐と知性であって、天才ではない」と書き、敗北の調子で「そのような天来の閃《ひらめ》きは私たち女性には与えられていない。私たちは大地に属して素朴だ。別の生き方が配分されれば、もっと高度な力が与えられるかどうか、それは神のみぞ知ることであって、こと科学に関する限り、独創的な天才は望むべくもない」。

*

一八三四年、人生に飛び出したばかりの若い娘がそのような限界を知っているはずもなかった。エイダの閃きが天からか大地からか何処から発していたにせよ、そのぱちぱちとはじける活力はメアリの静かな学究的生活を瞬時あかるく照らしただろうし、ときには苛立たせたことだろう。

その頃、メアリはクリストファー・レン〔一六三二―一七二三、英国の建築家〕の設計によってチャールズ二世が創建したチェルシー王立廃兵病院〔一六八二年建立〕の壮大な環境に住まっていた。彼女の夫ウィリアム・サマヴィルはそこの医師であった。彼はまた、当時の標準からすれば例外的な愛妻家だった。妻の原稿を編集したり、当時は女人禁制の王立学士院の会員の地位を活用して、彼女の著書や序文をもっとも興味ある科学者たちになんとか認めさせたりして、科学と数学への妻の関心を激励していた。

ウォロンゾー・グレグ〔一八七頁参照〕も王立廃兵病院で暮らしていた。彼はメアリの最初の結婚で生まれた息子で、夫のサミュエル・グレグは一八〇七年に死んだ。サミュエルはもと水兵（スコットランド生まれの有名なロシアの提督、これまたサミュエルという名の人物の息子）で、ロシア海軍にいたときの知り合いにちなんで息子をウォロンゾーと名づけたのだった。ウォロンゾーはエイダより十歳年上だったが、サマヴィル家に現れた彼女を見て深い感銘を受けた。それから七年後、ウォロンゾーは彼女宛のお世辞たらたらの、ほとんど涎《よだれ》を垂らさんばかりの手紙で、「貴女のお国の人たち同様、小生も揺籃《ようらん》の砌《みぎり》より有名だった御方に格別な関心を寄せ、あの御方の性格・趣味・習慣は――エイダ・バイロンの学業と才能はと、しばしば思いを馳《は》せたものでした」と昔を回顧している。しかし、エイダを実際に目にして、彼の予想はことごとく打ち砕かれた。目の前にいるのは、その非凡な知力と性格が「貴女御自身と同じ身分と境遇の人たちと違っているばかりでなく、人類全体とも違っている」、そんな女であった。

ウォロンゾーがエイダを初めて目にしたのは一八三三年のいつかのことだった。その時は、彼女はいまだに長びく病の後遺症に悩んでいた、太り過ぎで不様だった。だが、知り合いになった今、ウォロンゾーには彼女の「倫理的勇気と決意」は顕著に思えた。エイダはまた優しく気取りがなかった、少しばかり気位が高いとしても。こういう性格の特徴は彼を魅すると同時に恐れさせもしたようである。

エイダはメアリへの強い敬愛を急速に募らせていった。彼女にはメアリがラプラスの宇宙のように安定していると思えたにちがいない――それこそエイダの歪んだ軌道を修正安定させる完全な感化力だった。アナベラが二人の結び付きに安堵し満足していたのは確かだった。数年後、メアリは息子から彼がアナベラを訪れた際のことを伝える手紙を受け取ることになる。「あの方は母上のことを深い愛情を込めて語って下さいました。目に涙を浮かべて、お嬢さまの人生のたいへん不安定な時期に母上が示してくださった親切と、教えと手本がお嬢さまの性格に及ぼした有益な影響とには、ありがたすぎて御礼の言葉もないと申されておりました」。アナベラが目に涙を浮かべたと言われるのは極めて稀なことであり、このとき実際に涙を浮かべたという事実は、彼女がいかに必死になってエイダの改良計画が成功するのを見たいと希っていたか、雄弁に物語っている。

サマヴィル夫人は一七八〇年、スコットランドに生まれた。幼名はメアリ・フェアファックス、エイダ同様、厳しく自由を制限されて育った。彼女がのちに語っているところによれば、僅か一年だけ正規の教育を受けたミス・プリムローズの寄宿学校では、姿勢を正すのに鋼鉄の台座に固定された硬い芯の入ったコルセットが使われ、顎《あご》を適切な高さに保つために金属製の腕木が、左右の肩甲骨が接するほど両肩を後ろに強く引っ張っておくために、革紐が使われたという。

　メアリが数学の基礎を修得したのは、そんな拷問部屋ではなく、婦人雑誌に載っているパズルめいた難問を研究することによってであり、のちには幾何と代数に関する書物を兄から借りて、より高度の水準に移っていった。両親は彼女の部屋から蠟燭を取りあげ、勉学の意欲を殺《そ》ごうとした。それで夜、本を読むのはもはや出来なくなった。ならばとメアリは昼のあいだに教科書を暗記し、夜になったら頭の中で問題を解くことで、親の処置に応えた。

　エイダがこれよりずっと楽な道をたどって数学に開眼したのは明らかだ。メアリは金持ちの貴族だけが雇える最上の教師や家庭教師に教わった一人っ子というものは、どこか知的に甘やかされていると時折り思ったかもしれない。が、そういうメアリもまた、エイダが計算したり縫物したりしている分には、甘やかしてもいいという思いだった。

　どうやらエイダのほうも甘やかされてもいいだけのことは、したのである。彼女はメアリに帽子を作ってあげた。メアリは大喜びでそれを受け取った、「数学者もxやyを研究するだけでなく、他《ほか》のこともできるのね」と言いながら。実際、エイダは他のこともできた。もっとも彼女ができる他のことの大方は、お世辞にも家庭的とは言えぬもので、メアリの好みには合わなかっただろうけれど。エイダは蒸気機関に関する論文を書き写したり、ボンドストリート〔ロンドンの高級商店街〕にあったアセチレンの発光を応用した映写機を見学しに出かけたり、王位継承権のある王女ヴィクトリア直筆の署名があるメアリの科学研究書を一冊手に入れたり、新しい数学理論を学んだり、王立学士院の大広間に設置されたばかりのフランシス・チャントリ作のメアリ・サマヴィルの胸像を批判したりした（この偏見は釈明されていないが、ことによるとチャントリとエイダの父とのつながりに何らかの関係があるのかもしれない。この彫刻家はバイロンの口もとあたりには肉感的な優しい風情があるという有名な感想を残しているのだから）。エイダはxやyの研究のほかにも様々なことを研究していた――いろいろな書物や図表や模型や鉱物や……。

その頃、エイダが示したこのような知的刺激への渇きは、彼女が自己改良計画に本腰を入れている証拠だと考えられた。彼女の関心の本当の理由を察知した者はいなかった。実はエイダは科学が啓示しはじめていた燦く新世界に身を曝していたのだ。かつて新しいものを探求する精神は危険なものであった、バイロンの詩劇『カイン』のなかで魔王ルシフェルが言っていたように――「何ものも／精神の火を消すことはできない、精神がそれ自身であろうとする限りは」〔第一幕第一場第二一三―一四行〕。

たとえば、エイダの鉱物への興味は明らかにサマヴィル家の飾り戸棚に陳列してあった鉱石の一大収集によって呼び起こされたものだったが、彼女の目をとらえたのは水晶の輝きでも、準宝石の光沢でもなかった。突然変異の生物がその殻から突如あらわれるように、鉱石から今まさに出現しようとしている新しい思想の運動であった。

*

一八三〇年と三三年のあいだに、地球の歴史の推移を文字どおり変えてしまう本が現れた。その本の表題は『地質学の諸原理』といい、人を寄せつけないヨーロッパ大陸のさまざまな場所で見出される鉱物標本や岩石累層に関する一連の観察記録のほか、何も書かれていないように思える本だった。しかし、この事実の山を発掘しつづけているうちに、この本の読者は驚くべき考え、いや、恐ろしい考えを掘り当てたのだった。ダーウィンがやがて地球に住む生物におこなうことを地球自体におこなっていることを。世界は六日間で創造されたのではなく、何百万年もかけて創造されたということを証明しているのを。

著者はチャールズ・ライエル、チャールズ・バベッジの〝夕べの集い〟〔二〇〇頁以下参照〕に出席して、計算機のみならず参集した女たちをも賛美した、あの人物にほかならない。彼が『諸原理』を書くまで、大地は神による〝創世〟以来およそ変わらずに存続してきたというのが、支配的な考えだった。さまざまな神学者が〝創世〟はいつのことだったのか推定しさえした。アーマー〔北アイルランド南部の州都〕の大司教ジェイムズ・アシャーは十七世紀の中頃、それは紀元前四〇〇四年十月二十三日のことであるとした。この見解を覆すと思われる変則がいくつかあった。たとえば、山の天辺に貝殻が埋まっているのが見出された。でも、この変則は〝ノアの洪水〟のような聖書が語っている天変地異によって説明することができた。

ライエルの研究は、まったく異なる時間の尺度に従って発展したまったく異なった世界を示唆していた。実地調査旅行で彼が目にしたものすべては、海底にあるはずの海洋生物の化石が断崖の高い地層に見出されることさえも、自然の隆起作用によって説明できたのである。山脈も緩慢かつ無情冷酷な水の流れによって浸食されるし、地下の溶岩の強大な圧力によって押し上げられもする——時間が、大司教アシャーの想像した五千年ばかりより遥かに長大な時間が与えられるなら。それに要する時間を例示するために、ライエルは泥灰岩と呼ばれる厚さ七百フィート以上もある地層に見出される「薄い箔状」の特殊な岩が、フジツボが年毎に脱皮した抜け殻、何十億年にもわたって蓄積された甲殻類の皮殻であると説明したのだった。

このような推定はヴィクトリア時代人の物の見方に深甚な影響を及ぼした。彼らはすでに身のまわりの四方八方で、建物が空に向かってにょきにょきと伸びていくのを見なれていた。今や彼らは風景そのものも不断の変化の過程にあることを知ったのだった、テニソン〔一八〇九―九二、ヴィクトリア時代を代表する詩人〕が書き留めているように――

山々も影にすぎぬ、形から形へと
流れゆき、不変なものは何もない。
まるで霧のようだ、固い大地も溶ける。
雲のように形を成しては消えてゆく。
〔『イン・メモリアム』第七詩連〕

永続するものは何もない、山も谷も村も。そういうところに、思想とテクノロジーもろともの急激な変化の衝撃をまともに受け、世界を引き裂く止めようもない地質学と産業革命の力を痛切に感じた最初の世代があったのである。

エイダのお気に入りの小説『ドンビー父子』〔ディケンズが一八四六―八年に月刊分冊で出版した問題小説〕〔三〕は、ある非常に意味深い日にディケンズみずからがエイダに読んで聴かせることになる作品だが、作中人物ソロモン・ギルズは時代の流れすべてに圧倒されている。「競争、競争また競争――新発明に次ぐ新発明――変化に次ぐ変化――世の中には、わしはもうついてゆけない」と。多くの人がこの老ソロモン同様、怯えていた。「〝地質学者たち〟が私をそっとしておいてくれさえしたら」と、ジョン・ラスキン〔一八一九―一九〇〇。美術評論家・社会思想家〕は悲鳴をあげている。「あのおぞましい鉄槌どもめが！　聖書の調べ美しい節《せつ》が途切れるごとに、カチンカチンと物を打ちくだく鉄槌《ハンマー》の音が聞こえてくる」。縋りつくものがあるとすれば、一番か弱いもの、つまり信仰が残っているきりだった。それだけがカチンカチンという鉄槌の耳鳴りを掻き消せた、H・F・ライトがヴィクトリア時代の賛美歌集のために書いた次のような人の心を鼓舞する言葉に力を得て――

あたり一帯に見えるのは変化と退廃、
ああ、変わることなき者よ、我がもとにとどまり給え……

〔三〕　エイダが子宮頸癌で死ぬ数日前、ディケンズは彼女の願いのままに、『ドンビー父子』の息子ポールの海辺の死のくだりを読んで聴かせた。ポールは頑なな産業革命の実業家の父の無残な犠牲者だった。そういえば、エイダの一生もまた、自己の無謬性を頑なに信じて疑わなかった母のエゴイズムの犠牲にはちがいなかった。実はこれより以前、彼女はニューステッド・アビーの父の墓を詣で、「わたしの邪悪な父祖たちすべてを心から愛しています」と、母に書き送っていたのである。エイダは同じ手紙のなかで、バイロンのことをはっきり〝父〟と名指ししてもいた。

エイダはそんな安心を――少なくとも神から求めようとはしなかった。もっとも病気から立ち直る更生の手蔓として、信仰心を身につけようとはしたらしいけれど。ついに彼女は待ち望んでいた鉱石をいくつか手に入れた。それと一緒にもっと象徴的な贈り物も。それは木製の十字架の形をした判じ物《パズル》だったが、まだ分解する勇気がない、分解したら元どおりに組み立てる才覚が自分にはないのではないかと心配でと、日記に書いている。

これらの贈り物をしてくれたのは、チャールズ・バベッジその人であった。メアリ・サマヴィルはバベッジの〝夕べの集い〟の常連客で、今やエイダはこのつながりを活用して出来るかぎりバベッジに会いたいと願った。チェルシーを訪れるときにはほとんどいつも、帰りにはメアリと一緒に馬車に乗ってドーセット通りのバベッジの家に立ち寄るのが仕来たりになっていたようである。そこへゆけば、エイダはもう一度〝階差機関《ディファレンス・エンジン》〟を垣間見ることができるのだった。

この機械に魅惑されたエイダの気持ちは深まっていった。彼女はバベッジに機械の設計図や図表を見せて欲しいと執拗にねだった。バベッジは心よく彼女の願いを聞き入れた。エイダはそれらの資料を綿密に調べ、機械の仕組み《メカニズム》と利用方法を理解しようと懸命だった。

バベッジはつとに王立学士院に書を送り、この機械によって「人力の不注意と怠慢と不誠実」は一掃されると豪語していた。言い換えれば、これは自律的な機械だということである。これにはエイダの父を破滅させた無道徳な空虚の深淵、エイダ自身をもその淵の間際まで連れていった人間の弱さといったものはまったくない。彼女が驚嘆したのに何の不思議もなかった。

*

チャールズ・バベッジは科学技術の魔力に魅せられ、それが与えてくれる力の可能性の恩恵を受けない生活の面は何もないと信じて疑わなかった。彼は科学教育の熱烈な主唱者で、『パンチ』誌〔風刺漫画入りの週刊誌〕やチャールズ・ディケンズがさかんに揶揄した、かの典型的にヴィクトリア時代的な公共機関〝英国科学振興協会〟の指導的支持者だった。ディケンズはこれを〝一切合財振興泥蛙協会〟と改名し、この協会では「暗中模索虫の研究とか溝《どぶ》の溜り水研究」とか、そういった問題について、しばしば討議の会合が開かれると想像したりしていた。

ディケンズが誇張しているのはいうまでもない——が、誇張しているといっても、それはほんの僅かだ。バベッジの好奇心をそそるには難解すぎ、研究意欲が湧かないような問題は何ひとつなかったのだから。たとえば、パリ近郊の廃馬処理場を訪れたときの彼の報告を、バベッジ全集の編者マーティン・キャンベル＝ケリーはバベッジ学の完璧な例の一つとして引き合いに出している。バベッジは毛も皮も骨も蹄《ひづめ》も剝ぎ取られた老いぼれ馬の死体から、有用な価値を引き出すさまざまな方法に夢中になった

——

廃棄されたものに大量発生する蛆《ウジ》さえ無駄にはならない。馬肉の細切《こまぎ》れが半フィートほど積み上げられ、ちょっと藁をかぶせて日差しを避《よ》けていると、まもなく蝿がおびきよせられ卵を産みつける。二、三日すると、腐乱した肉塊はうじゃうじゃと蠢《うごめ》く蛆の山に変わる。蛆は目方で売られ、釣り餌に使われるものもあるが、おおかたは鳥の、特に雉子《キジ》の餌になる。馬一頭で約一シリング五ペンス分の蛆が採れる。

これらの処理場にやって来る鼠《ねずみ》は無数で、彼らは処理場の経営者たちの利得になっていた。屠殺されたばかりの馬の死体が夜、床上僅かのところに穴が沢山あいている部屋に置かれる。鼠どもが部屋に引き込まれると、穴がさっと閉じられる。四週間のうちに一部屋で殺された鼠の数は一万六千四、でも彼らの数は目立って減少する気配もない。毛皮商人が鼠の皮を買い取るが、百匹につき

三シリングあたりが相場である。

この一節をいかにも書き手の面目躍如たらしめているのは、こんな血なまぐさい現象さえも清潔な数字に変換してしまう、バベッジの抽象への偏愛を示した点にある。バベッジの世界では、人間・蛆・鼠ことごとくにそれぞれの価格があり、屑鉄一トンを溶かすのに必要な物質の量から破却後その残り滓《かす》を再生活用する統計的可能性にいたるまで、すべてがそれぞれの数字をもっている。冗談でさえ、科学的に分析できると彼は考え、無数の〝洒落本〟を収集して「機知の根因」を調べる素材にしたのだ。

一八五一年、偉大な詩人テニソンに、「人間一人死ぬ度に、人間一人が生まれ出る」という有名な一行を含む彼の『罪のヴィジョン』について手紙を書き送ったのは、おそらく半ばは冗談だったにちがいない。が、バベッジはそんなことはあり得ないと大真面目で指摘したのだった。もしあり得るとしたら、世界の人口は一定不変のままで動かなくなるはずだが、そうはならないのは誰の目にも明らかだ。したがって、テニソンはこの一行を「人間一人死ぬ度に、$1\frac{1}{16}$人が生まれ出る」と書き換えるべきだと提案しながら、バベッジは付け加える——$1\frac{1}{16}$人というのは概算であるが、詩の目的には十分に正確だろうと。

このようなことがあって、バベッジは文壇の不評を買った。トマス・カーライルはかつて彼自身数学の教師であり、幾何学に関する本も一冊翻訳していたのだが、バベッジを一目見るなり酷く嫌い、彼のことを「外見はいかにも恐ろしく有毒な激しい性格に見えるが、内面は小心者、勇気といえるものは何もない。或る人が言ったように、蛙と毒蛇の合いの子だ。年中、『文士の不正悪事』を声高に難じているが、そういう御当人は年収二万ポンドを懐にして、ぬくぬくと暮らしている！(6)」と貶した。このような悪感情が生まれたのは、カーライルが彼最大の後世への遺贈物の一つとなるはずのもの、すなわちロンドン図書館建設のことでバベッジに話を持ちかけた際であった。この図書館はのちにセント・ジェイムズ広場に建てられるが（そこは偶然にも、やがてエイダのロンドン滞在中の住居となる場所のすぐ隣りだった）、それはまさにカーライルのバベッジ嫌いを産んだ素因である二つの文化の衝突を具体化するものになる。人文学——文学、歴史、芸術、伝記、宗教——に関係する書籍は建物の八階すべてにわたって配置された。その他の書籍は優れた蔵書にはちがいないとしても、「科学その他雑録」という不面目な項目のもとに一括され、一部屋と控え室に詰め込まれた。

(6)『トマス・カーライルとジェイン・ウェルシェ・カーライル書簡全集』、チャールズ・リチャード・サンダーズ他編、第一一巻二一頁。本書の執筆準備に当たってつねに利用させてもらったカーライルのロンドン図書館について公平を期すために言い添えておけば、それはバベッジの大方の著作をも含めて、多分この国におけるヴィクトリア期最高の科学文献収集の一つであるだろう。

カーライルとバベッジの反感反目は相互のものであった。ダーウィンは「私の兄の家での滑稽な夕食会」のことを思い出している。そこにはバベッジとカーライルが同席していた。ダーウィンによれば、バベッジは話すことが大好きであったけれど、カーライルが「食事中のべつ幕なしに沈黙の利点について長口舌を振るった」もので、沈黙せざるを得なかった。「食後、バベッジは不機嫌きわまりない調子で、たいへん興味深い『沈黙の御講義』かたじけないと、カーライルに礼を言った」。

この二人の間の反目は、芸術と科学の間でますます強まってゆく憎しみの初期の表れと見ることができる。それはまさに両者がそれぞれの独自性を獲得しはじめた時であり、芸術がロマン主義者たちのお陰で、一層明確に自我の探求と同一視され、科学が宇宙の探求と同一視されるようになった瞬間であった。

＊

チャールズ・バベッジは一七九一年十二月二十六日、サリー州〔ロンドンの南に接する州〕のウォルワスで、裕福な銀行家の息子として生まれ、比較的安楽に因襲的な育てられ方を受けて成長した。彼が新教徒《プロテスタント》になったのは、両親が「歴史の或る時期に、或る経度と緯度に生まれたからだ」とバベッジは挑発的な口ぶりで言っているが、これは明らかにあらゆる宗派のキリスト教徒を苛立たせるためだった。

ウォルワスは当時よく知られた乗合馬車の乗換え駅を兼ねた居酒屋〝象と城〟が近くにある田舎の村だったが、最近テムズ川に架けるブラックフライヤーズ橋建設工事で、大いに賑わっていた。バベッジは逸話に富んだ回想録『一哲学者の人生の思い出』のなかで、自分の生まれた小さな村の周囲の世界が彼の一生の間にどれほど変わることになるか、それを占《うらな》う出来事を思い出している。

彼が五歳ごろの或る日、乳母と一緒に散歩に出かけ、ロンドン橋を渡った。当時、この橋は古いロンドンの絵によく画かれていたような中世風のままだった。といっても、かつては栈橋に鳥が止まるように建っていた家屋は今やきれいさっぱり取り払われ（一七五〇年代後年と一七六〇年代初めに、倒壊の危険を未然に防ぐため除去された）、かつては橋詰めの番小屋の屋根に槍で串刺しにされていた、裏切り者たちのタールを塗られた〔私刑の一種〕生首も片付けられてはいたけれど。

ロンドン橋を渡りながら、幼い少年の目は下流の波止場に群がっている沢山の船にひきつけられ、立ち止まってしばらく見つめていた。乳母に話しかけようと振り向くと、彼女がそばにいないのにはっと気づいた。他の少年なら恐慌をきたして、乳母の安全な避難所、彼女のスカートにしがみつこうと、わあわあ泣きながら盲滅法走りまわったことだろう。少年バベッジは違っていた。少なくともこの出来事の思い出によれば、彼は慌てず騒がず、とるべき最善の方法は自家《うち》のほうに引き返すことだと意を決していた。

テムズ川の南岸沿いを走るツーリー通りに達すると、少年は立ちどまって往き来する人や馬車の流れを眺めながら、助けが来るのを待っていた。

いっぽう乳母は落着いているどころの話ではなかった。彼女は町内の触れ役の尻をたたいて、鈴を鳴らし大声で彼女の身に起こった不幸を通行人に告げ知らせ、少年を見つけた人には誰であれ五シリング進呈すると触れまわらせた。

結局、少年はツーリー通りの町角に店があった亜麻布《リンネル》生地商が見つけた。この子が顧客《とくい》先の坊ちゃんであるのが判ると、早速、生地屋は使いを出して事の顚末を伝えた。お陰で「私の母は幼い〝腕白《ピッ》小僧《クル》〟が行方知れずになったと気づくより先に、見つかったと知らされた次第であった」。

バベッジはそれから半世紀後、自分が行方不明になった現場を再訪して、あのとき以来起こったさまざまな変化を目の当たりにした。ツーリー通りの家並みは、首都の主要な終着駅の一つ、ロンドン・ブリッジ・ステーション建設のために取り壊し中だった。彼は五十年も昔、自分がじっと坐って助けを待っていた場所を探し当てようとしたが、それがどこだったか分からずじまいだった。亜麻布《リンネル》生地商の店はとうの昔になくなっていた。町の触れ役も彼の鈴も同じ憂き目に会っていた。昔のロンドン橋の面影を僅かに残していたものさえも、今は川上に出来た五つのアーチで支えられた優雅な石造の橋にとって代わられていた。

バベッジはこのような変化に感傷的になることはまったくなかった。現に彼は狂信的な合理主義の信念で心を鎧《よろ》い、一切の出来事に、あたかもそれが計算機のクランクでもあるかのように反応して、その原因に見当をつけ、それから結果を算定しようとした。一八一四年八月、彼は友人のジョン・ハーシェル、のちに天文学者になる人に結婚したことを報告しながら、結婚が原因で父と仲違いしてしまったと書いた。手紙の僅か一段落で伝えたこの報らせを補足するかのように、自分の将来について考えていることや（彼は鉱山と関係のある仕事につきたいと思っていた、鉱山にゆけば彼の化学の知識が活用できるから）、それからハーシェルにも興味があると思える数学の定理をいくつか選んで書き加えた。驚いたハーシェルは一週間後、返事を書き送った、「『僕は結婚したよ、それで親父と喧嘩してしまった』――やれやれ本当にびっくりしたよ、バベッジ――そんなことが人間にできるものかね、落着き払って机の前に坐り、あんな文章を二つ書いて……おもむろに関数方程式に移るなんてことが？」

　このようなバベッジの性格の一面を面白い、気取りがないと見る人もいた。確かに彼には無邪気なところが、電信術から三目《もく》並べ〔線を引いて九つの区画を作り、二人が交互に○×を書き込んで、先に三つ並べた方が勝ちとするゲーム〕にいたる、ありとあらゆる研究課題と人生のあらゆる側面にわたる度しがたい好奇心があるように思えた。彼は厚顔無恥な自己宣伝家、やたらと有名人の名をよく知っているかのように口にする手合い、浮気者、それから後に見るように不正を働くこともある人物だった。彼はまた怒りっぽく、我慢がきかず、気まぐれでもあった。しかし、こういった短所はすべて同じ美点長所から、すなわち世界と世界に存在するものすべてを掴み取りたいという憧れから発しているように思えた。

　また人によっては、彼には苛立たされると思う人もいた。アナベラ・バイロンもそういう人間の一人だった。彼女はバベッジを信用しなかった。彼は「気難しく」、厚かましい。何でも平然とやってのける――たとえば、アナベラ自身のような後援者になってくれそうな人間には媚びへつらうのも平気だろう――自分の目的をかなえるためなら。

*

そのような数字に明るい頭脳と、媚びへつらう骨《こつ》を心得た男が、最後には生命保険に関係するのは当然の成り行きだった。この職業に彼が初めて招かれたのは一八二四年〔バイロンの没年〕で、〝プロテクター〟と命名されるはずの新しい保険会社の設立に参加しないかという誘いだった。彼は死亡率や「命の価格」表を計算作成するのに没頭した。この投機的企ては失敗に終わったけれど、これが機縁となって、『様々な生命保険会社に関する比較的考察』と題した短い専門研究書を書くことになった。バベッジは回想録のなかで、この小著によってドイツの〝ゴータ市生命保険協会〟が設立されたのだと、誇らしげに主張している。

このように保険計理士として人生をはじめるというのは、摂政時代〔一八一一―二〇〕の狂的な賭博熱、危険を減らすより大きくしようとする衝動とはまったく対照的なものであった。この点でも他の多くの点における同様、バベッジはヴィクトリア時代の風潮を先取りしていた。道楽半分に彼が生命保険に手を出していた二年の間に、保険会社の数は倍増してロンドンの街のあちこちに、ホウボン〔商業・金融の中心地シティの西の地区〕に建った〝生命保険会社の社屋《プルーデンシャル・ビルディング》〟のような、いわば商業の壮大なゴシック風大聖堂といってもよい建物を点在させる一つの企業を生み出していた。

この時期、バベッジは何度もヨーロッパ大陸を訪れてもいた。それらの旅はギリシアやローマの栄光を見て文明の故郷《ルーツ》を訪ねる〝大旅行《グランドツアー》〟などではなく、旅芸人の地方巡業《ロードショー》に似ていた。彼はみずから特別に設計した馬車に乗って国から国へと走りまわった。馬車には寝台も貯蔵庫も物入れも、ストーヴの役も兼ねるランプも完備していた。戸棚の中でカタカタ音を立てるのや、紐でぶらさがっているのは、世にも奇妙な贈り物や思い出の縁《よすが》になる物の寄せ集めだった。そのころ有名だったバートン製の金ボタン一揃いもあった。聴きたいと興味を寄せる者には誰であれ、バベッジは説明する労を惜しまなかったが、彼の説明によれば、金ボタンを一インチの千分の四ないし一〇離して並べると、ボタンは虹いろに変わるという。そんな安ぴか物を彼は行く先ざきの土地の人びとを楽しませるために、あるいは彼の命を救ってくれた者に褒美として与えるために持っていた。彼はまた、テムズ川のトンネルについて報道した新聞を何部かしまい込んでいた。このトンネルは工事に二十年近くもかかって、ついに一八四三年に完成した。この驚くべき危険な冒険工事の模様を伝える新聞は（建設中、何度も洪水に見舞われ、多くの人命が失われた）、すでにフランス語とドイツ語に訳されていた。倍の部数をもっていたら、「私は受けた恩義の礼として、それもおまけに配っていたことだろう」。さらにバベッジは洞窟に棲息する目玉のないホライモリ（*Proteus anguineus*）の標本も何匹か持参していて、川の水を満たした瓶《びん》に入れ泳がせてもいた。瓶は馬が牽く〝ドーモビール〟〔キャンプ用大型トレーラー〕の「座席にくくりつけた大きな革袋に入れられていた」。それからダイヤモンド一個、小さな円盤状の窓ガラスの破片《かけら》、カナダ産の樅《もみ》の樹脂でつくった接着剤が入った道具箱もあったが、バベッジはそれらを使って一方向からしか透明に見えないガラスを実際に作って見せたりした。さらに胃洗浄に使うポンプも彼は持参していた。この最近発明されたばかりの器具はヨーロッパ大陸ではまだ物珍しく、バヴァリア王の侍医ヴァイスブロート博士はひどく感心して、医療器具製造の第一人者にその複製品《レプリカ》を作るよう命じた。

バベッジが訪れた場所のなかで、彼はとくにパリに熱中したように思える。といっても、ロマンスの都としてのパリにではなく、それとはまったく反対、〝革命〟後の科学の中心としてのパリにだった。そここそ原点ゼロ、メートル法の本初子午線《プライム・メリディアン》〔0°経線〕、時間と空間を計測する新しい標準基盤の軸であり、それは宇宙を貫いて延びている。この測定の体系的方法こそ、バベッジの関心を惹きつけた当のものにほかならず、これに霊感を得て、彼を有名にする発明が成ったのである。

一七九三年、フランスの革命議会は教皇グレゴリウス十三世が一五八二年に制定したグレゴリオ暦を廃止して、一週間が十日の世俗の暦に取り替え、聖人記念日を植物や道具にちなんだ名の日に換えた。この新しい暦は一八〇六年〔ナポレオンによるライン同盟結成によって、神聖ローマ帝国解体〕までしか続かず、ナポレオンがそれ以前の暦を回復した。しかし他の偉大な革命的改新、すなわち距離や重量のメートル法〔十進法〕による計測は生き残り、科学者たちが彼らの実験結果を比較するのに是非とも必要だった体系的基準が与えられたのだった――基本単位がケシ粒の長さや、畑を鋤《す》き起こすのに必要な雄牛の数から割り出されていた頃には、そんな体系的基準など実際上不可能だった。

メートル法採用を率先して推進したのはタレーランだった、エイダがお目見得のため宮中に伺候したとき会った、あの「老いぼれ猿」だった〔二〇六頁参照〕。一七九〇年、彼は国民議会で一つの討議を提案した。それがきっかけとなって、フランス科学学士院《アカデミー》がこの討議の案件につき報告書を提出することになった。学士院は新しい単位を設定すべきであり、それは古代ギリシア語で度量の単位を意味する〝metron〟にならって〝metre〟と名づけるのが至当だと進言した。これはキリスト教以前の古典時代から霊感を引き出すべきだという科学学士院の好みを反映していた。一メートルは北極から赤道までの距離、無論パリを通過する子午線に沿って計測された距離の一千万分の一ということになった。その他の尺度もすべて、これを基《もと》にして得られることになった。たとえば重さの単位は一立方メートルの水の重さによって決定されるといった具合に。さらに、それより大きな単位も小さな単位もすべて、学士院《アカデミー》が再び古代ギリシア語から引き出して来た接頭辞によって、千に相当するものには〝キロ〟、千分の一に相当するものには、〝ミリ〟を付けることで見分けられる十進法で分割できる数と、同じく十進法による倍数ということになった。こうして、世界共通の常数である地球と水を直接測定することで、あらゆる度量衡は客観的に決定できることになったのだった。

学士院のこの報告は議会で批准《ひじゅん》され、天文学者でフランス子午線調査局の局員でもあったジャン＝バチスト＝ジョゼフ・ドランブル〔一七四九―一八二二〕を含む一団の人々が派遣されて、何よりも重要な子午線測量にとりかかった。戦争がおこなわれている地帯を通り、山脈をいくつも越えるという数年にわたる苦闘の末、彼らはついに測量の結果を提出した。こうして一七九九年六月、〝メートル〟は「万人のために、万世一定不変として」、公式に認定されたのだった。

しかし、新しい方式は新しい算数表なしでは使いものにならない。というのも当時、算数表は十進法による計量が使われるようになって一段と複雑になった科学的計算を可能にするためには、是非とも頼りにするしかなかったからである。問題は次のようなところにあった――いかにしてxすなわち算数表を作成したらいいのか、yすなわち算数表作成に必要な計算の数がzすなわちフランスの数学者すべての総力をまって初めて可能な計算の総数より大きい場合には？　要するに、これでは辻褄の合う計算ができるわけもなかった。

フランスの数学者ガスパール・リッシュ・ド・プロニーがこの難問を解こうと名乗りをあげた。彼はイギリス海峡の両岸で、産業革命後の世界が必要とする数多の人間のなかで、つとに頭脳明晰な合理的人間の典型だと称賛されていた。彼はマライア・エッジワス〔一七六七―一八四九。アイルランド生まれの英国の女流作家〕の友人だった。作家であると共に教育学者でもあった彼女の小説は、バイロンと結婚する以前、アナベラも熟読していたものだった。ド・プロニーはまた、アダム・スミスの自由市場経済学の偉大な著作『国富論』の愛読者でもあった。彼が殊に感銘したのは分業に関する章だった。その章で、彼はピンの大量生産に関する有名な例を読んだのだった。それは産業化によって頭を使わずにすむ一連の工程と化したまったく複雑な手順――「工員一人が針金を引き出す、二番目の工員がそれを真っ直ぐにする、三番目の工員がそれを切断する、四番目がその先端を尖らせる、五番目がそれの天辺を研磨してピンの頭を取り付け易くする……」。「工場」一棟で、僅か十人の「極貧の者」(つまり教育がなく、したがって低賃銀の人びと)を使って、日に二十ポンドのピンを製造することができたと、スミスは満足げに語っている。

ド・プロニーはこの非常に高度な生産性と、それを達成するのに要した労働者の質の低さに衝撃を受けた。「私は突然、思いついた」と彼は一八二四年に書いている、「これと同じ方法を私が課せられている巨大な仕事に適用しよう、ピンを製造するように対数を製造するのだと(7)」。

(7) I・グラタン＝ギネス「理容師たちに与える仕事」、『コンピュータ計算史年報』第一二巻一七九頁から翻訳して引用した。

確かに野心的な考えだった。が、それを成功させるには、メートル測定に力を貸しメートル法を実現するのに貢献した科学者、ドランブルの支持が必要だった。ド・プロニーが発展させたテクニックは、一連の部門に分かれた一種の数学工場を創造することだった。第一部門はもっとも希少な(したがってもっとも高価な)技術を有する最少の従業員――つまり専門の数学者たち。彼らの責任は使うべき公式を決め、それを可能な限り単純な表現形式に還元して、数学者でない連中にも使えるようにすることだった。第二部門はそれより少し大きな〃計算者〃の部門で、計算すべき数値の範囲や算数表の割り付け《レイアウト》を考え出す。第三部門はそれら二部門よりずっと多くの人員、六十人から八十人のいわば人間〃コンピユータ〃、つまり安月給で数学の専門知識もない並みの作業員から成り、与えられた数値と公式を用いて結果を出すのが彼らの仕事だった。

ド・プロニーが彼の作業場を設立するや、各部門の地位身分はたちまちにして決まった。第一部門の数学の専門家たちはメートル法樹立に貢献した委員会から引き抜かれた人たちで、伝統を嫌悪し新しい秩序に献身したので、共和制の体制下でも厚遇された。第三部門の連中、〃コンピユータ〃たちはそれとは対照的に出身を異にする人びとで、算術の技術も最低なら経済的力も最低な革命後の時代が産み落とした浮浪者、すなわち美容師たちだった。ルイ十五世の愛妾ポンパドゥール夫人が好んだもので一世を風靡した流行の髪型、前髪を梳《す》き上げふっくらと高く結う束髪は、数知れず貴族階級の女たちの躯《からだ》から、科学的斬首の新式道具ギロチンによって物の見事に斬って落とされたので、美容師たちは商売あがったりになっていたのだ。もはや彼らの腕前を振るう機会はなくなっていた。新時代が好む髪型は、同時代の或る人の意見によれば、「幾何学者の慣用句を使っていえば、この上なく単純明解な表現」に還元されたものになっていた。

バベッジがド・プロニーの仕事に初めて気づいたのは、一八二〇年代の初期パリを訪れていた時である。彼はそれを知って大いに興奮した。「これらの計算が蒸気の力でおこなわれていたならばと、神に願うばかりだ」、バベッジは手帳にそう記している。

やがて、計算は蒸気の力でも出来ることが、彼にも分かってきた。これらの素晴らしい数字を産み出すのにド・プロニーが雇った人間〃コンピユータ〃の軍団は数学者なんかではなかった。彼らに出来たのは足し算と引き算と髪を刈ることだけだ。機械にだって、そんなことは出来る、足したり引いたりすることなんか、お茶の子さいさいだ。トマ・ド・コルマーも彼の〝計数器《アリスモミター》〟、一八二〇年代に初登場した計算器で、やって見せたとおりだ。

問題解決の鍵は〝階差〟法を使うところにあると、バベッジは悟った〔階差とは数列のある項と直前の項との差〕。この方法によれば、簡単な足し算と引き算を使って算数表はいくらでも作れる。たとえば一連の数の二乗の算数表を作成したいと望んでいると仮定しよう。数表の横の並びには、それぞれ縦二列の段があり、そのうちの一列には二乗される数が、もう一方の列には二乗された数が示されている。1の二乗を示す第一の縦列は1、2の二乗を示す第二の縦列は4（2×2＝4）、3の二乗は9、4の二乗は16——そんな小さな数の二乗の数値表はおおよその人にとって比較的容易であるだろう、数値がもっと高くなり、たとえば12の二乗を越えるまでは。そこまで来ると苦闘がはじまる、誤りが入り込む。

しかし、〝階差〟の方法を使えば、貴君であろうと、いや貴君が雇った元美容師の軍団であろうと、いとも簡単な算術を際限なく使いつづけられる。では、まず最初の四つの二乗数の数

２乗される数	２乗された数	第１の階差	第２の階差
1	1		
2	4	3	
3	9	5	2
4	16	7	2
5	25	9	2
6	36	11	2
7	49	13	2
8	64	15	2
9	81	17	2
10	100	19	2
11	121	21	2
12	144	23	2

列——1, 4, 9, 16 からはじめよう。

はじめに、元美容師はこの数列の各々の数を直後につづく数から引くよう指示される——4から1を、9から4をといった具合に——そうすると、別の数列（数表の新しい縦列）3, 5, 7が得られる。1の二乗（1）と2の二乗（4）の差は3、2の二乗と3の二乗（9）の差は5といった塩梅。

次の元美容師がそれに倣って、新しい縦列に記載された数を直後につづく数から引くという同じ作業をつづけ、さらに別の数列をつくる。が、それは遙かに意味ありげな数列だ——2, 2, 2. もし作業がもう一度、第二の階差にもおこなわれるとすれば、臨時雇いの三人目の元美容師は、男であれ女であれ、すぐに気づくはずだ。自分は同一の計算2−2を繰り返して、記載された数に同一の結果0を出して見せている——とすれば、これで仕事も終わりだと。

だが、この終わりは始まりでもある。元の数列の次の数に至りつく逆処理の基礎でもある。三人目の美容師は多年にわたって髪を刈ってきた熟練の手さばきを助けに、第一と第二の階差の表の最後の記載数7と2を刈り取り、今回はそれらを加える、結果は9となる。さて、この9を左の並びに移し、二乗の元の数列最後の数16に加える、結果は同じ数列の次の数25になる。美容師にはこれが5の二乗（5×5）であることが分からないかもしれないが、これこそ期待どおりの結果にほかならない。同じ操作を繰り返せば、後続の二乗数が得られる——2と9を足し、その結果の11を25に加えれば36、つまり6の二乗になる寸法、さきに挙げた数表が示すとおりである。階差法を構成する以上のような処置が実行できる機械——〝階差機関〟——を使えば、誰でもこの操作を完全確実に果てしなく続けることができるだろう。「われわれが機械から引き出せる偉大な便宜の一つは、人間の能力につきものの不注意、怠慢、不誠実を未然に防止できることである」と、バベッジは広く影響を及ぼした彼の一八三二年度英国産業の概観、『機械及び生産者の経済』のなかで、人間不信を剥き出しにして書いている。さらに機械による印刷は結果の計算ばかりでなく、植字の誤りさえも排除できる。今やますます大部数の新聞が蒸気印刷機によって、醜聞やセンセーショナルな事件の報道を求める大衆社会の欲求を満足させようと粗製濫造している。ならば、人間能力の汚染を完全にまぬがれた比類なき真実と有用性を歴然と目の前に示す図表なしに済ますことができようか。

ロンドンに戻ると、バベッジは僅か二、三時間のうちに、ド・プロニーの美容師を歯車の歯にする方法を思いついた。つづく数ヵ月のあいだに、彼は価値ある情報を蓄えるさまざまな方法を考え、その数を一の位から十桁《けた》へ、十桁を百桁へといった具合に繰り越す方法を編み出した。金属元素パラジウムを発見した傑出した友人ウィリアム・ハイド・ウラストンはバベッジに、彼の頭の中でいつもコチコチと騒がしく鳴っている奇想天外な、いかれ気味の考えをすべて捨てて、この計算機製作に全力を傾注するよう激励した。バベッジはまもなく小型の実用模型を製作した。

一八二二年、バベッジは英国学士院院長ハンフリー・デイヴィ卿への公開状で彼の発明を公表しながら、いかにも彼らしい大言壮語を揮って、自分の発明した機械を使えば、あらゆる種類の数学の課題を物の見事に解決できる、その最たるものは0から10,000,000までの素数〔1およびその数自身だけしか約数をもたない正の整数〕すべてを網羅した数表を作り出せると主張した。

この公開状の一部は当時の内務大臣ロバート・ピールのもとにも送られた。その頃ピールはトーリー党の彼の後継者たち同様、犯罪者を厳しく取締まる政策を実施するのに忙しかった。その努力の結果が数年後ロンドン警視庁の土台を定めることになるのだが、したがって彼にはバベッジの提案に耳傾ける暇はなく、半信半疑、侮蔑と丁重相半ばする態度で接するばかりだった。「これはわれわれの城壁を攻撃するために仕組まれた機械か、さもなければこの機械の中には何か別の禍事が隠れている」と、ピールは『アイネーイス』〔ウェルギリウス作のトロイ落城の叙事詩〕を引用して言った。つまり、これはトロイを滅した木馬だと。

このような反応があったにもかかわらず、バベッジは王立学士院の後援を獲得し、それが機縁となって大蔵省の関心を惹きつけた。バベッジは大蔵大臣に会い、大臣は大いに感銘して即刻その場で一千ポンドの政府助成金を差し出した。これはただ単に気前のよい援助であるばかりでなく希有な出来事であつて、政府が産業発展に一役買う必要を認めはじめた証しだった。国家援助はこれ以前にも技術的計画に与えられた例はあったけれど、それは普通、国防の見地から認可されるものだった。〃階差機関〃は海軍にとって何ほどかの魅力があった、バベッジが約束する精確な航海用の海図が必要だったからだが、この機械の真の可能性は営利的なものだった。蒸気を動力とする機械は肉体の労力を自動化して、いまだかつて誰も夢想だにしなかったような生産性の増大を生み出していた。この〃階差機関〃は精神の労力を自動化し、産業化の恩恵を新しい領域に拡げることになるだろう。

バベッジは有頂天になった。それは友人のジョン・ハーシェルへの手紙を見ても明らかで、結婚を通知したときよりも遥かに抑制がない〔二二六頁参照〕。想像しても見給え、「ステロ版で印刷した対数表がジャガイモみたいに安く」作れるなんて！　それも僅か二、三年のうちにだ！　成功を祝って望遠鏡見物に出かけようといった奴もいたけれど、そんなことじゃ済まされない、ここは是非とも一つ、「ドンチャン騒ぎ」をしなくては。

資金が手に入ると、バベッジはすぐさま野心的な計画に必要な資材を集めにかかった。自家《うち》に第二の仕事場を建て、部屋の一つを鍛冶場に変えた。それからさらに、バベッジと彼がヨーロッパ漫遊のとき知った多くの人々を感動させたテムズ川トンネルの設計者、マーク・ブルネルの推薦した明敏・精密な技術者ジョゼフ・クレメントも雇った。

つづく数年のあいだに、バベッジは政府と提携して仕事するのは、政府がこのような投機的冒険を後援するとなると容易でないのを痛感することになる。しばしば計画が挫折しないように彼は身銭《みぜに》を切らなければならなかった。一八三〇年代の初めに至るまで資金援助の適切な流れが得られなかったからで、三〇年代に入って初めて、今や首相の位についたウェリントン公爵の後援が得られたのだった。付いたり離れたり、速すぎたり遅すぎたり、熱かったり冷たかったり、バベッジは自分が相手にしている政府の機関は明らかに気が触れていると、つくづく思い知った。やがてチャールズ・ディケンズが『リトル・ドリット』〔一八五五―五七年に月刊分冊で出版された社会風刺小説〕で、〝何もしないで済ますお役所〟〔ディケンズの造語でいえば〝繁文縟礼局（Circumlocution Office）〟〕で風刺することになる状況そのままであって、この役所の専業はバベッジのような「機械技師」や「自然哲学者」〔科学者という呼称が歴史上に定着するのは、もう少し先のことである〕を食い物にすることだった。

以上のような政治がらみの諸問題を一層悪化させたのは個人的問題だった、主としてクレメントとの関係がしっくりしなくなったことだった。バベッジはクレメントが費用を過当に請求しているのではないかと疑った。とりわけバベッジが政府からやっと下りた多額の資金を使って裏庭の馬小屋を改造し、特別に建てた仕事場に、クレメントが自分の仕事場を移す際に要求した金額に関して。

しかし一八三〇年代の初め頃には、クレメントに宣伝用の実物模型を製作させることに成功した。今や問題は政府のみならず広く世間一般にも、この機械は関心を寄せるに値するものだと説得することだった。

*

バベッジはもっぱら機械的数学的な頭の持ち主であったかもしれないが、決して〃溝《どぶ》の溜り水研究〃などに夢中になるような、そんな退屈・愚鈍な人間ではなかった〔二二一頁参照〕。彼はロンドン動物協会の学識ある教授連同様、有無をいわさぬ科学的考えにも、世間の関心を惹きつけるためには興行師の才覚が少々必要だということを心得ていた〔一九七頁以下参照〕。ウィークス機械仕掛け博物館の閉館競売会に彼が出掛けていった所以もそこにある。

ウィークス博物館は〃娯楽と教育を兼ねた実用科学〃のアデレイド・ギャラリー〔一九九頁参照〕の角《かど》を曲がって直ぐのところにあった。この博物館はかつては本物そっくりの動作をするので喝采されたロボットや、複雑な時計仕掛けで動く動物や人形にたいする世間の莫大な人気に応える、ロンドン最後の施設であった。博物館はトマス・ウィークスによって、一八〇三年、ティチボーン通りに創設されたが、そこは首都ロンドンの娯楽の中心として有名であるばかりか、「自堕落な女が大挙して漫《そぞ》ろ歩く場所」としても悪名高いヘイマーケットをちょっと外れた界隈だった。ウィークスはペルメル街〔トラファルガー広場からセント・ジエイムズ・プレイスに至る、有名なクラブ街〕の向い側のスプリング・ガーデンズにあったジョン・コックスの博物館、一七七五年に閉館する以前には金切り声をたてる機械仕掛けの孔雀《くじゃく》や滑走する銀の白鳥で人気があったものの跡を継いで、自分の博物館を創《はじ》めたのである。さらにウィークスはジョン・コックスの助手になる発明品のコレクションも手に入れていた。助手の名は意味深長にも機械技術の魔法使いを示唆するジョン・ジョゼフ・マーリンといった〔マーリンはアーサー王伝説に登場する魔法使い〕。マーリンは彼自身の機械仕掛け博物館をハノーヴァー広場に建てていたが、一八〇三年、彼の死を追うように閉館の憂き目を見ていた。

ウィークスの機械仕掛け博物館の主たる陳列室は青い繻子《サテン》の布地を張りめぐらせた長さ百フィートの部屋で、その目玉となる展示品は様々な物の姿形、「動かぬもの、動くもの、単独のもの、群をなすもの、象徴的なもの、寓意的なもの、すべては機械の原理にのっとった、これ以上ない正確な自然の模倣」だった[8]。なかでも人々の目を惹きつけるのは鋼鉄製の毒蜘蛛《どくぐも》タランチュラ、動力は体内に仕掛けられた機械だけで、箱から這い出し、見たところ自由自在、思いのままにあたりを走り回っては、見物人を怖がらせていた。

（8） フランシス・スパフォード、ジェニー・アグロー編『人文学的バベッジ』所収、サイモン・シェーファー「バベッジの踊り子」五四頁を参照。『人文学的バベッジ』には、この時期のテクノロジーに関する精選された秀逸な論文が収められている。シェーファーとドロン・スウェイド（次注を参照）が寄稿した論文はもちろんだが、とくに興味深いものはトム・ポーリンの心憎いタイトルがついた「セルボーニスの沼〔軍隊全部を呑み込んだといわれる古代北エジプトの大沼〕と暴れガス《ワイルド・ガス》〔炭酸ガスのこと。エドマンド・バークの『フランス革命についての省察』において、この語は自由を求める精神の危険性を表すのに使われている〕——注釈と小論」である。この論考は、十八世紀後半に科学をめぐって勃発した〝文化的戦争〟を鮮やかな筆致で描いている。

しかし功利主義全盛の一八三〇年代には、鋼鉄製のタランチュラさえも、そんな本質的に無用な玩具への民衆の興味の減少を逆転するには十分ではなかった。一八三四年、閉館するのはウィークスの番だった。収集したものは競売にかけられ、安値できれいさっぱり売りさばかれる破目になった。

バベッジは行方不明になって久しい恋人を求めて、競売に出向いていった。彼は自動的に開く傘とか、音楽を奏でる時計とか、調節可能な寝台とか、自動式の蜘蛛といった、そんな競売に列べられたがらくたには全然興味を示さなかった。彼の眼はまったく別の物に釘づけになっていた。それは青春時代に彼の注目を独占していた格別の〝銀の貴婦人〟だった。

バベッジが彼女を初めて目にしたのは、母に連れられてマーリンの機械仕掛け博物館に行ったときであった。マーリンはその子が早熟にも機械の仕組みに興味を抱いているのに気づき、少年を屋根裏部屋の彼の仕事場に上ってくるよう誘った。そこには製作に全力を傾注していた最新の時計仕掛けの珍品がいくつもあった。そこで小学生の少年が目を丸くして見たものは、マーリンのもっとも偉大な傑作、製作に数年を要した労作――銀でこしらえた〝裸形〟の二人の女性像で、どちらも十二インチほどの背丈だった。

　ババッジは目にしたものに、まるで催眠術にかかったみたいに魅了された。精巧な機械仕掛けの妙によるのは確かだが、仕掛けで動く解剖学的部分――腕、脚、頭、首、指、目蓋、乳房にも感動したのは言うまでもない。片方の女人像は滑るようにあたりを歩き、お辞儀をしたり、ときにはオペラグラスを目もとにもってゆく、いま会ったばかりの人は誰かしらと確かめようとするかのように。もう一方の女人像、これこそババッジの心を捕えたものだったが、それは踊り子だった。彼女の人差し指には一羽の鳥が止まっていて、尾を振ったり羽根をぱたぱたさせたり嘴《くちばし》を開いたりしている。ババッジはこの女性の身体のポーズと目に興奮した――のちに彼が回想しているところによれば、その両の眼は「想像力に富み、堪らない魅力があった」という。

　ババッジがウィークスの博物館で売りに出ているのを発見したのは、まさにこの女人像だった。マーリンは彼の小型模型ガラテイアを生き返らせないままに、この世を去った〔キプロス王ピグマリオンは自分が彫刻した女の像ガラテイアを恋し、恋の女神アプロディーテに願って生命を与えてもらった――ギリシア神話〕。こうして、彼女は雑多な安物の一つとしてウィークスの手に渡った次第だ。以来、彼女は「誰一人顧みる者もなく」、屋根裏の物置きにばらばらのまま捨て置かれていたのである。競売での付け値は三五ポンド、かくて永遠の恋人は、その美しい肉体のばらばらになった無惨な部分を詰めた箱一つと一緒に、新ピグマリオンの手に入ったのだった。ババッジは彼女をドーセット通りの自宅に連れてゆき、愛を込めて生命《いのち》を甦らせた。彼はガラテイアを自宅の客間に置いて人に見せた。彼女の裸の胴体《トルソー》をピンクと薄緑のクレープデシンの端切れで包んで、着飾らせた。或る日の夕べ、彼女を一目見ようとやって来たレディ・モーガンが「少し薄着のようだけれど」、ペチコートが要るわねと宣《のたも》うた。すかさずバベッジは「レディ・モーガン、たいへん思いやりのある御申し出、まことに忝《かたじけの》う御座居ますが、でも貴女さまには他人《ひと》に分けて御遣りになれる余分はないのでは？」と、不躾《ぶしつ》けな返事をした。（ありがたいことに、彼は謎解きの手がかりになることを回想記のなかで指摘している。この返答は「二重の意味をもつ語句《ドゥーブル・アンタンドル》」の一例だと〔裏の意味は性的なものであるのが通例〕。これによって彼の「機知《ウィット》の諸動機」の研究もまた、大いに進展していたことが分かる。）

ときには〝銀の貴婦人〟を種《たね》にして観客を何百人にも増やすことができたけれど、彼らの興味を隣の部屋の〝階差機関《エンジン》〟に移すのは、しばしば大変な苦労であることが分かった。或る日の日記にバベッジは悲しげに記している。〝エンジン〟に興味をもっていると思えるのは外国人だけだ、祖国イギリスの参観者は揃いもそろって、機械仕掛けの操り人形に夢中だと。

〝銀の貴婦人〟を囮《おとり》にして観客をひきつける以前、彼が編み出していた解決策は、客たちを〝エンジン〟の前に集め、これからこの機械に奇跡を一つ演じさせて見せると広告することだった。これがアナベラがエイダを伴い初めて〝エンジン〟を見に来た夕べに、バベッジが実際にやって見せたことである。

実演して見せる前に、この機械には簡単な数学の作業、たとえば或る数を2ずつ増やす作業を演じるように仕組んでおいたと断わってから、バベッジがやおらクランク〔始動ハンドル〕を回して始動させると、機械は数字を刻んだ文字盤に予測できる数列を示す。観客は自分でそれを読みとることができる――0…2…4…6…8…10といった具合に。そんなふうに同じことを多分五十回ほども繰り返せば、機械は仕組まれた数理的な計算を忠実に果てしなく演じることができるという肝心な点がはっきりするだろう。

観客たちが一体、こんなことを繰り返して何の意味があるのかと怪訝に思い、もう一度〝銀の貴婦人〟を見ようと戻りかけると、バベッジは再びクランクを回す。すると彼の手をまったく煩わすことなく数は突如、新しい数値、たとえば一一七に跳ね上がる。(9) そこから同じことが繰り返される――一一九…一二一…一二三…一二五…。

（9） キング博士に宛てた一八三三年六月二十一日付の手紙において、アナベラはバベッジの階差機関のデモンストレーションを描写している。しかしながら、彼女の描写にはかなり辻褄が合わないところがあるため、ドロン・スウェイドによる論考「それはパイナップルを切るものではありません」に掲載された例示に基づいて、ここに描写を試みた。スウェイドはロンドン科学博物館でコンピュータ部門を担当する学芸員であり、一九七一年に同館でバベッジの階差機関第二号を建造した際に指揮を執った人物でもある。

これを見つめるヴィクトリア時代以前の人々の目には、エイダの目も含めて、機械が見せた一見気まぐれなこの振舞いは奇妙に見えたことだろう。機械というものはこんなふうに振舞うわけはない、故障でもしない限りは。バベッジは客たちに私のは故障などしていないと断言して、その証拠に機械を前とまったく同じように振舞わせた。

頭の固いアナベラは機械が実際にどう作動するのか「漠然としか分からない」とみずから認めながら、こんな変則的な振舞いは絶対に超自然の仕業だと見なした――機械は「神秘的な《オカルト》原理」に従って作動したと、彼女は書いている。これこそまさにバベッジが求めていた類《たぐい》の反応だった。といっても、ただ単に観客の好奇心を駆り立てるからというのではなく、彼の〝機関《エンジン》〟は航海術に必要な数表やメートル法による測定よりも、ずっと大きなことにかかわるものであることを世に示したからだ。〝機関《エンジン》〟が明示しているのは単なる新型の機械仕掛《メカニズム》でも、単なる新種の精神の産物《マニュファクチャー》でもなく、宇宙の新しい原型モデルだった。

＊

あらゆる時代にあって、人間が作る物のなかでもっとも物理的（形而下的）な産物である機械にも形而上的な意味があるものだ。たとえば中世の記念碑的大聖堂の鐘は時を告げることにより、天空の聖なる音楽を奏でることによって、天体の形成する精巧な機械的構造を通じて神が如何にみずからの宇宙を秩序づけたか、その秘密を告げ知らせるのを使命としていたのである。バベッジの希いは、〝階差機関〟がそれと相似の哲学的機能を果たして、中世以後の科学的宇宙が如何に作動しているかを示すモデルを提供することだった。

確かにそのようなモデルが必要だったのだ。十九世紀の前半、神はかなり押され気味になっていた。歴史家のデイヴィッド・ニューサムが言及しているように、「イギリスの歴史上初めて、〝懐疑〟の現象が明白なる知的かつ情的な問題として出現したので、憶測や議論の問題とはほとんど考えられた例《ためし》がなかった人の死後の問題、死の彼方には何が存在するかという問題一切が、激烈かつ苦々しい議論の主題となりおおせたのだ」。科学は事物の神聖な秩序を理解するのをますます困難にしていた。なぜなら科学は事物の秩序をいかなる神聖なものも必要とせずに、それ自体で完全に理にかなったものにしていると思えたからである。バベッジが〝階差機関〟の実物宣伝をおこなっていた頃、『フレイザーズ・マガジン』〔一八三〇年、H・フレイザーが創刊した雑誌〕に発表していた傑作評論『衣裳哲学』〔一八三三―三四〕のなかで、トマス・カーライルは神の〝天地創造〟自体が団子《だんご》の調理と変わらぬ何の神秘性もないものにされてしまったと、皮肉たっぷりに指摘した。「われらに親しい〝万有引力の法則〟はまことに申し分なく結構なものであるが……人間の生命と環境の全てが切開され解明されてしまった。今や人間の〝魂〟も〝肉体〟も〝所有物〟も、ほとんど跡形もなくなってしまった。一切は探り針で探られ、切開され、抽出され、乾燥保存され、科学的に分解されてしまったのだ……」。

バイロンが『ドン・ジュアン』で語っているように、ニュートンが万有引力を発見して以来——

……人間はありとあらゆる種類の機械に
血道を上げて、この分だと直ぐにも
蒸気機関車に乗って月に出かけることだろう。

〔第一〇歌第二節〕

今や神が非情冷酷な機械の行進から遁れられる休息は、奇跡の存在だけとなった。奇跡というものは定義上、当然、科学や数学の手が届かぬものだった。人々が奇跡を信じつづける限り、望みはあった。信仰の望みが、道徳の望みが、エイダの父があれほど必死懸命に一体化しようと希求した、時計仕掛けの宇宙に捕えられた無力な原子の望みが。

哲学者デイヴィッド・ヒューム〔一七一一—七六。『人間悟性論』（一七四八年）、『道徳の原理』（一七五一年）〕は、一七四八年に発表したこの問題に関する論文で、世界には奇跡など存在しないと主張しようと試みた。これは初期のヴィクトリア時代人にはよく知られた論文だった。なにしろ奇跡はすべて嘘か妄想かだと効果的に論じたものだったから。このような極端な合理性を退けるのは容易なことだった。ヒュームよ、この天地のあいだには、人間の学問などの夢にも思い及ばぬことが、いくらでもある〔『ハムレット』第五幕第一場の幕切れ近くで、ハムレットがホレイショーにいう有名な科白〕、敬虔な者たちはそう抗議することができた。科学者たちさえもヒュームの奇跡なき世界を支持するのを拒んだ。科学が導くことができるのは、ただ「無限の彼方の世界」が垣間見られる知の限界までだと、バベッジの友人で彼よりも情緒的なジョン・ハーシェルは一八三〇年、彼の著書『自然哲学序説』で論じた。死んで初めて科学者は真理に到達できる、「生きているとき僅かに知り得た強烈な味わいが忘れられず、その情け深い知恵の泉を深々と飲み干せるのだ」と。

もっと分析的唯物的な哲学を好むフランスの科学者や数学者には、そんな気持ちを抱く傾向は少なかった。一八一四年、神不在の自著『天体力学《メカニック・セレスト》』がメアリ・サマヴィルによって訳されたばかりのラプラスは確率論を書き、「人生でもっとも重要な問題は……まさに大抵の場合、確率の問題にすぎない」と論じた。さらに、この確率は数学的に測定できるとも。彼は黒い球と白い球を一杯に容れた壺の例を引き合いに出した。もし壺には全部で六十個の球があり、そのうち二十個は黒い球だとすれば、壺から一個の球を引き抜こうとする人が黒い球を引き当てる可能性は六〇分の二〇、すなわち三分の一ということになる。

ラプラスの考えによれば、決断はすべて人生の壺から球を抜き取ることにほかならず、したがって確率論を利用することによって合理的に決定できる。必要なのは「精密な精神、細心な判断力、世俗のことに通じた広い経験である。偏見に対して、恐れと希望の幻想に対して、世の大凡《おおよそ》の人びとが己《おのれ》の〔空しさ〕を慰撫して安心するために使っている成功と幸福という当てにならぬ夢想に対して、自分を守る術を会得するのが肝要である」。

バベッジは当然予想されるように、この考えに大いに魅せられた。そう考えてこそ、自分が自明の真実と考えるヒュームの議論と、奇跡の実在とを共に支持する方便が与えられる――これこそ奇跡的な妥協だと彼は見てとった。彼の機械は、如何にすればこの奇跡的な妥協が可能か、それを証明できるはずだ。

バベッジが〝階差機関〟の実演中に観客に語ったように、奇蹟は実は確率に関する事柄なのである。ヒュームはつとに論じていた、目撃者が男であれ女であれ、奇跡を報告するとき、その奇跡が本当に起こったかどうかよりも、目撃者が嘘をついているか誤解しているかのほうが確率は高いと。だとすれば、奇跡が現実に起こったとするには、それを目撃した人たちが嘘をついているか誤解しているかよりも、その奇跡が実際に起こったらしいことを証明しなければならない。

「かなり善良な性格と悟性を持った」目撃者なら百中九九、真実を語るという仮説を含む或る基礎数学を援用して、バベッジはそのような人間六人が奇跡的出来事を目撃したら、彼らがみんな騙されているか嘘をついているかの確率は1,000,000,000,000分の一——彼の計算によれば、もっとも起こりそうにない奇跡よりも可能性は遥かに少ないということを示してみせた。

さらに、彼はラプラスが語っているような機械的宇宙でさえ、そのような起こりそうもない事を排除しないことを示してみせた。それを証明するため、バベッジは今や彼の機械的宇宙の原型モデルの役を演じる〝階差機関〟に向き直ってクランクを回しにかかる。この〝機械〟を宇宙だと想像し給えと、観客にいう。すると、結果を示す回転盤に現れる数は再び0, 2, 4, 6, 8…と数列を表す。ではさらに、この機械が演じる数学的機能は物理の法則に相当すると思い給え。さて、機械が故障しないとすれば、それは永久に同じことを——奇跡が起こらない宇宙に相当することを続けると期待してよろしい。この瞬間、突然、機械はそれみずからの〝奇跡〟を、数列から完全に外れた数を提示する〔二四一頁参照〕。それから、これまた突然、機械は以前の数列に戻って、2ずつ増える数を次から次へと列挙しはじめる。

無論、これは奇跡でも何でもなかった。現代の用語でいえば、バベッジはクランクを或る回数まわすと機械が一つのルーティン〔コンピュータに特定の機能を実行させる一連の命令操作〕をおこなうよう、前もってプログラムを組み込んでいたのである（イマ表示サレテイル数ニ2ヲ加エ、ソノ結果ヲ表示セヨ）。この命令を果たすと、機械は別の命令、〝サブルーティン〟〔主プログラムの一部として組み込み、特定の目的のために繰り返し利用できるプログラム〕に飛びつく（イマ表示サレテイル数ニ17ヲ加エ、ソノ結果ヲ表示セヨ）。指令された数だけクランクを回すと、機械は元のルーティンに回帰する。

トリックは簡単なものだったかもしれないが、その狙いがはらむ意味合いは深遠だった。バベッジがいま実物宣伝しているような機械は理論的には一つの法則に従って運転している限り、そのような起こりそうもないことをいくらでも演じつづけられた――100に達するとき起こるか、1,000,000,000に達するまで起こらないか、いずれにせよ。たとえアナベラの言葉を借りれば、「世界が天地開闢《かいびゃく》以来閲《けみ》してきた昼と夜よりも」数多くの運転を同じ仕方で続行するとしても、この規則から外れるのは唯の一度しかないだろう。

こうして、宇宙がバベッジの計算機のようなものであるとしたら、それは機械的であると同時に奇跡的でもあり得る。いや、もっとましだ。神は以前より小粒になり受身なものになったとしても、依然、その神聖な機械の〝管理者〟――天の機械仕掛けを組み立て、あとは永遠にそれ自身の運転にまかせる、いわば宇宙のバベッジとしての役割を演じているという次第なのだから。

*

鋼鉄で出来た機械のように精確で頑強な数学の法則に厳しく規制されながら、あたかもそれ自身の意志をもっているかのように振舞える機械――そういう想念がエイダの頭のなかで、バベッジの機械のぶんぶん回るはめ歯歯車《コグウィール》の一つのように回っていた。彼女はメアリ・サマヴィルにもう一度ドーセット通りに行って、あの機械が見たいから付き添いになって欲しいと執拗にせがんだ。そしてバベッジの機械のことを論じている論文を見つけ次第、読み漁った。

一八三四年の秋、友人たちに会うついでに観光の旅をする母に連れられ、エイダは中部地方《ミッドランズ》を旅した。「目新しく美しい自然の標本を（人間も無機物も）たくさん」見る機会があって楽しかったけれど、なんといっても一番の見物《ハイライト》は工業地帯の旅だと思った。なぜなら新式の大量生産の機械が印刷工場で潤滑油をさされてピカピカに輝いているのを見られたし、コヴェントリー〔ウェスト・ミッドランズ州の工業都市〕のリボン工場は、「バベッジと機械のなかの機械、彼の珠玉といっていい機械」を思い出させてくれたからと、エイダはキング博士宛の手紙で記している。

キング博士はそんな急進的な新発展にたいする彼女の熱狂が気がかりになりはじめていた。彼女に与えた知的学習課程が、思ったようには鎮静の効果がない証しだった。「散漫な読書は何の役にも立たない」と博士は警告した。たぶん一年ほど経ったら、もっと広い知的地平を垣間見るのを許してやってもよかろう。わしは自分自身の〝論理〟と〝道徳〟の体系を彼女に授けてやってもいいかもしれぬ。が、その時が来るまでは、あの娘《こ》は今までどおり〝ユークリッド〟を離れてはならん。

キング博士の憂慮は十分に根拠があった。一八三五年の初め、十九歳の誕生日が過ぎて間もなく、エイダはチェルシーのサマヴィル家を訪問中、神経発作に襲われた。当人も怯《おび》えたが、彼女が突然「興奮した顔つきと様子」で圧倒されるのを目の当たりにしたサマヴィル夫妻も仰天した。エイダは家《うち》に送り届けられた、ロンドンでの生活は彼女には耐えられそうもないと心配するサマヴィル夫人のアナベラ宛の手紙と一緒に。

そうと知って、エイダは恐れをなした。手紙を書く気力はほとんどなかったが、なんとか一通の手紙をメアリ・サマヴィルに書き送った。ときどき悲痛なほどの弁解の調子を交えながら、これからは「申し分のない良い子」になるから、つい最近逃げ出したばかりの「絶望的に窮屈な規律一点張りのところ」に閉じ込めないで欲しいと哀訴した。私はあのような発作を起こし易いのです、発作が起きると気が動顛して、それでサマヴィル夫妻を驚かせたような振舞いをしてしまうのです。でも、私は発作を抑制できます、なんとか切り抜けられます、約束しますから……。

メアリ・サマヴィルがエイダの弁解を受け入れたのは明らかだった。その後の数ヵ月、彼女のロンドンでの活動が切り詰められた気配は全然うかがえないのだから。しかしながら、この事件によって、エイダの性格には何時《いつ》ひび割れても不思議はない断層があり、彼女の父自身は詩作によって辛《かろ》うじて防げた、そんな宿命的噴火を引き起こすか分からないという危惧が強まった。エイダには詩人になるという興味はまるでないのだから、今や自分の個性、独自の〝天才〟を表現する別の方法を発展させるよう、以前にも増して必死に精神を集中する必要があった。

第五章

深いロマンティックな裂け目

一八三五年の春、メアリ・サマヴィルの家で襲われた神経発作のあと、エイダはサセックス〔英国南岸英仏海峡に臨む州〕の海岸保養地ブライトンに、旅支度もそこそこに連れていかれた。当時はまだ首都から馬車で二日の旅程であった。しかも、エイダは〝復讐の女神〟フランセス・カーと一緒の旅に耐えねばならなかった。フランセスがエイダの回復を監督するために遣《つか》わされたのは疑いもなかった。

エイダは自分の時間を乗馬で過ごした。「何よりも利く素敵なお薬」とメアリ宛の手紙で言っている。この手紙が健康も十分回復したのですぐにもロンドンに帰れると、良き師を安心させるためのものであるのはいうまでもない。さらに、「この微妙な話題について先生のお嬢さま方のおっしゃっているお気持ちをそのままに信じてもいいなら」と、エイダはからかうような調子で書き加えてもいる――

> 皆さんの憎しみ、悪意、嫉妬、ありとあらゆる悪感情を掻き立てるのではないかと心配です、私はたいてい毎日、乗馬学校に行って馬に乗るとか、そして――何よりも素敵なのは――馬に飛び乗ると心が満ち足りて最高などと言ったりしたら。自分を乗せて馬が空《くう》を飛んでいると感じる喜びに匹敵する喜びは、他の運動では絶対に味わえないと申し上げてもよろしいわ。馬に乗るのはワルツを踊るより素敵です。弱った病人の神経強壮剤として推奨してもいいと思います。

年少の頃、エイダは馬が怖かったのだが、ここにやって来て馬恐怖症を克服し、やがて一生変わらぬ乗馬への愛好心を培うことになった。タモシャンター〔ロバート・バーンズの同名の詩の主人公の名にちなむ〕が彼女の御気に入りの馬になった。この馬は種馬で、御《ぎょ》するのが難しい時もあったけれど、エイダは彼がこちらの言うことを聞かず、全速力でサリー州の傾斜牧草地を走る、そういう時の彼が一番好きと広言して憚らなかった。

あの時代のおおかたの男、多くの女たちも、乗馬は女性の神経の緊張には優れた治療法だというエイダの意見に賛成だったろう。が、それは所詮、ほんの一時しのぎの気休めにすぎない。もっと長つづきする解決法は結婚と妊娠だった。メアリ・サマヴィルの息子ウォロンゾー・グレグは、この永続する解決を生み出す計画を推し進めようとしていた。

一八三五年という年はエイダにとって、ウィリアムとかキングとかいう名が目白押しに並んだ年だった――彼女の道徳教育の先導者ウィリアム・キング博士、彼女が宮廷で正式なお辞儀〔貴人にたいする礼として、スカートをつまみ、左足を後ろに引き、上体をかがめて行う〕を何度かしたこともある国王ウィリアム四世〔在位一八三〇―三七。摂政時代にはバイロンの遊び仲間だった〕。さらにもう一人のウィリアム、第八代オッカム男爵ウィリアム・キングが登場する。このウィリアムはケンブリッジのトリニティ・コレッジ在学中、ウォロンゾーの友人だった。ケンブリッジを卒業すると間もなく彼は母国を後にして外交官の経歴を追い、最後には当時イギリスの保護領だったイオニア諸島の総督の秘書になった。そこに赴任して、彼はバイロンとの因縁の糸を感じたにちがいない。というのも、彼がケフアリニア〔イオニア諸島最大の島〕に駐在することになるのは、バイロンがギリシアをオスマン・トルコの支配から解放する義勇軍に参加して、彼最後の運命的旅、死出の旅路の最初の旅程を自家用の船〝ヘラクレス〟に乗り、そこに到着してからちょうど十年後のことだったからである。

そんなバイロンとの因縁は一八三〇年代初めに描かれたウィリアムの肖像に、薄気味悪く捕えられている。アルバニア風の衣裳をまとった詩人の有名な絵（まもなくエイダが生まれて初めて見ることになる肖像）のほとんど猿真似といった塩梅で、ウィリアムは伝統的なギリシアの衣裳をまとってポーズをとっている。少なくとも衣裳とポーズの相似は著しい——壮麗な頭飾り、飾り立てた上衣、ゆったりと肩に掛けた絹布、鳩尾《みずおち》の辺で抱えている儀礼用の剣、中景を見つめるバイロンとまったく同じ目線。無論、相違もいくつかある。エイダの父の顔はハンサムで英雄的であるのに対して、ウィリアムのはもっと子供っぽく、ほとんど両性具有者の顔だ。が、彼はそんなふうに様子ぶるのを間もなくやめ、その後の肖像では王国の貴族、治安判事、州統監、王立学士院特別会員、王立農業協会理事にふさわしい偉そうなポーズをとるのを選んだ。

一八三三年にウィリアムの父が急死した。これでホイッグ党〔保守派の政党トーリーに対抗した自由主義的革新政党。バイロンもホイッグ党に属していた〕の政治家としての春秋に富んだ経歴の夢は絶たれた。ウィリアムはただちに英国に戻り、第八代キング卿の爵位を継がなければならなかった。帰国したウィリアムはケンブリッジの同窓の友ウォロンゾーとの旧交を温める。ウォロンゾーはこの旧友こそ、過去二年の間、母の家に出入りしていた非凡な若い女性の結婚相手にふさわしいと、ただちに見てとった。

ウォロンゾーの目には実際、ウィリアムはエイダにとって申し分ない相手だと見えたのだった。彼には爵位があり、将来の見込みも縁故もある。それにギリシア語、フランス語、イタリア語、スペイン語を流暢に読み書き話すという特技も身につけている。彼はまた、科学や哲学についても、かなりの知識がある。この方面の彼の関心をそそったのは、おそらく彼があの偉大な哲学者ジョン・ロックの子孫だという事実だったにちがいない。もう一つ哲学とのつながりがあるとすれば、それは先祖伝来の広大な家屋敷オッカムで、それは十四世紀の思想家ウィリアム・オヴ・オッカム〔一三〇〇？―四九？　後期スコラ神学を代表する哲学者。煩瑣な論理を排して唯名論を唱え、スコラ神学崩壊の端緒となった〕、かの〝オッカムの剃刀《かみそり》〟、すなわち哲学的議論はできるだけ簡潔でなければならぬという原則を樹立したことで有名な哲学者が住み慣れた場所にほかならない——この原則は単刀直入に物を考える質《たち》のウィリアムなら、全幅的に賛成するものだったろう。

ウィリアムの知的関心はエイダのそれより実際的な性質のものだった——彼の想像力は農作物の輪作や畜産にかかわる問題に捕えられていた。それから彼は無口のほうだった。しかし、そのような性格の違いは、むしろ好都合だ。ウィリアムの大地にしっかり足をつけた現実的な性質は、ウォロンゾーが電流が通じている電線と明らかに見なしていた女に、しっかりした基礎訓練を与えてくれるだろうから。

ウォロンゾーは一八三五年の春、友人に結婚話を持ち出してみた。ウォロンゾーが書いているところによれば、彼と彼の友人とは「これ以上ない親密な関係」にあったにもかかわらず、ウィリアムは初め話に乗ってこなかった。「他の誰よりも信頼して打ち明けてくれるこの私にさえ、彼はあまり多くを語らない」と、ウォロンゾーは述懐している。その後、この件について彼から何の音沙汰もなかった。ところが一八三五年六月十二日に至って、ウィリアムがセント・ジェイムズ広場にあった彼のロンドン滞在中の家で夕食を一緒にしないかと手紙を寄越した。そこで彼は初めて驚くべき知らせを告げたのだった、私とエイダは婚約したと。どうやらウィリアムは彼とバイロン卿夫人相互の友人であるジョージ・フィリップス卿のウォリックシャーの屋敷で、エイダとひそかに会っていたらしい。

求婚は一切、アナベラが承知の上で行われた。彼女はかくも卓越した称号と無傷な経歴と率直な態度の持ち主が、自分の手には負えない娘に関心を寄せたことに、さぞや喜んだことだろう。

エイダ自身も感心を寄せられたことを歓迎し、ウィリアムが求婚したら受け入れるつもりだと母に告げた。アナベラはかつては手に負えなかった娘も、これでようやく母の望みに添う気になったのだと解釈したかもしれない。が、しかしエイダの動機はそれとはまるで反対の向きのものであったと思われる。

今や結婚だけが母親と何やかや干渉する〝復讐の女神〟たちから遁れる唯一の手段だったのであり、エイダはただ同じ結婚するなら、母が認めた男と結婚しようと望んだにすぎなかった。ウィリアムはエイダにとって衛生無害な男と見えたことだろう。

　多分、彼女は自分よりほとんど十一も年上の安心できる、要求のうるさくない男の性格を、独立した成人という人生の新しい段階に運び入れてくれる頑丈な乗物と見なしていたにちがいない。貴族階級の結婚というものは当時は所詮、ロマンティックな関係というより金銭上の取引き、資産と血統維持の手段であり、それは由緒ある高貴な血筋が占めていた首位と権力が新興中産階級の挑戦を受けていた時代にあって、ことのほか重大事であったのである。エイダは格別そういう問題が気になることはなかったけれど、求婚されて彼女がしたような同意の仕方を許し、促しさえしたのも、上のような問題意識であったことに間違いはない。

　この結婚がウィリアムにとって魅力があったのは、もっと明々白々であった。エイダは多くの男にとって極めて魅惑的だった。彼女はやはりバイロンの血を受け継ぐ女だった――たいへん社交的、ときには馴れ馴れしく、ときには底抜けに浮気な女だった。流れ落ちる小滝のような豊かな黒髪、表情に富む大きな目、彼女はきれいな娘でもあった（といっても、父親に似て彼女の体重は月毎に変動するようだったし、少女の頃の麻痺の最後の名残りで身体《からだ》の動きが不器用になることもあったけれど）。野心的な若い貴族にとって一層実質的な意味をはらんでいたことには、エイダにはウェントワス〔九七―九八頁参照〕の資産を相続できるという確実な見込みがあるばかりか、国でもっとも重要な人物の何人か、たとえばレディ・キャロライン（彼女は一八二八年に死んだ）に先立たれた夫君で、第二代メルボーン子爵、大英帝国の宰相となったウィリアム・ラムとのつながりがあったのである。〔二〕

〔一〕ウィリアムがメルボーン子爵を継ぎ、やがてヴィクトリア女王の最初の宰相になり得たのは、兄ペニストンの早世という僥倖による。女王は彼のことを慈父のように信頼し慕ったという。彼ウィリアムの母はバイロンの〝腹心の友《コンフィダント》〟、かのメルボーン子爵夫人にほかならない。子爵夫人は摂政の宮、のちのウィリアム四世と昵懇な仲だった。ウィリアム・ラムは摂政ウィリアムの御落胤だという噂さえ、巷間に囁かれていたらしい。ともあれ、ラクロが物語る「危険な関係」が様々な「つながり」の糸を紡いでいたのである。

ウィリアムが一八三五年六月、初めてエイダに会ってから幾日も経たぬまに求婚すると、すぐさま受け入れられ、彼ほど熱心な求婚者でなかったなら疑惑を覚えただろうと思われるような手っとり速さで、結婚の日取りも翌月と決められた。

時間が差し迫っているにもかかわらず、旋風《つむじかぜ》のようなロマンスがあろうはずもなく、夏の微風《そよかぜ》が吹くだけ、これでは弱すぎてエイダの心がそよとも羽ばたく気づかいもなかった。そういう婚約の状態で二人が取り交わした最初の私信は、ウィリアムのほうは鬱積した感情と期待に満ち溢れ、エイダのほうはちょっと相手を甘やかす優しさを交えながらも、ほとんど気だるいと言ってもいいような無頓着さだった。「ぼくには、こんな幸せは夢でもなければ過剰にすぎ、現実としてはあまりにも素晴らしく圧倒的にすぎると思えます」、ウィリアムは喘《あえ》いでいる。エイダの返事は、こちらは「平静、安らかに過ごしております」。彼女が抱き得た強い感情があったとすれば、感謝の気持ちだった——そこにウィリアムなどにはおそらく理解できなかったにちがいないエイダの本心があった。もし彼が結婚してくれと言い出さなかったなら、なお何年も母の言いなりになって暮らさなければならないか、ことによったら一生未婚の女で終わらなければならないか、運命の行く先は決まっただろうから。

にもかかわらず、二人の婚約期間にもそれなりに楽しい時はあった。たとえば婚約が公表されて二、三日後のこと、彼らはチェルシー〔ロンドン南西部の高級住宅地区〕で馬車に乗って出かけたが、この時など、二人だけになれたおそらく最初の機会であったろう。

ウィリアムがレンの設計に成るチェルシー王立廃兵病院の壮大な環境にあるメアリ・サマヴィルの家〔二一三頁参照〕にエイダを迎えに行ったときには、二人はまだ実質的には赤の他人だった。ウィリアムはいつもに増して控え目、寡黙であったであろうが、エイダのほうはこの時のことを伝える彼女の手紙を見ても明らかなように、すっかり寛いでいた。気に入った男と一緒のとき、彼女は気取りがなく何でも打ち明ける質《たち》だった。そういう性格がウィリアムのような無口な男の心を捕えたのは、容易に理解できる。何かを強調しようとすると軽く彼の腕に触れたり、はしたない意見を言い交わそうとすると半身を乗り出させる、彼女がそんな仕草を見せるたびに、ウィリアムの遠慮は僅かではあっても薄らいでいったことだろう。おそらく彼は突然、話したり冗談を言ったり、やがて自分の妻になる人が楽しんでいるように、自分も人と付き合う楽しみを生まれて初めて味わっているのに気づいたにちがいない。

二人を乗せた馬車が王立廃兵病院通りを速足で駆けていくあいだ、エイダは彼女の抱いている考えや計画について、彼女の愛する数学や機械や音楽について興奮気味に話しつづけ、ウィリアムはその間じっと耳澄まして聴いていたことに疑いはない。チェルシー薬草園の入口にそびえ立つレバノン杉の並木、一六七六年に製薬会社がこの薬草園を設立したとき、イギリスで初めて植樹された杉の木立ちに差しかかると、多分ウィリアムは気持ちが少しほぐれて、自分の意見をいくらか差し挟んだことだろう。二人がテムズ河岸に出て、チェイニー・ウォークの通りに立ち並ぶ優雅なアン王朝〔十八世紀初頭〕様式の棟を連ねた家並みに通りかかると、彼は農業を愛する気持ちを、サリー州とサマセット州にある自分の所有地をどう利用するか、その計画をいろいろと話しはじめたことだろう。よく晴れた暖い夏の日に、雅《みやび》やかな上流階級が住む界隈で、四輪馬車《バルーシュ》の幌《ほろ》を後ろに引いて、ロンドンの篠懸《すずかけ》の青葉茂れる天蓋の下、二人は接吻を交わし合ったとしても不思議はない――その後、エイダが書いた手紙の一つで、この小さな旅への慎重な言及があるが、そこで暗示されているのは、何かそういった類いのことが起きたということだ。何が起きたにせよ、彼らが王立廃兵病院に戻ったとき、ウィリアムは夢に見た女をついに見出したと知り、エイダはエイダで、彼女の必要を満たしてくれる男を見つけたと合点したのだった。

それから数日後、ウィリアムはサマセット州の別荘アシュリー・クーム目指して出発した。それはエクスムア〔サマセット州からデヴォン州にわたる高原地方〕から海につながる険しい丘陵の頂きにあった。エイダと二人の新婚旅行の終着点になるはずの所で、ウィリアムは花嫁のために用意万端ととのえておこうと心に決めていた。息もつまるような暑さにもめげず、彼は懸命に働いた。別荘の屋内の修復を監督したり、繁りすぎたイワナシや月桂樹やギンバイカの太い枝を切り払って、ブリストル水道やウェールズの遥かな岸辺が見渡せる眺望を開くのに、みずから手を貸したりした。仕事の合い間を盗んでエイダに手紙を書いた。どの手紙も愛情と期待に満ち溢れていた。彼にはエイダの落着きがうらやましかった。落着きは彼を見捨てて、どこかに失せてしまっていた。興奮の熱狂の最中《さなか》で、彼の心はまったく空《うつ》ろだった（心はエイダと一緒にフォードフック〔エイダが住むロンドンの住居〕の庭に飛んで行ってしまったのだから）。でも、この空しさは彼には喜びでもあった。

こうして、事はかかわりのある人びとそれぞれが満足のゆく成りゆきになったのである。ウィリアムはいささか変人ではあるにしても素晴らしく愉快な有名人の妻が、彼の家系図の枝からぶらさがることになり、エイダはフォードフックの家から彼女を救い出してくれる、丈夫で口やかましくない夫を手に入れることになり、アナベラは気まぐれな娘の責任を肩がわりして引き受けてくれる殊勝な息子を獲得することになるだろう。

＊

何の前触れもなく、アナベラが娘の婚約期限も切れようとする土壇場になって——機先を制する千慮の一手とも、娘を卑しめて恨みを晴らす手段とも、ウォロンゾーが彼女の「厳格な正義感」と呼ぶものの反映とも、いろいろに解釈できる一つの行為によって干渉してきた。ウォロンゾーへの慎重な言葉遣いで書かれた手紙のなかで、アナベラはエイダが家庭教師と駈け落ちしようとしたことをウィリアムに話すよう指示したのである。一角《ひとかど》の弁護士なら誰でもするように、ウォロンゾーは女友だちの秘密を未来の夫となる人に洩らすことへの良心の咎めを押し殺して、一部始終をウィリアムに打ち明けた。

なんとも不快な瞬間だった。ウィリアムにはおそらく初めてのことだろうが、エイダの性格にひそむ気まぐれのことを告げられるのは。ことによったら、彼もエイダの気まぐれのせいで、いつの日にか結婚があやうくなると予感していたかもしれない——いま現にそうなろうとしているのだ。だが、ウィリアムはたじろがなかった。「あの方はすべて御存じです」とアナベラは安堵の胸を撫でおろしながら、同様にすべてを知っているソファイア・フレンドに書いている、「それでもなお結婚を切望しているのです」。

いよいよ結婚というニュースが世間に洩れると、祝福の手紙がフォードフックの家に殺到しはじめた。そのなかには、ウィリアムの父の知り合いだったホイッグ党の大物貴族ホランド卿の手紙も、「キング卿について今まで耳にしたのは善いことばかりだ」とおっしゃったという国王の満足を伝える書信もあった。エイダ自身は彼女の人生に登場するもう一人のウィリアム・キング、かの善良な医師の細君から、他とは趣きを異にする手紙を受け取った。

キング夫人の手紙は、これで貴方《あなた》の身持ちのお目付け役を辞めさせて頂きますけれど、お別れに際してなお一層の警告や助言をしないで済ますつもりは御座居ませんと宣言していた。果てしなくつづく警告と助言一覧の第一項目は開封されるとすぐ床に投げ棄てられたが、キング卿の寛大な愛情の贈り物にエイダは報いる義務があるということだった。そういう感謝の気持ちがエイダには欠けていると夫人には感じられたのだ（おそらくエイダは夫人に対して、そんな気持ちをこれっぽっちも見せたことはなかったからに相違ない）。貴女はそういう気持ちを養い育て、それを「さまざまな控え目ではあっても計り知れなく貴重な心遣い」を通じて表現しなければなりません。そうしてこそ、良き妻は尊敬するに値する夫に必ずや愛されるものなのです。夫に隠し事をしてはなりません、貴女の聖女のような母上に対して何もかも破壊してしまうような秘密をもったときのように。貴女の御夫君になられる方は、貴女のことなら何でも一切知っていると信じて疑わないようでなければ、なりません。

次の助言は、エイダは女性の魅力を示さなければならないということだった――魅力といっても、キング夫人のような女なら自分には決定的に欠けていると信じていると思われるような魅力、つまり社交的で独り善がりということだ。ここにはエイダは戯れの恋の習慣に二度と身を持ち崩してはならない、とくに今はという禁止命令が秘められていた。もちろん夫になられる方《かた》に向かっては別であって、その方はこれから先も貴女の性的心遣いの受益者でありつづけるお人なのだから。

貴女は日ごとの時間割を作って、それをきちんと守らなければいけません。もちろん家計簿もつけるように、そうすればこれから先、家の切り盛りが上手にできることでしょう。それからお祈りを忘れず、聖書に書かれていることに注意怠りなくしなくては。

最後に当然至極のことながら、エイダの家庭教師にたいする罪深い振舞いを思い出させずに措かぬ苦言があった。「情け深い神さまは貴女が歩んでいた危険な道を離れる機会を御慈悲をもって御与え下さり、神の摂理の御計らいで貴女の前に開いて下さった新生の道で貴女を助けようと、貴女が完全に信頼できる友にして守護者を御恵み下さったのです」と、キング夫人は書いていた。彼女の文章の多くは法的契約の条文のように読めた。「今こそ昔の友エイダ・バイロンに、彼女の奇行、気まぐれ、自分勝手すべてに、別れを告げる時です」。さらに夫人は付け加えていた、「これからはエイダ・キングとして世のため人のために生きると固く決心することです。

エイダは今はもう自分の感情を抑えられるところを見せるためだけに、この我慢ならぬ長たらしい書面に感謝に満ちた返事をどうやら書くことができた。彼女は今まで父を拒否するようにと言われつづけてきた。自分の名前がついに彼の名と切り離されたのは、いっそ彼女をほっと安堵させたにちがいない——少なくともこれで父が遺産のように残していった桎梏《しっこく》から自由になり、自分の欲する人生を生きることができると希ったことだろう。そういうわけで、エイダはキング夫人の書いていた決別の意見にさえ同調できたかもしれない。さようなら、エイダ・バイロン、これで清々《せいせい》したわ。

＊

エイダの履歴上の障害をとり除くと、もうアナベラをとどめるものは何もなく、彼女はただちに結婚契約書の作成にとりかかった。この契約書は込み入った証書で、エイダの場合には当時としては多額な金銭がからんでいた。アナベラがバイロンと結婚したときの持参金二万ポンドのうち一万六千ポンドが、結婚成立の暁《あかつき》には譲渡されると決められていたが、実質的にはこれがエイダの持参金の役を演じることになる。さらにアナベラはこの金額に一万四千ポンドを上乗せした。ということは結婚すれば、ウィリアムは三万ポンドの大金を手にすることになる。いや、そればかりかウェントワスの遺産を相続するという、ほとんど確実な見込みもあったのだ。

ウィリアムの弁護士は無論、そんな気前のよさに四の五の言う気づかいもなく、事は高値で決着した。アナベラは金離れのいい人だった。が、彼女の贈り物を受け取るのは忠誠の義務、服従の義務さえ意味しているという信念を手放すことはなかった。このことにやがてウィリアムは気づくことになるが、少なくとも初めのうちは嘘偽りない畏怖を抱いて一目《いちもく》おいていた義母からの贈り物を頂戴して幸せだったのである。

エイダのために決められた動産と不動産すべては、実際には夫のものになるのが当時の習わしだった。彼女にはそれらのものに手を出す権利はなく、〝小遣い銭《ピンマネー》〟と称する衣裳やその他の女性必需品の代価を支払う金を受け取るだけだった。その金額は結婚契約の一部として取り決められ、エイダには金額を決める際に何かいう発言権はほとんど、いやまったくなかった。結局、金額は締めて年三百ポンドと決められ、ウィリアムには適度を越えていると見なされた。アナベラもそれで十分と思った、バイロンと結婚していたあいだ、彼女はこれと同額の〝小遣い銭〟を受け取っていたので。エイダ自身には不当としか思えなかった——ただに金額だけのことだけではなく、〝小遣い銭〟という考え自体が、もう少し小遣いが欲しくなったら、乞食のように頭を下げて夫のところに頼みにゆかなければならない、そのこと自体が我慢できなかった。書籍代や舞踏会の衣裳代を払ったら、必ずやそういう屈辱を味わわなければばならないのは知れている。それは自分の無力を象徴するものだ。無論、エイダなら仕事の報酬を受け取ることができただろう。が、それは彼女の属する階級の仕来たりでは厳しく禁じられていた。しかし、エイダは慣習に挑戦するのが大好きだった。だが、この問題については慣習に順応することにした。多分、これは稼いだ金銭にたいする父ゆずりの誇り高い侮蔑をかすかながら暗示していよう。

しかし、当面エイダには片付けなければならぬ差し迫った不安があった。結婚式前の日曜日、彼女はお気に入りの男性の一人、敬虔とはいえないユーモアの感覚をもったヨークシャーの牧師サミュエル・ギャムレン師と一緒に教会に行った。家族専用の席に坐るや否や、あと一週間すると私はオッカムのウィリアムの家に寄り添うように建っている教会に、彼の妻として行くことになるのだという思いに捕われた。そう思うと、自己不信の種子を我と我が心に播《ま》くかと思えた。おそらくキング夫人の声が唱えられている祈りの中に忍び込んでいたことだろう……私はウィリアムにふさわしいだろうか……私は信用がおける人間だろうか……アナベラの友人たちからうんざりするほど聞かされてきた、妻は義務を果たさなければという、そんな辛抱や自己否定の性質が私に備わっているだろうか？

そんな結婚前の不安は、〝大変な日《ビッグデイ》〟〔結婚式の日〕が近づくにつれ増大する世間の取り沙汰をどう抑えるかといった、一層差し迫った心配の渦巻きに呑まれて、すぐ忘れ去られた。六月二十九日、〝大変な日〟のちょうど一週間前、エイダは『モーニング・ポスト』紙と『モーニング・ヘラルド』紙に自分たちの話が載っているのを見つけた。「大したこと書いてないわ」とエイダはほっとして、その日の朝も遅くなってからウィリアムに手紙を書いた、「私たちを困らせるような事はなんにも」。

結婚式はフォードフックでおこなうと決まったのは、疑いもなく世間の取り沙汰を避けるためであった。もしエイダとウィリアムがもっと慣習に即した教会での挙式に同意していたら、大群集をひきつけていたことだろう。

この決定は結局のところ幸いした。というのも、それで新聞の追っ手を遠ざけることができたばかりではなかったのだ。同じ頃、ティリーザ・グイッチョリがたまたまロンドンにやって来たのである。ほぼ十五年前、バイロンはヴェニスで、この小柄《プチット》で可愛らしい、官能的なイタリアの伯爵夫人に出会っていた。彼女は十九になったばかりで、退屈で不気味な五十代の伯爵と結婚していた。ティリーザはバイロンが友人のダグラス・キネアドに溜息まじりに洩らしたところによると、「夜明けのように美しく、真昼のように暖い」女だった。二人のあいだに熱烈な恋が芽生え、世間に知られるのは必然だった。ティリーザがイギリスにやって来たのは、バイロンの祖国への彼女としては最初の巡礼であり、ニューステッド・アビーとハクナル・トーカードのバイロンの墓に詣でる、すでに世間周知の旅のためであった。

ロンドンでは、バイロンの昔なじみの多くと彼の娘の新たな崇拝者の何人かを含む一団の人々が列をなして、ティリーザを一目拝もうと彼女の出現を今かいまかと、熱心に待ちかまえていた。神出鬼没のバベッジもその列のなかに、エイダが前年その講義を聴いたダイオニシアス・ラードナー〔一三頁参照〕やエドワード・ブルワー（後のブルワー＝リットン）、数年後にはエイダと友だち付き合いをはじめることになる人気作家と一緒に加わっていた。バベッジはティリーザに今度、劇場に行ったらバイロン卿夫人を指さして教えて進ぜましょうと、親切にも約束していた。

伯爵夫人《コンテッサ》はエイダの目前に迫った結婚のことを多分バベッジから聞き知り、自分も式には出席しようと心に決めていた。そのような場所に姿を見せれば大騒動になることに、彼女はいっこう気づいていない様子だった。

結局、伯爵夫人はとんでもない場所に行ってしまったのだった。ハノーヴァー広場にある聖ジョージ教会で大勢の参列者を前にして新郎新婦は結婚すると思い込んでいたのである。

かくして六マイルも離れた場所で、エイダの父の恋人の一人は聖ジョージ教会の人気《ひとけ》のない身廊で不満やるかたなく立ちすくんだまま、一体みんなは何処にいったのだろうと思案投げ首の態《てい》だった。そのあいだにエイダは静かに親族だけで、こっそりとバイロン家から離れキング家の一人になっていたのである。シーアムでのアナベラ自身の結婚式同様、それは厳密に家族だけの内輪の催しであって、招かれた友人といえばアナベラの親密な仲間内に限られていた。エイダは花嫁に付き添う乙女《メイド・オヴ・オナー》としてレディ・ゴスフォードの娘、オリヴィア・アチソンを選んだ。

結婚式の模様はいろんな新聞でしかるべく報じられた。エイダの父のこと、遺産のことが興味の的になっていた。彼女の生涯を通じて、彼女の死後も、彼女に関する話はすべて、『御曹子ハロルド』第三詩篇を導入する有名な言葉、「エイダよ！　吾が家と吾が心の唯一人の娘よ……」ではじめられるのが常であった。『ワールド・オヴ・ファッション』の記事も同じようにはじまり、読者の注意を三万ポンドの持参金にひきつけ（アナベラはどうやら「現金で」手渡したと思われるといった調子で）、つづいてバイロンの亡霊が娘を花聟に引渡すところを想像しにかかっている――

> 今は亡き詩人が吾が子の将来を気づかって発した祈りは……実現されたかに思える。彼女は行く手をはばんでいた危険や苦悩から、彼女の人生の朝を取り囲んでいた暗雲から逃げおおせたのだ。……彼女の父が生きながらえ、望みが叶うのを目の当たりにして娘の祝婚歌を書き得なかったとは、返すがえすも悔まれることではなかろうか？

こうして、新聞や世間がエイダの父に対してもっていた愛／憎の関係は、彼女に対しても存続していた――エイダの行動が母とその人生の信条、『ワールド・オヴ・ファッション』が世間周知のところとした「厳格な宗教的信念」に反抗するものであったことを少しも斟酌《しんしゃく》することなく。エイダはバイロンの子ではあっても、バイロン風であってはならなかったのだ。エイダにとって一層まずいことに、そのころ彼女はバイロンの娘であることを望んでいなかった。父との関係に誇りを感じることは全然なかった。この関係は彼女を抑えつける道具としてしか役立たなかった。皮肉にもこのつながりを生きたものと化していたのは、ほかならぬ彼女の母であった。アナベラは〝バイロン卿夫人〟という称号を決して手放すことなく、エイダも自分同様、彼女の権利を「保持」すべきだと心に決めていた。

*

結婚式の後、エイダはウィリアムと共に彼のサリー〔ロンドンの南に接する州〕にある荘園、オッカム・パークにおもむいた。そこで一週間過ごして新しい家庭環境に慣れたら、アシュリー・クームに新婚旅行に出かける予定だった。

オッカムで、エイダは結婚が母から逃げる手段であるどころか、前よりも一層強く二人を結びつけるものであることにすぐ気づいた。これは必ずしも歓迎すべからざるものとは限らなかった。なぜならアナベラは娘に関して言わば〝ダマスカスへの道〟を歩んでいたからである〔パウロはキリスト教徒を捕えようとダマスカスへの道をゆく途中、十字架上で刑死したはずのキリストの声が天から聞こえ、即座に回心した――使徒行伝第九章〕。一年前、アナベラはキング博士に「失望しないように」エイダの容態についてあまり楽観的な診断をなさってはいけませんと助言していた。ところが今やエイダは「倫理的勇気」ゆえに絶賛されるようになっていた。「エイダ・バイロンは昔も今も……神から授かった力を稀にみる仕方で組み合わせ、それをキリスト教徒として最善最高の目的に適用してきた」と、アナベラは娘について描き上げたぴかぴかの真新しい〝人物評〟で書いている。これらの前例を見ない気持ちは、おそらくアナベラが友人たちから採り集めた裏書きによって補足されたものであったろう。友人たちとここで言うのは、事情が変わればすぐにもエイダを非難する手合いだった。そういう連中の一人が書いていたのだ、「エイダは教え方がお上手で、こちらも勉強しないではいられません」。「彼女は命じた課題の無味乾燥な部分は、ドゥーン川〔前出、R・バーンズの詩の主人公タモシャンターが渡って魔女から逃げた川、スコットランドの旧州エアシャーを流れる〕の川辺で啼く可愛い小鳥のように歌って、その労に報いてくださる」と、もう一人はそれこそ小鳥のようにちいちいと囀《さえず》っている。

アナベラは新たに手にした完全な宝石のような我が娘への母性愛に圧倒され、家庭の経営や夫を幸せにする法について（いずれの面でも細かい知識は不足がちであったにもかかわらず）、忠告や助言を雨霰と娘に浴びせた。エイダは夫の前で言葉に気をつけ、彼には感謝と恭順な態度を示し、彼の身内の人たちとも親しくしなくては（たとえ彼と身内の人たちとの仲はうまくいっていないとしても）と、醇々と説教された。さらに料理人を幸せな気分にしておくにはどうしたらいいか、客人を歓迎するには、夜会を上手に取り仕切るにはどうしたらよいかといったふうな、実際的な忠告も受けた。このような新しい気分が高揚していた頃、アナベラはエイダへの手紙で書いていた、「最近、一つ気づいたことがあるのです。あなたが結婚したお陰で、私は愛想がよくなり気さくになって、可愛らしい綽名《あだな》なら何でもつけられるようになりました」。彼女は自分自身にも愛称《ペットネーム》をつけようとさえした。これはバイロンの家を出た後、彼への手紙に〝リンゴ《ピピン》〟と署名して以来絶えていた習いである〔二〕。今度は〝めんどり《ヘン》〟とつけた。

そして彼女の家族もまた、鳥になった。ペットネームをつける習いを熱狂的に採用したエイダは、母アナベラの「大事な可愛いカナリア」になった。この比喩に一瞬心を奪われたアナベラは、エイダが結婚生活という新しい「籠《かご》」でさえずっている姿を想像した（まさにエイダはやがて結婚生活を籠と見なすことになる）。のちにエイダは自分のことを、その折々の気分のままに〝ツグミ〟、〝鳥〟、〝アヴィス〟〔鳥を意味するラテン語〕といろいろに署名することになる。いっぽう夫のウィリアムは暗い気分に沈みがちだったので、どちらの女もそれをあまり深刻にとらず、〝ミヤマガラス〟とか〝カラス〟と名づけて茶化した。

〔二〕 一八一六年一月十五日、アナベラは生後一カ月を過ぎたばかりのエイダを抱いて、ピカディリー・テラス十三番地のバイロンの家を去り、レスターシャーの実家に戻った。翌日のバイロン宛手紙は「親愛な家鴨《ダック》さん」という呼びかけで始まり、「つねにあなたをこよなく愛するリンゴ《ピピン》……ピップ……イップより」という、何の陰りもない晴朗・快活な署名で終わっている。「家鴨さん」というバイロンの呼び名にしても、彼の内翻足を暗示するような含意はもとより、たとえ当時のバイロンが債鬼《さいき》に追われる身の上であったにせよ、'lame duck'（破産者）を仄めかすような揶揄をもはらむものではない。同じ手紙で「善良な鵞鳥《グース》さん」とあるのは、バイロンの異母姉オーガスタのことで、「鵞鳥」という愛称にしてもAugusta→Gus→Gooseという語呂合わせから生まれたにちがいない。ことによるとバイロンの愛称「家鴨《ダック》」も「鵞鳥《グース》」の弟という血縁の連想に由来するのかもしれない。「鵞鳥」には〝阿呆〟〝間抜け〟の意味もあるが、アナベラがオーガスタのことを「生まれついての一種の道徳的白痴」と断定するのは、ずっと後のことである。
　この快活明朗な手紙にもかかわらず、実家に帰ったアナベラがバイロンのもとに帰ることは、ついになかった。まもなく彼女はバイロンとの別居を裁判所に訴える。別居は成立し、バイロンは娘エイダにたいする親権一切を喪失して、独りミソロンギへの死出の旅路を歩みはじめる。

　今や娘が受けるに値する信頼の究極的身振りとして、アナベラはオーガスタから取り上げていたバイロンの遺品をいくつかゆずりはじめた。結婚して数カ月のうちに、以前ならバイロンの名を口にしただけで、氷のように冷たい沈黙か怒りの爆発に見舞われた娘は、今やバイロンの持ち物だったインクスタンドや、それからもちろん、例のアルバニア風の衣裳をまとった彼の肖像画をクリスマス・プレゼントとして受け取れる身になったのだった。

エイダとウィリアムがついにアシュリー・クームへ新婚旅行に出かけたとき、これらの贈り物はまだ届く気配がなかった。しかし、エイダがこれから滞在しようとしている家には、彼女の父の、というより彼があれほどの影響力ある役割を演じることになった詩的世界の、さまざまな反響《エコー》がおのずから備わっていた。

アシュリーへの旅は当時は長く困難なものだった。もっとも間もなくグレート・ウェスタン鉄道と近くのブリッジウォーターにつながる支線の開通によって、事態は変わることになるのだが。当時は馬車に乗っていっても、途中いくつか宿に泊まらなければならないので、目的地に着くには数日を要したことだろう。目的地に近づくにつれ、エイダにも地図に載っているかいないかの場所、エクスムアの広大な何もない荒野の外れにある文明の小さな辺境の地だということは、分かってきたことだろう。

二人がついにアシュリーに近づく前、たどりついた最後の村はポーロックで、それはマインヘッドとヴァレー・オヴ・ザ・ロックスの間の海岸沿いに連綿とつづく不屈の丘陵を途切れさせている亀裂の一つに割り込んだ村だった。「ここは近隣では〝世界の果て〟と呼ばれている」と、詩人のロバート・サウジーは三十五年前の日記に書いていた。「これより先は四輪馬車はいうまでもなく、二輪の馬車でさえ近づけない」。

サウジーの時代以後、ポーロックから岩の谷間の西側を登る小道が拓《ひら》かれたが、その切り立った登り道はイギリスでもっとも険しい道の一つとして有名になるものだ。その頂きにポーロック・コモン

〔共有地〕、草とハリエニシダの吹きさらしの高原があり、そこからは広いブリストル水道と北方遥か彼方にはウェールズの海岸が、南にはエクスムアの果てしない起伏が見渡せる。

　これがキング家の所有地、エイダには初めての田舎の領地だった。ここからアシュリー・クームには密生する森に姿を消す小道を通ってゆける。(1) 初めのうち道は緩やかに傾斜しているが、やがて急角度に折れ曲がる道がつづく。このまま小川沿いに下っていけば、海に飛び込むのは必定。ひび割れ転がり落ちた岩石の間を滝のように流れ落ちる水よろしく小道をまっしぐらに駈け下りると、道は最後の下りを迎える。そこを下りおりると突然、目の前に人の出入りする木戸が現れる。

(1) アシュリー・クームに至るには、ポーロック・ウィア〔ポーロックから西に二・五キロほどの古い港町〕を経由する別の道がある。ただし、これはずっと面白味に欠ける道である。これを彼らがたどった可能性もあるが、ウィリアムはもっともピクチャレスクなルートを選んだと考えるのが自然であろう。

　木戸を通って、おそらくウィリアムが以前ここを訪れたとき修理しておいたに相違ない緩やかな小路《こみち》を歩きながら、新婚旅行の二人連れは激甚な旅の疲れを癒されたはずだ。あたりにあるのは鬱蒼たる森の静寂、聞こえるのは木々の葉のさやさやと鳴る音、今や姿も見えぬ小川のせせらぎの音だけである……

……眠れる森に夜もすがら、
静かな調べを歌ってる
青葉しげれる六月の頃……

これはコールリッジが「老水夫の歌」〔第五部〕で、凪《なぎ》のため動きのとれなくなった船の帆のありさまを描写したものであるが、のちほど見るように、この描写もおそらく同じような景色から霊感を得たものだったろう。

小路の曲がるままに進むと、アシュリー・クームの家が姿を見せる。丘の斜面を切り取って造成した棚地に建っている。家のまわりはテラスをめぐらし、そこには杉、樫《かし》、月桂樹、コルクガシがところ狭しと植えられている。それらの樹木は家にかぶさるように傾き、風に揺れる枝は手を振って客人を迎え入れようとしているかに見える。

＊

ウィリアムはこの家を流行のイタリア風に改築していた。その単調な壁は精巧なアーチで穿たれ、化粧煉瓦の模様で仕上げられていて、マジョレ湖〔イタリアとスイスの国境にある〕のほとりに建っていてもおかしくはなかった。さらに彼は時計塔や泉水をあしらった庭さえ造る手筈を進めていた。この庭の水源は丘陵の高みに掘削した池で、その水はすでにウィリアムが新妻に献げようと思っている噴水の水をまかなっていた。かてて加えて、彼は新妻のために海辺の断崖をくりぬいて水浴びのプールを造ってやろうとも思っていた。

新婚旅行が何週間か過ぎていくうち、エイダはこの場所に強い愛情を寄せるようになった。この愛情は彼女の生涯を通じて変わることはなかった。彼女の死後、ウィリアムのこの上なく感動的な彼女の思い出も、この場所を離れることはなかった。馬に乗って丘陵の奥に走り去るエイダ、そして海辺を歩むエイダの姿。機会あるごとに、彼女は遠征に出かけたものだった。徒歩で、あるいは荒々しい「森林保安官の馬」の背に乗って。「丘を、谷を、荒地を、高原を、ありとあらゆる種類の野生的な美しい土地を越え」ながら、エイダは道々「スイス、ピレネー山脈、ダニューブ川沿岸あたりの城郭を空中に」思い描いていた。

新婚旅行で初めて訪れたとき、それがどんなふうなものであったかを伝える記録はほとんど残っていないが、それは容易に想像できる。エイダは着くや否や早速、家とその周囲を興奮して探索したことだろう。一方、ウィリアムは地所管理の事務と家屋の以前からの（実際、際限もない）改良計画に没頭した。屋内に入ったエイダは、偉大な哲学者や作家の著作を集めた大きな蔵書があるのを見出したことだろう。ウィリアムの祖先ジョン・ロックの『人間悟性論』、ウォルター・スコット卿の心を揺さぶる歴史小説、サミュエル・テイラー・コールリッジの異常な幻想詩があった。そして同じ蔵書のなかに、『マゼッパ』や『御曹子ハロルド』を含むバイロンの著作集もあった。(2)

(2) アシュリー・クームの図書室に所蔵された本のリストは、ウィリアムが手書きした日付のない備忘録に載っている。ただし、このメモ書きは一八四〇年代に遡るもので、無造作に書き殴られているため、大部分の判読が困難である。これは現在、サマセット公文書館の資料 DD/CCH 3/3の項目に収められている。

それはエイダが監視されずに父の作品に近づき得た最初の機会であったことは、ほとんど確実だった。『御曹子ハロルド』の第三詩篇、すなわち第一第二詩篇とは別箇に出版された詩篇の冒頭頁に、彼女は自分の名を見出したことだろう……

エイダよ！　吾が家と吾が心の唯一人の娘よ！

頁をぱらぱらとめくって最終の詩連《スタンザ》〔第三詩篇第一一五連〕に達すると、再び自分のことが歌われているのを読んだだろう……

吾が娘よ！　お前の名でこの歌は始まった――
吾が娘よ！　お前の名でこの歌は終わらせよう――
お前の姿は見えない――お前の声は聞こえない――でも、
これほどまでお前に夢中になれる者はない。
お前こそ遥かな歳月の影が伸びてゆく終着の友なのだ。
たとえ私の顔を見ることは絶対に叶わぬとても、
私の声はお前が将来、眼にする姿と溶け合い、
お前の心の奥底に届くだろう――私の心が冷たいなら、
それはお前の父の鋳型から取って来た形ばかりの木偶《でく》にすぎない。

「……私の顔を見ることは絶対に叶わぬとても……」。これはほとんど示唆あるいは警告と読めるが、エイダの母でさえ一顧だにしないようなものであって、現に数ヵ月後、エイダは父の肖像の中であれほど気高く描かれている顔を見るのを許されている。しかし父が予期したとおり、彼の声はエイダが将来眼にすることになる彼の姿と溶け合い――ついにはエイダを捕えて離さぬものとなるのだ。まことに父の声は彼女に、「痛恨の最中《さなか》に生れた」「愛し子」〔最終連第一行〕に、直接語りかけていたのである。

エイダが父のこれらの言葉にどう反応したかは、父の作品との出会いすべてと同様、残念ながら記録

に残っていない。しかしアシュリーで、彼女が父の声の谺《こだま》のみならず、他の二人の偉大なロマン派詩人、ワーズワスとコールリッジの谺の世界にも生きていたのは確かである。

エイダが初めて彼らの言葉を耳にしたのがいつだったかは推測するしかないが、もし彼女が二、三十年前そこにいたとしたら、彼らの声を文字どおり耳にしていたかもしれない。二人の詩人は一七九七年〔二人の詩を集録した詩集、英国ロマン主義の先駆けとなった『抒情民謡詩集』出版の前年。出版地はブリストルである〕、ポーロック・ウィアから登ってエイダが今いる家の前を通り、次の山腹の谷に至る山道を歩いていたのだから。

エイダもポーロックからカルボーンに至る切り立った海岸沿いの道を通って、それと知らずに詩人たちの歩んだ跡をしばしばたどっていたのだった。彼女もまた彼ら同様、樫やトネリコやカンバやハシバミの繁茂した林を通り抜け、イバラやコケモモの絡み合った茂みを押し分け押し分け、ビロードのような苔《こけ》の衣、目にも鮮やかな珍しい黄色のトナカイゴケに覆われた岩の傍《わき》を抜けていった。あたりの森林は樹々の下生えを逃げまどう野生の鹿、狐、アナグマ、テン、リス、キジたちの動きで賑やかにざわめいていた。

エイダが初めて訪れた暑い夏、樹々の分厚い天蓋《てんがい》は、夫の地所の奥深くに入っていったとき、さぞやありがたい木陰を恵んでくれたことだろう。一マイルかそこら行くと、山道はもう一つの谷に沿って奥地に向い、ついにカルボーンが垣間見られるところに出る。暗い森のど真ん中にきらめく光の溜り。

道は人をじらすように光の溜りの周りをめぐるばかりだったが、突然、急降下して森を抜け出し深い谷間に入った。その一隅に巣籠もるように小さな建物がぽつんと立っている、これこそウィリアムの地所の教区教会だった。カルボーン教会は石小屋ほどの大きさで、エイダが初めて見たときには、尖塔さえ付いていなかった（後に一つ付け足されたが、戸口と変わらぬ高さで、くしゃくしゃになった道化帽のように屋根に止まっていた)。

サマセット州の文明とは疎遠な地域の地図を作成するため派遣された一人の地理学者〔エドマンド・ラック（一七三五?—一七八七）、地理学者にとどまらず多方面にわたる著述がある〕も、一七八〇年代に同じ地点に立っていた。[3] 彼は地勢と住民のことを記録しようとしていたのだが、眼前の風景に感動し、抒情に浸った——

(3) 地理学者のエドマンド・ラックによる調査記録は、ジョン・コリンソン師〔サマセット州北部のロング・アシュトンの牧師で、同州の遺物研究家（一七五七—一七九三）〕による『サマセット州の歴史と遺物』（一七九一）に見ることができる。ラックは同書が完成する前にこの世を去った。カルボーン〔ポーロックから北西六・五キロの小村〕についての研究ノートを含め、同書に収録されていないラックの研究業績は数多くある。それらは現在、サマセット公文書館の資料 A/AQP 8/6に保管されている。

ここは恐らく此の王国が示し得る如何なる場所にも劣らず真にロマンティックである。入江の奥、またその両側につづく丘陵、岩、森林の大きさ、高さ、壮麗さ、周囲の風景の崇高さ——岩のごつごつした川底を勢い激しく流れ下る川瀬の音、教会から浜辺に下る通行不可能な険阻な路、目くるめく眼下の荒々しい岩石の岸辺に打ち砕ける波、ブリストル水道の広大さ、その向うに見える美しく多様なウェールズの海岸、それらは一つの全体として、人の心を喜びと驚きに誘うよう絶妙に塩梅された景色を形成しているのだ！

エイダも新婚旅行の初めの数日、これと相似の感情を抱いたことだろう。地理学者は正しかった——エイダの立った場所はイギリス中のいかなる場所にも劣らぬロマンティックなところだった。実際、そう主張できる特権があったのだ。こここそイギリスのロマン主義を生んだ感傷、超自然、情熱、郷愁、野性、気まぐれが入り交じった陶酔の生誕の地の一つにほかならなかったのだから。[4]

（4）この主張の根拠は『抒情民謡詩集』のもつ重要性にある。この点は、たとえば、ピーター・ゲイ著『ありのままの心——ブルジョワジーの経験』第四巻四一頁、並びにトム・メイベリー著『西部地方のコールリッジとワーズワス』一二三頁を参照。『抒情民謡詩集』が唱えた詩語の革新は、一七九八年にその初版が上梓された時には芳しい評価を受けなかった。ただし、トマス・ド・クインシーはそれが「新しい夜明けの光」であることに気づいていた。

＊

一七九七年の秋、二十五歳の若者がエイダがいま立っている場所に立ち、ポーロックから長いこと登って来て気分が悪くなり、どこか休み所《どころ》を探して疲れを癒そうとしていた。男の名はサミュエル・テイラー・コールリッジ、彼はネザー・ストーウィ〔サマセット州の村〕から二五マイルほども歩いて来たのだった。ネザー・ストーウィには彼の住む田舎家があり、近くには友人のウィリアム・ワーズワスが妹ドロシーと共にオルフォクスデンと呼ばれる瀟洒《しょうしゃ》なアン女王時代風の館に住んでいた。

コールリッジは芝居を一つ仕上げようと苦闘していた。芝居は彼がときに書くのが苦手と感じた文学形式で、それは後にバイロンがドルリー・レーン劇場のために悲劇を注文したときに気づくことになる。創作にゆきづまったと感じ、慢性の病に苦しんでいたコールリッジは地元の田舎を二、三日踏査することで、凝り固まった精神と疲れ切った身体を揉みほぐそうと決心したのだった。

彼はクォントック丘陵を越える大きな山道を歩いて、ポーロック・ウィアに着いた。そこからアシュリー・クームまでさ迷いながら登り、ずっと後にエイダも降りることになるジグザグに折れ曲がった山路を降りて、カルボーンに到着した。キング家の地所の突端に点在する農場の一つ、ウィジークームで休むことにした。(5) 当時、カルボーン教会からそこに通じる山道があり、それはエクスムアがその豊かな水を海に流し込む流れの速い小川の一つと並行していた。

（5） コールリッジがウィジークームに立ち寄ったかどうかは定かではない。彼はずっとあとになって、その農場がブリムストーン〔古い英語で硫黄を意味し、地獄の業火をイメージさせる語〕という名称だったことを面白そうに回想している。（ただし、その近くにそんな名称の農場は存在しないし、それに似た名称の農場さえ見当たらない。）考えられる別の名称はアッシュとシリークームである。ウィジークームは郷土史家のトム・メイベリーが選択した名称である。彼はワーズワスとコールリッジがサマセットでどう過ごしたのかについて、綿密に調査した論文を執筆している。シリークームはマイケル・グレヴィスが「S・T・コールリッジによる「クビライ汗」の執筆場所に関する考察」において挙げた名称である。（この点は、『チャールズ・ラム研究』一九九一年六月を参照。）これらすべての農場がウィリアムの地所にあり、それぞれに彼の小作人たちが住んでいた。エイダは小作人たちのことを知っており、頻繁に出かけた遠出の際には、彼らの家々の前を通りすぎたのかもしれない。筆者はポーロックからカルボーンまで延びている海岸沿いの道を歩き、コールリッジの足跡をたどったことがある。その頃と比べて、今では道筋はいくらか変わってしまったのかもしれない。

片方にエクスムアを、もう片方には密生した森に覆われた峡谷《クーム》が緩やかに傾斜するのを見渡せる隠遁の地に落着くと、コールリッジは詩心の渋滞がたちまち解けるのを感じて、詩劇『オソリオ』（のちに『悔恨』という名でよく知られることになる）のために、何行か書いた。それらの詩行が彼が目にしたばかりの風景から霊感を受けたのは明らかだ――

　覆いかぶさるように繁った森は、秋の気配を感じて
炎と黄金《こがね》いろの花を咲かせている。
枯れなんとするとき一番美しい森、

数知れぬ千切れ雲、海、岩、砂浜が
静かに澄んだ月光に照らされている――そして梟《ふくろう》が
(不思議だ、ほんとうに不思議だ!) 梟だけが
目覚めている。美の世界全体の唯一の声、唯一の眼よ!(6)

(6)「『オソリオ』に現れしムーア人の女、アルハドラに捧げる詩」――アール・レスリー・グリッグズ編『コールリッジ書簡集』第一巻三五〇頁を参照。トム・メイベリー著『西部地方のコールリッジとワーズワス』一〇三頁に引用されている。

彼は読む物も何冊か携えていた。そのなかに一六一四年出版の『パーチャス漫遊記』と題した書物が入っていた。それを読みはじめたが、依然として気分は勝れず、胃の苦痛を鎮めるために阿片を数滴飲むことにした〔英国では阿片をアルコールに溶かし、チンキの形で服用した。ド・クインシーの『阿片常用者の告白』参照〕。まもなく彼は不安な微睡《まどろみ》に陥ったが、それはクビライ汗《カン》〔ジンギス汗の孫〕が「宮殿と壮大な庭園の造営を命じた」場所、「上都《ザナドゥ》」に関する記述にさしかかったときだった。

「作者は三時間ほど(少なくとも外的感覚では)深い眠りをつづけていた」と、コールリッジは後に自分自身のことを第三人称にして書いている、「その間、彼は二、三百行を下らぬ詩作をしたと今でもはっきり自信をもって言える――もしイメージのすべてがものとして眼前に浮かび、それに照応する表現が努力したという感覚も意識もなしに並行して生み出されるのを詩作と呼んでもいいならば」。

目が覚めて、いま夢みたばかりの「表現」を思い出せることに気づくと、彼は早速それを書きとどめにかかった。「そのとき」と、コールリッジはつづけている――

折悪しくポーロックから用事で人が来て、応接に一時間以上も手間どり、やっと帰ったので自室に戻り、やりかけていた仕事をつづけようとしたところが、幻想の大筋の記憶はなお漠然と幽《かす》かに残っているものの、八行か十行かのばらばらな詩句とイメージを除き他はすべて、石を投げ込まれた川面の影のように消え失せているのを知って、少なからぬ驚きと無念を痛感した次第であった。

こういう事情から生まれた断片が「クビライ汗」として知られる詩で、この荒々しい超自然の力に満ちた作品は、こんなふうな忘れがたい調子ではじまる——

上都《ザナドゥ》にクビライ汗は
壮麗な歓楽宮を建てよと命じた……〔第一―二行〕

詩は上都《ザナドゥ》という空想の地というより、ポーロックからやって来た人物には生まれ故郷周辺の自然風景をいっそう強烈に喚起する詩行でつづけられている……

しかし、ああ！　あの深い謎めいた裂け目は何だったのか、
杉の森を切り裂き緑の丘陵を一気に走り下っていた、あの亀裂は！
荒涼たる場所だった！　欠けゆく月の下、
魔性の恋人を焦《こが》れて慟哭する女が

出現した所さながら聖なる魅惑の場所だ！
この裂け目から絶え間なく煮えたぎりながら、
この大地が激しく喘《あえ》ぎ息づくかのように、
刻々と巨大な泉が噴き出していた。
その速やかに断続する噴泉のさなか
岩の巨大な破片《かけら》がはね跳ぶさまは、ほとばしる霰《あられ》か、
はたまた連枷《からざを》に打たれてはじける籾殻《もみがら》か。
これら躍る岩の破片と同時に絶えることなく、
聖なる河が刻一刻と噴き上げられていた。
〔第一二―二四行〕

ポーロックからやって来て、この非凡な詩の流れを中断させたのが何者であるかは誰も知らない。が、この正体不明な人物が世界からもっと長くなるはずの詩を奪い去ったにしても、おそらく一層力強い詩を世界に与えた人物として、今や文学の神話世界に生きているのは確実である。すでに引用したこの詩の起源に関する記述の前書きにあるように、「クビライ汗」は一八一六年にいたるまで世に出なかった。この年コールリッジが出版を決意したのは、「名実ともに偉大な詩人の御要望に依る」――すなわちバイロン卿の要請によるものであった〔バイロンは「クビライ汗」をゴシック的怪奇詩「クリスタベル」と「眠りの苦痛」と合わせて出版するよう、馴染みの書肆ジョン・マリに出版費用を添えて推薦した〕。

「クビライ汗」を書いたときの作者の状況は、詩人からロックミュージックの花形《スター》にいたるロマン主義者たちが爾来、競い合ってきた創造行為の手本を提供することになった――麻薬、夢、詩の組み合わ

せ、現実世界の唐突な侵入、これらは科学の手が届かぬ超自然の真実に芸術が触れ得る要素である。

実際、科学者によっては、そのような特殊な知覚を生む独特な幻覚的意識の状態を芸術家は経験するのではなかろうかと、考えはじめてさえいたのである。これは一八三七年、医師のジョン・エリオットソンが探求した考えであるが、彼は「病める眠り」と彼の呼ぶもの、すなわち夢遊病、催眠術師たちが喚起することができるのを発見したばかりの状態に関する講演のなかで、「クビライ汗」とポーロックから来た人物の話を引用しているのである。(7) エイダはエリオットソンの友人で、のちに見るように彼自身の催眠術実験にもかかわるようになった。おそらく彼女の関心の一端は、コールリッジが彼女の新婚旅行先の家から僅か二、三百ヤード離れたところで発見した捉えようもない超越的状態を、自分でも探求できるかどうか試してみたいという願いであった。

(7) ジョン・エリオットソン「動物磁気に関する臨床講義」、『ランセット』一八三七年九月九日、八六六—七三頁を参照。

エイダの知っているサマセットの環境とロマン主義とのつながりは、「クビライ汗」に限ったことではなかった。コールリッジは彼が見出した地帯にいたく感動し、同じ年に再び友人のウィリアム・ワーズワスと同地を訪れ、二人は数日あたりの風景を探査してまわった。神さびた丘陵や風になびくヒースの荒野に足を踏み入れると、民話のいわば豊かな化石層に入り込んだ思いだった。民話の化石層とここでいうものこそ、やがてロマンティックな小説や詩の重要な霊感の泉となるものである。たとえば遠出の探険に出かけたとき、彼らはかつてジョン・ウォルフォードの死体を吊り下げていた有名な絞首台に出会ったのだった。

ウォルフォードはクォントック丘陵の裾に泡立つように繁る森に住む貧しい炭焼きだった。彼はアン・ライスという名の地元の娘と恋仲になったが、半ば気が触れた女と結婚しなくてはならぬ破目になった。女は人里から孤立したウォルフォードの小屋を訪れて妊娠したという。結婚して一カ月後の或る夜、夫婦はとある宿屋に行こうと歩いていた。そのとき絶望の発作に襲われ、ウォルフォードは妻を殺した。死体を銅山の縦坑に落して始末しようとしたが、衰弱した彼の体力では死体を縦坑の口に投げ込むことはできず、仕方なく溝《どぶ》に棄てた。

彼が告訴され、有罪と決まり、鎖につながれたまま絞首刑に処せられるのに手間はかからなかった。刑の執行が今まさに始まろうとしたとき、ウォルフォードは見物人のなかにアン・ライスがいるのに気づき、前に連れて来て欲しいと頼んだ。アンが群衆の前に出て来た、二人は十分ほど話を交わしたが、結局アンは警備の役人たちに力ずくで引き離されてしまった。言い伝えによると、そのときウォルフォードはとっさに彼女の手を取り口づけすると、涙が初めて彼の頬を伝って流れた。それから群衆に向かって自分の罪を認め、赦しを懇願した。ついに処刑が執行され、彼の亡骸は後年ワーズワスとコールリッジが目にすることになる絞首台からぶら下がった。

このような環境で演じられる、このような物語が生み出す美と悲劇の混交こそ、一七九八年に出版された『抒情民謡詩集』誕生を促したものであり、この詩集こそイギリス・ロマン主義の礎《いしずえ》をなした作品だと告げる人もいる。『文学的自叙伝』のなかで、コールリッジは彼とワーズワスがいかに仕事を分担したかを思い出している（まさしくバベッジも是認したと思われる産業革命の路線にのっとった創造方式だ）。コールリッジは「超自然の、少なくともロマンティックな人物や性格」を扱ったのに対して、ワーズワスは「日常の事物に魅力と斬新さ」を与えることに集中したのだった。

何が超自然的、ロマン主義的といって、骸骨のように痩せさらばえた船が往く「静まりかえった海」

を物語の舞台にした、コールリッジの「老水夫の歌」の右に出るものはあるまい。が、そんな詩の中にさえ、コールリッジがワーズワスと共に海岸沿いに歩いた体験から発するサマセットの谺は確《し》かと聴きとれるのだ。カルボーンは「海へと急に傾く」丘の森に住む隠者の庵《いおり》のなかに見出せよう――

隠者の祈りは朝と正午《ひる》と晩、
ふかふかした座布団にひざまずく。
といっても朽ちたカシの切株で、
苔がすっぽり被うている。
〔第七部〕

それから〝岩の谷間〟の原始的力、嵐が海を渡るにつれ「荒れ狂う怒濤」のさまを見てコールリッジが狂喜した場所、ずっと下の海岸に風に吹きさらされて出来た巨石の亀裂も、〝老水夫〟の船を凍てついた南極の果てへと駆り立てた嵐の中に反復されている……

すると疾風《はやて》が襲いかかって来た、
情け容赦もない猛烈なやつが。
翼あるもののように忽ち追いつき、
わしらを南へ南へと駆り立てた。

帆柱は傾き、舳先《へさき》は水に浸かり、
怒号と棍棒《こんぼう》に追われ追われて、
頭を前に突き出し逃げ逃げども
逃げども追ってくる敵の影を踏んでいる
者のように、船は走り疾風は唸り、
わしらは南へ南へと逃げた……

サマセットの海岸のような場所で見られる自然や原初的なものとの、これら初期の戯れの密会が、ロマン主義者の科学にたいする愛／憎関係を立証するのに力あったのである。科学的発見に魅惑されるロマン主義者と、科学的発見のみが唯一有効な発見であり、永遠の真理への唯一可能な道かもしれないという彼らの恐れとの二律背反。この曖昧さはやがて一八四二年、ターナーが描く一切が渦巻き溶け合う『吹雪』という絵のなかに捕えられている。一隻の蒸気船が浅瀬に乗り上げ救援を求める汽笛を鳴らしている様子であるが、船は逆巻く怒濤と水しぶきに囚われ絶対絶命の体《てい》である。この絵は地球を取巻くことが発見されたばかりの磁力線についてターナーが学び知ったことから、霊感を得たものだ。エイダと同じ頃、チェルシーにメアリ・サマヴィルを訪れたターナーに、メアリは磁力線のことを説明していたのだった。『自然科学諸部門の関連について』という著書で、メアリは海を渡る船はコールリッジの幽霊船のように、「電流が行く手を直角に横切るのを感知するはずだ」と想定していたのである。

*

まもなくエイダは自身これらの考えすべてを探究することになり――実際、ロマン主義の画家や詩人たち同様、これらの考えに魂を奪われるのだが、さしあたって彼女にはどうしても成し遂げねばならぬ唯一大事な仕事があった。それは妻としての義務を遂行して、子を産むことだった。彼女はオッカムに帰った。母アナベラもすぐやって来て、〝小鳥たち〟に取り囲まれる幸せな未来図に興奮したが、なにかと忙しい彼女はまた立ち去らなければならなかった。母の代わりにキング博士がやって来て、クリスマスまで滞在することになった。エイダがアルバニア風の衣裳をまとった父の肖像画を贈り物として受け取ったのは、その時である。

キング博士は結婚してエイダは人が変わったと、アナベラのように楽観してはいなかった。博士はエイダに小遣い銭《ピンマネー》のうち十ポンドは宗教と科学に関する書物に費すようにと示唆した、「知識は信ずべき根拠であり、信ずべき根拠は懐疑と誘惑に捕われている精神を安定させるのに絶対必要なのだから。悪を行わんとする誘惑が大なるとき、〝啓示の真実〟を無知なるが故に疑うなら、幸福の調和は永遠にくつがえされようから」。

確かにエイダは数学的知識を求めつづけ、調和の気分は秋になってもつづいた。やがて妻の義務を果たして身籠もったと告げた。この朗報を受けた彼女の母の反応は、他の場合とは違って感激とはほど遠いものでしかなかった。母はエイダに、これからは様々な不快感や憂鬱な気分に悩まされることを覚悟しなければならないと言ったきりだった。それから話は彼女自身の健康状態の近況に移っていったが、それこそいつものように娘の健康状態より差し迫った関心事だったのである。

その後まもなくウィリアムとエイダは、アナベラが借りたもう一軒の家で彼女と同居した。それはサウサンプトン〔イングランド南部の港市〕にあり、ウィリアムの意気は新たな頂点に達した。ハレー彗星〔ほぼ七十六年周期で出現する〕がつい最近現れた時に当たっていたので、アナベラはウィリアムをハレー彗星にたとえた。両方とも近づくにつれて光を増すと、彼女は有頂天になって言った。「それで私には分かるのですよ、物事の核心《ニュークリアス》が」と。

一八三五年十月、結婚して三カ月後、エイダとウィリアムは初めて別れ別れになった。州の問題で殿様然とした自分の存在を主張するのに熱心だったウィリアムは、サリー州の民兵組織との作戦行動に参加するためオッカムに帰った。エイダはサウサンプトンの母のもとに残っていた。そこにいる間に、エイダは初めて——少なくとも書き残している限りでは初めて、賭博に手を染めた。ウィリアムへの手紙の一つで、この話をことさら軽く扱うためだけに持ち出し、「心にひそんでいるかもしれない傾向」はなんでも「芽のうちに摘み取ってしまう」ため、四シリング損してしまったと告げている。そんな浮薄な調子をつづけるため、「人を騙す早業」までしてみせたと自認してもいる。二ペンスの通行料金を払わずに桟橋《さんばし》を歩いて渡ったというのである。手紙の末尾で〝めんどり〟はウィリアム宛の手紙を読むのを許してくれたことはないけれど、母の手紙は私のことを〝いたずら鳥〟と貶しているからではないかしらと、猜疑している——われわれとしては、エイダが夫に賭博や「人を騙した」話しか伝えていないのは、彼が義母から何を言われようと平気でいられるように、先手を打っているのではないかと猜疑せざるを得ない。

以上のようなことが、ウィリアムがエイダや他の人びとから聞かされることになる多くの揉《も》め事の初めの頃のものだった。彼は概して寛大であった。ともあれ、当時、彼はエイダとの関係よりもアナベラとの関係により多く気を遣っていた。

エイダが妊娠して何かと忙しく、余りの時間は数学とハープの練習（これはだんだん熱中の度を加えていた）に捕われているのにまかせ、ウィリアムはウィリアムで、アナベラがイーリングで開いたのと同じような実験学校をオッカムに創設しようと、構想を錬っていた。どんなに巧みな芝居がかった振舞いも、これ以上に誠実そうな追従《ついしょう》の形を見せることはなかったにちがいない。またしても不整脈の発作で寝ついていたアナベラはこの計画の話を聞き、不整脈のことで凝り固まっていた頭もまぎれたので喜んだ――実際、待ちに待ったエイダの陣痛の知らせでまぎれたよりも、喜びはずっと大きかった。陣痛が夜中にはじまり、それでこちらの眠りが絶たれても仕方ないが、それほど差し迫ったものではないと考えられたからである。

男の子が一八三六年五月十二日、セント・ジェイムズ広場にあったウィリアムのロンドン滞在中の家で生まれた――その日は、束の間エイダの心を痛めたことには、日蝕と重なっていた（この日蝕は最新式の天体観測器を使って綿密に観察された最初のものの一つで、フランシス・ベイリー〔一七七四―一八四四。英国の天文学者〕が初めて注目した明るい光の「数珠《ビーズ》」――以来、〝ベイリーの数珠〟〔皆既日蝕直前直後の数秒間、月のまわりに見えるビーズ状の太陽光〕として知られるようになる――クレーターのある月面から血が流れ出るようにして月の周縁に出来る光の輪も、この最新式の観測器による発見だった。

目隠しされた太陽の不気味な暗闇のもとに生を受けた男の子は、母親の目にはそんな数珠玉の一つのように見えたことだろう。それにしても、この子を何と名づけたらいいだろう？　一つ、歴《れっき》とした名前があったが、アナベラが示唆するまで誰もその名を挙げる勇気はなかったように思われる――その名とはバイロンにほかならなかった。あれほど遠ざけようと腐心した当の男とのつながりを補強しようとしたのは、エイダの母親の理不尽な願望のもう一つの例である。

アナベラは娘の妊娠には関心がなかったかもしれないが、その結果には満足だった。バイロン二世は一身にして〝二つの性格〟を兼ね備え、滑稽な性格のほうは生後数日にして現れ、真面目《まじめ》なほうは一歳の誕生日が過ぎた頃に現れた。こう言っているのはアナベラであるが、彼女の意見によれば、この子は肉体的には早熟で、もう戸棚を開けたり閉めたりできるし、ボールを投げたり、裁縫用の指貫を独楽《こま》みたいに回したり、イナイイナイバーをしたり、手をたたいて人にものを言いつけたり、それはそれは可愛らしい頬笑みを浮べたりする。

子育ての初めの頃から、エイダは子供の成長を口にするとき、アナベラよりも超然とした、ほとんど科学的とも呼べるほどの言葉を使っていた。彼女に言わせると、わが子の注意力は色よりも動きに惹きつけられるらしかった。子供は音にも反応したが、ただそれが耳障りな時に限られていた。彼女は子供には実験を好む傾向があったとも言っている。そして、伯母のヘスター〔ウィリアムの姉でキング家の長女（一八〇六－四八）〕の鎖でよく遊びながら、それがいろいろな形を取るさまに目を凝らしていた様子を伝えている。その科学的態度の一方で、彼女は我が子を「小さな宝物」として溺愛もしていた。子供の内には、ある種の「急進性と異端性」と並んで、「悪魔」的な性格が同居していたのだ。それが彼女を面白がらせながらも、はらはらさせるのだった。

ヘスターは幼いバイロンの伯母であり、ウィリアムの姉だった。彼女の存在がエイダにとって特別重要な意味をもつのはこの時期のことである。バイロンとの結婚に当たり、アナベラはオーガスタを義理の姉として受け入れた。それに負けず劣らず、エイダはすでにヘスターを姉としてしっかりと受け入れていた——幸い、母の場合のように悲惨な結末を伴うことはなかった。産後の肥立ちの時期、エイダの車椅子を押して、オッカムの庭中を歩き回ってくれたのはヘスターだった。エイダが馬車に乗ってお出かけの時も、決まって同行してくれたのは彼女だった。「愛らしい白黒斑のポニーが引く二頭立て《フェー》四輪馬車《トン》」に乗ったケント公爵夫人を追い越した時も例外ではなかった。あの日、公爵夫人の傍らにはある若い女性が坐っていた。エイダはその人がヴィクトリア王女だと気づいた。そのとき王女はまだ十七歳の若さだった。その後一年も経たずに彼女は女王に即位し、それから世紀の終わりまで女王として君臨しつづけることになる。

ヴィクトリアはエイダのことを覚えていたし、とりわけ彼女の母については気に留めていた。ある幼児学校を訪れた際、彼ら親娘が抱いていた改革への思いに接し、王女は同感の意をお示しになった。王女の気持ちに感じ入ったアナベラは、一篇の情感豊かな詩を作った。女王陛下でさえ、父親の愛を必要とする点では、もっとも貧しい子供たちと同じこと〔ヴィクトリア女王の父君ケント公爵が亡くなったのは、彼女が生後八ヵ月の時〕、そんなことを指摘する内容の詩だった……しかし、立場をエイダに置き換えれば、それは複雑な感情をはらんだ一節とはいえないだろうか？

一八三六年の年の瀬が押し迫った頃には、エイダは再び身重の身となった。男の子かしら、女の子かしらという気持ちに、彼女はふと捕われた。女の子より男の子のほうがいいわと、彼女はメアリ・サマヴィル宛の手紙のなかで書いている。書中、彼女はメアリに、その見解をお嬢さま方に読んで聞かせて欲しいとしつこくせがんだ。それを聞いた娘たちが随分と嫌がるだろうとわかっていたからにちがいない。幼いバイロンは当時メアリと一緒に暮らしていて、エイダは我が子に会いたくてしょうがなかった。研究に没頭する機会を逃していることも彼女には辛かった。そのため、彼女は繰り返しメアリに手紙を書き、最近の理論や論争について問い合わせたのである。とりわけ彼女の関心を惹いたのは、アイザック・ニュートンとジョン・フラムスティード〔英国の天文学者（一六四六―一七一九）、グリニッジ王立天文台建設の指揮者〕の間で戦わされた有名な議論だった。フラムスティードは、一六七五年にチャールズ二世によって任命された初代の王室天文学者《アストロノマー・ロイヤル》〔三〕である。その議論というのは、科学者の間で巻き起こったはなはだ品位に欠けるが、同時に面白みに富んだ口論の一つだった。実際にそれが白日のもとに曝されたのは、口論が勃発してから一世紀以上経った一八三五年のことである。その年、フランシス・ベイリーがフラムスティードの伝記を出版したのだが、そのなかに二人の偉人が交わした辛辣な内容の手紙が載っていたのだ。（ベイリーとは、〝ベイリーの数珠《ビーズ》〟発見の名誉に浴した人物である。）

〔三〕 これは一九七二年までグリニッジ王立天文台長の正式称号だったが、現在はエディンバラ王立天文台長のそれになっている。

月の軌道に関する研究を進めている際に、ニュートンはなんらかの太陽観測をおこなう必要性に突き当たった。件《くだん》の一悶着が巻き起こったのはこのことをめぐってである。ニュートンの要請を受け、フラムスティードは必要なデータを彼に提供した。しかし、ニュートンは自分にたいする感謝の意に欠けている――そうフラムスティードは感じてしまったのだ。ニュートンの恩知らずはエドマンド・ハレー〔四〕の感化のせいだ――そんな疑念も彼の胸に湧き上がってきた。ハレーもまた、大科学者として当時絶頂期〔五〕を迎えつつあった。フラムスティードとハレーは、すでに長期間にわたり反目し合う関係にはまり込んでいた。

〔四〕 ハレー（一六五六―一七四二）は、いわゆるハレー彗星の軌道計算をおこなった英国の天文学者である。彼とフラムスティードは、一六七八年にオックスフォード大学の天文学教授職への就任をめぐって争ったことがあった。結局その地位に就いたのは、スコットランドの天文学者デイヴィッド・グレゴリー（一六六一―一七〇八）だった。また、ハレーは一六七八年にセント・ヘレナ島への観測航海から帰国し、翌年に南半球の天体地図を発表している。フラムスティードも当時、同様な天体地図の製作を王立学士院に依頼されていた。ハレーの優れた研究成果と比較して、フラムスティードのそれは明らかに劣るものと、王立学士院の目には映ってしまった。このために、フラムスティードはあやうく減給処分の憂き目に遭いそうになった。ハレーとフラムスティードはこのような対立関係にあった。

〔五〕 著者の原文では‘those exalted times’となっている。占星術において‘exalted’は当人の星が最高星位（つまり、運気の絶頂期）にあることを意味している。

フランシス・ベイリーの本はおおむねニュートンには批判的だが、彼よりもずっと見劣りするフラムスティードには好意的だといえよう。当時、大科学者という概念は——実際には科学者という用語でさえ——いまだに生まれて間もなかった。確かに、科学者たちの胸には思想がはぐくまれ、思想は理論を通じて伝播されようとしていた。ところが、そんな思想に力強い説得力を与える権威を、いまだに科学者という名が付された職業は確立してはいなかったのだ。ベイリーの本が現れたのは、ちょうどそんな時期のことだった。ニュートンは現代科学の父祖だが、そんなニュートンでさえ、実に些細な競争や嫉妬に巻き込まれ得るのだ。このことは、彼の後継者たちが必死になって獲得しようとしていた権威に対して深刻な脅威となってしまった。

エイダはベイリーの本をすでに読んでいた。デイヴィッド・ブルースター卿〔スコットランドの科学者（一七八一—一八六八）、『エディンバラ百科事典』の編纂者として名高い〕が所蔵していた数頁にわたる手稿の現物も、彼女は見たことがあった。卿はバベッジの友人であり、ニュートンの伝記を執筆しようと計画していた。エイダは、こうした文書がニュートンの名誉回復をもたらすのに役立つだろうと信じた。いや、それだけではない。彼女の頭には、ニュートンの神学的信念について戦わされていた口舌の争いを収拾させるのにも、これらの文書は役立つだろうという思いもあった。かつては教会の専有物だった、自然や宇宙の成り立ちといった領域に科学が侵入しつつあるという意識は、確かに広まりつつあった。しかしながら、英国国教会は必死になって、ニュートンをみずからの教理のもとへと取り込もうとしていたのである。ある神学者はかつて、高らかにエイダにこう言い放ったことがあった。ニュートンの手記が公になれば、確証してご覧に入れましょう。彼の信念のなかに三位一体――正統的なキリスト教の中心的教義――が鎮座しておりますことを。このことは、非正統的な（事実上、ある人びとの目にはほとんど不可知論的にさえ映った）ユニテリアン派に大打撃を与えるものだった。ユニテリアン派は「今までニュートンの権威を笠に着て、当代の碩学を得手勝手にわが目的に利用してきたわけですな」――そう、件《くだん》の神学者の弁はつづいた。エイダ自身はユニテリアン派であり、こういう発言には業腹を煮やして反駁した――その発言はユニテリアン主義への誤った前提を根拠にしているのだと捲《まく》し立てつつ。

エイダの関心は――神学的なものも、その他一切合切を含めて――一八三七年の暮れには一時停止される定めになっていた。二番目の子が誕生したのだ。女の子だった。母親に感謝を捧げるためか、彼女は恭しく娘にアナベラという名をつけた。その直後、エイダは重い病の床に伏してしまう。コレラにかかったのだわと、彼女は判断した。

エイダの自己診断を支持する医学的な証拠は見つかっていない。しかしながら、時代的な事情を考慮に入れれば、彼女の判断は正鵠を射ていたといえよう。十九世紀の前半には、コレラが二度にわたって猖獗を極めたのである。今に疫病がやって来るぞという徴候として、それらは恐怖感をもって受けとられた。二度目のコレラの大流行――それは最初の奴より遥かに大規模なものだった――が終熄しかかった時分に、エイダはぱったりと病に倒れてしまった。

コレラの病源地はインドだった。通説では、その伝染は亜大陸内に限られることになっていた。ところが、一八一六年の世界的大流行《パンデミック》の際に、それは彼の地を抜け出してきたのだ。当時、大英帝国の新しい貿易経路が全地球上に張りめぐらされつつあった。おそらく、そうした経路を伝わって、病魔はもたらされたのだろう。想定される道筋はカスピ海と黒海を渡り、ロシアとトルコを通過し、ヨーロッパの玄関先に至るというものだった。一八二六年の段階では、それはそこで侵攻の足を止めてくれた。あたかも地平線の向こうに広がる騒然とした産業都市を攻め落とすには、まだ陣形が整っていないとでも思ったように、それはその場から退却しはじめたのだ。

次にコレラの世界的大流行がはじまったのは一八二九年のことである。今度のは最初のよりも強烈な勢いだった。ヨーロッパの境界線にまで病魔が押し寄せるのにさしたる時間はかからなかった。それはいとも簡単に侵入を果たし、英国はおろかアメリカにまで蔓延する足がかりを築くのに、三年とかからなかった。

コレラの猛威は破滅的であり、酸鼻を極める光景が広がった。そして、それに対処する術《すべ》は見つからなかった。その症状はこうである。最初は吐き気とめまいが起こり、それが徐々に激しい嘔吐と下痢に変わっていく。次に来るのがもっとも恐ろしい段階である。排泄物は灰色を帯びた液便になる。最終段階では、それは患者自身の溶け出した腸管の組織で汚染された液体と化す。患者は猛烈な喉の渇きを訴え、それは大量の水を飲むことでしか癒されない。そのため、液状化した排泄物の量は半端ではない。コレラを蔓延させたのはこの大量の排泄物にほかならない。未発達な下水設備を介して、排泄物が飲み水に混ざり込んでしまったのだ。

ロンドンにおける伝染病の勢いが頂点に達したのは一八三二年のこと。その年までの犠牲者の数は七千人に上り、その壊滅的状況の主たる原因はロンドンの爆発的な経済成長がもたらした人口密集区域の劣悪な衛生状態であった。必然的に最大の犠牲者たちは貧困層となった。ところが、桿菌《バチルス》〔棒状・円筒状の細菌で、チフス菌、コレラ菌、赤痢菌などを含む〕の活動を抑え込むことは容易ではなく、エイダのような社会階層の住む住宅街もやがて、感染地域に呑み込まれてしまう運命《さだめ》だった。水道配管システムの導入は繁栄する都市の発展を大きく特徴づけるものの一つだが、そうした配管整備と同時に水洗トイレの普及も進んでいった。ところが、流された汚物は汚水槽に溜められるのではなかった。仮に汚水槽が使われたとすれば、少なくとも一時的には感染拡大の封じ込めには成功したであろう。そうではなく、汚物は地下の下水溝に流されたのである。地下を流れる下水溝は、ヴィクトリア朝の技術革新による功業の一つだった。そして、下水はそのままテムズ川に垂れ流されてしまった。しかしながら、上水道の取水がおこなわれたのは、まさにこのテムズ川のチェルシーからロンドン橋に至る流域からだったのである。かくして、病原菌まじりの汚水の培養と循環の巨大なシステムが、進歩のお陰で不注意にも形成されてしまったのだ。

　エイダが初めてこの水道システムを利用するようになったのは、おそらく夫がロンドンに所有する邸宅に暮らしていた時であろう。ウィリアムは目新しい技術革新を屋敷に導入することにご執心だった。だから、斬新な水道システムにつなげられた水道管が、彼の居宅に引き込まれていたことを疑う余地はない。民間水道会社がそういった水道システムを導入するよう、富裕層の住む住宅地を勧誘して回っていたという事情もある。だから、甚大な感染被害を蒙ったロンドンの貧民街で、伝染病の勢いがちょうど下火になりつつある頃、エイダは恐ろしい病魔に苦しむ身の上となってしまったのである。

　彼女の属する階級の人びとにとって、伝染病を避けることは不可能だったのかもしれない。だが、彼らは他の人びとと比べて、生き残るチャンスには遥かに恵まれていた。彼女の治療を担当したのは最高の医師団だった。彼らのなかには、アナベラに忠誠を誓ったハーバート・メイヨー博士〔一四九、一七八、一八一頁参照〕の姿もあった。一八三八年の初めには、彼女は快方に向かいつつあったようだ。彼女がコレラについて直接言及しているのは、母親宛の日付がない一通の手紙に限られる。彼女は痩せこけて、なんの食事も受けつけなかった。一方、アナベラは生涯を通じて〝神聖なる〟羊肉の美味なる料理こそ健康には奇跡に等しい効果をもたらすものだと信じていた。そんな母親の目には、エイダはいかにも栄養不足に映った。母親とは違って、エイダは自分の病気をあれこれ穿鑿《せんさく》されるのを嫌い、人にかまってもらうことさえ拒絶した。彼女自身に語らせれば、自分の〝身体〟よりも〝心〟の在りようについて、随想でも書き綴っているほうがよっぽどましだということだった。

エイダは自分の身体に対し、一時たりとも安心感を抱いたことはなかった。青年期に神経麻痺を患っていた時分には、もうほとんど自分の身体は駄目だと思っていた。ところが、身体に力が入るようになるや否や、今度は身体のほうが彼女を支配しはじめたようだった。彼女をほとんど破滅の淵へと導く情念の力を得て、身体は彼女に圧倒的な力を揮いはじめたのだ。コレラの発症がどうやら、このサイクルの繰り返しの引き金になったようだ。病気は彼女を数ヵ月にわたり寝たきり状態にし、体力を奪って惨めな気持ちにさせた。ところが、一八三八年の春に回復を果たすと、今度はほとんど抑制の利かない性欲の大波が彼女を呑み込んでしまうのだった。この唯一の捌け口は、ウィリアムに手紙を書くことだけだった。夫の飽くなき改築工事への情熱の対象は、今やアシュリー・クームからセント・ジェイムズ広場にある彼のロンドンでの居宅へと移っていた。夫が現場で改築やら装飾作業の指揮を執るために家を留守にしている最中、彼女は想像のなかでわが身を夫に視姦される悦びに浸っていた。そんなとき、彼女の顔は喜悦に歪んでいた。彼女は「〝愛しい夫《メイト》〟に愛撫されたくて」たまらなかった。彼女は彼の愛くるしい〝小鳥〟だった。その小鳥の頭には、こんな思いがめぐっていた。「あなた《ウー》〔六〕に……本当に寄り添いたくてたまらないの。あなた《ウー》なら、小鳥を虐めたりはしないでしょう。……私の〝雄鳥《コック》〟〔当然、これは男根の含意をもつ〕さんに、夜は暖めて欲しいの」。彼女は医学的見地からも、夫に傍らにいてもらう必要があると仄めかす始末だった。彼女の侍医であるチャールズ・ロコックに言わせれば、「家族を産み殖やす」試みは健康回復には欠くべからざる行為らしかったからだ。

〔六〕 原文では“ou”と表記されている。エイダが夫に対してこの呼称を用いた理由ははっきりとしない。おそらく、夫婦間の習慣的な呼称だったのだろう。

家族を産み殖やす試みは滞りなく実行に移され、エイダは一八三八年秋に身重の身体となった。彼女の一家はまた、社会的地位においても増進を遂げることになった。ヴィクトリア女王の即位を祝うために発布された叙爵者一覧表のなかに、ウィリアムの名前が現れたのだ。直接的には、この慶事をもたらしたのはアナベラとの血縁関係だった。アナベラの叔母メルボーン子爵夫人には息子ウィリアム・ラム〔二五七―五八頁参照〕がいて、彼はのちにレディ・キャロライン・ラムの夫となり、一八二八年に父親が亡くなった際に、メルボーン子爵の身分を継いでいた。ヴィクトリア女王が即位した当時〔一八三七年六月〕、彼は政権を握っていたホイッグ党政府の首相〔在任期間は一八三四年七月―十一月、一八三五年四月―四一年八月〕であった。エイダとの血縁関係がかなり薄いことを認めつつも、彼はウィリアム・キングを伯爵に叙することを決めた。ウィリアムはその際、授かった爵位にラヴレスという家名をつけることにした。これがアナベラの家系図に埋もれ、途絶えていた伯爵家の名称であることに気づいたからである。

そういった高い身分を手に入れたのち、ウィリアムは名誉にあぐらをかこうとするような人物ではなかった。彼は絶え間なく、我が名と地位を高めるべく努力を重ねたのである。上院での仕事に積極的に参加したし、王立学士院《ロイヤル・ソサエティー》の特別会員《フェロー》にもなった。一八四〇年には、サリー州の統監〔統監は州における王権の主席代表だが、現在では実質的に名誉職になっている〕にも任命された。地主階級の人びとは、統監職を自分たちの階級が登りつめることができる最高の地位の一つだと見なしていた。いざ統監ともなれば、当時の状況に照らしていえば、いろいろな重要な役職や利権がついて回ったのだ。

こうした状況のすべてが、いやが上にも、アナベラの寵愛を増大させることになった。彼女は今や、ウィリアムを私の「最愛の息子」と呼んでいた。ところが、母と夫の関係は厳重にも包み隠されて進行していた。エイダはそのために、二人の関係を覗き見する機会にさえなかなか恵まれなかった。しかしながら、彼女がオッカム・スクールについてのウィリアムの計画に興味を抱きはじめた頃、とうとうその機会がめぐって来た。

エイダの協力は、お世辞にも感謝に値する代物ではなかった。ウィリアムが彼女に体育館を建設する仕事をまかせると、いろいろな問題が起こりはじめたのだ。どうやら、彼女は予算を使いすぎ、間違った資材を発注し、作業員への指示を誤り、竣工の期限を守れなかったらしい。挙げ句の果てに、混乱が発生したのはウィリアムが介入したせいだと捲し立てる始末だった。

エイダがずっとうまくやり遂げたのは、学校の教育課程のカリキュラムをまとめ上げる仕事だった。彼女は学校におくべき図書を探しまわりはじめた。地理や家庭科といった教科に関する児童向けの図書がまったく見当たらず、手に入れようと努めもした。オッカム・スクールに我が子を送る親たちに読ませる本もそろえねばという思いも、彼女の頭に浮かんだ。親たちというのは、たいていの場合が農夫であり、彼らには宗教的な説教でも手仕事の見習いでもない教育という観念は新規なものに思われたことだろう。彼らにはまず、そうした教育の目的を教えてやる必要があった。

　彼女は学校に、もう一つ別の領域の科目を開設させようと考えていた。多くの人びとには、それは子供の心にはあまりに危険で、異端的な科目と思われた。その科目とは骨相学だった。骨相学の第一人者たるジョージ・クーム〔一七八八―一八六八、エディンバラ骨相学協会を設立し、『骨相学ジャーナル』を創刊した〕に言わせれば、この学問分野は「人類がこれまでに知るに至ったもっとも重要な発見の一つ」らしかった。骨相学は「脳の生理学の上に築かれた、人間知性にかかわる哲学大系」にほかならないと、彼は言を継いでいた。エイダは、子供たちにこれを学ばせぬ手はないと考えた。哲学的内容はいうに及ばず、人びとによく知られている点で、クームの著作はとりわけ聖書に肩を並べる存在であると彼女には思えたのだ。

*

　十九世紀の伝記作家の言葉を借りれば、フランスの偉大な思想家デカルトは「分析という光を手にして人の心のなかに分け入った」最初の哲学者だった。骨相学という学問分野の始祖は、フランツ・ヨーゼフ・ガル〔一七五八―一八二八、脳は二十六種類の骨相から成ると唱えた〕とヨーハン・キャスパー・シュプルツハイム〔一七七六―一八三二、ガルの助手〕である。骨相学者たちは彼ら二人を陣頭に立て、経験科学という巻き尺を手にして、デカルトのあとにつづいたのだ。

　しかし、実の話をいえば、骨相学者たちはデカルト哲学の根幹をなす〝二元論〟に挑戦を試みたのである。二元論とは、心は精神的領域にのみ存し、肉体は物質的領域に帰属するという考え方だった。デカルトは、このことは自己内省の行為——あの有名な「我思う、ゆえに我あり」——を通してのみ証明できるものと考えた。自己内省とは、物質的領域にかかわる知識になんら依拠することなく、精神的領域に光を投げかけるのに使われ得る点火火花のようなものであった。

「だが……」と、クームは反旗を翻した。

精神はこの世界に存在する以上、それ自体では哲学的考察の対象とはなり得ない。物質的世界におかれている以上、精神は有機的器官の媒体を通してのみ活動をおこない、かつ活動を受けることが可能である。美女の瞳に輝く魂の煌めきは、その甘美な影響力を同じ人間の魂に対して、視神経の繊条組織を通してのみ揮い得る。心が高ぶった演説家が滔々と雄弁を揮うとき、まるで心から心へ、ほとんど直接的に気持ちが伝わっているように思える。そんな時でさえ、演説は分厚い骨相〔特定の機能を帯びると考えられた脳の部位〕という器官を通して、肉体としての人間から発せられ、同じく肉体としての人間へと伝えられているのだ。

デカルトが自慢げに内省を口にした瞬間こそが、まさにこのことの真実を明かしているのだと彼は論じた。低く垂れ込めた雲や、暴風雨が荒れ狂う空は、われわれの気分を落ち込ませ、不安定な気持ちにさせるだろう。飢饉や病気は心を打ち砕くこともあるかもしれない。外の世界の様相は、明確に心のありようを左右するのである。他の科学者たちがすでに指摘しているように、狂ったように産業と社会の構造が変化したあの当時、よりいっそう心は外界によって左右されていたはずなのだ。神経疾患が蔓延した真の原因について、医師ジョージ・チェイン〔スコットランドの医師（一六七一―一七四三）、『健康と長寿に関する論考』で食事療養を説いた〕はこう述べている。(8) それは、現代人が「放蕩と贅沢のために、あらゆる物的資源を求めて」地球上を恒常的に駆けずり回るようになり、そのために「暴飲暴食を引き起こした」ためなのだと。エイダは確かにそうだと膝を打った。そのため、彼女は一時期、みずからの神経疾患を「現状、時代、社会情勢が生んだ高い緊張状態」のせいだと決めつけるほどだった。

（8）チェインの著書『英国の慢性病、あるいは神経疾患全般について』（一七七三）は、精神病にたいする社会的態度の変化について、説得力のある見解を提供している。彼はおそらく、心理的障害の原因が社会の変化に求められることを初めて指摘した科学的著述家の一人であろう。

十九世紀初頭の英国では、精神と肉体の緊密な関係について示唆することは危険な行為だった。あのもっとも激しい攻撃の的となった（さらに悪いことには、フランス的であった）系統の哲学、〝唯物論〟を信奉しているのではと非難される可能性があったからだ。〝唯物論〟とは、世界になんらの道徳的かつ霊的次元も認めない思想である。骨相学者たちは、こうしたレッテルを貼られることを避けたかった。そのために、彼らはみずからの方法論が精神と物質の関係についてなんらの光も照射するものではないと主張したのである。クームの議論はこうである。「骨相学者の本意とは、人間をこの世界においてあるがままに眺め、精神とその器官の関係を統べる法則を探求したく思う［唯一、それだけの］ことである。しかるに、それら各々の本質や、それらの結びつきの様態を突きつめる意図はない」。

骨相学の背後に横たわる基本概念は、脳は他の身体の部位と同様に分割可能な骨相から成り立っており、精神はこうした骨相の活動から発生するというものである。さまざまな観察がこのことを立証していた。たとえば、「部分的精神遅滞」の症例において、「精神薄弱者」が知的能力において障害をもっていても、道徳的能力は正常であるという場合などがそうだった。骨相学では、さらにこういった議論もおこなわれていた。すなわち、各々の骨相は特定の「能力」あるいは行動上の傾向と関連しており、その骨相が大きければ大きいほど、関連する能力はよく発達していることになるのだと。骨相の相対的な大きさを計るのには、ただ単に頭蓋の形状を調べるだけで事足りた。脳のある部位で骨相がよく発達していれば、その上の頭蓋は膨らんでいると考えられた。また、骨相が未発達な箇所では、その上の頭蓋はへこんでいるとされた。かくして、個人の性格を割り出す作業は、彼または彼女の頭蓋上の頭相〔頭蓋の隆起した部分のこと〕を手で触れることからはじまる。そして、その結果をそれぞれの精神的機能に関与する骨相の位置を表すいわゆる骨相学地図と照らし合わせるだけで、性格判断は可能であると考えられた。こうした地図は磁器でつくられた人間の頭部であり、その頭皮はラベル付けされた領域に分割されていた。今では奇妙な骨董品になってしまったが、そうした地図は一八三〇年代には重要な科学器具と見なされていたのである。

地質学者や植物学者と同じく、骨相学者も分類への情熱を抱いていた。そしてクームの著作は、人間の能力を分割する複雑なシステムを挙げている。二つの等級（感情と知性）があり、それらはいくつかの部類（たとえば、「傾向」や「情緒」など）に下位分類されている。そして、それらのもとには、味覚から「多情性」へといたる特定の能力へのさらなる下位分類がつづいている、といった塩梅だった。

骨相学が打ち出した研究方針《アジェンダ》は極めて野心的なものであり、比類なき影響力を秘めていた。それは医師たちに、病理学的疾患と同じく心理学的なそれについても診断を下す能力を与えるものだった。たとえば、「多情性」という骨相学の用語は、倒錯症について初めて医学的な考察を可能にしたのである。というのは、それは「繁殖本能」という伝統的な概念を性的欲求という現代的な概念で置き換えたからである。性的欲求は、たとえば同性愛や自慰行為といった、挙げればきりがないほど多くの形で発現することが可能だった。さらにいえば、多情性にかかわる骨相は小脳に位置しており、かつ小脳は脳内で最大の容積を占め、他のどの部位とも相互に作用することができた。そのために、ある歴史家が述べたように、性欲は「生命活動のあらゆる領域に流れ込む」ことが可能だったのである。[9] ゆえに、クームは次のような警告を発している。多情性にかかわる骨相が十分に発達を遂げ、かつ「道徳や知性を統べる骨相が貧弱である」場合、患者は「偽善者や破壊者、あるいはもっとも恥ずべき種類の性的享楽者」に堕する可能性もあろう。

(9) マイケル・ショートランド「小脳を探る」、『英国科学史ジャーナル』第二〇巻、一九八七年、一九五頁を参照。

*

骨相学者にエイダの頭を触診させようと思いついたのはアナベラだった。彼女が娘の初診に立ち会った時期を示す記録は残っていない。だが、おそらく一八三一年ではなかったかと推測される。担当した骨相学者はデヴィル医師〔一七七七―一八四六、ロンドンの石膏職人から身を起こした医師で、数多くの骨相模型を製作した〕という人物だった。[10] 本当に本名なのかと疑わせるほど、かなり怪しげな名前の持ち主だった。その名前からの印象にたがわず、彼は骨相学の開業医として、どう見ても医学界で高名を馳せたとはいいがたい人物だった。一八二二年にジョージ・クームによって創設された骨相学協会に、彼は興味深い頭蓋骨の模型数点を提供していた。しかし、同協会の重鎮の一人、ジョン・エリオットソン医師〔一七九一―一八六八、ロンドンで臨床医として成功したが、催眠術や骨相学に没頭する一面もあった〕の意見に従えば、彼はどこにでもいる、流行に便乗しようとする「下劣な輩」にすぎなかった。

(10) エリザベス・S・リッジウェイ「ジョン・エリオットソン(一七九一―一八六八)――彼は正統的医学の宿

敵なのか――第一部、催眠術の黎明とその概要」、『ジャーナル・オブ・メディカル・バイオグラフィ』一九九三年、第一巻、一九三頁を参照。

デヴィルがおこなった骨相学的診断の手順はシンプルなものだったと思われる。患者は彼の診察室に通され、椅子に坐るように言われる。彼の診察室とは、おそらく、自宅の居間だったであろう。それから、デヴィルは患者の頭の検査に着手する。最初の手順は、ただ単にその全体の形状を調べることだった。次に、彼は指先を使って頭蓋骨のより細かな形状を精査しはじめる。その指先が追い求めたのは、重要なポイントにおける隆起や窪みだったであろう。

こうした診察がエイダにおこなわれ、その結果を聞いたアナベラと彼女の友人たちは背筋がぞっとした。娘の想像力、感能力、構想力、融和力、そして知力は素晴らしく発達していた。要するに、彼女の頭脳は詩人のそれであることが判明したのだ。ソファイア・フレンドは、この診断はエイダのよく知られた性格（あるいは、むしろ彼女に期待された性格）に完全に合致するわけではないと言い張った。さらに、結果に対してさらなる分析がおこなわれたのち、この「困った事態」への解決法がとうとう見つかった。ソファイアは安堵の胸をなで下ろし、敢えて皆に聞こえるようにこう言った。「言語力は他の能力と比べて、そんなに優れているわけではないわ。ねえ、この頭で強く表れているのは、むしろ音楽と数学の能力だわ。やっぱり、その二つこそが、この子の性格で幅を利かせている要素なのよ」。

エイダのデヴィル宅での初診には、アナベラが付き添っていた。そして、診断が終わるとエイダは退室させられ、今度はアナベラのほうが受診者の椅子に坐った。彼女はもっとずっと読みとりやすい性格の人間だった。デヴィルは彼女の感受性を表す骨相があまりにも肥大化しており、すぐにでも治療を要することを突き止めた。トマス・ムアがバイロンの伝記を出版した直後だったので、その診断はアナベラの落ち込みようにぴったり符合していた。頭蓋骨の隆起を診ただけで自分の感情の源《みなもと》と強さを面白いように言い当てられ、彼女はなるほどと感じ入った。そのため、アナベラは全面的に骨相学を受け入れてしまった。その後、彼女は手紙を書くたびに、自分の能力や骨相にかかわる言及を書き散らかすようになった。あまつさえ、彼女は会う人ごとに頭の形状を調べ、性格診断を下す習慣に陥ってしまった。たとえば、ニューマン枢機卿〔一八〇一―九〇、『時局小冊子』で高教会派の立場を展開した〕に面会した時はこうだった。ニューマンとは、オックスフォード運動を指揮し、英国国教会主義《アングリカニズム》を高教会の伝統へと復帰させようとした人物である。彼女は枢機卿の頭が奇妙に歪んでいることに気づいた。それは推理力と慈悲心が欠如し、尊崇の念が過剰であることを示していた。監獄を訪れた際にも、彼女はある受刑者の頭蓋骨の特定領域に特徴が見られることに気づいた。彼の両耳の上部が、その内側にある骨相が膨らんでいるために、強く引き延ばされてしまい、ほとんど皮膚の下の組織が透けて見えるほどだったのだ。膨らんでいる骨相とは破壊的傾向に対応していた。それこそが、彼がとくに腹を立てる理由もないのに、ある女性を刺し殺した理由であることは明らかだった。

　エイダの骨相学にたいする態度は二律背反的だった。彼女は確かに科学的原理は受け入れた。しかし、その原理のまわりに群がる複雑な理論についてはどうも確信がもてなかった。クームは「子煩悩」という特性について、ある議論をおこなっていた。その議論が含むアイロニーを彼女がしっかりと理解できたのは、部分的にはおそらくこの二律背反性のゆえなのだろう。なぜなら、クームは「子煩悩」――つまり、子供にたいする愛情――をある詩の一節に言及しながら論じていたからである。その詩は、あろうことか自分を捨てた父親の詩だったのだ。

　一八四一年三月、彼女はデヴィル医師の診察室を再び訪れた。今回の付き添いは夫と一人の友人だった。その友人とは、有名なエジプト学者のジョン・ガードナー・ウィルキンソン卿〔一七九七―一八七五、「英国におけるエジプト学の父」と呼ばれる〕だった。今度は、彼女がデヴィル医師の診断によって不安に陥れられる番だった。彼の所見によれば、彼女には批判を受けることにたいする、ほとんど病理学的な恐怖があるということだった。彼女はまさにそのとおりだと納得した。さらに、彼女においては感情が知性に勝っていると彼は語った。

　これはエイダにとって耳の痛いことだった。一八三九年七月に三番目の子供――彼女がレイフと命名した息子――を産んだのち、エイダは再び情緒不安定に陥っていたのだ。子育てにつきまとう制約は彼女には耐えがたかった。母にとってそうだったように、それは自由の拘束だった。エイダは子供たちを愛していた。しかし、「実際、何から何まで」彼らの世話を焼くことはできなかった。それは別に誇張した表現ではなかった。娘のアナベラを死産したとき、彼女はこう言っていた。あの頃、甘汞《かんこう》〔塩化第一水銀〕、つまり強力な水銀を主成分とする下剤を飲みすぎて、自分は半ばうまいこと娘を「殺した」のだと。確かに、子供たちの乳母が、奥さま〔エイダ〕の不器用な子育てぶりを冷やかして楽しんでいたのは疑いようもなかった。奥さまは「あんなに強いお薬」をお飲みになったら、可哀想にお子さまを「堕ろしてしまう」ことは間違いないわ。乳母はそう確信していたのだ。

　エイダはもう一度、研究に没頭しようと――そして、あの例の感情とやらを知性を伸ばして支配してやろうと心に決めていた。彼女は数式や問題で一杯になった「数学雑記帳」を再び取り上げ、誰か家庭教師になってくれる人はいないかとまわりを探しはじめた。メアリ・サマヴィルはもはや当てにできなかった。彼女はすでに一八三八年にイタリアへと引っ越していたのだ。それゆえ、エイダはロンドン在住で、自分に正式な教育を授けてくれる誰か別の人を見つける必要があった。「しかし」と、彼女はチャールズ・バベッジに、いかにも重々しく念を押しながら、こう書き送っている。「問題なのは適役の方がいらっしゃるかどうかです。私の勉強の仕方は一種独特ですので、私にうまく教えられる方も一種独特じゃないとだめでしょうね」。

彼女が風変わりであること――それはほとんど誰もが指摘していることだ。その変わった性格に突き動かされてであろう。彼女はバベッジを驚かせたにちがいない、あるいはいくらかは憤慨させたにちがいない、自分自身に関する一節を手紙に付け加えている。「私のことを自惚れているとお考えにならないでください」――そう彼女は切り出した。

でも、数学的探求に関しては、私は好きなだけ遠くまで進んでいける力があると信じているのです。数学的探求には、私はしっかりとした愛着心――あるいは情熱と呼べばいいのかしら――を抱いているのです。この研究分野にこんなに強い思いを抱いている以上、私にはいくらかでも、もって生まれた天才的素質が必ずしもないとは言えないのではありませんか？　とにかくも、私の愛着心はしっかりしたものですので、このまま満足させずに済ますことはできません。こんなことをくどくど申し上げますのは、貴方さまご自身が家庭教師としてうってつけの方、あるいは資格十分な方だと思われるからです。いずれにしましても、できる限りの援助を私にしていただけるものと信じております。

この一節は、のちに彼女の手紙を支配することになる強い特徴――風変わりなこと――が最初に表れた例だった。彼女は、ますます自分がユニークな存在であることを意識するようになった。たとえていえば、彼女は交配種の実験が生み出した存在だったのだ。あたかも新種の人間を生み出すために、感情と知性を融合させる試みがなされたようなものだ。それはちょうど、新種の豚を生み出すために、農学者たちが成長の早さと繁殖力を融合させようとすることに似ていた。彼女は今や、その実験がどの程度成功を収めたのか知りたく思った。その結果が生存可能な新種であろうが、怪物であろうが、そんなことはどうでもよかった。

彼女はこの問いにたいする答えを見つけようと奮闘した。その努力のなかで、彼女が便宜的に、あるいはほとんど弁解まじりで、バベッジに対して自分の特性を説明するのに用いた言葉——それが「天才」だった。この言葉はやがて、彼女がごく当たり前のように使う語彙の一つになっていく。最近になって、彼女にはますます頻繁に躁病の症状が現れるようになっていた。躁病期には、彼女は天才という言葉をごくありふれた、ある種の超人的能力の意味で使っていた。徐々に正常な状態に戻ると、彼女は認めるのだった——あんな言葉遣いをしたのでは、自惚れていると思われても仕方がありませんねと。彼女の父親は、自惚れに「勝るとも劣らない傲慢な感情」として自己愛《セルフラブ》を挙げていた。彼女は父親に似て、その自己愛に取り憑かれていたのだ。自己を形容する際に、彼女自身こんなふうに言っていたではないか——私は詩的天才、私は形而上学的天才、私は音楽的・演劇的天才、私はスケートだって天才なのよと。

しかしながら、別の折には、エイダは自分が天才であることを授かり物というよりも、苦悩の種として考えているようだった。天才であることは、自分の家族を含めて、親しみや暖かみを感じさせるあらゆるものから自分を遠ざけてしまうことでもあった。ときには、自分が天才であるという先入観がどうしようもなく強くなってしまうことがあった。そんな折には、彼女は夫や子供たちと一緒にいることに耐えがたくなり、今にも逃げ出したくなるのだった。

＊

数ヵ月間、八方手を尽くしたのち、ようやく彼女の数学的能力を高めるのに一肌脱いでくれる人物が見つかった。特段風変わりなところのない、とても優秀な数学者・論理学者のオーガスタス・ド・モーガン〔一八〇六―七一、インド生まれの英国の数学者、数理論理学における「ド・モーガンの法則」で有名〕である。仲介の労を執ってくれたのは、彼の妻のソファイアだった。ソファイアの父親は、昔アナベラの家庭教師を務めた、今はすっかり年闌《た》けたウィリアム・フレンドだった。こうした人とのつながりは、必ずしも幸運なめぐり合わせとはいいがたかった。なぜなら、これでエイダとソファイアの関係はまだまだつづくことになってしまったからだ。エイダはソファイアに打ち明け話を語りつづけ、その話はアナベラに筒抜けになった。アナベラを敬愛するソファイアが、まるで貢ぎ物のようにそれらを彼女に捧げることができたのだ。ところが、ソファイアの夫のオーガスタスはとても優れた家庭教師であることがわかった。我慢強く、献身的な人物だったのだ。

　オーガスタスの助力を得て、エイダは今や科学的探求の旅に出かけようとしていた。それは同時に自己探求の旅でもある。彼女は純粋数学の碩学のなかに我が名を連ねようとするが、上昇を試みようとした瞬間たじろいでしまう。その高みに昇る前にやるべきことがあったのだ。彼女は「生まれながらの天才」という、いまだに闇に覆われた領域を通り抜けねばならなかった。自己の過去という深淵へと我が身を沈め、狂気の寸前まで至らなければならなかった。

第六章

不具の変身

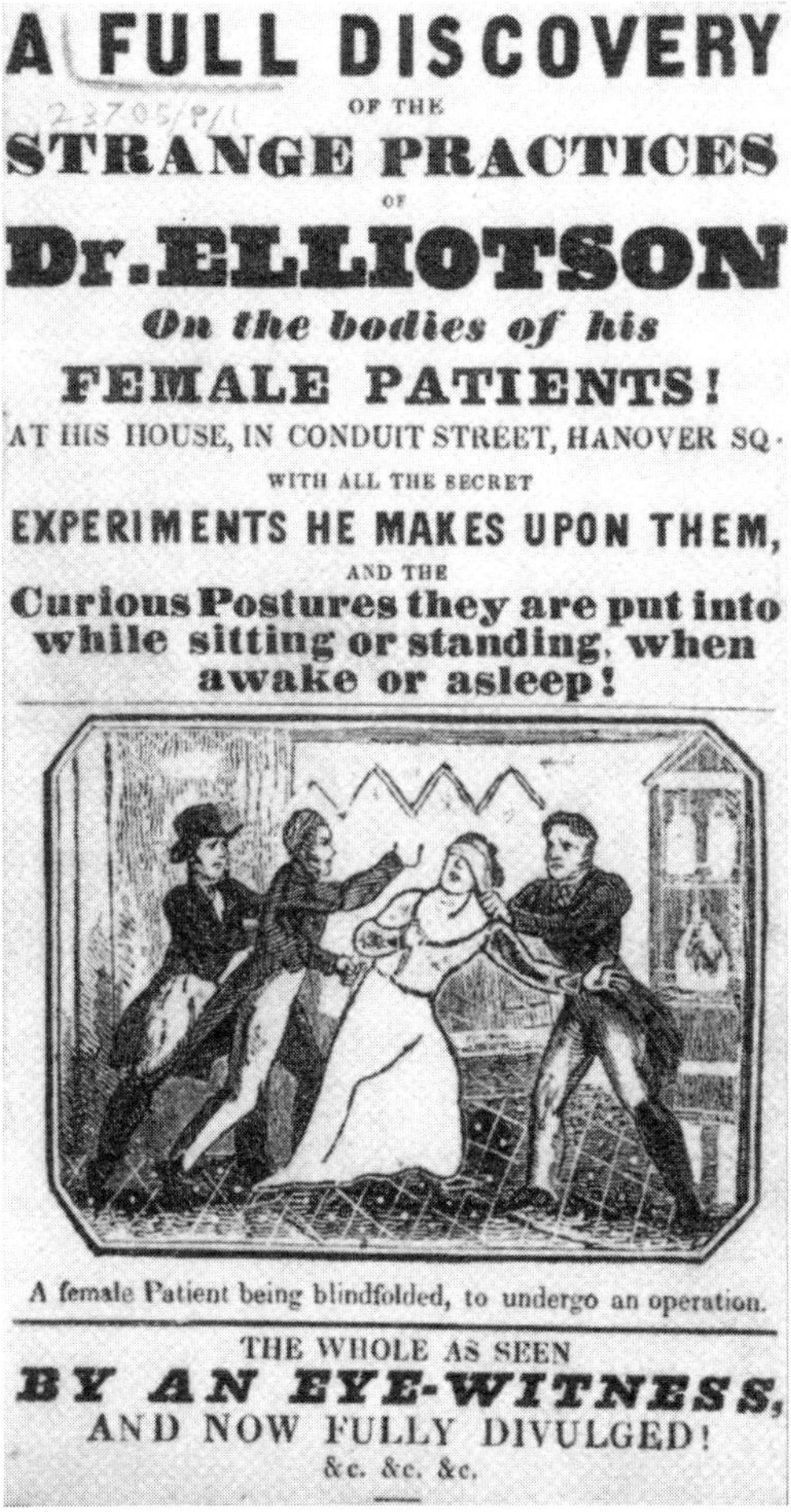
A FULL DISCOVERY
OF THE
STRANGE PRACTICES
OF
Dr. ELLIOTSON
On the bodies of his
FEMALE PATIENTS!
AT HIS HOUSE, IN CONDUIT STREET, HANOVER SQ.
WITH ALL THE SECRET
EXPERIMENTS HE MAKES UPON THEM,
AND THE
Curious Postures they are put into while sitting or standing, when awake or asleep!
A female Patient being blindfolded, to undergo an operation.
THE WHOLE AS SEEN
BY AN EYE-WITNESS,
AND NOW FULLY DIVULGED!
&c. &c. &c.

ひどく冷たい冬が、一八四〇年も残り数ヵ月に押し迫った頃にやって来た。エイダが呼ぶには「数学向きの天気」だった。家のなかに閉じ込もり、研究に打ち込むにはうってつけといえた。十二月のほとんどは数学雑記帳の計算仕事に費やされていった。

戸外では、強く、一瞬もやむことのない東風が凍りついたサリー州の風景を吹き渡っていた。エイダは東風をひどく嫌った。それは彼女にとってほとんど神秘的な力を帯びていた。それが吹くたびに、彼女は自分の生活が掻き乱されたように感じた。その状況は「まとわりつく」子供たち〔バイロン、アナベラ、レイフの三人〕がいても、ちっとも癒されるものではなかった。数週間も一緒に家のなかに閉じ込められていたので、子供たちにしても手に負えない状況に陥りつつあった。長男の幼いバイロンは、妹のアナベラを怖がらせるのを趣味にまで発展させていた。彼の話では、神さまは善良な子供なら死んでも生き返らせてくださるが、悪童は八つ裂きにして切り裂いてしまうということだった。

クリスマスイヴには一時的に天気が回復した。オッカム・パークの敷地内にある湖は凍りつき、エイダとウィリアムはそこへスケートの練習に出かけた。エイダはすっかりそれに夢中になり、湖面の氷を溶かして「裂け目を入れる」新年を恨めしく思うほどだった。

東風は弱まったが、別の騒動の種がエイダの身に吹きつけていた。それは、今度は南から吹いてきた。アナベラはパリにいたが、そこではある話が持ち上がっていた。その話のもつ深い重要性を、アナベラは自分の娘にくどくど説明しようとしていた。

数ヵ月前の一八四〇年七月に、アナベラは弁護士のジョージ・スティーブン卿から無心の手紙を受けとっていた。ジョージ卿は自分のためではなく、自分の顧客の一人でフランス在住のある女のために金を欲しがっていた。その女はオーガスタ・リーの娘、エリザベス・メドーラ・リーだった。幼児の頃のメドーラを見つめる夫〔バイロン〕の顔に、とりわけ優しそうな面持ちが浮かんでいたのを、アナベラは見逃してはいなかった〔九五頁参照〕。

相手が誰であれ、ただの好意《エクス・グレイシア》から出費をするのはアナベラの性には合わなかった。彼女は合理的理由なしには、なかなか財布の紐を解こうとしない女だった。ただし、今回の場合、彼女はメドーラを自分たちとのかかわりに巻き込ませるのは得策だろうとすぐさま見てとった。そこで、彼女は何か自分にできることはないかと思って、フランスへと出かけていった。

フランスのトゥール〔フランス中北西部を流れるロアール川に臨む古都〕という町で、アナベラは貧窮し、おそらくは肺結核に罹っていると思われる二十六歳になる一人の女に出会った。その女、すなわちメドーラはアナベラの目に、まるで絵に描いたように哀れな女に映ったにちがいない。アナベラは心を動かされ、その若い女を保護するのである。彼女が女に偽名を名乗り一緒にパリまでついて来るよう指示すると、柔順さと感謝の鑑のようなメドーラは言われたとおりにした。

一人の若い女が自分の助けと指導を受け入れ、かつ感謝感激していること——それはアナベラにとってまことに常日頃にはない経験だった。彼女の母性的感情は掻き立てられ、ほとんど彼女を圧倒してしまう。「埋められた森のように、長年かけてできた苔の下で、ずっと眠りこけていた私の感情が呼び覚まされたのです」——彼女はフォンテンブロー〔パリの南東約六〇キロに位置する都市、歴代フランス王の居住地〕での逗留の際にオリヴィア・アチソン〔アイルランドの貴族、第二代ゴスフォード伯爵(一七七六—一八四九)の娘で、エイダの結婚式に際して新婦付添人を務めた人物〕に宛てた、興奮に満ちた手紙のなかで語っている。「これは私の生涯における小さな輝きの時にすぎません。それは長続きしないでしょうけど、その記憶は甘美なものになるでしょう。私の愛情を受けとる人は、若死にするように運命づけられているのです」。これらの文言は、彼女が自分の娘には決して口にしなかった感情を表している。しかしながら、当の娘エイダはオリヴィア・アチソンの友人だったので、こうした文言について知るに及んでいたのかもしれない。

アナベラの感情の発露は、ただ単純にメドーラの哀れな境遇によってのみ引き起こされたのではなかった。彼女の感情の裏側には、メドーラ自身の場合もそうだったが、より複雑な親子関係の問題がひそんでいた。アナベラはバイロンとの結婚生活の間、確かにオーガスタを熱烈に姉として受け入れていた。しかし夫婦別居ののちは、アナベラとオーガスタとの関係はひどく悪化してしまう。一八三五年以降、それは事実上決裂状態にあった。オーガスタの側から関係修復のための働きかけはあったのだが、彼女に典型的な手際の悪さも手伝って、アナベラにさらに敵意を抱かせるばかりだった。彼女の最悪の失敗はアナベラに一通の手紙を書き送ったことだ。そのなかで、彼女は自分はエイダと社交界でお近づきになりたいと望んでおり、もしもお返事がいただけなければ、これに同意されたものと見なしますと書いてしまったのである。道徳的優越感のゆえに保っていた沈黙を破らざるを得なくなり、アナベラは軽蔑的な拒絶の返事を出した。あとになり、切実な語調を強めつつも、和解懇願の手紙がつぎつぎと彼女のもとに送り届けられたが、無情なる破棄の憂き目に遭うだけのことだった。

今や、アナベラは憎むべき女の娘を完全な支配下においた（あるいは、「おいた」と考えた）。ところが、事はそれだけでは済まなかった。娘メドーラの側にも、母に怨みを晴らす意思があったのである。娘はその手段を手にしていた。その手段とは、みずからがバイロンの近親相姦の交わりから生まれた子にちがいないという確信だった。それを公にしてしまえば、オーガスタには破滅的な効果を与えるはずだ。立場を替えていえば、メドーラを救済することは、アナベラにとって、オーガスタへの抑圧のカードを手に入れることでもあった。

アナベラとメドーラとの関係は一八二〇年代末にまで遡る。当時、アナベラはカンタベリーの近くに借りていたビフロンズと呼ばれる屋敷を、メドーラの姉のジョージアナとジョージアナの新しい夫ヘンリー・トレヴァニオンに貸していた。

移り気なヘンリーはジョージアナにとってよい相手とは考えられていなかった。そこで、皆が彼らの結婚を止めに入ったのだが、オーガスタだけは例外だった。メドーラはしっかりとそのことを覚えていた。こうした但し書き付きではあったが、結婚生活は進行してジョージアナはほどなく妊娠した。彼女はビフロンズに滞在中に出産する予定だった。

メドーラの自己弁護的な生涯の記録(1)に従えば、ジョージアナとヘンリーはビフロンズでの生活に退屈し、娯楽のために――より正確には、ヘンリーを悦ばせるために――メドーラを呼び寄せることが習慣となっていた。この記録は、一八六〇年代に『イラストレイティド・ロンドン・ニュース』〔一八四二年にハーバート・イングラムが創刊した絵入り週刊誌〕の編集者チャールズ・マッケイ博士の手に落ちていた。無垢な十五歳の娘がヘンリーと二人きりになるように手はずを整えたのは、妹の「卓越した美貌と才能」に対して、嫉妬心が「頭をもたげはじめていた」ジョージアナだったのは明らかである。

避けられない事態が起こった。「数ヵ月後に、私は破滅させられました」と、メドーラは簡潔に記し

（1）この記述はC・マッケイ編『メドーラ・リー、歴史と自伝』（ロンドン、一八六九年）において初めて出版された。ドリス・ラングリー・ムアはこの未編集版をエイダの伝記中一〇四頁以降に掲載している。

ている。
彼女の破滅は人目に気づかれなかったわけではなかった。ウィリアム・イーデン師という牧師もまた、当時妻と一緒にビフロンズに滞在していた。妻の名前はレディ・グレイといった。（彼女は前に結婚した時からレディの称号を得ていた。）彼らはすぐに驚くべき夫婦生活《メナージュ》がよその部屋で営まれていることに気づき、詩人バイロンの跡を継いだ七代目のジョージ・アンソン・バイロンにただちに事の次第を伝えた。彼はアナベラが海外にいる留守中に、彼女の身辺整理に当たっていたのである。この事件について、オーガスタではなくアナベラに相談がなされたのち、ジョージアナ、ヘンリー、メドーラを海外に送ることが決められた。彼らの縺れ合った関係が、社交界の目の届かない彼の地で解きほぐされることを願っての事態処理だった。

メドーラはカレーで赤ん坊を早産し、ルヴィールという医師がその子の世話に当たった。メドーラはそれから母親のもとに帰り、セント・ジェイムズ宮殿〔ロンドンのペルメル街やセント・ジェイムズ・パークに隣接する、ヘンリー八世が一五三二年に造営した王宮〕の部屋で暮らしはじめた。オーガスタはこうした事態の動きに完全に無知であり、十六歳になる娘を社交界に送り込む手はずを整えはじめたところだった。

その一方でジョージ・アンソン・バイロンは、おそらくアナベラの要請に従ったのであろうが、使者をカレーに送ってメドーラの生児《せいじ》を捜しはじめた。しかし、その使者はなんの情報も得られぬまま戻ってきた。メドーラは我が子に何がなされようとしていたのかまったく知らなかった。彼女はただ時折、我が子はすでに秘密裡に取り返され、バイロン卿夫人の保護下におかれたにちがいないという妄想に駆られるばかりだった。

イングランドに戻ると、メドーラはまたもや、あのいけ好かないヘンリー・トレヴァニオンと付き合わねばならない境遇に陥れられたことに不満を並び立てはじめる。しかし、彼女をそんな境遇に陥れた張本人は、今回は姉ではなく「母」だったのだ。

オーガスタはヘンリーによほど強い情愛を抱いていたのだろう。ヘンリーによって二度も妊娠させられたことを——しかも二度目は母親と一つ屋根の下で暮らしている時だったことを、メドーラは彼女に明かした。そんな時でも、オーガスタはヘンリーに二通の手紙を送っただけだった。しかも、それらの手紙のなかで、オーガスタは自分がずっと彼を愛してきたことを、さらにこれからも愛しつづけることを腹蔵なく宣言する始末だった。しかし、彼女は同時にこうも彼に言い聞かせていた。貴方は私のなかに「母親の優しさと溺愛」を見出すでしょう——いいえ、決して恋人としてのではなく。彼女はまたメドーラに、愛する母になんでも打ち明けて欲しいと書き送った。その書面にはこうあった。「お願いだから、元気を出してちょうだい。全力でこのひどい状況に耐えてちょうだい。そして、私の愛を信じてください。貴方は試練に、それもとびきり辛い試練に遭っているのよ。私はそれを感じるわ。神さまが貴方を支え、慰め、そして導かれんことを」。

こうした半狂乱の感情のほとばしりは、わが娘を性の略奪者に餌として捧げようとする女のそれではなかった。それはむしろ芝居がかった仕草をしたがる女の、辻褄の合わない叫びに似ていた。他の厄介なことも含めて、暴力的な夫、リー大佐が事の次第を嗅ぎつけ、ヘンリーを殺害してしまうという虞《おそれ》があった。その虞がオーガスタに取り憑き、彼女をパニックに陥らせていたのだった。

メドーラは再びジョージアナとヘンリーを伴い、今度はバースへと追い払われた。娘たちと義理の息子に危害が及ぶ可能性がないことを見てとり、オーガスタは夫に彼のお気に入りの娘メドーラに起こったことを告げる時が来たと判断した。しかし、彼女はその仕事を一人でやり遂げる度胸を持ち合わせていなかった。そこで、もっとも信頼のおける友人の一人ヘンリー・ウィンダム大佐に、自分の代役としてその事件を打ち明けてくれるよう頼むことにした。リーは予想されたとおりに怒り狂い、ポケットにピストルをねじ込んでメドーラを求め、ロンドンの街路をうろつきまわりはじめた。

彼はメドーラの所在についてとうとうオーガスタの口を割らせ、娘を取り戻すべく一目散にバースへと駆け向かった。その地に着くと娘が滞在している屋敷になんとか入り込むことに成功し、彼は一緒にロンドンに戻るよう彼女に迫った。彼女は結局それに同意したが、その同意がなされる前にトレヴァニオンとの駆け落ちを謀ったのである。ジョージアナもその場面に居合わせ、明らかに抑えきれない感情が漲《みなぎ》った場面で夫を妹にゆずる約束をした。メドーラが当時お腹に宿していたと思われる子に何が起こったのかは不明である。おそらく、その子はリー大佐の到着以前に死産になっていたのであろう。

リーはメドーラをロンドンへと引きずり戻した。しかしながら、ゆき先は、彼が彼女とヘンリーに信じ込ませたように、セント・ジェイムズ宮殿の母の部屋ではなく、西ロンドンのリーソン・グローブ〔ロンドン中西部リージェント・パークの西側にある通り〕にある住所不明の場所だった。そこで彼女はポレン夫人という人物の監視のもと、軟禁状態におかれることになった。

ヘンリーとジョージアナは、二人の共犯で破滅に陥れた少女を彼女の監護者たる父親から救い出そうと決心した。彼らは二週間以内に彼女の居場所を突き止めることに成功した。ポレン夫人の黙過もあって、彼らは彼女を家から連れ出すことができた。ヘンリーはそれから間髪を入れずメドーラと一緒に大陸へと駆け落ちし、ジョージアナと彼女が産んでくれた三人の子供を置き去りにしたのである。

二人はその後二年間を兄妹として、ノルマンディーの海岸地方で暮らした。オーバン氏あるいはオーバン嬢という偽名を使っていた。しかし、二年が経つと金が尽きてしまった。ヘンリーには浪費癖があった上に、ほんの僅かな収入しかなかった。その収入はほとんどが、オーガスタがジョージアナに与えた手当から出ていた。妻の収入のすべては夫の管理下におかれるという法律のゆえに、彼はいまだにその手当を受けとっていたのだ。オーガスタの親戚であるチチェスター卿がヘンリーに手紙を書いていた。彼は妻の金には手をつけるべきではない。オーガスタは今や絶望的なジョージアナの経済状態を穴埋めする余裕はないのだから、という内容だった。ヘンリーは拒絶した。疑いようもなく、自分こそもっとひどい状態にあるのだというのがその理由だった。

彼は新しい金蔓を探しはじめた。ジャージー島〔英仏海峡にある英領チャンネル諸島中最大の島〕を訪れた彼は、そこに住んでいる親戚たちに金を無心した。一方、メドーラはヘンリーと別れ、尼になることを約束しますからお金をくださいと、母に手紙を書いてみた。オーガスタは六十ポンドという僅かな額しか出せなかったが、メドーラはその金で慎ましく暮らしていく計画を立てた。

メドーラは自己更生への熱意をもちつつも、そのための力がないことを痛感した。二ヵ月間尼僧院に入ることを試みつづけたが、彼女はそのたびに抗いがたい魔力をもつヘンリーのベッドへと引き戻されてしまうのだった。またも自分が妊娠したことがわかり、彼女の計画はついに水泡に帰してしまった。彼女は一八三四年五月に女児を出産した。その子を彼女はマリーと名づけた。彼女とヘンリーは、ブルターニュに立つ荒廃した城で共に暮らした。誰からも信用されなかったけれども、メドーラは自分たちは兄と妹として暮らしていると主張した。彼女は自分の時間を育児に捧げていたが、彼は遊猟と――メドーラは次の言葉になんの皮肉も込めずに伝えているが――神学研究に熱意を傾注していた。

一年ほどこうした生活を送ったのち、ヘンリーは突然に神学研究を中断し、財政研究を再開した。彼はイングランドに渡り、婚姻継承的不動産処分権《マリッジ・セトルメント》を質入れしてしまった。この独創的な取引は将来的所有権協会《リヴァージョナリー・インタレスト・ソサエティー》の存在によって可能になっていた。(2) 当該協会は一八二三年に設立され、土地所有階級の拡大に便乗しつつ、金のない法定相続人に相続予定日が来る前に世襲財産を現金化する手段を提供することによって、急速に発展を遂げたのである。トレヴァニオンの場合、当該協会は彼に八千ポンド以上を提供する用意ができていた。ただし、一万一千ポンドの価値がある政府有価証券を、署名して協会側にゆずり渡すことと引き替えにという条件付きだった。その政府有価証券は、バイロンがオーガスタの子供たちのために残しておいた六万ポンドの信託財産の一部だった。ヘンリーは今や見違えるほど金まわりがよくなってブルターニュに戻ってきた。彼を迎えたメドーラは公言して憚らなかった。彼への燃えるような愛情の残り滓にもう一度火がついたのだと。（彼女はそれを金のせいか、それとも彼の肉体的魅力のせいか、明確にはしていないのだけれども。）しかし、彼女はその件に関して、回顧録において誇らしげに宣言している。自分は二十一歳で、もう子供ではなく、抵抗の仕方ぐらいは知っているのだと。

(2) バイロン家とリー家の財政事情は極めて複雑で、おそらく今日の法人税専門の会計士でさえ匙を投げるほどであろう。しかしながら、ドリス・ラングリー・ムアはひるまなかった。彼女は『バイロン卿の貸借清算書』という著書全体を費やして、この問題を扱った。一九六〇年にバイロンの出版人の子孫、ジョン・マリ〔第五代目のジョン・マリ卿（一八八四―一九六七）のこと、ちなみにバイロンの出版人は第二代目のジョン・サミュエル・マリ（一七七八―一八四三）である〕とバイロンの生涯について、いまだに書かれるべき面が残っているのかどうか議論したのち、彼女はその書を著した。マリはバイロンの財政事情に関する本は面白いものになるだろうと示唆し、彼の発言は（びっくりさせるほど）正しかったのである。将来的所有権の詳細についての説明は、ラングリー・ムアの『エイダ』一一七頁を参照。

だが、そんなことは大した意味をもたなかった。見事なほどに極悪非道なヘンリーは新しい愛人を見つけ、メドーラを召使いの役割にまで格下げしたのである。彼女自身の診断によれば、一八三八年の春に今や独りぼっちで自暴自棄になったメドーラは、「危険な病の床」に臥した。治療に当たってくれた医師に対し、彼女は「かつて愛したこともなければ、日ごとにますます見下げ果てた人間としか思えなくなる」男から逃れるのに手を貸して欲しいと頼んだ。医師は彼女がオーガスタに手紙を出すのを手伝ってくれた。オーガスタは結局、彼女がどこかよそで病気を治すのに必要な五ポンドを送ってくれただけで、「とても安上がりな場所で」最低限度かかる生活費の年百二十ポンドでさえもくれなかった。
メドーラはようやく、自分自身のちょっとした「将来的所有権」を手に入れようとしていた。彼女はオーガスタが一八三九年に書いた、オーガスタとアナベラの死亡時にメドーラの子供が三千ポンドを受けとれる証書を売りに出すつもりだった。このためには、オーガスタが渡すのを拒絶している証書の原本を手に入れる必要があった。彼女がアナベラを頼りにしはじめたのはこの時であった。また、それはエイダがこうした不快な取引の全体に後戻りができないほど深くかかわりはじめていると認識した時でもあった。

*

神秘的なメドーラという女、その名を口にするのも憚られる叔母オーガスタ――いや、むしろその名を口にするのを禁じられた、父の異母姉オーガスタと呼ぶべきか――こういった人たちへの言及がエイダの身のまわりを飛び交いはじめた。すぐにエイダは、自分の誕生以来深く埋められていた家族に絡む歴史が、墓場から腐臭を伴って立ち上がってくるのに気づいた。アナベラが彼女に、バイロンのインクスタンドとアルバニア風の衣装をまとった肖像画を与えたとき、彼女はすでに墓場の地面に鍬《くわ》を入れはじめていた。今や、エイダの目の前に亡霊自身が立ち現れようとしていた。

一八三八年にバイロンの使者の一人が訪れてアナベラのドアをノックし、彼女を身震いする恐怖に陥れた。それはバイロンが死を迎える時まで、忠実に彼に仕えた召使いのフレッチャーだった。バイロンはフレッチャーに手当を残しておいたのだが、オーガスタの金銭に絡む不運がまるで胃袋のようにその金を呑み込んでしまい、彼はまるで十九世紀初頭に現れた訪問販売員のように、我が身を買ってくれる人を探さざるを得なかった。アナベラは彼の状況に好奇心をそそられ、オーガスタについて彼が自分と同じ意見を抱いているのかどうか知りたくなった。がっかりしたことには、彼の意見は自分のとは違っていた。彼に言わせると、あの方は扶養しなければならない「贅沢好みの」お子さまたちを抱えていらっしゃる上に、とにもかくにも緊急時には自分に一、二シリングは喜んでくださるのだということだった。オーガスタのこの寛容ぶりにアナベラは困惑し、それはあの女の低能さの表れなのかしらと考えた。

アナベラはこうした出来事の全体をエイダに伝え、単にフレッチャーの姿を見たことだけで心が動揺したことをみずから認めた。その語りは彼女の結婚の記憶にいまだに影を投げかけている、あの暗闇についての最初のあからさまな言及の一つだった。彼女は書き記している。「あの男ほど強烈に、貴方のお父さんを私の眼前に蘇らせる者はおりません」。

一八四〇年のフランスにおいて、バイロンの姿は再びアナベラの目の前に現れることになる。それはちょうど、彼女がメドーラを救う慈悲の旅に出かけた時のことだった。アナベラはソファイア・ド・モーガンに、あの娘はまるでバイロンそっくりに見え、動作も生き写しでしたと語っている。さらに、アナベラは認めている——エイダに優って、あの娘はバイロンに似ていましたと。それだけではなかった。メドーラは文字どおりバイロンとオーガスタとの近親相姦の具現化だった（あるいは、そうアナベラは見なした)。それこそが、アナベラが夫との別れを永遠のものとした口実だった。
この時までに、エイダはほとんど熱に浮かされたようにあり得る可能性を探っていた。情報の欠落がかえってたくさんの憶測をもたらしていた。彼女はすでに結婚した身であり、なんなりと望むままに父の詩を読むことができ、それについて他人に話す自由も得ていた。彼女は言葉の端ばしに隠された伝記上の詳細を突き止めようとしていたし[3]、言葉遣いのパターンや——隠蔽された物語さえも暴こうとしていた。与えられた事実から明晰な推論を展開し、例の話の実体はこうであろうと解答を導き出すのに、彼女がまだ勉強中の微分学は必要ではなかった。

(3) バイロン詩において、彼とオーガスタの関係を暗示している言及の例は以下の詩に見出される。『マンフレッド』第二幕第二場第一〇五—七行、『邪宗徒』第一〇四八—四九行、『アバイドスの花嫁』第一詩篇第一二連、『海賊』第一詩篇第一二連。

たとえば、父の偉大な劇詩『マンフレッド』のクライマックスの瞬間に見出される悪名高き詩行の行間には、何がひそんでいるのだろうか? 詩のタイトルと同名のヒーローは、「半ば気を狂わせる罪」の記憶のために狂乱状態に陥り、アルプスの下流渓谷にある瀑布の際に立ち、山々を支配する魔女を召喚する。彼女が現れると、彼はある人への愛を告白する。その人は……

顔立ちは私にそっくりで——眼も、
髪も、目鼻立ちも、すべてが、声の
響きまでも、私の生き写しといわれた。

〔第二幕第二場第一〇五—七行〕

その淑女はアシュタルテであり、その名前は近親相姦を犯した異教の女神〔古代シリアの主神エルの妹アシュタルテは、エルと交わり二人の男児と七人の女児をもうけた〕に由来している。この詩の後半において、登場人物の一人が彼女をマンフレッドの……と言いかける場面〔第三幕第三場でのマンフレッドの家臣たちハーマンとマニュエルの会話の場面〕がある。一体、彼女はマンフレッドの何なのだろうか？　その打ち明け話が彼の口から洩れようとした瞬間、彼は遮られてしまう。アシュタルテの正体と同様、真実はまさに舞台裏に隠されたままである。（ちなみに、エイダの息子レイフは祖母の別居騒動を扱った自著に『アシュタルテ』というタイトルをつけた。成人後に、彼は祖母の行動を弁護するためにその本を編纂したのである。）

こうした種類の恋愛については、他の場所でも言及されている。たとえば『邪宗徒』における恋愛は、「狼さえ餌食を漁るのを恐れる小道」を敢えて突き進んでいくものである。そして『アバイドスの花嫁』では、ズーレイカのセリムにたいするエロティックな感情を見出すことができる。セリムは彼女にとって「私のあずまや〔一〕の話し相手で幼少期からの遊び相手」である。「彼の鋭い眼は輝いた」のだが、そのさまはこうだった。

長く暗闇に沈み込んでいた思いを込めて、
心をとろけさせる光のなか――燃える思いを込めて……

〔第一詩篇第一二連第三三〇―三三一行〕

その思いとはどのようなものだろうか？　その暗闇とはどのようなものだろうか？

〔一〕　原文の“bower”には高貴な女性の「私室、寝室、閨房」の意味もあることに注意されたい。つまり、ここではズーレイカとセリムの近親相姦の関係が暗示されているのである。

メドーラ自身もバイロン詩の世界の住人だった。彼女はコンラッド、あの極悪の海賊コンラッドの妻として登場していた。あの悪漢が贖われるのは、ただ妻への情愛のゆえである……。

　彼の情熱は証していた、他のすべての美徳が失われたとしても、
　罪悪でさえこのもっとも麗しい情愛を消し去ることはできないことを。

〔第一詩篇第一二連 第三〇七―八行〕

それゆえメドーラと最初に出会ったとき、エイダがそんなにも強烈な衝撃を味わったのは不思議でもなんでもない――たとえ、それが針刺しによるものだったとしても。その針刺しとは、母から彼女へ一八四一年一月にパリから送られたものである。おそらく、遅れたクリスマス・プレゼントか、誕生日の贈り物だったのだろう。アナベラはメドーラにそれをエイダのためにつくって欲しいと連絡していたのだろう。その目的は作り主の女らしい美徳と家事の能力を示すことだった。しかしエイダの手に落ちると、その針刺しは驚くべき象徴的力を揮いはじめた。彼女はそれをメドーラの人生の隠喩として――おそらくは、自分自身の人生の隠喩としても見たのである。黒い地色はメドーラの絶望的な状況を、赤い刺繍と金色の組み紐は彼女の償われた将来の輝きを表しているように見えた。メドーラの場合、組み紐が輝くのはこの世ではなく、あの世になるかもしれなかった。というのは、アナベラがいまだに抱いていた考えによれば、肺を病んだメドーラはいつあの世にいってもおかしくない身体だったのだから。ア

ナベラ自身、何度も重い病をくぐり抜けて生きてきたので、そうした病にはとても詳しくなっていた。エイダは例の針刺しにたいする感謝の言葉に溢れた手紙を、母を経由して書き送った。そして、アナベラの行動を熱烈に承認する言葉も付け忘れていなかった。メドーラのような援助に値する女性に救いの手を差し伸べるということで、アナベラはすでに人間性を見極める類い稀なる力の持ち主であることを示していた。メドーラとは、恐ろしい状況にあっても「とても非凡で、とても気高い」態度を維持できる女性だった。

エイダが送ってきた手紙の文言は、アナベラを大いに喜ばせた。そこで、自分がメドーラに興味を抱く本当の理由について――ついでに、なぜエイダも彼女に興味をもつべきなのかについて――アナベラは今や可能な限り露わにしようと努めはじめた。というのは、この哀れな寄る辺のない娘に、アナベラはとうとうエイダがずっと欲しがっていた彼女の姉の姿を見出したからだ。

*

エイダと夫のウィリアムは一八四一年の春、メドーラに会うためパリに出かけようとしていた。旅支度の真っ最中の彼らに、アナベラは手紙を書く。そのなかで、彼女はメドーラにまつわる話の背景を詳細に述べ、バイロンが彼女の父であるという自分の信念を初めて打ち明けた。

アナベラは明らかに、その暴露が稲妻のように受けとられるだろうと思っていた。結果的には、エイダは別に驚くべきことではありませんわと返事を寄こした。彼女はすでに、この「とても不可思議で、かつ恐ろしい物語」を推察していたのだ。母宛の手紙にはこうあった。「お母さまは単に確証しているにすぎませんわ――私が何年も何年もほとんど疑いの念さえ差し挟んでこなかったことを。それにもかかわらず、私が疑っていることとさえ、お母さまにはおくびにも出すのは憚られることをね」。彼女は昨年の夏、ウィリアムも同じ考えを抱くようになったと付け加えた。メドーラが最初にアナベラに接近したあの時点で、彼女は例の「化け物みたいで、おぞましい」疑念を口に出すのを憚ったのだった。彼女はさらにこう言葉を継いだ。「私はその件については、随分前から同じ感情を抱いているだけです。あの不埒な思いが胚胎したかもしれない、お二方［オーガスタとバイロン］の胸の内は本当におぞましいですわ」。

この見解にたいするアナベラの反応は、そんな発言をしたエイダの責任を慌てて否定しようとするものだった。「愛しいエイダ、悪徳は［オーガスタの］側にあるなんて、私は貴方に仄めかしさえしたことはありませんよ。あの女の不誠実さと狡猾さについては話しましたけどね。［近親相姦の］事実について微かに関連のある詩に関して、貴方は触れましたけど、私はいつもそんな詩について議論することを避けてきたはずですよ」。バイロンに関しては、お父さまの「常軌を逸した振舞い」を、自分としては意図的に、かなりの程度まで「曖昧模糊たる」状態にしてきたのですよとアナベラは主張した――そのために他人さまからは、自分は優柔不断な人間ではないか、あるいは本当のことを隠しているのではないかと讒訴《ざんそ》される破目になってしまったのですけどね。だが、エイダが真実を知ってしまった今となっては、アナベラができることは、こうした現状が娘とすでに「浄化された状態にある」父親に恩恵をもたらすよう願うことだけだった。

一つの恩恵は、母と娘が今やお互いに正直になれたことだった。母の主張はこうである。自分が娘と離れていたのは、娘が片親だけの味方になり、片親だけに忠誠を誓わされることがないよう、娘を保護する必要があったからだ。それは、母の側で果たすべき義務ではないか？　それは、ゆき詰まった結婚生活が破綻したのち、どんな親でも負うべき、まず最初の義務ではないか？　こうした主張を受け、エイダは今やしっかりと母の側に与した。そして、アナベラが言ったことよりもエイダ自身による推測に基づいて、母の側の義務はすぐさま解除された。アナベラは勝ち誇ってこう宣言した――「貴方は今や、無条件で私の現在の友となったのです。そして、いずれ過去の友にもしてあげましょう」。

この新たに認めた立場がいかなるものか、一つ例を出して端的に示そうとして、アナベラはエイダに自分の結婚と父親について「なんでも好きなことを訊いてご覧なさい」と切り出した。エイダは言われたとおりにした。数日後、どうしてメドーラがバイロンとオーガスタが関係した「結果」だとわかったのか、教えて欲しいと彼女は母親に手紙を書いた。「それって証明するのは簡単ではなかったでしょうし、いくらかでも確証を得たと感じることさえなかなかのことだわ」。エイダはこう合理的に論じた――オーガスタはそのとき結婚していたのだから、メドーラはリー大佐の子供だとしてもおかしくないでしょうに。

水門は解放され、大洪水が一気に押し寄せてきた。長文の手紙で、アナベラは結婚生活中のバイロンの振舞いに関する逸話を再び語った。そのなかには、バイロンが妻に「激しく動揺し、何か恐ろしくて不可思議なものを暗示しつつ」読み聞かせたオーガスタの手紙からの引用がいくつか含まれていた。かつて、オーガスタとバイロンが鏡に映った二人の姿を見つめているとき、彼が自分たちの顔がよく似ていることを気に留めたことがあった。それは当然、貴方たちが姉弟であることの証じゃないのと、アナベラが無邪気に（いつだって無邪気に）言ったとき、夫が急に怒りだしたことも手紙のなかで指摘されていた。ウィリアム・ゴドウィンの小説『ケイレブ・ウィリアムズ』〔八七―八八頁参照〕と「私を永遠に悩ませる」脅迫についての言及もあった。アナベラが「辛辣ないやみ」を言いながら自分の居間から出てゆき、バイロンとオーガスタが二人きりで「お楽しみに耽る」ことができるようにしてやった一件も載っていた。結婚する前も後も、彼には「自責の念に駆られた言動」が見られたが、アナベラはそう見えたのは、自分が想像力をたくましくしすぎたせいだろうとしていた。身の毛もよだつ逸話の全体を通して、彼女は夫に「疑わしいだけ」という善意の見方をほどこしていたし、「お腹の子のことを考慮して」みずからは沈着冷静さを保っていた。「お腹の子」はもちろん、今これらの告白を読んでいる若い女性エイダのことである。アナベラはこう締め括った。「可哀想な子！　貴方が小さい時から激しやすかったのも、無理はないわね」。

＊

気が動転するとは、まさにぴったりの言葉だった。父が犯した罪の暴露にたいするエイダの反応は強烈だった。最初は父の振舞いへの憤りが起こった。次に、とても意外なことだが、怖いもの見たさも手伝って、父の罪を確認してみたい衝動が起こった。

母は娘が推測していたことを合点がいくように確証してくれた。つまり、結婚したのでとうとう娘が読むことを許された父の詩は、伝記に添っているということだ。彼女は父の面影を御曹子ハロルドとコンラッド、マンフレッドとドン・ジュアンという具合に確認しはじめた。そのさまは、ちょうど父の面影が娘に、弟のそれが姉に見えるのではと探る人のようだった。

とりわけ彼女の目についたのは反抗のテーマだった。それは詩のなかにもあり、血のなかにもあった。

反抗はバイロン作品の偉大なテーマの一つである——もちろん、ロマン主義のテーマでもあるが。それはロマン主義運動に見られるあのイコン、プロメテウスによって表される特質なのだ。彼はギリシアの神で、天上から火を盗み、それを地上にもたらすことによってゼウスに反抗した。偉大な巨人神《タイタン》をたたえつつ、バイロン自身が詩のなかで表しているように、彼の

……神に似つかわしき罪は、情け深くあり、
汝みずから指針を示して、人類の
苦痛の総量を減じてやろうとし
さらに、人間を彼自身の心で強化することだった……
〔『プロメテウス』第三連〕

エイダは内面の思いを通じて芯の強い女になっていた。彼女には「法律への、なんであれ押しつけられたものへの、生まれつきの反抗心」があった——みずからの言葉にあるように。そういう反抗心がどこに由来しているのかわかると、興奮と恐怖で身震いするのだった。彼女が自分の「不幸な親」——プロメテウス自身にも伍する存在——と同じ運命をたどることを妨げたすべては、自身の科学的かつ数学的理解力だった。

彼女は骨相学の用語を使って、自分自身を母に説明した。すなわち、みずからの「因果性」〔骨相学でいう、結果から原因を突き止める精神的能力〕、経験から法則を導き出す「内省的」能力、「希望」、楽観主義の「高等な」（つまり、人類にのみ与えられた）情緒、進歩への信念によって、自分は救われるのだと。「お願いだから、鳥《バード》ちゃん

〔エイダの結婚後、一八三〇年代初期にアナベラが娘との手紙のやりとりのなかで相手を呼ぶ時に使っていた愛称〕の頭が変になるなんて思わないで」と、彼女は母に言った——しかし、狂気によく似たあるものが今や彼女を捕えようとしているらしかった。

　私は自分自身を救い、父の罪を贖うために特別な探求に着手するつもりですと、彼女は表明した。「ある天才の才能を間違ったところで発揮させたことの償いを、私は人類に対しておこなう野心をもっています」と宣言したのだ。「もしも父が私にあの天賦の才の幾分かを与えてくれているとすれば、私はそれを偉大な真理と原理を実現するために使いたいと思います。私は父がこの仕事を私に託したのだと思います！」　科学を通じて、彼女は芸術の犯した冒瀆行為を克服しようとしていた。

　忠実な腹心の友《コンフィダント》で弁護士のウォロンゾー・グレグに、エイダはこの贖罪行為をどのように果たすつもりなのかをまとめた手紙を送った。自分は「奇妙な、知的かつ道徳的な使命」を神によって託されているのだと綴られていた。グレグは独創的な仕事をするように言いつづけてきたが、彼女のほうではまだそれには早いと感じていた。経済学の用語を使って、彼女は現在の人生の段階は投資に当たり、ふさわしい収益は長い時間を経てようやく与えられるのだと考えた。要は、当時のすべての鉄道投資家たちがやっていたことを、知的領域に移し換えていたわけだ。すなわち、彼女はいつか世界を変えるかもしれないシステムのためのインフラ・ストラクチャーを造っていたのだ。

　エイダは、この使命をみずから「科学的三位一体」と呼ぶものを利用して果たそうとした。（「科学的三位一体」とは、三位一体論者の国教徒を苛立たせるよう計算された、際立ってユニテリアン的な概念である。）この「科学的三位一体」は、直観力、推理力、集中力の三つの要素から成り立っていた。（直感力のことをいう際に、彼女は「触感力《タクト》」という言葉も用いた。「触感力《タクト》」とは、この場合の意味としてはすでに古語となっていたが、例外的に敏感な感覚のありようを意味している。集中力とは、骨相学的な意味で、単に心を特定の主題に向ける能力ではなく、さまざまに異なった概念をまとめ上げる能力を表す。エイダのいうには、それは「宇宙のあらゆる方向からの光を一つの壮大な焦点へと投げかける」能力を意味していた。）彼女は、この三位一体を神がみずからの手にゆだねてくれた一つの巨大な「機関《エンジン》」として見ていた。そして、この先自分の寿命と思える二十年間に、それで何ができるのか試してみるのは自分の義務だと了解していた。それは素晴らしい挑戦だったし、彼女がもっていた過剰なエネルギーを放出する手段でもあった。そのあり余ったエネルギーこそが「貴方の生活と私自身のそれにとってわざわいのもとだったのです」と、彼女はようやくアナベラに告白したのである。

そのエネルギーの幾分かを、彼女はすぐさまロマン派にとって重大な関心事である想像力の分析に振り向けはじめた。想像力とは、母にとって恐怖の源であった。しかし、彼女が払った努力の結果残ったものといえば、一編の論文の切れっ端にすぎなかった。もっとも、それが仮説的性質のもので、かつ尻切れトンボで終わっているため、かえって面白みを増していたのではあるが。

その論文の冒頭で彼女が指摘したように、想像力はたいてい詩や芸術のために限って論じられるのがつねだった。そうした条件のもとでは、それは神聖で犯さざるべきもの、オカルト的な力をもつもののように思われた。バイロン自身のいうところに従えば、それは魂の内部に湧き上がり、もしも詩という圧力弁を通して解放されなければ激しく爆発しかねないものだった。しかし、エイダはこの力をもっと優しいものととらえている。それは泡立つ精神のマグマではなく、むしろ翼と呼ぶほうが似つかわしいものだ。子供時代に、彼女はその翼が自分の背中にはためいていて、それを使ってこの世の憂さや拘束を逃れて飛翔することができるのだと夢想していた。

エイダは想像力には二つの役割があることを突き止めた。一つはさまざまな概念や経験を新しい統合体にまとめ上げること、もう一つは他の場合では不可視なるものを心に思い描くことである。後者の点において、それは宗教への扉を開く鍵となろう。それはわれわれに神を見る手段を与えてくれるし、われわれが「永遠の調べのなかで生きる」ことができるようにしてくれるからだ。

　しかしながら、エイダは宗教には興味がなかった。彼女が興味を抱いたのは、自分が確認した二つの相異なる想像力の側面がお互い一つに結び合わされたとき、何が起こるのだろうかということだった。そのようなとき、想像力は詩と物理学を、芸術的衝動と科学的手法を和解させる手段となる……そして、父と母を和解させる手段にもなると彼女は暗示した。この和解が実現されたとき、それは不可視の世界を現出させるだろう――空想の世界ではなく、科学的な世界を。たとえば、地質学によって示された何百万年前に遡る世界、動物学によって示されたさまざまな多様性の種に満ちた世界、数学によって示された純粋な三次元の形象や想像上の〝数〟が現れるだろう。科学者たちはこうした途方もない、超感覚的な風景の入り口に立っているのだ。彼女は主張をつづけた。もしも科学者たちが「真っ白な想像力の翼」に乗って飛び立てば、彼らは「私たちの生きている世界の未探査領域へ、さらに奥深く分け入って飛翔したい」と願うようになるだろう。

　この可視の世界はより広大な不可視の世界の一瞬の煌めきにすぎないという考えは、この先ずっと彼女の思考に充満するようになる。しかし、彼女は徐々に認識しはじめるのだ。自分の直接的感覚の向こう側に横たわる「この世の闇の領域にいるものたち」は、なんらかの合理的で科学的な宇宙に存在する幾何学的な物体にすぎないわけではないと。彼らは悪鬼や幽霊――ベドラム〔一五四七年、ロンドンに開設されたベツレヘム精神病院の通称〕の住民といってもよかった。

＊

一八四一年三月一日、エイダはソファイア・ド・モーガンに手紙を書いた。彼女の父で、アナベラの年老いた家庭教師だったウィリアム・フレンドが亡くなったからだ。ソファイアはエイダが嫌いだったが、それでも手紙での連絡は取り合った。ソファイアの側には、自分も含めたアナベラの魔女仲間たちが掻き回しつづけていた秘薬に注ぎ込むための何か新しい材料でも手に入れれば、という目論見があった。

エイダの手紙はお悔やみにはまったくふさわしくない調子で書かれていた。彼女はソファイアの父に対し、少しばかりの優しい言葉を使い、いかにもそれらしく書きはじめていた。だが、突然に彼女は死のテーマに関する議論に傾きはじめた。あたかも、ソファイアにはその問題についての講義が必要なのだと、自分で決めつけているように。彼女はときどき自分が死んでしまったような気がするという議論を進めた。それは、「驚くべき触感《タクト》力」を駆使して、自分は生から死への移動がどんなものなのかわかるという内容だった。

この驚くほど不手際《タクトレス》な手紙は、エイダがすでに、ある種の躁病《マニア》かヒステリーに罹っていたことをもっとも雄弁に物語る徴《しるし》の一つだった。しばらくして、彼女は我が身に起こりつつあることの正体を理解するようになる。そんな折を経て、彼女は躁病やヒステリーという言葉を用いはじめる。病気の兆候が現れたのは、一八四〇年の夏のことだった。それはアナベラがメドーラを救うためにフランスへ出発した時と符合していた。そして、あらかじめ仕組まれていたかのように、エイダの病的傾向が深まるのとメドーラの事件の進展はぴったりと重なる。エイダ自身がこの頃には自分のどこかがおかしくなっている――何か「途方もない病気」、つまり「ヒュドラ〔ヘラクレスに退治された、九つの頭をもつ蛇で、一つの頭を切ると、すぐに二つの頭が生えたといわれる〕のような頭をした怪物」が、自分に「果てしない躁病かむら気」をもたらし、それは「ある姿の時に倒されるや否や、すぐに別の姿で復活する」ことに気づいていた。彼女はそのことでロコック医師にかかったが、母には細かなことは教えないでいた。

エイダがおびただしい量の手紙を書いて寄こすものだから、母は娘の状態がおかしいと推測したにちがいない。エイダはあまりに興奮して手紙を書いたので、ときに顔がむくんで膨らんでしまうこともあった。彼女が母によく話したことは、自分のプロメテウス的な創造力、人生の闇夜を抜けて、朝焼けの瞬間を迎えつつある自分の脳内にある研究室、月の住民についての自分の意見などであった。

彼女はこう言っているようだった。自分は不具に、父の血によって不具になった。しかしそれは悲しむべきことではなく、祝福すべきことなのだ。ちょうど、父が何年もかけて苦労して創作した詩『不具の変身』〔バイロンの障害はアーノルド伯爵のそれに転移されている〕のなかでそれを祝っているように。

……不具とは大胆不敵なること。
人間どもに追いつき、追い越すことがその本質だ。
心と魂の力で、みずからを他の人間どもと等しき者——
否、他の人間どもよりも優れた者とすることだ。
他のすべての人間どもがなれない者になろうとして、
そのぎくしゃくした動きには、拍車がかかっているぞ。
不具者と健常者の互いにまだ同じ可能性がある物事において、
継母たる自然の我欲の埋め合わせをするために……。

〔『不具の変身』第一幕第一場第三一三－二〇行〕

他のすべての人間たちがなれない者になること――これはエイダの運命だった。それを実現するために、彼女は科学の最果てまで努力の及ぶ限り探求を進めるのだ。いまだ新奇で神秘的なものと考えられていた電気という現象へのオカルト的な考え方に、彼女は興味を抱きはじめていた。彼女はみずからその「支配下」にあったと告白した。電気は彼女の心を捕え、彼女はどうしてもそれについてもっと知りたく思った。彼女は母親に懇願した――「お願いだから、お母さんの知っていることを全部教えてちょうだい。不思議な、神秘的な、驚嘆すべき、電気に関することを全部教えてよ」。

*

振り返って考えるに、当時の他の疑似科学的な考えを中傷するのと同様に、胡散臭い代物《スネーク・オイル》として催眠術《メスメリズム》を貶すことはたやすい。だが、事実をいえば、催眠術の考え方の痕跡は現代の精神分析や心理療法のなかにも見て取ることができる。たとえば、催眠術《ヒプノティズム》は一八四二年に催眠術師ジェイムズ・ブレイド〔一七九五－一八六〇、スコットランドの神経外科医、主著は『催眠術学』〕によってつくられた用語である。この用語は以前には、動物磁気〔オーストリアの医師フランツ・アントン・メスメルが人間や動物の肉体に存在すると唱えた流体エネルギー〕や磁気睡眠と呼ばれるものを指していた。意識が陥るもう一つ別の状態という考え方の全体は、その起源を催眠術に負っている。

しかし、催眠術の影響はそんなことよりもっと深いところまで及んだ(4)。催眠術は、心と身体の間にはある種のつながりが存在することを確証したのだ。催眠術によれば、身体とは完全に物質的なもの（すなわち、自然科学《ハード・サイエンス》が担う領域）でもなく、完全に形而上的なもの（すなわち、哲学が担う領域）でもない。形而上的なものとは、いわゆる心理的なものの謂である。この中間的領域を科学的探求に向けて開こうとすることで、心と行動の研究と呼び得るものが可能となった。フロイトは十九世紀末にその研究の定式化をついに果たし、それを二十世紀の世に贈ることとなる。

（4）催眠術と精神分析の関係の詳しい議論については、アダム・クラブツリー『メスメルからフロイトまで――磁気睡眠と心理学的治療の基礎』（ロンドン、一九九三年）を参照。ベンジャミン・フランクリンの委員会が催眠術について提出した報告書に添えられた内密の補遺については、同書の九二―九三頁からテクストを引用した。

そこで、ヴィクトリア朝に群れなす富裕な女性たちが、カリスマ的な年若い催眠術師たちの抱擁に文字どおり身をゆだねるさまを、われわれは目撃することになる。彼女らのそんなさまを見るとき、われわれは乙に澄ましているわけにはいかない。また、催眠術に興味を示す人間たちを皆等しく、物事を信じやすい群衆へと一括りにしてしまうこともできない。エイダはそんな人間たちの一人として、あらゆる領域に向かって接近を図った――有頂天の最中にあっても、ある程度の疑念を抱きながら。彼女は他の科学者たち――たとえばマイケル・ファラデー〔一七九一―一八六七、英国の化学者・物理学者で電磁誘導や電気分解の法則の発見者〕――が追い求めていたのと同程度の確たる証拠を欲した。真っ向から、もっとも信頼度の低い証拠しかもたないもの（つまり、「新式の催眠術」の類）を攻撃した。そんな催眠術は「霊的通信」といった概念を採用していたのだ。しかし、彼女は適切におこなわれた催眠術の実験は、非常に重要なものの朧気な姿を提供していることも確信していた。それは新しい精神の領域であり、そこではおそらくコールリッジのいう「深いロマンティックな裂け目」が、科学的発見を待つばかりの「不可視の世界」と共在しているのだ。また、そこでは彼女の奇矯さはもはや狂気ではなく、彼女の「もって生まれた才能」が、ようやくそのふさわしき居場所を見出そうとしているのだった。

催眠術の名称と方法は、オーストリアの医師フランツ・メスメル〔一七三四―一八一五、惑星から発する動物磁気による一種の暗示療法をおこなった〕の著作に由来している。一七六〇年代に、彼はニュートンのいう全宇宙を保持する力としての引力の概念に興味を抱きはじめた。当時、星々の運行は人間の体調に影響し、病気さえ引き起こすことができると広く信じられていた。彼は引力がこの原因ではなかろうかと考え、特殊な「万有引力」の存在を提唱したのである。その万有引力はなんらかの仕方で「星々の様相」を人間のそれに結びつけ、それら二つを楽器のように調和させるのだった。（彼は鋭敏な音楽家であり、グラス・ハーモニカの卓越した演奏家であり、かつモーツァルトのパトロンでもあった。）

メスメルが磁石で実験をはじめたのは、万有引力の本質を解明せんとする試みの一環としてだった。磁石は引力と同様、ある物体が別の物体に引きつけられる現象を引き起こす。「磁性流体」という、なんらかの仕方で物質世界に影響を及ぼし得る不可視の力が存在し、それが人間の身体を貫通してしまうのだと、彼は確信をもちはじめた。この流れは生命体を死んだ物体から区別する決定的な原理であり、それは生命を活気づける、掴みどころのない「精髄」なのであった。それはまた、病気の原因にもなり得る。なぜなら、その流れの乱れは身体において照応する乱れを生み出すからである。

もしメスメルが自分の患者の一人にその「磁性流体」とやらの効能を試さなかったならば、彼の考えは学問的興味の対象にとどまっていたかもしれない。実験対象となった患者はフランツル・アースタリンという女性で、ある神経にかかわる流行病に罹っていた。当時の医師たちはヨーロッパ中に、とくにその地の女性の住民たちの間にその病気が広まっているのを確認していた。それはヒステリーと呼ばれる病気だった。フランツルは、通常よく見られるあらゆる症状——痙攣、急激な腹痛、失神、幻覚、感覚麻痺——を示していた。延々と阿片の服用量を増しながら処方をつづけるにすぎない伝統的な治療法は、彼女の状態を改善するには至らなかった。そこで、八方塞がりとなったメスメルは、あるあまり伝統的ではない治療法に手を染めはじめた。

　女性の身体、とくに婚期に至った女性の身体は、天球の奏でる音楽の調べにとりわけ敏感であるという憶測は、民間伝承のなかに深く浸透していた。そういった考えは、月経と月の関係において明確に見出すことができる。メスメルにとって、万有引力と磁性流体に関する自分の着想をそんな精神錯乱の状態にある若い女性に適用することは、ほんの僅かだけ、しかも理にかなって、足を踏み出す行為にすぎなかったのである。

　もし彼の理論が正しければ、アースタリン嬢の身体を流れる磁性流体は、原因はともかくとして、彼女の子宮のあたりで乱れを生じているということになる。そこで、おそらく彼が磁石をその近辺にあてがえば、その流れをより一定した状態に戻すことができるだろう。

　彼は首尾よく、あるイエズス会の司祭から強力な磁石の提供を受け、それらを彼女の身体に「磁性を帯びさせる〔二〕」ために使った。腹部と両脚に一つずつ磁石を置き、一歩下がって何が起こるのか様子を窺った。最初に、彼女は激しく反応を示した。磁石は彼女の状態を悪化させているように見えた——だが、少なくとも磁石がある種の効果を及ぼしていることは確かだった。それから、なんの予徴もなく、彼女の状態は改善しはじめた。数年間にわたり彼女を苦しめつづけた症状は、数時間のうちに消え去ってしまった。一時的なものかもしれないが、それは上首尾な結果であり、メスメルは自分の磁石がその効果の源であると確信した。彼は患者の最初の反応は「快復に向かう分利〔病状が改善するか、悪化するかの境目、主として改善に向かう時期〕」であると説明した。分利の状態は、患者の身体における磁気の流れが平衡状態へと戻されつつあることを示していた。

〔二〕「磁性を帯びさせる」の原語は"magnetize"であるが、『オックスフォード英語大辞典』によると、この言葉は十八世紀末から十九世紀半ばまでは「催眠術をかける」の意味にも用いられた。

この驚くべき結果はドイツの新聞を通じて広く報道された。そして、メスメルと彼の名前にちなんでメスメリズムと命名された新しい治療法は、すぐさま大当たりとなった。メスメルは、自分は患者を治療するために磁石さえ必要としないと主張しはじめた。というのは、自分自身が磁性を帯びており、触るものは誰でもなんでも磁性を帯びさせることができるらしかったからだ――絹、革、石、ガラス、水、木材、そして犬でさえも。この能力――すなわち(鉱物磁気に対照される)〝動物〟磁気というもの――は、すべての人に備わっていた。しかし、ある人は他の人よりも多くこの力をもち、メスメルはとくに豊かにこの力に恵まれていた。しかし、誰にでも磁性を帯びさせることができるわけではない。動物磁気は、体内の磁性流体がなんらかの仕方で滞った状態にある人にのみ効力を発揮した。また、あらゆる病気が、磁性流体の閉塞によって引き起こされるわけでもない。磁性流体にかかわる病気は、とくに女性において見られる痙攣性のヒステリー症状とのみ関連しているようだった。

ある人たちは彼の考えに納得がいかなかった。ある盲目の若い女性音楽家にかかわるよく知られた症例において、彼は彼女の視力を取り戻させたと主張した。だが、数名の高名な医師たちが彼のいう結果に反駁を唱え、その少女の父親は娘がメスメルの治療にかかるのをやめさせた。メスメルは診療所をパリに移さざるを得なかった。しかしながら、そこでもさらに疑いの眼を向ける人たちが彼を待ち受けていた。ある医師が患者になりすまし、メスメルに虚偽の症状を訴えたことがあった。メスメルがその偽患者の症状の治療に取りかかったとき、医師はメスメルを詐欺師だと罵倒したのである。

　こうした挫折にもかかわらず、メスメルの磁気治療の勢いは広まっていった。一方で、公然たる非難の声もつづいていく。そのなかにはフランス国王が設置し、名高い科学者のベンジャミン・フランクリンが率いた委員会による反駁も含まれていた。それにもかかわらず、新しいものを好む人たちはつぎつぎとこの新分野へと惹きつけられていった。そして、彼らの各々が違った種類の磁気治療を試み、奇跡的な治癒の例を報告したのである。

　こうした信奉者たちのなかで、もっとも有名で影響力のあった者の一人はピュイゼギュール侯爵〔一七五一―一八二五、フランス人貴族、人為的に夢遊病を起こして催眠療法をおこなった〕だった。一七八四年に、侯爵は自分の地所で働く農夫の一人〔ヴィクトール・ラースという二十三歳の若者〕を治療しようとした。患者はひどい熱に苦しんでいた。ピュイゼギュールはその若者に磁気治療を試み、数分後に患者が明らかに深い眠りについたことに気づいた。しかし、これは通常の眠りではなかった。ピュイゼギュールの両腕に身をゆだねたままで、農夫は自分の悩みについて長々と話しはじめ、強い興奮状態に陥っていったのである。ピュイゼギュールは彼を宥めようと試みた――射撃で賞を得たこととか、パーティでのダンスとか、楽しそうな話題を持ち出しつつ。すると、男は落ち着きを取り戻した。

　ピュイゼギュールは重要な現象に出くわしたことに気づいた。それは覚醒と眠りの間に横たわる新しい意識の状態だった。その後、彼はさまざまな患者においてこの夢遊状態を引き起こせることがわかり、その状態の他の特性について注目した。すなわち、患者は極めて暗示にかかりやすくなることがよくあり、催眠術師に言われたことを正確におこない、目が覚めてみると、「睡眠中に」おこなったことをすべて瞬間的に忘れてしまうのだった。

ピュイゼギュールはこの状態を「磁気睡眠」と呼び、それは催眠療法の主要な特徴の一つとなった。ところが、それは催眠術師や磁気睡眠施術師が、ほとんどの場合女性である患者に対して揮う力への懸念を増大させもしたのである。フランクリンの委員会がフランス国王のために書き上げた報告書には、内密の補遺が添えられていた。その補遺のなかで典型的な治療場面が描写されているのだが、そこでは催眠術や磁気睡眠が濫用される可能性がこのように詳細に説かれている。

通常、磁気睡眠施術師は女性の両膝を自分の両膝で挟み込みます。すると、両者の膝とその下の部分は触れ合うことになります。手が横隔膜の辺り、ときにはその下の卵巣のある辺りへと当てられます。そして、触診は多くの部分に同時に、またもっとも敏感な身体のいくつかの部分の近くまでおこなわれております。……すべての肉体的感覚が即座に共有され、互いの性的誘因力が最高度に至ると考えて差し支えありません。感覚が燃え上がるとしても、なんの不思議もありません。想像力は活発になり、全機関［肉体］をある種の混乱状態で満たします。それは判断力を抑制し、注意力をそらすので、女性たちは体験をしていることを説明できなくなり、自分のおかれた状態に無知になるのです。

報告書の著者であるジャン・シルヴァン・バイイは、磁気による体験の強さが最高潮に達する際に患者が蒙る「危機」を、さらにより絵画的詳細さで描いている。

この種類の危機が訪れるとき、顔は真っ赤になり、目は情熱で燃え上がります……これは欲望を含む本能の表れなのです。女性が顔を俯けて、手を目の前にかざし、自分の視線を覆う様子が観察されましょう。(彼女のいつもの慎ましさが目を覚まし、彼女に我が身を隠したいと思わせたのです。) まだ危機はつづいており、目は動揺しております。これは感覚が完全に混乱している、包み隠しようのない徴なのです。この混乱は女性によって感じとられてはおりませんが、観察している医師には明白です。この徴が表れるとき、瞳は潤いを帯び、呼吸は浅くて不規則になります。腕や脚、または全身の突然で小刻みな動きを伴い、痙攣が起こります。積極的で感じやすい女性であれば、痙攣はしばしば甘美な感覚の最終段階あるいは頂点として訪れます。この状態ののちに倦怠感や無気力感、さらに一種の感覚が眠りについた状態がやって来ます。この眠りは、激しい運動のあとで必要な休息でありましょう。

催眠術の濫用に関して懸念が取り沙汰されていた。その懸念は、ピュイゼギュール自身も表明していた。それにもかかわらず、ヨーロッパ中に広がった催眠術の蔓延は、世紀の変わり目までは止めようがないように思われた。歴史家のフレッド・カプランは催眠術の流行の原因を、それが「予表となっていた、来るべき西洋人の心理的危機、すなわち神経と神経組織にかかわる新たなる病」に帰せしめている。(5) 彼の説はこうである——「新時代はヴィクトリア朝の国民の大半に、私的と公的の二つに分割されたアイデンティティの問題を押しつけたのである。神経にかかわる病は、その問題を克服せんとする社会に特有な症状といえよう」。ヒステリーを医療上の分類図表に位置づけることや、ヒステリーを含む多くの女性の症状を性の問題に忘れ去りがたくも関連づけることにおいて、確かに催眠術は成功を収めたのである。

(5) フレッド・カプラン「催眠術マニア」、『概念史ジャーナル』(一九七四)第三五巻六九三頁を参照。

十八世紀末にその人気が最初の盛りを迎えていた催眠術に、もっとも強く抵抗を示した国はほかならぬイングランドだった。その地において、催眠術が実際に衝撃をもたらしたのは一八三〇年代以降のことである。その頃、リチャード・シェヴィニクスという科学者が、ピュイゼギュールの方法を学んで、それらをロンドン市中のセント・トマス病院に集った聴衆の目の前で実演して見せた。聴衆のなかには、よく名が知られた流行の医師で、エイダの知人でもあるジョン・エリオットソンの姿も見えた。

＊

ジョン・エリオットソンこそが、一八三〇年代と一八四〇年代にロンドンを襲った〝催眠術狂い〟を引き起こした人物である。エイダも、しばらくの間その流行に捕え込まれていた。彼は尊敬を集めた医師で、医学者でもあった。その肩書きは、新設のユニヴァーシティ・コレッジにおける医学原理並びに治療担当教授、王立医学協会の前身であるロンドン内科外科学会会長といった具合だった。同時代の伝記は彼を称讃している。ロンドンの病院に臨床指導を導入したこと、「吐き気や嘔吐に対して、青酸、大量の鉄分、クレオソートの使用」を勧めたこと、当時は風変わりと見なされていた、内臓状態の確認のために――今日、われわれが聴診器と呼ぶものを使用しながら――胸の音を聞く聴診法を擁護したこと、こうしたことが称讃の理由だった。

彼はまた偉大な改革者であり、近代化の推進者でもあった。医師たちの伝記として権威のある『マンクス・ロール』〔王立医学協会会員の死亡記事や伝記的素描をまとめた記録集〕が述べているように、彼は「権威や古さを根拠にしてなにものも認めず、単に新しいからという理由でなにものも拒絶しなかった」のである。新しいものの例として、骨相学が挙げられよう。ジョージ・クームが一八二二年に骨相学協会を設立したとき、彼はすでに骨相学の熱烈な支持者になっていた。

　エリオットソンの自由思想家的特性（彼がエイダと共有していたもの）は、いくつかの行動において姿を現すことになる。型にはまらない服装を好むこと（これもまた、彼がエイダと共有していた）は、いうに及ばない。膝丈までの半ズボン《ニー・ブリーチズ》とストッキングがいまだに医師にふさわしい服装と考えられていた頃に、彼はズボンを穿くことにこだわった。彼はまた、かなり威圧感のある長い頬髭を嬉しそうに見せびらかしていた。

　そのような性格は賛嘆と同時に敵意も引きつけるのは必定であった。とりわけ、もともと保守的で慎重さを要する職業においてはそうである。彼の最初の医科当局との衝突は一八三七年に起こった。当時エリオットソンは、フランス人催眠術師デュ・ポテ男爵をユニヴァーシティ・コレッジ付属病院に招き、磁気睡眠を用いた治療を実演してもらっていた。具体的には、手術中の患者を無痛状態にしたり、ヒステリーや癲癇の女性の治療に当たるといった内容だった。しばらくの間、院内でのデュ・ポテの存在は容認されていた。しかし、病院の経営委員会は、このかなり風変わりなフランス人男爵が掻き立てている大衆の関心について憂慮しはじめた。とうとう、病院側は男爵に他の場所で治療に当たるよう命じることになった。

　エリオットソンは典型的にこうした揉め事には無頓着であり、ユニヴァーシティ・コレッジ付属病院で自分独自の実験をおこないはじめた。院内で、彼の研究はアナベラの老治療医であり、当時王立外科医学院で高名を博していた比較解剖学教授ハーバート・メイヨーの目に留まった。メイヨーは目にしたことに興味を抱き、ありのままの感想を述べた。ただし、彼は確かにエリオットソンに実験を継続するよう勧めはしたが、彼の見解にたいする賛同をしっかりと与えたわけではなかった。エリオットソンはデュ・ポテの方法へのみずからの熱中ぶりを書き表した論文を、どうにかこうにか訴えかけて『ランセット』に掲載してもらった。『ランセット』は現在と同様、当時すでに一流の医学論文誌になっていた。

一八三八年、ユニヴァーシティ・コレッジ付属病院である二人の姉妹に出会ったとき、エリオットソンの催眠術とのかかわりは決定的な様相を帯びることになった。その姉妹は、同病院で重度の癲癇の治療を受けていた。

エリザベス・オーケイは当時十四歳ほどで、妹のジェインは十二歳だった。(6) 二人とも粗暴といっても差し支えなく、小柄で色の黒い子供であり、部屋中を跳びはね、踊りまわり、わけのわからぬ言葉を喋りまくっていた。何人かの男性観察者がのちの記録にたびたび記しているのだが、エリザベスはびっくりするほどの美人だった。

(6) 同時代の文献に当たると、“Okey” はときには “O'Key” と綴られている。エリオットソンが少女たちにほどこした実験の記述は、「ベッドフォード広場にあるワクリー氏の屋敷にて、エリザベスとジェインのオーケイ姉妹におこなわれたる実験」、『ランセット』(一八三八) 第二号八〇五—一四頁に見出される。エリオットソンの研究をセンセーショナルに取り扱ったパンフレット『エリオットソン医師の奇妙な治療の完全暴露』は、ウェルカム財団図書館に所蔵されている。

彼らが二人とも極めて簡単に催眠術にかかってしまうことに、エリオットソンは気づいた。単に顔の上で手をさっと動かすだけで、彼らは深い陶酔に陥り、その状態で完全に彼の命ずるがままになってしまうのだ。

この変化があまりに印象的だったので、彼はユニヴァーシティ・コレッジ付属病院での公開実演のなかで彼女たちを呼び物にすることにした。この実演は大いに評判を呼び、マイケル・ファラデーやチャールズ・ディケンズのような人物たちを惹きつけた。ファラデーはすでに電気と磁気を関連づける実験に深くのめり込んでおり、ディケンズはのちにみずからの手で催眠術の実験をおこなうことに夢中になり、エリオットソンを家庭医に抜擢するほどだった。エリオットソンはまた、オーケイ姉妹を相手にした実験に関する一連の報告書を『ランセット』に発表した。

実演は彼が姉妹を深い磁気睡眠に陥らせるところからはじまり、すぐさま彼らを踊るダルウィーシュ〔激しい踊りや祈祷により法悦に至ろうとする、イスラム教神秘主義の修道者〕から柔順な天使へと変えてしまった。姉妹が意のままになっている最中、彼は彼らにさまざまな感覚を与えてやった。彼が示した一例は、本人が気づかないうちに、どうすればエリザベスの首に留め針を刺すことが可能かということだった。彼はまた、動物磁気と電気のありのままの関係のみならず、それらの医学的な関係をも確証しようとした。彼は不運なエリザベスを発電機につないで電気ショックを与え、彼女の身体が見た目にはなんの痛みも感じていない様子で、いかに痙攣するのかを示したのである。

その次に来たのが、より芝居がかり、さほど医学的ではない催眠術における現象の実演だった。最初はエリザベスの千里眼だった。彼女は空腹時に頭の後ろにおかれたパンを〝見る〟ことができた。次はジェインの催眠術にたいするかかりやすさだった。彼女はエリオットソンがあらかじめ磁気を与えておいた一シリング硬貨を握るだけで、催眠術にかかるのだった。

ユニヴァーシティ・コレッジ付属病院でのこうした実演の一つを見にいったとき、とりわけアナベラの視線を釘づけにしたのは、この一シリング硬貨を使った実験だったに相違ない。このことについて、彼女は一八三八年にエイダに伝えているからだ。エイダは興味を掻き立てられ、さまざまな科学者の友人たちとこの件に関して議論をした。そのなかにはバベッジとファラデーがおり、二人とも、当時は彼女と同様に催眠術狂いには判断を差し控えていた。

エイダはまた、自分の赤ん坊を取り上げてくれた医師、チャールズ・ロコックの意見を訊きたく思った。当時、ロコックは著名な助産夫（のちには産科医と呼ばれる者）という名声の入り口に立っており、ヴィクトリア女王のお産の世話も何度かしたことがあった。彼はまた、エイダに多大な影響力を揮っており、彼女は定期的に彼に対して自分の病気の新しい治療法はいうに及ばず、折々の病気の状態についても相談していたのである。メイヨーと同様に、ロコックも催眠術には興味をもっていた。彼は千里眼のようなより神秘的な主張は拒絶したが、動物磁気の奥底にはなんらかの物理現象が存在しているにちがいないと信じていた。エイダはこれに同意し、ますます両者のつながりは電気であるという思いを強くしていった。

彼女は催眠術の実験に手を染めはじめた――自分の手で「一シリング硬貨の実験」を義理の姉のヘスターにほどこしたり、自分自身でも受けてみたりしながら。硬貨自体が自分の命を得たような感じだった。というのは、硬貨は入れられたガラスの容器のなかで激しく振動し、彼女の指にぴりぴり、どきどきといった感触を伝えてきたからである。彼女は「微かな流れ」が頭まで伝わってきたと記録している。その感覚は以前神経痛の際に味わった感じに似ていた。このことは、催眠術の可能性を探求する価値を彼女に確信させた――それが、自分が経験していた「精神錯乱」の治療にはならないとしても。

一方、エリオットソンはみずからの手で不愉快な感覚を味わわねばならない雲ゆきだった。彼が会員である王立学士院の生理学委員会が、オーケイ姉妹に関する彼の主張を調査することを決定したのである。時を同じくして、ある匿名記事が今まで好意的だった『ランセット』に掲載され、多くの催眠術の実演がまがいものである証拠を提出すると主張した。すると、これに同調する投稿がつぎつぎに現れはじめた。流れは変わろうとしていた。

『ランセット』の編集者でエリオットソンの友人でもあるトマス・ワクリーは、この問題を終熄させるために一計を案じた。彼はベッドフォード広場にある自宅で、エリオットソンがオーケイ姉妹を相手に催眠術の実験をおこなう機会をもうけたのである。十人の証人が同席することになった。そのうち五人はエリオットソンが指名し、残りの五人は彼の批判者たちが指名した。十人のうち一人はハーバート・メイヨーだった。

磁気を帯びた小さなニッケル片を用いて、エリオットソンはエリザベスの顔を「激しく紅潮させ、目を痙攣させてぎょっとするほどのやぶにらみにさせ、身体を椅子の上でのけぞらせ、息を絶え絶えにさせ、手足を硬直させる」ことに成功した。彼はそれから、ワクリーに自分でそれを使って試してみるように勧めた。ワクリーはさらに強い反応を彼女から引き起こした。そこで、エリオットソンは自分の嫌疑が晴れたことを宣言した。

のちになって、ワクリーは個人的に友人に、自分が少女に触れたとき、磁気を帯びたニッケルは自分の手のなかにはなく、少し離れたところに立っていた同僚にひそかに渡していたのだと告げた。エリオットソンは必死になって彼女の反応を説明しようとした。彼はワクリーと遠くの金属片との間になんらかの力の伝播があったことを示唆したが、無駄な試みだった。メイヨーはその結果を『ランセット』で報告し、ワクリーはエリオットソンの主張を厳しく非難した。

そうした非難にもかかわらず、催眠術の実演をおこなうことをやめるという条件付きで、エリオットソンはユニヴァーシティ・コレッジ付属病院における地位を保持することを許された。彼はその条件に同意したのだが、今度はエリザベス・オーケイを夜間に男性用病棟に連れ出しはじめた。そこで、彼は患者たちを彼女の千里眼の実験材料に使おうとしたのだった。ある夜、彼女は死に神がベッドの一つのすぐわきに立っているのが見えると喚きだした。そのベッドの占有者はすぐそのあとで亡くなり、病棟内の残りの患者の間で大騒動を巻き起こした。これが忍耐の限界となり、エリオットソンは解雇された。

しかし、疲れを知らぬ医師エリオットソンは奮闘するのをやめなかった。彼はロンドン催眠術診療所を開設し、『ゾイスト』と呼ばれる催眠術学に関する学術誌を刊行した。レジェント・ストリートから少し離れたコンデュイット・ストリートにある優雅な自宅で、彼はさらにオーケイ姉妹を使った実演をおこないつづけた。そこでの彼の実践は、さまざまな人びとの興味を惹きつけていった。訪れた人びとは騒ぎを追いかけるのが好きな人たちから、神経障害の治療法を求めてしばしば必死になっている人たちまでさまざまだった。

*

エイダがエリオットソンのもとを訪れだしたのは、一八四一年春のことだった。当時、メドーラ問題の噴出が熾烈を極めていた。面会の最初の頃に、エリオットソンは初めにオーケイ姉妹を使い、次に彼がベルギーで見つけた少年を使って、自分の実践法をエイダに実演して見せた。

そうした実演は大衆の好奇心を大いに掻き立てた。その事情は『エリオットソン医師の奇妙な治療の完全暴露』と題された、毒々しい色の小さなパンフレットの登場に反映されている。その表紙には、思わせぶりに目隠しをされ、気を失って三人の男性に抱きかかえられた女性の姿が呼び物として載っている。さらに、その前口上には性的内容のすっぱ抜きを約束するような文言が見える。

女性患者らの肉体に！　ハノーヴァー広場のコンデュイット・ストリートにある屋敷にて、彼はあらゆる秘儀を彼女らの肉体にほどこす。**坐っても立っても、寝ても覚めても、彼女らは奇妙な姿勢を取らされる**。一人の目撃者によって見られたすべてが、今完全に明かされる！　云々

こののちには、数行の狂詩がつづいた。

魔術と呼ばれるものが、罪のなかでも、もっともどす黒い代物が、
こんな最近の世の中で、崇められ、もてはやされるとは。
ああ、かつての名誉を失墜した「メスメルよ！」――汝が蘇りさえすれば、
すべての群衆どもは、こぞって汝に犠牲を捧げよう！

そのあとにつづく報告文は、例のきわもの的な前口上には劣るとしても、ジェインに的を絞った隠れた性的暗示に満ちている。「最初におこなわれた実験は、まさに身の毛もよだつものでした」と、目撃者は伝えている。そして――

私が一杯の水が欲しいと申しますと、医師はジェインにそれを部屋までもってくるように命じました。彼女が水差しとグラスをサイド・テーブルに置いた時のことです。エリオットソン医師は二十

フィートばかり離れた場所から、彼女に見られもせず、手を広げて波動を送ったのです。すると、彼女はそのときたまたま取っていた姿勢のままで金縛りになってしまいました。

のちに、訪問者自身が協力的なジェインに催眠術をほどこすことにした。

私はジェインに気づかれずに、彼女の後ろで手をくねらせました。すると、彼女はずっと途切れることなく身体を硬直させていきました。その場にいた他の紳士の方々も、手を動かして彼女に催眠術をかける同様の体験をしたのです。そして、いつも結果は同じでしたので、その力はどんな人にも備わっているようでした。……帰り際に、私は懐中時計を取り出して彼女に向かって差し出しました。そのさまは、大人が注意を惹こうとして子供の目の前に時計を差し出すかのようでした。私は彼女に時計にキスするよう頼みました。すると、そうしながら、彼女は屈んだ姿勢のまま急に茫然自失の状態に陥ってしまいました。……彼女の顔に息を吹きかけてやると、回復しましたけれども。……

こうした一節を、ヴィクトリア朝の男性優位を暗示する空想の類《たぐい》にすぎぬと見てしまうのはたやすい。そして実際、だいたいの場合、この手の描写はそのとおりだったのだろう。しかし、時はエリオットソンの時代であった。数多の医師や科学者が、彼の営為に何かしらの重大な意味を見つけ出そうとしていたとしても、なんの不思議もありはしない。女性の発作、痙攣、白昼夢、磁気力といったお膳立てが整えられ、こういう催眠術の実験は女性性への探求をためらいがちにもはじめるための、いわば〝言語〟

を提供したのだった。

十九世紀初頭、女性は一般的に、少なくとも医学的見地からは、性的な存在とは考えられていなかった。彼らは男性のような〝欲求〟をもたず、単なる〝義務〟――子供を産み育てること――を負っているだけの存在だった。したがって、家族が経済的に生き残るために、相当程度、彼らが産んだ子供の数に依存する必要があった当時において、子供とはいわば〝資産〟なのだった。

しかしながら、産業ブルジョア階級の繁栄に伴い、もはやみずからの肉体を完全に子育てのみに捧げなくてもよい階層の女性たちが現れた。彼らは大部分の人たちとは異なり、病気を医師に診てもらうことができるほど豊かであった。この需要に応じるべく、ありがたいことに、医師の数は増え、その技術も進みつつあった。ところが、彼らはこうした女性たちのなかに新しい種類の症状――その顕著なものはヒステリー――を見出しはじめたのだ。医師たちの見解では、こうした症状を生み出した原因は通常、出産を通じて解放あるいは解除された、鬱積した性的欲求にちがいないということだった。こうした欲求が圧倒的に強力だったことは（医師たちにとっても）驚くべき結論だった。実際、このような女性たち――おそらくは、すべての女性たち――は、性的エネルギーを生み出す〝蒸気機関〟そのものだった。

その〝蒸気機関〟を自由に突っ走らせたとき、いったい何が起こるのか――それを観察することによって、医師たちの結論の証拠が得られた。起こったこととは、ニンフォマニアだった。フランス人のフィリップ・ピネル〔一七四五―一八二六、現代精神医学の父、薬物投与よりも臨床的な理学療法を勧めた〕は、現代精神医学の先駆者であり、狂気の研究に「精神障害《エイリアネーション》」の概念をもたらした人でもある。（この概念のために、初期の精神科医はエイリアニストと呼ばれた。）ピネルは、この恐ろしい精神錯乱の症状を詳細に記述している。

ニンフォマニアを頻繁に引き起こす原因は、扇情的な書物、極度の自制や隔絶された生活、自慰の習慣、子宮の異常な敏感性、性器上の発疹である。……最初、想像力が扇情的あるいは隠微なものにしじゅう取り憑かれるようになる。患者は悲しみと不安の状態におかれる。彼女は寡黙になり、孤独を求め、不眠に陥り、食欲をなくし、慎み深い感情と燃え上がる欲望への衝動の間で、一人で煩悶する。第二段階では、彼女はみずからの色情的傾向に身をまかせ、そうした傾向との戦いを放棄し、慎み深さと礼儀正しさにかかわるすべての規則を忘れてしまう。彼女の顔つきと行動は挑発的になり、振る舞いは不作法になる。彼女は初めての男が近づいてくる瞬間にしなをつくり出し、彼の腕のなかに身をゆだねようとする。男が彼女を拒絶しようとすると、彼女は威嚇し、激怒する。第三段階では、彼女の精神錯乱は完全なものとなり、淫乱ぶりは胸が悪くなるほどである。ひたすら人を傷つけ、罵詈雑言を浴びせたい思いに燃え、怒りのために彼女はまわりのものが目に入らない状態である。彼女はしばしば熱もないのに興奮し、ついにあらゆるさまざまな種類の狂気の症状を呈するに至る。

エイダはニンフォマニアではなかった。しかし、彼女は性的関心が強く、性に関することをずけずけと口にしても平気の平左だった。その振る舞いがあまりにも大胆だったので、ある医師たちの目には、彼女は病理学的にニンフォマニアではあるまいかと映ったほどだった。ところで、彼女をヒステリーと考えることは可能だろうか？　マーシャル・ホール〔一七九〇―一八五七、英国人医師・生理学者、反射弓の理論で知られる〕の『神経組織とその疾患にかかわる講義』などの書物を、彼女はすでに読んでいた。そうした書物は、躁病の初期症状が恐ろしい結末に至る道筋を示していた。たとえば、こんな具合である。「極度の興奮状態を示す、目や顔に現れた表情、動作、態度、多弁」などが、やがては自殺、殺人、あるいはニンフォマニアに至るのだと。神経発作に襲われた際に、自分に表れた「取り乱した表情や動作」については、彼女はすでに直接、メアリ・サマヴィルに対して打ち明けていた。胃痛も彼女の悩みの種だった——それは自己診断では「胃炎」だった。ところが、胃痛とはヒステリーの症状としてすでに公認済みのものであった。（エイダは半ば冗談で、自分の胃を「『原罪』がひそむ病巣」として言及していた。(7)）彼女はおそらく、不安に捕われるほど、自分の場合によく似た症状が頻出する病例研究に通暁していたのだろう。それはたとえば、ピネルによって言及された有名な病例の類を考えればよかろう。この病例においては、「思春期の年齢を過ぎたばかり」のうら若い少女が、「身分の低い生まれの若者」と駈け落ちしたあとで、ヒステリー性の心身衰弱を患ったのである。

（7） プフォルツハイマー・コレクション、B.ana 535［一八三七年］十一月十三日、エイダからフォンブランク氏に宛てた手紙を参照。

どうすれば、エイダは似たような運命を避けることができただろうか？　彼女はすでに、少量の阿片を（チンキの形で）試していたが、それはなんの効果も生まなかった。彼女の気持ちはこうだったろう。多分、催眠術なら効くはずだわ。だって、その一番よく知られた成功例の一つは、女性のヒステリー患者の治療だったじゃない。多分、これが私を責め苛んでいる「ヒュドラの頭をした怪物」を退治する、最後の機会を与えてくれるのだわ。これこそが、私が命を落とす前に、怪物をやっつけてくれるのよ。

＊

エイダは自分の受けた催眠術の実験について、ただの一片の個人的記録も残していない。だから、いかに彼女が実験にかかわっていったかについては、われわれは想像するしかない。しかしながら、われわれの仕事は、医師で教育者のジェイムズ・フィリップス・ケイ博士〔医師で社会改良家（一八〇四―七七）、貧民保護や大衆教育に尽力、結婚後ケイ＝シャトルワスと改名（一八四二）、初代シャトルワス男爵（一八四八）〕が残してくれた一八四一年七月の日記によって随分と楽になる。この先、おのずと明らかになろうが、エイダが出会ったたくさんの男性たちの例に漏れず、ケイは急速に彼女に対し身を焦がす思いに取り憑かれていった。その思いのなかで、彼は時代の基準に照らして、まずは不適切と思われる率直な手紙を彼女に書き送っていった。とりわけ、そうした手紙が独身者によって、既婚の伯爵夫人に宛てられたのだから、なおさらそうであった。

ある熱情に満ちた手紙で、彼はこんなふうに書いていた。彼女は自分にとって「鬼火」すなわち「荒地の上を浮遊する幽霊」であり、「そこら中の危険な落とし穴、底なしの沼地、ぬるぬるした湿地の上を勝手気ままに漂う欺瞞的な美しい妖光」なのだと。彼は翌年、ランカシャーにゴーソープ・ホールを所有するシャトルワス家の跡取り娘〔資産家ロバート・シャトルワスの娘ジャネット〕と結婚している。そして、花嫁の姓を自分の姓に付け加えた。彼はのちに、ほぼ次のことを認めている。すなわち、婚姻の絆に我が身をゆだねることによってのみ、エイダと恐ろしい、不謹慎な行為を犯してしまうことから踏みとどまることができたのだと。

ケイはおそらく、最初はアナベラを通じてエイダに会ったのだろう。この頃、彼はマンチェスターの綿紡績工場で労働者階級に強いられた劣悪な環境を改善しようとしていた。これは、かつてない先駆的な仕事だった。この仕事が認められた結果、一八三九年に彼は枢密院におかれた新しい委員会の書記官に任命されている。この委員会は、貧困層の子供たちを教育する仕事は政府が引き受けるべしとする案について、検討をおこなうために設置されたのだった。その頃までは、公教育は教会の仕事の一部と考えられていたので、こうした発想は急進的といえた。教会側の抵抗に遭いはしたが、彼はみずからの立場をうまく利用して非宗教的な、国家による教育システムの基礎を敷くことに成功した。この素晴らしい功績は、必然的にペスタロッチと実業学校の擁護者たるバイロン卿夫人の注目を惹くことになった。

アナベラに出会ったとき、ケイはテムズ川を挟んでチェルシーの反対側〔すなわち、南岸のほう〕にある村バタシーで暮らしていた[8]。バタシーは昔、市場向け青果栽培で知られていたが、すでに鉄道革命により工業中心の大都市近郊地へと変貌しつつあった。彼の日記に従えば、一八四一年七月までにケイはイーリングだけではなく、セント・ジェイムズ広場にあるラヴレスの家を頻繁に訪れるようになっていた。彼の日記にはほとんどエイダに関する直接的言及はない。それは、思慮分別を働かせたゆえであろう。（彼の日記は、家族を含む他人によって読まれることを想定して書かれていたのだから。）ともかくも、彼がみずから最初に催眠術の体験をすることになるのは、確かにセント・ジェイムズ広場にあるエイダの家においてであった。

（8） ケイはバタシーにある通りをシャトルワス・ストリートと命名してもらう名誉に浴した。その通りは本書が執筆された場所に近い。ケイの日記の稿本は、マンチェスター大学ジョン・ライランズ・ライブラリーが蔵書しているケイ＝シャトルワス文書のなかに収められている。参照番号 219, 1/25 である。

催眠術に関する最初の言及は、彼がギリシア人牧師カリフォナス氏と交わしていた手紙と関係している。この牧師は、ほどなくウィリアムの姉シャーロット〔シャーロット・ルイーザ・キング（一八一四―一八六三）〕の夫になる人物であった。ケイがエイダの家で同席した最初の実験は、一八四一年七月五日の夕べにおこなわれた。彼はその週の間、ほとんど興奮しっぱなしだった。崩壊しつつあるホイッグ党政権を一掃し、ロバート・ピール〔二三五頁参照〕が率いるトーリー党政府を発足させる総選挙がおこなわれていたことがその理由の一つだった。また、自分が何か不確かな事件に巻き込まれているのも、もう一つの理由だった。つまり「彼自身が非常に恐れている犯罪について、不当な疑いをかけられ、その根拠は……強力な状況証拠だけ」という事態が起こっていたのだ。その犯罪がどんなものだったかについては、彼はまったく証言を残していない。

昼食時に、彼はヘイマーケットにあるデュブーイと呼ばれるバーに出かけた。それはセント・ジェイムズ広場からほんの僅かな距離の場所にあった。そこで、彼はワインをいくらか飲んだ。（これは、彼がアルコールを外で飲んだことを報告している唯一の事例である。このことからも、この時の彼の精神状態を推察することができよう。）彼がエイダの家に現れたとき、「めったにないほど疲れ果て、ほとんど眠ったようになり、ただひどい頭痛が襲ってくるために、実際には眠り込んでいないだけの状態」であった。そこで、彼はエイダの家族だけではなく、電報の共同発明者として有名なチャールズ・ホイートストン〔一八〇二―七五、英国の物理学者・発明家、音響学研究や電報機の発明で有名〕にも出会った。もう一人、催眠術師もそこにはいたが、ケイは彼が誰だかわからなかった。

ウィリアムの姉シャーロットが最初の被験者だったが、あまりうまく催眠術にはかからなかった。その次の対象は女中の一人だったが、彼女のほうはより敏感に反応した。催眠術師《メスメリスト》あるいは「施術師《オペレーター》」はすぐに彼女を陶酔状態に導き、他の参加者たちに彼女に話しかけてみるよう勧めた。ホイートストンがその勧めに応じたが、どうも彼女には声を聴きとってもらえないようだった。彼女はただ「施術師」の声だけに反応した。彼は少し手を動かすだけで、彼女を椅子から立ち上がらせ、部屋の中央に置かれたテーブルのまわりを歩かせた。「施術師」は、彼女への支配力を確かに実証して見せた。彼はそれから部屋にいた皆に彼女の後ろに立つよう求めた。彼女はある人が後ろに立っている間に、その人が誰であるのかを言い当てることができた。彼女はこう主張した——自分は彼らが誰であるのかを「感じる」ことができるのだと。

ケイはこの実演に完全に納得したわけではなかった。彼はそれでも、翌週二度にわたって実演に立ち会った。今回は、カリフォナス氏の仲間たちも同席していた——しかしながら、彼が見込みのある花嫁と知り合う機会としてこうした集まりを利用しているのは明白だった。二度目の実験はセント・ジェイムズ広場ではなく、別の場所でおこなわれた。ヘスターとシャーロットのキング姉妹、（おそらくエイダを含む）匿名の人びと、それと催眠術では名の通ったお歴々がその会には参加していた。ジョン・エリオットソン自身も出席しており、チョーンシー・ヘア・タウンゼンド〔詩人かつ牧師（一七九八—一八六八）、ディケンズの遺著管理者〕という牧師の姿も見えた。この牧師は、催眠術に関して多大な影響力をもつ非常に有名な書物〔おそらくは『催眠術の事実』（一八四〇）と『真実を証明された催眠術』（一八五四）〕の著者でもある。しかし、その会の花形はシャルル・ラフォンテーヌ〔一八〇三—九二、雑誌『催眠術師』を刊行し、催眠術の巡業で成功〕というパリ市民だった。彼は以前に、エリオットソンと共に磁気睡眠を用いて患者に麻酔をほどこす実験をしたことがあった。彼の派手な仕掛けを使った磁気力の公開実演は、多数の観客を惹きつけていたのである。

他の大多数の催眠術師とは一線を画した興行主感覚をもつラフォンテーヌは、実演現場の部屋に姿を見せずに催眠術をおこなう公演をやりはじめた。より正確にいえば、自分の動物磁気の到達範囲を示すために、彼は隣り合う部屋の椅子に座り、そこから恐れ多い観客の眼前に坐らされた「患者」を「強硬症〔精神分裂病患者などに起こる、与えられた姿勢のまま、筋肉が硬直した状態がつづく症状〕を伴う睡眠」へと導いた。そのあとで、彼は部屋に現れた。ケイの見た目では、頬と口もとに濃い髭をたくわえた、なんとなく「豚に似た」印象を与える男だった。それから、彼は自分がいかに不運な患者を支配しているのかを示そうとした。彼は患者に身体をくねらせたり、ひどい引きつけを起こさせたりした。つづいて留め針をその若い患者の額に突き刺し、それを「ガルヴァーニ電気〔化学反応によって生ずる直流電気〕の」大きな電池につないだ。この電池にたくわえられた電荷はとても大きなものだったので、観客たちの誰でも一瞬たりともその電極に触れると大ごとだった。しかしながら、しばらくの間その電極につながれていたにもかかわらず、その若者はなんの苦痛の表情も見せなかった。

最初の患者が目を覚まされ、退室を許された。次に現れた患者は若い女性だった。観客たちは、彼女は生まれつき聾唖者だと聞かされていた。ラフォンテーヌは彼女を催眠状態に導いたあとで、今や彼女は耳が聞こえるようになったと告げた。観客たちの何人かが、彼女の耳もとで単音節の言葉をいうように求められた。その呼びかけに彼女は反応したのである。ケイは記録に残している。それは「心暖まる」実験だった——とりわけ若者に対しておこなわれた、あの胸が悪くなる実験と比較すれば。

エイダが何か不思議なことが自分に起こっているのに気づいたのは、おそらく彼女の自宅でおこなわれたこのような実験の最中であった。彼女は明らかに被術者に隣り合って立っていた。そして、部屋を満たす圧倒的な磁力の影響をみずからが受けていることを感じたのだ。その効果は絶大で、彼女が信じるところでは、「精神的、肉体的に不可思議な感覚」を自分の内部で湧き上がらせた。そうした感覚はこの先数年間にわたって彼女を襲いつづけた。自分が見せた奇妙な振舞いのいくつかはこの感覚のせいなのだと、彼女は確信を抱くようになった。また、催眠術が影響を及ぼすメカニズムを突き止めさえすれば、自分に起こっている症状を治療し得るだろうと信じるようになった。

＊

おそらく、母親が介入してわからないようにしていたのだろう。エイダは自分の心理的問題をもっとも確実に悪化させる触媒をまったく認識していなかったようだ。それはほかならぬ、メドーラの件である。エイダがこの件の内実暴露の泥沼に身を沈めるにつれ、彼女の躁病は深刻化していった。アナベラが彼女にパリゆきを依頼したとき、エイダとメドーラの二人は危機に向かって近づきつつあったといえよう。彼の地で、エイダはあのうら若い、病弱な女と初対面を果たすことになる。皆は今や、あの女を彼女の血のつながった異母姉と見なしていた。母親はあの女に、娘の精神的な意味での、父母を同じくする姉となってもらいたいと願っていた。

母親の願いに応えるべく、エイダはあらゆる予定をキャンセルした。自分の庇護下にあったある貧しい神童のために、浄財を募る音楽会を開く準備も例外ではなかった。エイダは夫ウィリアムを伴わずに、一八四一年四月六日に海路ブーローニュに向けて旅立った。夫は病の床に伏していたのだ。翌日、彼女はパリに到着したが、そこで満足感と興奮で一杯の母親に迎えられた——あまりに嬉しそうだったので、実はほとんど母親とは気づかなかったのだが。

パリらしい春の暖かさのなか、エイダは母親の愛情にどっぷりと浸った。以前にこんなことをまったく経験していなかったので、彼女は戸惑いがちだった。母親の意図がメドーラと関係していることは明確だった。そのことをエイダは喜んで受け入れていたし、実際ほどなく面会する若い女に、妹にふさわしい興味を示すことを楽しんでもいたのだ。

アナベラはヴァンドーム広場〔パリのシャンゼリゼの東、チュイルリー宮の北に位置する広場〕に家を借りていた。（そこにはメスメルもパリの診察室を構えていた。）その家の翼棟にある、必要設備の完備したある一室にメドーラは住まわされていた。病気から回復するために、彼女はその部屋で平穏に、秘密を守られて暮らしていた。エイダが彼女のことを知り、さらに彼女の辛い体験のぞっとする話の委細を理解するようになるのは、この部屋においてである。

エイダはしばらくの間、メドーラと一緒に過ごした。その後、アナベラの説得工作が功を奏し、彼女はメドーラを高潔な女性であって、聞くも辛い過去のある無垢な犠牲者なのだと見なすようになった。

アナベラはしばしば、ひとりよがりの言葉遣いで、自分は噂などひろめていないときっぱり言い切った。この発言は虚言か、さもなければ妄想だった。アナベラは誠実にみずからを嘘のつけない人間と見なしていたので、後者の信憑性が高いだろう。たとえば、何年も経ったあとのことだが、彼女はハリエット・ビーチャー・ストウ――『アンクル・トムの小屋』を書いた米国人作家――に、自分はバイロンとオーガスタへの近親相姦の嫌疑を誰にも、自分のもっとも親密な親戚たちにも話してはいないと述べたことがある。事実は、彼女はすでにそうした疑いについて、詳細にエイダやウィリアムに書き送っていたのだ。さらには、自分もその一員である復讐の女神たちの仲間内では、そうした疑いについて少なくとも言及はしていた。

メドーラの保護を引き受けた時に書いた陳述書のなかで、アナベラはさらに思慮分別に照らして説得力に欠ける主張をおこなった。メドーラは「私と共に［パリに］誰にも知られることなくとどまっておりました」と、彼女は主張したのである。誰にも知られずということはあり得るだろうか？　知っていた人間は確かにいる。エイダやウィリアム、オーガスタが知っていたことは確実だ。バイロンに関しては大権威であるドリス・ラングリー・ムア〔一九〇二―八九、服飾研究家兼バイロン研究の大御所、初代バイロン協会副会長（一九七一）〕によれば、ジョージ・

アンソン・バイロン〔一七八九―一八六八、第七代バイロン卿で詩人バイロンの従弟〕、メアリ・モンゴメリー、レディ・ウィルモット＝ホートン、ジョージ・ラム夫人、セリーナ・ドイル、さらにメドーラが母親を訴えた訴訟――それにはアナベラが手を貸した――の審理を担当した大法官裁判所の面々全員が、この件を知っていたのだ。

オーガスタにかかわるおぞましい申し立ての内容が、被告たる彼女自身に伝わらなかったはずはない。その中身たるや、彼女の娘たちの名前をずらずら並べ立てたものだったから、ヘンリー〔オーガスタの長女ジョージアナの夫ヘンリー・トレヴァニオン。三一六頁以下参照〕はにやにやとほくそ笑む始末だった。エイダは荷物の紐を解く暇もなく、その訴訟について自分には得になるものだという尾ひれがついた話を聞かされた。メドーラはすでに、オーガスタの恐ろしい計画の存在を認めているように見えた。それは、「正気に返り、己が身の没落に気づいた犠牲者に毒を盛ることで」完成する計画だった。ヘンリーがメドーラに飽きてしまった今となっては、オーガスタは末娘のエミリー〔本名はアミーリア・マリアンで、エミリーは愛称〕を「差し向けて」、彼女の色香で彼を再び味方につける作戦に出ていた。

この言語道断なやり方にさらに輪をかけて、オーガスタはヘンリーとメドーラの間に産まれた不義の子マリーを扶養するために作成した証書原本の公開をいまだに拒みつづけていた。この文書を必ずやメドーラの手に入れさせることを、アナベラはすでに誓っていた[9]。例の将来的所有権協会《リヴァージョナリー・インタレスト・ソサエティー》もまた、同じ文書を要求していたのである。かつて、同協会はヘンリーがジョージアナの相続財産を抵当に入れることに協力したことがあった。今度は、メドーラがマリーの相続財産についても同じことができるのではあるまいか、という思惑が協会側にはあったのだ。アナベラが費用を負担して、大法官裁判所へと訴訟が提出された。オーガスタは抵抗をやめなければ、みずからの近親相姦の過去が暴露されてしまう危機に瀕した。そういうわけで、彼女は最終的に抵抗をやめることにした。

(9) 法律的な手続きの点から、メドーラはオーガスタが書き上げた証書による受益者となることが見込まれていた。しかし、証書の主たる目的はマリーに財産分与することであった。非嫡出子であったため、この少女はメドーラが死亡した場合、なんの遺産相続も当てにできなかったのである。メドーラは慢性病患者だったので、いつ死んでもおかしくない身体と考えられていた。

いやが上にもグロテスクさを増すこの大騒動に対し、その意義を問う者は誰一人としていなかった。とりわけ、エイダはそんな立場にはなかった。もし、かりそめにも彼女が自分に言われたことに疑問を呈したならば、今まで我が身に潤沢に注がれていた母の愛はすぐさま干からびてしまっていたであろう。どんな真実であれ、そんな危険を冒すほどの価値はなかった。エイダが一時期を共に過ごし、忌み嫌うことを学んだ相手——あのオーガスタの真実なら、なおさらそんな価値はなかった。メドーラを擁護することは、忠誠を示すための試練となっていた。煎じつめれば、あの長編小説にも似た別居騒動において、アナベラの側に立つこと——これこそが忠誠の実体だった。別居騒動はいまだにアナベラの生活と思考のあらゆる側面に色濃く染み入っていた。エイダはその試練を受け、乗り越えねばならなかった。

このことを、エイダはしっかりとやり遂げた。あの女、メドーラは、今まで与えられたことがないような母性的愛情を身に余るほど受けとることになった。そんな彼女に対して、エイダは一片の疑念も、嫉妬も決して見せたりしなかった。彼女はメドーラの扱いには細心の注意を払い、つねに変わることなく優しく親切に振舞った。もしもイングランドを訪れることがあれば、娘を連れてオッカムに泊まりに来るよう勧めさえしたのだ。あとで、メドーラは本当にこの招待を受け入れてしまい、関係者は皆うんざりした気分になったのだけれども。

エイダは、ウィリアムがアナベラに指名され、この件に関してメドーラの擁護者として働くことにも同意した。万が一、アナベラが脅威を受けた際に彼女を守らねばならないので、彼は彼女の生活のなかにすっかり巻き込まれてしまった。アナベラはまるでメロドラマのように訴えた。自分が受けるかもしれない脅威とは——たとえば、真実を語れと脅されたオーガスタが自分を誹謗中傷で訴えるかもしれぬ、といった類のものである。

しかし、エイダは決してメドーラに本当の愛情を見せたわけではない。メドーラは帰ってくるのを心待ちにされた同胞のように抱擁されはしなかった。その同胞たる立場は、エイダの二人目の従弟ジョージ（第七代男爵の息子）と、ウィリアムの姉へスターこそが占めるにふさわしかったのだ。

*

アナベラは、ついにメドーラと彼女の娘をイングランドに連れ戻した。そうすると、メドーラはヘンリーと年月を共にした頃に使っていたあの名前、オーバンを再び名乗りはじめるのである。

最初、メドーラはアナベラに感謝と愛情の心で接しようとした。だが、その感謝と愛情の心とは、アナベラの側が執拗に求めたものだった。バイロンは、かつてアナベラに〝リンゴ《ピップ》〟ちゃんという愛称を与えていた。メドーラは手紙のなかでアナベラを指すのにこの愛称さえ使ったのだった。彼女はまた、母親に対して終始一貫して敵意を示す行動に出て、アナベラを喜ばせた。「結構な量のワイン」を飲んだあとで書いたと自認しつつ、彼女はある長い快活な雰囲気の手紙のなかで、「親愛なるリンゴ《ピップ》さん」に報告をしている。ウィリアムと一緒にセント・ジェイムズ広場にあるラヴレスの家に帰る馬車のなかで、どんなにひどく自分がオーガスタを貶していたかを。「私は即座に彼女〔オーガスタ〕だとわかりました

――顔つきは変わっておりませんでした――そこで、顔の向きを変えて、ドアの呼び鈴を鳴らしていたウィリアムを見守っているふりをしたのです……」。オーガスタは馬車のほうに視線を向け、それがエイダの家の外で止まっていた馬車だと気づいたにちがいない。だが、彼女は自分の娘に気づかなかった――ヴェールで顔を隠した自分の娘に。このことは、メドーラにゆっくりと母のことを考える機会を与えた。馬車の後部座席にある「小さな後ろ向きの窓」を通して、彼女は外を眺めていた。頭のなかには、ヘンリーとの最後の駈け落ち以来会っていない母の姿が思い浮かんでいた。「母の大きな目は、本当に以前とまったく変化なしです。もっとも変わったのは歩き方です――歩きながら、まるで土を運んでいるみたいに、ずるずると足を引きずるのです――実に邪悪な気配があります」。

もう何回かワインを口に運んで気持ちを奮い立たせ、メドーラは同じ題目について数頁にわたり筆を走らせていった。彼女は涙もろい自己憐憫と冗漫な支離滅裂さの間で揺れ動いていた。

ああ、なんと愚かにも深く母を愛していたことでしょう。罪を犯し、私に与えた命の火を母が揉み消してさえいれば――しかし、神はおわします――これまでずっとしてきたように、必死で耐えていきましょう。でも、苦難は長くて、変わることはありません――神よ、母をお許しください。ああ、母の形相の恐ろしいこと――なんと邪悪で――なんとハイエナそっくりで――ああ、そんな母をこれほど愛することができたなんて！

この酩酊状態の愁嘆は、アナベラの耳には音楽のように響いた。そのことは、アナベラがこれからの戦いのために整列させた軍団のなかに、メドーラも加わったことを雄弁に物語っていた。その軍団は、この後のバイロニックな大決戦において、アナベラのために戦い、彼女の行動を擁護することになるのである。

しかしながら、メドーラはみずからにあてがわれた隷属的な役割にすぐに辟易してしまった。彼女は気づいたのだ――自分はとどのつまり、援助者、友人、親類筋にとって望まれもしないペットのような存在にすぎないことを。そんな連中に敬意を払って従わねばならないことが、彼女は嫌でしょうがなかった。ほんの僅かの間に、彼女は愛玩犬から檻のなかに捕えられた猫に変貌し、優しくしてくれる人に今にも跳びかかりそうな勢いだった。おそらく、アナベラの友人たちのなかで、ただひとり好感のもてる人物に、アンナ・ジェイムソンという女性がいた。彼女は不運なことに、メドーラがイングランドに滞在中、彼女の第一の世話役になるよう仰せつかっていた。彼女は本当に献身的に少女の世話をしたが、軽蔑の言葉を返されるばかりで心をずたずたにされてしまった。メドーラは後日、必死になって母親からゆずり受けようとしていた証書をとうとう手にすることに成功する。その祈願が成就した時でさえ、彼女は自分の意見はずっとまともに聞き入れられてこなかったと文句を言い出す始末だった。

アナベラもまた、自分が被害者の側にいることがわかった。彼女はソファイア・ド・モーガンにこんな憤りを書き送っている。「あの子が見せた怒り狂った様子を想像することは無理でしょうね。私はまったくあんなのを見たのは生まれて初めてです。あの子は私を最高に憎たらしい敵だと言い、どんな種類の復讐だってしてやると脅迫したのです。私のほうでは、最初から最後まで、ひと言だってあの子に冷たい言葉を言ったことはありませんのに」。アナベラはみずからが当惑していることを打ち明けたが、それでもひと言だけ悲しい様子で、メドーラを容認する言葉を残さずに話を締め括ることができなかった――「それでも、私は彼女を愛しております……」。これは、おそらくみずからの忍耐力を実証するため、また、おそらくは純粋な感情を示すためであったのだろう。

アナベラとは、具体的な恐怖ではないにしろ、会う人会う人に畏怖心を掻き立てる手合いの女だった。そんな彼女でさえ、メドーラには怯えさせられつつあった。あるとき、メドーラがアナベラのイーシャー〔イングランド南東部サリー州の町で、ロンドンから南西二〇キロほどのところにあり、サンダウン・パーク競馬場で有名〕にある家に、また金をせびりに来るという話が伝えられた。またもや、そんな無心の相手をし、無下に断ると逆に怒鳴り散らされるのは、アナベラはなんとしても御免被りたかった。伝えられるところによれば、アナベラは居間の窓によじ登り、馬車に飛び乗って、ブライトン〔イングランド南部の英仏海峡に臨む保養地で、ロンドンからもっとも近い海水浴場〕まで一度も立ち止まらずに駆け抜けていったそうな……。

*

メドーラはとどのつまり、フランスへ帰るのに十分な金をアナベラからせしめた。しかし、事はそれだけでは決して終わらなかった。すぐさま、またもや無心の手紙が届いた。今度のは、以前のどの手紙よりも厚かましいものだった。メドーラは自分の代わりに、九歳になる娘のマリーに手紙を書かせたのだ。そのなかでは、いかに自分のママが貧乏になって、どんなに以前の援助者からの便りを心待ちにしているのか、しつこく述べ立てられてあった。

不思議なことだが、アナベラはメドーラへの愛着心をますます募らせているようだった。だから、アナベラは彼女からの要求を突っ撥ねられずにいた。しかしながら、今回、彼女はこれから先、予防措置を講じずに金を渡すわけにはいかないと思った。すなわち、自分の手先のように動いてくれると思われるボールペア夫妻を経由して、金の融通をすることにしたのである。この夫妻は、メドーラのフランス帰国前に、エイダが母親のためにメドーラの世話係として選んでおいたのだった。

金の無心は間断なくやって来た。医師の世話になっているうちに、アナベラはいつしか蛭に血を吸わせる治療法にほとんど誰よりも詳しくなっていた。そんな治療法にも似て、血を流すがごとく金を垂れ流すのは金輪際やめなければならないと、彼女は心に決めた。避けようもない抗議や嘆願が洪水のように押し寄せてきたあとで、彼女はボールペア夫妻への未払いの給与を支払うべく、絶対的な最終給付金として千フランを送金することに同意した。

少し間をおいて、手切れ金が送られた。しかし、ボールペア夫妻は、その大半を当時積もり積もっていた借金を支払うために使わざるを得なかった。こうしたやり方は馬鹿げた処置だった。というのは、ボールペア夫妻は今やアナベラではなく、メドーラに依存する身の上となり、当然ながら忠誠を果たす相手を替えてしまっていたからである。彼らはアナベラからもらった金の残り——約四百フラン——をメドーラと自分たち自身がパリにおもむき、弁護士に相談する費用に使うことを申し出た。

メドーラ、マリー、ボールペア夫妻は、おそらく債権者たちに追われながら、豪華なオテル・デュ・ラインに到着した。彼らは、宿泊費用はアナベラが支払ってくれる予定だと説明して、なんとかホテルに泊まり込むことができた。アナベラはバイロンの有名な妻であり、彼女の預金残高は非のうちどころがなかった。有名ホテルの支配人なら、そのくらいのことは知っていて当然だっただろう。

当時たまたま、セリーナ・ドイルがパリに滞在していた。彼女はなんらかの経路で、何か事が起こりつつあることを嗅ぎつけていたのだろう。（アナベラの魔女たちにはそんな芸当はお手の物だった。）少々気が触れた例の小集団は、今やオテル・デュ・ラインの特等室に居心地よく収まっていた。セリーナはアナベラになり代わり、彼らに百フランを貸してやった。当然ながら、できるだけ早く、もっと安い宿に移動するようにという条件付きだった。アナベラは使者を送って、いくらか追加の金を渡してやったが、ホテルの支配人にこれ以上の信用貸しをやめるよう覚書を渡すことも忘れなかった。

メドーラはアナベラに手紙を書いて反論した。そのなかで、彼女は胸の内にたっぷり詰まっていた敵意と怒りの残り滓をぶちまけた。その手紙を見せられて、エイダはすぐに母親の弁護に回った。彼女は長々とした、激しい言葉遣いの、憤りに満ちた返事を書いた。破滅から、そして死んでもおかしくない状態から救ってくれた「恩人たる女性」に当然感謝すべきだとメドーラに要求する内容だった。その訴えは、エイダがおそらく予想していたとおり、鼻であしらわれてしまった。

愚弄され、金蔓にされ、中傷され、騙され、アナベラはやむなく自分がかつて使った対処法に頼らざるを得なくなった。その昔、違う若い女が、かつて自分を破滅の淵へ引きずり込もうとしていたことをアナベラは思い出した。あのとき、その若い女とはエイダ自身であり、彼女を更生させた男は道徳と医学の人、ウィリアム・キング博士だった。

キング博士はいまだに深く協同組合運動にかかわっていたが、サセックスで精神病院も経営していた。アナベラは彼に、パリに行ってメドーラが狂人なのかどうか診断して欲しいと頼んだ。

彼は律儀に出かけ、診断書を持ち帰ってきた。しかし、帰ってくる前に、彼は懐から多額の援助金を巻き上げられてしまった――メドーラに会った他の誰もがそういう目に遭ったように。彼女は正常ですと、彼は太鼓判を押していた。アナベラはこの報告書をどんなふうに解釈したのだろうか？　それはいつぞやのバイロンの場合と同じだった。メドーラの振舞いを落ち着かせることは不可能であり、自分からの援助を完全に断ち切ってあの女を罰さねばならぬ――これこそがアナベラの解釈だった。

しかしながら、この一件は随分とひどい結末の話になりそうだった。エイダはボールペア夫妻をアナベラの代理として雇っていたのだが、アナベラは彼らの給与支払いをやめてしまった。したがって、実質的にこの夫妻は、事前通知なしに解雇された格好になってしまった。さらに悪いことには、ボールペア夫人が職探しのために推薦状を依頼したとき、アナベラは彼女をゆすりで訴えてしまったのだ。

アナベラがそのような思慮を欠く衝動的な行動に駆り立てられたのは、後にも先にもこれが初めてだった。バイロンでも、オーガスタでも、アナベラには歯が立たなかった。とどのつまり、エイダやウィリアムでもそうだろう。ところが、メドーラにはアナベラを理性の領域から追い落としてしまう何かがあった。アナベラはすでに、いったん責任を引き受けた女性を見捨ててしまったという批判ばかりか、実際に法的措置に打って出られるという危険に我が身をさらしていた。世間には、アナベラとエイダ——彼女は夫妻の雇用に絡んでいたので——を非難する風潮があった。こうした世間の後押しもあって、計略に富み、どちらの側にも与しないボールペア夫妻は、法的措置に訴えるという脅しをアナベラに利かせることができたのだ。

このひどく錯綜した問題全体を解決するのに手を貸すべく、エイダにまたもや出番がめぐってきた。彼女はフランス大使館におもむき、この任務を果たそうとした——ただ、ボールペア夫人がそこに先まわりして、自説を展開したあとであった。

アナベラの別居問題の解決に深くかかわっていた弁護士たちが調停役を引き受け、ようやくこの事件の和解に漕ぎ着けることができた。ただその前に、ウィリアムがボールペア夫妻を、脅迫状を書いたという理由で逮捕に追い込もうとする事態が起こった。彼はこういう事柄には血気にはやる性格であり、とくに際どい時期にもかかわらず事件に介入したのだ。

メドーラが最終的にエイダの生活から消え失せたのは、一八四四年のことだった。メドーラはアナベラの手助けを得て、母親から大事な証書を取得しようとしていた。ちょうどこの年に、メドーラはその証書をフランスに持ち帰ることができた。一八四七年にある軍人と結婚するまでは、その証書を担保にして融資を受けて生計を立てていた。一八四九年に、彼女は天然痘でこの世を去っている。

第七章

完全な職業人

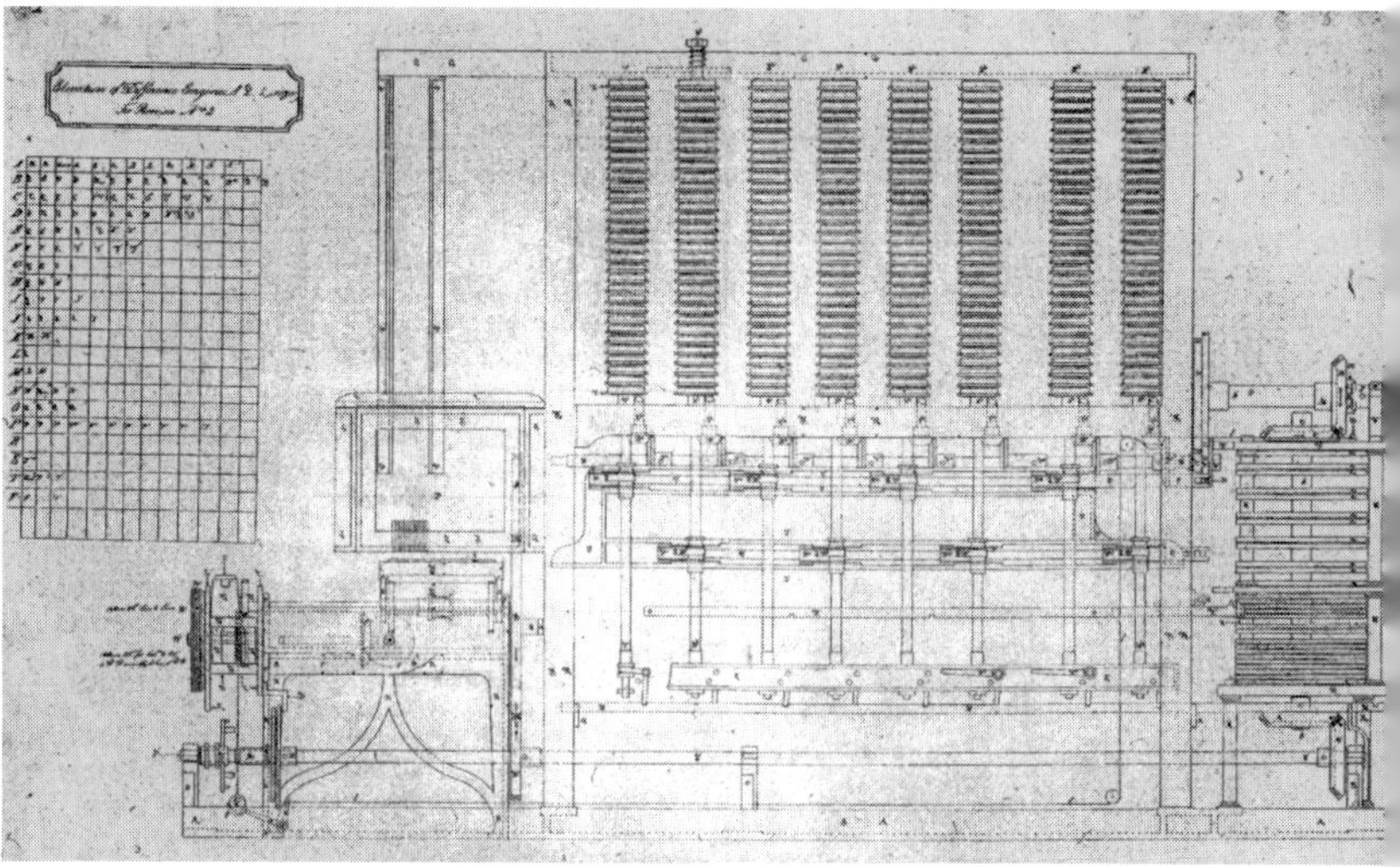

一八四〇年代初頭にイングランドに響きわたった騒音は、女帝エカチェリーナがいまわのきわに発した絶叫のようだった。これはイポリット・テーヌ〔一八二八―九三、フランスの批評家・哲学者・文学史家〕の言葉である。だが、それはまた汽笛の響きだったといってもよい。

時は〝鉄道狂い〟の時代だった。しかも、この新たなる熱狂は、浮かれた時代がバイロン狂《バイロマニア》いからようやく目覚め、いまだに催眠術熱に捕われていた頃に訪れたのだ。催眠術師と同様、雄叫びを上げる列車はそれを目撃した者を魅惑し、かつ驚愕させた――それは無理からぬ話だった。というのは、鉄道は生活のあらゆる領域を変革し、来るべきテクノロジー革命のパターンを形づくることになっていたのだから。すなわち、鉄道は基幹線から分岐した電信線の導入からはじまり、インターネットの拡散に至るまでのパターンをなしていたのだ。

アレグザンダー・サマヴィルなる人物は、実はメアリ〔エイダと親しかった数学者メアリ・サマヴィルのこと〕とはなんの縁故関係もない。この男は『ある労働者の自伝』という書物を著している。彼はリヴァプール・マンチェスター線の開通を「世界史における画期的事件」と呼んでいるが、実はそれほど大袈裟なことをいっているわけではなかった。

私がロンドンや他の場所でも見たすべての光景――美しく、壮大で、驚嘆すべき光景――は、比較してみればまったくの無に帰してしまいました。その体験は、私があれを見た瞬間に起こったのです。……白い蒸気が森、牧場、さらに村々を駆け抜けてゆきました。いろんな品物を、男も女も、人の野心も満載して、長い列車が蒸気をたなびかせながら走ってゆきました。私はそのような光景を見たことがありませんでしたし、以後それに優る光景を見たことはありません。美と偉大さにおいて、世界にはそれを越えるものがないのです。

チャールズ・ディケンズは、エイダの愛読書『ドンビー父子』〔二一八頁参照〕において、鉄道にたいする違う見解を示している。そこでは鉄道は美と偉大さではなく、恐怖と破壊を表し、黙示録の鋼鉄の胸当てをした騎士として現れているのだ。

他の小道や道路を傲慢にも無視し、あらゆる障害物を真っ正面から突き破り、あらゆる階級、年齢、身分の生きた人間たちをあとに引きずり、鋼鉄の道を——己自身の鋼鉄の道を——ひたすら突き進もうとするその力は、勝ち誇ったある種の怪物、すなわち死にほかならない。

その甲高い叫び、咆哮、そして轟音は、

湿った大地に穴を穿ち、暗黒と重苦しい大気のなかを……虚空を、高みを、荒蕪地《こうぶち》の傍らを響きわたる。荒蕪地では工場が煤煙を上げ、淀んだ水が流れている。……さらに、その轟音は風も光も、驟雨《しゅうう》も陽光も……耳をつんざく狂喜の叫びと、咆哮と、震動で打ち払い、どす黒い息を吹き出しつつ、あらゆるものを引き裂いて、蹴散らしてしまう。

その死の轟音はウィリアム・ワーズワスもまた悩ませた。コールリッジと共にクォントック丘陵〔イングランドのサマセット州西部に広がる丘陵地〕を横切って歩きながら、湖沼地帯に向かっているとき、彼はより保守的で、胸が晴れない思いに浸っていた。

おお、ブリテン島よ、恥じ入るがよい、権力が、黄金への渇望が、
汝の島を不吉なる星のごとくに支配しているのだ。
そいつは汝の平和と、汝の美を売り飛ばそうとしているのだ。
さらに、そいつは自分の勝ち誇った車両のために道を切り開こうとしている。
汝の両腕が抱擁する愛おしき陬遠《すうえん》の地を通過してだぞ！
汝はあの警笛を聞いたか、そいつの長々とつながれた列車が疾走する時の、
その姿が汝の目の前を通り過ぎたことがあるか？

〔『ソネット集』第三部第四六番（一八四四）〕

エイダは確かにその警笛を聞いた——ただし、それを忌避するどころか、それに向かって駆け寄っていったのだ。一八四一年、ロンドンをサウサンプトン港につなぐ予定のサウス・ウエスタン線がウェイブリッジ〔ヒースロー空港から南へ一五キロほどのサリー州北部の町で、鉄道開通前は小村だった〕に至ったとき、その警笛はサリーの風景を切り裂いていった。ウェイブリッジは、オッカムのラヴレス荘園から四マイルのところにあった。その列車に乗ってロンドンから来ることになっていた最初の乗客たちのなかに、もう一人の鉄道狂いチャールズ・バベッジがいた。エイダの自宅への招待に応ずるべく、凍えそうな寒さの真冬に、彼は勇ましくも無蓋の客車に

乗って来たのだ。

エイダはバベッジと再会を果たし、最新の思想や技術について議論したくてしょうがなかった。そこで、彼女はこう言った。鉄道のお陰で、貴方は一時間もかからずにウェイブリッジにお越しになれます。あとは、私がそこに貴方をオッカムまでお連れする馬車をご用意しておけばいいだけですねと。数年前まで、ロンドンからお客を招く時にしなければならなかった用事と比べて、それはなんたる違いだったことか。たとえば一八三六年に、彼女はメアリ・サマヴィルに対し、ロンドンのチャリング・クロスにあるシップ・イン発のアコモデーション号と呼ばれる駅馬車《ステージ・コーチ》に乗るよう指示しなければならなかった。それは毎日ちょうど昼食後に発車し、夕食に間に合う頃にオッカムに停車するという塩梅だった。

しかしながら、彼女の鉄道への興味はその利便性の領域を遥かに超えていた。鉄道が世界を変えつつあること、そして空間と時間を歪めつつあることを、彼女は理解していた。一世紀半後の世の中で、われわれが、コンピュータが将来おこなうであろうことを予想している状況にそれは似ていた。

*

偉大な哲学者のディドロは、かつて恋愛を「二つの下腹部の器官を官能的に擦り合わせる行為」と呼んだ。これはロマン派が反駁をつづけた、ある種の干からびた啓蒙思想であった。多くの人びとが、科学やテクノロジーに対し熱狂的態度を示すことを性格上の欠点と見なすようになったのは、この啓蒙思想の遺産であった。

この熱狂への敵対的態度は、十九世紀半ばに技術変革のペースが加速した時に、より鮮明になった。

近代的な機械やシステムが、かつてなかったような仕方で、今やもっとも個人的な生活面に徐々に入り込んできたのだ。女帝エカチェリーナの叫びが、谷間や丘陵に響いただけではなかった。より微かな電報のピッピッという音や、一ペニーの郵便物のサワサワと擦れ合う音も響いていたのだ。だが、それだけでもうたくさんという人たちもいた。「近頃の奇妙奇天烈な話が、果たして本当かどうかの議論は、随分と前から等閑に付されております」。イーグルス師なる人物が、ある新聞のコラムで悲しそうに述べている。そのコラムは、彼が、のちにエイダの友人となる科学者アンドルー・クロス〔英国のアマチュア電気学者（一七八四―一八五五）、電解析出法が専門〕と一緒にクォントック丘陵を横切って散歩した時のことに関するものである。

本当に世の中は騒々しく、忙しいことばかりで、もうわれわれにはうんざりです。ひまな時間がなく、ゆったりした動きがなく、すべてが鉄道のペースで、いやそれどころではなく、電報のペースで進んでいるのです。

クロスはハリエニシダの茂みを通り抜けているとき、不意に詩を詠唱しはじめ、哀れなイーグルス師を驚かせた。茫然とした牧師は語っている。

このお方がこんな詩的感興を持ち合わせた人物とは思いませんでした。これまでずっと、科学に毒された人間としか思っておりませんでしたのに。どうしてこんなことが起こるのでしょう。科学という途方もない量の現実は、偉大なる、圧倒的な力をもった詩とでもいうのでしょうか？

それは恐ろしい着想だった。詩が科学的世界の一部分であり、それからの抜け道ではないとしたらどうだろう？　これは実は、エイダの見解だった。世界を支配する機械の群は、彼女にとって、数学的態度の退屈で非人間的な実体化ではなかった。それらは創造的精神の産物であり、〝未見の世界〟に居並ぶ芸術品だった。その〝未見の世界〟において、詩人たちは彼らの〝海賊〟やら、深いロマンティックな裂け目を発見したのだった。その機械の群は、当然ながら複雑だった。しかしながら、それらはメドーラのような女や、彼女の母親の頭に浮かんだ策謀ほどには複雑ではなかった。

コールリッジは『より包括的なる生命理論の形成に向けての省察』という論考のなかで、同様の見解を表明している。彼は息もつかせぬ勢いで科学の成功を概観したのち、このように論を継いでいる。

科学の領域でこそ、外界のあらゆる事物のみならず、道徳的存在さえ含めた、生命と生命組織のもっとも精妙なる神秘が、数学的公式の魔法の環のなかで召喚されたのです。

エイダは今や、この魔法の環のなかに引き込まれ、それが召喚したテクノロジーにますます魅惑されはじめていた。彼女はそれについて、みずから〝私の心のなかの研究室〟と呼んだ場所で研鑽を積んだ。それは不可思議な空間だった。彼女の躁病的で過剰なエネルギーがパチパチという音を立てて響いていた。奇妙な発明や異様な哲学がそこには充ち満ちていた。たとえば「読書機械」[1]という発明がそこには見出せる。明らかに、これは彼女がケイ博士のために考案した教育機器だった。彼は指物師にそれを製作するよう命じた。おそらくは、バタシーの貧しい子供たちのための学校で使うためだったのだろう。また、催眠術やら電気に関して膨らんでいく興味もそこには見出せる。電気とは、ファラデーが電磁気学に関する研究を通して徐々に制御しはじめてはいたが、いまだに神秘的で不可視の恐ろしい力だった。

（1）その機械はケイの日記において言及されている。「指物師に、レディLの発案による『読書機械』の一つの製作法について指示した。……トゥールガウ氏が、読書機械に取りつけられる音声装置の準備作業を賛嘆の目で見ていた」。マンチェスター大学、ケイ＝シャトルワス文書の参照番号 219, 1/25 を参照。

鉄道はエイダの〝研究室〟に、とりわけ豊かな好奇心の対象を提供した。トマス・クック〔近代ツーリズムの祖と呼ばれる、英国の旅行代理店トマス・クック社の創設者（一八〇八―九二）〕の安価な団体旅行といった新しい旅行サービスも起こりはじめていた。クックが初めて禁酒クラブの会員に日帰り旅行を提供したのは、一八四一年のことであった。こうした観光旅行の魁《さきがけ》は、のちにラス・ヴェガスやイビサ島〔地中海のバレアレス諸島に属するスペイン領の島で、現在では多数のクラブが立ち並ぶ観光地〕へ、遊興三昧であまり真面目でない人びとを運ぶ団体旅行へと、思いがけない方向に発展を遂げることになる。さらに新しい形の交通システムも現れていた。たとえば、ヘンリー・ピンカス〔一八三四年に圧縮空気を動力にした鉄道システムを発表した米国人発明家〕が特許を得た「圧縮空気《ガソニューマティック》による」鉄道システムがあった。パーキン〔トマス・パーキンという鉄道黎明期の技術者、生年等不詳〕は、線路に沿って設置された風車から動力をケーブルに伝え、客車を引っ張るシステムを提案した。このようなものを、単なる機械工学上の珍品として片付けるわけにはいかない。トマス・マコーリー〔英国の歴史家・政治家（一七六八―一八三八）で、『英国史』（全五巻）で名高く、歴史の流れを自由の着実な前進過程と見なす「ホイッグ史観」の持ち主〕は、このように述べていたからである。

交通手段のどのような発展も、物質的と道徳的とを問わず、人類に恩恵を与えるものである。……自然物にせよ、人工物にせよ、それはさまざまな物品の相互のやりとりを促進するのみならず、国家間や地域間の敵愾心を取り除き、かつ大いなる一家族として、人類のすべての枝分かれした集団をまとめ上げる傾向がある。

人類の道徳への並々ならぬ恩恵を約束し、かつエイダの特別な興味を捕えた一つの開発が、ウェスト・ロンドン線の一区間において実験的におこなわれようとしていた。その路線はワームウッド・スクラブズ〔ロンドンのデュ・ケイン・ロードにある刑務所の俗称〕という、ロンドン西部の茫漠たる荒れ地で、当時も今もその名のとおり、魅力に欠ける場所のそばを通過していた。

技術的かつ財政的な混乱は鉄道熱の特徴となったが、それはその後のあらゆるテクノロジー狂いにつきまとう特徴ともなった。ウェスト・ロンドン線は、こうした混乱による犠牲を典型的に蒙った。イングランド北部の工業都市は、鉄道システムによって相互につなげられ、さらに遥かロンドンへと結びつけられた。それを発展させたのが、ジョージ・スティーヴンソンという蒸気機関車の発明者だった。このシステムは、炭坑におけるものと同じく、四フィート八インチ〔正確には四フィート八・五インチであり、これを標準軌という〕の間隔をおいて並べられたレールを使っていた。イザムバード・キングダム・ブルネル〔英国の土木技師（一八〇六―五九）、テムズ川底トンネル開削や数多くの鉄道建設で知られる〕は、グレート・ウェスタン鉄道の建設に責任を負った技術者であった。ロンドンとブリストルをつなぐ鉄道の建設を、彼は父のマークによって発展させられたシステムをベースにしておこなうことにした。この鉄道はチャタム〔イングランド南東部ケント州北部のメドウェイ川に臨む町〕にある王立海軍工廠近辺へ、材木を運ぶように計画されていた。そして、より広範囲の使用に供することを見越して、通常よりずっと幅広い七フィート〔正確には七フィート〇・二五インチであり、これを広軌という〕の軌道を与えられていた。かくして、「ゲージ戦争」として知られるようになるものがはじまった。それは数十年間にわたり鉄道業を分断したのちに、ようやく新しい技術上の標準規格を確立することになる争いだった。

血の気の多いバベッジは、友人のブルネルによって採用された広軌を公に擁護しつつ、脇目も振らずに論戦に突入していった。それがどれだけ優れているのかを証明するために、彼は特別製の客車を製作した。それに乗車して、彼はグレート・ウェスタン鉄道の線路網をガタンガタンと揺られつつ、幾度も旅行を繰り返した。その際に、彼は自作の巨大な地震計に似たものを用い、あらゆる揺れや衝撃を何枚もの壁紙に記録していった。数百マイルの線路を走破し、約二マイルの壁紙を消費したのちに、地震計の記録は一八三九年にロンドンのパブの壁を飾るがごとくに使われた。そこには、グレート・ウェスタン鉄道の取締役たちが、ゲージ問題を徹底的に論議するために集まっていた。その一件はバベッジにとって勝利に終わった。彼がおこなったプレゼンテーションは、標準軌の北部からやって来た鉄道経営者の代理人たちにも、広軌のメリットを納得させるものだった。彼が誇らしくも自伝のなかで宣言しているように、もしも彼がいなかったら、ブルネルのシステムは生き残らなかっただろう。だが、とどのつまりは、それは生き残らなかった。標準軌がのちに、国の標準規格として採用されるに至ったからである。

ワームウッド・スクラブズを通過するウェスト・ロンドン線が、この論戦の半ばに話題になった。それは広軌のグレート・ウェスタン鉄道と、北部へと連絡している標準軌の間に跨っており、その二つをつなぐものと考えられたからである。グレート・ウェスタン鉄道側は、自分の線路網を他の未発達な路線——そのゲージの種類は問わず——につないでやるといった居丈高な態度で臨んでいた。このために、ウェスト・ロンドン線の居心地の悪い立場は、さらに悪いものになってしまった。グレート・ウェスタン鉄道側が、ウェスト・ロンドン線の線路網と自線との間で認めようとした唯一の接続方式は、一両編成の貨車と客車の乗り入れに限って軌間変換装置の搭載を許可することだった。かくして技術的な不適合性と相手企業の傲慢さによって孤立させられ、ウェスト・ロンドン線はゆき場を失ってしまったことを悟った。同路線は傲慢な技術者と野卑な投資家を叩く恰好の鞭を『パンチ』に提供し、情け容赦のない風刺の的となってしまった。そこで、ジョゼフ・ダグイラ・サミューダとジェイコブ・サミューダの兄弟〔ジョゼフ（一八一三―八五）とジェイコブ（一八一一―四四）のサミューダ兄弟は主として鋼船建造で成功した〕が、ある風変わりな実験をおこなうために一区間の路線を貸与してくれまいかとウェスト・ロンドン線の取締役たちに接近したとき、彼らは手放しで喜んでその願い出を受け入れたのだった。

サミューダ兄弟の計画は、大気圧による推進力の原理に基づいた鉄道を建設することだった。その実物大の模型がアデレイド・ギャラリー・オブ・プラクティカル・サイエンス〔米国人発明家ジェイコブ・パーキンズが、一八三二年にロンドン中心部ウェスト・ストランドのアデレイド・ストリートに開設した科学機器展示館〕に現れた段階で、そのアイディアはすでに人びとの大きな関心を集めていた。まさに、その展示館でエイダは初めてその模型を見たのだろう。彼女はその施設の熱心なパトロンの一人だったのだから。

初めて大気圧の原理が提唱されたのは、時を遡ること一八一〇年のことだった。提唱者はジョージ・メドハースト〔英国人技師（一七五九―一八二七）、初期の鉄道技術者〕だった。当時、彼は誰にも信用されなかったが、直径三十フィートの巨大なチューブ内を、圧縮空気によって客車を推進させることができると主張していた。まるで、エンドウ豆が空気銃の銃身から押し出されるような格好だった。サミューダ兄弟のシステムのほうがより現実的といえた。それは従来型の鉄道のレールの間に平行して敷設された、直径が一フットに満たないチューブからできていたからだ。線路に沿って設置されたポンプ施設が稼働して、チューブ内を真空状態にするようになっていた。すると、この真空部分がピストンを片方の端から反対の端へと引っ張るという理屈である。問題はピストンをそれが引っ張る予定の車両にどのようにつなげるかだった。答えは至って簡単だった。一枚の金属板がパイプ上部の隙間を通って、ピストンを車両へとつないだのだった。パイプ内の真空状態を保つために、その隙間は精巧な皮の弁によって覆われていた。その皮は蜜蝋と獣脂を染み込ませられて、金属板が通過する時には開くが、その前後では機密性を保つ充填部材の役目を果たしていた。

サミューダ兄弟は、この「牽引パイプ」を半マイルの距離に及ぶウェスト・ロンドン線の一区間にそって敷設した。その終着駅はワームウッド・スクラブズであり、そこには最新式の十六馬力の蒸気ポンプが設置されており、真空状態を発生させるようになっていた。一八四〇年の夏から秋にかけて、兄弟はそのシステムの試験運転をはじめた。十二月までには定期運転ができるようになった。時速四五マイルの息を呑むようなスピードが達成された。（科学技術恐怖症の批評家たちが震え上がったように、それは文字どおり「息を呑む」ようなスピードだった。）

翌年、彼らは公開デモンストレーションを実施しはじめた。そして、それは一大センセーションを引き起こした。エイダがその公開場面に顔を出したのは三月十一日のことだった。そして、あまりに衝撃的な体験だったため、彼女はその後同じイベントに二度も足を運んでしまうのである。彼女は、すぐさまそのシステムの技術的な利点を理解した。主として、それは坂道をジグザグに登っていく性能にかかわるものだった。そんな性能を蒸気機関車に期待するのは難しかった。彼女はさらに、おそらくは母の代理として、それを投資の対象にはできないものかと考えた。彼女の母は、その案件に財政的援助をする計画を立てていたようなのだ。しかし、彼女を本当に興奮させたのはそのスピードだった。時速二五マイルと、彼女は記録に残している。

サミューダ兄弟の「大気圧鉄道」の技術は、結局アイルランドのダブリン—キングズタウン間、イングランドの南西部地域、ロンドン―クロイドン間のそれぞれの路線で採用されることになった。イングランドの南西部地域では、ブルネル〔息子のイザムバード・キングダム・ブルネル〕がデヴォンの山間部に路線を敷くためにその技術を利用した。最後の路線はもっとも野心的な試みだった。ロンドン―クロイドン間鉄道は、首都圏でもっとも目を見張る路線の一つとなった。起点駅であるロンドン橋からの最初の四マイルは、煉瓦で建設された一本の高架橋のみで支えられていたからだ。八七八本のアーチを描いた高架橋は、ロンドン南部のもっとも卓越した人工のランドマークとなった。それは同時に、技術者たちが単に自然の地形をなぞるのではなく、創造的に物を造り出すことのできる能力の証明ともなっていた。

　大気圧鉄道は従来の鉄道に沿って敷設され、大喝采に迎えられて最初の区間が一八四五年に開通した。それは大気圧の原理による力を実証しただけではなく、他の二つの新機軸をも打ち出していた。

　一つ目は建築学にかかわるものだった。線路に沿って設置された四つのポンプ施設は、直径一五インチの牽引パイプ内を真空に保つために、それぞれが巨大な百馬力のエンジンを擁していた。これらの施設は建築家のW・H・ブレイクスピアによってデザインされ、教会風に見えるようにされていた。現代的な施設にネオ・ゴシック様式のデザインが適用された初期の例だった。『ピクトリアル・タイムズ』が一八四五年八月に伝えているところによれば、ブレイクスピアの意図は「もっとも無骨な建造物でも、風景の装飾物になるように美化することが可能である」ことを実証することだった。とりわけ、あらゆる形象のなかでもっとも無骨なる存在である組み合わせ煙突〔二本以上の煙突を屋根の上で一つにまとめたもの〕は、そびえ立つ尖塔に造り替えられていた。産業革命の始まり以来、尖塔を組み合わせ煙突に改造するプロセスが、ロンドンのスカイラインをみすぼらしいものにしていた。ブレイクスピアはこのプロセスを逆転させたのだった。

もう一つの新機軸が、ロンドン―クロイドン間の大気圧鉄道において実用に供された。それは他の鉄道網においてすでに現れはじめていた、最新型の電信システムだった。エイダの友人で、催眠術の共同実験者であったチャールズ・ホイートストンは、チャールズ・クックと共に、すでにそうしたテクノロジーをヨーロッパで初めて実用段階にまで漕ぎ着けていた。エクセター・ホール〔ロンドンのストランド街にあり、宗教的・慈善的活動によく使われた建物〕におけるその展示会に、エイダは以前におもむき、陳列品に異常な興味を示したことがあった。ただ、同じような熱烈な興味を、彼女に対して露わにする男性訪問客がいた。（そのため、彼女はいやいやながらその場を立ち去らざるを得なかった。）

電信と鉄道はお互いのために造られたような存在だった。田園地帯をばっさりと切り分けて進む鉄道の線路は、電報の信号を伝達するのに必要な電信線の完璧なルートでもあった。鉄道網が複雑さを増すにつれ、それらの間の連絡調整をする必要が出てきた。そのためには、従来の郵便よりも遥かに遠くまで、しかも迅速におこなうことができる情報伝達の手段が不可欠であった。かくして、鉄道便の運行調整のためにそれらが使われることを前提条件にして、鉄道経営者たちは電信会社に線路に沿って電信線を敷設することを許可したのである。このために、電信網の急速な拡大のための資金供給が促進された。また、それらを一般の使用に開放することが利潤を生み出した。

百五十年後のインターネットと電子メールについてと同様に、大衆は最初、電信による情報伝達という概念に懐疑的だった。とりわけ、安全について不安があった。誰も気づかないうちに、電信線にタップが設けられ、通信内容が傍受されるかもしれない。専門家たちは、通信内容が意図された受信者だけに読みとられるように、通信内容を暗号化することを考えはじめた。こうした意図に対し、この上もなく斬新な提案をもって現れた人物がいた。その人の名前は、またもや、あの疲れることを知らないバベッジだった。彼は暗号化にかかわる数学的研究に没頭していたのだった。

エイダは安全性には不安を抱いていなかった。大気圧鉄道の場合もそうだったが、彼女の興味を掻き立てた電信の特性はそのスピードだった。ウィリアム〔エイダの夫、ウィリアム・キング卿のこと〕に宛てた、興奮が溢れんばかりに詰まった手紙のなかで、彼女は電信のテクノロジーが生み出す可能性について想像をめぐらせている。先週、彼女はサマセット州にある別荘のアシュリー・クームを出発し、当時もっとも近かった幹線駅のブリッジウォーター〔アシュリー・クームから六十キロほど南東の町〕から列車に乗って、ロンドンに帰ってこようとしていた。彼女は予定の列車に乗り損ね、結果としてパディントン駅に二時間遅れで到着した。もしも、ロンドンをウェイブリッジに結ぶサウス・ウエスタン線――それを彼女は「私の鉄道」と呼べるほどよく使っていたのだが――のルートのどこかに電信サービスがありさえすれば、彼女は自分の遅延について「ロンドンへ二秒で伝言する」ことができただろう。そして、それがすべてではなかった。ホイートストンは彼女に、駅の間で会話をすることさえ可能であると言ったのだ。たとえば、彼女はオッカムにいながらにして、ロンドンの商人と注文について話をすることさえできただろう――これは、現代のオンライン・ショッピングと呼ばれ得るものの初期の例なのだ。彼女は言ったかもしれない――「なんて素敵な伝達道具、なんて凄い発明なんでしょう！」。

　技術革新の速さと衝撃にたいするエイダの狂喜は極度に強まった。そのため、彼女はそれが自分を圧倒することを恐れはじめた。彼女は自分のエネルギーの別の捌け口を探しはじめた。「さまざまなわざわいをもたらす、苛立たしい領域から私のヒステリーを」――これは彼女自身が公言した言葉である――別方向に流すことが企図されたのだ。演劇と音楽は一つの新しい捌け口となった。彼女は一日に数時間歌の練習をはじめ、オッカムの図書室ではオペラのアリアを披露した。そして、ロンドンでは、その都市のいやましに酷さを増す不潔さによって生み出された「汚らしく、不快な」環境に、彼女は勇気を奮って飛び込んで、ドルリー・レーン劇場〔一〇二頁参照〕の常連になったのである。

ウィリアムにとってより危険に思えたのは、彼女が詩や文学にますます興味を示しはじめたことだった。だが、この分野における彼女の作品は、ほとんど何一つとして残ってはいない。たとえば、ウィリアムに宛てた手紙のなかで、彼女は偉大なドイツの詩人シラーによるバラッドを改作したことについて言及している。彼女は自分の技量を示すために、それを夫に送ったのだ。しかし、彼女の残した文書のなかにおいて、もはやその存在を示す痕跡すら残ってはいない。見出すことのできるすべては、ジョージ・ペイン・レインズフォード・ジェイムズ〔一八〇一—六〇、作家・政治家でバイロンはその気の強さと冒険癖のゆえに、彼を「小さな悪魔」と呼んだ〕の人気を博した歴史小説の一つである『モーリー・アーンシュタイン』〔一〕の書評のみである。一見したところ、彼女がそれを書評対象にしたことはまずい選択だった。文学的な事柄に関してエイダの相談役だったケイ博士は、ジェイムズを「退屈で、劇的表現に乏しいへぼ作家」と呼んだ。それはあまりに多い（あるいは、やたらに多すぎる）つまらない金もうけのための《ポットボイラーズ》作品を書いた作家という、当時と将来の世間の判断を反映したものだった。トマス・カーライルが新しく設けたロンドン図書館〔一八四一年に、主としてカーライルが提唱してセント・ジェイムズ広場のすぐそばに建てられた会員制図書館〕で図書館員として勤めたロバート・ハリソンは、このような判断を下している。ジェイムズの「独創性、登場人物への洞察力、生き生きとした人物描写力の無さは、〝無批判な人びと〟の意見において、型にはまったストーリー、念の入った描写、大詰めでの揺るぎない因果応報の道理《ポエティック・ジャスティス》、そして整然とした当たり障りのない表現スタイルによって救われている」。

〔一〕『モーリー・アーンシュタイン』（一八四二）は、主人公の准男爵モーリーと友人のリーバーグ伯爵の冒険談に、主人公の二人の女性をめぐるラヴ・ロマンスが絡み合った形で進行するジェイムズの長編小説。モーリーは旅の途中で遭遇した事故からリーバーグに助けられ、彼との友情を深める。しかし、モーリーが善意に満ちた人間なのに対し、リーバーグは人間性の暗い面ばかりに目を向ける、悪魔的な性格の持ち主だった。モーリーはもともと幼馴染みのジュリエットを愛していた。しかし、リーバーグが手形を偽造される事件に絡んで、ヘレンとウィリアムのバラム姉弟と知り合い、モーリーはヘレンにも思いを寄せるようになる。父親が資産家だったとはいえ、バラム姉弟は今や零落し、ウィリアムは手形偽造団の手下になっていた。こののち、ジュリエットの実家が押し込み強盗に遭い、保護されていたヘレンが誘拐される事件、モーリーの亡き父が詐欺に遭っていたことが判明し、一家の財産の大半がヘレンのものとなる事件、ジュリエットが本当は富裕家カー氏の娘ではないことがわかる事件などが起こる。ヘレンに思いを寄せるリーバーグは彼女を誘拐し、その際にモーリーの仲間たちとの格闘のなかで謎めいた死を遂げる。モーリーはジュリエットがクラヴァリング卿と結ばれるものと誤解していたが、最後にこの誤解は解け、彼は幼馴染みと結婚する。ヘレンは独り身のままだが、善意に満ちた暮らしをつづける。全編に勧善懲悪と人間の善意への信頼が漲った作品となっている。

『モーリー・アーンシュタイン』の書評において、エイダは明らかに、みずからが完全にその「無批判な人びと」の一人であることを示してしまった。彼女はどんなにジェイムズを評価しても評価しすぎることはないと思った。たとえば、彼の刑罰法改正に関する「啓発された」見解は、ワーズワスのそれと比較して、際立って対照的だったのである。ワーズワスの見解はその頃に至るや、彼の鉄道にたいする態度と同様に反動的なものになってしまっていたのだ。

ずっと最近の時代になって、ちょうどテレビが薄っぺらで癖になりやすい娯楽メディアとして蔑まれるようになるように、当時は小説がそれと同じ立場にあった。そしてエイダは、そんな言い方をこんなにも重要な本に結びつけるべきではないと思った。実際の話、それは形而上的な内容をもつ本だった。その「精神の原動力」と「肉体の原動力」の違いを扱った、その冒頭の段落でもそれは明らかだった。そのテーマは作品の全編を貫いていた。

ケイはエイダの意見には仰天させられた。彼女の書評はあまりに好意的な筆致に溢れているので、それを読む者は皆、ジェイムズは彼女の友人だと想像するだろう。このように、ケイは彼女に告げた。おそらく、この一件は彼女の際限なく広まっていく興味が道楽的趣味《ディレッタンティズム》の域にまで堕してしまっていたことの証左だった。

しかしながら、そんな本を敢えて読んだことから判断して、エイダに批評上の過失があったとするべきではない。むしろ、意味があるのは、彼女自身の評価方法自体である。『モーリー・アーンシュタイン』の主たる関心事は、芸術と科学、情念と知性、「精神の原動力」と「肉体の原動力」の対立だった。彼女の興味もまさにそこにあったのである。

小説のある一節は、科学の芸術への挑戦をまさに直截に論じている。語り手は小説の舞台である時代の精神性に思いをめぐらし、「大いなる発見がなされつつある」と語っている。「われわれはハーシェル、ラプラス、ファラデーのような偉人を輩出し、……蒸気機関、鉄道、電報を生み出した」〔二〕とも記されている。こうした発明は、今や人間能力の頂点を表すものと見なされているのだ。だが、語り手はこうも論じている――その程度のものでは、まだ頂点には至っていないのだと。科学的探求は積み重ねのプロセスであって、ある世代は次の世代へと知識の財産を受け渡していく。このことが意味するのは、ハーシェル、ラプラス、ファラデーのような人びとの偉業は、ニュートン、ハレー、コペルニクスのような人びとのそれの上に成り立っているということだ。ニュートン自身もこう言っている――「もし私が遠くを見晴らしたとすれば、それは巨人の肩の上に乗っているからに相違ないのだ」。他方、芸術は一世代ごとに再創造されてきた。なんらかの肩書きに値する芸術家なら、誰であろうが、人間のおかれた状況に新たな姿勢で、あたかも赤子が世界を眺めるかのごとくに無垢な態度で立ち向かうはずである。また、それに独自の反応を示すに相違あるまい。それが、著名な科学者はたくさんいるが、偉大な詩人が僅かしかいない理由なのである。

〔二〕この件は『モーリー・アーンシュタイン』の初版（全三巻）の第一巻一一三頁からの引用である。エイダが着目した科学と芸術の関係は、同巻の一一三―一一五頁にかけて論じられている。

こうした見解の妥当性はさておき、エイダにとって重要だったのは、今や頭のなかの大半を占めるに至った課題に、独りで真っ正面から立ち向かっていったことだった。すなわち、科学と芸術、理性と情念の領域の間にどんな関係があるのか――これこそが問題なのだ。

一八四一年から一八四二年にかけてウィリアムに送った多くの手紙のなかで、彼女はこの対立関係と格闘していた。ウィリアムは州の統監〔彼は一八四〇―一八九三年の間、サリー州で王権の主席代表たる統監を務めていた〕としてのますます量を増す公務をこなすために、家を空けていたのである。彼女は感情の炎を掻き立てられ、頭からは蒸気が立ち上るようで、今にも歓喜の雄叫びを上げて未来へと跳び込もうと身構えていた。だが、どちらの方向へ向かうべきなのか、いまだに決めかねていた。科学だけでは足らず、芸術だけでも足らなかった。無論、家事に勤しむだけでは不満だった。彼女はこうウィリアムに書き送っている。「なんの役にも立たず、ただいらつかせるだけの表現する能力の大きな塊が、その力を解き放ってもらいたくてうずうずしているようです」。

彼女は、自分のことを心配してくれるウォロンゾー・グレグに打ち明けた――「私って、恐ろしいほど不可思議な生き物なんだわ」。こうした言葉遣いによって、彼女はやや堅苦しい雰囲気をもったこの法律家に戦慄を覚えさせたのかもしれない。彼女はさらに、こう付け加えている。天使か悪魔が自分を監視しているのだけれど、それがどちらなのか決めかねているのだと。

彼女が社会的不適合者ではないかという疑念は、まわりの誰もが遠慮なく認めるところだった。ウォロンゾーも例外ではなく、彼は回想録のなかで、彼女の語ったことがすべて多かれ少なかれ奇妙な内容だったと記している。彼女の手紙は読み手を驚かせるように仕組まれた、際どい仄めかしで満ち溢れている。たとえば、みずからを「邪悪で」、悪魔的で、隣人を怯えさせる存在といったふうに言及する仕方である。

彼女の衣装のスタイルは、もっと最近の時代であったなら「芸術的」と呼ばれてもおかしくないものだった。服飾博物館の館長で、エイダの伝記作家でもあるドリス・ラングリー・ムアはそう認めている。エイダは実験的な水着のデザインもおこなっている。黒いキャムレット（羊と山羊の混毛の織物）でつくったボディスーツも試着している。彼女が主張するところによれば、より伝統的なペティコートは泳ぎの邪魔になるばかりでなく、ウエストまわりに空気をため込んで、泳ぎ手を水中に真っ逆さまに沈み込ませるかもしれなかった。

エイダの伝統打破の姿勢は、社交界に出た際に大いに注目の的となった。ということは、彼女はしばしば招かれざる客となってしまったのである。何か突拍子もない考えを節操もなく捲《まく》し立て、晩餐会中ずっと皆に鳥肌を立たせることで、彼女は悪名高き存在になってしまった。たとえば、小説家のエリオット・ウォーバートン〔一八一〇―五二、アイルランドの作家・旅行家、中近東の旅行記で有名〕に長男が誕生した時がそうだった。息子を授かった彼に言った彼女の祝福の言葉は、人口過剰に関する議論の展開だったのである。（ウォーバートンはご立派なことに、彼女の言葉をおそらく風刺的精神で発せられたものとして受けとった。）バイロンの旧友ホブハウスは、彼女の話しぶりをみずからの好みに照らして、あまりに饒舌すぎると考えた――もっとも、ホブハウスは彼女の父親〔バイロン〕のさらに饒舌な話を昔聞かされたことがあっただろうが。「私は晩餐の席でラヴレス夫人の隣に坐った」と、彼は日記のなかに記している。その次に、こんなそっけない文言がつづいている――「ほとんどの男性が、またどんな女性も敢えて話さぬことを、彼女は好き放題に話していた」。その場での話題は未来だった。未来とは、当時死後の世界を指す際に頻繁に用いられていた。未来を信じることは実はある種の願望達成であるという、たいへんに進歩的な考えを彼女は表明したのだ。

　未来は、その言葉のもつあらゆる意味において、この時期にエイダの心に重くのしかかっていた。彼女は今や、ほとんど習慣的にケイ博士かロコック医師によって、阿片チンキを処方されるようになっていた。おそらく、その阿片チンキを幾度か服用した影響であろうが、ときどき彼女にまぶしい光のなかでこんな言葉が思い浮かぶのであった。「私はとうとう人生の闇夜を通り抜け、……そして……ようやく〝夜明け〟を迎えようとしているのです」。そのように、母に書き送った。

　その他の場合には、彼女は前方を見据えても、暗闇しか目に入ってこなかった。ウィリアムに必死になって訴えてもみた。自分は何事かを〝達成〟したくてしょうがないのだけれど、必ず成果を生むと確信がもてる興味の焦点が見つからないのだと。

　友人たちも同意見だった。彼女の特殊な感性を時代に合わせることは至難の業だったのだ。しかし、是非ともそうせねばならない。ウォロンゾーは彼女があまりにたくさんの方向に突き進むので、無理をしすぎではないかと心配しはじめた。彼は自分が疑問視しはじめている点をそれとなく言ってみさえした。一体、貴方は御自分の潜在能力を発揮するのに必要な道徳的特性を備えているのですかと。しかしながら、彼女がメドーラの一件を扱った際のやり方、彼女が示した「深い感情と自己の完全なる放棄」は、彼をして彼女がそうした特性の持ち主であることを信じさせるのに十分だった。つまり、彼女がそうした特性を使って目的を達成するのは時間の問題だったのだ。高名なオンズロー家[三]の地口を用いた家訓を引用しつつ、彼は「フェスティーナ・レンテ」（"*festina lente*"）すなわち「ゆっくり急げ」と助言し、こうつづけるのである。「貴方の眼前の見通しは明るくはなく、必要な自己否定は大きく、犠牲も多大でしょうが――結末は偉大で、不滅の名声への接近が貴方の報いとなりましょう」。

〔三〕　下院議長を父にもつ、初代オンズロー伯爵（一七三一―一八二）の家系のこと。原文の"Onslow"は「ゆっくり前進せよ」の意味をもつことから、家訓が家名の地口となっている。

しかしながら、栄光の微かな光、夜明けを告げる曙光が、ウォロンゾーやエイダの予想よりも早く差しはじめようとしていた。それはイタリアでの科学会議に関する、スイスの雑誌に載ったフランス語の記事の形で現れた。このまったく目立たない記事が彼女の人生を変えることになる。

＊

一八四〇年に、イタリアを代表する科学者たちが、自国の科学的成果の状況について議論するためにトリノに集まった。それはある重要性を秘めた出来事だった。イタリアとは、もちろん世界にルネサンスをひろめた国である。だが、イタリアの科学団体は、すでに隣国フランスで十分な発達を見たごときアイデンティティと自信を、いまだになんとかして獲得せねばならぬ段階にあった。会議の主催者たちはインパクトを打ち出したくて矢も楯もたまらず、海外から著名なゲストを招くことに決めた。その白羽の矢が当たったのがチャールズ・バベッジだった。

バベッジはすでに一八二八年にイタリアを訪れていた。同国でもっとも強い影響力をもつ科学研究のパトロンの一人、トスカナ大公の胸にはその時の記憶が深く刻み込まれていた。バベッジは前年に受けとった、ピサで開催された最初の科学会議への招待を断っていた。彼は二度目の招待を断るのは難しいと判断した。

招待状の送り主は、数学者のジョヴァンニ・プラーナ〔イタリアの数学者・天文学者で、月の運動理論の研究家（一七八一―一八六四）〕だった。彼はバベッジの最新のプロジェクトについて問い合わせをしていた。それは（いまだに未製作であった）階差機関の後継モデルであり、のちに解析機関《アナリティカル・エンジン》〔四〕と名づけられるものだった。自分が聞いたことのすべてから、プラーナは次のように結論した。「現在までのところ、私どもの研究の法則性の部分は力強い進歩を遂げました――しかしながら、実行性の部分は実に頼りない限りです。貴兄の機械は、私どもが今日ようやく法則性の部分でもつに至ったのと同じ力を、実行性の部分においても私どもに与えてくれそうに思えるのです」。いいかえると、数学の法則を発見することにおいて長足の進歩がなされてきたが、実際にそれらを応用するという点では実に僅かな進歩しかなかったのである。そうした言葉は、バベッジの耳にはまるで音楽の調べのように響いたことであろう。彼の計画がイングランドで受けた、調子外れの疑念のコーラスの響きに、彼の耳はその時点ですでにうんざりしていたからである。その発明は正当に受け入れられたのだった。

〔四〕解析機関は階差機関を発展させた機械で、計算のプログラミングと計算結果の記憶が可能であるという点で、現代のコンピュータの先駆をなすものだった。しかしながら、機械の精度不良や資金不足などの問題で完成には至らなかった。

かくして、一八四〇年の秋、バベッジは耳を傾けてくれる人なら誰にでも、自分の最新の発明について熱く語るつもりでトリノに降り立った。彼の傍らには、いつも贈呈や展示用に使う、山のような携行品があった。解析機関の図面、写真術のパイオニア、ウィリアム・フォックス・トールボット〔一八〇〇―七七、英国の物理学者、紙のネガであるカロタイプを発明（一八四一）〕の手に成る実験段階のカロタイプのアルバム、絹糸で織り込んだジャカール〔一七五二―一八三四、フランスの発明家、パンチカードを利用した織機を発明（一八〇一）〕のポートレート――二万四千枚ものカードでプログラミングされた、彼の織機の一つを使って製作した逸品――といった類のものであった。バベッジは通訳を務めてくれる友人のフォーチュナート・プランディと共にやって来た。プランディはのちにエイダの人生において不思議な役割を演ずることになる。彼はまた、当時ロンドンに亡命中のジュゼッペ・マッツィーニ〔イタリアの革命家で、青年イタリア党の結成者（一八〇五―七二）〕の友人で、かつ共同活動家と目された人物だった。マッツィーニはイタリアの政治的統一運動であるリソルジメント〔十九世紀イタリアの祖国解放統一運動で、一八四八―五二年にトリノで発行されたこの運動のための新聞にその名が由来する〕の急進的な代表者であった。彼の追随者たちの一人がトリノにいることは、秘密警察の注意を惹きつけることとなった。プランディと自分自身が妨害を受けずに仕事に精出すことができるようにするため、最終的にバベッジは国王陛下による法律適用免除の許可を申請しなければならなかった。

バベッジはすぐにアパートの一室に落ち着き、解析機関の図面やダイアグラムを壁に貼りつけ、「イタリアでもっとも高名な幾何学者たちや技術者たち」の行列をなす訪問を受けはじめた。そのなかにはプラーナ自身もいれば、ルイジ・メナブレア大尉〔トリノ大学の工学教授を経て、陸軍中将としてナポリ湾北のガエタ解放等に貢献した愛国者（一八〇九―九六）〕という、春秋に富む青年工兵の姿も見えた。彼はやがて新しく統一されるイタリアの首相となる人物である。

バベッジが興奮して自分のアイディアをこれらの紳士たちに説明すると、プラーナはメモを取りはじめた。しかしながら、彼には別にみずから注意を向けねばならぬ「手間のかかる仕事」があったため、この役割は若い大尉に託された。

バベッジはすぐさま、解析機関のもつ重要性を聴衆にわからせるという難事にぶつかった――その場には確かに、イタリアの傑出した数学者たちや技術者たちの何名かが含まれていたのだけれども。彼の機械は数学的計算の原理をまったく異なるレベルに移行させるものである。そう、彼は聴衆に告げた。階差機関が数学的問題を解くのに、特定の方法や公式を用いるのに対して、この機械はどんな方法や公式でも扱うことができた。そして、明らかに、この機械は以前の計算結果を踏まえて、どのやり方がよいかを決定することができたのだ。ある教授が当惑して質問した。(2) そのような決定が判断行為を要求するような場合には、一体どうやったらそんなことが可能になるのですか？ たとえば、与えられた数学的問題に、いくつかの異なる可能なアプローチのなかからどれかを選び出して、適用するということがどうして可能になるのですか？

(2) この教授はオッタヴィアーノ・ファブリィツィオ・モソッティ〔一七九一―一八六三、イタリアの物理学者で、球面収差と非対称収差を補正する複合レンズを考案した〕である。バベッジは、『逸話』〔『ある科学者の人生における逸話』(一八六四)〕の九八頁でこの話を述べている。

その教授の質問は問題の核心を衝いていたし、解析機関が具象化していた主要な新機軸を指し示してもいた。それはとりもなおさず、同じメカニズムを用いながら、異なる数学的機能を実行するという能力であった。

シリコンチップの時代にあってさえ、テクノロジーとはまことに不可思議なものに見える。異なる環境において異なる機能を実行するために、自分自身を「書き換える」ことができる機械の概念を思い浮かべることはたやすいことではない。われわれはその助けとして、ハードウエアとソフトウエアの違いを知っている。すなわち、情報とはそれを処理したり、提示したりする機械装置から切り離すことができるものだという考え方である。しかし、バベッジの時代、つまり歯車《コッグ》や歯止め《ラチェット》の時代にあっては、このことはさらに理解することが困難な課題だった。メナブレアは、バベッジとの面会時のメモ書きに基づいて書いた記事のなかでこう述べている。

> バベッジ氏は、並外れて大きなアイディアの実現に数年間を費やしてこられた。氏はまさに、ある機械の製作をみずから思い立たれたのだ。その機械は算術計算ができるばかりではなく、法則さえわかれば、あらゆる解析［つまり、あらゆる数学的公式］の計算さえできるのである。想像力は最初、そのような試みを目の前にして戸惑いを覚えた。しかし、それについてより冷静に熟考してみれば、成功は不可能とはいえまいと思えた……。

想像力を戸惑わせる、並外れて大きなアイディア――おそらく、チャールズ・ホイートストンにある名前を思い浮かばせたのは、このバベッジの提案への畏怖に満ちた反応だっただろう。折も折、ホイートストンは『ジュネーヴ版世界叢書』の一八四二年十月号に、メナブレアの記事がフランス語で掲載されているのを初めて目にしたのだった。『テイラー科学論集』〔英国の博物学者、リチャード・テイラー（一七八一―一八五八）が主としてヨーロッパの科学研究を紹介するために発行した学術雑誌〕は、海外の雑誌に掲載された興味深い論文の英訳版を発行するために、少し前に刊行されたばかりの雑誌だった。そして、ホイートストンはその掲載論文を提案する立場におかれていたのである。メナブレアの記事は明らかに掲載するにふさわしく、ホイートストンはそのうってつけの翻訳者を知っていた。それはオーガスタ・エイダ・ラヴレスだった。

ホイートストンがその依頼の件でエイダに連絡を取ったとき、彼女は明らかにそれに飛びついたはずだ。これは間違いなく、彼女が待ち望んでいたものだった。つまり、自分の「ごちゃごちゃに組み合わされた」性格全体をまとめ、それらを一点に向けて焦点を合わせられる何かだったのだ。彼女はすぐさまその計画に取りかかった。そして元記事が発行されてから数ヵ月後に、努力の結果をホイートストンに送って『科学論集』に載せられるのか訊いてみた。彼女はそれが受け入れられるのか知りたくてたまらなかった。

ちょうど同じ頃、おそらくは一八四三年の初めに、彼女はバベッジに自分の仕事について語っている。彼はそれまで病の床に伏していて、その仕事について何も知らなかった。彼は回想録にこのように記している。

私は彼女に、なぜ元記事を自分で書かなかったのかと尋ねた。そういうことに、彼女はとても詳しかったのだから。これに対し、ラヴレス夫人はそんな考えは思いもつかなかったと答えた。私はそれではメナブレアの論考にいくらか注をつけられたらどうだろうかと提案した。〔『ある科学者の人生における逸話』第八章「解析機関について」〕

それはびっくりさせる提案だった。女性が科学雑誌に記事を載せるのは稀なことだったからだ。メアリ・サマヴィルは例外的なケースだった。科学的な事柄についてものを書く女性はごく少数に限られた。しかも、彼女たちがしたことは、男性が発見したアイディアを、主として女性の素人読者に対してわかりやすく解説することだけだった。(たとえば、アナベラが熱烈に敬愛した小説家のマライア・エッジワス〔一七六九—一八五八、科学思想や政治経済学にかかわる啓蒙的著作が多い〕もそうだった。また、『化学に関する会話』の著者、ジェイン・マーセット〔一四〇頁参照〕にも同じことがいえた。しかも、彼女のこの本は、独学家のファラデーを啓発して化学研究に向かわせるきっかけとなったのだ。)バベッジによって勧められている注の種類は、男性読者

——しかも、熟練した、科学専攻の男性読者——向けのものになりそうだった。女性に、伯爵夫人に、どうしてそんな仕事を遂行する候補者として白羽の矢が立ったのだろうか？　彼女のたった一つのとりえは、今のところ父が詩人だったことだけなのだ。現代的な状況に置き換えてみれば、それは量子数を計測する研究に注をつける候補者として、リサ・マリー・プレスリー〔一九六八―、エルヴィス・プレスリーの一人娘でシンガー・ソングライター〕を指名するようなものだろう。

しかしながら、エイダ自身はその仕事に対して、準備万端怠りなしと感じていたのである。彼女はすでに、オーガスタス・ド・モーガンの指導のもとに、一八四二年には数学の勉強を熱心にも再開しており、着実な進歩を遂げつつあった。ド・モーガンはロンドン大学の初代数学教授であり、当時の多くの知識人たちと同じく、『ペニー・サイクロピディア』のような科学思想の普及書へ熱心に寄稿していた。彼は関数方程式や三角法の難解な部分に関し、うまくエイダを理解に導くことができた。また、彼女の思弁的な性格が支配的になったとき、彼は彼女を優しく現実世界に引き戻す術も心得ていた。

彼女は熱心に先に進みたがった。あまりに熱心すぎたために、ド・モーガンはあるとき、ウォロンゾー・グレグの十八番「ゆっくり急げ」（"*festina lente*"）を思わず口にしたほどだった。さらに、彼はラプラスの名言「われらの知るは僅かなり、われらの知らぬは広大なり」（"*Ce que nous connaissons est peu de chose; ce que nous ignorons est immense*"）を引用さえした。彼女はそうした忠告に耳を傾けようとした。彼女の手紙は、彼の援助にたいする感謝の念で満ち溢れたかと思えば、次にはみずからの欠点に関する弁解だらけになるという状態だった。これは、彼女が微積分の気が滅入るような複雑さと格闘していた様子を伝えている。

彼女の主要な問題の一つは、抑えつけがたい好奇心だった。一つの課題に集中しているかと思えば、しばしば別の、明らかにより興奮させる課題に惹きつけられてしまう――そんな状態に彼女はあったのだ。

たとえば、負数の平方根がいい例だろう。数学に無関心な人には頭痛を催させる、こういった数学的興味を掻き立てる物事の意味について、彼女ははまり込んでいった。普通の算数では、負数は平方根をもたない。これは、負数を二乗すると正数になってしまうからである。（つまり、－2×－2＝4であり、－4ではない。）かくして、すべての正数（たとえば4など）は、当然二つの平方根（2と－2）をもつことになる。問題となるのは、二乗したとき、負数になるのはどんな数なのかということだ。われわれにわかっているのは、それが負数でも正数でもないということである。この件に言及した者はほかにもいるのだが、十六世紀のイタリアの数学者ラファエロ・ボンベッリ〔五〕によれば、その答えはまったく異なった種類の数、虚数であるということだった。そして、エイダはすでに彼の研究を学習済みであった。

〔五〕ラファエロ・ボンベッリ（一五二六―七二）はボローニャ生まれの数学者で、虚数の発見者として名高い。実数の範囲では負数の平方根は求められない。たとえば、二次方程式$x^2=-1$の解は、実数の範囲では求められない。そこで、二乗すれば－1になる数を想定し、それを仮に虚数と呼ぶならば、虚数を用いることであらゆる二次方程式の解が求められることになる。しかしながら、ボンベッリの時代、虚数はほとんど無用のものとして無視されていた。

明確な理由によって、エイダは虚数の概念の虜となった。虚数は実数（つまり、普通の数）とはちょっぴりちがった振舞い方をした。しかし、虚数は昔と同じ基礎的な算数を用いて操作することができたのである。十八世紀末から十九世紀初めにかけてさまざまな数学者たちが示したように、虚数は実数と結びつけられて「複素数」〔六〕なるものを生み出した。複素数の特性は、その虚数の構成部分を一つの軸、実数の部分を別の軸に取ってグラフを描くことによって探ることができた。このグラフは新しい種類の二次元の幾何学模様を描き出した。（その幾何学模様は、百五十年後にはそのもっとも特徴的な形の一つとして、カオス理論の代表的図像をなすマンデルブロー集合〔七〕の模様を描き出すことになっていた。）

〔六〕 複素数は虚数と実数を包括する数の概念である。二乗すれば−1になる数を想定し、それを虚数単位と呼び、通常iという記号で表す。そして、任意の実数のaとbを想定し、a+biの形で表した数を複素数という。ここでbが0ではない場合、a+biは虚数と呼ばれる。また、bが0である場合、a+biは実数となる。これで、複素数は実数と虚数の全体を含むものになる。現代の物理学において、複素数は素粒子、電気、磁気、流体等の諸現象を表すのに必須の概念となっている。

〔七〕 ブノワ・マンデルブロー（一九二四—二〇一〇）は米国に移住したポーランド人数学者で、イェール大学数学部数理科学科教授。純粋数学よりも応用数学の研究に優れ、フラクタル幾何学に関する数々の業績をなした。マンデルブロー集合は特定の複素数列における複素数の動きを平面上に表したもので、ヒョウタンに似た自己相似的な図形の集まりである。

エイダの複素数にたいする反応は、素朴で技術的な疑問とも思える問いかけだった。しかし、それは実に深遠な疑問だったのである。すなわち、それは実数と虚数の組み合わせに第三番目の数を加えたら、三次元の幾何学模様が得られるのではなかろうか、という疑問だった。いいかえれば、完全に新しい、かつて誰も探求したことがない数学的空間が得られるかもしれないということである。ド・モーガンはすでにこの疑問と格闘して、敗れ去っていた。エイダが疑問を抱いてから数ヵ月後、解答を考え出した人物が現れた——アイルランドの数学者ウィリアム・ローワン・ハミルトン卿〔アイルランド生まれの英国人数学者・物理学者、四元数の発見と解析力学の確立に功績がある〕だった。彼はこの問題にすでに何年にもわたって取り組んでいた。そして、証明可能な解決法に至るのに、彼は次元を四元に拡張するしかないことを発見したのである。彼は自分の考案した新しい数を四元数と呼んだ。現代物理学が開拓した不思議な領域の解明に、この四元数はのちに極めて有効な概念となる。

エイダを数学から形而上学へと誘った算術計算上の現象は、虚数のみではなかった。代数学のある側面との苦闘も、同じ反応を引き起こした。ただ、この場合、その目的は新しき知のフロンティアの精査というよりも、代入やら計算やらの骨折り仕事からの逃避だった。たとえば、ある公式から別の公式が導き出されるありさまは、彼女を当惑させつづけた。半分大真面目に、彼女はこんなことを考えたりした。代数式の幾分かは「精霊や妖精」に似ているんじゃないかしら。好き勝手に姿形を選ぶことができて、「人を欺き、困難に陥れ、いらつかせる」小さな生き物に、代数式は似たところがあるんじゃないかしら。

実のところ、妖精は本当に彼女の数学的仕事のなかに羽音を響かせてやって来るようになった——しかも、より頻繁にその姿を現しながら。今やすっかり打ち解けた雰囲気を呈するようになったバベッジ宛の手紙のなかで、彼女は自分を妖精として描写してさえみせたのである。「科学は私に網を投げかけ、ものの見事に妖精を捕まえたのです——あるいは、彼女が何者であるにせよです」。彼女は、あるとき、そんなふうに書いて寄こした。また、別の時には、ドーセット通りにあるバベッジの家を訪れたあとで、彼女はたけり狂ったようにこんなことを書いている。

昨晩、半時間も、私が駅まで歩かねば（いいえ、むしろ走らねば）ならなかったことをお考えいただけますかしら。その間、私が推測いたしますに、貴方は豪勢な夕食の席ですっかりおくつろぎになって、舌鼓を打ち、戯れていらっしゃったのでしょう。妖精を一人、その心も手足も、自分にかしずかせることができたら、なんてすばらしく楽しいことなんでしょう！　ああ、貴方が羨ましいわ。哀れな小妖精たる私の世話を焼いてくれるのは、鈍重な人間の使用人だけですもの！

バベッジにしてみれば、この「妖精狂い《フェアリイズム》」——彼女は自分の強迫観念をそう名づけた——は、彼女自身のより思索的な数学へのアプローチと、みずからのより現実的なそれを対照的に示すのに明らかに有効であるという意味をもった。彼女のいうには、妖精狂いは「ちょっとした遊びと捌け口」に浸るための機会なのだった。しかし、それはまた、もっと広大な事柄をも反映していたのである。

＊

十九世紀の中頃までに、妖精はどこにでもいるようになっていた。[3] 中世への逃避主義や、ヴィクトリア朝の芸術的想像力を醸成したゴシック的ロマン主義といった培養土から、妖精はまるで蝿のごとく栄養を得ていた。十八世紀の啓蒙の時代には、妖精は絶滅危惧種になっていた。しかし、彼らは今や憎しみを抱いて再来し、理性や唯物論の堅牢な大邸宅のなかに首尾よく侵入を果たしたのである。

（3）　妖精は十九世紀文化の奥所まで飛翔していた。この件にかかわる秀逸な議論が、ニコラ・ブラウン『ヴィクトリア朝の妖精画——展覧会への招待』に見られる。この展覧会は一九九七年十一月にロイヤル・アカデミーにおいて催された。

彼らを再活性化させたのは、妖精物語への増大しつつある興味だった。ウォルター・スコットは『スコットランド辺境歌謡集』という伝統的な民謡集のなかで、「辺境の迷信に現れた妖精〔八〕」に関する論文を一八〇二年に発表している。この論文は非常に強い影響力を揮った。一八二八年に、トマス・キートリー〔アイルランド人作家・歴史家（一七八九―一八七二）、民話研究や啓蒙的歴史研究で知られる〕は最良の物語を保存することを意図して、妖精物語全般を収めた『妖精神話』を出版した。そして、そのような過程を通じて、彼は郷愁を誘う、識閾下に横たわる妖精の国を呼び起こすのに成功したのである。

〔八〕 原書では‘The Fairies of Border Suspicion’とあるが、訳者は‘Suspicion’を‘Superstition’の誤りであると解釈した。また、Walter Scott, *Minstrelsy of the Scottish Border*, 3 vols. (Edinburgh, 1810) は、第二巻に‘Introduction to the Tale of Tamlane: The Fairies of Popular Superstition’という論文を収録している。具体的には、原著者ウリーはこの論文を念頭においているものと思われる。

今や、人生の秋に足を踏み入れたわれわれにとって、想像力によってわれわれが春の頃――もっとも楽しい人生の春の頃に――通り過ぎた場所に立ち戻ることは心楽しいことである。われわれが読書をしたり、瞑想したりするとき、その頃の山々や、谷間や、緑なす野原や、清らかな流れや、われわれがおそらく二度と凝視することのない事物が、それらのもともとの清新で美しい姿をまとって目の前に立ち現れるのだ。そして、われわれはもう一度、若さを取り戻し、心をはずませて、妖精の伝説を最初に聴いた光景に身をおくのである。そういった妖精の伝説を、これからお聞かせいたしましょう。

その春、そのもっとも楽しい春の季節が、ヴィクトリア朝の芸術全体にわたって突然に爆発的な力を揮いはじめたようだった。何年間も無視されてきたシェイクスピアに再び関心が向けられるようになったことに、それは明らかに見てとることができた。エイダの演劇にたいする興味が最高潮に達したとき、彼女がドルリー・レーン劇場で上演されるのをしつこく見たいとせがんだのは、まさにこのシェイクスピア劇だった。もっとも人気があったものの一つは『夏の夜の夢』だった。十八世紀の間、ボトム、パック、ティターニア、そしてオベロンをめぐる物語は単なる馬鹿げた、謎を秘めたナンセンスでしかなかった。そのナンセンスに逆上したジョンソン博士は、古典的な時間、場所、行動の三統一の法則を守らなかったことで、シェイクスピアを批判したのだった。今や、シェイクスピアが実に楽しげに現出させた妖精の王国が、ヴィクトリア朝の想像力を虜にしていた。それはただ単に新作発表や好意的な再評価を促したばかりでなく、芸術全体に影響を与えて、妖精画なるものを流行させたのだ。

もっとも印象的な妖精画の一つはJ・M・W・ターナーによるものだった。『クイーン・マブの洞窟』〔英国の伝説に現れる、夢を支配する妖精の女王クイーン・マブを題材としたターナーの油絵（一八四六）〕は、エイダがバベッジと仕事をはじめた数年後に完成した。そして、それはロマン主義と科学の間の境界線をまことに鮮やかに越境した芸術家が手がけるのにふさわしい作品だった。彼が描き出した洞窟は、明らかに彼の創作物だった。シェイクスピアの『ロミオとジュリエット』にも、シェリーの『クイーン・マブ』にも、そのような洞窟は現れていない。他の同時代の芸術家の作品にも、それにいくらかでも似たものは存在しない。ターナーの作品のみがただ一つの存在なのだ。『クイーン・マブの洞窟』の入り口は、ターナーが一七九七年頃描いた、鉄鋼生産の中心地、コールブルックデール〔イングランド西部シュロップシャーにある、一七七九年竣工の世界初の鉄橋で有名な鉄鋼生産地〕の溶鉱炉の口を思い出させる。あるいは、おそらく、それは『百戦錬磨の英雄』〔九〕において描かれた炉の内部のようにも見える。その絵は、ウェリントン公爵の巨大な馬上像の鋳造場面を描いたものだ。あるいは、クイーン・マブの洞窟の入り口は、その真っ直ぐ伸びた両側面と緩やかなアーチをなした上面を伴い、鉄道のトンネルのそれにも似ている。そのトンネル本体は、垂直に立ち上がった形状を保ちつつ、その奥にある幻想的な風景の深みへとつづいている。こうした入り口のすべてが、まばゆい光によって消し去られた暗闇へと伸びている。ただ、クイーン・マブの洞窟の場合だけが例外である。そこで現れているものは、輝く鉄の鋳塊でも、英雄的な鉄の公爵像でも、火を吹く鉄の馬でもなく、キャンバスを横切って踊り舞う一群の半透明の精霊たちなのだ。『アート・ユニオン』〔アート・ユニオン・オブ・ロンドン（一八三六年設立）が、芸術家保護や芸術教育推進のために発行した月刊誌〕という雑誌では、その絵はこう形容されている。「華麗で、派手で、目立つ色彩を自由奔放に使って構成された白昼夢である。描かれたというよりも、キャンバスに明らかに絵の具を投げつけてできた万華鏡のごとき色彩の混乱であろう」。

〔九〕ターナーのこの油絵の原作（一八〇〇―一〇頃）は、実は工業機械を描いたものだった。それを彼は一八四七年に、ヴィクトリア朝の画家・彫刻家のマシュー・コーツ・ワイアット（一七七七―一八六二）によるウェリントン公爵の青銅像の制作場面に変えたのである。この絵画中、公爵像は赤々と燃える炉を背景としてその型枠を取り外されようとしている。

そんな精霊たちと同様に奇抜な姿をした人びとが、コヴェント・ガーデン劇場の舞台を所狭しとばかりに踊り舞った。一八三二年に、イタリア人舞踊家のフィリッポ・タリオーニ〔一七七七―一八七一、イタリア人舞踏家・振付師でロマンテック・バレエの創始者〕が、みずから製作した『ラ・シルフィード』〔一〇〕を舞台にかけたのである。それは人間の男と妖精との悲恋物語であり、彼の娘のマリーを主役に据えていた。その結果、ロマン主義のもっとも永続的なイメージの一つが誕生した。それは、空中を舞う妖精のごときバレリーナだった。マリーのバレエの後継者の一人として、マーゴット・フォンテーン〔一九一九―九一、ロイヤル・バレエ団の主役だった〕はそれをこのように表現している。「彼女と父親は、二人で力を合わせて、現在私たちがバレリーナといえば思い当たるイメージを創造していたのです。つまり、片足の爪先で立っている、優美なアラベスク〔片足立ちで前傾姿勢を保ち、片手は前に他の手足は後ろに伸ばしたバレエの姿勢〕のポジションにいるバレリーナのことです」。マリーはチュチュをまとって、爪先立ちで踊るという技法を一般にひろめた。それは「古典的」バレエという、おそらく不適切な名称で、現在知られているものの代名詞となるのであった。

〔一〇〕『ラ・シルフィード』は一八三二年にパリで初演され、大成功を収めたバレエ。筋書はスコットランドの若い農夫ジェイムズと妖精シルフィードの悲恋物語。ジェイムズは恋人エフィーとの結婚を間近に控えている。しかし、彼の夢のなかにシルフィードが現れ、華麗な舞で彼を虜にしてしまう。結婚指輪を盗んだシルフィードを追って、ジェイムズは森のなかをさまよう。その間に、エフィーに恋心を抱く彼の友人ガーンは彼女を口説き落とす。魔女のマッジに騙されて、ジェイムズは魔法のヴェールで妖精を捕まえる。しかし、捕まえられた妖精は衰弱して死んでしまう。エフィーとガーンの結婚式の行列が通り過ぎ、シルフィードの霊魂が妖精たちによって天に運ばれるのを目の当たりにして、ジェイムズの命は事切れる。

こうしたすべての妖精たちが共有していた特徴は、はかなさ、移り気、さらにはいたずら好きといったものだった。そして、エイダが妖精狂《フェアリイズム》いに耽っていたとき、彼女がみずからを重ね合わせていた特徴はまさにこうしたものだった。それは彼女自身の科学へのアンビヴァレンスを表していた。つまり、バベッジの固く、永続的で、首尾一貫した科学の世界に対して、自分のなかにはあまりにロマン的な部分が多すぎるという感情を彼女は抱いていたのだ。折も折、芸術と科学を峻別せねばならない時期が訪れたとき、不意に妖精たちが表舞台に姿を現しはじめていた。のちに、チャールズ・ディケンズが「一八五四年のお伽の国」〔一一〕において、科学者たちに猛反発したのがよい例だろう。

〔一一〕「一八五四年のお伽の国」は、『耳慣れた言葉』第一九三号（一八五四年十二月三日発行）所収のディケンズの社会批評的エッセイである。彼がこのエッセイで槍玉に挙げたのは、一八五一年に万国大博覧会のためにハイド・パークに建設され、一八五四年にロンドン南部のシドナムに移築された水晶宮だった。エッセイは水晶宮を宣伝する形で進行する。語り手は古代の数多の遺物をめぐり歩いて驚嘆し、展示場から工業機器が撤去され、それらに代わって世界中の珍品・美品が設置されることを賛美する。

私がいったい何をしたっていうんですか？　お伽の国のすべての黄金、宝石、花々が貴方がたの手で、醜い機械仕掛けの製粉機のなかですり潰され、こね回されて、有用なる知識という家庭向きのパンにされてしまうなんて。貴方がたこそ、情けを知らぬ機械仕掛けの科学者なんだ。できあがったパンは講義の席で固い塊で差し出され、説得力のある実験によって私の咽喉に押し込まれていく。善き人びとは、……幽霊を諦めねばならぬのですか？　そして、私はあらゆる甘美な幼少期の想像物を奪われ、代わりに何も与えられないというわけなのですか？

しかしながら、エイダには、自分は妖精のままでとどまっていたいのか、あるいはもっと実在性のあるものに変貌するつもりなのかを決める時がすでにもう訪れていた。バベッジから、彼の解析機関について詳細な一連の注をほどこして欲しいという要請を受けて、エイダは自分がそんな仕事をするのに本当に適任なのかを決めねばならなかった。それだけではない。彼女は「知的かつ道徳的使命」の到来を待ち望み、それがみずからの運命になろうと考えていた。この仕事がその「使命」のための出発点なのかどうか、それも彼女は決めねばならなかった。バベッジからの仕事は、解析機関の構造と機能にかかわる、決定的な（実際には、ただ一つの）詳細な解説となりそうだった。

それは、気楽に引き受けるのを決めていいような事柄ではなかった。まずはじめに、バベッジの解析機関は簡単に説明できるような機械ではなかった。当時、ほとんど誰一人として、それがどんな物なのか、本当に理解している人間はいなかった。バベッジはイタリアの傑出した科学者たちにその説明を試みたが、彼らでさえなかなか理解できなかったほどなのだ。それを説明するのには、どうしても機械工学や数学の概念や、計算機の相互的関係に立ち入らざるを得なかった。最後には、一世紀後の人間の大半がいまだに困惑を感じる、われわれが現在コンピュータと呼ぶものの概念についての説明が待ち受けていた。実際、それらはいくつかの点で、一世紀経ってようやく意味をなすような概念だった。それらの概念を実行に移すためには、電子工学が使える時まで待たねばならなかったのだ。

さらに、エイダは信念を飛躍させる必要があった。気が触れた、空想好きの工学者が夢に描いた、滑稽なただの科学技術上の妄想《キマイラ》とは、バベッジの機械は一線を画したものなのだ。彼女はそう信じねばならなかった。ところが、彼女には疑り深くなってもいい理由が五万とあった。なぜ英国の科学者や技術者は、自分の先生であるオーガスタス・ド・モーガンも含めて、バベッジのアイディアにはそんなに無関心なのだろうか？　なぜ彼は自分の話に耳を傾けてくれる人を探しに、遥かイタリアまでゆかねばならなかったのだろうか？　なぜ自分は、あるいは他の誰でもが、彼のアイディアをピンカスによる特許付きの圧縮空気式鉄道システムより意味のあるものとして見なさねばならないのか？　当時政権を握っていたロバート・ピールのトーリー党政府は、確かにそう考えていた。「バベッジの計算機をお払い箱にするにはどうしたらいいのでしょう」。そのようにピールは、地質学者で、将来のウェストミンスター寺院の首席司祭、ウィリアム・バックランド〔地質学的発見と聖書の記述を合致させようとした英国の地質学者（一七八四―一八五六）〕に宛てて書き送っている。ピールはそれが無価値な装置であり、そのせいぜい考えられる効用は、それがいかに僅かしか科学に貢献しないのかを正確に実証することだけだと考えていた。

わけのわからぬ代物——驚異の的になるかもしれず、単なるがらくたで終わるかもしれぬ物——といえば、ただバベッジの機械に限らなかった。何になるのかわからない存在といえば、エイダ自身も同じだった。解析機関の真の重要性を理解するためには、想像力と融合された科学により「未知なるものの境界」を越え、かつ数学が放つ瘴気のなかに隠された知られざる世界に分け入る能力が必要だった。エイダは、自分がこの「不思議な能力の組み合わせ」をもっていることを確信していた。これこそが彼女の資質であり、「詩と数学の階層構造」と呼ぶべきものだった。のちに彼女自身が、ある友人に対して、それを自分にしかない地層学的性格と語っている。

しかし、もし彼女が失敗を犯したら、どんな事態が起こっていただろうか？　彼女はもちろん、女性であり、伯爵夫人であり、公的地位にある人物である。彼女は知性においても、貴族の爵位においても同等の地位にある人びとによって、すでにみずから名をなすであろうと期待されていた。そんな彼女がこの仕事を遂行する能力がないことになれば、一体どんな事態が起こっていただろうか？　期待が過剰だったことを明らかにするよりも、期待そのものをご破算にしたほうが、事態は簡単に治まるのではないだろうか？　もっと核心を衝いていえば、もしも失敗を犯したとして、彼女は自分に対して言われることを受け入れられるのだろうか？——それこそが問題だった。

彼女はメドーラにかかわる挿話的事件を経験して、自分は父親の特徴の「最良の部分」を受け継いでいるはずだという自信に心を躍らせていた。また、彼女は母親のそうした部分も受け継いでいるはずだという自信さえ仄めかしていた。しかし、もし失敗を犯したら、彼女はただ不毛な部分しか受け継いでいなかったことになってしまう。この特別な実験的とも呼ぶべき婚姻関係が、新しいタイプの超人ではなく、ただの奇人を生み出したにすぎないという事実に彼女は直面せねばならないだろう——躁病に陥った時期には、彼女は本当に自分を超人だと信じていたのであるが。

そのような危険性にもかかわらず、彼女はその挑戦を受けて立つ決意を固めた。すなわち、彼女はバベッジの驚異的な発明を論述するという「遠大な目標」に取りかかってやろうと腹を括ったのだ。とはいっても、実際のところ、彼女がその決心に至った理由の大半は、躁病や躁病がもたらす絶え間ない自己分析から気を紛らわせることだった。「遠大な目標がなければ、私は本当に気が変になってしまうに違いありません」。彼女はその次に、こんなことを書いている。

自分自身と自分の感情について深く、または長々と考え込むことを許容する状況におかれていると、私は本当にお先真っ暗の状態に陥ってしまいます。しかし、私は嬉しいことに、これ以上自己探求や思索に浸る余地をほとんど残さない状況に、今や完全に押し流さ《アントレネ》れてしまったのです。そのうえ、この状況は私に束の間ではあっても、もっと現世での生を長らえたい、さらには非常に行動的で、意義のある生をこの先何年も生きてみたいという衝動を与えてくれるのです。

＊

エイダは一八四三年の春に、注をつける仕事に取りかかった。彼女はそのとき、すでにある奇妙な方式に従ってその仕事をおこなうことを心に決めていた。おそらく、どうすればもっともうまくその計画にアプローチを図れるのか十分に考えずに、ただがむしゃらに仕事に突進していったからだろう。彼女はまずメナブレアの論文を自分で訳しておいて、それに一連の注をつけようとした。しかしながら、注のほうが注をつけられる当の論文よりも遥かに長いものになりそうなのが、すぐさま明らかになった。

この構造上の問題にもかかわらず、ますます興奮を募らせたバベッジに煽動される形で、彼女は懸命に仕事を進めていった。バベッジは彼女に宛てて、自分自身が手がけた図面や数式を送った。すでにそれらは相当な量に達していたが、彼が死を迎える頃には三十巻に至ることになるのだった。彼はまた、いったい誰が完成した論考を読んでくれるのだろうと心配しはじめた。ひょっとしたら、アルバート殿下〔ドイツのザクス・コーブルグ・ゴータ公家の出身で、一八四〇年の結婚の際に英国に帰化したヴィクトリア女王の夫君《プリンス・コンソート》（一八一九―六一）〕に献呈本を拝送するべきではなかろうか――そう彼は提案した。アルバート殿下は以前から工学や科学的進歩に関心を示されていた。それは皇室の一員としては、珍しいことだった。殿下はまた、バベッジの機械が具体化しようとしていたアイディアの多くに共感をお示しであった。たとえば、分業がよい例であって、殿下はそれを「文明の動力」とまでお考えだったのである。

エイダはそんなことを考えはじめるのは早すぎると思った。彼女がより関心を傾けていたのは、当初の自分の想像よりずっと大ごとになりそうな問題を掌握することだった。

彼女はもっとも重要で難解な事柄を検討することからはじめた。それは解析機関を階差機関から区別する特徴だった。これを彼女は、「A」という記号を振った最初の注で論じた。これはもっとも数学的でなく、もっとも形而上学に近い内容の注だった。それは同時に、バベッジが最小の支援しか与えなかった注といえそうである。なぜなら、彼女が最初にそれを彼に送ってコメントを求めたところ、彼は返却したくないと書いて寄こしたからだ。彼女にそれを書き換えてもらいたくないというのが、その理由である。それは予想を遥かに凌駕する理解力の深さを実証していたというのが、彼の感想だった。

彼女を勇気づけるために、彼はわざとそんな言葉を使ったわけではない。注Aはおそらく間違いなく、全体の論考においてもっとも重要な部分だった。それは解析機関の真の価値を説明する問題に取り組んでいたからだ。それはまさに至難の業といえた。それに類似したことは、かつて想像されたことはなかった。ましてや、書き表されたものなど皆無だった。

彼女が問題の核心に到達したのは、機械の構造について議論していた時である。メナブレアの論文自体が説明しているように、それは二つの部分に分かれていた。紡績工場の比喩にならって、一部分は「倉庫」、別の部分は「織機」と呼ばれていた。倉庫は処理対象となる数字を保存し、織機はそれらを演算するのだった。どちらの部分においても、用いられているメカニズムは階差機関において開発されたものにいくつかの点で似ていた。たとえば、数字は歯車の歯の列において保存され、各々の歯が一つの数字を表していた。だが、バベッジはすでにこれらの歯車の歯をコントロールする新方式を提案していた。それは彼のなし遂げたもっとも大胆な技術革新の一つだった。それはカードを、すなわちジャカールがある模様を織るために、織機に「プログラム」をほどこす目的で発明したカードを用いる方式である。これらはつなげられて、機械がループというプログラミングの曲芸を実行するのを可能にした。ループの過程で、連続した命令が何度も何度も繰り返されたり、ある条件が満たされれば一連のカードがスキップされたり、別の一連のカードが読み込まれたりする、条件付きのブランチ〔プログラムが自己判断でプログラムの流れを選択すること〕がおこなわれた。（たとえば、もし現在実行中の計算結果がゼロならばという条件を考えればよい。）

エイダが解析機関の本質を探りはじめたのは、こうしたカードについて考えていた時である。同時にそれは、彼女が、自分が論述しているのはただの計算機ではなく、特定の演算をおこなうための機械であることを説明しはじめた瞬間だった。しかしながら、現在のわれわれならば、その機械をコンピュータとして認識するだろう。「カードを採用するというアイディアが起こった瞬間に、算術という境界線が……跳び越えられたのです」と、彼女は書き記した。その着想が切り開いたのは、ただの数字ではなく、記号を操作する機械を考案するためのまったく新しいテクノロジーだった。その機械は数学の完全に抽象的な領域を、機械の物理的な領域へ、今までまったく不可能だったやり方で導く可能性をもっていた。

かくして、数学的世界の精神性と物理性だけではなく、理論性と実際性がお互いに、より緊密で効果的な関係へと結び合わされたのです。解析機関というまことに適切な名称を与えられた、この機械の性質に幾分かでも似たものが、実際に実現可能なものとして今まで計画されたという記録を、私たちはついぞ見かけたことがありません。いいえ、そんなものが考えられたという記録さえ残っていないのです。ましてや、考えたり、推論したりする機械という概念なんてもってのほかです。

こうした言葉で表そうとしたことのいくつかの具体例を、彼女は「G」という記号を付した、最後の注において挙げている。これらのなかでもっともよく知られているのは、その機械がいかにベルヌーイ数〔一二〕を出力するかを示したものである。これは一見でたらめに、無限につづいていく際限のない数の連続である。

〔一二〕 ベルヌーイ数とは、スイスの数学者ヤコブ・ベルヌーイ（一六五四―一七〇五）が、死後出版となった『推論術』（一七一三）において、確率論の研究に関連してべき級数計算をおこなった際に見出した数である。確率論と解析学をつなぐ上で重要な意味をもち、現在では数学のあらゆる分野で用いられている。ベルヌーイ数は具体的には、べき級数の展開式における各項の係数の分子として現れる。すなわち、ベルヌーイ数は

$$\frac{x}{e^x-1}=\sum_{k=0}^{\infty}\frac{B_k}{k!}x^k=B_0+\frac{B_1}{1}x+\frac{B_2}{1\cdot 2}x^2+\frac{B_3}{1\cdot 2\cdot 3}x^3+\cdots$$

によって定義され、奇数の添え字に対しては B_1 のみが 0 ではない。具体的には、ベルヌーイ数はこのように算出される。

$$B_0=1,\quad B_1=-\frac{1}{2},\quad B_2=\frac{1}{6},\quad B_4=-\frac{1}{30},\quad B_{2n+1}=0,\quad (n\geq 1)$$

エイダとベルヌーイ数の関係については、Dorothy Stein, *Ada: A Life and a Legacy* (Cambridge, Massachusetts: MIT Press, 1987) 89 を参照。ただし、ベルヌーイ数はわが国の数学者、関孝和（一六四〇？—一七〇八）がベルヌーイ本人よりも先に発見していたことが知られている。

どのように解析機関がプログラムされるのかを示すために、ベルヌーイ数はまさにうってつけの手段だった。そこで、彼女はこれを示すために、ベルヌーイ数を計算する時に普通使われる漸化式を、より単純な一連の数式にまで分解した。次に、ある数表を利用して、彼女は各々の数式がどうやって機械に入力されるのかを表した。

まさに、この数表の存在ゆえにこそ、エイダは世界初のコンピュータ・プログラマーであるという主張が正当化され得るのである。実際、ほとんどの現代のプログラマーたちは、それをプログラムとして認めるだろう。それは数字を振られた、命令のリストを有していた。そして、各命令はどのような演算（加法、減法、乗法、除法の四つ）を、どの変数（所与の値と、演算の途中で得られた結果の両方）に実行するのかを表していた。

事実をいえば、エイダはバベッジ本人の数式とデータからその数表を作成したのだった。そして、それは決して彼が書き上げた最初のプログラムではなかった。（とはいっても、出版されるのはそれが最初だったけれども。）解析機関の設計にかかわる初期の仕事のなかで、彼はすでに他のいくらかのプログラムの実験もおこなっていた。しかしながら、エイダは単にバベッジが与えてくれたものを再生産したわけではない。彼女が熱心に注をつけつづけていた頃、彼女が彼に送った手紙のなかにそのことは明々白々に現れている。「私はベルヌーイ数を導き出すあらゆる方法を、粘り強く検討し、徹底的に調べ上げています。この問題に必死に取り組み、それを他の問題に結びつけることを繰り返していると、いずれ頭が変になってしまいそうです」と、彼女は一八四三年七月上旬に彼に書き送っている。その手紙には、彼女に典型的ないたずらっぽい態度で、こんなことが書き添えられてあった。自分が「x、y、zの代わりに刀剣、毒薬、陰謀」に頭を働かせたかもしれない時代に生きていなくて、本当によかったですわと。

その後、数週間のうちに、彼女は深遠なベルヌーイ数が自分の頭を支配しつつあることを悟りはじめた。「本当に困っているんです。もう、私、ベルヌーイの数字の底なしの泥沼とごたごたから抜け出せなくなってしまいましたわ」と、彼女はあるとき、本音を洩らしている。彼女は数日間を費やして、例示の作成に精を出した。ところが、いったんそれらが完成すると、こんなことを言い出す始末だった。「私の恐怖心のことを考えてくださいませんか?……この数表と図解(私は無限の忍耐と労力をそれらに注ぎ込んできたのです)が、たった一つか二つの点で、重大な間違いを犯していることが判明した時の恐怖心のことを」。その落ち込みぶりにもかかわらず、彼女はやんちゃな自己賛美の口調でこう述べずにはいられなかった。「でも、私はそれらをとっても美的にやり通せましたわ」。

最終的に、出版の締め切りが迫った頃、彼女は鉛筆で数表を書き直さざるを得なくなった。そして、何度もそれを点検したのち、夫も動員して、それをインクでなぞらねばならなかった。ところが、最終稿が印刷業者に届けられるや否や、それは行方不明になってしまった。結局、それはバベッジの過失のせいだとわかった。彼は最終点検のために、それを自宅に持ち帰ったことをすっかり忘れてしまっていたのだ。それが手もとに戻ると、エイダは猛烈な怒りの手紙を彼に書いた。しかし、その手紙を書いていたとき、エイダの顔に何か寛大な微笑みのようなものが浮かんでいたのではあるまいか？　その手紙は、そんなことを感じずには読めないものだ。「貴方って方は、私の用心深さと、いろんな起こりうる不測の事態を見通す力の半分だって、持ち合わせていらっしゃらないのね。……あの注をお忘れになるなんて、なんてひどく注意力の足らない方ですこと」と、彼女は叱りつけ、こう結んだ。「これを埋め合わせるために、たっぷりと私のお供をして仕えていただきますわよ」。

若干、表現が和らげられているとはいえ、同様の口調はこの時期の彼女の何通かの手紙にも見出すことができる。それらの大半が、バベッジの不注意さと介入にかかわっているものだ。彼女は彼を、さまざまな注をごっちゃにしてしまうので叱ったことがあった。「私、いつも貴方のことを、ちょっとそそっかしい方かしらと思っておりました。貴方は原稿や、頁や、段落とかの正確な順序や配列に関して、ときどき間違いを犯されていますわ。（あの不注意にも重ねて糊づけした段落を、しっかりとご覧くださいね！）」。彼女は勝手な変更を加えたことで、彼を強く非難した。「貴方が私の注を書き換えられたことには非常に不愉快ですわ。いつでも要求された変更は、私自身が了解の上でおこなうことになっていたことはご存じでしょう。他の方が、私の文章に手を入れることには我慢できません」。怒りっぽさで有名だったにもかかわらず、バベッジは完璧に鞭打たれた犬の役割を演じた。彼は彼女の警告を受け入れ、彼女の指示に愛想よく従った。彼女の側では、ちょっとした皮肉を込めて、みずからの痛罵を和らげた。彼女はまた、適切と思える時には、喜んで彼による変更を受け入れた。簡単にいって、それは実り豊かな、面白みに満ちた、ときには緊張感を孕んだ仕事関係だった――最高の仕事関係がすべてそうであるように。

しかしながら、出版の時が刻一刻と迫るにつれて、一八四一年以来彼女にしつこくつきまとってきた神経障害が、明らかにまたも激しくぶり返しはじめた。この徴候は、彼女がバベッジと母に送った手紙のなかで、自分の健康について言及した箇所に見てとることができる。これらの手紙のなかには、メドーラ事件の暴露以降に彼女が書いた手紙を読むに堪えないものにしていた、あの例の歓喜に満ちた調子さえ漂っていた。彼女は、自分の注を「私の初めての子」とさえ呼びはじめた。「私はわが子に対して驚きの気持ちを抑えきれません」と、彼女は七月の末に、最後の校正刷りが修正されつつある時に書いている。「調子に乗った、勇ましい感じの文体がひどく目につきますわ。ところどころ、半ば風刺に満ちて、諧謔を弄した観のある冷淡さも出ています。これでは、私は随分と怖い批評家に思われてもしょうがないでしょうね。書くという行為のもつ感化力には、まったく驚愕してしまいます。これは確かに、どう見ても女性が書いた文章とは思えませんわね。でも、正確に申し上げて、どなたか男性が書いたものに似ているとも言いかねます」。彼女は自分の批評能力の矛先を、ウィリアム・ヒューエル師〔一七九四―一八六六、十九世紀の英国に大きな知的影響力を揮った哲学者・科学史家〕に突きつけてみたいと言ったことがある。彼は英国を代表する知識人の一人であり、「科学者《サイエンティスト》」という用語の考案者でもあった〔「科学者」が初めて用いられたのは、彼がメアリ・サマヴィルの『自然科学諸部門の関連について』を書評したときである〕。彼女は、バベッジにもってまわったような言い方で尋ねた。「あの方〔ヒューエル〕のことを可哀想に思いませんか？　でも、それ〔エイダがヒューエルに意図している批評〕の美点は、私が一言だって、あからさまに辛辣な、厳しい、あるいは蔑むような言葉を使うつもりがないことです」。

＊

エイダの躁病がかった自分の論考への評価は、それがのちに受ける遥かに複雑な反応と比べると、まさに対照的な様相を呈している。骨身を削って仕上げた数表を含む注「G」の冒頭で、彼女はこんなことを書いている。

> 解析機関の能力について、誇張された見解が生じ得ることに警戒するべきであろう。新しい主題の議論をおこなうと、往々にして一定の傾向をもった反応が現れるものである。一つには、すでに面白いとか優れているとわかっているものは、高く評価されすぎる傾向がある。もう一つは、ある種の自然な反応といえようが、提案者の企図が実際に実現可能なものを遥かに超えていることが明々白々な場合、事柄の実情は過小評価される傾向がある。

これと同じように揺れ動く反応が、彼女と彼女の注がこの先受ける評価を特徴づけることになった。彼女自身もまた〝新しい主題＝主体〟、いわば二十世紀を先取りする、十九世紀の初頭に登場した発明品だった。すなわち、男性の世界で成功を遂げる野心と、科学やテクノロジーへの深い興味を抱いた強い女性である。彼女に似た女性は、以前にまったく存在したことがなかった。そのような女性が何をおこなうことができるのか、誰にもわからなかった。そこで、彼女がどんな突拍子もないことでもできると主張する者が現れたとしてもなんの不思議でもない——たとえ、それがコンピュータ・プログラミングの発明であったとしても。アメリカ国防総省がその標準プログラミング言語を、彼女に敬意を払って「エイダ」と名づけることを決定して以降、一九八〇年代になってから、この信念はとりわけ強度を増したのである。（国防総省は、軍事標準識別番号を使用して、彼女の生誕年をＭＩＬ－ＳＴＤ－一八一五として承認さえした。)

彼女をフェミニズムを代表する偶像《イコン》として称讃するさまざまな本や記事が、相次いで世に現れた。それらの出版物はたいていの場合、そうした評価の根拠を、彼女が男性によって設定された制限を拒絶したことにおいていた。たとえば、彼女の個人教師を務めたド・モーガンは、アナベラに語った逸話のなかで、当時一般に流布していた見解をこう述懐している。すなわち、数学的問題が要求する「極度の精神的緊張」は、女性の肉体的能力を超えているものだと。こうした事情にもかかわらず、エイダは数学的仕事をますます推し進めていった——しかも、健康が非常に悪化していた時期に、敢えてそうしたのである。彼女はかくして、のちの世代の女性運動選手や女性管理職たちがもっていたのと同じ種類の気質を見せていたことになる。そうした後代の女性たちが、みずから選択した分野において男性たちと対等に競い合えることを、固い決意をもって証明したのはいうまでもない。

しかしながら、こうしたスポーツやビジネスの分野の女性たちの多くと同じように、エイダは決してフェミニストではなかった。彼女は制度に挑戦したわけではなかったし、(母親とは違って) 政治や社会の事柄に対してまったくといってよいほど関心を示さなかった。彼女が事をなしたのは、女性のためではなく、自分自身のためだったのだ。

それにもかかわらず、仲間の女性たちが耐え忍ぶように強制された抑圧に対しては、彼女は本能的に敵意を剥き出しにした。彼女はみずからの地位が夫の動産に等しいとは認めなかった。彼女は経済的な自立はおろか、何よりも〝専門的職業〟に就くことを渇望していたのである。解析機関についての注を出版したのちに、彼女がもっとも誇らしくも自慢したのは、自分が〝完全な職業人〟になったことだった。彼女は一八四四年に、ウォロンゾー・グレグに宛ててこう書いている。「私は貴方と同じように、本当に職業と結びついた人間になりました。でも、それは私にとっていっそう望ましいことですわ。私はずっとこのことを必要としておりましたもの」。

　コンピュータの概念を生み出すことに、少なくともいくらかの貢献をなした――そのように主張する資格もまた、彼女はもっていた。注A――すなわち、彼女が最初に書き上げ、バベッジが最小の影響力しか行使しなかったあの注Aは、機械による計算の概念と意味に関して実に洗練された分析を含んでいる。この意味で、彼女はコンピュータ計算の概念に対して非常に重要な役割を果たしたといえよう。その立場は、ちょうどトマス・ハクスリー〔英国の動物学者（一八二五―九五）、ダーウィンの進化論の熱烈な信奉者〕が、のちにダーウィンの進化論に対してもつそれになぞらえることができる。しかしながら、彼女とハクスリーの間には一つの根本的な違いが横たわっている。ダーウィニズムは、ちょうど頃合いのよい時代に登場した。つまり、当時の世の中は完全にはそれを認めないにしても、それを喧々囂々《けんけんごうごう》と論じる観念的な装備はもっていたのだ。他方、バベッジの機械は、どのような見慣れた知的領域からも遥かに遠い、いわば孤島に置き去りにされたままの状態にあった。

　バベッジが唯一なし遂げたことは、階差機関の実演用モデルを造り上げたことだけだった。それはロンドンの自宅に置き去りにされたままになっていた。階差機関の完全版とすべての後継モデルの設計図は、解析機関のそれも含めて、製図板の上に置かれたままだった。その理由として一般に流布している説は、彼がそれらを設計した時代には、それらの組み立てに必要とされるレベルの精巧な工学技術が得られなかったというものである。一見したところ、それはあり得そうな理由である。解析機関の製作には、もっとも精密なレベルまで加工された数万個もの部品を、高さ十五フィート、幅六フィート、奥ゆき二十フィートの台枠のなかに極めて細かく組み込む必要があった。その大きさは小型の蒸気機関車程度だったが、おそらくはその駆動には巨大な機関車を動かすほどの蒸気動力を必要としたであろう。

一九九一年に、バベッジの生誕二百年を祝う記念行事として、ロンドン科学博物館はこの説を実証するために野心的な実験に取り組んだ。十九世紀中頃に利用できる部品や道具の類を用いて、同博物館は階差機関第二号の完全駆動モデルの製作を試みたのである。それはバベッジが一八四〇年代に設計したもので、最初のよりも進化したモデルだった。解析機関のために彼が開発した多くの技術革新が、それに投入されたためだった。結果として完成した機械はうまく機能した。彼が一世紀早くコンピュータ革命をはじめられなかった理由は、おそらく工学技術にはあまり関係ないものだったことが証明されたのである。

よりあり得そうな説明は、世の中は技術発展を受け入れようとしていたが、コンピュータ計算はまだ早すぎたということだろう。一九九〇年に、サイエンス・フィクション作家であるウィリアム・ギブソンとブルース・スターリング〔ギブソン(一九四八—)とスターリング(一九五四—)は共に米国人SF作家、サイバーパンクの創始者〕は、ヴィクトリア朝のテクノロジーの事実とは異なる、あるいは〝ヴァーチャルな〟歴史書を出版した。彼らの歴史書においては、一八五〇年代のロンドンは蒸気動力で駆動する解析機関によって管理されている。首都、政府、そして帝国の中核には中央統計局が存在し、遥か彼方まで広がる騒然とした、工業化された世界を監視かつ管理している。

その巨大な建造物全体が、上から下まで、太い黒色の電信用ケーブルで無数の穴を穿たれていた。あたかも、帝国の情報はそれぞれのケーブルを伝わり、硬い石の楼閣の内部へと注がれているようだった。水道溝や持送りから密集したケーブルが垂れ下がり、活気に満ちた港に停泊した船舶の帆柱のように、所狭しと林立した電柱へとつながれていた。……

ガラスの向こうに、巨大な機械群がそびえ立つように居並んだ大広間が、朧気に姿を現した。……それは目を欺くように仕組まれた、なにやらカーニバルの幻想のようだった——巨大な同型の機械群が、精巧に組み立てられた真鍮製の時計に似た装置の集まりが、直立した鉄道車両のような巨体の群が、各一フットの厚さの詰め物付きブロックの上に設置されていた。水しっくいを塗られた天井は三〇フィートの高さがあり、そこではベルトを渡された滑車が勢いよく回転していた。鉄の支柱の軸受けに乗った、巨大なスポーク付きはずみ車が、ベルトによって天井の小さな滑車に回転力を伝えていた。白衣のクラッカーたち［機械の操作者たちの総称］は、機械に比べると小人のように見えるのだが、塵一つ落ちていない通路を忙しく行き来していた。彼らの髪は白い皺の寄った衛生帽子に押し込まれ、口と鼻は同じく白い四角形の薄いマスクで隠されていた。

これは実に、印象的な幻視の風景である。さらに、このSF作家たちは作品を創り上げる際に、想像力によって事実を自由自在に操ったのである。そのなかでも大胆な事実の変更は、バイロンとアナベラは別居せずに、共に暮らしたとするものである。ということは、彼は故国を去り、放浪の旅に出る必要がなかったということになる。ということは、彼はミソロンギでの早すぎる死をまぬがれたことにもなる。あまつさえ、彼は政治家としての活動をつづけ、とうとう首相の地位にまで登りつめるのである。エイダもまた、歴史を欺くことが許されている。彼女は独身女性として生きつづけ、〝レディ〟・メアリ・サマヴィルが彼女の付き添い役を務めている。エイダは機械の女王、〝数の女魔法使い〟（これはバベッジが実際に彼女に与えた称号だ）、そして光の会の中核的メンバーになる。光の会とは工業化急進党の特殊内部組織であり、国際的プロパガンダ機関ということにされている。

歴史の進行にたいするこうした変更のどれ一つとして、完全には荒唐無稽なものと言い切ることはできない。それらは、『階差機関』[一三]なる小説が、あり得たかもしれない機械を扱っているのではなく、ただの架空の話にすぎないことの理由にはなっていない。本当の理由は、もっと広い文脈にかかわることだ。エイダが解析機関について論考を書いているとき、現代国家を支えるもっとも基本的な概念は、たとえていえば、進歩という鍛冶場から取り出されたばかりの熱い鉄のような状態にあった。所得税はたかだか四十年の歴史しかなく、専門化された政府行政機関の登場は十年以上ものちのことだった。銀行業、有限会社、通貨交換、株式市場——こうしたものの多くが、まだ胚胎されつつある時期にあり、現代人の目には生まれつつあることさえ確認されなかっただろう。

〔一三〕『階差機関』（一九九一）はウィリアム・ギブソンとブルース・スターリングによるサイバーパンク小説である。ヴィクトリア朝の英国を舞台にして、バベッジの階差機関（実際には解析機関に相当する）が支配する空想社会を描いたものである。バイロン卿が率いる工業化急進党は、無数の階差機関と科学技術力によって、英国を世界の強国としての繁栄へと導く。英国と対抗し得るのは、同様の階差機関を実用化したフランスのみである。しかし、工業化によって抑圧された労働者たちは反乱を企てている。折しも、国家的機密事項を含んだパンチカードが行方不明になり、その争奪戦が開始される。しかしながら、のちにその実体はゲーデルの公理にかかわるものだったことが判明する。反乱は鎮圧されるが、徐々に英国は機械によって監視される、人間性を喪失した社会に変貌する。

われわれが現在認識している〝時間〟というものさえ、当時は新奇なものだった。(4) 一八三九年、ジョージ・ブラッドショー[一四]というランカスター出身の印刷業者・地図製作者が、初めての全英鉄道時刻表を発行した。その編集をおこなっている最中に、ブラッドショーは一人の鉄道会社の取締役に商談のため接触を試みた。その重役は、そんな本を出版するという思いつきを馬鹿げたものと考えた。それは時間を守ることを、ある種の〝義務〟としてしまうように思えたからだ。だが、それはすぐに本当に義務となってしまい、ブラッドショーが出版に漕ぎ着けるものなしでは、鉄道網はあまりに巨大で複雑なものとなってしまうのである。なぜならば、十年も経たないうちに、操業することが不可能になってしまうのだから。グリニッジ標準時という、単一の基準時間に合わせた時刻表がどうしても必要なものになってしまうのだ。

（4） 現代の時間概念の発展についての概論は、G・J・ウィットロー『時間の歴史』（一九八八）を参照。

〔一四〕 ジョージ・ブラッドショー（一八〇一―五三）による全英鉄道時刻表は、一八三九年から不定期で刊行され、一八四一年から月刊となり、一九六一年まで発行された。通常、彼の時刻表には彼自身の名前が冠される。たとえば、月刊時刻表は『ブラッドショーの月刊鉄道案内書』（*Bradshaw's Monthly Railway Guide*）と呼ばれる。

鉄道とブラッドショーの時刻表が現れるまでは、ほとんどの町や村は地方時にのみ注意を払っていればよかった。その地方時たるや、たいていが教会の時計によって決められていたのである。その時計が、それに固有の気まぐれな調子で時を刻んでいたのはいうまでもない。鉄道会社が駅を建てたとき、彼らは新しい全国標準時を採用したかった。鉄道の各便を調整する必要があったからである。そこで、彼らが設置した非常に正確な時計が、各駅の中心的存在となった。教会の時計ではなく、これらが到着や出発、普通便や急送便の時刻を決めることになった。それは、いわば商業とコミュニケーションの鼓動となったのだ。

駅の時計はまた、象徴的な効果を生むという役柄も演じることになった。教会の時計は共同体の行事、つまり共に暮らしながら、お互いの生活を見知っている人びとの集まりを見下ろしてきた。しかしながら、駅の時計は見知らぬ人同士が待ち合わせする場所、地方から逃れてくる人びとが出会う場所を提供した。それは、エイダ自身が近いうちに体験することになる、ちょっとした面会のための場所も与えてくれたのだ。

現代生活のもっとも基本的な側面の多くが、ようやく形成されようとしていた時期だった。そのような時に、解析機関が実現されることはまずあり得なかった。また、ギブソンとスターリングが想像したような、解析機関が創始したかもしれない蒸気動力による情報化時代が起こらなかったことも、ほとんど驚きには値しない。エイダがメナブレアの論文を翻訳し、注をほどこしていた頃は、コンピュータはいまだに日常生活、政府、産業のどの領域にも変革をもたらしてはいなかった。電気通信、行政管理、オートメーションが現れるのはまだ遠い先の話だった。そのような状況では、解析機関はなんの機能も活かせなかっただろう。それはちょうど、突然変異の気まぐれな振る舞いによって、人類が七百万年前の恐竜時代に出現した状況に似ている。人類がまともに生きていけなかったことは、火を見るよりも明らかだ。

こういった理由で、エイダがコンピュータの発明になんらかの仕方で手を貸したと想像することは、ある種の過大評価の一例となる。彼女自身が書いているとおり、何か新しい発想が登場したとき、過大評価はそれにつきものなのだ。百年後に電子コンピュータが現れたとき、その開発者たちはバベッジとエイダについてはほとんど何も知らなかった。実際の話、歴史家たちが彼らの業績を詳しく調べはじめたのは、コンピュータの登場によって好奇心が掻き立てられた結果なのだ。

ドロシー・スタインが著したエイダの伝記〔一五〕は、彼女の数学的才覚を検証したものである。そのなかで、彼女はエイダ自身がいくらか過大評価されてきたことの明確な証拠を挙げている。スタインが実証したところによれば、エイダの数学的能力はそれほど優れたものではなかった。エイダは、注の仕事に着手する前の数ヵ月間、比較的初歩的な数学の概念を理解するのにもてこずっていた。たとえば、代数学において代入をうまく扱えないと愚痴をこぼしたことなどがよい例だろう。メナブレアの論文を扱った印刷業者は、フランス語の原文において印刷ミスを犯していた。エイダはこのミスをそのまま翻訳してしまった。スタインはこのことも見逃さずに指摘している。結果として、アマチュアの数学者でさえ意味をなさないと気づいたであろう公式を、彼女はそのまま書き写してしまった。(すなわち、フランス語の'*le cas* n=∞'が'*le cos* n=∞'として印刷されたのである。エイダは後者を'when the cos of *n*=∞'すなわち、「*n* のコサインが無限大に等しいとき」と翻訳してしまった。この行は単純に'in the case of *n*=∞'すなわち、「*n* が無限大に等しいとき」と読まれるべきであった。)

〔一五〕ドロシー・スタインは物理学とコンピュータ・プログラミングの研究経歴をもつ心理学者で、『エイダ――人生と遺産』(一九八六)の著者。この本は、エイダを世界で最初のコンピュータ・プログラマーとする説に疑問を呈している。

スタインの発見は役には立つが、何かしら興醒めさせるような修正だった。この衝撃によって、エイダの仕事は過大評価から過小評価へ向かって、振り子の反動にも似た価値判断の変化を蒙りはじめるのである。ところが、この衝撃を少なくとも和らげると思われる要素があった。印刷上の誤りに関する、もっとも明らかな情状酌量の余地を与える事情は、エイダだけがそれを見誤っただけではなく、バベッジでさえ誤りを見過ごしていたことである。彼は実質的にメナブレアの原論文の出版に参加していたし、エイダの翻訳の校正もおこなったのである。さらに、他の誰一人として、一世紀後までその誤りに気づかなかったのだ。

誤訳の件などは、単なる難癖をつける行為と見てよい。問題は別なところにあるのだ。ドロシー・スタインは、エイダの注に関して詳細な学問的検討をおこなった。そして彼女は、エイダはおそらくバベッジの援助がなければ、メナブレア論文への注を仕上げるための数学的知識を得られなかっただろうと実証したのである。エイダは偉大な数学者ではなかった。（ただ、彼女は母親よりもずっと優れていたのだけれども。）ド・モーガンが、みずからエイダの能力を評価する際に暗示したように――メアリ・サマヴィルは違った見解をもっていたのだけれども――彼女は偉大な数学者と呼ばれるほどには、細かなところまで数学に夢中になってはいなかったのだ。

肝心な点は、エイダの注は数学の業績として評価されるべきではないということである。それはむしろ、もっと純粋に思弁的で、試行的な性格をもつ仕事として見られなければならない。彼女は「不可思議に組み合わされた」みずからの性格を用いて、科学的主題の研究に知力だけではなく、幾分かの想像力を投入しようとした。知力と想像力が一緒に働けば、それらが分離されていた時には果たし得なかった何事かをなし遂げられるのではないかという目論見がそこにあったのだ。それは彼女なりのアプローチを試すというよりも、彼女自身を試す行為だったといえよう。なぜならば、二つの対極的な感性の体現者とは彼女自身にほかならなかったのだから。メドーラの一件が明るみになった頃に書いた論文中でも、彼女は論じていた――想像力は科学が解明しようとする「不可視の世界」を暴くのに有効であると。彼女はこのことを示したかったのである。

こんなことは大して驚くべき試みではないと思う方もおられるだろう。与えられた課題への浅薄な理解力を隠すため物事をやたらに一般化する、昔の学部学生がよくやった手口――いわば、そういう手口の大昔に遡る、大成功の事例と見なす方もおられるだろう。その点を除外すれば、エイダの注は学生の論文とは似ても似つかぬものだった。それらは微に入り細を穿った論考なのだ。その点に加えて、それらは形而上的だったし、形而上的であることに意味があったのだ。

簡単にいって、エイダはバベッジの非凡なる発明の細かな技術的部分を超え、その真の偉大さを曲がりなりにも示し得たのである。「ジャカード式紋織機が草花の模様を織るように、解析機関は代数学のパターンを織り上げる」と述べながら、彼女は数学と想像力が相俟ってこそ初めてできることを示してくれた。

エイダがこのようなことができたのは、彼女のなかに〝詩的感性を帯びた科学〟の力が宿っていたからだ。その力のゆえに、こののち一世紀以上も世界中の誰も見ることができなかったものを、彼女はしっかりと見通していたのだ。

*

出版の時が近づくにつれ、エイダはほとんど固唾を呑んでその瞬間を待ち受けていた。これは真理が明かされる瞬間になるかもしれず、また彼女の人生にとって夜明けの訪れになるかもしれなかった。高ぶった気持ちが揺れ動くにつれ、自尊心も不安定になっていった。自尊心の根拠となる何か実体性のあるもの、あるいはこの先生きていく支えさえも、彼女は手に入れようとしていた。

ちょうどその時だった。バベッジが大きなスパナーを繊細な作品の全体にわたって振り下ろしたのだ。それはちょうど、エイダが翻訳と注――それらは、のちにまとめて「研究論文《メモワール》」と呼ばれることになる――の最終改訂版を校正している真っ最中のことだった。バベッジは自筆のある文書を彼女に手渡した。そのなかでは、みずからが進めている機械開発にたいする政府の対応のまずさについて手厳しい批判が展開されていた。彼女はそれを読んで、いくつかの手直しを提案した。しかし、それを研究論文に添付して出版することには反対しなかった。

エイダとウィリアム〔夫のウィリアム・キングのこと〕は少しばかり議論をして、彼女の注のそれぞれに執筆者のイニシャル「A・A・L」を付すことを決めたばかりだった。自分の著者名を吹聴する気も、女性作家たちにならって慎ましく匿名にする気も彼女にはなかった。それゆえに、彼女の出した条件は、バベッジの文書は彼女とメナブレアの仕事とははっきりと区別されるべしとするものだった。何ぴととして、誰が何をいったのか取り違えることなきようにという配慮ゆえだった。

しかしながら、わざと混乱させることがバベッジの真の意図だったとは、彼女はゆめゆめ気づかなかった。エイダがオッカムで夏の暑い盛りに懸命に仕事に勤しんでいたとき、ロンドンでは秘密の会合が重ねられていた。バベッジはある決意を宣言していた。それは、彼の文書はエイダの論文の序文として掲載し、しかも署名は加えないとするものだった。会合の目的はそれについての議論だった。

『テイラー科学論集』はその段階ですでに、英国科学振興協会の次回大会に間に合うよう、傑出した内容のエイダの研究論文を発表したくてやきもきしていた。大会は一八四三年九月に、コーク〔アイルランド南西部マンスター地方のコーク県の県都〕で開催されることになっていた。時はすでに八月初旬であり、時間切れになりつつあった。しかしながら、『テイラー科学論集』の共同編集者、ウィリアム・フランシスはテイラー自身の合意を得ずに、バベッジの文書を署名なしで発表することに不安を覚えていた。テイラーは国内におらず、出版期限が過ぎる前に戻る予定はなかった。

当時、すでにたいへん著名な地質学者となっていたチャールズ・ライエル卿が仲裁役に駆り出された。

ライエルは若い頃、バベッジ主催の夜会に女性たちを眺めるために嬉々として出席していたのである。彼はホイートストンと連れ立って、フランシスとの会合に出かけた。ホイートストンはエイダに初めてメナブレアの論文を翻訳するよう勧めて以来、その計画への入れ込みようを変えていなかった。バベッジはその会合に欠席した。エイダも同様に、その会議の席にはいなかった。彼女は自分の「初めての子」の運命を決めつつあるやりとりに関して、明らかに完全に何も知らされていなかった。

紳士たちの威厳ある会議は、さまざまな可能性について議論した。一つの選択はバベッジの文書を『テイラー科学論集』に、エイダの研究論文を『フィロソフィカル・マガジン』〔テイラーにより一七九八年に創刊された、世界初の商業的科学雑誌〕という姉妹誌に掲載することだった。だが、ライエルの考えでは、将来性豊かな才媛のデビューを飾るには、『フィロソフィカル・マガジン』はやや権威不足ということだった。同誌が手紙や覚書など、雑多な書き物も掲載していることがその理由だった。最終的には、彼女の「研究論文」を掲載する『テイラー科学論集』の同じ号に、「文書」を別パンフレットして添付することが決められた。「文書」の執筆者がエイダだと見なされる危険性をいっさい排除するために、寛大なホイートストンは、もしバベッジが断るのならば、自分がそれに署名してもよいとまで言い出した。

ライエルはバベッジ宛の手紙のなかで、彼自身の判断では、これで明らかに万事丸く収まると思える妥協案を示した。そして、バベッジにその案を呑み、臆病者のようにホイートストンにまかせるのではなく、「男らしく」自分でその文書に署名することを勧めた。

バベッジは自滅的な強情さで頑として抵抗した。その片意地さは、彼の政府との場数を踏んだ交渉もさもありなんと思わせるものだった。彼は条件を呑まなかったばかりか、エイダに論文を『テイラー科学論集』から降ろして欲しいとまで書き送ったのだ。

この時が明らかに、エイダが初めて彼の意図について知った瞬間だった。彼女は雷に打たれたように震えた。裏切られたのだ。エイダの母は、バベッジへのどうしようもない嫌悪感をまた一つ募らせている最中と見えた。母はメロドラマのように、それは殺人行為だわ――バベッジがみずからの名誉に与える損害を考えたら、それは自殺行為だわと表現した。彼は自分の正体がヘロデ大王〔幼子キリストを殺すため、ベツレヘムの二歳以下の幼児全員の殺害を命じたユダヤの王〕であることを明かしたのだ。彼は己の利益のために、エイダの研究生活が産んだ、宝物のような、この「初めての子」を殺すぞと脅したのだ。バベッジはそんな命令を下すのは己の特権だと、見るからに当然の顔を決め込んでいた。そんな彼の要求になど従えるものかと、エイダはきっぱり拒絶する返答を出した。彼のために観客の面前で爪先旋回する、もう一体の時計仕掛けの人形、銀の貴婦人《シルバー・レディ》〔二三九頁以下参照〕――エイダはそんな存在ではなかった。

バベッジは最初憤慨したが、しばらくして平静さを取り戻した。なぜ彼女はこんな振舞いをするのだろうか？　彼には、その手がかりさえ掴めなかった。

二十年後に自分自身が書くことになる回顧録の巻頭頁を、当時見ることができたなら、彼はその手がかりを掴めていたかもしれない。その頁にはこうあった――「気高き名を継ぐことには、……いろいろと不都合なことがつきまとっても不思議ではない」。彼の行動には、いろいろと胡散臭い面があった。彼は極めて熱烈に、エイダが自分の計画にかかわってくれることを求めていた。また、嬉々として彼女のあらゆる要求、命令、小言を受け入れていた。しかし、こうしたことは、彼が彼女のなかになんらかの特別な才能を認めていたからではなかった。むしろ、彼女の「気高き名」のゆえにこそ、彼はそんな行動を取ったのだ。彼には、彼女の名のゆえにこそ、世間の注目が自分の発明に対して向けられることがわかっていた。彼はその注目をいわば演壇として利用して、自分自身の不平不満を世の中にぶちまけたかったのだ。彼女と彼女の成す仕事は、このように宣伝のための小道具にすぎないものへと貶められてしまった。

一八四三年八月十四日、エイダはバベッジに意表を突く、十六枚もの長さの手紙を出した。あらゆる感情が入れ替わり立ち替わり、その手紙のなかには表れていた。順を追っていくと、その態度は恭しくなり、懐柔的になり、手厳しくなり、洞察的になり、妄想的になり、愛想よくなり、実際的になり、横柄になり、そして忍従的になった。その手紙の書き出しは、次のようなことに短く言及している。自分は粉骨砕身して仕事に当たり、計画の進捗状況には満足を覚えている。しかし、今となっては、違った仕方で仕事をはじめられたらよかったと思っている。(できれば、他人の論文に振った一連の注としてよりも、独立した形でそれが出版されたらと願っている。)彼女はその次に、彼が研究論文の掲載を諦めるよう命令してきた、例の「短い手紙」について考えを述べている。自分はあの手紙を「軽蔑の笑みを浮かべ、無視して」いたかった。ただし、かりそめにも貴方さまが「ご高齢で、敬愛された友人であり、さらにその天才ぶりを、私自身が高く評価するだけではなく、他の方たちにも正当に評価していただきたいお方」でないならばのお話ですがと付け加えられていた。

エイダがバベッジという人間をしっかり理解していることは明白だった。彼の人生を一冊の勘定台帳にたとえれば、それは延々と書き足される「失望と誤解」からなる明細表の観を呈していた。エイダは自分が彼の意向に添えぬことが、そんな明細表にまたも追記される一項目となることを認識していた。しかしながら、この場合には「裏表ある言行」によって責任があるのは自分だと、彼は認めなければならない――そのようにエイダは理解していた。彼女が彼と交わそうとしていた約束は「無条件の」ものだったので、のちに夢うつつで思い起こされるような条件によって左右されてはたまったものではなかった。

それから、彼女は将来彼らがおこない得る共同研究の条件に話を移した。第一に、もし自分が彼の計算機についての仕事をつづけるのなら、彼はすべての実際的な事柄は自分にまかせなければならない。とりわけ、第三者との交渉事が起こった時には、そうしなければならない。このことに、彼女は執拗にこだわった。彼女の提案は賢明な対応だった。彼は今まさに、こうした事柄について、自分が当てにならぬ人物であることをみずから証明していたのだから。

彼女の二番目の条件は、先のものよりも筋が通っておらず、実際ほとんど合理的とはいいがたいものだった。それには、「私が時に応じて、貴方さまに知的援助と指導を要請する事柄については、……完全かつ腹蔵なく」知識を提供していただくことと書かれてあった。さらに、例の注の執筆中におこなったよりも、その知識の提供をもっと整った仕方でしていただくことと追記されていた。

最後の条件として、彼女は解析機関プロジェクトの運営を引き継ぐことを要望した。その上で、彼女はその経営計画を練り上げ、彼の友人たちのなかから指名した受託者たちにそれを承認させようとした。この最後の提案は、おそらくもっとも生意気に見えるものだろう。しかしながら、それは多くのハイテク企業が二十世紀後半に立ち上げられる際の手法を先取りするものだった。すなわち、開発者は自分のアイディアを買ってもらう代わりに、立ち上げる企業の経営権を投資家にゆずるという手法のことである。エイダは、みずから認めているように、経営の経験など一切なかった。しかし、彼女は合理的に、自分はバベッジよりうまく投資資本を掻き集められると論じることができた。彼女は手紙のなかで、解析機関を製作するプロジェクトを援助してくれる人をすでに見つけたと仄めかした。

彼女の口調はもう一度その性格を変え、なにやら茫漠と漂う雲のような敬虔さ、靄《もや》のなかに浮かんだ幻影のような崇高さとでもいうべき様相を帯びるようになる。彼女は誇らしくも、自分は真理と神を名誉や栄光よりも大事なものに思うと言い放った。さらに、神妙な様子で、バベッジのなかではこれらの優先性が逆転されていると主張した。彼女の自認するところでは、自分は他の誰よりも野心的ではあるが、それは自分の運命を実現するためにおいてのみそうなのであるということだった。彼女はこんなことを書いている。「神を、神の法則と作品を、人類に最大の恩恵をもたらすように、私は微力を尽くして説明し、かつ解釈してみたい。もしも、私がこの世における神のもっとも名高い予言者たち（私なりの特殊な意味で、この言葉を用いているのですが）の一人になれたら、私は確かにそれを少なからぬ栄光と感じるでしょう」。そして、彼女は「創造主にたいする私の無限に広がる信頼と希望は、年を追うごとに強まっています」と、高らかに宣言したのである。その響きは、彼女のバベッジに宛てた他の手紙におけるいたずら好きな口調とは、完全に性格を異とするものだった。あたかも、母親の親友たちの一人の生霊が一時的に彼女に取り憑いたような観がそこには漂っていた。たとえば、キング博士が彼女の肩のあたりに寄り添って、彼女が握るペンに手を乗せたといった感じだった。

するると、気持ちが盛り上がった時と同様に、彼女は急速に落ち込んでしまった。つい今しがた書いた文章について、彼女はほとんど詫びを入れているといった状態だった。メドーラに関する、終わる気配のない危機的状況を持ち出して、「前略、もしも私が経験しましたことが、どれほど悲しく、辛いものかご存じでしたら……」と、彼女は書いている。

山のようにうねる感情の起伏をたどる、この心の旅路の果てにゆき着いて、彼女は疲労困憊していた。そんな状態のなかで、彼女はますます煩雑になる手紙の頁を覆い尽くす滲みについて謝りはじめた。その滲みにはインクの滲みだけではなく、涙による滲みもあった。あるいは、おそらく腹痛や神経過敏のために処方された、阿片チンキやクラレット〔ボルドー産の赤葡萄酒〕による滲みもあったのかもしれない。

彼女はすぐに正気に戻った。翌朝、彼女はもう何枚か状況を説明し直した手紙を、簡単なメモをつけて彼に送った。[5]「貴方さまは午前中に、私の長い手紙をお受けとりになられたかと存じます。おそらく、貴方さまは私ともはやかかわりをもちたくないとお思いでしょう。しかしながら、私は最善を尽くしたく思いますので、敢えて何事もなかったかのようにお手紙させていただいております」。

（5）この未刊行のメモは、当時のエイダの精神状態に関する貴重な観点を新たに提供するものである。このメモは、ある人びとが指摘してきたほどに、エイダがみずからの精神状態に幻想を抱いていなかったことを実証している。このメモの現物はプフォルツハイマー・コレクション、参照番号 B.ana 90［一八四三年］八月十五日火曜午前中の日付の入った、エイダからバベッジ宛の手紙において見出される。

バベッジはこの先、エイダといっそう、さらにいっそう関係を深めることになる。

*

数日経って、メナブレア論文の翻訳と注は『テイラー科学論集』に掲載された。バベッジの文書は、匿名扱いで『フィロソフィカル・マガジン』で紹介された。エイダの論文は好評を博した。ド・モーガンは彼女に手紙を書いて、今回の論文に大いに満足している旨を告げた。友人たちは深く感銘を受けた。ウィリアムは誇らしく思った。エイダは幸福そのものだった。

一ヵ月後に、エイダとバベッジは、互いへの称讃と親愛の情に溢れた手紙をやりとりするようになった。彼は彼女を「数の女魔法使い」、あるいは「親愛なる、誉れ高き解説者」と呼んだ。彼女は彼に自分の「妖精の導き」に身をゆだねてくれたことは喜ばしいことだったと告げ、さらに彼女にお馴染みのいたずらっぽい、おどけた調子で付け加えた。「さあ、力を抜いて、魔法に身をゆだねなさいませ。身も心も、完全に、すっかり、そう、そうよ、その調子よ、あの不思議な小人に身をゆだねるのよ！」。

しかしながら、彼らのどちらともが、完全には例のいさかいから立ち直ったわけではなかった。彼の文書とエイダの研究論文の発表は、すべてを解決してしまうかと思われた。科学界は膝を折り、大衆は騒ぎ立て、政府は抵抗をやめ、資金のめどがつき、解析機関は建造に漕ぎ着けるかと思われた。だが、そうはならなかった。状況はすべて、機械自体と同じように雲を掴むような話、あるいは空中に織られた図柄といった風情だった。一八六〇年代に、電気学者のアンドルー・クロスの未亡人であるコーネリアという人物が、ドーセット・ストリートにあるバベッジの自宅を訪れた。そのとき、彼はいまだに例の研究論文の発表をめぐる経緯で苛立っていた。かつて煌びやかな夜会が催された部屋は「みすぼらしい、幽霊に取り憑かれた」応接間になっていた。そこで未亡人と面会している最中、エイダのことに話が移るたびに、彼は一八四三年のあの激しい、嵐のような議論に明け暮れた八月のことを何度も何度も話さないではいられなかった。

エイダもまた、その経験によって人が変わったようになった。論文発表は彼女の人生の新たな局面の始まりを告げたが、それは彼女が予想したものではなかった。〝考える〟機械を理解するために数学を用いたのち、彼女は別のものを掌握するために数学を用いることに目を向けた。その別のものとは、さらに複雑で、神秘的で、困惑させるもの、すなわち彼女自身だった。

第八章
ロマンスの死

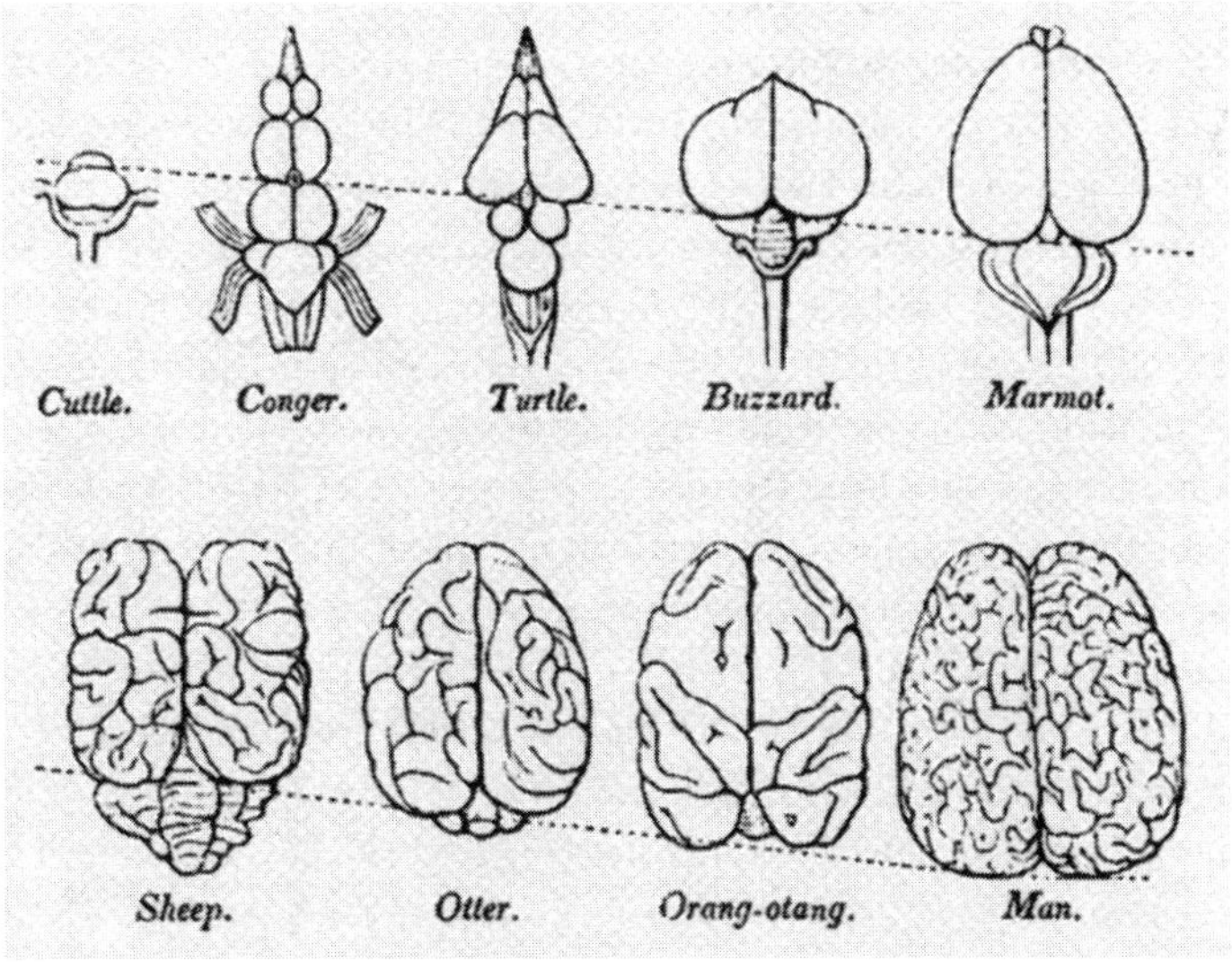
Cuttle.
Conger.
Turtle.
Buzzard.
Marmot.
Sheep.
Otter.
Orang-otang.
Man.

ウィリアム・ベンジャミン・カーペンター博士〔英国の生理学者（一八一三―八五）、神経系統の動きにより心理現象の説明を試み、適応性無意識の概念を提唱した〕が、生理学者として名声を博する以前に書いた最初期の著作の一つに、『生物の自発的並びに本能的行動について』というものがある。彼がエイダに出会ったのは一八四三年の冬、エイダの解析機関に関する注が発表されて数ヵ月後のことである。その後、少なくとも彼にとっては、人間の行動に関する、こうした自発性と本能性の二つの面のバランスは非常に危険なものであることが判明する。それは人間を破滅に追い込みかねないものだった。

そのカーペンター博士が、エイダとの初めての面会のためにアシュリー・クームに到着した。背が高く、痩身だが頑丈そうで、情熱的な面持ちの男だった[1]。エイダより二歳年上で、三十路の坂を越えたばかりだった。彼はすでに『一般・比較生理学原理』を著し、独力で名声を勝ち得ていた。それは、彼がエディンバラ大学で研究中に書いた本だった。そこで彼は無脊椎動物を生理学的に研究し、その神経組織にとりわけ興味を覚えていた。

(1) この二人が交わした手紙の日付は、そのほとんどが不正確か曖昧である。そのため、この時期の日付にはある程度の推測を加えている。鍵となるすべての事件は、一八四三年十二月中頃から一八四四年一月中頃にかけて起こっている。しかし、それらの正確な順序を確定するのは困難である。カーペンターが、ロンドンのセント・ジェイムズ広場にあるエイダの自宅で彼女に会っていることはわかっている。しかしながら、その時期をクリスマスの前とするか、後とするかはとりわけ解釈が分かれるところである。ドリス・ラングリー・ムアは前者のほうを推定しているが、筆者は後者のほうを採った。

一八四一年に、彼は故郷のブリストルに妻のルイーザと共に帰り、市立の医学校で教職に就いた。彼はすぐにアナベラの注意を惹いた。彼女はブリストルの閑静なジョージ朝の郊外地区であるクリフトン〔ブリストルの市内北西部にある、一七八〇年代以降開発された高台の住宅地〕に滞在していた。クリフトンはやがてその吊り橋（またもや、イザムバード・キングダム・ブルネル〔三八四頁参照〕の工学的才能の驚くべき結晶だ）で有名になろうとしていた。

アナベラは義理の息子のウィリアムと、エイダの三人の子供の養育に関していくつか結ぶことになる約束事の一つ目をすでに取り決めていた。子供たちの粗暴ぶりと、彼らの家庭教師――クレーマーという名のドイツ人――がその矯正に手を焼いていることに、ウィリアムはほとほと困り果てていた。ウィリアムはアナベラに不平不満を打ち明けた。エイダがその問題に介入しようとせず、あまつさえ彼の介入を妨げようとするので、事態はさらに悪い方向に向かっていたのだ。もちろん、一つの解決法は貴族階級のお定まりのやり方、すなわち子供たちを寄宿学校に送ってしまうというものだった。少なくとも男の子たちのバイロンとレイフには、そういう方法を採ることができた。しかしながら、ウィリアムの母校であるイートン校のような学校で、彼らが甘受せねばならない強制的な宗教教育や礼拝には、エイダはきっぱりと異議を唱えた。

そこで、アナベラはエイダの子供たちの家庭教師を見つける役目をみずから引き受けた。アナベラが他人の生活に介入する機会は、メドーラが大陸に失踪してしまったために、最近はひどくご無沙汰になっていたのだ。

彼女に面会するためクリフトンを訪れたあの若い科学者〔カーペンター博士のこと〕はその役にはうってつけだと思われた。彼は品がよく、礼儀正しい若者だった。その上、目から鼻に抜けるところはあっても、人への敬意は決して忘れなかった。彼にはいくらか野心的なところがあったが、それらは良識によって抑制されていた。彼は当時の重要な科学的論争について熟考を重ね、おおむねアナベラの見解と一致する結論に達していた。彼はユニテリアン派の信徒だった。そして、明らかにとても道徳的で、酒を嗜《たしな》まなかった。(彼はのちに、『アルコール飲料の消費と濫用』というタイトルの本を出し、完全な禁酒を推奨することになる。)彼にはルイーザという素晴らしい妻がいて、彼女に彼は公の場でも愛情に満ちた振舞いをした。妻のほうからも、夫にそうした振舞いが返されたのだった。簡単にいって、アナベラの孫たちの――さらには、彼女のいまだに手に負えない娘〔エイダのこと〕の――知的かつ道徳的発達を促進させる役柄には、彼は完璧な候補者だといえそうだった。

かくして、アナベラはウィリアムに、カーペンター博士をラヴレス家の新しい家庭教師に指名するよう推薦した。しかし、彼女は子供に甘い義理の息子に対して、あることを言わないでおいた。それは、彼女がカーペンター博士に、エイダにもできるだけのことをしてやって欲しいと依頼したことだった。その機会が訪れるや否や、彼は熱意を込めてこの任務を果たそうとした。

*

エイダがカーペンター博士に初めて会ったとき、彼らが議論する予定だったのは、子供たちの教育のために彼にはどんなことができるのかということだった。しかしながら、カーペンターはアナベラの命令に従って、ほどなく話題をエイダ自身のことについて振り向けた。彼の目に映ったのは、挫折と混乱の状態にある一人の女だった。彼と同じく、エイダは科学的業績をものにしたばかりだった。(とはいっても、彼のものと並べれば、随分慎ましいものだったが。)そして、科学関係の著作家あるいは研究者としての輝かしい未来が、彼女の眼前には広がっているように見えた。だが、何かが彼女を引き留めていた。

彼女の健康が一つの障害だった。いまだに、危険な状態のままだったのだ。慢性的に胃の調子が優れなかったし、鬱病がぶり返すことがよくあった。しかし、これらはまだ序の口で、もっと危惧されたことは彼女の「道徳的《モラル》」――今でいうなら、精神的《メンタル》――状態だった。彼女は過去二年間の大半を数学の勉強に捧げてきた。しかし、それでもその二年間は「あるまじき思い」を消し去ることはできなかった。

彼女はこの思いをたっぷりと、あくまで患者と医者の関係においてだったが、カーペンター博士に胸襟を開いて物語った。患者と医者の関係？――確かに少なくとも当初は、カーペンター博士にとってそうだった。みずから取ったメモ書きを、彼女の侍医のチャールズ・ロコックの意見と比較しつつ、彼は患者に関する知見を重ねつつあったのだから。しかしながら、彼はまた得た知識をアナベラに言わねばならないという義務感に捕えられた。（これは、ロコックには絶対に起こり得ないことだった。）そういうわけで、カーペンターはみずからの見解を詳述しつつ、アナベラに手紙を書き送った。それは、彼がアシュリー・クームに向かい、エイダと暮らしはじめることになる数日前のことだった。

彼女が「知的な」事柄に打ち込んでいるのは、彼女の道徳的成長を促進させるどころか、むしろそれを阻んでいる。彼が感じたのはそういうことだった。心を観念に集中させることは、かえって心をして自己自身にのみ「満足感」を抱かせることになる。それは自己中心癖を促進させる。彼が報告したのはそういうことだった。「われわれは神が力と知恵であると共に、愛でもあることを忘れてはなりません」。カーペンターはそう書き、中心に据えるべきなのは、エイダの感情の発達であることを述べた。彼女には「精神教育」が必要であり、彼にはそうした教育を――子供の家庭教師としての役目を果たしつつ

――彼女にほどこす能力があるらしかった。
カーペンター博士の診断は、あらゆる点から見て、事前に要請された範囲を完全に逸脱する行為といえた。彼の診断など、アナベラにはどうでもよいことだった。神やら道徳やらは、彼女にはカーペンターの計画を認める段になって、おもむろに持ち出せばよい事柄だと思えたのだ。さらには、彼自身がある一点について不明確だった。正確を期するならば、一体どうやって彼はエイダの感情を発達させるつもりなのだろうか？

そんなことは明らかに、アナベラには単なる技術的なことではないかと思われた。だから、カーペンター博士は一応は彼女から祝福をいただき、アシュリー・クームへと向かった。そこで、彼はウィリアムによる面接を受けた。当然のことながら、ウィリアムは義理の母による選択を是認した。すぐさま、かくも模範的な道徳的資質と哲学的見識をもった御仁を推挙していただいたことに満足している旨、彼はアナベラに書き送った。

採用される見通しを確認したのち、カーペンター博士はしばらくエイダと二人きりの時間をもった。アシュリー・クームに滞在中は、エイダは危険な海岸沿いの小道を散歩することを好んだ。あるいは、彼女はエクスムア〔サマセット州からデヴォン州にわたる、国立公園に指定された高原地帯〕やクォントック丘陵まで、コールリッジやワーズワスが五十年ほど前に散策した道路や小道をたどりながら乗馬することもあった。疑いようもなく、カーペンター博士は彼女に同伴し、二人は数時間も科学について話し合ったはずだ。そして、話はますます、彼女が科学にのめり込んでいった個人的事情について及んでいった。挙げ句の果てに、カーペンターは二人共同で哲学的研究をする話を持ち出した。つまり、二人一緒に、バベッジの驚くべき機械に関する注――彼女の科学研究が産んだ「初めての子」――から立ち上がってくる、形而上的諸問題について探求しようともちかけたのだ。

*

いくつかの点で、カーペンターの哲学はバベッジのそれに似通っていた。彼もまた、時計仕掛けの宇宙は、神によって創造の瞬間にねじを巻かれ、そのまま歴史の流れを刻むようになったと信じていた。彼はまた、奇跡とはとどのつまり、物理法則の作用が生み出したものと考えていた。たまたま、そうした物理法則は今は知られていなくても、未来に発見されるはずなのだった。彼が論じるところに従えば、あらゆるものはただ一つの法則から発生した。その法則とは神の法則、すなわち「無から有を生み出した全能者の命令」にほかならなかった。

彼自身にとっての「初めての子」たる『一般・比較生理学原理』において、カーペンターは人体そのものが、全能者の命令が及ぶ支配のもとで生まれたという議論を試みさえした。惑星の運動や、化学元素の振舞いや、断崖の側面にある岩石の地層などの研究と同種類の科学が、人体の研究にもかかわっているのだ。あるいは――誰もここまで言い及んだ人はいなかったが――種の進化や、人間精神の構造まで、同種類の科学がかかわっているのだ。カーペンターは大胆にも、すでに持論を展開済みだった。「現在、各科学を区切っている境界は消滅するであろう。それはちょうど、飛行船の操縦者がみずからが見わたす地平線を広げていくさまに似ている。彼の目には、人の技術と自然の手がお互いを区別するために、王国や王国の領土に加えた境界が、つぎつぎに見失われていくであろう」。この先、われわれが見るように、この考え方はエイダの心に深い印象を刻み込んだ。そして、彼女自身が、みずからの人生の絶頂点を飾るものと考えたプロジェクトが、初めてそのおぼろげな姿を見せはじめるのだ。

ババッジとまた同様に、カーペンターは自分の議論が体制に反旗を翻すものになることを悟っていた。しかし、彼らの同一点はここで突然終わりを告げる。ババッジが対決姿勢のままだったのに対し、カーペンターは巧みに懐柔的姿勢を見せるのだ。自著である『原理』を世に送るに当たって、彼は注意深く下地づくりをおこなっていた。彼は出版前に科学界を含んだ他領域のお偉方や良識者に相談し、彼らに出版後の発表会用資料を送付していた。

避けがたい批判的な反発が起こりはじめると、彼は間髪を入れず対処した。事前におこなっていた工作活動のお陰で、それは比較的うまく収まった。せいぜいのところ、唯物論を批判する僅かな声が起こった程度ですんだ。『医療外科レヴュー』のある批評家は、「空想と懐疑主義」ではじまった議論は「教条主義と無意味」で終わりを告げていると述べた。『エディンバラ内科外科ジャーナル』は、創造の奇跡を「創造主の統轄を必要とせず、与えられたコースをひた走る」機械に貶めているとして、彼を攻撃した。(2)

(2)「カーペンターの一般・比較生理学原理」、『エディンバラ内科外科ジャーナル』、一八四〇年、第五三巻、二一三—二八頁を参照。彼の弁論は「『エディンバラ内科外科ジャーナル』一八四〇年一月号掲載、「一般・比較生理学原理に関する書評」のいくつかの記述に関する、ウィリアム・B・カーペンターによる所感」において現れた。これは『英国・海外医学レヴュー』、第九巻、補遺に掲載されている。

彼の反応は好戦的なものではなく——ババッジならそうなっただろうが——防御的なものだった。彼はみずからの議論のなかで論争を呼ばない要素を強調し、それが「安全な」ものであることを示そうとした。主たる論点は自分が数年前にエディンバラで書き、賞を受けた学生論文に表れていると彼は指摘した。彼の意図は、その論点は昔からいわれていることであるし、しかも立派な研究機関の教授たちによって承認済みなのだと暗示することだった。

　彼はまた、先の論考への付録を好意的な学術誌に掲載した。それには、広い領域にわたる著名人たちが書いた数多くの推薦文が添えられていた。たとえば、バベッジの友人で天文学者のジョン・ハーシェル卿、王立学士院書記で、現在は類義語辞典《シソーラス》で名高いマーク・ロジェ〔語彙の分類研究でも名高い、王立科学研究所の生理学教授（一七七九―一八六九）〕、アルバート公の侍医であるロンドンの医師ヘンリー・ホランド〔旅行記作家としても有名な、ロンドンで開業して成功し王立科学研究所所長にもなった医師（一七四五―一八六〇）〕といった人びとが名を連ねていた。さらに、ヴィクトリア朝の伝記辞典によれば、「チュートン人とケルト人の、あるいはヒンドゥー人と征服者たるイングランド人の生理学的および民族学的差異」を完全否定した――いいかえれば、彼らが同種の人類から発生したことを確証した――民族学者ジェイムズ・コールズ・プリチャード〔人類の起源をアフリカ人に求め、民族的差異を遺伝によるものとした医師・民族学者（一七八六―一八四八）〕もまた推薦人だった。

　この体制を喜ばせようとする熱意は、カーペンターのエイダへの関係の下地をなしていた。彼は彼女の子供たちの成長のみならず、彼女自身の進歩発展にも関与できることを嬉しく思った。それだけではなく、彼女の心のなかを探索し――もっと興奮を覚えたことには――彼女の道徳観のなかに分け入ることを嬉しく思った。彼は職業人の階級に属する人間だった。ところが、その階級はいまだに確たる信用や地位を得たわけではなかった――彼らの身分が十分に認められるのには、まだ数十年を要したのである。そんな立場の人間にとって、信用された助言者、さらには親密な友人として貴族と関係を結べるのは、この上ない喜びだっただろう。しかも、相手は有名な貴族だったので、その感激もひとしおだっただろう。

　アシュリー・クームを初めて訪問したのち、彼は新しい友情関係を深めようとやっきになった。そして、エイダも彼の努力に積極的に応じようとした。彼女は形式的振舞いを好きになったことがなかった。だから、カーペンターとの付き合いにおいて、彼女はすぐさまそうした振舞いをなしにすることにした。雇用予定の使用人どころか、同等の人間として、彼女は彼に率直な調子で呼びかけた。彼女はその上、別になんとも思わず、彼に送る手紙に署名を書き添えた。その署名は彼には驚くべきものであり、彼の目にはまぶしいほど輝いて見えたことだろう。

しかし、もっとまぶしかったのは彼女が彼に与えようとしていた信頼だった。それは一八四三年十二月初旬に彼に宛てて出した、彼女の手紙のなかに見出せた。その頃、彼女の子供たちの家庭教師になるための交渉が、ようやく最終段階に至ろうとしていた。

彼女が語るすべてを秘密にすること――たとえ、彼女の母親に対してさえもそうすること――に、彼は同意した。その後、彼は唖然として口を開けたまま立ちすくみ、目の前で彼女が自分の秘密のヴェールを一枚一枚剝ぎとるのに付き合うことになる。(3)

(3) エイダがカーペンターに宛てた手紙――それらは彼女の告白と暴露を含んでいるのだが――は残っていない。よって、それらの内容は彼の(非常に長く、詳細な)返事から推測され得るのみである。彼の返事はすべて、ラヴレス文書(box 169)において見出される。

彼女はこのような趣旨のことを語った。自分は、自分を愛していると思われる人たちから、今や疎んじられていると感じてしまう。夫も、子供たちも、母親でさえ例外ではない。何年も研究に没頭したのち、自分は「歩く知性」になったようで、感情をもつことに恐怖感を抱くようになった気がする。

彼女はカーペンターに、どうやってこんなことになったのかを詳らかにした。十代の駈け落ち、さらにおそらく、その後のいろいろなつまずき、無分別な振舞いなどが語られた。キング博士の独特な治療法、すなわち数学についても語られた。善良なキングは大いに熱意を込めて約束してくれた――数学は「あるまじき思い」、彼女が今でさえ頭のなかで膨らみつつあることを知っている、あの思いを消し去ってくれるのだと。そのようなことも、彼女の口から語られた。復讐の女神のことも、自分が統御されず、統御不可能なことへの虞《おそれ》も、包み隠さず語られた。彼女は内面の感情の力によって、電気を流されたように打ち震えた。さらに、もしそれらの感情を解放してしまえば、自分がどんなことになってしまうのかを考えると、彼女は石のように体をこわばらせるのだった。

ときには、ひどい症状が彼女を真っ暗闇の鬱病状態に叩き込んでしまった。そのように彼女は語った。そんな時は「精神的昏睡状態、あるいは死の訪れ」を迎えたかのようだった――あたかもバイロンの『シヨンの虜囚』に現れる囚人《めしうど》よろしく、牢獄に閉じ込められたみたいに……

すべてが虚ろで、侘びしく、灰色だった。
夜でもなければ――昼でもなかった。
衰えた私の眼には見るのも辛い、
牢獄の灯一つなかった。
ただ、空虚が空間を呑み込んでいて、
動くものはなく――そこに地面があるという意識さえなく、
星もなく――大地もなく――時間さえなかった。
何も遮るものはなく――変化も――善も――罪もなかった。
ひたすら静けさと、物音一つ立てない呼吸だけがあった。

生とも、死ともいいがたい呼吸だった。
何も見えない、無限の、沈黙の、動き一つない、
淀んだ、倦怠の海が広がっていた。〔『ションの虜囚』第九連（第二三九―五〇行）〕

彼女はカーペンターに、自分がかつて自殺を考えたことさえ打ち明けたのかもしれない。二年前に、彼女はウォロンゾー・グレグに、ロバート・クリスティソン〔ヴィクトリア女王の侍医まで勤めた、スコットランドの毒物研究と法医学の権威（一七九七―一八八二）〕の『毒物論』（一八二九）を送るように頼んだことがあった。あとで、彼女はグレグに、その本は自分の研究には役立たなかったと説明した――これは彼女の要請の裏にひそむ、より暗い目的のいいわけだっただろう。彼女が毒物自殺を考えていたとしても、そんな考えはすぐに諦めたように見える。もう少し自分の死に方に介入しなければ、毒物で死ぬなんてあっさりしすぎていると感じたのだろう――皮肉にも、これは彼女の慢性的病的性質のお陰だった。

そうした打ち明け話にたいするカーペンターの反応は、杓子定規な医学的見解にとどまるものではなかった。アナベラから、彼はもともと娘の精神状態を調べて欲しいと頼まれていたのだから。彼の反応は、ただの医者から期待されるようなものとは違っていた。エイダが打ち明けた問題に対して、彼は長々とした手紙で答えた。言葉遣いは極めて率直なものだった。彼は彼女の感情を慈しみ、はぐくみたいと思った。このことを自分は安全におこなえると、彼は彼女に請け負った。自己抑制能力によって、自分は何か間違ったことが起こるのを許すはずがないというのがその理由だった。

それはとても危険な手紙だった。カーペンターが子供たちの科学の勉強のみならず、エイダの道徳的

指導をも担当することを、彼女の夫は知らなかったからだ。このゆえに、カーペンターがおこなった次の判断はいっそう奇異に見えてくる。すなわち、彼は自分の手紙を、エイダに宛ててはっきりと「親展」と記した上で、採用条件についてのウィリアムへの手紙に添付したのだった。彼はなぜ、自分自身とエイダを敢えてそんな危険にさらそうとしたのだろうか？　彼が何がどこまで許されるのか確かめようとしたのでなければ、それは理解しがたいことである。ただし、彼女の夫に手紙を送ったのだから、彼は明らかに何も不適切なことをする意図はなかったとはいえるだろう。

エイダは、無邪気なエイダは、気にもかけなければ、気に病むこともなかった。もちろん、彼女は自分を理解し同情してくれそうな男性を見つけて、大いに興奮していた。彼女は、自分を彼の診断どおりの人間だと思った。すなわち、事実をいえば、彼女の心は彼が警告した「隠れた愛情」で一杯に満たされていたのである。彼女はあまりに熱心に研究に打ち込みすぎていたことを認め、少し緊張を緩める必要を感じた。それは彼女の知的能力の一部を放棄することを意味したかもしれない。しかし、それは払うに値する代償だった。

カーペンターは、エイダがこの押し込められた愛情の対象となるべき人を必要としていることを理解していた。彼女の夫はその役目を果たすことができなかった。だから、彼は自分を代役として提供したのだ。彼には、彼女が自分に「不適切な」愛情を抱くはずがないことがわかっていた。また、彼女は彼から、決して「ゆきすぎたこと」はしないという約束を得てもいた。

エイダは、彼をその言葉どおりに信じた。彼女は、感情で溢れそうな手紙を繰り返し送った。それに応じて、彼の敬愛する口調は、すぐさまもっと愛情のこもったものに変わっていった。彼女の手紙に、熱情が身を焼き尽くす思いがしますという表現が現れたとき、彼は冗談まじりでこんな光景が目に浮かぶと述べた。彼女の肖像画が自然発火して燃え尽き、大きな灰の山になってしまうのだと。すると、ウィリアムが召使いを呼んでこう言うのだ。「そこの奥さまを掃き捨てておしまいなさい。それから、パイプをもう一本もってきておくれ」。それはエイダの空想力を掻き立てたであろう、家庭的かつ科学的言及に富んだイメージだった。（そのイメージはディケンズの空想力も掻き立てた。彼はよく知られているように、同じ運命を『荒涼館』[二]のクルックにも与えている。その際、その説明根拠を催眠術師のジョン・エリオットソンから得た資料に求めている。もちろん、それ以外からの資料も援用されているのだけれども。）

〔二〕 ディケンズの『荒涼館』（一八五二―五三）は、ヴィクトリア朝における大法官府の裁判遅延が社会にもたらす問題を扱った後期の長編小説。自然発火で死ぬのは、古道具屋の経営者クルックという設定になっている。

カーペンターは、もっと「優しい言葉」を欲しがる彼女の求めにぞくぞくする思いだった。彼女は飢えたようにそういう言葉を求めた。彼は二人で会うことを申し出た。彼は面会場所としてブリストル駅を提案した。アシュリー・クームからロンドンへ向かう列車に乗って、彼女はそこに立ち寄ることができるからだ。彼女は抵抗し、彼は固執し、最後にそうすることが決められた。

彼らはクリスマスの数日前に会った――疑いもなく、駅時計の下で。それは短時間の、ぎこちない面会だった。カーペンターは、彼女にもっと自分の問題について話すように促した。彼女はそのとおりにした。最初、彼女にはなんの慎みもなかった。あるとき、彼女が明らかにあまりに赤面するような言葉を使うので、彼はショックを受けてしまった。（もちろん、彼はあとで、自分はショックを受けない人間だと主張するのだけれども。）すると、彼女は突然、ある老齢の紳士が自分たちの話を立ち聞きしたかもしれないと意識しはじめた。その男性が自分の正体に気づくことに恐怖し、彼女は大慌てでパディントンゆきの急行列車に跳び乗った。

数日後、彼女はカーペンターに手紙を書いた。書中、彼女は彼の単純素朴さを叱り、彼の言葉で自分は危険にさらされたと非難した。

カーペンターは、エイダが半生を通し、大衆の好奇心とゴシップの対象であったことについて何一つ理解していなかった。したがって、彼は彼女の譴責を貴族的な傲慢さの表れとして受けとった。安心させようと言葉を取り繕い、彼女の懸念を一蹴し、大袈裟な幻想を抱くことで彼女を責めるほどの勢いだった。彼は断言した。オッカムに言及したのは、一度きりだったと。さらに、一万人に一人のグレート・ウェスタン鉄道の乗客でさえ、そこに誰が住んでいるかなんて知らないのだと。

彼はまた、こうも暗示した。彼女が彼に明かした「暴露」は、実は幻想ではあるまいか？　あるいは、素朴な田舎医師と同様に素朴なその妻を驚かせるための、少なくとも想像上の作り話ではあるまいか？彼はこんなことを言いたげだった。一切が注意を惹くための作り話なのでしょう。それは大袈裟な幻想と並んで、ヒステリーのよく知られた症状なのですよ。

常日頃から真面目な人びとが決まり文句で使う「いや、冗談はさておき」という言葉で、彼はこうした推測を軽い冗談として片付け、おもむろに真剣な話に移った。ご自分を確実に悪に導く誘惑から心を防御するすべを学ばねばなりませんよと、彼は警告を発した。これには大きな力が必要ですが、貴方がそれを十分得られるよう神さまにお祈りして差し上げましょう。

ブリストル駅での誤解にもかかわらず、彼らはこのあと二人きりで何度も会うことになる。最初の面会はオッカムで、クリスマスの少しのちにもたれた。ここでは、二人は彼女の自宅でのプライバシーに守られていた。ウィリアムは家を留守にして、疑いようもなく州の統監としての義務に没頭していた。

彼らは互いに、かつてなかったほど近く接近した。同情と理解をもって扱い、慈しみ、見守ってあげると約束してくれるすべての男性に、エイダはカーペンターと同じ男性像を見出した。すなわち、彼女がカーペンターに見たのは、父親ではなく――彼女はどんな男性もその役割を果たすことはできないと暗に述べていた――兄のような資質をもった男性だった。彼女は彼と一緒にいると、安心感をもてた。お互いが既婚者であるという事実により、彼らは危険な関係に押し流されることのない位置に引き留められていた。自分の場合、非常に幸せな婚姻関係にあるので、深みにはまってしまう可能性はあり得ないと、彼は繰り返してエイダに念を押した。彼はエイダにルイーザからの手紙を見せさえした。それらのなかで、彼女は夫が将来の雇い主とますます親密な関係になることを認めていた。

かくして、彼らは他の場合なら認められない、ある種の「親密性」に浸る許可を得たのだとエイダは感じた。そんな位置づけを、カーペンターはこの上もなく幸せな思いで是認した。

オッカムに滞在中、カーペンターはエイダのなかに、のちに「彼女の性格の女性的部分」と表現するものを認めた。それは彼をぞくっとさせた。そして、初めて、彼らは優しい言葉を交わし、何度かキスをする喜びに耽った。

二日間オッカムに滞在したのち、カーペンターはロンドンへ向かい、そこに一人で泊まった。おそらく、彼は王立科学研究所〔一七九九年ロンドンに創設された、科学研究・知識の普及を目的とする団体〕でフラー生理学教授職〔サセックスの鉄工場主ジョン・フラー(一七五七―一八三四)が、一八三四年王立科学研究所に提供した教授職、カーペンターは第四代目〕を拝命し、ロンドン病院〔一七四〇年ロンドン東部のホワイトチャペルに設立された病院〕で講師の任に就く準備をしていたのだろう。それから、彼はエイダから手紙を受けとった。そこには、彼女のロンドンでの滞在先である、セント・ジェイムズ広場の家まで会いに来るように指示してあった。

カーペンターはかなりの興奮状態で会いに来たように思われる。彼が学生の時に論述した自発的感情と本能的感情のバランスは、はっきりと後者のほうに傾いていた。ロンドンに一週間一人で、友人たちから別れて、仕事に打ち込みつつ滞在したのち、彼は語り合える相手を渇望していた。すなわち、彼はオッカムで見出した女らしさをもっとたくさん、その地で交わしはじめたキスをもっとたくさん欲しがっていた。

しかしながら、彼の愛情表現が兄のような振舞いではなく、かなり違った性質のものであることに、エイダは懸念を覚えはじめていた。彼は「いたずら好き」な振舞いをつづけた。彼女はそんな彼を落ち着かせようと、おどけて奥さまにこのことを言ってしまいますよと叱った。カーペンターはそんな注意を無視して、二人の奇妙な、半ば肉体的で、半ば父と娘のような関係が深まっていく様子を心に思い描いていた。数日後、彼はエイダに一通の手紙を書き、そのなかで彼女に抱きつつある感情を洗いざらい告白した。

エイダはすぐに返事を出した。彼女の語り口は優しかったが、内容は手厳しいものだった。どうやら、誤解が生まれつつあるようです。物事は制御が難しくなりつつあります。二人の関係にそろそろ「終止符」を打たねばなりません。

突然に差し込まれた制御する手と、その手が与える予想もしなかったショックはエイダの側から加えられたものだったので、カーペンターはパニックに陥ってしまった。危険にさらされていると感じたのは、今度は彼のほうだった。彼はこの貴族の女と関係を深めつつあった。彼は明らかに、それをある種の恋愛の始まりとして認識していた。おそらく、彼はそれが貴族の振舞い方だと考えたのだろう。彼の感情がどんなものだったにせよ、彼はすべてが無に帰そうとしていることに気づいた。ラヴレス家の子供たちの家庭教師としての高給職、その仕事のために与えられるオッカムの家、医者と生理学者としての未来、科学と宗教の体制における地歩を固め、たゆまぬ努力で高めてきた名声、これらすべてが無に帰そうとしていた。

追いつめられて自暴自棄の状態に陥り、カーペンターはかつて人体生理学に関する著書について採ったのと同じ防御的戦略に打って出ようとした。つまり、エイダが先にばらしてしまう前に、自分でじかにラヴレス卿に手紙を書いて、誇り高き閣下の奥方と結んでしまった関係について告白しようとしたのである。カーペンターはまた、妻に命じてエイダに宛てて手紙を書かせた。妻はそのなかで、奥さまが主人と結んだ親密な関係についてはすでに存じ上げており、しかも自分はそうした関係を容認しておりますと書かされたのだ。カーペンターの想像においては、エイダとの関係の深まりは、彼女の精神状態へのある種の医学的治療としておこなわれたことになっていた。彼は妻に、少なくともこのことを前提として手紙を書かせたのだ。

ウィリアムへの手紙を書いている最中、カーペンターがいまだに恐怖の赤い靄のなかで暗中模索していたことは明白である。しかし、彼の手紙は期待されたのとはまったく反対の効果を生んでしまった。恐怖を静めるよりも、恐怖を高めてしまった。将来の雇い主を落ち着かせるよりも、彼と彼の妻を侮辱してしまった。彼はウィリアムにオッカムへの訪問について語った。「歩く知性」になりそうとみずからを形容した女性のなかに、女らしさを見出したと彼は語った。いかに彼女への自分の感情が高まったのかを彼は説明した。それでも、その感情は彼女を助けたいという他念のない心から発したのだから、責められるべきものではないと彼は言葉を継いだ。自分はつねに感情の手綱を引き締めてきたのだ。「愛しい妻」という、感情を制御するための追加的「安全装置」に恵まれる以前と同様に、その態度にはいささかの変化もなかったと彼は主張した。エイダの感情も妹が兄に対して抱くようなものだったので、彼女の自分への感情にも、同じくやましい点はなかったと信じていいと彼は付け加えた。（おそらく、彼はそのような陳述がバイロンの娘に使われる時にもつ特別な意味について、まったく意識していなかっただろう。）

彼は自分がエイダの役に立てることに疑いを抱かなかったし、将来「彼女の心を見守る」ことができるのを心待ちにしていた。彼女が心をコントロールするのを手助けすることで自分は彼女をより健康に、より幸せにできる——それは彼女にも彼女の家族にも利益をもたらすだろうと、彼は論じ立てた。

カーペンターは崖から足を踏み外していたが、本人がそのことに気づいていなかったので、不思議なことに空中に浮かんだ状態にあった。彼がふと下を見ると、深い淵があんぐりと大きな口を開けて彼を呑み込もうとしていた。彼は後ずさりしようとした。彼は声を和らげ、心からの後悔の念を発し、出すぎた真似を詫びた。そして、ウィリアムとエイダがいつも自分を同身分の人間として扱ってくれたので、自分もついウィリアム閣下に同身分の人間として口を利いてしまったことに、手遅れになってから許しを乞うた。

それはあまりにも遅すぎた。ウィリアムはすぐに返答した。彼の怒りは、貴族としての誇りの胸ボタンを弾き飛ばさんばかりの勢いだった。彼はカーペンターのような男といささかでも関係をもったことを後悔した。彼とエイダの両方が、カーペンターはただ子供たちの教育に専心しているだけと信じ、貴族の奥方の心を「見守っている」なんて想像さえしていなかった。彼女は打ち明け話の相手として彼を受け入れ、その立場で自分を扱ってもよいと許可したわけではなかった。彼女はただ、親しげに振舞ったにすぎなかった。

カーペンターはこの返答に恥じ入り、返事を書いてはみたが、何を書いてもただ悪い状態をさらに悪くするだけだった。彼はウィリアムにこんな趣旨のことを書いた。閣下はご自分が身をおかれる階級のゆえに、私の動機の美点を見逃しておられるのではありませんか？　さらに、彼はこうも暗示した。ウィリアム閣下の奥さまとのご関係が良好でありましたら、誤解は生まれなかったかもしれません。みずからの正義感を表す究極的振舞いとして、彼は与えられた職を即座に辞したく思うと宣言しようとした。しかし、ラヴレス家のために、ブリストルで就くはずの職を断っていたので、実はそうするわけにもいかなかった。その言葉に代えて、彼は自分の職について数日間考える余裕を与えて欲しいと頼んだ。

このような手紙を出してから二日間、彼はエイダには彼女の夫に手紙を書いたことを伏せておいた。そうした時間をおいてから、彼女に前のものよりもずっと長い手紙を書き送った。そのなかで、彼は彼女の振舞いに対して、みずからが取った行動を責めようとした。すべてのお誘いは貴方の側から出たのです。私の感情は単に貴方のそれを写しただけであり、私は貴方の道徳観のいわば鏡の役割を果たしていたのです。そのように、彼は述べていた。エイダは以前から、互いに知り合ってから僅かな時間しか経っていないのに、カーペンターがあまりにも親密に振舞いすぎると考え、彼を叱責してきた。しかし、彼らの親密さは時間を通して徐々に友人になったという類のものではなく、互いを深く知り合うことで強固にされたものだった。彼はそのうちに本筋から外れて、関係のない話題へと迷走をはじめた。私の頭のなかでは、貴方の記憶はほとんど跡形も留めておりませんので、……私はいまだに自分の職を諦めるつもりはございませんし、……他の男と違って、私は感情を統御するすべを心得ております……云々。

カーペンターの手紙からつねに立ち上がってくるテーマの一つは、階級である。彼はあらゆる機会をとらえて、敵対者たち——今、目の前にいるエイダやウィリアムのような人たちのことだ——に、自分たちの身分と照らし合わせた上で、彼がどんな社会的位置におかれているのかを想起させようとした。

彼が暗示したことは、彼らはある程度自分たちの地位を利用しつつ、彼の立場を攻撃しているということだ。この意味で、この対立は重要な意味を秘めていた。すなわち、この対立は、専門職階級の人びとがみずからの実力を試し、社会的序列における一定の地位を要求しはじめる初期の一例だったのである。専門職階級の人びとはこうした要求を通して、ほどなく貴族の覇権にたいするもっとも強力な挑戦者、究極的には彼らの地位の継承者となるのである。

これ以降のカーペンターへの処遇に関して、ウィリアムは何も封建領主を思わせるような権力の濫用をおこなったわけではない。これは考慮に入れるべき、さらに上位の権力が存在したためである。すなわち、それは彼の義理の母の権力であった。もともとカーペンターを推薦したのは義理の母だったし、今は彼女は明らかに彼を擁護する側に回っていた。カーペンターは以前に、エイダと打ち明け話は秘密にするという約束を結んでいた。その約束にもかかわらず、彼は義務を果たすほうを選んだ。つまり、恋愛中のエイダの振舞いについて、彼は自分なりの筆致でアナベラに伝えていたのだ。だが、アナベラはすでに、ウィリアムの話から、誰が悪いのかについてまったく異なる意見を抱いていた。

＊

一八四四年に年が改まってまもなく、カーペンターはラヴレス家の三人の子供たちの教育をはじめた。彼はその仕事をうまくこなしているようだった。なぜならば、小さなバイロンとアナベラの両方が、祖母に向かって、授業がとても面白いので勉強をつづけたいと言い出したからだ。勉強をつづけるためなら、母親に会いにアシュリー・クームへと向かう旅行を取りやめてもかまわないと、彼らは話をつづけた。

玉に瑕というべき点は、カーペンター家が彼らの雇用条件の一つとして、オッカム荘園内に提供を約束された住居だった。ウィリアムはその件について留意すると言いつづけたが、実際はそうしなかった。そのことの理由の一部分は、彼がもっと強い興味を抱いた新しい計画の存在だった。その計画とは、イースト・ホーズリー・プレイスというオッカムの近くにある屋敷の改築だった。

一八四〇年に、ウィリアムはこの屋敷をウィリアム・カリーというロンドンの銀行家から買いとっていた。一八四五年に、彼はそれを自分の主たる屋敷に改修する野心的な計画に着手した。

ウィリアムはトンネルと塔が大好きだった。[4] 彼はすでに、これらの両方をアシュリー・クームに建設していた。トンネルがあるお陰で、邸宅からはブリストル海峡の眺めを、近づいてくる商人たちの姿に邪魔されずに楽しむことができた。彼は今度は、同様の計画をイースト・ホーズリーでも実行するつもりだった。敷地内の邸宅は、チャールズ・バリー〔ゴシック・リバイバルを先導した建築家(一七九五—一八六〇)〕によって設計された。バリーはロンドンで当時建設中の国会議事堂の設計者である。それはとくに変わったところのない、木骨造りのチューダー朝の邸宅を模したものだった。ウィリアムは、それをヴィクトリア朝の建築家たちに愛好された、中世の城郭風の建物に変える計画に着手した。そのためには、木製のリブ〔迫持の力骨となる部材〕から成る、アーチ形の天井を付け加える必要があった。リブはあまりに大きかったので、ウィリアム自身が開発に協力した、蒸気の力で作動するプレスによって曲げなければならなかった。(彼はその工事について、一八四九年に土木工学研究所で講演することになる。そして、イザムバード・キングダム・ブルネルによって、その創意工夫を大いに称讃されるのである。)

(4) スティーヴン・ターナー、「ラヴレス伯爵ウィリアム、一八〇五—一八九三」、『サリー州考古学コレクション』、第七〇巻、一〇八―九頁を参照。イースト・ホーズリー・タワーズとして名が通っている屋敷は、中央電力供給局の所有物件となり、その後ある企業に売却された。同企業はこれを管理者教育センターに改装した。トンネルや塔はそのままそこに残っている。アシュリー・クームへと至るトンネルのほとんどは閉鎖されている。しかしながら、数ヤードほどの長さのものが一つ、通り抜けできる状態である。ポーロックからカルボーン〔エクスムア国立公園北辺に位置し、ブリストル海峡に臨む小村〕に至る海岸沿いの遊歩道が、そのトンネルを通ってつづいている。

そのような計画は、カーペンターにはほとんどなんの意味もないものだった。ウィリアムは住居を提供する約束についてはぐらかしつづけたので、彼はますます苛立ちを募らせていった。ウィリアムとエイダの間に入った亀裂がさらに広がりつつあるようだったので、事態は悪化の一途をたどるばかりだった。今となっては、夫婦はほとんど口を利かず、同居さえしていなかった。エイダはますます多くの時間を、ロンドンかサマセットで過ごすようになった。厳しい時間割がバイロン坊ちゃま〔当時は九歳〕に与える緊張感を和らげるために、カーペンターはエイダに対して、日帰り旅行をさせてみてはどうだろうと勧めたことがあった。彼女はその件はウィリアムに問い合わせるようにと答えた。ウィリアムは当時、カーペンターが職務をおろそかにしていると咎めていたからだ。

ウィリアムの欲求解消法は、イースト・ホーズリーのさらに大規模な計画を夢見たり、子供たちにさらに厳しい規律を課すことに求められた。カーペンターの目に映った雇用主は、ますます頑固になり、彼の新しい大邸宅の天井に渡された木製の梁とは違って、どんなに圧力を加えても曲がることがなさそうだった。彼はことのほか、長男のバイロンに厳しかった。バイロンはすでに、父が伯爵になったために、優遇爵位〔英国で法的効力を伴わず、慣例的に貴族の子女に許される爵位〕の習慣によりオッカム子爵になっていた。まだ少年のバイロンは学問には興味がなく、家庭教師から教わることより、荘園の労働者と共に働くことに時間を費やすほうを好んだ。ウィリアムは、これを伯爵の世継ぎにしては不適切な振舞いであると考えた。そして彼は、息子が頭を働かせることにもっと時間を使わねばならないと感じた。あるとき、彼はオッカム子爵たる息子に対し、最近あった乗馬中の事故について祖母に話すように命じた――ただし、ラテン語で話すようにと。別のとき、もっと勉強に集中しないのなら、馬の側面目隠しをつけてやると少年を脅した。

そんな家庭内のごたごたの真っ最中に、ウィリアムにとって、カーペンターはまったく注意を払ってやる気が起こらない対象だった。絶え間ない催促にウィリアムがとうとう重い腰を上げ、その家庭教師にコテージを与えたとき、それはとんでもないあばら屋の状態だった。カーペンターはやむなく、せっかくですがと断るしかなかった。

復讐心に燃える雇用主によって、もはや職を解かれつつあることにカーペンターは気づいた。彼はアナベラに仲介に入って欲しいと泣きついた。アナベラの庇護は、彼の立場を擁護するところまでは至らなかった。可愛い義理の息子の立場のほうが、彼女には大事に思えたからだ。カーペンターは肘鉄を食らわされた格好だった。以前と相も変わらぬやり方で、カーペンターは妻のルイーザに命じて、夫を擁護する直訴状を書かせた。しかし、アナベラは封書を開けずに突き返すという、彼女の昔ながらの戦術を使いはじめた。そういうわけで、カーペンターはラヴレス家の顧問弁護士、ウォロンゾー・グレグを通して、事態に幕を引くことしか選びようがなかった。

カーペンターは最終的に屈辱的な撤退を強いられた。彼はグレグから三百ポンドを手切れ金として差し出され、それを受けとった。しかしながら、ささやかでも威厳を取り戻そうとする、最後の苦しまぎれの試みに彼は一縷の望みを託した。すなわち、封を切らずに突き返された妻からの手紙を、アナベラが受けとらなければ、その金はもらわないと彼は主張したのである。こんな見苦しい事件に終止符を打てるのなら、この程度の慎ましやかな条件をアナベラは受け入れるはずだ。そう、カーペンターは計算した。だが、彼の計算は間違っていた。アナベラはその条件さえも拒絶したのだ。妥協案として、彼女はルイーザのもとを訪れてもいいと提案した。しかし、彼女は都合よく、カーペンター夫人の留守を狙って出かけることもできたのだ。

貴族の特質の一つ、少なくともこの話のなかの貴族の特質の一つは、彼らの「貴族の身分《ノブレス》」に対して恥ずべき譲歩になるのなら、彼らは決して「恩恵を施す《オブリジェ》」行為をしないということである。地位は、どのつまり、つねに理性や品位に優先するのである。召使い、使用人、そして、カーペンターが哀れにもそうだったように、専門的助言者でさえもが、彼らの利害が雇用主あるいはパトロンのそれを侵害する虞《おそれ》があれば、即座に暇を取らされてしまうのである。明らかに、貴族の力はいまだに侮りがたいものだった。

しかしながら、下層階級の人びとにも、確かに一つの対抗策があった。互角に渡り合えるとはいえなくても、少なくともいいところまでは勝負になる程度の対抗策があったのだ。地位は責任よりも、評判とがっちりと結びついていた。まっとうな人びとの間で筋の通った噂が広がれば、それは貴族の高慢の鼻をへし折るのに十分な痛手をもたらし得るのだった。そこで、カーペンターはアナベラとラヴレス家の人びとの両方に関係する噂話を流しはじめた。しかしながら、この真剣な試みでさえ逆効果を生んでしまった。カーペンターが去ってから数ヵ月後、ウィリアムはにやりと微笑みながら、彼はまた若いご婦人と問題を起こしたらしいねと語ることができたのである。「彼は女で身を滅ぼすことになるんだろうね」――そのように、ウィリアムは胸の内を吐露したのだった。

しかし、最後には、カーペンターは先に述べた欠点を克服できることになる。生理学者そして著作家として、彼は群を抜いて大成功の人生を歩みつづけることになるのだ。

それに比べて、エイダは今や、別の認識に直面していた。カーペンターのと似たような人生の抜け道に恵まれることは、自分には絶対にあるまい――彼女はそういう認識に直面していたのだ。カーペンターの挿話がもつ皮肉はこうである。彼は確かに、彼女の階級の人びとへの怒りをめらめらと燃やしていたかもしれない。だが、彼女はもし彼の人生と自分のそれを引き替えられるのなら、喜んで現在のそれを差し出していたことだろう。彼が手切れ金として渡された三百ポンドは、彼女の全出費を賄うために、彼女自身の年間収入として、夫から受けとる小遣い銭とぴったり同額だった。召使いや肉体労働者の基準に照らしてみれば、それは大金だった。しかし、カーペンターのような男の稼ぎと比較すれば、それは小額だった。彼の収入は優にその金額の三倍から四倍にも上り得たのだ。(彼が最初に雇われた際の交渉の一部分と照らし合わせてみれば、彼がラヴレス家で働いたとして得られる年間収入は千ポンドだっただろうと計算される。)

エイダは罠にはめられ、無力になり、衰えつつあるのを感じた。大人になってから、彼女の精神と感情は麻痺させられてしまった。ちょうど、それは子供の頃、彼女の身体がそうだったのに似ていた。一八四五年二月、ある日の夕方、ウォロンゾー・グレグに面会している際、その感覚は突然に雪崩を打ったように彼女を襲った。ウォロンゾーはこう述べた。貴方は健康に関してはいろいろと問題があったかもしれませんが、少なくとも良縁に恵まれたではありませんか? エイダの反応はヒステリックな高笑いだった。その振舞いを詫びつつ、数日後、彼女は彼に宛ててこう書いた。「結婚は私には残酷で、ぞっとさせる、まるで風刺作品のようなものです」。厳しい現実は、ウィリアムが彼女には無意味な存在だったことだ。彼が全力で彼女を助け、彼が「善良で公平な人間」であり、彼女が必死で彼に熱烈な感情を抱こうとしても——こんな条件が全部そろっても、彼女は彼を夫として愛することができなかった。だが……どちらかといえば、息子としてならば可能だったかもしれない。

妻として挫折し、彼女はまた母としても敗北感を味わっていた。彼女には、子供たちが「煩わしい義務」以外のなにものでもないとしか思えなかった。彼女は苦しい胸の内を「あの子たちが可哀想です」と述べた。彼女が思いつく唯一の慰めは、子供たちが自分を「無害で邪魔をしない親、でもそれ以上ではない人」と見なしてくれることだった。「私という存在は、一つの連続した、途切れることのない小さな失望の集積物なのです。私は長い間、ずっとその状態だったのです」と、彼女は告白している。そして、彼女にはそれを改善するすべがなんにもなかった。

慢性的な健康不良、ますますひどくなる薬物への依存、繰り返し現れる醜聞による窮境によって、彼女の問題は一向に改善されなかった。

一八四四年の冬、ロコック医師はエイダに会いに、セント・ジェイムズ広場を訪れた。彼女は顔面の異常なむくみに苦しんでいた。その顔は、とても奇妙で恐ろしい「狂人の顔」に見えた。彼はその面貌を忘れることはないだろうと語った。彼はすぐさま、二十五滴の阿片チンキを処方した。それは通常量の倍以上だった。エイダはのちに、その時の経験を「地獄の業火からの解放」でしたと述べている。

この症状が起こったのは、エイダが自分の体重がひどく変化していることに気づいた時期だった。この体重変化はまさに、彼女の父親が苦しんだ状況と同じだった。彼女は一週間のうちに、肥満したと感じれば、痩せた感じにもなることもあった。これは部分的には、彼女がひどい喉の乾きに襲われ、「薄めた飲み物」を何本何本もがぶ飲みしてそれを癒したからである。その状況は、彼女が産まれる日の前夜――ホブハウスによれば――バイロンがつぎつぎとソーダ水の瓶の頭を火掻き棒で叩き割り、アナベラを寝つかせなかったことを思い起こさせる。

ロコック医師は、みずから「阿片治療法」と名づけたものを、彼女に受けるように勧めた。アナベラはその勧めを認めなかった。しかし、ロコックはエイダを取り巻く医師団のなかでただ一人、アナベラが影響力を行使できない相手だった。そこで、その方法は正式に採用が決まった。

ロコックは、ドラッグやアルコールといった麻酔薬の治療における効用を大いに信奉していた。彼はすでに、クラレット療法を彼女に試みていた。それは適切な量のワインを彼女の神経を制御するために処方するといったものだった。彼女は明らかにそれはいくらか効能があると思ったらしい――治療のある段階で、ジンのほうも試してみたいわと申し出たくらいだから。

阿片治療法は彼女に、チンキの形にした阿片か、最近発見されたモルヒネを数日おきに摂取することを義務づけた。そんな日――彼女のいう「阿片の日」――は、動揺や興奮は一向に起こる気配がないのだった。

想像上の惑星系のなかで自分が太陽になった幻想を見るのは、きまってそんな阿片の日だった。とりとめもなく書いた母親宛の手紙のなかで、彼女はこの太陽系を呼び出し、それに惑星たちを配置しはじめるのだった。ロコックはこれにしようと彼女は言った。多分、その星がどんなに母親を嫌がらせるのか、彼女にはわかっていたからだろう。次の星はギャムレン師だった。彼は結婚式で、彼女をウィリアムと結び合わせた教区司祭だった。彼は温かく、呑気な性格の男で、昔は彼女を両腕でひょいと抱え上げ、「本当に可愛いお嬢ちゃんですね」と言ってくれたものだ。バベッジとキング博士は、彼女の天体軌道のなかではお呼びではなかった。メアリ・サマヴィルは現在イタリアにいるが、いまだにエイダの心のすぐそばにいる存在だったので、彼女の太陽系内に居場所を見出した。いくつか彗星が配置されるのだが、彼女はどれが誰だかがよくわからなくなった。アナベラ自身は――エイダが愛情を込めて「雌鳥《ヘン》」と呼んだ、あのアナベラは――エイダの引力圏内に入りたいかどうか、どうぞご自分でお決めくださいませということになっていた。彼女が決して口に出さなかった、ただ一つの名前は夫のウィリアムだった。

ウィリアムに宛てた手紙のなかで、彼女はすでにこうしたリストの一つを書き上げていた。この時は、彼女はそれを私の友人たちのコロニーと呼び、ロコックやギャムレンと共に、フレデリック・ナイトとケイ博士を仲間に入れることにしていた。哀れなウィリアムについては、彼女はじらしながら、ようやくコロニー入りの許可を出した。しかし、彼女には納得のいかないところがあった。でも、彼に入ってもらうとして、一体あんな「年寄りの雄鳥《オールド・クロウ》」がなんの役に立つのかしら。

フレデリック・ナイトは、サマセットにあるラヴレス家の屋敷の近くに住む住人だった。彼はエクスムアのエンクロージャーにおける農園事業にかかわっていて、その地域では広く名が知られることになる人物だった。エイダはこの男と時間を過ごすのが大好きだった。単純に、他のお気に入りの男たちと同じく、彼は少しばかり「いたずら好き」だったからだ。しかし、カーペンターとは違って、彼はいたずらをやりすぎたり、真剣に考えたりすることはなかった。彼女は彼のことを、バベッジに宛てたいくつかの手紙のなかで言及している。「私は以前にも増して、彼の〝愛人〟になっています。彼は素敵な人で、可愛い〝愛人〟がいてもちっともおかしくありません」と、彼女はある折に書いていた。別の機会に、彼女はナイトが送ってきた短信を、バベッジに転送したこともあった。「これをご覧になると、私たちがどんな感じで文通をしているのか、それから私たちがどんな関係にあるのかおわかりになるでしょう。〝令夫人さま〟って言い方は面白くございませんか？　だって、私は彼にとって令夫人にはほど遠い存在なんですもの！」と、彼女は語っている。彼女の天体軌道に入ってきた他の惑星について語る際にも、彼女は同じような物言いをしている。たとえば、大きな影響力を誇った『ウェストミンスター・レヴュー』の発行人兼編集者であるウィリアム・モールズワス卿〔英国の急進的政治家で雑誌編集者（一八一〇—五五）〕について語る際にも、彼女は言葉遣いを変えていない。彼女はモールズワス卿と乗馬に出かけたことがあった。そのとき、彼の知性に感銘を受けたが、彼の紳士的振舞いにはひどく落胆したと述懐しているからである。

必然的に、そのような男性たちとの自由で気軽な付き合いぶりは、彼女をまたもや困った事態に巻き込むことになる。ロンドン社交界のせわしない囁き声のような電報は、絶え間なくピッピッという音を立て、エイダに関する噂を伝達していた。そして、ときには、こうした噂は騒がしさの限界に達し、手紙という形で表面化するのだった。エイダはウォロンゾーに、そんな噂への不満をこのように洩らしている。「パーク夫人という方が昔、こんなゴシップを触れ回ったらしいのです。『ある紳士がエイダさまとご一緒でした』らしくて、私の主人《マリト》が留守だったとか。それで、私はこう平然と言い放ったそうです。『ええ、そうよ！　私はあの人の妻だけど、今日は貴方のものなのよ』ですって」。別の時には、ウィリアムはオッカム・パークの訪問客リストに目を通して、エイダがここで犯したいかがわしい行為についてニュースをまき散らかした「不届き者」を見つけなければならなかった。（それで、彼はカーペンターの名前にゆき当たったのかもしれない。）さらに、また違う時に、ウォロンゾーは、彼女が誰だかわからない男と一緒にいるところを目撃された、という噂が広がっていると伝えた。懺悔することを知らないエイダは、陽気な声で答えた――名前がわからないと、たくさん相手がいすぎて、それがどの人だったかわからないわ。

センセーションと金銭を狙う連中の注目が、ときどき彼女に向けられることがあった。彼女はこれにも苦しめられた。彼らは、彼女のバイロン的遺産を利用しようともくろんでいたのだ。一八四三年に、ある「G・バイロン」という男が、バイロンの出版者ジョン・マリに手紙を送っている。自分はバイロンと「カウンテス・ド・ルーナ」という名の貴族――あまり説得力のある名づけ方ではないが――の密通によって産まれた不義の息子だと彼は主張するのだった。これは彼がバイロンの存命する親戚たちの間にひろめた、メロドラマがかった数通の書状のうち最初のものだった。彼がラヴレス家に姿を現すのは、その後まもなくのことである。血縁関係を公表するぞという脅しでしつこく金をせびるので、ウィリアムはとうとう彼と会うことに同意したようである。ウィリアムは罠を仕掛けようとしたが、「強奪者」はそれに気づいて逃げていった。

そんな名声、悪名、哲学的業績の組み合わせが、エイダを大衆にとっていっそう強い興味の源にした。解析機関に関する注が発表されて以来、彼女の著作は世に現れていなかった。人びとは、いったい彼女は何を企んでいるのか訝しがった。彼女のことを、知識社会におけるある種の「紅はこべ〔二〕」的人物だと想像しているように見える人たちさえいた。彼女が時折社交界に現れるのは、科学革命の中心地に、英雄的かつ秘密の任務を帯びて送り込まれた、ただの隠れ蓑にすぎないというわけだった。一八四四年の暮れに、その任務がどんなものであったのか、ある噂が広まりはじめた。その噂はこんなふうに囁かれた。最近出た本のなかに、聖職者たちや、ある科学者たちが、マルキ・ド・サドの『ジュスティーヌ』

以後現れた、もっとも危険な出版物だと見なしているものがある。それは匿名出版だが、どうやら著者はエイダに間違いないらしいのだと。それは『創造の自然史の痕跡』と呼ばれる本だった。

〔二〕「紅はこべ」とは、オルツィ男爵夫人（一八六五―一九四七）による冒険小説『紅はこべ』（一九〇五）に登場する、英国の秘密結社のこと。革命期のフランスで、貴族や聖職者は正当な理由もなく処刑されていた。「紅はこべ」は彼らを救い出し、英国に亡命させる活動に従事していた。救出現場に「紅はこべ」の紋章が残されているので、そのように呼ばれるようになった。革命政府の捜査員は、「紅はこべ」のリーダーが英国社交界にいることを嗅ぎつける。そこで、「紅はこべ」は捜査の目を逃れ、任務の遂行に当たるというもの。『紅はこべ』の出版はエイダの死後のことである。したがって、彼女を「紅はこべ」の一員になぞらえているのは、原著者ウリーによる当時の彼女をめぐる状況説明であろう。

*

一八四四年、自然淘汰説の展開に没頭していたチャールズ・ダーウィンは、ある友人に種が進化すると公の場で宣言することは、殺人を告白するのと同じくらい危険な行為であると述べた。彼はそのような発言をするほど腹を括っていなかったが、別の人間がそれをやってしまった。それが『痕跡』〔著者は以下、『創造の自然史の痕跡』を『痕跡』と略記している〕の著者だった。それは勇気のある行動だったが、出版は匿名でなされた。『痕跡』が最初、著者名なしで世に現れたとき、著名な地質学者で熱心な化石収集家であるアダム・セジウィック師〔英国の地質学者（一七八五―一八七三）、カンブリア紀やデヴォン紀の発見で有名〕は、「その信念が生み出す破壊と混乱」を危惧した。さらに動揺ぶりを募らせた口調で、「それはあらゆる道徳的かつ社会的構造を損ない、のちに反目とひどい害悪をもたらすだろう」と、彼は憂慮した。セジウィックは、エイダがこの言語道断な本の著者だろうと疑った人たちの一人だった。彼のそうした疑念は、『エディンバラ・レヴュー』の編集者であるマックヴェイ・ネイピア〔一七七六―一八四七、『エディンバラ・レヴュー』をホイッグ党政権擁護の雑誌に転換した〕に宛てた手紙に表明されている(5)。

（5）　大英図書館 Add. MSS 34625 に収録された、セジウィックからネイピア宛の日付無しの手紙を参照。

そんな本の出版を促した思想や情勢を考えてみれば、セジウィックがエイダの名前を挙げたことは鋭い判断だった。エイダと同じく、『痕跡』の著者は、ジョージ・クームの骨相学の考えに強い興味を抱いていた。クームの思想が学童たちに伝わるよう、彼は著書の出版を望んだほどだった。エイダと同じく、その著者はいわゆる「星雲仮説」〔回転する星雲が冷却と収縮を繰り返して太陽系を形成したとするラプラスの説〕の信奉者だった。その仮説においては、混沌とした星雲から徐々に物質が寄り集まり、整然とした宇宙になる過程の一環として、太陽系が形成されたと説明されていた。ある著作家は星雲を指して、「未来を産み出す無尽蔵の子宮」と呼んだ。その著者は、自然法則は動物や人間の生理学へと適用できると想定していた。エイダの場合と同様に、その想定はウィリアム・ベンジャミン・カーペンターという学者が成した著作の詳細な理解の上に成り立っていた。

『痕跡』は、人間を自然法則が支配する宇宙の一部として描いた、英国で最初のよく知られた本である。なんのためらいもなく、それは種は原始的形態からより複雑な形態へと進化したと論じていた。もちろん、ヴィクトリア朝の人びとの心を大いに刺激した進歩の概念は、ここでは宇宙全体を通して働いているプロセスとして示されていた。これがダーウィンがいう殺人の告白だった。しかも、それは無名だが、高い権威の学術誌に載った論文を通して、科学者の集団にのみ囁かれたのではなかった。それは世界全体に対し、極めて読みやすい本の頁を通して叫ばれたのだった。しかも、その本は数千部単位で売れ、英国では少なくとも第十三版まで、米国では第二十版を超えて増刷されたのだ。
『痕跡』が科学者によって書かれたのではないことは、すぐさま明白になった。それはいくつかの、かなり初歩的な誤りを含んでいたのである。（ウィリアム・カーペンターの手を借りて、それらの多くはあとの版において修正された。）そうした誤りの存在は、批判的な科学者たちにその本を無視してかかる口実を提供した。そのため、その本が含む進化論的考え方のより危険な部分に、彼らは注意を払わなくてすんだ。また、その本はとても明快な筆致で書かれており、現代の科学者たちがわざと専門的雰囲気を醸し出そうとして、好んで使いがちな複雑な言葉遣いを含んでいなかった。さらに、それは科学界を父性的温情主義《パターナリズム》や保守主義に傾いているとして批判していた。こうした理由で、それは女性が書いた本に違いないと考える人たちが出てきた。

エイダがその著者だろうという噂は、当然ながらチャールズ・バベッジの耳にも届いた。そこで、彼はそれを、自分が書いたのでなければ必ず読んでみるようにと彼女に勧めた。〔三〕

彼女がそれを書いたわけではなかった。著者はロバート・チェンバーズという、スコットランドの著作家で出版者だった。彼は兄と協力して、のちに『チェンバーズ百科事典』を出版することになる。チェンバーズは科学と匿名性に強い興味を覚えた。彼の最初の本は、ウォルター・スコットが匿名出版した『ウェイヴァリー』〔一八一四年出版のスコット（一七七一―一八三二）による最初の歴史小説、ジャコバイトの反乱を背景とし、主人公エドワード・ウェイヴァリーの冒険と恋愛を扱う〕の作者は誰かを探るものだった。『ウェイヴァリー』の作者の問題は、作品同様にセンセーションを引き起こしていた。チェンバーズの本は口絵として、神秘的な作家の肖像画を採用しており、じらすように半分だけ引かれたカーテンによって、彼の顔は隠されていた。

〔三〕　ロバート・チェンバーズ（一八〇二―七一）と兄のウィリアム（一八〇〇―八三）はスコットランドの著

作家・出版業者。兄弟は先天的に両手足が六本指で、二人とも手術を受けた。兄の手術は成功したが、弟のはうまくいかず、彼には部分的障害が残った。ロバートは少年の頃、自宅で『ブリタニカ百科事典』を読み耽り、これがのちに著作家になるきっかけとなった。早くから社会に出たウィリアムに比べて、ロバートは勉強をつづけ、より内省的な性格になった。兄弟は一八三二年にW&R・チェンバーズ出版社を設立し、主にロバートは著作、ウィリアムは印刷を担当した。『チェンバーズ百科事典』（一八五九―六八）は、編集者のアンドルー・フィンドラター（一八一〇―八五）の助けを受け発行された。ロバートは一八三〇年代頃から地学に興味を覚え、ロンドン地学学会の特別会員にもなり、北欧やカナダに調査旅行にゆくほどの熱の入れようだった。その結果が『創造の自然史の痕跡』の出版に結びつくのであるが、この書物が反キリスト教的内容であったため、細心の注意を払って匿名出版がなされた。

数年後に、なぜ『痕跡』に自分の名前をつけなかったのかと尋ねられて、チェンバーズは自宅を指さした。その家には彼の十一人の子供が住んでおり、彼は「私には十一の理由がある」(6)と答えた。彼は自分の本が引き起こす反応に対して、それぐらい恐怖を感じていたのである。もう一つ例を挙げると、彼が抱いた恐怖の程度は、彼がその作品にかかわる、手もとの全書類の処分を決心したことにも窺える。こういうわけで、想像力をたくましくして考えれば、エイダをその本の作者として、この問題にかかわらせることは可能だった。彼女自身の哲学的思考の発展と平行させて考えれば、彼女が作者だと考えることは可能だったのだ。（彼女はチェンバーズと同じ時に、精神衰弱を患っていたという状況さえあった。明らかに、その原因も同じだっただろう。すなわちそれは、知性の酷使だった。）しかし、仮に彼女がその本を書かなかったとしても、彼女ならば、それへの同調的な批評的反応を盛り上げるのに一肌脱いだことは確実だろう。

（6） ジェイムズ・R・ムア編『歴史、人間、そして進化』所収、ジェイムズ・A・セコード「ヴェールの奥――

ロバート・チェンバーズと『痕跡』一八六頁より引用した。

十一月十五日にエイダはウォロンゾー・グレグに手紙を書き、『痕跡』を送ってくれたことに感謝の言葉を伝えた。同じ手紙で、彼女は初めて未来に向けての自分の計画を仄めかしている。その計画はいまだに、彼女がいう「ただのどこにでもある胃痛」によって実行に移すのを妨げられていた。それ以外に、彼女は手紙のなかで、さまざまな神経障害についても言及していた。彼女の言葉はこうだった。

私には希望が、しかもとてもはっきりとした希望があるのです。たとえば、いつか脳内の現象を数学の方程式に変換してしまうというような希望があるのです。要するに、脳内分子の相互運動の法則を見つけるということです。脳内物質が数学者にとって、恒星や惑星の成分や動きよりも扱いがたいものだなんて思えません。ただし、正しい視点から脳内物質をちゃんと調べる、という条件付きですけれども。

書きぶりは事実に即した調子であったにもかかわらず、それはまったく驚嘆すべき提案だった。みずから「神経システムの微積分学」と呼ぶもの——その発展の可能性を、彼女は探求したかったのだ。それはある数学モデルであり、いかに脳が思考を生み、いかに神経が感情を生むのかを示すものであった。それは一世紀後に、人工知能と神経回路網〔脳の神経系をモデルにしたコンピュータの情報処理システム〕の研究の登場と共に、息を吹き返すことになる。

ダーウィンが知性による殺人に手を染めていたとすれば、このエイダの提案は大量殺戮、すなわち人類全体の殺害だった。もしも思考や感情が数字や公式に還元されてしまうものならば、人類にはいったい何が残されているのだろうか？　生きている計算機にはめ込まれる、紡績機のはめ歯とジャカールのカード、そんなものがいくらか残るにすぎないのではないだろうか？

ヴィクトリア朝初期の品のよい見解に照らしてみれば、これはいかにも馬鹿げた考えだった。ハリエット・ビーチャー・ストウは、二十五年後にこう述べている。「肉体が精神に与える影響や、脳や神経が道徳的発達に行使する力の生理学的考察は、当時、社会一般の考え方のなかに入り込む余地さえありませんでした」。彼女がこう書いたのは、実際には、エイダの父バイロンについての議論との絡みにおいてであった。ビーチャー・ストウによれば、バイロンの道徳的発達は、彼の生理学的特徴によってひどく損なわれていたのである。ビーチャー・ストウをめぐる状況は、エイダの時代においても同じだった。たいていの人にとって、道徳とは科学的考察の対象にはなり得ないし、その考察の範囲内に持ち込むことさえできないものだった。

それでは、何がエイダにそんな考えを抱かせたのだろうか？　なぜ彼女は、それをそれほどまでに恐ろしい結論へと推し進めようと欲したのだろうか？　それは、彼女が恐れを感じなかったからだ。実際、彼女は慰めさえ得ていたのだ。自分をただの機械と考えることは、彼女にある種の安心感を与えたのだ。それは、自分に負わされた責任を減じて欲しいという訴えだったのだ。ただし、時代はそんな訴えを認めるところまで進んでいなかったのではあるが。それは、彼女に抜け道を与えた。すなわち、裏切り、不服従、「私のあらゆる過去の邪悪な言動がもたらした、心にのしかかる重圧感」――それらからの抜け道を、それは与えてくれたのだ。一八四四年に母に宛てた手紙のなかで、彼女は我が身が「自由であれという宣告を受けた」身の上であるように感じるし、「奴隷の身の上ならよかったでしょうに」と述べていた。そして、もしも彼女が神経システムにかかわる微積分学の存在を証明できたならば、彼女は我が身が奴隷であるという証明に至ったかもしれなかった。自由であれという終身刑は取り消されたかもしれなかったのだ。

簡単にいって、科学は彼女にとって救済だった。彼女はこう書いている。「私にとって、宗教は科学ですし、科学は宗教なのです。今や、私はこれまで以上に科学の花嫁なのです」。

しかしながら、この救済をもたらす科学は伝統的な種類の科学ではなかった。それは彼女が呼ぶところの「詩的な科学」、理性と想像力を統合する類の科学であらねばならなかった。そんな統合をなし遂げるのは、一体誰だろうか？　それは自分であると彼女が認めなかったことは、おそらく、彼女の躁病がこのときどの程度まで治まっていたかを示す尺度となるだろう。

ところがである。その試みを実行に移すべく、彼女はしっかりとメモを取り、戦略を練りはじめたのである。現存しているごく僅かな資料によると、彼女が最初に試みようとした事柄は、神経が情報を伝達する（あるいは、彼女の言葉では「印象」を増殖させる）方法に関係していた。彼女はこう記している。視覚、聴覚、消化器系など、さまざまに異なる機能を果たすことがわかっている神経は、すべてが同じ物質からできているようである。もしそうとすれば、たとえば信号が脳に伝わる際に、空腹の感覚は音声にかかわるそれとどうやって区別されるのだろうか？　明らかに、関与している神経が二つの異なる化学物質を生成しているという理由はあり得ないようだった。彼女は、問題は神経内の分子の「動き」、いいかえれば衝撃〔インパルスあるいは神経衝撃ともいう、神経線維を伝わる電気的興奮〕のパターンに関連しているのではないかしらと考えた。

実に興味深いのは、何かとても深遠なものに向かって手探りで進む彼女の姿に、こんなところで遭遇したことである。ニューロン〔神経細胞ともいい、刺激により興奮し、別の細胞に刺激を伝達するもの〕やシナプス〔神経細胞相互の接合部分や接合関係のこと〕についての知識の恩恵にも与れず、彼女は二十世紀後半のもっとも優秀な学者たちの幾人かをいまだに悩ませている問題に直面していた。その問題にかかわっていた学者とは、数学者のロジャー・ペンローズ〔英国の数学者・宇宙物理学者（一九三一―）、量子力学を脳内生理学に応用し、脳内の情報伝達を数学的に解明しようとした〕や神経科学者のジェラルド・エデルマン〔米国の医師・生理学者（一九二九―）、脳細胞内の細胞接着分子（CAM＝Cell Adhesion Molecules）を発見、CAMは脳内ニューロンを接合し、神経回路を形成する〕であった。脳とは、輝かしきコンピュータなのだろうか？ すなわち、シリコンチップや鋳鉄製のはめ歯から簡単につくられる記号を、肉や血に置き換えて操作する機械なのだろうか？ あるいは、脳生理学や「神経物質」の振舞い方には、脳を単なる計算を超えた領域へと導く何か特別なものが隠されているのだろうか？

こうした問題に答えるために、彼女は神経物質の性質についてもっとよく調べてみる必要があった。神経物質の研究には「多くの厄介な問題」が立ちはだかっており、それらのなかでももっとも重要なものは「具体的な実験装置」の設計であると、彼女は自認するに至った。扱いづらい実験材料である脳、血液、神経――これらを「極めて巧みに、しかも平然と実務的に扱う人間」になるよう、彼女はみずからを改造せねばならなかった。実験の経験もないし、使える実験室もない身の上では、このことは難しそうだった。だから、彼女は再び援助してくれる「男性を探す」ことをはじめた――ちょうど、数学の個人教師を探していた時のように。

彼女は上層階級に属する人びとから探索を開始した――まるで、貴族のみしか相手にせずといった風情で。マイケル・ファラデーは英国をリードする、実験経験を積み重ねた科学者だった。過去十年間にわたり、彼は電気分解がどのように機能するのかを解明してきた。ある化学物質を別の化学物質に変える、見るからに錬金術的だと思われてきた電気の力を支配する法則を明らかにしてきたのだ。彼はまた、電磁気がもつ潜在的な力をも明らかにしてきた。一八二〇年の段階で、デンマークの物理学者のハンス・クリスチャン・エルステッド〔一七七七―一八五一、コンパスの針が電流の方向に対して直角に向きを変えることから、電気と磁場の関係を明らかにした〕はすでに、電流がいかに磁場を生み出すことができるのかを発見していた。ファラデーは逆もまた真なり、つまり鉄のような電導性物質が磁場のなかを動くとき、電流を生み出すことを発見したのだ。彼はさらに進んで、この現象を用いて発電機とモーターを製作する方法を実演したのである。

おおかたの人びとはすでに、電気に対して浮き足だった態度を示していたが、ファラデーの発見はこの状況に対し火に油を注ぐような効果をもたらした。自然界にひそんだ力、「生命を与える力」、根源的元素など――電気がもっていると考えられたオカルト的特質を、ファラデーの報告はさらに確固たるものとした。エイダの言葉を使えば、電気は「心と筋肉の動きをつなぐ絆」として現れたのである。すなわち、彼女には、それは長きにわたり科学的研究の網の目を逃れてきた、精神と物質の二つの領域の連結物だと思われたのだ。

ファラデーはエイダのファンだった。彼は昔、バベッジに彼女のポートレートをねだったことがあった。バベッジは約束を守り、彼にそれを渡した。彼は独学で技術を習得した鍛冶屋の息子であり、自分自身をまっとうな知識人や数学者とは見なしていなかった。実際の話、彼は自分がかつておこなったもっとも複雑な数学的仕事は、バベッジの階差機関にクランクをつけて動かしたことだと自慢していた。そういうわけで、彼は躊躇なくエイダのメナブレア・ノーツ〔彼女がメナブレア論文に付した注はこう呼ばれている〕を理解できないし、「それがいかに偉大な業績なのか」は他人さまの反応からわかるだけと認めたのである。

エイダはそんな彼に手紙を書いた。自分は彼の指導のもと、彼の実験のいくつかを繰り返してみたいのですという内容だった。ファラデーは運悪く、病の床に伏せっていた。彼はその原因を過労だとしていたが、どうやら化学物質による中毒症だったようだ。彼はここ数年、さまざまな種類の有毒物質を使って研究してきたのだった。そのなかには水銀が含まれており、それがおそらく、エイダに対して愚痴をこぼした記憶違いを引き起こしていたのであろう。そんなみずからの状態を踏まえて、彼は「まことに不本意ながら」と依頼を断ったのである。

エイダは諦めなかった。彼女はいそいそと新しい研究材料を手に入れ、最新の研究書を読みあさった。彼女はドイツに住んでいる親戚のロバート・ノエルに頼み込んで、神経学について手に入る情報をすべて送ってもらうようにした。彼女は過去三年間にわたり、精神疾患を耐え忍んできた。自己診断では、その原因は催眠術だった。それにもかかわらず、彼女は改めて催眠術に関心をもちはじめた。そんな急な心境の変化は、母を取り巻く友人たちのなかでもとりわけ精力的なハリエット・マーティノー〔一八〇二―七六、十九世紀を代表する女流小説家・ジャーナリスト・経済史家〕のせいだった。

マーティノーは数多くの啓蒙的著作で知られる、ユニテリアン派の著述家だった。著作のなかで、彼女は中産階級に対して自由主義と無干渉主義《レッセフェール》の美徳を称揚した。『図解救貧法と貧民たち』などの著作で知られていたが、彼女の名をさらに高めたのは『図解政治経済学』だった。彼女はアナベラといろいろな興味を共にしていた。たとえば、労働者の教育、奴隷制の廃止、そして慢性的虚弱症だった。最後のもののために、一八三九年にマーティノーは、タインマス〔イングランド北部を東流し、北海に注ぐタイン川の河口に位置する海港・海水浴場〕で療養せねばならなかった。五年後、彼女は病気から回復して再び姿を現した。彼女のいうところによれば、元ノッティンガムの工場労働者で、今をときめくスペンサー・ホールという男に催眠術治療をほどこしてもらい、治ったらしかった。この男は、みずから「骨相学的磁気学《フレノマグネティズム》」と呼ぶものの、さまざまな種類の手法を実践していた。その名称の由来は、骨相学に基づく頭蓋骨の施療と磁気を用いたヒーリングの組み合わせにあった。

マーティノーは一連の『催眠術通信』において、体験したことを鮮明に思い起こしている。そのなかで、彼女はみずからのおかれたいろいろな状況を描き出している――薄明に包まれたり、美しい燐光のなかを漂ったり、「不思議で説明もつかぬ感情」を抱いたり、「透明で光り輝く存在」になった感覚を味わったり、そして病症から完全に回復したことを。

エイダはこれらの手紙を読み、自分も催眠術に熱狂していることをマーティノー嬢に伝えたく思い、体験談を綴った手紙を書いた。それを、彼女は母に託して渡してもらおうとした。科学に入れ込んだ友人たちと同じく、エイダは何人かの催眠術に夢中になった人たちが――ハリエット・マーティノーを含めて――体験したと主張している千里眼には納得がいかなかった。また、彼女はとりわけアメリカから入り込んできている「新催眠術」には批判的だった。それはすでに強力な秘薬に、心霊術の味つけを加えたにすぎないものと思えたからだ。それでも、彼女の催眠術への熱中ぶりは変わらなかった。催眠術はある考えを支えてくれるものと思えたからだ。その考えとは、磁気、電気、そして神経を駆けめぐるエネルギーは、なんらかの仕方で結びつけられた、三位一体をなす単一の力の要素にすぎないというものだった。問題は、それらがどうやって結びつけられているのかだった。手助けしてくれる実験者の探索はつづいた。そしてついに、新しい、かなり見込みのある人物の名前が突然に浮上してきた。その名は、アンドルー・クロス〔三八一頁参照〕だった。

*

クロスは十八世紀後半から十九世紀初頭にかけて活躍した、数多の「電気学者」あるいは電気実験家の一人だった。催眠術師の場合もそうだったが、そうした連中の大半は科学者よりも見世物師に近かった。ライデン壺〔一七四五年にオランダのライデン大学で考案された蓄電器〕、ボルタ電池、革紐、ガラス球、真鍮製の電極などを物々しく持ち出し、彼らは念の入った実験をおこなって観衆から見物料をせしめようとした。彼らは犬や猫を電気処刑したり、そうした類の死体の筋肉を電気で引きつらせて、あたかも生き返らせたように見せかけた。また、彼らは川に電線を渡して反対岸に電気を送り、大砲よりも大きな爆発音と共に巨大な火花を起こしたりもした。

だが、クロスは見世物師ではなかった。彼は孤独を好む男だった。昼間は、彼はただ一人、舞踏室から改装した研究室に籠もって仕事に打ち込んだ。彼はサマセット州の人里離れた土地に、ファイン・コートという屋敷を構えていた。そして、夜中は屋敷を取り囲むクォントック丘陵をさまよい、野生動植物を観察し、洞穴から水晶を採集したり、詩歌をつくって、ただ一人吟唱するのだった。

彼は公開実験にも、講義にも、研究成果の出版にも興味を覚えず、ロンドンに出かけることさえ嫌った。しかし、彼のもとを訪れる人たちは多かった。そのなかには、ワーズワス、コールリッジ、ロバート・サウジー、ウィリアム・ヒューエル、ジョージ・シンガー（電気理論に関して影響力を及ぼした著作をなした人物）、アダム・セジウィック（エイダが『痕跡』の著者であるという噂を振りまいた人物）の姿も見えた。しかし、ほとんどの彼の研究は人の目が届かないところでおこなわれた。彼が研究に没頭しているのは、研究室から時折上がる火花や爆発音によってのみ確認された。そういうわけで、彼は近隣の農夫たちから「雷鳴と稲妻の男」という渾名をつけられてしまった。

一八三七年に彼がセンセーショナルな発見を公表したとき、彼のプライバシーは粉微塵に砕かれてしまった。彼がおこなっていた実験は、電気をさまざまな種類の溶液に通したとき、それらの溶液の組成にどのような変化が現れるのかを探るといったものだった。これをおこなうために、彼は研究対象の溶液を、蓄電器につながれた大きな軽石の塊にゆっくりと滴り落とした。数日後、彼は「白っぽい突起物、あるいは乳頭状突起物」が石の上に生成されつつあることに気づいた。数週間後、彼は驚いたことに、こうした突起物が小さな這い回る昆虫に姿を変えたことを目の当たりにしたのである。彼は明らかに、機械論〔生物の発生も含め、世界のすべての現象が機械的に説明できるとする立場〕のなかでももっとも神秘的な考え方である、あの自然発生〔生物は無生物から発生し得るとする説〕なるものが現実に起こり得ることを示したのだった。

アリストテレス以来、自然発生は生命の起源として当然のことと考えられてきた。古代ギリシアの時代から、自然哲学者たちは蠅は泥から、蛆は肉から、鼠は布にくるまれたチーズから生まれると信じていたのである。こうした考えは啓蒙の時代に、たとえば十七世紀英国の解剖学者ウィリアム・ハーヴィー〔一五七八―一六五七、血液の循環を発見した〕や、十八世紀イタリアの牧師ラザロ・スパランツァーニ〔一七二九―九九、生殖にかかわる部位は生体の一部にすぎないとした〕といった科学者たちの業績を通して否定されるに至った。ハーヴィーは生物学的確説として「あらゆるものは卵から《エクス・オヴォ・オムニア》」という考え方を提唱し、スパランツァーニは哺乳類の生殖には精子が必要であることを実証したのである。

そういうわけで、クロスの発見は科学的思想の支配的な流れに真っ向から対立するものだった。彼自身、このことを十分に心得ていた。だから、実験結果を電気学会〔正確には「ロンドン」電気学会〕に報告したとき、彼はケント州のサンドウィッチに住むW・H・ウィークスという別の電気学者に再実験を依頼してみてはどうだろうかと追記しておいた。果たして、ウィークスはクロスの結果が再現可能かどうか独自に実験を試みて、その結果を学会に送り返すよう委託されたのである。

その一方で、彼がなした発見のニュースは『ウェスタン・ガゼット』〔主としてサマセットやドーセットで流通している、一七三七年創刊の地方週刊誌〕

においてすっぱ抜かれ、非難の嵐を巻き起こした。宗教的指導者たちは、神を「愚弄する」者としてクロスに非難の言葉を浴びせかけた。科学者たちも、旧弊に固執し、かつ非科学的偏見の存続に手を貸す者として彼を批判した。しかし、彼を支持する者も幾人かはいた。そのなかでも、際立ったのはハリエット・マーティノーとマイケル・ファラデーだった。後者は懇意にしている電気学者が受けた扱いを糾弾し、クロスが発見した昆虫をアカライ・クロッシーイ〔アカライ（複数形）はコナダニの意味〕と命名することさえ呼びかけた。しかし、世間の反応にさらされ、「あまりの憎悪と悪態、あまりの中傷と虚偽」――これは、彼がみずからある友人に語った言葉だ――の標的にされたことのショックは、クロスを絶望の淵に投げ込んでしまった。そして、彼は穏やかに安心して実験をおこなえる研究室へと閉じ籠もってしまったのである。

　ところが、このように人びとの視線から身を隠していることのゆえに、かえって彼は「命を与える電光」の研究を秘密裡におこなっているように受けとられてしまった。そのため、クロスという名前にはある種の神秘的雰囲気がつきまとうようになったのである。事の結末は、彼こそがメアリ・シェリーに狂気の科学者のインスピレーションをもたらした、本当のフランケンシュタイン博士なのだという憶測までゆき着いてしまった。彼は「現代のプロメテウス」であり、科学的知識という炎、すなわち生命の根源的神秘を天上から持ち帰り、人類にそれを与えたのだった。そんな彼が、今や神々たちの怒りに直面していた。

　以上のような考えを、すべて空想にすぎぬものと片付けてしまうわけにもいかない。メアリ・シェリーは日記のなかで、クロスが一八一四年にロンドンでおこなった講義を拝聴したと書き記しているのである。その中身は、果たして「電気、気体、そして魔術幻灯《ファンタズマゴーリア》」に関するものだった。ひょっとしたら、彼がその場で語ったことが、二年の月日を経たのち、彼女の脳裏に蘇ったのかも知れない。そう、あのディオダーティ荘の夕暮れどきに、超自然現象と生命の原理に関する議論ののち、バイロンが彼女、彼女の夫のパーシー・ビッシュ、そして医師のポリドーリに対し、幽霊物語を書こうともちかけた時にである。

確実にいえることは、舞踏室から改装されたクロスの研究室は、あのゴシック小説に現れた実験室、紛れもない「汚れた創造の作業部屋」、つまりフランケンシュタイン博士の実験室のモデルだったことだ。エイダはすぐにも、そのことに気づこうとしていた。

一八四二年に、彼女はクロスに手紙を書き、彼のアカライとかいう名の昆虫と、それらを生み出した実験についてもっと詳しく教えて欲しいと頼んだ。クロスは念の入った説明を含む返事を書いて寄こした。彼はそのなかで、ウィークスの実験について照会してみたらどうかと彼女に勧めた。おそらく、その実験も生きた昆虫を生み出したであろうからというのがその理由だった。彼は同じ実験を自分でするのに必要な道具を提供することをエイダに約束した。その道具が彼女のもとに届いたかどうかについては、また彼女がそれを使ったかどうかについては、なんの記録も残っていない。

一八四四年に、エイダは再びクロスと連絡を取ることを決意した。その口実として、彼にメナブレア・ノーツの写しを送り、神経システムを調査する計画の概略も添付しておいた。それ以前に、なぜ彼に連絡を取らなかったのかは明らかではない。おそらくは、彼のことを隠遁者だと知り、連絡を拒絶されるものと予想したからだろう。しかし、事実をいえば、彼は気前よく相談を受け入れ、彼女をファイン・コートに泊まりに来るよう招待したのだった。

ファイン・コートは、アシュリー・クームから二五マイルしか離れていないところにあった。ラヴレス家の人びとは、実は一八三八年にクロスが不在の時に、同地を訪れたことがあった。ある新聞報道によれば、ウィリアムとエイダは「家屋敷が電気学、化学、そして哲学の研究に適するよう、細かく改装されているのを見てまわり、大いに興味を覚えた」のである。アンドルーは一八四三年にロバートとジョンの二人の息子を連れ、ラヴレス家に返礼の訪問をおこなっている。今度はエイダが留守であって、クロス家の一行はウィリアムによってもてなしを受けた。皆が海沿いの高い断崖地にある小道を歩いているとき、アンドルーはめまいで頭がくらくらしていた。ウィリアムはそのさまをとくに気の毒にも思わず見つめていた。

　エイダのファイン・コート訪問は、一八四四年の十一月とすることが取り決められた。出発前に、彼女はアンドルーに手紙をしたためて、自分がいまだに病に苛まれている身の上であることをご配慮いただけたらと伝えておいた。その文面はこのようだった。

> 私はときにひどい肉体的苦痛に苛まれる身の上でありますことを、お知らせしておいたほうがよろしいかと存じます。もしも、万が一、そのようなことがブルームフィールド〔アシュリー・クームから四〇キロほど南東にあるサマセット州の小村〕で私の身に降りかかることがありましたら、少しばかりお部屋に長居させていただくことになるかもしれません。その時は、私が必要とするすべては、一人にしておいていただくこと以外にございません。身体はいたって丈夫で元気なのですが、ときに痛みが全身を走ることがあるのです。主に消化器系の疾患と関係があるのでしょうが、それはめったにないような種類の痛みなのです。

別に動じることもなく、アンドルーは彼女とウィリアムをファイン・コートに案内すべく、十一月二十日にやって来た。ところが、彼らの出発は二十二日まで遅れてしまった。おそらくは、ウィリアムがインフルエンザで倒れ、アシュリーに残ることを決めたのが原因だったのだろう。

このようにして、エイダはアンドルーと二人きりで——彼女の手紙の調子から察するに——大人になって以来もっとも楽しくて、刺激的な訪問の一つに向かって出発したのだった。ラヴレス家の馬車を引く馬は、クォントック丘陵の西側に広がる傾斜地を「飛ぶように」駆け下り、雄大な山の尾根をブルームフィールドに向かって登っていった。ファイン・コートにもっとも近い村がブルームフィールドだったのだ。旅をつづけながら、彼女はアンドルーと自分の計画について話し合った。彼はそれを刺激的でもあるし、具体性の高いものであると考えた。

彼らは長々とつづく傾斜をなした馬車道に入り、ファイン・コートへと下っていった。到着したのは午後の三時半であり、彼らはその日の残りを読書と会話に費やし、深夜まで起きていた。

翌朝、エイダはいわれた時刻に階下へ降りていったのだが、そこには誰もいなかったし、朝食の支度もまだできていなかった。ホストたるべき家の住人たちが次第に姿を見せはじめた。なるほど、ここでの生活は途方に暮れるほどの無規則と呑気さのなかで営まれているのだなと、彼女は鋭敏に読みとった。家の間取りでさえも適当であって、ヴィクトリア朝の感性には非常に重要な、例のかゆいところに手が届くような細やかさはまったく無視されていた。たとえば、洗面所はまっすぐ一本の通路で居間からつながっていた。これでは、男性でも女性でも、席を立ってそちらのドアに向かうとき、なんの〝用事〟のためなのかまるわかりだった。あるとき、エイダはそのドアが外側から鍵をかけられていることがわかり、「けたたましい金切り声」を上げて、鍵をちょうだいと叫んだことがあった。そんなとき、彼女は当惑を覚えたけれども、それに劣らず面白みも感じていたのである。

クロスには、娘が一人と息子が二人いた。エイダは、娘のほうと次男のロバートはあまり好きになれなかった。しかし、彼女は長男のジョンが放つ魅力には、どんどんと惹きつけられていった。ウィリアムには、彼女は彼を「お若い」ジョンお坊ちゃまと表現した。しかしながら、実際には、彼はエイダより五歳も年上だったのだ。彼は最近までドイツに滞在していた。彼によると、その地で最新の数学と科学の研究成果を学んできたということだった。彼は翌年六ヵ月ほどベルリンに戻る計画を立てていた。このことはエイダの強い興味を掻き立てた。彼の話は、ドイツで科学図書を発行すれば、英国と比べていかに多額の報酬が得られるのかということに及んだ。このとき、彼女の興味はいっそう強く燃え上がった。英国では、読者はむしろ物語のほうに惹きつけられる傾向が強かったのだ。

毎日夜遅くまで、彼らは語りに語り合った。活気に溢れて打ち解けた雰囲気は、疑いようもなくかなりの量の治療用クラレットで酔いが回ったせいもあっただろう。そんな雰囲気はエイダを魅了し、二人の会話は自宅では、あるいは他の友人たちの間では危険すぎて触れることもできない事柄――たとえば、彼女の父に関すること――にまで及ぶほどだった。初めてといってもいいだろう。われわれはとうとう耳にしたのである――彼女が父について「熱烈な敬愛」を込めて語るのを、また「父の思い出への情熱的な愛着」を告白するのを。父の思い出に対し、彼女がその昔投げかけざるを得なかったヴェールは、今やめくり上げられようとしていた。そして、彼女は目の前にいる対象と恋に落ちようとしているようだった。

また、エイダはクロス家の形式張らない態度、すなわち好き勝手に振舞うことを許され、かつ同等の存在として扱われているという事実に魅惑されてしまった。(実際、彼女はウィリアムに、ジョンは自分をまるで男と同じように考えていると語っている――ただし、あとで見るように、このように仄めかすことに、彼女は隠された動機を抱いていたのかもしれない。この家では、誰もが勝手気ままに時を過ごし、互いにどんな要求もしなければ、どんな期待も抱いていなかったのである。

そのような時の過ごし方は、家庭的約束事（あるいはそんな約束事の欠如）に関する限り、居心地のいいものだった。しかし、同様のやり方がアンドルーの科学研究にまでも及んでいるということになれば、エイダは急速にいらいらした気分に陥っていった。家全体が危険なことに、研究室に変貌を遂げている途上にあるようだった。午後のティーに使われた陶器が、猛毒性の化学物質の容器になっていることもあった。地下のセラーはクリスタル製品の貯蔵庫と化し、ヴィンテージ物のワインの熟成に使われることもあれば、アカライの繁殖にも供しているというありさまだった。

庭の樹木でさえ、科学的用途に利用されていた。三分の一マイル程度の長さの重々しいケーブルが、器用につくられたガラス製の絶縁体で、大枝からぶら下げられていた。ケーブルは窓から出ていて、「電気室」までつながっていた。

電気室はアンドルーがおこなう実験作業の中枢をなしていた。それは母屋の裏手にある、元舞踏室だった研究室内部に付設されていた。研究室にはいまだにダンス・フロアーがあり、長くて優美なジョージ朝の窓がついていた。しかし、かつて旋回するカップルが優雅なワルツを披露したであろう場所には、今や電気装置だけが鎮座していた。

研究室でもっとも目立つ物品は、巨大なライデン壺だった。それは蓄電器の初期のタイプのものである。クロスのそれは世界最大のものといわれており、千六百個の電池がついていて、象を殺すのに十分なほどの電荷を蓄えることができた。また、数個の炉とるつぼが配置されており、金属や化合物の生成に使われていた。
アンドルーが電気実験をおこなうのに使った場所は、小さな階段を登った先の、昔オルガンが置かれていた高間だった。彼が「空気放電」の実験をするのに使用した設備は、ここで見ることができた。巨大な球体のような真鍮製の伝導体が電線の端につながっており、その反対の端は外の樹木に垂れ下がるようにつなげられていた。伝導体のそばには真鍮の棒があり、それは床に埋め込まれ、アースを取るために、湖から水を引いていた金属製のパイプにつながれていた。レバーによって、伝導体と放電に使う棒の間隔をさまざまに変えることができた。この恐ろしげな装置の隣に板がはめ込まれ、役には立たなかっただろうが、ラテン語で警告のメッセージが記されていた――ノリ・メ・タンゲレ“*Noli me tangere*”（われに触ることなかれ）と〔キリストが復活後、マグダラのマリアに発した警告の言葉〕。（予想されたことであるが、召使いの一人がその警告に気づくことができず、真鍮製の装置を磨こうとした時にひどい衝撃を味わう破目になってしまった。）

大気の状態が良好な時は、庭に吊された電線は大量の静電気を集めるようになっていた。その電荷をライデン壺に蓄えることもできたし、球体と棒の間で大きな電気火花を発生させるのに使うこともできた。公開実験をおこなう際には、アンドルーはこの電荷を、さまざまな金属がそれぞれにもっとも鮮やかな色彩で燃え上がるさまを見せるのに用いた。さらに、この電荷は流れ星のような火の玉を燃え立たせたり、ミニチュア版の北極光をつくったりするのにも用いられた。

エイダはそんな花火のような演出にはあまり興味を感じなかった。彼女が知りたかったのは、電気が神経に与える効果だったからだ。しかしながら、クロス家全体に広がった無秩序のゆえに、彼女はこの現象について探求する機会にほとんど恵まれなかった。結局、彼女は到着した時と比べて、一週間経っても実験のやり方についてほとんど何の知識も得ていなかった。

しかしながら、クロスのライデン壺のように、彼女の頭にはアイディアと計画が一杯に詰まっていた。楽観的かつ興奮した心理状態で、彼女はまっすぐにロンドンへと向かった。彼女はウィリアムに手紙を書き、ジョン・クロスをオッカムに住まわせることを提案した。彼と共に共同研究をおこなうことがその理由だった。その研究は『痕跡』にかかわる内容を含んでいた。それに加え、実験作業のためにファイン・コートを再度訪れることも予定に入っていた。

ウィリアムはこうした要望に、なんら危険な徴候を見出さなかった。おそらく、彼女自身もそれに気づいていなかったのだろう。彼らは今や情緒的にも、地理的にも、お互いに相当な距離をおいた間柄になっていた。彼らは会うたびに、頻繁にトラブルを起こす関係に陥っていた。あるとき、エイダはウィリアムにあたしをぶったでしょと言い出した。別なとき、幾人かの友人たちも目撃したのだが、彼女は大喧嘩の末に出てゆきますと言い放った。ウィリアムは彼女がもう戻ってこないのではという思いに捕われた。そうした衝突を避けるため、彼らができるだけお互いに独立して暮らすことにしたのは明白だった。だから、彼女が言い出した「お若い」ジョン・クロスにかかわる提案に、ウィリアムが同意したとしてもとくに驚くべきことではないだろう。

ジョンとの新しいパートナーシップは、いくつかの共同研究において実行に移されることになった。その際に、ジョンがドイツで学んだ専門的技術とエイダの興味が結び合わされたのである。彼女はジョンが『痕跡』の書評を書くのに協力した。それはアレグザンダー・フォン・フンボルト〔一七六九―一八五九、自然地理学と生物地理学の大学者であり、晩年は宇宙構造論に没頭した〕の『宇宙の物理学的記述についての概説』に関する大がかりな論評と一緒になって刊行されることになっていた。この本は、巨大なドイツ人科学者フンボルトの浩瀚な研究書『コスモス』の第一巻目を成していた。一方、ジョンのほうも、エイダが書いていた書評について助言を与えたように見受けられる。この書評は、ドイツ人科学者カール・フォン・ライヒェンバッハ男爵〔一七八八―一八六九〕による論文に関するものだった。

フォン・ライヒェンバッハはドイツの知的世界において、相当に話題性に富み、扱わずに済ますことが難しい人物の一人である。彼は十代の頃、南太平洋に向けて出航し、新しいドイツ国家を建設しようとした。三年間ほどその仕事に夢中になって取り組んだが、最後にはフランス当局によって逮捕されるという憂き目に遭った。ドイツに強制送還されたのちは、製造業を興して軌道に乗りはじめた。また、化学に手を染め、現代ではどこにでもある生活必需品、パラフィンとクレオソートを発見するに至った。さらに、彼は世界で第一級の隕石コレクションを所有するに至ったことでも知られている。

しかしながら、彼がもっとも知られているのは、動物磁気に関する独自の見解を打ち出したことであろう。すなわち、彼は動物磁気を自然界に存在する新しい力と見なし、それをのちに（北欧の神オーディンにちなんで）「オッド」と名づけたのだった。（英語では、「オッド」は「オウディル」や「オウディック・フォース」と呼ばれることが多い。もちろん、ライヒェンバッハの用語がオッドに見えるからに相違ない。〔四〕）オッドは、電力や磁力を動物の体内における力に置き換えたものだった。エイダによって批評された論文は『磁気作用にかかわる諸考察』であり、それはライヒェンバッハがオッドの概念を展開する以前に書かれたものだった。しかし、論のなかには、それが萌芽的な形で現れており、「磁気水晶」の力として記述されていた。

〔四〕こうした用語は、それぞれ英語綴りを併記すると、「オッド」（“od”）、「オウディル」（“odyle”）、「オウディック・フォース」（“odic force”）となる。もちろん、形容詞の「オッド」（“odd”）は「風変わりな」の意味をもつ。

エイダがライヒェンバッハの論文に興味を抱いた理由は、最初から明白だった。ライヒェンバッハは以前から、磁気水晶の力と神経組織の関連性を示唆するさまざまな現象を目撃したと報告していたからである。とくに興味深いことは、彼が非常に「鋭敏な」、つまり神経質な性質の患者が磁石や磁気化された電線に触れたとき、彼らの身体から「輝く放射物」が立ち上がるのを観察したことだった。エイダはこれを、とても重要な発見だと考えた。必ずしも、彼女がそれを本当だと信じたからではなく、それが実験的に確証され得ることだったからである。催眠術にかかわる諸現象は、通常の場合、実証することが不可能だった。実際、エイダは書評のなかで、催眠術という用語は科学的論述からは削除されるべきであると示唆していた。似非専門家や詐欺師の集団による所行のために、催眠術はあまりに信憑性のないものとなっていた。しかし、ライヒェンバッハによって報告された類の現象は違っていた。それは客観的に観察され得るものだったのである。したがって、もし観察された内容がライヒェンバッハの主張を裏づけることになれば、そうした現象は科学的に分析され得るものとなるのだった。

彼女がこの現象を探るために用いるよう提案した実験方法は、まだ生まれたての写真撮影の技術だった。当時もっとも一般的な撮影方法だった銀板写真は、肖像写真において広く用いられていた。しかし、エイダが研究手段としての銀板写真に興味を抱いたのは、単に磁気水晶の力の存在を証明する道具としてではなかった。むしろ、磁気水晶が発すると考えられたさまざまな放射物を研究し、分類する道具として、彼女は銀板写真に興味をもったのである。

ライヒェンバッハ論文の書評は、メナブレア・ノーツは除いて、後世に残るであろうエイダのもっともしっかりとした仕事だった。しかし、この書評から推測する限り、彼女がとりわけて優れた書評家になる見込みは薄そうだった。だが、それはあることを明白に示していた。彼女は、いまだ定式化の途上にあった科学的手法のなんたるかを実によく理解していたのである。すなわち、再現性という鍵となる概念——実験結果は他人によって再現され得る限り、意味をもつということ——を、彼女はしっかりと理解していた。

その書評は、また別のことも明らかにしていた。彼女は「神経システムの微積分学」という概念を拡大化し、同時にそれを新しい定式に向かって洗練化したのだ。その試みは精神領域と物質領域を結び合わせる、彼女の言葉を用いれば、「原子の法則」を発見することだった。この結合が起こりつつあると彼女が見てとったのは、原子あるいは分子レベルでの出来事だった。当時、化学研究の成果から、ある新しい説が姿を現しつつあった。神経に作用して、原子と原子を接合し、それらの振舞い方を決定しているのは、まさに電磁気力ではあるまいか？——その説はそのようなことを詳らかにしつつあった。こうした電磁気力の振舞い方を数学的に研究することによって、電磁気力がその影響の及ぶ範囲内の分子にどのように作用するのかを明確化できれば、どういうことになるであろうか？　おそらくは、神経組織の振舞い方や、思考と感情のからくりが科学的に解き明かされるのではあるまいか？

＊

『痕跡』とフンボルトの『概説』〔『宇宙の物理学的記述についての概説』のこと〕を扱ったジョン・クロスの書評は、『ウェストミンスター・レヴュー』に掲載された。しかしながら、出版社による自分の扱いをめぐっていざこざを起こし、クロスがエイダにひどく不平不満をぶちまけるという事態が起こってしまった。その一方で、エイダのライヒェンバッハに関する書評はまったく日の目を見なかった。彼女に関して現存する資料のなかに、その理由を説明してくれるものは見当たらない。マンチェスターの外科医で、「催眠学《ヒプノティズム》」という用語を生み出したジェイムズ・ブレイド〔三三七頁参照〕という男が、一八四六年にライヒェンバッハの発見に関するより大部な批評書を出版している。〔五〕だが、これはライヒェンバッハの評価において先鞭をつけた論考とはいいがたい。いくつかの学術雑誌が、ライヒェンバッハ論文と同程度に重要であると認定された論文ならば、その書評を掲載することにやぶさかではなかったからである。

〔五〕 Dorothy Stein, *Ada: A Life and a Legacy* (Cambridge, Massachusetts: The MIT Press, 1987) 153 によると、これは『精神の身体に対する支配力』(*The Power of the Mind over the Body*) というパンフレットであり、ライヒェンバッハにたいする最初の英語で書かれた批評書とされている。

及第点に達しなかったのは、エイダの文体と分析の質だったのかもしれない。しかし、これはあり得そうもない話だ。なぜなら、「T・C」とだけ言及された人物からライヒェンバッハのテクストを返してもらったのち、エイダは最初の草稿の段階からまったく筆を進めた形跡がないからである。つまり、現存する手書き原稿は修正だらけだし、あとから付け加えられるべき項目が欠落しているありさまなのである。

理由はなんであれ、こうしたことはエイダの回復傾向を鈍らせることはなかった。精神と肉体の健康において、彼女が劇的な回復の兆しを見せはじめたのは一八四五年のことだった。「とっても元気で、本当にすがすがしい気分ですわ。それに、すこぶる忙しくなりましたし――そのうち、またたっぷり悪い遊びに手を出してしまうかもしれませんわ」と、彼女はウォロンゾー・グレグに語っている。彼女は阿片チンキの服用をやめ、外出することが多くなった。子供たちとの関係も改善した。彼女は母に語っている――自分は「ひどい体験」からたくさんのことを学んだのだと。子供たちの誰一人として、もう絶対に同じような苦しい目に遭わせたくはないと、彼女は結んだ。

一八四五年の年の瀬も押し迫った頃、ついぞ見せたことがなかった穏やかさで、エイダは自分の三十歳の誕生日について考えていた。彼女は母に手紙を書いて、自分がもはや母の「影響力」を恐れていないことを告げた。ついからかいながら「ロマン派」と呼んでしまう連中の影響力よりも、アナベラのそれのほうがましじゃないかしら——彼女は母への手紙のなかで、『ハムレット』を引用しつつ〔六〕、実際そのように思いをめぐらせていた。とうとう、彼女は自分の感情を制御できるようになり、あたかもそれをライデン壺に詰め込んで、一本のレバーを引くだけでそれを放出できるようになったかのようだった。

〔六〕　母に宛てた手紙のなかで、エイダが『ハムレット』のどの部分を引用したのか、著者は明示していない。Betty Alexandra Toole (ed.), *Ada, the Enchantress of Numbers: A Selection from the Letters of Lord Byron's Daughter and Her Description of the First Computer* (Mill Valley, California: Strawberry Press, 1992) によれば、エイダは一八四五年に母に二通の手紙を書いている。このうち、最初の手紙（日付不詳の土曜六時に、セント・ジェイムズ広場で書いたらしいもの）のなかで、エイダはロマン派を“deadly dull, flat, stale & unprofitable” (319) な集団だと貶している。『ハムレット』の第一幕第二場で、父王の死後一ヵ月で結婚した叔父クローディアスと母ガートルードを非難しつつ、ハムレットは“How weary, stale, flat, and unprofitable / Seem to me all the uses of this world!” (Act 1, Scene 2, 133–34) とこの世の営みすべてを忌み嫌っている。この箇所がエイダの手紙のなかで、若干の変更を伴って引用されているのだろう。

人生の第四段階、つまり最後の十年間に差しかかる頃になって、彼女はほとんど安堵感をもって、科学の時代の常なる脅し道具、そして詩人たちの長きにわたる恐怖の対象の到来を歓呼して迎え入れようとしているらしかった。それは精神の勝利、感情の制御、すなわちロマンスの死と呼ぶべきものだった。しかし、例外的といってもよかろう。彼女の個人生活において、この瞬間はまたも……ロマンスの誕生を記そうとしているかに見えたからである。

第九章

まぼろしに縋りつつ

ノーマン・アビー〔一〕へと、貴族のご夫妻〔二〕は駆けていった。
　それはかつては古い、古い僧院だったのだが、今は
もっと古くなってしまったお屋敷であり、豊かでめずらしい
　混合ゴシック様式で建てられており、芸術家たちが皆、
これに比肩するものは、まず残っていまいと認める代物だった。
　それがちょっとばかり低地に立っているのは、
おそらく修道士たちが自分たちの信仰を風から守るため、
背後に丘を構えたほうがよいと思ったからだろう。

それは楽しげな谷間に抱かれるように立っており、
　上方には高い森林地があり、そこにドルイド・オーク〔三〕が
カラクタクス〔四〕が大きく腕を広げて、敵の雷撃に対し、
　自分の軍勢の陣容を立て直そうとするかのように立っていた。
すると、その枝々の下からまだら模様の森の動物が、
　勇み立って跳び出してくるさまが目に入った。
枝角のある雄鹿が、小鳥のように囁き流れる小川の水を

たっぷり飲もうと、群と一緒に駆け下りてくるのだった。

〔『ドン・ジュアン』第一三歌第五五―五六節〕

〔一〕 バイロンはノッティンガムにニューステッド・アビーという大邸宅を構えていた。これは十二世紀に建築された僧院で、湖のある広大な敷地内に立っている。バイロン家がヘンリー八世からこの僧院を賜ったのは一五四〇年のことだった。バイロンは母キャサリンと共に、一七九八年八月に初めてこの地を訪れている。ノーマン・アビーはこの僧院がモデルになっている。

〔二〕 『ドン・ジュアン』の第一三歌から登場するヘンリー・アマンダヴィル卿と彼の妻アデラインを指す。

〔三〕 ニューステッド・アビーの敷地内にある「巡礼のオーク」を指す。十八世紀にこの敷地内にあるオークの森は、奇矯な行動で世に知られ、〝邪悪な殿様〟と呼ばれたバイロンの大伯父ウィリアム（第五代バイロン卿）によって切り倒されてしまった。しかし、この木は隣人に買いとられていたので難を逃れたのである。

〔四〕 カラクタクスは、紀元後五〇年頃ローマ軍に抵抗したブリテン人の一族長。戦いに敗れて南ウェールズに逃れたが、最後は捕虜としてローマに連行された。

貴族のご夫妻であるラヴレス伯爵ウィリアム・キングと彼の妻エイダが、アビーの正門を通り抜けたのは、一八五〇年九月七日土曜日の夕刻のことだった。バイロンは彼の叙事詩『ドン・ジュアン』において、それにノーマン・アビーという架空の名称を与えていた。彼の娘はそれがニューステッド、すなわち父の家系が代々守ってきた屋敷であることを知っていた。

母に宛てた手紙のなかで、エイダはニューステッド訪問について触れている。それによると、数週間前に、彼女はウィリアムと一緒に北部イングランドをめぐる長旅に出発していた。その途中で、彼女はただの気晴らしのつもりで同地に立ち寄りたくなったらしかった。屋敷に近づいていくとき、生い茂った森のなかを抜けていった。例の〝邪悪な殿様〟が自分の領地を破壊してやろうとしておこなった伐採から、最近になってこの森はようやくもとどおりになったばかりだった。彼女が深い不安と動揺の淵に沈みはじめたのは、この時のことだった。

彼らが角を曲がり、正面玄関へと向きを変えると、「清澄な湖」が目に入ってきた。それは――

広々として、そして水は清く、底は深く、〔川から〕新鮮な水を受け入れていた。

〔『ドン・ジュアン』第一三歌第五七節〕

その反対岸には、模造の城郭が立っていた。地方の言い伝えによれば、そこは性の饗宴〔五〕に耽るための場所だった。また、浮き栈橋の姿も見え、かつてそこから、ほぼ実物大の模造フリゲート艦が海戦を再現するために出航したのだった。

〔五〕今は失われた模造の城郭を建て、そこで性の享楽に耽ったのも、また湖で模擬海戦をおこなったのも〝邪悪な殿様〟の所行である。バイロン自身もニューステッド・アビーで遊興に耽ったと思われるが、誇張されて伝えられているようである。

そして、秋の夕暮れのほのかな残光に照らされ、湖を見下ろしつつ、そして湖面に姿を映しつつ、ニューステッド自体が姿を現した。それは二つの部分に分けられた建造物だった。一方は新しく改装された城館風の造りをしており、他方の僧院の残骸から取り去られた石材からできていた。かくして、エイダが彼女の先祖の邸宅を初めて眺めたとき、それは美徳が悪徳と相並び、天使が悪魔と隣り合わせ、神の家が悪徳の巣窟と一体化し、一方が廃墟となって、他方が改装された状態だっただろう。彼女の目には、それはこんなふうに映ったのかもしれない。

ゴシック様式の大伽藍が荘厳たる残骸と化し、
（昔はまだ、教会はローマ・カトリックに属したが）幾分離れて立っていた。
その形状は巨大なアーチであり、昔は多くの側廊を下に抱え込んでいた。
　その側廊はすでに消え失せ、芸術にとっては手痛い損失だった。
アーチはいまだに地上を高みから睨みつけ、
　その厳めしい姿をひたすら眺めていると、
どんなに無骨な心の持ち主も感情を燃え立たせ、
時の力や、嵐の勢いに対する嘆きの思いに浸るのだった。

〔『ドン・ジュアン』第一三歌第五九節〕

エイダとウィリアムは正面玄関へと馬車を寄せ、ホストのワイルドマン大佐〔ハロー校時代のバイロンの友人（一七八七—一八五九）、ジャマイカのプランテーション経営で財をなし、アビーの購入後は十万ポンドほどかけて修復・改装に努めた〕に出迎えられた。彼はエイダの父親のかつての級友であり、一八一七年にエイダが二歳の誕生日を迎えた数日後にアビーを購入した人物だった。彼女にとってこれは初めての訪問だったが、ニューステッドについてはずっとその噂話を聞いていたことだろう。なぜなら、邸宅を修復するに当たって、彼はそれにまつわる悪しき評判をも蘇らせていたのだから。

　アビーを所有していた最後の年、バイロンは館の石材一個さえ修復する余裕がなかった。当時の記録は、ワイルドマンがこの地を訪れた際、屋根がほぼ抜け落ちた状態だったことを伝えている(1)。雨が長年にわたって染み込んだ結果、とうとう「壁紙は腐り果て、ぞっとするような切れ切れの状態で、鮮やかな色の絨毯やベッドの天蓋の上に、さらに深紅色と黄金色に塗装されたベッドの上に垂れ落ちていった。

壁紙の切れ端は輝かしき鷲の翼にまとわりつき、豪華な小冠を台無しにしていた」。ワイルドマンはこの館を九万四千五百ポンドで購入し、館自体とその前当主を完全なる破滅から救ったというわけだった。

（1）『文学、娯楽、教育亀鑑』第三巻第六七号（一八二四年一月二十四日）を参照。同号はニューステッド・アビーにおいて展示されている。

ところが、彼がおこなった改修のために、館の多くの特徴に変更が加えられてしまうことになるのである。たとえば、前庭にあった噴水は取り去られて、もはやその姿はなかった。『ドン・ジュアン』において、その噴水は館の特徴をなすものとして、次のように詠われていたのであるが。

庭の中央では、ゴシック様式の噴水が水を跳ねさせていた。
　その造りは左右対称だったが、不気味な彫刻で飾られていた――
仮面舞踏会で見かける人びとのような、奇妙な顔が並んでいて、
　ここに怪物とおぼしき者、そこに聖者がいるといった具合だった。
噴水は御影石でできた不気味な口から噴き出しており、
　輝きながら水盤へと流れ込み、そこからは
小さな流れとなって、無数の水泡を生み出し、
まるで人間の空虚な栄光や、より空虚な苦労事のようだった。
〔第一三歌第六五節〕

ゴシック様式の噴水とそのガーゴイルたちは、今はもっと寂しそうな場所――アビーの内側にある回

廊の中央――で水を跳ねさせている。

　しかしながら、ここを訪問する人びとは皆、異口同音に認めるであろう。いろいろな改装にもかかわらず、アビーの雰囲気自体は守られている――それどころか、強められてさえいるのだ。バイロンの遺品や肖像画を巧みに用いることによって、ここにはいまだに前当主の精神が漲っている観がある。その結果、ここは英国中で――実際は世界中で――彼のもっとも重要な聖地として不動の地位を獲得している。

　ゴシック的ロマン主義と恐怖を愛好する精神にとっての聖地――この地はそんな場所にもなっていた。この地はバイロンにとってのみの故郷ではなかった。また、御曹子ハロルドやドン・ジュアンにとってのみの故郷でもなかった。この地は、ヴィクトリア朝の精神に取り憑くことになる幽霊や怪物にとっても故郷だったのである。プロメテウス的な科学者や、彼のグロテスクな創造物たち――それらは、大衆文学やのちの映画を席巻することになる――のイメージは、アンドルー・クロスのような電気学者たちの研究室からやって来た。もしそうだとすれば、そんな科学者や奇怪な創造物たちが住まう幽霊屋敷のイメージは、確かにニューステッドのような場所が出所となっていたはずだ。

　そういう類の屋敷や歴史を大衆の想像力のなかに持ち込んだ人びとの一人が、アメリカの作家ワシントン・アーヴィング〔ニッカーボッカー派の代表作家（一七八三―一八五九）、『スケッチ・ブック』（一八一九―二〇）で大成功〕だった。一八三五年に、彼はその周辺地域をめぐる旅の一環としてニューステッドを訪れている。そして、即座にその地の放つ魔力の虜になってしまった。彼が好んで描いたのは、中世の神話がいまだに力を揮っている土地に関する話だった。たとえば、近隣に広がるシャーウッドの森に、かつてひそんでいたとされるロビン・フッドと彼の陽気な無頼の仲間たちに関する伝説――夜な夜な回廊を歩きまわり、その姿が現れれば館の当主に何か恐ろしい運命が訪れるとされた「邪悪な修道士」の幽霊——召し使いの間で、古代の儀式や遊興に耽っているさまを今でも見かけられるらしい、モリス・ダンスの舞踏者や無言劇の役者たち——近くの採石場にある洞穴に住んでいるのを見かけられた、未婚のしわくちゃ婆さん——騎士と水辺のニンフに関するドイツのお伽話を心に思い浮かばせるような森——アビーの庭を朝から晩まで散策し、会った人とは口も利こうとはしない、白いドレスをまとった不思議な貴婦人云々……。

そのような話のなかでもっとも暗示力に富むものは、アーヴィングの手になる「ルーク・ルーム」の描写だった。これはバイロンの古い寝室につけられた名称である。その窓がミヤマガラス《ルッカリー》の営巣地に面していたからだった。誰もがこの部屋で眠ることを欲した。バイロン的な熱情の余韻を、時がそれを消し去る前に、せめてとらえておきたいという願望のゆえだったのだろう。

「ロマンティックなものを探索される旅人で、ここを訪れる機会をもった方はこの上もなく幸運であるといえましょう……」と、アーヴィングは書いている。彼の言葉の続きはこうである。

> と言いますのは、バイロン卿が一度ならず、神秘的な真夜中の訪問者に悩まされたと言明していますのは、まさにこの部屋での出来事だったからです。黒い朧気な人影がベッドに腰かけてかがみ込み、ひとしきり彼を眼光鋭く睨みつけたのち、マントを翻して姿を消したのでした。同じ不埒な亡霊が、この部屋でかつて蜜月の夜を過ごした新婚夫婦の眠りを妨げたともいわれております。

エイダが今や足を踏み入れようとしていたのは、この屋敷、このかつては聖なる場所であったが、今では霊魂や幽霊がどこにでも出没する汚れた館であった。

ワイルドマンは明らかに、訪問客を迎えることを楽しみに待ち受けていた。彼は会話のねたの一つにでもなろうかと思い、最新の科学的話題についてにわか勉強さえしていたのだ。しかしながら、彼の準備はすべて徒労に終わりそうな雲ゆきだった。彼がエイダとウィリアムをアビーの大広間に案内したとき、彼女はほとんど黙りこくったままで、熱心に質問してみても、気が乗らぬ様子でそっけなく返事をするだけだったのである。

*

しかし、ウィリアムに対しては、彼はたくさん話すことがあった。彼らは二人ともが、ちょうど大邸宅の改装をおこなったばかりだった。ウィリアムの装飾に関する審美眼は、多くの人びとによって怪しいものだと指摘されていた。そのためか、彼はワイルドマンの仕事の質の高さと趣味のよさを臆面もなく褒めちぎった。イースト・ホーズリーには蒸気の力で撓められた梁が据えられていたが、ニューステッドの大広間にはそれほどに人の目を惹くものはなかった。しかし、イースト・ホーズリーと同じく、ニューステッドには山のような中世のモチーフが溢れかえっていた。たとえば、意匠を凝らした紋章や甲冑、鏡板をはめ込んだ壁、オーク材の衝立《ついたて》、吟遊詩人のための広間などであった。ウィリアムは認めなければならなかった――ニューステッドの大広間はイースト・ホーズリーのそれと比べて、確かにより大きかったし、さらに設備もより心地よいものだったと。だが、こうも思えたのだ。それは何も邸宅の入り口の広間として使う必要はなかったのではあるまいか……。

主な部屋をいくつか、手短に案内してもらったのち、夫妻は自分たちの部屋に通された。それは古い回廊の上に位置し、ゴシック様式の噴水を見下ろしていた。ウィリアムは陰鬱な部屋だと思ったが、少なくともエイダの塞ぎ込んでいく気分にはぴったりだとも感じていた。

　翌朝になって、エイダとウィリアムの二人ともが、アナベラに手紙を書かねばならないという衝動に駆られた。バイロン伝説に浸りきったことに娘はどんな反応を示したのか、彼女は知りたがっているにちがいないからだ。アナベラ自身がよくわかっていた——その土地が訪問者の想像力に、いかに強くバイロンという存在を蘇らせるのかを。彼女は一八一八年にアビーを秘密で訪れた時に、その土地の感化力の強さを身をもって体験していたのだから。

　彼女はその時の経験を日記に記している。一九二八年にE・C・メインがアナベラの伝記の決定版とも呼べるものを出版した際〔六〕に、その内容は公になった。

〔六〕　エセリンド・フランシス・コルバーン・メイン（一八六五—一九四一）はアイルランド出身の女流作家で、『イエロー・ブック』の共同編集者でもあった。ヴィクトリア朝の抑圧された女性たちの家庭生活を描いた小説を数冊出したが、一九一二年にバイロンの伝記、一九二九年にバイロン卿夫人の伝記を出版している。

ちょうど今しがた、ニューステッドから帰宅したところ。日差し、青い湖、難を逃れた森の枝々に再び姿を見せはじめた若葉、荒れ地を一面に覆う黄色いハリエニシダのお陰で、まわりの風景は楽しげな様相を帯びていた。これには、完全に満足したといってもよい印象を覚えた。こうした風景に親しんでいると、友人の肖像画を見つめているような気持ちに捕えられた。
　大広間に入ると——犬［バイロンが可愛がっていたニューファンドランド犬の一頭］の姿を見かけた。それから、食堂に入った——B卿はその用途に使っていなかったが。彼はそこではよく運動をしたものだ。彼のフェンシングの剣と木刀がテーブルの上に置かれていた。その下には石棺があり、なかに頭蓋骨が四つ入っていた。彼はよくそれらを目の前に置き、ついに（彼が私に言ったことには）それらが動いた気がすると言い出す始末だった。

古い旗も見つけた。彼は誕生日に、それらをよく「城の壁」に掲げさせたものだ。彼が暮らしていた部屋は、あらゆる点で昔のままだった――彼が今にも入ってきそうなくらいに。部屋は荒れ果てたようには見えなかった。住み込みで彼の世話をしていたある女性が、屋敷が人手に渡ったことを悔しがっていた。ご主人さまはこちらにお住まいになるべきでした。とくに、ご結婚後はそうすべきでした。でも、奥さまがこちらに来られることはありませんでした。そういうような話を聞けた。そして、彼女は「ああ、可哀想な奥さま！　奥さまがこちらにいらっしゃることはもうございませんでしょう」と述べ、彼は「とってもL夫人［オーガスタのこと］がお好きで、本当に彼女を慈しんでいらっしゃった」と言葉を継いだ。まるで、彼の性格について彼女が立派だと思える部分はこのことのみといった様子だった。というのは、彼をG・B［バイロンの跡継ぎ、ジョージ・アンソン・バイロンのこと］と慈悲という点で比較すれば、相当に分が悪いという話だったから……。

彼が腰を下ろした胸墻《きょうしょう》と階段、彼が歩みを進めた大広間、そして彼の部屋――そこに私は無意識のうちに戻ってしまい、足に根が生えたように動けなくなった。

この経験によって霊感を得て、アナベラは次のような詩を書いている。

……私の記憶に蘇るのは、あのあまりにも落ち着きを知らぬ人の頭を、
最後に枕に載せていた、あのベッドの傍に立っていた時のこと――
その日の夕方、まるでここの住人がつい今しがたまでいたように、

その部屋の光景は、人気がないようにはまったく見えなかった。そんな思いに捕われて、足に根が生えたように動けなくなり、無意識のうちに、私は聞き耳を立て、まわりを見回してしまった。その一方で、捨てたはずの情熱がもう一度押し寄せてきて、私の心の玉座を奪おうとするのだった——その時まで空っぽだった玉座を。お願いだから、こんな思いは葬り去らせてくださいませ——こんなふうに欺かれて、再び希望を断ち切られてしまう前に！

こうした詩行は、アナベラが好んでつくった詩の典型的なものだった。すなわち、自発的な感情を少しばかり披瀝し、自分には「秩序づけられた感情」以上のものが備わっていることを示そうとする企みだった。ともあれ、他の彼女の詩作品と同様に、これは説得力を欠くものである。これは彼女の熱き感情の溶岩の噴出ではなく、それに似るように、注意深く彫琢を重ねてつくられたものでしかない。

しかし、エイダの内部には抑えきれない熱情があった。幼少期に恐怖の支配にさらされ、追放の憂き目に遭っていた熱情が、本当に心の玉座を陥れかねなかったのだ。では、どうだろう。アナベラの働きかけは、その一切が台無しにされてしまうのだろうか？　アナベラの手中に落ちていた娘の心を、バイロンがついにわがものとするのだろうか？

エイダが最初に実家に宛てて書いた手紙は、ほっとさせるような内容のものだった。激情が蘇りつつあることを示す徴候はまったくなかった。ワイルドマンはこの地で素晴らしい仕事をされました。バイロン家の人間なら、いつまで経ってもこれほどのことをするお金を貯められなかったでしょうね。こんなことをエイダは述べていた。彼女はまだ、父の部屋を見ていなかった。ただし、父の大伯父、〝邪悪な殿様〟に関する、よく人の口の端に上る話はすでに聞いていた。かつては彼女の先祖たちのものだった巨大な資産が、清教徒革命の時に円頂派〔この革命に際して王党派に敵対した議会派の清教徒たち、頭髪を短く刈り込んでいたのでこう呼ばれた〕に接収され、その後ごく一部分しか返還されていないことも彼女は知るに及んでいた。それがわかれば、なぜこの領地とその当主たちが、その後これほどまでに没落の一途をたどったのか納得がいった。

しかしながら、彼女は感づいていた。この地に注ぎ込んだ膨大な出費にもかかわらず、ワイルドマンはそれに命を吹き込むことには失敗しているのだ。彼女は落ち込んでしまった。まさしく、歴史と命が石と化してしまった「わが一族の霊廟」のごとくに、この地は感じられてしまう。この地と縁を切るためには、自分自身も石と化さねばならない――そんなふうに彼女には思われた。

ウィリアムはもっと事実に即した人間だった。ワイルドマンの手になる豪壮な邸宅について、まるで共同開発者のように、彼は自分の考える評価を披露するのだった。彼は室内装飾については褒め上げた。ただし、自分にはちょっと凝りすぎに思われると釘を刺した。庭園に植えられた樹木の数については彼は批判的だった。あまりに多すぎて、景観を遮ってしまうというのが彼の意見だった。

エイダはその後一週間ほど何も書かなかった。しかし、いざ筆を執ってみると、彼女の書きぶりは完全に違ったものになっていた。冒頭の段落からは、さして彼女が心を悩ませている様子は伝わってこない。彼女はこの土地にいくらか愛着を覚えると述べ、そのあとでワイルドマンを褒めたたえる言葉を書き綴っている。彼は子孫のために屋敷を守ってくれたのであり、彼女の一族の記憶を維持するために献身的に尽くしてくれたのだ。

より前向きな気持ちに至ったことをはっきりと示し、彼女は今や意気揚々とした様子だった。彼女の発する一言一言が、何か劇的なことがエイダに起こったという証拠をアナベラに突きつけていた。アナベラはますます、心中穏やかならざる気分に陥っていった。エイダはバイロン家がいつか再興を果たし、彼らの遺産を取り戻すという古い神話を伝えた。これがなし遂げられるのはエイダの世代においてであるらしかった。エイダは今回の訪問が自分の人生の転換点、つまりは「再生」であると宣言した。「今はこの古く由緒ある場所を、わたしの邪悪な父祖たちすべてを心から愛しています」――そのように、彼女の宣言はつづいていた。

娘がこのように態度を変えたことは、アナベラにとって完全なショックだった。エイダが到着してから三日目の九月十日に、すでに彼女には変化が起きていた。その朝、エイダは庭の散歩に出かけることにしていた。館と同じく、庭にも父の記憶が取り憑いていた。たとえば、悪魔の森と呼ばれる鬱蒼とした暗い森があり、それは養魚池の一つを見下ろすように繁っていた。それは〝邪悪な殿様〟によって植林された森で、サテュロス〔ディオニュソスの従者で、酒色を好む半人半獣の森の神〕やファウヌス〔上半身が人間で、下半身が山羊である牧畜の神〕の像があちらこちらに据えられていた。それらの樹木は、〝邪悪な殿様〟によるのちの領地破壊を生きのびることになった。バイロンが好んで足しげく通った場所の一つはそこだった。

今では暗く一面草木に覆われているところだが、森の中央に一本の楡の木があって、その一本の根からは二本の幹が伸びていた[2]。幹は相並んで成長し、それらから伸びた枝は絡まり合って、一つの樹冠をなしていた。ニューステッドが売られる前に、憂鬱な気分でそこを最後に訪れた際、バイロンとオーガスタが彼らの名前を刻んだのはこの木の皮だった。いまだに公には確証されていない近親相姦の疑惑を明々白々に物語る、この思い出の品はとても有名なものになっていた。そこで、P・T・バーナム〔一八一〇―九一、サーカス巡業でも成功〕という男が、五百ポンドでその木を買いたいと申し出てきた。（結局、その申し出は拒絶されたのではあるが。）この人物はアメリカ人の見世物師で、親指トム将軍を目玉に使ったフリーク・ショー〔奇形の人間や動物を呼び物にした見世物〕の全英巡業を終えたばかりのところだった。

（2）バイロンが自分の名前をオーガスタのそれに並べて刻んだ樹幹の断片は、ニューステッド・アビーの収蔵品のなかに保存されている。それは一般公開されている。その所有者であるノッティンガム市議会がごく控えめな介入しかしない方針を採っているために、アビーはその断片をほとんどもとの状態のままに保つことができている。その断片が醸し出す雰囲気は、それに相並んでわが名を刻もうとしたり、テーマパーク旅行まがいの気分でこの地を訪れる連中からありがたくも保護されている。バイロン、あるいは当然ながらロマン主義にいくらかでも興味をもつ人なら誰でも、この遺物から感銘を受けることだろう。

エイダはただ一人、この想像力を刺激する風景のなかをさまよっていた。大佐が彼女に接近を試みたのは、その時のことである。(3) 彼女はそれまでずっと口をつぐんだままだった。大佐はこれに心配を覚え、むしろおそらくは苛立ちを感じ、直接彼女に接触してみようと心に決めていた。彼がそれを実行に移したとき、彼女がずっと抑えつけてきた御しがたい熱情が、一斉に堰を切ったように流れ出し、好き勝手に暴れ回った。父を強烈に思い起こさせるこうした遺物に囲まれ、彼女は寂寥感と喪失感に圧倒されていた。だから、本当の感情を胸の内に深く押しとどめておかねばならないと感じていた。そのようなことを、彼女は大佐に語った。

（3）こうした内容の事件を表した記述は、ジュリアン・ホーソーン編『英国およびイタリアにおける覚書』（ニューヨーク、一八六九年）に見ることができる。この話は、ソファイア・アミーリア・ホーソーンが、一八五七年に英国を訪れた際に記した日記に基づいている。もとの話は、ある地方の宿屋の主人から彼女に語られたことになっている。細かな問題はあるにせよ、ソファイアの記述はエイダの手紙とは十分に辻褄が合い、かなり信頼するにたる資料であると思われる。

こうして心の拘束を解き放ったのち、彼女はワイルドマンに、父についてもうなんの遠慮もなく話せると感じた。その一方で、大佐はエイダの虜になっていった。のちに、彼は彼女についてこう述べている――今まで会った女性のなかでもっとも感じがよく、もっとも洗練されたレディだったと。ハロー校で同窓だった頃、大佐が記憶していることからはじまって、彼女は今や父に関するあらゆることを知りたくなってきた。

ワイルドマンが彼女に何を話したのか、まったく記録に残っていない。しかし、それは好意的なものだっただろうし、おそらくは追従に近いものだったのだろう。学校を卒業して以来、ワイルドマンとバイロンはほとんど関係をもったことがなかった。ワイルドマンが卒業後、すぐに軍役に就いたからだ。しかし、卒業後、彼はすでにニューステッドでの詩人の生活についてはオーソリティーになっていた。だから、彼はこれまですべての訪問客に語った話を、エイダにも聞かせてやり、彼女の残りの滞在期間を楽しいものにしてやったことだろう。

エイダが些細なことを父と共有していることに初めて気づいたのは、この時だったのかもしれない。たとえば、動物への愛情がそうだった。これは彼らをアナベラから完全に分けへだてるものだった。エイダはかつて母に、なぜ動物たちも苦しみに耐えなくてはいけないのと尋ねたことがあった。アナベラは詩をつくって、その質問に答えた。

なぜ、私たちと同じように、獣も苦痛を
味わうようになっているのか知りたいのね。
彼らの魂は天国で休まることがないし、

天に召され、祝福されるために地上で苦しむわけでもないの……
それだから、もし、彼らが小さい時に叩かれても、
彼らは、それゆえに地獄に落とされるなんて夢にも思わないのよ。

バイロンの態度はまったく違っていた。エイダが犬のスプライトとネルソンを可愛がったように、彼もまた自分のニューファンドランド犬たちを可愛がった。気分が塞いでいるとき、彼はよくこんなことをするので有名だった。彼はボートを漕いで湖の中央までゆき、水のなかに飛び込むのだった。そして、そのままじっとして、自分の忠実な犬たちに岸まで引っ張り上げてもらうのだった。彼がもっとも愛した犬のボースンが狂犬病に罹り、いまわの際の痙攣を起こしている時だった。彼はその大きな毛むくじゃらの生き物を両腕で抱え上げ、口から滴り落ちる病原菌を含んだ唾液を拭いてやった。さらに、それが死んだのち、彼は昔アビーの高祭壇のあったあたりの向こうに巨大な墓を建て、そこに犬の亡骸を安置した。エイダはアシュリー・クームでは、自分の飼っている小動物たちが廊下や部屋を走り回っても一向に気にしなかった。それと同じように、ニューステッドの回廊や広間を動物たちが好き勝手にうろつき回っていたことを、彼女は知るに及んでいたのかもしれない。ただし、この場合、動物たちはもっと風変わりな連中——つまり、熊、狼、何匹かの亀、ハリネズミ——だったけれども。

修道士たちがかつて僧院の墓地にゆくために使った通路を、バイロンは大浴場に改装していた。その浴槽を見学しながら、彼女は自分と同じく、父も水浴が好きだったことを聞いたのかもしれない。さらに、二人とも変わりやすい体重をなんとかコントロールしようとしていたことも、彼女は聞かされたのかもしれない。ただし、彼女の場合は直流電気療法と水泳という管理体制で体重調整に努め、父の場合

は泥風呂と冷水浴でそれを試みたのではあったが。また、近くの粉屋を頻繁に訪れ、父が体重を計測してもらっていたことも、彼女は耳にしたのかもしれない。

ところがである。ニューステッドではそんな些細なことなど足もとにも及ばない、もっとセンセーショナルな生活が営まれていた。そのことについても、彼女は聞かされていたにちがいない。たとえば、こんなことである。バイロンはノッティンガムシャーの宝石商に亡くなった修道士の頭蓋骨から酒瓶をつくらせ、それでワインをがぶ飲みしていたのである。部屋付きのメイドと室内遊戯でいちゃつくこともあった。乱痴気騒ぎの酒宴を催し、彼はゲストに修道士の衣装をまとわせ、大広間においた石棺のなかに順番に寝そべらせたりもしたのだ。

刺激的すぎる細かな話、常軌を逸した挿話、母から聞かされたいろいろなこと、父の詩の内実、メドーラの事件——そんなことがごちゃ混ぜになって、エイダの心に抗しがたい影響力を及ぼしたのは必然的なことだった。彼女は信じた——自分が人生における「新局面」に至ったにちがいないと。彼女は旅行から戻ったとき、そのような状態にあった。

アナベラはエイダの啓示の瞬間に対して、ちゃんと手を打っておいた。彼女は憤慨と猛烈な自己弁護で溢れんばかりの手紙を書き送ったのだ。突然のことだった。この冷たい自己抑制の山のような女が、本当の感情の溶岩を噴き出して爆発したのだった。そして、エイダはその奔流のなかに今にも呑み込まれそうだった。

アナベラはエイダを責め立てた。バイロンをなんらかの理由で見捨てたのは母のほうだという見解、つまり前夫の〝狂信者ども〟が蔓延させた見解に、彼女がまんまと引っかかってしまったからだ。その〝狂信者ども〟に当然のことながら、ワイルドマンも仲間入りしようとしていた。事実をいえば、アナベラは別居後でさえ、夫を救ってあげたのだった。夫がオーガスタとの駈け落ち計画を実行に移すのを、彼女は阻止したのだった。（彼女は確かに、そう仄めかしている。）彼が駈け落ちによって、自分の評判を台無しにしてしまわずにすんだのは、彼女のお陰だった。

娘を脅すための武器を手に入れようとして、アナベラはエイダの子供たちを捕まえた。孫たちは自分のことをこんなふうに信じ込むかもしれない――あのね、お婆ちゃんって、バイロンっていう人の古いお話に出てくる、あの冷たくって、抜け目のない女の人なの？　孫たちがそんな話を真に受けるようになってしまったら、アナベラはもうあんな子たちとは縁を切ってやろうとまで思ったことだろう。

自己正当化――やり方がどうであれ、それにはアナベラは反感を覚えた。だから、当然ながら、自分を正当化するのは嫌だと彼女は主張した。しかし、今回に限り、他者（おそらくは孫たちのことを指しているのだろう）のために、みずからの本来の立場を曲げて、自己正当化をせねばならぬのだ――そう彼女は結論を下した。

このような度肝を抜く手紙を受けとるのは、エイダにとって初めてのことではなかった。それにはウィリアム宛のメモ書きが同封されていた。こんな手紙を渡せば、あまりにも強烈なショックを妻に与えかねなかった。そのショックをやわらげる方策を考えようと、彼は手紙をしばらく妻に渡さずにおいた。だが、この手紙を受けとったことで、その差出人にたいする、彼の忠誠心に少しずつ変化が生じはじめていた。彼が手紙を秘匿したことには、自分の心の変化のゆく末を見極めたいという思いも手伝っていたのかもしれない。アナベラは、やむを得ない事情によって、自己正当化をしているのだと述べた。その奇妙な幻想を彼が受け入れたかどうかはともかく、家族にたいする脅威は彼の気持ちを動かしたのかもしれない。アナベラが子育てだけではなく、彼の公的立場を高めるのに大いに手を貸してくれたのは確かだった。巨額の融資に応じたのも、中央の大物に彼を紹介したのも彼女だった。彼女はまた、ヴィクトリア朝的美徳の鑑として（おそらく、すべて例の自己正当化のゆえに）社会的崇拝の対象となっていた。二人の関係に亀裂が走るとすれば、世間がどちらのほうを悪くいうかは、火を見るよりも明らかだった。

ウィリアムはエイダにどんな形でさえ、前言を撤回させたりとか、弁解させたりして状況の改善を図ろうとはしなかった。これは彼の名誉になることだった。彼は妻に手紙を渡し、自分で返事をさせた。返事のなかで、彼女は断固とした防御の姿勢で応じた――おそらく、これは罪意識で気分が高まったせいだろう。そして、彼女は暗に、アナベラを過剰反応していると非難した。お母さんが手紙のなかで言及しているのは私ではなく、ご自分が想像力でつくられた架空の人にすぎません――エイダはこんなふうに指摘した。ニューステッドはアナベラ批判、あるいはオーガスタ擁護の動きを醸成する温床ではなかった。ワイルドマンはエイダを焚きつけて、父の味方につかせるようなことはしなかった。彼は根拠のある主義主張を敵に回すような人間ではなかった。

自分の正しさを証明するために、エイダは父を弾劾する言葉を付け加えた。父の実の娘にたいする振る舞いは「不公平で悪意に満ちたもの」でしたと、彼女は宣言した。（このことで彼女が何を意図していたのかは不明確である。おそらく、それは父の詩における自分の扱いについての言及なのだろう。）

弾劾の言葉を得ただけでは不十分だった。孫たちを縁切りにしてやると脅しても目標が達成できないと見るや、アナベラはこの件がもとで病の床に伏しましたと愁訴する手に出た。アナベラはこの戦術を以前に使ったことがあった――エイダの振る舞いが原因で虚脱症の危機に陥り、命さえ危ない状態だと訴えつつ。しかし、今度の場合、そんなふうに脅してもうまくいかなかった。エイダがアナベラに宛てた返答はそっけないものだった――もしお身体をこわされているとすれば、原因は私の行動ではなく、ご自身の妄想でしょう。

ニューステッドでの出来事はエイダに根本的な変化をもたらした。彼女は人生の大半を母の催眠術に操られて過ごしてきたが、ついにその桎梏から解放されたかのようだった。ニューステッドは彼女を、一生つづくかと思われた催眠状態から揺り起こしたのだ。

*

一週間後、ウィリアムとエイダは旅をつづけるためにニューステッドをあとにした。彼らはボルゾーヴァー城〔イングランド中部のダービーシャー東部に立つ古城〕に立ち寄り、ハードウィック・ホール〔ハードウィックのベス、すなわちシュローズベリー伯爵夫人エリザベス・タルボットが十六世紀に建てた、ダービーシャーにある豪壮なカントリーハウス〕を眺め、キャッスルトン〔ダービーシャー北部のピーク地方中央部に位置する小村〕に到着した。ここはバイロンに関係があるもう一つの土地だった。五十年前に、バイロンは従姉で初恋の相手メアリ・チャーワスと共に、この地を訪れたことがあった。

バイロンとメアリは蝋燭を灯したボートに乗り、キャッスルトンの深い洞穴と地下の湖をめぐる、一生忘れられない旅を楽しんだ。洞穴の天井が低く落ち込んでいるところでは、船頭が水にどっぷり浸かって後ろからボートを押した。そのとき、バイロンとメアリはボートの底に互いに寄り添い横になった。初恋へと一気に駆け上がり、高揚感はバイロンのなかであまりに強い力を発揮した。だから、二十年を閲《けみ》したのちも、彼はその時の気持ちを表す言葉を見つけられそうになかった。

エイダとウィリアムが、そんなロマンティックな冒険を再現したとは考えられそうにない。実際、彼らはキャッスルトンをあとにしてからは、違う旅程をたどることになった。ウィリアムはリンカンシャーへと向かった。疑いようもなく、最新の農業技術と畜産方式を調査するためだった。この二つは彼の主要な関心事でありつづけ、今や自分で科学論文を書く際のテーマになっていた。一方、エイダはドンカスター〔イングランド中部シェフィールドの北東三〇キロほどにある都市〕に競馬を見にいった。

競馬とは、夫妻の旅において頻繁に現れている話題である。もっとも心待ちにされた訪問地の一つが、ゼットランド家の故郷、ヨークシャーのアスク〔北ヨークシャーのリッチモンドのすぐ北に位置する小村〕だった。ニューステッドに到着する前に、彼らはアスクを最初に訪問していた。第二代ゼットランド伯爵トマス・ダンダス〔一七九五―一八七三、ホイッグ党の国会議員〕と彼の妻のソファイアは競馬への興味を通じて、エイダの友人になっていた。彼らは、エイダのお気に入りであり、当時もっとも有名な馬の一頭だったヴォルティジュール〔仏語で空中曲芸師を意味する語〕の所有者だった[4]。

（4）ヨークで開催されるある競馬は、その名声をたたえるためにヴォルティジュールの名を冠されている。

エイダの馬にたいする熱狂ぶりは、すでに一八四〇年代後半の段階で高まりを見せていた。一八五〇年の春までに、エイダの馬好きはひどく昂進してしまい、うっかり母にさえ馬の話をしてしまうほどだった。アナベラが、そうした娘の傾向を強く咎めていたにもかかわらずである。賭け事はバイロン的な特性なのだった。バイロンの父を破滅させたのは賭け事だった。バイロン自身は、もうそれには手を出さないと言っていた。しかしながら、彼は賭博師たちとの付き合いを求め、彼らの危険を求める渇望に魅惑され、彼らの生きざまに興奮を覚えた。「カードを一枚ずつめくったり、ダイスを振ったりして、賭博師は生き長らえているのさ」――バイロンはそう述べている。

賭け事は今や、エイダをも生き長らえさせているようだった。彼女の賭け金は際限なく増え、危険も際限なく高まっていった。一八五〇年までに、彼女はすでにどっぷりと借金に浸かっていた。ヘンリー・カリーというロンドンの銀行家から五百ポンド、母からさらに数百ポンド借りていた。母からは「旅行資金」が必要だからといういいわけで、借金をしていた。彼女は支出を切りつめようと試みた。膨らんでいく債務を支払うためであったし、なんとか経済的自立を保っているふりをするためでもあった。彼女は個人用のメイドを雇うのをやめ、家計費の細々とした記録をつけた。(家計費のなかにはもっとも僅かな出費——たとえば、月一ペニーかかるだけの氷代——を含め、彼女は自分が生まれつきの倹約家だと信じ込もうとしていた。)こうしたやり方は期待された効果をもたらさなかった。一八四九年には、彼女はウォロンゾーに手紙を書き、自分の経済状態がいかにひどいありさまになってしまったのかを母に知らさないで欲しいと懇願した。

アナベラはエイダに借金があることは聞いていたが、それがどれほどまで膨らんでいるのかは知らなかった。最初の頃、エイダは音楽や本にかかる一時的な出費のために借金をしていると言い抜けていた。この説明にはどうも納得がいかず、アナベラは甘言を弄して徐々に事実を聞き出していった。一八五〇年五月、エプソム〔イングランド南東部サリー州の町〕でのダービー競馬の翌日までに、エイダはあからさまに賭け事で借金を重ねたことを認めている。しかしながら、彼女はその金額については、まだアナベラには教えないでおいた。

その年、ダービー競馬は彼女のお気に入りである、ゼットランド家のヴォルティジュールが勝利を収めた。しかし、彼女は明らかに他の数頭の馬にも賭けていた。それらはあまりかんばしい成績を上げず、結果としてその日は大損に終わってしまった。ドンカスター競馬に出かけた際は、彼女はヴォルティジユールに賭けた。おおかたの予想では、フライング・ダッチマンが優勝杯を獲得すると思われていたので、突然に賭け馬が勝利して彼女は大いに懐を肥やした。

ドンカスターから彼女はウィリアムと合流し、北部周遊旅行の最終段階へと乗り出した。それは湖水地方への旅だった。のっけから機会をとらえて、エイダは予定の旅程を外れ、山岳地帯へと歩みを進めた。〔七〕彼女は濃い靄のなかをヘルヴェリン山とスキドー山に登り、ボローデールとバターミア湖を横切る山歩きを楽しんだ。最後のバターミア湖では、豪雨に見舞われ、小川が滝のように山肌を流れ落ちるさまを眺めた。

〔七〕ヘルヴェリン山は湖水地方のほぼ中央部に位置する海抜九五〇メートルの山で、スキドー山は同地方の北部にある海抜九三〇メートルの山。ボローデールは湖水地方の中央部の山岳地帯から、北のダーウェント湖に至る渓谷で、バターミア湖は同地方の北西部にある、長さ二キロ、幅四〇〇メートルほどの湖。この湖は北にあるクラモック・ウォーター湖とつながっている。

他のどこでも見せたことがないような楽しげな表情が、その地を訪れたエイダの顔には浮かんでいた。まるで、何かの障害を乗り越え、みずからを解放したかのように見えた。彼女は十月に一人でアシュリー・クームに帰ってきた。気分は上々で、活力に漲っている観があった。

エイダが家に戻って最初にやったことは、友人たちと連絡を取り合うことだった。友人たちとは男ばかりの小集団だった。彼らは彼女と同じ精神的傾向、さらに同じユーモアの感覚をもっていた。おまけに、仮に内密の話をしたとしても、それを思慮分別をもって扱ってくれると、彼女が太鼓判を押せるような人たちだった。彼女にとって、こうした男たちとの交際は新しい生活、つまりジョン・クロスと出会った直後にはじめるようになった生活全体の中心をなしていた。その生活はまたも科学を含むものだったが、別の関心事もいくらか混ざり込んでいた。ところが、その別の関心事というのが、何か他の口実や策謀によってぼんやりと隠されていて、どれが本物の関心事なのか、今日でもなかなか判然としないのである。「人生の大いなる目的は感じることだ――たとえ、その感覚が痛みであったとしても、みずからが存在することを感じることなのだ」――彼女の父はかつて、母に宛ててそう書いたことがあった。それは今や、彼女が生きる上での指針になったようだった。

彼女がまっさきに手紙を出した相手の一人はチャールズ・バベッジだった。この時期、彼女はバベッジ宛に大量の手紙を出しているが、それぞれが妙なことに謎めいた言及を含んでいた。今回の手紙もそうした類の一つであって、それに含まれた謎めいた言葉は〝病人〟だった。その言葉が誰を指しているのかはなんら示されていなかった。

そうした言及は無邪気なものだったのかもしれない――おそらく、それは彼女のお気に入りのペットの一匹を指していたのだろう。一八四八年の十一月に自分が可愛がっていた鳥の一羽が死んだ時にも、彼女は慰めを求めてバベッジに手紙を書いているからである。彼の返事の内容は、剝製業者にそれを送る手配をしたというものだった。彼はまた、鳥好きの友人から聞いた話では、食べすぎで死んだ生き物はよく剝製にされるものだと書き加えていた。

しかしながら、そうした場合、バベッジはおそらく暗号を使って書いていたのだろう。その後すぐに彼が出した手紙のなかでは、その不幸な鳥の死因を探るための死後解剖について、奇妙なほど詳細に語られているからである。その手紙は「ムクドリ」を訪問診察した時の結果で締め括られていた。「ポリー」の嫉妬を招く危険性はあるが、彼はそれを家まで連れてくることを勧めている。「ポリー」とはおそらく、オウムのことなのだろう。それは見るからに奇妙な書状だった。とても些細なことについて、通常あり得ないほど、事細かに説明されていたからだ。さらに奇妙だったのは、書き出しが些末なことに言及しているのに対し、最終部がもっと重々しい事柄を論じていることだった。たとえば、彼の〝機関〟に関することや、王立学士院における議論で締め括られているといった具合である。

エイダは確かにオウムを所有していたし、ムクドリも飼っていた。おそらく、バベッジはこの機会をとらえて、秘密の伝達内容を暗号化するために、無邪気な語彙を使っていたのだろう。他の場合には、彼は単純に彼女の鳥類に関する興味に応じていただけなのかもしれない。

もう一つの選択肢として、病人とはまさに本当の人間を指していたのだとも考えられる。ある時のこと、バベッジはあからさまに、友人のジェイムズ・サウス卿〔一七八五―一八六七、王立外科医学院の医師だったが、有利な結婚後は天文学者に転じた〕が今〝彼女〟を診察中だと述べているからである。サウスは傑出した天文学者・医師である――哀れなオウムの診察に当たるには、どう見ても立派すぎる人物に思える。事実をいえば、この手紙と次の手紙は、この問題について完全に異なる謎解きの方法を提供している。バベッジは手紙のもう少し先のところで、エイダのメイドに渡すようにとジェイムズ卿から本を受けとったと述べている。おそらく、ここで言及されているメイドは、メアリ・ウィルソンという女性だろう。エイダがついにメイドなしでやっていくと宣言したとき、バベッジの自宅から駆り出されたのが彼女だった。おそらく、病人は彼女だったのだ。[5] しかし、それにしても、彼女はエイダの賭け事のための仲介役にもなりかかっていた。秘密の関係者に用件を伝える伝達役として使われることも頻繁にあった。だから、エイダとバベッジの関心の源はメイドの病状ではなかったのかもしれない。

(5) エイダとバベッジの手紙のなかで言及されている〝病人〟がメアリである証拠は、随分とややこしいものである。バベッジからエイダに宛てて、一八五一年一月十三日に一通の手紙が送られている。それがラヴレス文書のなかから出てきたのだが、証拠というのはそのなかに含まれているのだ。この手紙には、バベッジがジェイムズ・サウス卿からあるものを受けとり、それを転送する旨記されている。ジェイムズは、それがメアリにとって役に立つだろうと考えたのだ。バベッジの筆跡は読みとりにくいのだが、そのあるものが本だったと考えてもおかしくないようだ。

こうした意味深な言及はさまざまなことを疑わせるものだ。しかし、エイダの手紙からは、他にも不思議なことが朧気に立ち現れてくる。たとえば、バベッジに宛てた他の手紙のなかには、〝本〟に関する言及が数箇所ある。彼らの手紙で言及されている他の多くの本とは違って、どちらの差出人もこの〝本〟のタイトルを挙げていない。このことは、その本が何か特別なものであることを示唆していないだろうか？　一八四九年にバベッジに送った短信において、エイダはこんなことを書いている。「あの晩、お越しになったので、ひどく慌てて戸惑いましたわ。（来られるとは夢にも思っていませんでしたもの。）ですので、ちゃんとお話しすることもできませんでした。でも、あんな変な対応でしたけど、お会いできて本当に嬉しかったわ。あの本の件でも、本当に幸いでしたわ」。

彼らは定期的にこの大事な本について言及し、お互いに手渡しを繰り返していた。実際、それはあまりにずっと使用されてきたので、エイダは装丁状態について心配さえしている。

想像されることは、その本はエイダが一八四〇年に初めて言及した数学雑記帳だったのではということだ。しかし、これはあり得そうもないことである。他の手紙では、彼女は自分の雑記帳を、ただ単純に雑記帳と呼んでいるのだから。彼女とバベッジは今や、不可解な言語を使用するに至った。では、なぜ彼女は突然にそんな言語を使いはじめたのだろうか？

より魅惑的な可能性が残されている。それがエイダの知性が産んだ二番目の「子供」、すなわちメナブレア・ノーツの続編ではなかろうかという可能性である。アンドルー・クロスの二番目の妻コーネリアの証言によれば、彼女が一八六〇年代にバベッジのもとを訪れた際に、彼がある約束をしてくれたらしいのである。それは「レディ・ラヴレスの数学研究にかかわる、数篇の面白い論文」を見せてあげるという約束だった。これらの論文のなかに、未刊行の手書き原稿が含まれていたという可能性があるのではなかろうか？

もしそうだとすれば、そのテーマはほとんど確実に、数学と音楽にかかわるものだったはずだ。（数学と音楽にかかわるテーマとは、現代のコンピュータ開発者たちの幾人かを捕えて離さない重大関心事となる。）一八五一年秋に母に宛てた手紙のなかで、エイダは音楽と数に関する「ある著作」に没頭していると伝えていた。そのテーマが最初に姿を現したのは、メナブレア・ノーツにおいてであった。当時、彼女はどうすれば解析機関を利用して音楽をつくることができるのか考えていた。「たとえば、いくつかの任意の高さの音があるとしよう。それらの音の基本的関係を〔解析機関が数を操作するように〕表現したり、調整したりできればどうだろうか……。機械が無限の複雑さと音域を含んだ、精巧で科学的な音楽をつくり出すことができるのではなかろうか」。おそらく、彼女は次のような思いに至っていたことだろう。音楽的ハーモニーの根底にある「基本的関係」は、神経システムと脳のやりとりの根底にある基本的関係を、なんらかの仕方で反映しているのではないかしら？ もしも後者の基本的関係を解き明かせば、なぜ人間が音楽的ハーモニーをあれほど本能的に好むのか、わかってくるのじゃないかしら？ 催眠術師たちは人体を有機的磁石だと想像していた。それに対し、エイダはおそらく人体をある種の音叉《おんさ》、すなわち天球が奏でる音楽〔ピタゴラス学派が考えた、天球層の運動によって生まれる音楽。神々にのみ聞こえ、人間には聞こえないものとされた〕と同調し、振動している音叉として考えはじめていたのだ。そういうわけで、音楽の数学的解析は、彼女がその当時追い求めていた「神経システムの微積分学」の基礎を与えてくれそうに思えたのだった。

　また同時に、この「神経システムの微積分学」への探求こそが、エイダをより純粋に理論的な科学的研究の領域へと誘《いざな》ったのである。科学的研究といっても、それは今までのとは違った種類のものだった。それは電気学や磁気学を超え、宇宙の「分子的」構造という概念に至る研究だったのだ。「また、会っていただけますか？　科学についていろいろ質問がありますので」と、彼女はある日、いつものように無遠慮な調子でバベッジに告げた。「今は、質問の概略しかお伝えできません。私の興味の対象――つまり、分子の力や理論――にとくに関係がある、ドイツの科学・数学関係の著者や著作について知りたいのです。こうした事柄のいくつかにおいては、ドイツ人たちは私たちよりも進んでいると、私は信じております。そういう方々に接触さえできれば、誰でも私と同じ信念を抱くはずでしょう」。彼女がこうした事柄に興味を抱いたのは、疑いようもなく、それらが惑星の物理学を身体の生物学に結びつけてくれるはずだという思いにかかわっていた。

　ドイツ人たちと「接触」できるよう取り計らってくれる別の男性と、彼女は緊密な関係を保っていた。それはジョン・クロスだった。彼はファイン・コートで彼女と出会う少し前にドイツを訪れており、その後すぐに同国を再訪問するつもりだった。「親愛なるバブおじさま」――彼女は今やバベッジをそう呼んでいた――ではなく、彼女は「お若いクロスお坊ちゃま」との面会を求めるようになった。ドイツの科学への興味以上の刺激を与えてくれそうだったからだ。

＊

エイダの生活に踏み込んだ瞬間から、ジョン・クロスという男は気味の悪い存在だった。彼は自分の足跡を隠したがる、掴みどころのない性格の人間だった。彼はエイダと交わしたほとんどすべての手紙を処分させられてしまった。(6) そのなかには、とくに害悪をもたらしそうな十八通の手紙が含まれていた。それはウォロンゾー・グレグが、エイダの死後、彼女の名誉を守るために手を回した方策の一つだった。かくして、クロスの存在の痕跡を、一般に利用されている伝記的資料のなかに見出すことはほぼ不可能である。

(6) ただし、ラヴレス文書のなかに、彼がエイダに送った一通の手紙が残っている。そのなかで、彼はみずからが受けたある手術の経過について知らせている。また、「ＪＣ」と読める走り書きされたイニシャルを含む、おそらく彼によって書かれたであろう別の手紙も残っている。

しかし、現在残っている僅かな資料だけでも、彼がエイダが知っているどの人間とも似ても似つかぬ存在であることを明らかにするには十分である。彼は情熱的で、押しが強い人物であり、すぐにかっとなる性格で、辛辣なウィットに富んでいた。そういった性質は、彼がエイダに書いたある長文の手紙において明々白々に現れている。その現存する手紙の中身は、『ウェストミンスター・レヴュー』に掲載された、『痕跡』およびフンボルトの『概説』にたいする彼の書評にかかわっていた。その手紙が処分されずに済んだのは、エイダがそれをバベッジに転送したからだ。バベッジの雑多な書類に混じって、それはうまく難を逃れたというわけである。

ウェストミンスターに載った論文の一部に今、ざっと目を通してみました——印刷屋はひどい見当違いな歪曲や言い違いが大好きな、胸くそが悪くなる犬みたいな奴です。あいつのお陰で、私は地球が太陽のまわりを回る公転時間（太陽の自転時間ではなくて）は太陽の体積によるといったことにさせられてしまいました！（これでは、フンボルトはもとの議論と全然違うことをいったことになってしまいます。）高名なお歴々の名前も情け容赦なく汚されています――段落の書き出しが最後に回されているのですから。原論文の要約が引用として載せられています――ギリシア語の単語がボップや、ポットや、グリム〔八〕や他の――誰でもいいのですが――名前が単音節の学者を当惑させる語形に変えられています――（辛辣さの極みなのは、こうした方々の名前自体が間違った語の語根になっていることです）――バベッジ氏の注は、議論の海洋に関する部分につけるべきなのですが（私はそこに挿入するよう指示しましたが）、海洋にはまったく関係ないものとまじり合い、孤高の雰囲気で鎮座している次第です――掉尾《ちょうび》を飾るのは「痕跡」の書評であり、……適切な場所にはめ込まれず、道に迷って疲れ果てた旅人みたいに登場しています。

〔八〕　フランツ・ボップ（一七九一―一八六七）はドイツの言語学者で、インド・ヨーロッパ語族の研究におけるサンスクリット語の重要性を唱えた人物。アウグスト・フリードリヒ・ポット（一八〇二―八七）もドイツの言語学者で、歴史言語学的にインド・ヨーロッパ語族を研究し、とくに語源に関する研究業績で知られる。グリムはヤーコプ（一七八五―一八六三）とヴィルヘルム（一七八六―一八五九）のグリム兄弟を指す。兄弟で民間説話や古代中世文学などの研究をおこなった。また、兄は学者肌でドイツ法令研究やドイツ語文法の研究もおこない、弟は温厚な人柄で知られ、主として文芸研究に力を注いだ。

エイダはこの男に対して強い感情を抱いた。彼女の感情の強さを実証するさらなる証拠がある。それはちっぽけだが、強烈な力をもった証拠である。彼は一八八〇年にファイン・コートにおいて、見るからに穏やかで上品な様子であの世に旅立った。その際に、彼は子供たちに二つの遺品を贈っている。四世代にわたる時が流れたのち、今でもそれらは彼の子孫によって大切に保存されている。それらは血玉髄《ブラッドストーン》の認印付き指輪と、バイロンがエイダに送った彼の一房の巻き毛だった。その巻き毛は、彼がアナベラに宛てた最後の手紙に同封されていた。それは父が娘に、個人的に与えた唯一の遺品だった。

エイダにとって、その指輪と巻き毛はアリアドネの糸のような存在だったにちがいない。自分の人生と家族の歴史という時の迷路を貫いて、その糸は長々と張りめぐらされていた。その糸が結んでいたのは、外側の現実世界と神話的なミノタウロスが跋扈《ばっこ》する内なる闇の世界だった。ミノタウロスとは——半ば醜き獣であり、半ば美しき男でもあり——彼女の父がヴィクトリア朝の人びとの想像力のなかに現れた姿だった。ニューステッド訪問は、迷路の入り口に足を踏み入れる行為に似ていた。彼女は生温かい、鼻を突く息の臭いを感じていた。家族の過去の臭いがそこから立ち上っていたのだった。これらの遺品をクロスに与えることによって、彼女は彼を自分のテセウス〔クレタ島の迷宮で、怪獣ミノタウロスを殺したギリシア神話の英雄〕にしたのである。彼こそが、渦を巻くような迷宮の深みへと分け入ってくれる男だった。

このような段階を経て、彼女は母の影響力によって踏み入ることを許されなかった世界に、突然にその身をさらすことになってしまった。彼女は、より生彩に富むにせよ、お世辞にも品のよくない階層の人たちに出会いはじめた。暗闇から貧しそうな男が突然に現れ、ライフルと一組のピストルを彼女に突きつけたことがあった。男はオーガスタ・リーの一族の者らしかった。彼は、お目にかけたものはかつてお父上の持ち物でしたと捲し立てた。（その男がオーガスタの一族の者だったことはあり得そうな話だ——何しろ、彼女と血のつながった連中は、ほとんどいつも金銭的に破綻状態にあったのだから。）

彼女は別の怪しげな人物にも強い情愛を感じはじめていた。それはバベッジの友人のフォーチュナート・プランディ〔三九九頁参照〕だった。プランディはウィルキー・コリンズ〔英国の探偵小説家（一八二四—八九）、代表作『月長石』（一八六八）〕の小説から抜け出してきたような人物で、本国イタリアでの革命を企てるため、一八四〇年代と一八五〇年代のロンドンに集まったスパイや亡命者たちの一人だった。彼はイタリアの偉大な愛国主義者、ジュゼッペ・マッツィーニの仲間だった。マッツィーニはロンドンを本拠地として、イタリアにおいて共和主義革命を起こすべく、飽くことなく煽動活動をおこなっていたのである。

　マッツィーニは、イギリス政府が自分の（そして当然ながら、プランディの）私信を検閲しつづけてきたことを証明した。その結果、国家と個人の関係についての有名かつ重要な議論に火がついてしまった。エイダが一八四〇年代末から一八五〇年代の初めにかけて、ある時期、プランディへの特別重要な連絡には郵便を使わなかったことには、こうした理由があったのだろう。（しかしながら、至急連絡する必要があったことのほうが、よりあり得そうな理由ではあるが。）

　手紙は匿名で二箇所に宛てられた。(7) その一つがロンドンのペルメル街にあるアセニーアム・クラブ〔九〕だった。何か特別な用事を頼むために、彼を捕まえる必要があったのだろう。

(7)　この手紙は興味をそそるものだが、その詳細が不明なために、逆に苛立たしい思いもさせる。このいまだかつて未刊行の手紙は、プフォルツハイマー・コレクション、参照番号 B.ana 70 に収録された、エイダからプランディ宛の日付無しの手紙である。

〔九〕　バイロンの出版者のジョン・サミュエル・マリ（一七七八―一八四三）、政治家・作家のジョン・ウィルソン・クローカー（一七八〇―一八五七）、化学者のハンフリー・デイヴィ卿（一七七八―一八二九）らが一八二四年に設立したクラブ。科学、文学、芸術、公的貢献において傑出した業績をなした人びとにのみ入会が許されていた。

親愛なるプランディさま。貴方さま以外誰もできない、もっと重要な用件をお願いしたく存じます。

貴方さまにお会いしたかったのですが——一、二時間のうちに来られると思いますので、ここに手紙を残させていただきます……。

　書面で説明できますことは、六時に私のところにお越しいただき、深夜まで私が命じるがままに振舞っていただきたいということだけでございます。きちんとした服装でお願いしたいのですが、あまり派手になってはいけません。少々身体を使ってもらいたいのですが、冷静さもお願いする事態になりそうです。このように勝手なお願いをいたしますのは、火急の事情のゆえでありますことをご理解ください——しかし、貴方さまでしたら、きっと解決していただけることでしょう。署名はご容赦ください。私のことを一緒にジェニー・リンド［歌手］〔一八二〇—八七、「スウェーデンのナイティンゲール」と呼ばれ、ヨーロッパで一世を風靡した天才オペラ歌手〕を聴きにいった女と思し召しください。六時にお待ち申し上げております——。


　エイダがプランディにおこなうよう求めた「用件」がどんなものだったのか、さらになぜ彼だけがそれを果たすことができたのかを知るすべはない。彼女が彼の服装について指示を与えていることから察するに、おそらくその用件のなかに、彼が公の場に現れることが含まれていたのだろう。多分、社交場にゆく約束を果たしたり、あるいは演劇の公演に出かけたりして、彼が公の場に姿を見せることになっていたのだろう。

　プランディがなんの用件を果たすことになっていたにせよ、エイダはそのことを楽しんでいるようだった。ヴィクトリア朝のエリートが行動や態度において次第にブルジョア化していくにつれ、エイダもますます常軌を逸した振る舞いをするようになった。振舞い方と同様に、この変化は彼女の考え方にも反映されていった。とりわけ、彼女の〝異端説〟はますますその度合いを強めていくのであった。そのことに関して、義理の姉のヘスターは、彼女の宗教に関する意見をときにショッキングなものであったと証言している。小説家・政治家のエドワード・ブルワー＝リットン〔一八〇三―七三、政治的急進性、派手な女性関係、ダンディな振舞い、冒険物語的な作風など強いバイロニズムの影響下にあった小説家〕に宛てた、短いけれども、とくに強い親密さを感じさせる手紙のなかで、彼女はほとんど完全な唯物論者になった姿を垣間見せている。[8] ブルワー＝リットンといえば、父と同様に世間の顰蹙《ひんしゅく》を買いながら、最初の妻と別居した人物だった。〝未来性《フューチャリティー》〟とは当時、来世にたいする信仰を表すのにしばしば使われた言葉だった。ところが、その言葉は自分にとって空腹と同様、肉体的本能や反射運動を意味するにすぎないと、彼女はリットンに述べたのだった。彼女は、それが霊的な次元にまで広がりをもつ言葉だとは決して信じなかった。「私は自分自身に対して正直なので、幻想に縋りつくことはできません……」。この発言によって、父が抱いたのとまさに同じ見解を、彼女は今やはっきりと蘇らせたのだった。「私は貴方がいう魂の不滅にはかかわりたくないのです。来世について思いをめぐらすという馬鹿げたことをしなくても、われわれはこの世において十分惨めな存在なのですから」。そのように、彼女の父は、牧師でケンブリッジ時代の個人指導教師《チューター》だったフランシス・ホジソン〔一七八一―一八五二、バイロンより七歳年上の友人、保守的な牧師で教育者〕に書き送ったことがあった。ホジソンとしては、バイロンの魂を救うためにこそ、その話題を持ち出したのだったが。

(8) その手紙はブルワー＝リットン文書、ハートフォードシャー公文書館、参照番号 D/EK, C 3/15 のなかに見出される。

エイダのなかのバイロン的特性を呼び起こしたと思われるもう一人の男がいた。彼は治安判事の息子リチャード・フォード〔美術鑑定家・著述家、一七九六―一八五八〕だった。（彼は政府のスパイでもあり、ワーズワスを情報提供者として使っていた可能性がある。[9]）フォードは旅行記作家だったが、エイダに宛てた手紙が明かしているように、熱烈なアンチ・カトリックで、かつ悪戯好きな文通相手だった。「わが奥方様《マイ・セニューラ》で、わが女主人様《デュエッナ・ミア》」——そのように彼はエイダを呼んだ。それは上流社会では馬鹿げたほど親密に思われる呼びかけだった。しかしおそらく、そんな呼び方を勧めたのは、かしこまった言葉遣いを好まないエイダのほうだったのだろう。彼は夫のウィリアムをついて、やんわりと小馬鹿にしたことがあった。彼は〝延性式灌漑〟システムとやらを褒めたたえているふりをしたのである。夫が導入したそのシステムは、相も変わらずつづいていたアシュリー・クームの改良事業の一部分をなしていた。

（9）ケネス・R・ジョンストン著『隠されたワーズワス』（一九九八）を参照すれば、リチャード・フォードの父親とワーズワスに関する、最近になって発見された興味深い研究資料を見出すことができよう。

フォードはまた、エイダの友人たちの集団における中心的な調整者の役割を果たしていた。その集団はますます、共謀者一味と呼ぶべきほどの、穏やかならざる雰囲気を帯びはじめていた。彼らはエイダが近頃はまり込んでしまった興味、すなわち賭け事に関して、極めて危険な役割を担っていたのである。

＊

エイダとバベッジの文通において言及されていた、例の謎めいた〝本〟について、とりわけ想像力を働かせて考えれば、こんな推論を立てることもできるだろう。すなわち、その〝本〟という言葉は、賭け事に絡む意味で、つまり賭けの記録を指すのに使われていたのかもしれないのだ。(10) この考え方に照らしてみれば、その本は彼女とバベッジが共同開発した、数学的に基礎づけられた賭博のシステムにかかわるものだったことになる。

(10) こうした考え方は、マボス・モーズリーによって、彼女の一九六四年刊行の伝記『怒れる天才――発明家チャールズ・バベッジの一生』において初めて提唱された。

彼の回想録において、バベッジは「メナブレア論文の翻訳ののち、かなり長い期間」をかけて、ある自動機械を考案することが可能かどうか考えはじめたと記している。その自動機械は、解析機関をベースにしたものであり、三目並べ〔二二六頁参照〕のような単純な技能を競うゲームをおこなうことになっていた。自分の技術をこんな形で応用したほうが、面白みに欠ける対数や航海表の計算をするよりも多くの大衆を惹きつけ、ひいては政治的な関心を集められるだろうと彼は考えたのだった。違う状況においてだったが、彼は運試しのゲームについて論文を書いていた。その論文のなかで、彼は勝率を計算する方法を定式化しようと試みていたのである。

エイダはこの仕事のことを知っており、実際にそれを推し進めるよう応援していた。彼女はあるとき、彼にこのような手紙を書き送っていた。「ときどき、私、考えるのです。……あらゆるゲームを数表化できないかって。もしよい考えが偶然にでも思い浮かんだら、連絡させていただきますわね」。三目並べを実行する機械に関して、彼の興味が薄らいでいると見るや、彼女は別の機会に彼を叱りつけもしている。「貴方には何かを完成してもらわなければなりません。とくに、もしその何かが銀色や、金色のものを生み出してくれそうな場合には」。その「何か」は勝率の計算を実行し、賭け事に応用すれば、彼女が欲しくてたまらない、あの「銀色や、金色のもの」をもたらしてくれる機械である――そう考えることは可能ではなかろうか？

保険計理人のように手堅い人間のバベッジが、勝率を計算するような「機械」の開発にたずさわったり、何か他の賭け事についての計画に関与したとは考えにくい。しかしながら、一八五一年までに、エイダが賭け事をおこなう際に数学を用いていたことには疑問の余地はない。彼女はまた、もっとも近しい一群の友人たちをせかして、融資集団を組織させようとしていた。自分が科学的に選択した賭けに注ぎ込む金の調達役を、彼女が彼らにまかせたのは明白だった。その集団のメンバーはリチャード・フォード、ジョン・クロス、ナイティンゲールと呼ばれる人物（エイダが北イングランド旅行中に会った、看護婦の魁《さきがけ》フローレンスの父ウィリアムに間違いあるまい）(11)、そしてフレミングとマルコムという、姓しかわからない謎めいた二人の人物だった。一八五一年の競馬シーズンが近づいた頃、彼女が——賭けて欲しいというより、賭けに応じて欲しいという言い方で——賭け金を募ったのはこうした男たちの集団からだった。

(11)　ただし、エイダの集団に加わったナイティンゲールが、ウィリアムであるという確証があるわけではない。その人物は仲間たちの別の男性メンバーだったのかもしれないし、実際にはまったく別にナイティンゲールという人間がいたのかもしれない。しかしながら、ウィリアムは年齢的にぴったりと適合し、彼女が北方旅行中にダービーシャーのリー・ハーストにあるナイティンゲール家の屋敷を訪れたとき、彼は彼女のホスト役を務めたとも考えられよう。

それは大胆な提案だった。融資集団の数名はそんな提案を受けて二の足を踏んだ。ナイティンゲールは半分手を引きかかっていた。リチャード・フォードは彼女の大胆さに感服したが、警戒の態度は崩さなかった。しかしながら、エイダは自信満々の様子だった。彼女は自分が一財産もうける一歩手前にいることを信じて疑わなかったのだ。

しかし、なぜ彼女は一財産もうけたかったのだろうか？　なんのために、それが欲しかったのだろうか？　これはこの挿話全体をめぐって、もっとも頭を抱え込ませる謎の一つである。彼女は疑いようもなく、賭け事による負債を支払うために金を必要とした。しかし、もっと必要だったのは、クロスに以前から気前よく与えはじめていた種々の贈り物を買うための金だった。たとえば、サリー州のライゲット〔中世から穀物市場で栄えたサリー州東部の町〕にある彼の自宅に据えるための家具一式を買ってやったことがあった。しかし、そんなことのために金が必要だったとしても、彼女がどうしても数千ポンドの金が欲しかったことの理由にはなりそうもない。

　興味をそそる可能性を一つ挙げよう。バベッジは解析機関を造るのに多額の資金を必要とした。その資金を調達するために、彼女は最後の大博打を打ったのではあるまいか？　彼女は以前に言っていたではないか――ノーツを完成させた暁には、彼がやりたいことができるように、援助の手を差し伸べてあげると。それ以降の手紙にある言及を見れば、はっきりするだろう。彼が資金を調達するために払ってきた努力に、彼女はずっと関心をもちつづけていた。大衆や政府が興味を示さなかったので、彼が挫折感を味わっていたことに彼女は同情していたのだ。このようなことが、彼女が必死になって賭け事に打ち込んだことを説明する理由になるのかもしれない。いや、それでもなお疑問は残る。すなわち、数学的な公式を、自分を賭け事で必ず勝たせてくれると信じていた公式を、彼女はなぜあそこまで崇め奉ったのだろうか？　当惑しきったフォードは、その公式を「驚くべき組み合わせ《コンビネーション》」と呼んだのだけれども。ノーツにおいて、彼女はこう記していた。解析機関のお陰で、人間は必ずや、数学のプロメテウス的な力を握ることができる。その数学の力が、賭け事の投機的な世界に使われたらどうだろう。まさにその数学の力によって、逆に、解析機関が現実のものとされ得るのではないか――そんな信念が彼女の頭をよぎらなかっただろうか？

　もし、そうだったらどうだろう。一八五一年の競馬シーズン開幕日の結果が左右したのは、エイダの預金残高だけではなく、テクノロジーの未来ではなかっただろうか？　なぜなら、レースの結果は、彼女に新しい数学システムをテストする初めての機会を与えることになっていたのだから。そして、もしテストの結果が上首尾に終われば、彼女は数千ポンドの金を手にすることになるのだ。それだけの金があれば、バベッジが少なくとも解析機関の実演モデルを造るのに十分な援助をすることができよう。かくして、ウィリアム・ギブソンとブルース・スターリングが百五十年後に想像した、蒸気で動くコンピュータの革命を引き起こすことも可能かもしれなかった。

*

一八五一年の初春までに、新しい賭けのシステムを初めて実行に移すべく、その下準備が完了していた。とりわけ大事だったのは、エイダがウィリアムを説得して、妻が賭け事をおこなうことを許す手紙を書いてもらうことだった。この説得を勧めたのは、明らかにクロスだった。それは彼女の計画にとって必要不可欠なことだった。馬券屋《ブッキーズ》や賭け屋《パンターズ》といった連中は、その手紙がなければ彼女を相手にしようとしなかったからだ。つまり、彼らがとくに敬遠したのは貴族の奥方だったのだ。彼女らは身分は高かったが、ほとんどの財産を夫に握られていたので、騙してもほんの僅かな金しか巻き上げられなかったのである。人の話を信じやすいウィリアムから必要な許可状を手に入れ、彼女はそれをクロスに渡した。疑いようもなく、そんな行動を取った彼女の言い分は、その書面によって使うことを許された金は、もともとは自分のものなのだということだった。ウィリアムはその金を彼女の持参金として受けとったからである。

準備活動における残りの重要人物はマルコムだった。彼は今や、エイダの斥候とも呼べる存在になっていた。レースの日に、彼は彼女の代わりにコースに出て、プロの賭け屋として振舞った。状況から察するに、彼女の賭けの手続きはこのようだった。まず、マルコムに手伝ってもらい、彼女は融資集団のメンバーからの賭けに応じた。危険な上にも危険を重ね、彼女はメンバーから預かった金を、さらにプロの馬券屋が募っている賭けに注ぎ込むのだった。

エイダが開発したシステムが最初に試されたのは、ヨーク・スプリング・ミーティングにおいてだったと思われる。エイダのお気に入りの馬、ヴォルティジュールも出走していた。彼女は当然ながら、持ち金の大半をこの牡馬に賭けていた。

だが、ヴォルティジュールは負けた。そして、彼女も手痛い損害を蒙った。母に語ったところによれば、それは彼女にとって「最後の審判の日《ドゥームズディ》」だった。おどけた口調だったが、それはみずからの絶望感を取り繕うためだった。損失額は膨れ上がり、今や彼女のすべての期待はダービーにかかっていた。開催日は五月二十一日だった。その日、彼女がヴォルティジュールにかけたかどうかは定かではない。より確実に思われるのは、彼女の運命が託されたのは数頭の馬の走り具合と、忠実な仲間たちが援助しつづけてくれることだった。

彼女は再び負けた。H・L・ブラウンという予想屋《チップスター》のメモ書きが、彼女の残した書類のなかにいまだに紛れ込んでいる。メモ書きは「いわんこっちゃない」という調子で書かれ、彼女が賭けた馬には反対したでしょうと念を押す内容になっている。とはいっても、彼の助言のほうも明らかにうまくいかなかったようだ。天候の影響がなければあいつは勝てたのですがと、彼の指摘はつづいているのだから。

ダービーの数日後、彼女は融資集団の別のメンバーたちと面会した。貸し借りの精算をするためだった。ついに、彼らがおかれた悲惨な状況の全貌が明らかになった。

損失の総計は、三千二百ポンドという膨大な金額に及ぶことが詳らかになった。マルコム自身が千八百ポンドを失っていた。エイダと同様、彼もそんな借金を返済するための資産らしいものはもっていなかった。彼の年収は彼女のそれとほぼ同額であり、おまけに彼はそのなかから、別居中の妻に扶助料を支払わなければならなかった。当然ながら、自分の生活費もその年収のなかから出ていた。

エイダはフォード、クロス、そしてフレミングから借金をして、なんとか自分の損失を穴埋めする金を集めることができた。しかし、マルコムの借金は手つかずのままだった。彼は借金地獄から逃れるために、明らかにゆすりをやってみようと思ったらしかった。そして、彼はエイダが格好の標的であることに気づいたのだ。一年ほど前に、彼女は母にある新聞記事について話したことがあった。その記事は、ある伯爵夫人の賭け事遊びが原因で、夫が自殺したという内容だった。もし仮に、彼女自身の奇矯な振舞いが世間の知るところとなれば、血は争えぬバイロンの道徳性にかかわる話がまるごと、必然的に蒸し返されることになるだろう。おそらくは例の別居騒動も人の口の端に上るようになり、そのために衆目にさらされる心痛はまさに悲劇そのものとなるだろう。

彼女はウィリアムに援助してもらうしかなかった。彼の反応については記録に残っていない。わかっているのは、彼がゼットランド家に手紙を書いて助言を求めたことだけである。競馬関係の人脈を通じて、彼らはマルコムのような手合いの人間について知識を得て、そんな連中にどう対処したらよいか考えるつもりだった。[12] ゼットランド家からの返事は残されていない。しかし、同家の人びとはおそらく、ウィリアム自身が金を出すしかないのではと進言したことだろう。彼のように誇り高い人間がそんなことをできるわけがないと思われるにしてもである。結局のところ、これは彼が引き起こした事件なのだ。

彼はマルコムに必要な金を貸す話をもちかけた。ただし、エイダがやったことについて、決して人には洩らさない——その約束に署名すること。そのような条件が、金を融通する話にはつけられていた。

(12) ウィリアムからゼットランド卿に宛てた〔一八五一年〕五月二十四日付の手紙が残されている。（ノース・ライディング公文書館所蔵で、参照番号はZNKX 8である。）その書中で、彼はゼットランドの妻に、「事件の全体」について「彼女が与えてくれた賢明なる助言」のゆえに感謝している。ゼットランド家の人びとが示してくれた「同情」にたいする彼の謝意も表されている。付された日付から推して、その「事件」はエイダのダービー競馬における破滅的な賭けのことであろうと思われる。

ダービーの一件が解決へと向かいはじめた矢先、ウィリアムはエイダにかかわる別の悪い知らせを受けとった。彼女の病気が急速に再発しはじめているらしい。そこで、二人の医師に彼女の状態について診断を求めることになった。病状を観察したのち、担当したリー医師〔一七九三―一八七七、婦人科医・産科医、グラスゴー大学欽定教授、当時の婦人科の権威〕とジェイムズ・クラーク卿〔一七八八―一八七〇、センド・ジョージ病院の医師で結核の研究で有名、詩人ジョン・キーツの診察に当たった〕は同じ見解に至った。彼らはウィリアムに診断を伝えた——奥さまは子宮癌を患っておられますと。

ラヴレス家の家庭医であるチャールズ・ロコックが、その診断を確かめるのに必要な内診をおこなうよう呼び寄せされた。それは細心の注意を要する任務だった。そして、誰かにその仕事をやらせるとすれば、ロコックを除いて適任者はいなかった。彼はエイダがもっとも信頼する医師であり、必要な専門的知識を備えていた。

ロコックは、ヴィクトリア時代のもっとも尊敬を集めた婦人科専門医の一人だった。(13) 一八四〇年にはヴィクトリア女王の産科医に任じられ、彼女のほとんどすべての赤ん坊を取り上げたのである。一八五四年に、彼はラスキンの妻エフィーの検査をおこなって、夫婦間の契りが結ばれなかったことを証明している。彼らの離婚は、ロコックが提出した証拠に基づいて成立したのである。

(13) ロコックに関する伝記的資料は乏しい。本書が主として依拠した資料は、ウィリアム・マンク著『英国内科医師会会員名簿』(一八七八)第三巻である。ロコックとラスキンにかかわる逸話は、ロナルド・ピアソール著『蕾に巣くう虫』(一九六九)に収録されている。

あとから考えてみれば、彼の経験と名声にもかかわらず、ロコックの診断能力には問題があったように思われる。エイダが病気で倒れるたびに、彼はその原因について曖昧な推測しかしてこなかった。また、非常に限られた範囲の措置しか執らなかったし、しかもその措置のなかには、いつも阿片チンキと熱めの風呂に入ることが含まれていたのである。しかしながら、今回の場合、彼女の身体に異変が起こっていることは疑いようがなかった。ロコックは、エイダの子宮頸部が癌のために穴だらけになっていることに気づいた。彼はウィリアムに見たままのことを伝えたが、彼らはそのことをエイダには伏せておくことにした。

一八四〇年代の半ば、エイダの身体は比較的壮健な状態にあったように思われる。そのため、彼女の精神状態は顕著な改善ぶりを示していた。彼女はしばしば力が漲ってくるように感じ、そのゆえに未来を楽観的に眺める態度を取るようになった。彼女の心理において激しい感情の起伏は起こらなくなったし、あからさまな歓喜の瞬間も見られなくなった。

ところが、一八四八年に状況は悪化に転じはじめた。彼女は何度も繰り返して、みずから語るところでは心臓病の発作とリューマチの痛みを経験するようになった。その都度、ワインと阿片チンキで対処するという塩梅だった。彼女はクロロホルムも試してみた。前の年に手術に臨んだ際に麻酔薬としてクロロホルムを初めて用い、それに味を占めたというわけだった。

最悪の発作の一つが彼女を襲ったのは、ジョン・マリの事務所にいた時のことだった。彼はバイロンの出版人の息子〔第三代目ジョン・マリ（一八〇八—九二）〕だった。彼自身が手がけた出版物は、ダーウィンの『種の起源』やライエルの『地質学の諸原理』〔二一六頁参照〕などである。それぞれの特徴により、これらの書物はバイロンの作品に匹敵するほどの爆発的な影響力を揮うことになる。彼女がそこにいたのが仕事のためだったのか、純粋に社交のためだったのか、どこにも記されていない。彼女が何度も「痙攣」を起こしたことが、その訪問全体に暗い影を落としてしまったからだ。マリ自身が、彼女の救急処置に当たらねばならなかったのだ。

彼女が再び発作に見舞われたのは、ゼットランド家の屋敷においてだった。それは、例の北方旅行中にウィリアムと一緒に同家を訪れた際のことである。そのとき彼女の処置をおこなったのは、ゼットランド家の家庭医のマルコム博士という人物だった。彼は十分な休息を取り、現在おこなっている執筆活動を即座に中止するよう命じた。（彼は、それがなんの執筆活動だったのか明確にしていない。しかし、彼女がずっと文通をつづけていたことから推して、それは当時彼女が取り組んでいた例の謎めいた本を指していたのだろう。）静養をとったことで、目に見えて彼女は回復を果たした——確かに、彼女はそのように実感した。それ以降の旅程でさらなる発作が彼女を襲うことはなかった。せっかく湖沼地帯を訪れたのだから、危険を冒してでも、靄に包まれた山々を登攀してみたいという活力が彼女に戻ってきた。

しかし、一八五一年には、彼女の状態は急速に悪化に転じた。繰り返して、重い月経が彼女を苦しめた。ロコック医師が治療活動に加わったのは、こうした症状のゆえだったのは間違いない。そして、彼女は事の次第をすべて知らされていなかったとしても、明らかに自分はもう長くはもたないとうすうす感づいていた。

彼女はこうした認識に至ったのであるが、それへの反応は自己憐憫ではなかった。むしろ、自分に残された日々を精いっぱい生きてみようという新しい決意が彼女のなかに湧き上がってきたのだ。「活気もなく、誰もが普通のんべんだらりと過ごす二十年か三十年よりも、本当の生だと呼べる十年か五年を私は生きてみたいわ」――そのように、彼女はある友人に書き送っている。(14)

(14) 友人とは化学者のH・ベンス・ジョーンズ〔一八一三―七三、医学者・化学者で病理学研究に化学的手法を応用した、フローレンス・ナイティンゲールに協力し、ヴィクトリア朝の公衆衛生の向上にも尽力した〕のこと。手紙は、ケンブリッジ・ユニヴァーシティ・ライブラリーに所蔵されている。参照番号は Add. 8546/I/144 である。

一方、ウィリアムはというと、思案に頭を抱え込まねばならなかった。矢継ぎ早に襲いかかってきた二つの恐ろしい衝撃をどう乗り越えればよいのだろうか？　さらに、それらの衝撃が彼のなかに引き起こしたに相違ない複雑な感情――妻の無責任さへの怒りと、彼女の苦痛への哀れみの情――にどう対処したらよいのだろうか？

彼がたどり着いた結論は運命を決するものだった。その影響の重大性は、彼が予想し得た限界を超えて遥かに強烈なものだった。これから先の年月、エイダだけではなく、彼自身にも、子供たちにもそうだった。その結論とは、アナベラにすべてを打ち明けることだった。

第十章

皮相なる感覚を超えて

一八五一年六月十九日のことだった。アナベラはレミントン・スパ〔イングランド中部の温泉保養地〕に滞在し、延々とつづく健康管理の一環として施療を受けていた。ウィリアムが彼女に会いに来たのはその時のことである。[1]彼は午後の十一時に、前もって連絡もせずに到着した。彼女はもう寝床に入ろうとしていた。騒々しくなったことに彼女は苛立ち、かつ当惑を覚えた。誰が来たのかわかると、彼女はいっそう気分が悪くなった。

(1) この面会にかかわる資料は、アナベラによって記述されたものしか現存していない。一八五一年七月一日の日付を付されたその資料は、彼女の事務弁護士たちの手に渡り、ラヴレス文書のなかに収められている。その文面はドリス・ラングリー・ムア著『エイダ』(二八八頁)に収録されている。

彼の手には、エイダの重篤な状態を伝えるロコックの手紙が握られていた。エイダが賭け事に耽っていたことの顛末を義母にすべて打ち明けてしまおうと、彼は腹を括っていた。

アナベラが娘に腹を立てるであろうことは、彼には十分に予想できた。義母に謝罪してもよいとさえ、彼は考えていたのかもしれない。しかし、予想もしていなかったことが起こった。アナベラは怒りの丈のすべてを彼にぶつけてきたのだ。彼は男たる者がもち得る最悪の欠点をすでに露呈していた。それは、弱さだった。彼女はエイダの健康状態を伝える手紙には目もくれなかった。その一方で、エイダの道徳的状態に注意を払うことを怠ったと、彼女はウィリアムを責め立てたのだ。要するに、彼こそが娘を不道徳状態に陥らせ、彼女をそこに置き去りにした張本人だというわけだった。北方旅行の際に彼女を一人でドンカスターにゆかせたことが、このことの明白な証拠だった。アナベラは辛辣に言い放った。エイダが私に助けを求めさえすれば、救ってあげられたのに。

アナベラは、これ以上に息を呑ませるような自己欺瞞の所行をおこなってきた。そのなかには、ウィリアムを苛立たせ、確実に逆襲に転じさせたであろう所行さえあった——彼が義母を恐れて震え上がっていなかったとしての話だが。そんな自己欺瞞の実例の一つになるのだが、アナベラは彼の生活にも、エイダの生活にも今まで干渉したことはないと断言したのである。しかしながら、これほど夫婦の生活が混乱しているさまを目の当たりにすると、自分の意見を差し挟まざるを得ないと、彼女は言葉を付け加えた。

ウィリアムは義母に気に入られようとして、大金を注ぎ込んできた。彼女の教育方針に従って彼がオッカムに建てた学校は、実質的には彼女に捧げた記念碑だった。彼女は彼に対して、実の母の身代わりとして振舞ってきたのだ。そのゆえにこそ、彼が忠告、認可、援助を求めた人物は彼女だったのである。

彼が帰宅したとき、この大切に守ってきた義母との関係はずたずたに引き裂かれていた。仮に、彼女の感情は時と共に和らいでいくだろうという期待を彼が抱いていたとしても、そういう期待はすぐさま潰えていった。その後、数週間にわたり、彼は彼女にうろたえた、そして服従的な内容の手紙を書きつづけた。しかし、彼女からの返事はそのたびに非難の度を強め、そっけない拒絶反応を示すばかりだった。昔の無慈悲さが蘇ったのだ。ウィリアムは信頼を裏切ってしまい、自分と娘の間で、早急に必要な関係回復には障害となる人間としか考えられない。いったん、こういう確信を抱いてしまえば、アナベラはどんなに理性、正義感、感情に訴えても梃子でも考えを変えない女だった。

崩れ落ち、残骸と化したみずからの威厳の上に、ウィリアムは最後の足場——それも、危なげな足場

――を見つけて立ち上がった。エイダとの面会はお断りすると、彼はアナベラに丁重だがきっぱりとした返事を送った。妻が危険な状態にあることがその理由だった。彼はただ単に復讐心に燃えていただけではなかった。エイダも同様に母には会いたくなかったのだ。

エイダとアナベラは、ここしばらく険悪な関係をつづけていた。その原因は、ニューステッド訪問のような特定の事件ではなかった。むしろ、アナベラがみずからのまわりに、あのおぞましき魔女たちを配したことが原因だった。彼女たちはエイダを見張り、彼女に関する嘘を（あるいは、むしろ彼女が他人に聞かれたくない真実を）言い触らした。要するに、彼女に何度も不快感を抱かせた主たる原因は、あの魔女たちだった。そして、さらに悪いことには、エイダは最近ソファイア・ド・モーガンが魔女たちの一人であることに気づいたのである。仲間だと思われた女性が、こっそりとエイダの打ち明け話を利用していたのである。一体、彼女は誰を信用すればいいのだろうか？

こうした状況がさらに悪化したのは、アナベラがフレデリック・ロバートソン〔一八一六―五三、英国国教会の牧師で熱烈な説教で有名、労働者専門学校の設置等社会改革にも尽力した〕というカリスマ的聖職者を熱烈に賛美しはじめてからだった。エイダは彼を本能的に嫌ったが、彼女は彼のほうも自分を嫌いなんだろうと考えていた。

ロバートソンの説教には、急進主義と敬虔さが特徴的に混ざり合っていた。それゆえに、多数の熱心な聴衆が彼の説教に押し寄せたのである。そして、アナベラも彼のもっとも熱烈なファンの一人になった。「彼は大好きですわ」――簡単だが、彼女はある友人に書き送っている。彼の道徳的な生真面目さは絶対的なものだった。ブライトンの教会の説教壇からしているような話を、夕食の席に呼ばれても、彼はついつい熱烈に話しはじめるのだった。

彼自身、以前バイロンのファンであったため、ロバートソンはアナベラの話に好奇心をそそられた。

七重の薄衣をつぎつぎと脱いでいくストリップショー《ダンス・オヴ・ザ・セヴン・ヴェールズ》を手紙で演じて、彼女は彼を喜ばせてやった。彼女の手紙の一通一通が、亡き夫が犯した〝罪〟に徐々に大きなヒントを与えるようになっていた。仕舞いには、まるでフリークショーで恐ろしい奇形な生き物が出てくるように、その話の恐怖の全貌が明らかにされたのだった。

彼は家中のシーツについた染みを嬉しそうに探し回っているような……やっぱり、道徳家を装ったもう一人の覗き魔なんだわ。エイダの胸中には、そんな拭い去りがたい疑いの念が渦巻いていた。そのような類の、彼女がロバートソンに対して抱いた偏見のすべてが確証される時がやって来た。彼はアナベラのお供をして、ある女性と最後の対決をするために遠征へとおもむいた。その女性とは、かつてアナベラの大切な義理の姉で、今は公然たる敵となった人物だった。

数年間にわたり音信不通になっていたが、アナベラはオーガスタと会うことに同意していた。彼女の目的は和睦を求めるためではなく、告白を引き出すためだった。彼女はオーガスタの口からじかに聞きたかったし、十分に事情を飲み込ませた男に証人になって欲しかったのだ。何を聞きたかったかというと、別居後のバイロンがアナベラに抱いた敵愾心を「吹き込んだ」のは、オーガスタ自身であるという告白だった。彼女こそが、中傷の毒薬を彼の耳に注ぎ込み、夫婦の和解を不可能にした張本人であること——そのことを聞きたかったのだ。

一八五一年三月末のことだった。二人の年配の淑女は、ライゲットのホワイト・ハート・インで面会を果たした。偶然ではあったが、エイダが提供した家具に囲まれ、ジョン・クロスが心地よく安住していた家は、ほんのいくつか通りを挟んだところにあった。アナベラは今や五十九歳になっていた。ずっと虚弱体質だったが、丸々と肥え太っていた。傍らでは、若い男性の友人が身体を支えていた。オーガスタは六十六歳になり、病を得て、貧困に喘ぎ、誰も付き添いはいなかった。列車から降りてきたばかりで、戸惑った様子だった。生まれてから、たった二度しか列車に乗ったことがなかったからだ。

アナベラはすぐに気づいた。なんと、オーガスタは老いさらばえ、零落してしまったことか。しかしながら、このことはなんの哀れみの感情ももたらさなかった。ただ、自分が欲する告白を引き出すための、これが最後の機会となろうという認識が頭に浮かんだだけだった。何年間にもわたり、オーガスタに浴びせかけてやった怨念――それが正当な扱いであったことを、なんとしても証さねばならないのだ。

だが、そんな告白は絶対に引き出せそうになかった。否定に次ぐ否定、さらにその上に否定が重ねられ……ついには、感謝の言葉が姿を見せた。昔、アナベラが彼女と彼女の家族にかけてやった親切心への感謝の言葉が現れたのだ。この最後の言葉は、あまりに予想外で、物惜しみなく、完全に哀れみを誘うものだった。バイロンがアナベラの心を打ち砕いて以来、おそらく初めてのことだったろう。その言葉は、アナベラの独善主義の鎧を刺し貫こうとしていた。涙が溢れそうになった瞬間、抑えきれない激情が込み上げてきた瞬間、アナベラはオーガスタの面前から逃げ出すしかなかった。二人の面会は終わってしまった。

数日後、アナベラはオーガスタから手紙を受けとった。もう一度、弁明させて欲しいと懇願する内容だった。しかし、すでにアナベラは自己を取り戻していた。彼女は受けとった手紙を、封を切らずに送り返すという昔からの戦術を採用した。実際には、彼女のためにその仕事を果たしたのはロバートソンだった。オーガスタは今度は、ロバートソンに懇願する手紙を送りはじめた。彼は頑として動じなかった。残酷にも、彼の手紙には自己満足の雰囲気が漂っていた。たとえていえば、モノクロームの心から、曖昧な灰色の色調をすべて消し去った時に訪れる雰囲気にそれは似ていた。彼の手紙にはこうあった。

貴方さまは、もうすぐ創造主の御許にゆかれる身の上なのです。いくら美徳を説いても、貴方さまに良心に適った生き方をさせることはできますまい。

六ヵ月後、オーガスタは創造主の御座の前に立っていた。

＊

エイダは、アナベラがオーガスタと面会することを知っていた。しかし、その面会の結果を告げるアナベラの手紙が届いたのは、ちょうどエイダがもっとも賭け事に夢中になっていた時だった。だから、彼女が返事を出すのは一週間後になってしまった。ようやく返事を出したとき、彼女はこれまで母にはめったに使ったことがない口調で語りかけていた。お母さんが、あんな面会をしようと決心したことを非難するつもりでした。でも、そうできなかったのは、ひとえに娘としての忠誠心があったからです――そのように、彼女は書いている。ただ、その忠誠心は今や、自分の首からぶら下がる「碾臼」のようなものだと、そっけない言葉が添えられていた。

そのようなあからさまな苛立ちぶりは暗示していた――エイダが母にたいする態度を激変させる寸前まで来ていることを。アナベラは昔の傷口を開こうとしていた。それにたいするエイダの反応は、ほとんど憤慨と呼んで差し支えなかった。両親の別居にかかわる悲劇の物語《サーガ》において、罪があるのはオーガスタだけではなかろうという疑念さえ、彼女は抱いているようだった。これらは危険な見解だった。進化や唯物論についての科学的理論よりも危険な見解だった。バイロンの遺物を再発見したことに触発され、彼女は生まれて初めてこうした考えを受け入れようとしていた。

賭け事に耽っていたことが知られてしまった以降の手紙において、エイダはどちらかといえば大胆な態度を取るようになった。アナベラの憂鬱症にはますます苛立ちを示し、自分の振舞いにたいする母の批判におとなしく屈することを拒絶しはじめたのである。

エイダは母に反抗しつつ、自分がゆき着いた最後の立場を推し進めようとしていた。生まれて初めて抱いた独立心を主張しようとしていた。ちょうど、その矢先のことだった。彼女は癌に打ちのめされてしまったのだ。彼女は大量の出血をしはじめた。五日おきに、痛みを伴う出血に苦しむことになった。そのたびに、体力は衰えていった。

アナベラができることのすべては、娘の人生の閉じられた扉をノックすることだけだった。娘の心を開くために必要だと彼女が計算した時間はどんどん後延ばしされていった。エイダの運命をコントロールする力を取り戻そうとする母の願いは否定されてしまった。しかし、彼女はそれでも諦めなかった。彼女は扉の前にたたずんでいた。ロバートソンが唱える道徳的大義によって勇気づけられて、彼女は待ちに待った。

一八五一年八月十三日、エイダは最終的に、自分の病状が極めて重篤であることを告知された。彼女は今では、非常に強力な阿片チンキを投与されていた。そのために、彼女の手紙は「魔法の水晶」や「虹色の点滴」といった、幻覚症状に関する言及で埋め尽くされることになる。彼女が母に送った手紙には、自分におこなわれた大麻の実験に関するほとんど嘲るような文言が並んでいる。その大麻は探検家のジョン・ガードナー・ウィルキンソン卿〔三〇七頁参照〕によって提供されたものだった。彼女はまた、その効能を「古い友だち、阿片」によるそれになぞらえている。そんな表現は、アナベラには、ウィリアムがエイダをバイロン的衝動のなすがままにしたもう一つの証拠であるように思われるのだった。

確かに、エイダがすでに麻薬中毒者になってしまっていたことを窺わせる証拠がある。あるとき、彼女は投薬の中断が引き起こす禁断症状――彼女が「引きつり《ジャンプス》」と呼んだもの――を克服するために、強いカンフル剤の丸薬を処方された。このことを知ったアナベラは、ピカディリーの部屋から、幼児の娘を連れて逃げ出す数日前に引き戻されたような気分に陥ったにちがいない。つまり、彼女がこっそりとバイロンの部屋を捜索したとき、阿片チンキの小瓶が、マルキ・ド・サドの禁書『ジュスティーヌ』と一緒に目に飛び込んできたことが彼女の脳裏を横切ったにちがいない。

激痛、一向に治まらぬ出血、薬物投与にもかかわらず、エイダの生への渇望は枯れ果てることはなかった。一八五一年は丸一年を通じ、彼女は賭け事にのめり込み、執筆にも精を出していた。しかも、その期間、彼女は科学の世界との縁を切ることはなかった。十月に、彼女は息子のバイロンに手紙を書いている。彼の野心と自発性のなさに業を煮やしたウィリアムが、彼を十三歳の若さにもかかわらず、海軍に入れてしまっていたのである。手紙の中身は、ロンドンでの万国大博覧会に関することだった。一八五〇年に、彼女はその準備委員会のメンバーの一人に面会している。そのとき以来、彼女は博覧会には並々ならぬ関心を示していた。バベッジはハイド・パークで建設中の水晶宮について、そのまわりを歩きながら彼女に説明してくれた。とはいっても、彼は官僚組織との折り合いがずっと芳しくなく、準備委員会のメンバーからは外されていた。現場見学に際して、彼からの指示は分厚いストッキングとコルク底の靴を穿いてくるようにということだった。彼ら二人がガラスと鋳鉄で建設中の構造物の周辺を歩き回っているとき、傍らにはジェイムズ・サウス卿が付き添っていた。彼は一八四八年に、例の謎めいた〝病人〟〔著者の推測では、メアリ・ウィルソンというエイダのメイドである〕の健康状態について彼らに報告した医師である。

ちょうど彼女の賭け事癖が最高潮に達していた頃と重なっていたとはいえ、エイダは確実に博覧会の開会式には出席したことだろう。そのとき、アルバート公がおこなったスピーチのなかでは、次のようなことが高らかに宣言されていた――この催しは「もっとも輝かしき変化」の時代を印すものであり、その時代は「大いなる目標の達成に速やかに向かうであろう。さらに、のちのすべての歴史が当然のごとく、その目標をこう指摘するであろう――それは人類の統合の実現であったと」。バッキンガム宮殿では、絢爛豪華な祝典舞踏会がヴィクトリア女王主催でおこなわれた。彼女がウィリアムにエスコートされ、その舞踏会に出かけたのは確かである。その場には、新しいヴィクトリア朝のエリートたち――その数は二千人は下らなかったであろう――が、やや非ヴィクトリア朝的な不謹慎さに浸るために集ったのである。そして、晩餐と舞踏の狂喜は延々と、夜もすがらつづいていった。

その時期、エイダと子供たちの間に新しい関係が生じつつあった。彼女は年若いバイロン〔一八五〇年当時、長男の彼は十四歳〕に会えなくて、寂しくてしょうがなかった。そこで、彼女はあらゆる手段――バベッジが海軍省とおこなった接触を含めて――を使って、英国軍艦ダフネが大英帝国の領海を航海している際に、艦上で勤務中の息子と連絡を保とうと試みた。彼女は定期的に彼に手紙を書いた。そして、当てにはならない国際郵便システムを介して、彼の返事がどうにか届いた時には、彼女は大いに喜んだのである。

三人の子供たちのなかで最年少のレイフ〔当時十一歳〕を、彼女はもっともバイロンに似ていると思った。彼女はこの子に対して、最初は自分と同じように数学を学ばせるという方法で、高ぶりがちな精神を落ち着かせてやろうとした。しかし、一八五一年九月までには、彼女は逆に、彼があまりにも自分の父親に似ていることを諸手を挙げて祝福していた。「日の出の太陽から暖かい光が溢れ出るよう」――我が子が父に似ているさまは、彼女にはそんなふうに思えるのだった。

一人娘のアナベラ〔当時十三歳〕に対しては、エイダはどうやってもうまく対応できず、子供たちのなかでもっとも複雑な関係を結ぶに至ってしまった。実際、この娘とやりとりするうちに、エイダは彼女にたいする悪意のようなものを露呈してしまうのだった。アナベラがちょうど八歳になったばかりの頃、彼女に対してエイダの口を衝いて出てくる言葉はこんな調子だった——この子は、振舞い方は品がないし、歩き方はまるで男の子みたいでしょう。それから二年後、子供は礼儀知らずで、生意気だと叱られるようになった。ところが、一八五一年には、彼女もまた、愛情と賛嘆の対象となってしまっていた。「何事においても、私にとっては女王さまともいえる存在」——母にとって、彼女はそんな地位にまで登りつめていた。エイダは今や、ほとんどまったくといえるほど、ロンドンから動くことがなくなっていた。彼女は定期的に娘に手紙を書いた。ロンドン動物園でお目見えする予定のいちばん目新しい動物がわかったら、すぐに連絡してあげると彼女は娘に約束していた。バイロンお兄さんが乗った船がひどい嵐に遭遇したという知らせも、彼女は娘に伝えた。彼女は同じく娘に、身体にいいからワインを飲みなさいと勧めたり、弟のレイフの近況を教えたりもしている。レイフはブライトンで猩紅熱《しょうこう》に罹って倒れ、エイダは彼の容体について電報で連絡を受けていたのである。

一八五二年になって間もなく、エイダの病状は悪化に向かった。その時までに、痛みのほうはどうにか抑えられるようになっていた。三年前に心臓発作を経験した時よりも、痛みはましになったのかしらと思えるくらいだった。しかし、痛みはときに我慢の限界を超えることもあった。処方される阿片チンキの量もいっそう増えていった——四時間おきに十滴が、発泡性のアンモニア水と温めたワインと一緒に服用された。

容体の悪化にもかかわらず、エイダは忍耐力を示し、努めて楽観的に振舞った。その陽気さに接するや、ウィリアムは驚愕に打たれるとともに、先頃の事件によって己の感情が踏みにじられていたことを急に思い起こしてしまった。ところが、妻がいまだに科学への関心をもちつづけていることがわかると、彼は押し黙ったまま、彼女に賛嘆の眼差しを向けるしかなかった。ウィリアムが残した文書には、このような文言が記されている。「バベッジはつねに、妻にとって知的伴侶《コンパニオン》だった。彼らの間で交わされた……哲学的議論は、ひたすら敬愛の念を増幅し、相互の愛情をはぐくんでいた」。

誰もがエイダの余命は残り数ヵ月と認めていた時期にあって、妻との関係修復には誰の手も借りぬと、ウィリアムは心に決めていたのかもしれない。もしそうだとすれば、彼がひどい失望に陥ってしまうことは必定だった。というのは、アナベラが今や完全武装して、戦いの場に乗り出そうとしていたからだ。

＊

ウィリアムがエイダに賭け事を許可する手紙を書いたことを、アナベラはウォロンゾー・グレグからすでに知らされていた。みずからの立場を擁護するための完全に動かしがたい証拠とすべく、アナベラはその手紙を必要とした。彼女の立場は、今やあからさまに好戦的なものになっていた。ウォロンゾーは、ウィリアムに情けをかけてやって欲しいと嘆願した。しかし、それには耳を貸さず、彼女はすぐさま鬨の声を上げ、弁護士たちの軍団は進撃を開始した。

最初の攻撃役に抜擢されたのは、スティーヴン・ラッシントン博士〔一一四、一一六九頁参照〕だった。彼こそが法律上の制約に挑み、アナベラをバイロンとの同居生活から救い出した人物だった。アナベラが娘と再び連絡を取れるよう、彼は仲介者として展開を命じられようとしていた。

ロンドンに滞在中のエイダに面会するよう、ラッシントンは派遣された。ウィリアムにそのような申し入れを阻止することはできようはずがなかった。ラヴレス家がイースト・ホーズリー・タワーズに引っ越して以来、ラッシントンはオッカム・パークを引き継ぎ、その借地人になっていたのである。そのために、彼の申し入れを拒むことは難しかった。とにかく、ラッシントンならば、誰も気に留めないほどに、なんの波風も立てずに侵入を果たせたことは間違いあるまい。はたと気づいてみれば、彼はエイダの病床に付き添い、癒しを与える人として認知されるに至っていた。彼女がみずからの未来や、母との関係について悩みを打ち明けるのを、彼はじっと坐って聞いているのだった。

　彼がアナベラに書き送った最初の報告からは、目にした光景に明らかにショックを受けた彼の姿が浮かび上がってくる。彼女は痩せ細り、見るからにひどい痛みに苦しんでいた。ロコック医師が「たまたま」そのときその場に居合わせたのだが、いつも陽気な楽観主義者〔エイダのこと〕は、今によくなるとずっと信じている様子だった。しかし、ラッシントンは最悪の事態を恐れていた。

　任務を忠実に果たすべく、彼はエイダと例の件についてしばらく話し合った。例の件とは、彼女と母との「疎遠な関係」のことだった。明瞭にわかったことは、エイダはこの件について相反する感情をもちつつも、おそらくいまだに敵愾心を抱いていることだった。ラッシントンは、このような彼女の感情を手紙で伝えることは不可能だと感じた。彼は自分の報告に次のようなことを付け加えている。エイダにいとまを告げたとき、彼女は幌つき車椅子《バース・チェアー》に乗せられて外出するところだった。彼女にふさわしいものだったのかもしれない。彼は、それに交通テクノロジーにおける最新の技術革新が採用されていることに気づいた。それは弾性ゴム《インディア・ラバー》のタイヤだった。

　その後も訪問を繰り返し、ラッシントンは穏やかに影響力を及ぼしにかかった。アナベラが直接介入できるように、エイダの心に風穴を開ける必要があったからである。母親が救いの手を差し伸べたがっていると述べ、彼はエイダに安心感を与えようとした。そんな甘言を弄しつつ、彼は自分の要求を切り出した。すなわち、彼はエイダに負債のリストを提出するよう求めたのである。それに加えて、「慎重に対処すべき事態」について、適切に取り扱うことを約束した。そのようにして、彼は望みのリストを手に入れたが、そこに記載された金額は、アナベラが予想したものよりも遥かに少なかった。その金額はたったの数百ポンドだったのである。

　こうした一件は、エイダが人を魅了する力をもっていたことの証左といえよう。癌の末期的状態にあったとはいえ、彼女はラッシントンのような狡猾な老弁護士の目を晦ますことができたからである。ラッシントンは、状況が違えば、バイロンがアナベラに対して主張した婚姻上の権利を阻止できるほどの世知に長けた男だった。あのときラッシントンが申し立てた理由は、バイロンの主張を退けねば、彼女が性病を移される危険にさらされるというものだった。

　アナベラはおそらく、エイダのリストがすべての負債を網羅しているわけではないことは百も承知だっただろう。実際の話、負債隠しはさほど重要なことではなかった。リストの入手自体が、アナベラの目的にかなうことだったのである。彼女は今や、エイダの経済状態に効果的に影響力を揮えるようになった。それに対して、ウィリアムには介入する余地がなかった。娘婿夫妻が今、ロンドン生活の拠点としている家は、ハイド・パーク近くのグレート・カンバーランド・プレイス〔ハイド・パークのすぐ北東にある通り〕にあった。この家自体がアナベラが所有する物件だった。彼が四方を眺めれば目に入る壁は、彼女によって改装されたものだった。彼が住まう一続きの部屋、さらに病を得たエイダが寝ているベッドはアナベラによって提供されたものだった。それらを、アナベラは彼らになんなりと使うよう申し出、彼らは喜んでその好意に甘えたのだった——ただし、三者の関係がもっと良好だった時分の話だが。

最初の訪問から三週間も経たないうちに、ラッシントンは歓喜してアナベラに報告することができた。エイダは以前に比べ、母に親近感を抱くようになっている――そのような趣旨の報告だった。彼女はもう少しで、母が仕組んだ計略の入り口に足を踏み入れるところに来ていた。ウィリアムが目に見えて苛立ったことには、アナベラはエイダの処置について次第に意見を述べ、とくに薬物の投与量を増やすことに不認可の声を上げはじめた。エイダの苦痛を軽減するため、クーパー夫人とサイムズ氏という催眠術師たちが招かれた。彼らは両手で彼女の痛む身体をなでさすった。彼女を恍惚状態へと導いて、病んだ身体に流れる磁場を操ろうという目論見だった。しかし、なんの効果も見られなかった。彼らには、早々にお引きとり願った。

母は飽くことなく娘への接近を試みた。それに応じ、エイダは直接、アナベラ宛に手紙を書くようになる。手紙のなかで、母との疎遠な関係に相反する感情を抱いていることを、彼女は腹蔵なく告げた。相互に取り交わした手紙から、母と娘の感情がますます接近している様子が窺われた。最終的な関係修復を認め合うところまで、二人はゆき着きそうな雰囲気だった。最初、彼女は母との直接対峙を恐れつつも、望んでいた。その後、いずれは母に会わねばならないと、彼女は考えるようになった。「火山は氷河よりはましでしょう」――そう語りつつも、彼女は面会の結果を恐れて――「一度いったことを取り消すわけにはいきません」とつづけるのだった。ところが、最終的に至った言葉はこうだった――「いずれ、私は勇気をもてると思います。お母さんがここに歩いて入ってきても平気なように」。

そう、母は文字どおり、歩いて入ってきた。そして、間髪を入れず、すべての話を聞き出そうと試みたのだ。エイダが自分の手から離れ、悪の力と戯れているとき、娘に起こったことのすべてを聞き出そうとしたのだ。そして、アナベラが真実を知るに至るのに、そんなに長い時間はかからなかった。

家族が代々受け継いできた宝石類を、エイダはジョン・クロスに手渡していた。しかも、それらを質入れするためだった。ネックレスも、ブローチも、ダイヤモンドと真珠のティアラも、すでになくなっていた。アナベラがこのことを聞き出すのに、僅か数日しか要しなかった。ストランド街で宝石商を営むヴォーン氏という男から、クロスは代金として八百ポンドを受けとっていた。しかしながら、それらの宝石が八百ポンドを遥かに超える価値があったのは確かである。おまけに、このヴォーン氏は修理費用として、事前に代金から百ポンドを差し引いていたことが判明した。オリジナルの宝石がいくつか欠損していたので、それらを人工宝石で補ってばれないようにするため、修理に金がかかるというのがその理由だった。

いろんなことを告白した日の夜、エイダは心地よく眠りについた。彼女はその時の体験を、怪物《モンスター》を産んだことになぞらえた。胎内からようやく怪物を産み落とし、ほっと安堵の胸をなで下ろしたような気分を、彼女は味わっていた。しかし、別の怪物が彼女の胎内には宿っていた。それは子宮を冒していく癌だった。

アナベラはすぐさま、銀行家たちに例の宝石類を取り戻すよう指示した。そして、彼らは首尾よくその務めを果たした。宝石の質入れの件はウィリアムに黙っていて欲しいと、エイダは母に懇願した。アナベラは喜んでそれに同意した。もともと、彼女にはこの件をウィリアムの耳に入れる気はなかった。その代わり、彼女は娘の見舞いに通いつづけた。サイムズ氏がまたも催眠術を試みるよう呼ばれたが、やはりなんの効果も生まなかった。ウィリアムはウォロンゾーに、もうロコック医師に予後の判定を求める勇気がなくなったと本音を洩らした。

七月の末頃、新しい症状が現れた。子宮が硬く腫れ上がってきたのだ。もう一度、子宮検診がおこなわれた。ウィリアムは心を取り乱した様子でウォロンゾーに打ち明けた。「診断結果を聞きました。遅かれ早かれ、愛しい妻は死を覚悟せねばならない状態だそうです」。

妻の重篤な状態、義理の母との関係、負債のこと、つきっきりの看病——これら一連の不幸に対し、この哀れな男はまだ耐える余地を残しているようだった。というのは、さらなる痛手がウィリアムを襲うことになっていたからである。そして、彼がエイダに感じていた強い愛情は、ぎりぎりまで試練にさらされることになるのだった。

＊

一八五二年七月二十五日、ウィリアムは古い学友のウォロンゾー・グレグと、イースト・ホーズリーの庭園を散策していた。突然の雷雨に見舞われ、彼らはやむなく物置小屋に駆け込んだ。そこで、彼らは最近の出来事について話し合った。

その話の折に、ウォロンゾーはジョン・クロスの妻について触れた。誰の妻だって？——驚いたウィリアムはそう尋ねた。彼はクロスには数回出会っていた。クロスは彼の書いたものに助言を与えたこともあった。しかし、クロスの家族について触れられたことはなかった。彼は自分を独身者だと紹介していた。そして、独身者であればこそ、あのように非公式な立場で家に招かれたのだった。

ウォロンゾーはウィリアムに、クロスには妻と二人の子供がいると告げた。彼らの存在について、彼はサリー州のライゲットで小治安裁判所〔陪審員をおかずに、二名以上の治安判事により軽微な犯罪を審理する裁判所〕の書記をしているハート氏という人物から聞いたのである。ハート氏はクリスマス前に、何か他の用件でウォロンゾーの事務所を訪問し、クロスのことなら知っていると口走ったのだった。ウォロンゾーが確証を試みると、ハートはクロスと彼の家族にライゲットで会ったことがあると言いはじめた。クロスは至極ありふれた名であるため、ウォロンゾーは最初、彼が別のクロスのことを言っているのだと考えた。しかし、ハートは自分が会った男には、まさにジョン・クロスと同じく、顎に傷跡があったと念を押した。さらに話に信憑性をもたせようと、彼はその男は四頭の馬を所有し、遊び好きだったと付け加えた。ハート自身が最近、クリスマス・ツリー・パーティのために、彼の自宅に招かれたばかりだった。

　このまるで画に描いたような落ち着いた家庭生活のイメージは、邪悪の種を宿していた。ウィリアムには、そんなことを知るよしもなかった。妻とは、馬とは、クリスマス・ツリー・パーティとは、一体なんのことだろうか？　クロスのことを、ウォロンゾーは自分に対し、率直にエイダの「親密な友人」だと表現した。そのクロスが、内縁の妻と家庭生活を営んでいるらしいのだ。いや、それだけではない。自分が統監を務める同じ州で、彼はそのことをすでに世間に知らしめていたのだ。

　ウィリアムは事の真相を突き止めるため、彼に直接会わねばなるまいと心に決めた。クロスは、グレート・カンバーランド・プレイスにあるラヴレス家の居宅を頻繁に訪れていた。彼の父がロンドン滞在時に使っていた家が、少し歩いた先のマンチェスター広場〔グレート・カンバーランド・プレイスのすぐ北東にある街区〕にあったからだ。実をいえば、クロスがエイダに会うためにその家にやって来たのは、ウィリアムがウォロンゾーから彼についての暴露話を聞かされる数日前のことだった。自分が質入れした家宝の宝石類が取り戻されたことは、すでにクロスの耳に入っていた。この男は再びそれらを質入れしてやろうと舞い戻ってきたのだ。二番煎じとはいえ、同じことをもう一回やろうという魂胆だった。

　前回、彼が質入れに手を染めたとき、エイダは明らかにその発覚を恐れていた。大枚をはたいて模造品をつくらせたのはそのためだったのだろう。母がとうとう現物を取り戻してくれたとき、彼女はほっと安堵の胸をなで下ろしたのだった。だから、彼女がもう一度同じ危険に身をさらすなんて、とんでもないことに思える。どうして、彼女がそんなことをやり得ようか？　彼女に残された日々はもう僅かしかないのだ。自分で介入しなくても、彼女の金銭問題はすぐにでも、どうにかこうにか解決されるのだ。何か事件を起こせば、母に感づかれることは必定だった。そして、この場合、母はウィリアムにそれを話してしまうだろう。こういうことは、エイダの頭にはしっかりと入っていたはずである。しかし、それにもかかわらずである。彼女はクロスに、せっかく取り戻した宝石類のありかを教えてしまったのだ。案の定、彼はまたもや、それらをストランド街のヴォーン氏のもとへと持ち去ってしまった。

エイダに対して慈悲の精神で臨もうとするならば、彼女がこんなことをするのには、何か理由があったのではと論じることもできるだろう。たとえば、クロスがなんらかの仕方で彼女を脅したのかもしれない。彼女の賭け事遊びを世間に言い触らしてやるぞと脅すことなど、その格好の一例だろう。これは大いにあり得ることだ。おそらく、ダービー競馬日の大失敗以降、彼らの関係は険悪なものになっていたであろうから。クロスはゆすりをおこなうこともできただろう。事実、エイダの死後、彼女からの手紙を焼き捨てることの見返りとして、彼は自分を彼女の生命保険契約の受取人にするようグレグに迫ったのだ。

しかし、彼女の賭け事における振舞いが示しているように、エイダはクロスとの関係を言い逃れできる、無実の被害者ではなかった。それどころか、彼女は人生最後の日々にあってさえ、彼に会いたくてたまらなかったのだ。自分から別れたのち、夫が寂しさに耐えねばならないことをわかっていたのに、彼女はウィリアムをイースト・ホーズリーへと追い払ったようにさえ思われる。理由は、グレート・カンバーランド・プレイスで、二人きりでクロスに会うためだった――そのようにして、彼はウィリアムの留守中に、少なくとも二度は訪問を果たしている。

そのような男に、二度も先祖伝来の宝石類を質入れさせるために渡してしまったことは、いったい何を表しているのだろうか？　それは言葉を換えていえば、我が儘な、無鉄砲な、利己的な無頓着さから出た振舞い――つまり、彼女なりの、恋の振舞いではなかっただろうか？

恋とは、現存するエイダのあらゆる手紙から欠落している要素である。そればかりか、彼女に関連する、あらゆる回想録や伝記からも、それは抜け落ちている。なるほど、彼女がいちゃつき、優しくなり、衝動に駆られることは見てきたが、恋している様子にはお目にかかったことがなかった。しかし、ようやくここに至って、彼女の人生最後の瞬間において、われわれの眼前で繰り広げられているのは、おそらく恋の特徴としか呼びようのないものだった。たとえるならば、それはめくるめくロマンス、どんな科学も説明不可能な、どんな微分積分学の数式も計算不可能な人間の行動、そして機械の内側で暴れまくる幽霊とでも呼ぶべきものだった。

イースト・ホーズリーのゴシック風の塔の近辺で雷雨が荒れ狂い、ウォロンゾーはウィリアムと共に物置小屋に避難した。ちょうどその同じ日に、クロスはまたもや、エイダの病室に忍び込んだのだ。おそらく、例の宝石類を質入れして稼いだ金額を彼女に伝えに来たのだろう。そして、おそらく、彼女の相当枯渇してきた財産から、さらに金を搾りとる別の方法について話をしに来たのだろう。彼女が死を迎え、財産が彼らの手から取り上げられ、遺産法の定める人物の手に渡ってしまう前に、取れるだけ取ってしまえという算段が彼の側にあったのだろう。

その後すぐに、ウィリアムは二人きりでクロスに会い、彼の家族について厳しく詰問した。ただし、その時でさえ、ウィリアムは自分の先祖伝来の財産がどんな目に遭っているのか知らなかった。クロスはまるで、お菓子の缶に手を突っ込んだところを見つかった少年のようだった。犯行現場で取り押さえられ、彼はなんとか言い逃れようとして、ますますあり得ないいいわけを並べ立てるのだった。家にいたのは従兄と従兄の妻で、たまたま同居していたんですよと、彼は思いつきで言った。ウィリアムは納得できないと切って捨てた。クロスは再び説明を試みた。こんな調子に……。叔父のハミルトン大佐がその土地の所有者で、愛人と非嫡出子たちをそこに住まわせていたんです。そして、その愛人がたまたま、なんとかクロスという名前だったんです。ええと、違います、違います。叔父は愛人を囲っていましたが、愛人の名前はクロスじゃなかったんです。あっ、思い出した。私は、そこで暮らす金を出してもらっていた手前、叔父には頭が上がらず、彼女を私の妻であるかのように見せかけていたんです。そして、私はハート氏がおっしゃった、例のクリスマス・ツリー・パーティに同席していたという次第なんです。ハート氏は、彼女のゲストとして招かれていました。

クロスは叔父、従兄、偶然にクロスという名前の女を適当に並び替え、さまざまな話をでっち上げた。そのどれもが説得力を欠いていた。そして、彼はとうとう、ウィリアムが待ち望んでいた説明に至った。その女は彼自身の愛人だった。そして、子供たちは彼自身の子供たちだった。そして、彼は騒動を起こさないように、結婚しているふりをしていたのだ。

この説明でさえ、嘘であったことはほぼ間違いないようだ。一八五一年にライゲットでおこなわれた人口調査には、ライゲットのスプリングフィールド・ヴィラズの土地保有者で家屋所有者であるジョン・クロスは、スザンナ・クロスという妻を娶り、二人の嫡出子ジョン・ジュニアとメアリの父であると記されているからである。一八五五年に父アンドルーからファイン・コートを相続したとき、このほかならぬスザンナという女と共に、彼は夫婦として屋敷で暮らしていたのである。ということは、世間には自分の妻として通っている女と、ウィリアムとの面会時に、彼はすでに結婚していたか、あるいはのちに結婚したことになる。そうでなければ、彼は家族や遺産相続人たちにまったく真相を気づかれずに、死ぬまでいいわけをしつづけたことになってしまうだろう。

ウィリアムには、そんな疑問を提示する時間が残されていなかった。彼はひたすらにクロスの最後の話を信じたかっただけなのだ。愛人との家庭を隠している男のほうが、婚姻関係を隠している男よりも、社会的に遥かに容認されやすいからだ。この件について、彼はエイダと少しばかり「悲しい言葉」を交わし合った。そして、彼はクロスをもう家に入れないようにしようと提案した。

このことはエイダをパニックに追い込んだ。彼女はロコック医師に縋りつき、夫との仲裁に入ってくれるよう頼み込んだ。ロコックは忠実にその願いを受け入れた。彼はウィリアムに手紙を書き、エイダは医学的理由によりクロスと面会をつづけるべきだと主張したのである。彼の文言はこうだった――「奥さまの痛ましい現状を拝見いたしますに、かねてよりの大きな安らぎと幸福の源から、奥さまを切り離してしまうのは、残酷で悪意に満ちた行為ではありますまいか」。

しかし、そんな手紙を出しても手遅れだった。アナベラが付き添いとして、すでにエイダの病床に張りついてしまっていたのである。もはや、エイダが誰に会うのかを決めるのは、ウィリアムではなくてアナベラだった。数日のうちに、クロスだけではなく、あらゆるエイダの友人や相談相手《コンフィダント》に対して面会謝絶が宣言されてしまった。一つまた一つと、彼女の人間関係の絆が断ち切られていった。そして、とうとう彼女に残されたのは、たった一つの外部世界とのつながりだけになってしまった。しかも、それは他の人間関係からは独立したものだった。それは、ほかならぬチャールズ・バベッジとの関係だった。

アナベラはつねに、バベッジという人間を疑ってかかっていた。そして、こうした疑念は度合いを強め、今やあからさまな敵意へと変貌しつつあった。八月十二日のことだった。エイダはどうにかこうにか、鉛筆の走り書きを彼の手に握らせることに成功した。そのなかで、彼女は彼に自分の遺言執行者になって欲しいと頼んでいた。要するに、自分の死後、母は自分の財産の幾分かを彼に贈与するだろうから、あらかじめその使途について彼に指示しておきたいというわけだった。ところが、バベッジが書いて寄こした返事には、そんな走り書きの手紙では、お望みの財産処理の権限が託されたことにはなりませんと書かれてあった。彼女がこのことについて何事かをおこなう前に、彼の側で扉が閉ざされた格好だった。またもや、絆は断ち切られてしまった。それから数日経って、かつてバベッジの家で家政婦をしていたメアリ・ウィルソン〔現在は、エイダの個人的なメイド〕が、この件への関与を疑われて解雇されてしまった。彼女には、手切れ金として百ポンドが支払われた。ただし、それには条件がついていた。エイダから来た手紙は送り返すこと——自分の忠実さを証明するため、メアリはこの特別な条件を呑まされたのである。

*

エイダは、自分がいつでも死ねるよう準備することで頭が一杯だった。だから、彼女は自分の身辺で起こっていることに、ほとんど何一つ気づいていなかった。「妻は忙しく事務仕事に明け暮れています——いろんな準備をしたり、指示を出したり、回想録の執筆とかをしております」——そのように、ウイリアムは日記に記している。日記とはいっても、実は、彼はそれをアナベラのために書いていたのである。いわば、それは和解のための贈り物とでも呼ぶべきものだった。彼の日記の続きを見てみよう。

「妻は僅かな時間ですがピアノに向かって坐り、手なぐさみに何曲か演奏しております。（昔でしたら、それらの曲を聴けば、どんな人でも心を虜《とりこ》にされてしまったでしょうが。）ピアノを弾くことに、妻は大いなる慰めを見出しております。痛みと倦怠感は相変わらずですが、いつも耐えがたいものというわけではないようです。こんなふうに、彼女には、気力を揮う対象が見つからないわけではありません」。ピアノの前に坐ったエイダの肖像画を描いていたのが、ヘンリー・フィリップスという男だった。彼の父親はトマス・フィリップス〔一五頁参照〕、つまりかつてアルバニア風の衣装をまとった、あの勇壮なバイロンの肖像画を描いた画家だった。できあがった肖像画のなかには、痩せ細り、憂鬱そうで、透けて見えそうなほど白い肌をした女の姿が浮かび上がっていた。彼女の目はピアノの鍵盤の上で静止した、自分のか細い指先を眺めているふうではなかった。むしろ、それは、まるで催眠術が引き起こした恍惚状態のうちにいる人の目つきだった。あるいは、あの世の遠い風景の輪郭をなぞっているような目つきだった。

彼女がおこなっていた死出の準備は、実際的であるとともに精神的なものでもあった。彼女が宗教へと大きく舵を切った生き方をしはじめたことは、一連の行動において観察することができる。これは母の影響力がますます強まりつつあったことを物語っている。「家内はあの世のことを好き放題に話すようになりました――この世の続きとしてあの世がいかに必然的であるか、この世の存在がいかに不完全であるか――主の御心がいかにあらゆるものにゆき渡り、主の思し召しがいかに計りがたいものであるか」云々と、ウィリアムは日記に綴っている。そこに表された彼女の殊勝な態度はおそらく、かなり誇張されたものだったのだろう――当然ながら、想定された読者たるアナベラを喜ばせるために。

妻の考えによりますと、創造主の目からすれば、あらゆる人びとの人生には――その程度はともあれ――それぞれに用途や役割があったということになります。その用途や役割が済めば、人生は終わりを告げるというわけです。自分の人生の用途や役割はいかなるものだったか――痛みに耐えつつ、妻は思いをめぐらせていたのです。丘が幾重にも連なった風景のなかを二人で散歩している折など、妻は頻繁にそんな思いに捕われておりました。そんな状況でしたので、妻の目が物憂げに虚空を眺めているとき、彼女があの世にすぐにでも旅立ってもかまわないと考えているのではという思いが、私の心に浮かんだのです。彼女の微笑みは、悲しさのなかにも喜びを湛え、私の思いは正しいと同意しているようでした。

八月十五日、彼女はウィリアムに、自分の埋葬場所に関する希望を打ち明けた。彼女が指定した場所は、ハクナル教会にあるバイロン家の地下納骨所、しかも父のすぐ隣りだった。翌月、彼女はさらに、自分の墓に刻まれる碑文を「ヤコブの手紙」第五章第六節から採るよう指定した。すなわち、それは「貴方がたは正しき人を断罪し、彼の命を奪った。それでも、彼は貴方がたに抵抗はしない」という文言だった。

こうした要請は、決してなんらかの衝動的な欲求のゆえに起こったのではなかった。明るみになった事実はこうだ。二年前にニューステッドを訪問した際、彼女は自分の埋葬について、すでにワイルドマン大佐と話し合っていたのである。彼女はウィリアムに、自分と大佐がそのとき秘密に話し合った取り決めについて、承認する手紙を書くよう求めた。

彼女のバイロン的な変節を、これ以上雄弁に物語る振舞いはおそらくないだろう。死の間際にあって、彼女は誕生の瞬間に自分を見捨てた男のもとに連れていってくれと求めたのだ。アナベラは公に寛大な態度を示しつつ、娘の決心を容認する以外にほとんど選択の余地はなかった。彼女は友人に、それは自分が考え出したことだと仄めかし、状況をできる限り自分に有利な方向に運ぼうとした。

数日後、ワイルドマンから返事が届いた。貴方の望みをかなえることこそ、わが身に課された聖なる義務と考えますと、したためられてあった。

エイダは、自分に残された時間はもはやほとんどないと感じていた。だから、彼女は二人の息子に会いたくてしょうがなくなった。彼女の病が末期状態であると診断されたとき、その二人ともが母のもとから離れていた。バイロンは航海中であり、レイフはスイスにいた。アナベラはレイフを彼の地に送り、かつてエイダにほどこそうとした厳格で陰鬱な方針に従って彼を教育しようとしたのである。エイダの枕もとに最初に駆けつけたのはバイロンだった。八月六日に彼が到着すると、彼女の病状は即座に持ち直した。数日後、彼はイースト・ホーズリーで父に面会していた。おそらく、彼は母によって出てゆくように言われたのだろう。その理由は、ウィリアムが追い払われたのと同じ理由だったのだろう。すなわち、彼女はジョン・クロスと最後になると思われる逢瀬を楽しめるようにして欲しかったのだ。バイロンは父とアナベラと共に戻ってきた。そして、彼らは皆、朝も夜も彼女の枕もとにつきっきりになった。

八月二十一日、彼女はウィリアムに死期が近いと思うと語った。そして、彼女はスイスにいったきりのレイフに会いたいと繰り返し訴えた。「妻は私の腕に縋ってしばらく部屋を歩きまわりました。死後の準備が整ったことについて、嬉しそうといえるほどの様子で語っておりました」――ウィリアムはそう日記に記している。

この世ではすべての終わりが早すぎる、そう妻は私に語りました。……そして、父の傍らに葬られることについては――ハクナルでもニューステッドでも――父のそばなら、どちらでもかまわないそうです。死ぬまでは高望みだから、ほんの一日二日でも、身体の自由が利いてくれたらと、彼女は切に願っておりました。……こめかみと両手を拭ってもらったことをとても喜んでおりました。再び、妻の不可思議な運命について話が及びました。……なぜ、こんなに苦しまねばならないのと訝しがっておりましたが――、それでも苦しみは甘んじて受けるという様子でした。

それから、エイダはチャールズ・ディケンズに会いたいと言い出した。一八四三年に、ディケンズはある慈善組織の設立に一役買っており、彼女にその援助を仰いだのだった。そのとき以来、彼らは知り合いになっていた。その頃は、ちょうど彼女自身の名を成したいという願望がもっとも強い時期に当たった。彼女はそのため、彼がただ単純に自分がバイロンの娘であるという理由で近づいてきたのだろうと疑ってかかった。そんな理由で近づいたわけではないと、ディケンズが彼女を説得できたことは確かである。なぜなら、それから彼らの友情は深まりを見せていったのだから〔一〕。彼はのちになって恭しくも、彼女からの手紙の封を切ったことを、アラジンが洞窟の扉を開けたことになぞらえているのだ。

〔一〕『千夜一夜物語』所収の「アラジンと魔法のランプ」に表れる逸話。アラジンの叔父に化けた魔法使いは地下世界に通じる扉を開ける。地下に降りたアラジンは魔法のランプと宝石を持ち帰ってくるが、最後の階段が高くて地上に出ることができない。魔法使いはアラジンを地上に引き上げることよりも、ランプを手に入れることに必死である。その様子から、アラジンは魔法使いがランプを手に入れれば、自分を地下に突き落とすつもりだと悟る。目的を知られた魔法使いは、ランプと宝石をもったアラジンを地下に突き落とし、扉を閉ざしてその場を立ち去る。アラジンは魔法使いからもらった指輪に宿った魔物の力によって、地上の世界に戻ることができるという件のこと。

ディケンズは呼び出しを受け入れ、旅先から戻るや否や、彼女の病床へと急いだ。彼らは一時間ほど共に過ごした。訪問中、彼女の愛読書『ドンビー父子』〔二一八、三七八頁参照〕から話を選び、彼は枕もとで読み聞かせてあげた。とりわけ彼女が聞きたがったのは、「波がつねに語っていたこと」という章だった。そこでは、小さなポール・ドンビーの生命が失われるさまが、川から海に注ぐ水の流れとして描かれているのだった。

小説のある場面で、ポールはベッドの端に何かが現れたことに気づく。「あれって、いったい何なの？」と、彼は姉のフロイ〔フローレンスのこと〕に尋ねる。

「えっ、それってどこにいるの？」

「そこだよ！　ベッドの反対側の端にだよ」

「そこにはなんにもいないわ。お父さんを除いてはね！」

その姿は頭を持ち上げ、立ち上がり、枕もとまで来て言った。「我が子や！　わしのことがわかるかい？」

ポールはそれの顔を見つめ考えた。これがお父さんだろうか？　ぼくの考えでは、顔が随分変わっているし、凝視すると震えているし、まるでそれは痛みを味わっているみたいだ。彼が両手を伸ばして、それを掴まえて、引き寄せようとすると、その姿は小さなベッドから素早く向きを変え、ドアから外へ出ていった。……

小さなポールと同じく、エイダも半ば意識を失って、最後の時を迎えつつあるかのようだった。まわりにいる人や、話しかけてくる人には、朧気《おぼろげ》にしか気づいていない様子だった。ウィリアムと二人の子供――アナベラとバイロン――が、優しく海綿で身体を拭ってあげた時など、彼女には落ち着きを取り戻し、静寂さが訪れることもあった。身体の表面を水が滴り落ちるとき、彼女の心は瞬間的に、バターミア湖の山肌を小さな滝が流れ落ちる光景に戻っているのだった。

それから、激痛と譫妄《せんもう》の発作が何度も彼女を襲った。ディケンズが見舞いに来た翌日、彼女は今まで最悪ともいうべき発作を耐えねばならなかった。ベッドに横になっていることさえできなかった。だから、起き上がって、部屋のなかを歩き回るしかなかった。この状況を、ウィリアムは「妻の母と私は妻を支えるより、引きとめねばなりませんでした」と表現している。痛みによる痙攣が治まることなく、エイダは狂乱状態に陥った。彼女は二人の手をすり抜け、家具にぶつかったり、床に転がったりした。とうとう、部屋全体をマットレスで覆わなければならなくなった。これ以上、彼女が身体を傷つけることがないようにするためだった。痛みはそのうちに和らぎ、彼女は床の上に倒れ込んだまま苦しそうに眠りについた。しばらくすると、痛みがぶりかえし、彼女は身もだえして苦しんだ。

これらのほとんどが、ウィリアムと彼の義母によって目撃された。二人の間で必然的に休戦協定が結ばれたが、それはこわれやすいものであり、かつかなりの心理的緊張をはらんだものだった。これらの大半が、エイダの子供たちによっても目撃された。彼らは心に傷を負うことになった。母が床に倒れ込んでいるとき、痛みの合間に小康状態が訪れると見るや、しゃがみ込んで顔を海綿で拭ってあげたのは若いバイロンだった。その小康状態がつづく時間も徐々に短くなっていった。しかし、いまだにそこにレイフの姿はなかった。命が果てる前に、一目でも彼に会わねばならぬ。エイダはその思いに取り憑かれてしまった。彼女はもっと時間が欲しいと繰り返した。まるで、自分に残された時間を知っているかのようだった。彼女はまた、生きたまま葬られるという恐怖も募らせていった。

八月二十六日、レイフが疲れ果てた姿で到着した。彼はスイスから丸二日間、必死に急いでやって来たのだった。そして、短い静穏な時が訪れた。しかし、そんな時間はあっという間に過ぎ去った。翌日、彼女は発作を起こした。翌々日、例の周期的な痙攣が起こりはじめた。医師の言葉では、もう数時間しかもちますまいということだった。

生きたまま葬らないで、生きたまま葬らないで……呪文のような言葉が、絶え間なく繰り返された。お葬式はどこですするの？　今、何時なの？　外に立っているのは誰なの？　ドアのところにいる人は誰なの？　ベッドの反対側に立っている人は誰なの？　そこにずっといるのはウィリアムだった。ドアのところには誰も来ていないよと伝えて、彼女の気を静めようとしていたのだ。しかし、誰かが、誰かが、彼女を連れに来ていたのだ。

お父さんだわ――お父さんが、こんな病気を私にもってきたんだわ。彼女は母にそう言った。彼女をこれほどまでに苦しませたのは、冷酷な神とも呼ぶべき存在だった。

彼女はほとんど読みとれない筆跡で、あれこれとメモを書きなぐりはじめた。それらの多くが母によって書き写された。父の詩『カイン』から、彼女はいくらか引用していた――「信じよ――しからば沈まず！　疑え――しからば滅びん！」〔第二幕第一場第五行〕。おそらく、アナベラはこれを死の床での改心の徴として受けとったことだろう。この詩行がルシフェルによって吐かれたもので、ただ篤信家がよく使う決まり文句を真似ているだけにすぎないことに、彼女は気づいてはいなかっただろう。

……哀れな連中さね。
奴らは薄っぺらな感覚の上にあるものをまったく知らず、
ただ耳に響く言葉だけを崇め奉っているだけさ。
いわれたままに善悪を受けとり、自分の品性を
貶めているのさ。俺にはそんなもの全然要らないね。
〔第二幕第一場第八―一二行〕

別のメモでは、彼女は親しかった二人の義理の姉、ヘスターとシャーロットについて言及している。その二人ともがその場には来ていなかった。なんらかの理由で、ウィリアムかアナベラのどちらかが、彼女らを呼び出すことに反対したのだった。……その先のメモでは、彼女は自分の名を冠して、養護施設を開設して欲しいと懇願している。……さらには、母に贈る形見の品についての言及がある。とどのつまり《マルグレ・トゥー》、形見の品を贈る母娘関係ではあったのだ。……それから、「詩篇」第一七篇第八節〔正確には第一七篇第八節と第九節〕が記されている。

瞳のごとく私を守りたまえ。
御翼の影に私を隠したまえ。
私にわざわいなす悪しき人から、
私を取り囲む恐ろしき敵から。

……それにつづいて、詩行、ドイツ語の語句、本のタイトルが溢れ出るように書き連ねられている。

これらのなかに、「T」という不可思議なイニシャルが姿を見せている。ホメロスの翻訳タイトルが書き留められた一枚の紙が残っている。そのタイトルのわきにそれは現れている。そして、「汝のことをひとたび考えるや、私の心は落ち着き……」という詩行のわきにも、再びそれは現れている。バベッジ宛てに書かれたことは明白だが、結局は出されなかった手紙が一通残っている。そのなかにも、宛先が「Tへ」とされたメモが挟み込まれている。Tという人物は、エイダの生涯の文学的側面に関する思い出の品々を受けとることになっていたらしい。メモのなかでは、次のような品物が譲渡物として挙げられているからだ。金の筆箱――それを、エイダは彼に日常的に使って欲しいと望んでいる。お好みの本を十二冊――それらを見て、彼が共に過ごした時間を思い起こせるようにと心配りがなされている。

Tは明らかに、彼女と親密な関係にあった共同研究者だった。しかし、どの研究者だろうか？　彼女はライヒェンバッハの『磁気作用にかかわる諸考察』の書評をおこなっている。その欄外にメモが書き添えられている。そのメモには、「T・C」がその論考の一項目を仕上げるのに必要な論文をもっているとある。その手書き原稿には、別の人物の筆跡でいくつかメモが書き加えられている。おそらく、それはまさにT・Cその人の筆跡だろう。そうすると、「T」と「T・C」は同一人物であったとするのが、合理的な解釈に見えてくる。

彼女がライヒェンバッハ論文の書評を執筆していたとき、その仕事に緊密にかかわっていたのはジョン・クロスだった。このことから推測されるのは、「T」はクロスの愛称を表すイニシャルではなかったかということだ。それはあり得そうな考え方だが、決定的なものではない。まず第一に、人生最後の日々に、彼女は実際のところバベッジよりもクロスに頻繁に接触していたのである。そうすると、彼女が前者を仲介者として使おうとしたのは不可解千万なことになる。また、Tへ遺贈される品々は頭を使うことばかりに関係し、文学の香りさえ漂う品物だった。このことを考え合わせれば、こうした品々はいまわの際に贈られるにふさわしい、愛の徴とはいえないと論じることもできよう。

だから、この件はもう少し検討の余地が残っている。仮にクロスを候補者のリストから外してしまえば、一時的にわれわれの手持ちのカードは空になってしまう。だが、T・Cはおそらく、エイダの義理の姉シャーロットの夫で、カリフォナスという名前のギリシア人牧師補ではあるまいか？　だが、ラヴレス文書をくまなく見ても、彼に言及している箇所はほんの僅かしかない。それも、脱線的に触れているものばかりであり、……ファースト・ネームで呼んでいるものは一つもない。しかしながら、エイダが一八四一年に参加した催眠術実験に、カリフォナスも加わっていたことがわかっている。エイダをとても敬愛していた教育改革家のケイ博士の日記のなかに、そのことが記されている。

おそらく、TとT・Cとは同一人物ではあるまい。エイダは実は、フィールド・タルフォードという芸術家と文通していたのである。しかしながら、この男は兄の有名な弁護士で芸術家のトマス・ヌーン・タルフォード〔トマス（一七九五―一八五四）は上級法廷弁護士で政治家や劇作家としても活躍、フィールド（一八一五―七四）は肖像画家でブラウニング夫妻の半身画で有名〕と比べると、いかにも影の薄い存在だった。フィールド・タルフォードはTと同一人物なのだろうか？　彼は一八五一年の秋から冬にかけて、エイダに数通の手紙を書いている。そのうちの一つが、ウォロンゾー・グレグが残した書類のなかに紛れ込んでいる。このことが意味し得るのは、おそらく彼女の死後、その手紙が法律的に要注意文書として扱われたのではあるまいかということだ。その手紙のなかで、タルフォードはエイダからのメモを、まるでウィリアム・カーペンターの手紙を思わせるような筆致で描いている。彼女のメモは「化学変化のプロセスを、……敢えて言葉で表したもの」であり、彼のなかに「勝利感で満たされた興奮」を引き起こしたのである。彼の文言はさらにつづいている——「打ち明け話をしていただき、深く感謝しております。あのお話をされた貴方さまの胸の内がわかってくるにつれ、お心を打ち明けられた重みがひしひしと伝わって参ります」。

Tをタルフォードだとすることにも、問題がないわけではない。エイダが彼に面会したと推測されるのは、一八五〇年という特定の年に限られるからである。さらに、彼らが取り交わした手紙はほんの僅かしか現存していない。それらを調べても、例の形見の品を贈ることが暗示する、長期にわたる親密さの類を思わせるものは何一つ見つからないのだ。

もちろん、Tの正体を突き止めるのに、科学的で、厳密に学問的な証拠基準を適用しようとするのではなく、むしろ直感的で、芸術的で、冒険的なアプローチを展開することも許されるだろう。すると、別の魅惑的な人物の名前が頭をもたげてくる。つまり、トマス・カーライルのことである。(2) Tとカーライルの二人を結びつける証拠は、ほとんど何も残っていない。一八二二年に、のちに彼の妻となるジェイン・ベイリー・ウェルシュは、手紙のなかでカーライルにある詩をつくってみてはどうかと勧めたことがある。その詩は、バイロンが絶命したのちに、エイダが父に送る詩という体裁を採っていた。(三) カーライルは事実、その作詩を試みたのだった。カーライルはまた一八四六年に、オリヴァー・クロムウェルを歴史的に考察した自著に関して、ウィリアムに短信を送っている。そして、彼は少なくとも一回は、エイダに会っているはずである。それはおそらく、彼らがチャールズ・ディケンズが開いた晩餐会に出席した折だっただろう。

(2) カーライルの手紙におけるエイダへの言及は、チャールズ・リチャード・サンダーズ他編『トマス・カーライルおよびジェイン・ウェルシュ・カーライル書簡集』第二巻(一八二二年六月十三日)、第一六巻(一八四六

年三月二十四日)、第二〇巻(一八四九年五月十七日)を参照。

〔二〕 J. P. Vijn, *Carlyle and Jean Paul: Their Spiritual Optics* (Amsterdam: J. Benjamins, 1982) 162-63 によれば、確かにジェインは一八二二年七月一日付の手紙で、将来の夫カーライルに対し、エイダ(当時は七歳)から父バイロンに宛てた想像上の詩を書くよう勧めている。当時、不眠症で悩んでいたカーライルの気を紛らすことになるのではという思いから、ジェインはそんな提案をしたのだった。さらに、同年七月十一日付の手紙で、ジェインはカーライルに例の詩ができたかどうか問い合わせ、かつ逆に自分自身でつくった「バイロン卿に捧げる詩——娘のエイダより」を送っている。同年七月十三日に、カーライルはジェインに、結局勧められた詩作を試みたが失敗に終わってしまったと返答を送っている。

バイロンは一八二四年にギリシアのミソロンギで客死しているので、ジェインとカーライルは詩人の死を仮定して、エイダの反応を詩に綴ろうとしたことになる。

彼らはディケンズに加えて、何人かの共通の知り合いをもつ機会に恵まれた。たとえば、デイヴィッド・ブルースター卿〔二九三頁参照〕がそうである。彼が編纂した『エディンバラ百科事典』の何項目かを、カーライルは担当執筆したのだった。一八五一年にブルースターはロンドンに滞在していたが、その折に数回にわたって、彼はエイダのもとを訪れている。カーライルはまた、バベッジとも知り合いだった。だから、彼にエイダの形見を贈る仲介役を、バベッジはまかされた格好になる。しかし、事実をいえば、カーライルとバベッジは犬猿の仲だった。エイダのために一肌脱いで、この重要な役まわりを果たしてやろうという気がバベッジにはあったのかもしれない。ただし、そのためには疑いようもなく、大嫌いな男を受け入れる覚悟が彼にできていなければならなかっただろう。カーライルはまた、鋭い洞察力をもった、傑出したドイツ文化・文学の研究者だった。ちょうど、一八四〇年代後期のエイダが必要とした種類の人間だった。その頃、彼《か》の国で起こりつつあった哲学的かつ科学的発展に彼女の興味は向かおうとしていたのだ。

エイダの文学研究の協力者としてカーライルの名を持ち出すことは、常軌を逸したことといえよう。とびきり優れた直観力の持ち主でも、そんなことはゆめゆめ考えまい。しかし、どういうわけか、それにはなるほどと思わせる点もあるのだ。カーライルは当時の科学と機械が支配する時代に完全に適合しつつ、しかもそれに反旗を翻した。もちろん、エイダはそんな時代の一部分とも呼ぶべき存在だった。現代工業化社会の特質を把握するという点で、われわれは彼にこそ感謝せねばなるまい。彼こそが、経済学を「陰鬱な学問」、メディアを「第四階級」（ジャーナリズムや言論界の総称）、富裕層を「産業界の大立て者」という具合に命名してくれたのだから。彼こそが、ナポレオンによる血塗られた群衆支配の試みを、「ぶどう弾の発射」と鋭敏にも名づけたのだ。さらには彼こそが、民主化時代にあって新しく参政権を得た大衆を、つまらぬことを口ごもりながら喋る老婆にたとえ、その特質を明確化したのだ。ちょうどカール・マルクスが大英図書館の読書室で熱筆を揮ったように、カーライルこそがイデオロギーとドグマに固執する人びとに対し、いやましに募る不信感を露わにしたのだった。彼こそが、政治的改革ではなく、道徳的なそれこそが唯一実現し得るものであると考えたのだった。彼こそが、バベッジやその同類たちとは違って、宇宙は遠大すぎて人智の及ばぬものと考えたのだった。彼こそが、英雄たちをたたえて民主主義を嫌悪したのだった。母の冷徹な理性主義に牛耳られた時期を脱して、エイダは彼の熱い血潮のたぎる、高飛車な人間中心主義の煌めきを魅力的なものととらえたことだろう。そして、その影響力は、彼女をして人生とは制御すべきものではなく、生きられるべきものであると確信をもたせるのに十分であっただろう。そうした確信こそが、彼女の晩年の生きる指針となったのだった。

いまわの際の願いを必死に伝えようとしている今となっては、彼女のなかにほとんど生命力は残っていなかった。八月二十八日、彼女は連続して発作を起こしはじめた。八月二十九日の早朝四時に、彼女の脈拍は停止した。とうとう、その瞬間が来たかと誰の目にも思われた……。

しかし、彼女は息を吹き返した。三十日には、意識も戻ってきた。憔悴しきったウィリアムは、奇妙な振舞いを目撃した。彼女はハンカチで遊びはじめたのだ。広げて、寸法を確かめ、振り回す。この行為を、彼女は何度も繰り返した。そのさまは、まるで機械のように見えた。アナベラもこうした奇妙な動きを目にした。そして、「気が触れた」人の動きに似ていると考えた。

その晩、ウィリアムは彼女の様子を見にいった。彼女は「完全に感覚を失ったわけではないが、それでいて意識を取り戻したのでもない」状態だった。彼女を見て、彼は小川を流れ下るオフィーリアの姿を思い起こした。翌日の晩、彼女はもう一度意識を取り戻した。彼は妻の手にキスした。まるで、彼女にお帰りと言っているかのように。そして、彼女は生者の国に招かれたが、もういとまを告げる時が迫った人のようだった。「それから、彼女は静かに両腕を私の首に回し、顔にキスさせようと私を引き寄せました。そのとき、彼女は何も言わなかったので、それはただの本能的な動作だったのでしょう」。しばらくして、彼女はウィリアムに自分を許してくれるのかと尋ねた。アナベラは、彼が優しく当たり前だと認める様子を注視していた。なるほど、娘が必死で生きつづけていたのはこの瞬間のためだったのか——そういう思いが母の脳裏をよぎった。

エイダはそのまま夫の腕に抱かれて死んでいさえすれば、夫の愛情と母の称讃の対象となり得たのかもしれない。ただ、死んでさえいれば……。

しかし、彼女は死ななかった。死は残酷にも、グレート・カンバーランド・プレイスの玄関先で足踏みしつづけていた。

なぜ、自分はこんなに生き長らえさせられているのだろうか？ 彼女はこのことについて、独自の考えを抱くようになった。哀れなウィリアムに懺悔するためではあるまいか？ そんなふうに、彼女には思われてきた。彼にはすでに許しを請うている。だから、今度はなぜ許しを請うたのか、彼に説明せねばならないのではないだろうか？

彼はドアのあたりを行ったり来たりして、すぐ外に出た場所に花を据えていた。彼女がベッドから、それらを見ることができるようにするためだった。彼女は数回彼の名を呼び、それからなんでもないと言った。しかし、とうとう彼を呼び寄せて、ドアを閉めるように言った。

彼女が何を彼に話したのか、詳しいことは伝えられていない。だが、それはおそらく、彼女のジョン・クロスとの姦通についてだっただろう。ウィリアムには、その衝撃は耐えがたかったはずだ。アナベラはそのとき、部屋にはいなかったが、明らかにドアの外で待っていた。彼女は彼が出てくるさまを見た。その惨めに打ちひしがれた状態を目撃した彼女の顔には、ほとんど喜悦の表情が浮かんでいた。彼は自分が妻に対して平静さを失い、喚き声を上げたことを認めている。哀れな、罪を悔いた、死が間近に迫った妻に向かって、彼は何を叫んだのだろうか？ それは神に対して、彼女の魂への慈悲を請う哀訴の叫びだった。あたかもアナベラの願望を満たすかのように、彼はいかに自分が弱い男なのかを示す証拠をさらしてしまったのだ。彼は自室に鍵をかけて閉じ籠もり、出てこようとしなかった。

エイダは今や、アナベラの手中に落ちてしまった。ウィリアムが隣室で妻への憤りに煩悶している一方で、アナベラはエイダの枕もとで寝ずの看病をしているのだった。娘の痙攣と昏睡は一向にやむ気配がなかった。その合間合間に、短時間だが意識が回復した。その時を狙って、アナベラは辛抱強く、情け容赦なく、ときに——彼女自身がのちに認めているように——相当乱暴に、甘言を弄して娘から罪の告白と贖いの約束を引き出すのだった。

しかり、エイダはついに告白してしまったのだ。目に余る行動を延々と繰り返し、経験の声に耳を傾けず、好き放題にいろんなことに手を染め、科学実験にあまりに身を入れすぎたことを告白してしまったのだ。かけがえのない、神が与えてくれた人生という贈り物を——まるで電気か分子が集まった物質にすぎぬように——実験材料として使ったことを認めてしまったのだ。

さらに、しかり、彼女はバイロンの崇拝者たちにわが身を犠牲として捧げたのだ。そんな蒙昧な連中のなかでも、ジョン・クロスこそが今や、極悪人の一人に数えられようとしていた。彼女はバイロンの賛美者たちによって、詩人バイロンだけではなく、人間バイロンを崇拝するようたぶらかされていたのだ。詩人か、人間か、その違いはアナベラにとって極めて重要だった。彼女は散々な目に遭わされたあとでも、彼の魅惑的な詩行が引き起こす、興奮に満ちた身震いを抑えつけることができなかった。エイダは彼の恐ろしい悪徳に敢えて目をつぶってきた。そして、その過程において、母を好ましくない立場に追い込もうとしていた——これは否定はできないが、認めるのには勇気の要ることだった。すなわち、冷酷にも犠牲者を悪党に仕立て上げた、口数は少なくとも、不気味な誹謗者の立場に、母をおこうとしていたのだ。

エイダはもはや、こうした事柄のうち、どれ一つとして否定できなくなった。彼女は完全に母に屈服してしまった。アナベラはさっそく、娘の贖罪を実行する手順について考えはじめた。贖罪を成就するには、エイダにさまざまな細かいことを実演させる必要があった。彼女の忠誠心、および母と心を一つにしていることが、そんな実演を通して示されることになっていた。具体的な贖罪の手順はこうだ――哀願の祈り、悪行（これには、家宝の宝石を二回も質入れしたことまで含めることになっていた。あれらの宝石は持ち主をよく変えるが、再度の買い戻しに成功したのだ）のさらなる懺悔、死後、母親に書類と事件の処理を完全にゆだねるよう同意すること、アナベラの友人たちに愛情をもつよう誓うこと。走り書きされたメモには、後者の例としてメアリ・ミリセント・モンゴメリーの名が挙がっている。アナベラのメモから、さらに彼女がこんな計画をしていたこともわかっている――エイダが誰よりも最良の友にしたかったのはメアリだったとすること、その承認の証として、大切なブローチと肖像画、さらに数冊の本を形見の品として彼女に遺贈させること。モンゴメリー嬢は、エイダがフォードフックで少女時代を過ごしたとき彼女を追いかけ回した、恐ろしい復讐の三女神たちの一人だった。アナベラには仲間の独身女性たちが数名いたが、彼女はその一人だった。ウォロンゾー・グレグに向かって、エイダはそうした母の仲間たちを「私をとことん嫌っている連中」と憎々しげに呼んだのだ。

九月までに、アナベラの仕事は終わりを告げた。エイダは母の友人も、行動も、人生もすべて拒絶してしまったからだ。アナベラと彼女の友人の一人二人は、エイダの病気を神の摂理によるものだと信じた。彼女の病気はすでに、その目的を果たしていた。すなわち、「彼女を誘惑から遠ざけ、彼女の思考をもっと高く、善なるものに向かわせる」という目的は達成されたのだ。もう、エイダはいつ死んでもよかった。

しかし、最後まで反抗の姿勢を崩さず、エイダは生にしがみついたままだった。彼女に付き添う人びとや医師たちは、最後の時はもうそこまで迫っていると考え、昼も夜も彼女を安楽にしてやろうと骨身を惜しまなかった。九月も十月も過ぎ去った。しかし、彼女はまだ踏みとどまっていた。もうこの時に至ると、彼女は痛み、麻酔薬による幻覚、頭のなかで渦巻く記憶といった自分だけの世界に引き込まれていた。いや、もう一つの要素が確実に、彼女の世界のなかには存在していた。そこでは、冷徹な明晰さが、まばゆいほどに光り輝いていたのである。最後の時になって、彼女はようやく完全に自分自身の思考、決して他人に支配されない思考を手に入れることができたのだ。

人びとは一人また一人と、ゆっくり彼女の枕もとから離れていった。友人たちの姿が消えた。夫もいなくなった。最後に、子供たち——アナベラ、レイフ、バイロン——も立ち去った。バイロンは海軍の任務に戻らねばならなかった。彼は別れの言葉を告げないことにした。別れの場面の苦しみは、母には耐えがたいであろうと慮《おもんぱか》ってのことだった。十月二十日、彼は母の部屋のドア先までやって来た。それは開けっ放しになっていた。エイダはそこに横になっており、目は覚めていたが、彼が来ていることに気づかなかった。彼は最後の一瞥を母に投げ、その場を立ち去った。

グレート・カンバーランド・プレイスをあとにすると、彼は海軍将校候補生の制服が入った旅行かばんを父宛てに郵送し、そのまま行方をくらましてしまった。この行動を、少年の側に存在する典型的な自己中心的性格を表す一例と解釈する人びともいる。しかし、それは母へのある種の感謝の気持ちを表す行動だったと見ることも可能だろう。だとすれば、それは母のなかで圧殺された反抗的精神が、息子において生きつづけていたことの証左となる。その意図がなんだったにしろ、哀れなウィリアムは親戚を派遣して、失踪した跡取り息子を捜さざるを得なかった。『タイムズ』紙に、次のような謝礼金付きの捜索依頼が載せられた。

下記の特徴のある少年を発見された方に謝礼金を差し上げたし。年齢は十七歳ほど。身長は五フィート六インチ。肩幅は広く、がっしりした体格。前屈みで、水夫風に歩く癖あり。日焼けした顔。黒色の、表情豊かな瞳と眉。黒色の、豊かに波打った髪。赤十字と他の小さな黒い模様の入れ墨が残る、長い手。……噛んだ跡のある爪。よく響く声。ゆっくりした話し方。……

彼は結局、リヴァプールの宿屋にいるところを刑事によって発見された。そこからアメリカに渡ろうとしていたらしかった。父は強制的に息子を海軍に連れ戻した。

若いバイロンはこののち、悲しくもロマンティックな体験をすることになる。数年間の海軍勤めを終え、彼は父に除隊させてくれと嘆願した。だが、彼はとどのつまり、勝手に海軍をやめてしまうのである。どうやってこのことを彼がなし遂げたのか、記録に残っていない。脱走したというようにも見えない。

自由を得るや、彼は流れ流れて黒海のある港町にたどり着いた。そこから、小さな貨物船に乗ってイングランドに帰ろうとしていた。何ヵ月も経ったのち、彼はようやくハル〔イングランド北東部を流れるハンバー川の河口に臨む都市〕の港に降り立った。病気に罹り、身なりは薄汚かった。彼はヨークシャーに住む祖母の友人たちに連絡を取った。そこから、彼はアナベラに保護されるべく連れ戻されることになった。彼女は孫をアーノルド中尉という人物の監督下においた。彼はラグビー校〔イングランド中部のラグビーにある、一五六七年設立の有名なパブリック・スクール〕の威厳に満ち、名声を博した校長の息子だった。またもや、抜け出したばかりの軍隊的な規律に耐えるよう強制され、彼は逃亡を果たし、最後はサンダーランド〔イングランド北部タイン・アンド・ウィア州の港湾都市〕の炭坑で働くことになった。労働者の生活が性に合っているのがわかり、彼はアイル・オブ・ドッグズにあるブルネルが経営する造船所に、ジャック・オーケイという偽名を名乗って働きにいった。彼は僅かな間、身分の低い娘と婚約していたが、彼の素性を疑った相手のほうから婚約解消されてしまった。一八六〇年に、彼は不承不承第十二代ウェントワス男爵になった。祖母の死後、彼に回ってきた爵位継承権を、疎遠になった父が説得を重ねた末、なんとか彼に引き受けさせたのだった。彼は二年後に、結核で亡くなった。享年二十六歳だった。

一八五二年十一月、彼の母も、とうとう死を迎えつつあった。二十七日、アナベラはいまだにエイダの枕もとにとどまっていた。母に見守られつつ、エイダは数時間も失神と痙攣を繰り返した。娘の死に際の言葉について、彼女はなんの記録も残していない。ただ、自分が死ぬ際にいう言葉については、ちゃんとメモしてあった。全能者たる神にわが身を捧げる時に、何を言うのか忘れないようにという配慮からだ。夕方、九時三〇分に、エイダは急に硬直したように動かなくなった。しかし、呼吸はまだつづいていた。少し時間が経ったのち、まわりの誰にも気づかれずに、彼女はついに帰らぬ人となっていた。

＊

バイロン〔詩人バイロンのこと〕の亡骸は、ロンドンからノッティンガムまで、六頭の黒毛の馬が引く葬儀馬車によって運ばれた。沿道には群衆が詰めかけ、花が散りばめられていた。エイダは同じ目的地に向かって、ミッドランド鉄道会社の列車によって運ばれた。

葬式がおこなわれたのは、死後一週間が経ってからだった。それは、ちょうど彼女が三十七歳の誕生日を迎える一週間前のことだ。葬儀馬車はノッティンガムから十時に到着した。後ろには、会葬者たちの行列がつづいていた。行列のなかには、ウィリアム、ジョージ・アンソン・バイロン、スティーヴン・ラッシントン、ワイルドマン大佐、ウォロンゾー・グレグの姿が見えた。義理の姉のヘスターと夫のジョージ・クローファッド卿もその場に来ていた。しかし、もう一人の義理の姉であるシャーロットと夫のカリフォナスは欠席していたようである。より有名な、もう一人の人物もまた欠席していた。それはエイダの母だった。

大群衆がハクナル・トーカード教会を囲む敷地に押しかけていた。エイダの亡骸を運び込むために、バイロンの眠る地下納骨所が開けられるのを目当てにしてのことだった。ウィリアムはエイダのために、随分と葬式の見栄えに気を遣った。あれは、ちょっと派手すぎでしたね——葬式のあとで、アナベラの忠実な仲間たちは、自信たっぷりに彼女に念を押した。彼が妻のために選んだ柩は紫のビロードで覆われ、ラヴレス家の紋章入りの盾が取りつけられ、銀の小冠が散りばめられていたからだ。

『御曹子ハロルドの遍歴』第三詩篇の掉尾を飾る数行を、バイロンはかつて自分が書いたもっとも出来のよい詩行だと見なしていた。それらの詩行のうち、バイロンは以下のものを娘に宛てて書いている。

しかし、鈍い憎しみを義務とせよと教え込まれても、
お前は私を愛することになると、私にはわかるのだ。
破滅をもたらす呪文——断ち切られた父と娘の関係として、
私の名前がお前の耳に入らぬようにされてもな。
たとえ墓が私たちを分けへだてても——結果は変わらぬ。
お前は私を愛することになると、私にはわかるのだ。

たとえ「私の」血をお前のなかから流し去ることが目的で、
それが達成されようとも——それはすべて無駄なことだ——
なおもお前は私を愛し、私への愛を命より尊いものと見なすのだ。

〔第三詩篇第一一七連〕

バイロン家の納骨所は、教会の身廊の地下にあった。葬式が終わると、短い階段を下って、エイダの柩はそこへと運ばれていった。彼らを分けへだてていた墓が、ついに開けられる時が来た。そのなかで、彼女は父の傍らに横たわり、永久の眠りにつくのだった。生前は関係を断たれていた父と、死後ようやく抱擁が許されたのだ。

結び

ハーバート・メイヨーは高名な医師であり、長年にわたりアナベラの担当医の一人だった。彼はこんなことを書いている――「創造の企てにおいて神が間違いなく思し召したことは、人が野生から文明へと進化するようにということだった[1]」。神の摂理によって人間に与えられた理性という贈り物のお陰だったのだろう。メイヨーの心中には、次のような疑念の影はまったくなかった。つまり、野生もまた、完成を目指すのではなかろうか？　人間は確実に、野生と文明の二つに向かって進みつつあるのではなかろうか？

（1）ハーバート・メイヨー著『神経組織とその機能』（ロンドン、一八四二）、一五七頁を参照。

エイダがこの世を去った年、アメリカ人の作家ナサニエル・ホーソーンは『ブライズデイル・ロマンス』〔ボストン近郊の理想郷ブライズデイル・ファームを舞台として、三人の男女の愛憎関係を描いた物語（一八五二）〕という小説を出版した。それはテーマとアプローチの両面で、現在われわれがサイエンス・フィクションと呼ぶものの興味深い先駆けであった。その話はある実験的な共同体の建設にかかわるものだった。ちょうど、人類の進歩がいずれ実現するであろうと、メイヨーが論じたようなユートピアの建設と考えてよい。ところが、そんな純粋に理性的で科学的な状況が実現しても、ホーソーンは人間の弱さ、愚かさ、我が儘はそこに忍び込んでくると主張したのである。たとえるに、虫が花の蕾にそっと分け入るかのように。

虫はエイダの死の臭いを嗅ぎつけ、怠りなく潜入を開始した。それはアナベラとウィリアムの心をかじりつづけ、とうとう二人の関係は崩れ落ちた。虫はさらにエイダの子供たちの心も蝕み、彼らを互いに憎悪し合う関係に追いやった。それが影響して、レイフと小さなアナベラはついに父親とは口も利かないようになった。虫はエイダの評判の残り滓にも容赦なく噛みついた。彼女が死んだと見るや、沼の底から這い出るかのように、グロテスクでよからぬ連中がたくさん現れはじめた。彼らはウォロンゾー・グレグに手を伸ばし、彼が処分をまかされた土地財産のあれこれを要求したのである。彼はすっかり当惑し、極めて多忙な身になってしまった。

虫が嬉々としてむしゃぶりついた部分がまだあった。それはエイダの愛欲生活が置き去りにした、鼻をつくような悪臭がする残り滓だった。いまわの際までクロスはエイダに会いたがったが、アナベラが彼を追い払いつづけていた。愛人との生活から閉め出されると、彼は代わりに彼女の生命保険金を狙いはじめた。結局の話、彼はウォロンゾーに自分をその受取人にせよと迫ったのだ。見返りとした挙げた条件は、害悪をもたらしかねない、彼女から来た手紙の処分に同意するということだった。ウォロンゾーが推計したところ、それらは全部で一〇八通あった――そういう次第で、それらの一通として今は残っていない。

虫は蠢《うごめ》くのをやめなかった。その原因はエイダではなく、彼女の人生に大きな影響を与えた事件、すなわち母の別居だった。アナベラがバイロンを相手取って起こした近親相姦の申し立てが、『アトランティック・マンスリー』のある記事において、初めて公にされたのだ。その記事を書いたのは『アンクル・トムの小屋』の著者、ハリエット・ビーチャー・ストウだった。さらに、ストウはその件に絡んで、『バイロン卿夫人弁護』を一八七〇年に上梓している。アナベラの死後十年経ってからのことだった。本のタイトルからも明らかなように、ストウはアナベラの弁護に一役買おうとしたのだ。しかし、彼女の軽率な言葉遣いは、エイダの息子レイフを怒らせることになってしまった。彼は祖父母に関する見つけられる限りの資料を編纂しはじめた。その目的は、これを最後に事実関係をはっきりさせるということだった。一八九三年にウィリアムが亡くなったとき、レイフはラヴレス伯爵になった。今や、彼は家族にかかわる文書のすべてを保有することになった。アナベラ、オーガスタ、バイロンの間でやりとりされた手紙を含む全文書が彼の手に落ちたのである。これを彼は基礎資料として用い、一九〇五年に『アシュタルテ』という本を完成した。この本は友人たちの間で個人的に読み回されたのである。

その本のタイトルは、バイロンの劇詩『マンフレッド』から採られている。アシュタルテは、タイトルと同名のアンチヒーローが愛した女性である。彼女は「私と同じ顔立ち」(『マンフレッド』第二幕第二場第一〇五行) だったと、彼の言葉にはある。

彼女は私と同様、孤独な思いに浸り、独りぼっちでさまよった。
秘められた知識を求める渇望と、宇宙の理法を解き明かさんとする
思いを抱いていた。いや、それらばかりではない。
私よりもずっと、人を優しく愛する力をも備えていたのだ。
哀れみ、微笑み、涙が彼女にはあった――すべて、私にはないものばかりだ。

そして、慈しみも彼女にはあった――彼女に対してのみだが、それは私にもあった。
謙虚さも彼女にはあった――いや、私にはそれは縁のないものだ。
彼女の過ちは私の過ちだった――彼女の美徳は彼女だけのものだが――
私は彼女を愛した。そのゆえに、私は彼女を破滅させてしまったのだ！

〔第二幕第二場第一〇九―一七行〕

劇がクライマックスの場面に至ると、激しい後悔の念に苛まれたマンフレッドは、ついにアシュタルテの亡霊を召喚することに成功する。レイフの本には、それに似た効果を引き起こす力があった。彼の本はすぐに、ジャーナリストたちによって「法外な高値で、あるいは伝えられるところでは、水面下の取り引きを通じて」買いとられ、その内容が公開されてしまうのである。かくして、一九〇六年八月三十日、レイフの死後〔彼が亡くなったのは八月二十八日〕ほどなく、『トリビューン』紙なる新聞にこんな言葉が躍ることになった――「朽ち果てて骨だけと化した醜聞が、再び肉と血をまとわされた。燃え尽きて灰と化した論争に火がつき、バイロンとオーガスタの亡霊は哀れにも、またもや公衆の嘲笑の的としてさらし台にかけられた」。

一九二九年に、エセル・コルバーン・メインは、初の決定版と呼ぶべきアナベラの伝記を出版した。それはストウの道徳的模範としてのアナベラ像に、好意的な肉づけをほどこしたものだった。一九六二年に、マルコム・エルウィンが『バイロン卿の妻』を上梓した。これは完全に見解を異にする本だった。（それは索引を見るだけで、一目瞭然だろう。アナベラの見出しには、「自己満足」、「エゴイズム」、「嫉妬心」、「忠誠心の欠如」、「衒学趣味」、「自己陶酔」、「気取り」といった下位項目が含まれているからだ。）
以上の状況全体を見わたせば、次のことが浮かび上がってくる。エイダは生涯をかけて、ある和解を実現しようとしたのである。それらは頭脳と感情、科学と芸術、真理と美の和解だった。彼女はこれらを調和させて、ユートピア的状況を創造しようとした。ところが、それは達成不可能なものであった。彼女は〝詩的科学〟の発見を目指して努力を重ねたが、その努力は失敗するよう運命づけられていた。

しかし、時代は移り変わる。工業化時代が過去のものとなり、情報化時代が割れんばかりの歓呼で迎え入れられることになる。こうした時代の変化はひょっとすると、エイダが試みた和解を実現可能なものにしてくれるのではあるまいか？　われわれが耳にするのは、新しき宇宙論、いわゆる「新物理学」〔一〕の登場である。「新物理学」には主観と客観、順応性と創造性を統合する可能性があるのだ。量子力学〔二〕は不確定性原理をもたらした。カオス科学〔三〕は予測不能性により決定論に風穴を開けた。ネオ・ダーウィニズム〔四〕は利己的遺伝子と社会的行動の進化という考えをもたらした[2]。これらはエイダが予想したことではあるまいか？　一八四四年に彼女がみずからを予言者と表現した際に、これこそを彼女は予言したのではあるまいか？

〔一〕　著者はおそらくPaul Davies, *God and the New Physics* (New York: Simon & Schuster, 1983) のことを念頭においているのであろう。デイヴィスは相対性理論と量子力学により、現代の「新物理学」は宗教よりも神に近い位置にあるとする。

〔二〕　量子力学は原子、電子、光子などの素粒子の振舞い方を説明する数学的物理学。不確定性原理は素粒子の状態を一定に保ってもそれらの位置と運動量がある規則性によって変化するという法則。ドイツの物理学者ヴェルナー・ハイゼンベルクが唱えた。

〔三〕　自然界においては、ある現象を説明する法則は確実でも、起こった結果が非周期的に変動することがある。

これを総称してカオスという。たとえばピンボールの動きは物理法則に従うが、その運動の結果は予測不可能である。また大気の動きも物理法則によるが、起こり得る気象現象の予想は困難である。これらがカオスの例であるが、著者はそうしたカオスを対象とする学問をまとめてカオス科学と呼んでいる。

〔四〕ネオ・ダーウィニズムはチャールズ・ダーウィンの自然淘汰説に現代遺伝学の成果を融合させた学説。一八九六年以降に、アウグスト・ヴァイスマンが唱えた説を表すのに使われはじめた。ヴァイスマンは、生殖質（精子や卵子）をつくる細胞が体細胞をつくるそれとは異なる組織をもつことを発見した。これにより、ダーウィンがジェミュール（遺伝粒子）の存在を想定して論じた獲得形質の遺伝が否定された。利己的遺伝子はもっとも生命力のある遺伝子であり、それが個体の遺伝形質を優先的に伝えるとされる。

（2）こうした進歩が宇宙論に与える影響は、必ずしも一見そう思われるほどには広範囲に及ぶものではない。科学者たちが「不確定性」や「カオス」という用語に与えている学問上の意味は、普通の意味とは少々異なるものであり、暗示力に富んだものでもない。

しかし、別の見方もあり得るだろう。彼女の人生はまったく反対のこと、つまりいわゆる進歩はさらなる対立をもたらすのみであることを予兆しているのかもしれない。われわれはある物事を多くもてば、別の物事のいくらかを諦めねばならない。そうであれば、テクノロジーは人間性を枯渇させ、表現の自由は文化を荒廃させ、自由は無政府状態を生む虞《おそれ》があり、秩序は束縛をもたらすのかもしれない。もちろん、こうした対立は人生の実体そのものであり、われわれが利己的な野蛮人でも魂のないロボットでもなく、不安定にもそれらの間のどこかに踏みとどまっていることの理由なのである。そのさまは、どこか山上の断崖にたたずむマンフレッドに似ていないだろうか？

なんと目に映る、この世界のすべてが美しいことか！

なんと動きにおいても、それ自体においても、この世界は荘厳なることか！
しかし、われらは、この世界の支配者と自称するわれらは、
半ば塵埃にすぎず、半ば神にも似て、沈潜するにも飛翔するにも
適さない存在なのだ。われらは不純なる要素からできており、
それゆえ、己が身をもろもろの要素の戦いの場としてしまう。
吐き出す息は、みずからに不名誉と名誉をともどもにもたらす。
われらの死すべき運命がすべてを支配する時まで、
浅ましき欲望と高貴なる意志は延々と争いをつづけるのだ。

〔第一幕第二場第三七—四五行〕

注と関連文献

本書は決してエイダを扱った初の本格的伝記ではない。そういった偉業にたいする名誉は、卓越したそして献身的なバイロン研究者のドリス・ラングリー・ムア氏にこそ送られるべきである。同氏の著作『ラヴレス伯爵夫人エイダ』(*Ada, Countess of Lovelace*)は、一九九七年に初版が出版されている。同書はエイダの知的探求にはごく僅かな光しか当てていないとはいえ、彼女の母親との関係は生き生きと描き出している。

ドロシー・スタイン氏の伝記、『エイダ——人生と遺産』(*Ada, a Life and a Legacy*)は本書の四三〇頁において取り上げられているが、一九八六年に出版されたものである。同書はエイダの数学的探求に焦点を当てている点で、ムア氏の伝記を補完する内容となっている。とはいっても、スタイン氏はわれわれがエイダの個人的生活を理解する上で、なんらの貢献もおこなっていないと考えることは誤りであろう。ウォロンゾー・グレグによるエイダの伝記風スケッチを最初に発見したのはスタイン氏なのだから。エイダの駈け落ちの一件を詳らかにしている点で、グレグの文書は重要な価値をもつといわねばならない。スタイン氏はさらに、誰よりも早く解析機関に関するエイダの注を正しく評価した人物でもある。

最後に、エイダの夫ウィリアムによる直筆文字の多くを解読し得たのは同氏であることも付け加えねばならない。なにせ、妻のエイダでさえ、多少は気を遣った言い方で、主人の文字は「かなりおしゃれな」書体ですが、何を書いているんだか「さっぱり読めません」と言っているくらいなのである。ウィリアムの文字には、ラングリー・ムア氏もしばしばお手上げの構えだったが、筆者はといえばまず歯が立たないというのが本音なのである。

一九九二年には、ベティ・アレグザンドラ・トゥール氏の『エイダ、数の女魔法使い』(*Ada, the Enchantress of Numbers*)が世に現れている。これはエイダの手紙を網羅的に収集したものである。トゥール博士は同書内に、ご自身による〝語り〟と呼ぶべき説明部分を導入し、エイダの伝記に関する事実を細大漏らさず説明しておられる。

右に挙げた文献は――本書も含めてだが――四つの第一次資料を利用している。そのなかでもっとも重要なものは、オックスフォードのボドレー図書館が所蔵しているラヴレス・バイロン文書である。このなかには、エイダ、アナベラ、ウィリアムの間で取り交わされた大量の手紙に加えて、多くのバイロンの直筆の詩が含まれている。同様にボドレー図書館に保管されたサマヴィル文書は、メアリ・サマヴィルとウォロンゾー・グレグに宛てたエイダの手紙は言うに及ばず、ウォロンゾーによるエイダの伝記文(参照番号 Dep b 206/MSIF-40)を含んでいる。

エイダのバベッジ宛の手紙は、大英図書館が所蔵しているバベッジの手書き文書(Add. MSS 37190-37194)のなかに含まれている。バベッジによる大量の文書は、ヴィクトリア朝の科学とテクノロジーの歴史に関するもっとも重要で、興味をそそる第一次資料の一つと呼べるものであろう。それだけに、この文書がいまだに出版されていないのは残念なことである。同様に、大英図書館はウェントワス家の遺贈文書も所蔵している。このなかには、妻の人生最後の日々を綴ったウィリアムの日記（Add. MSS 54089）を含めて、エイダ関係のさらなる文書が収められている。

他の手紙はいろんなところに散逸している。筆者はそのいくらかの未刊行手稿を発見することができた。（たとえば、そのなかには小説家エドワード・ブルワー＝リットンに宛てたエイダの手紙があり——彼らの親密な関係をうかがわせるだけに、一部欠損していることに悔しい思いをしたものだ。）筆者はプフォルツハイマー・コレクションのなかに、とりわけ興味をそそる〝お宝《たから》〟を見つけたことがある。（そのフル・タイトルは下記のとおり——'The Carl H. Pforzheimer Collection of Shelley & His Circle, The New York Public Library, Astor, Lenox and Tilden Foundation'.）

バイロン自身の細かな個人的事情について大いに頼りとしたのは、彼のおびただしい量の手紙と日記であった。それら全体がレスリー・A・マーシャン氏によって、見事な十二巻本〔一九九四年に第十三巻目の補遺が追加されている〕の『バイロンの手紙と日記』（*Byron's Letters and Journals*）へと編集され、索引も完備している。

その他の伝記的詳細を扱った参考文献については、実をいえば、あまりにも多すぎて選ぶのに困るほどである。バイロンは間違いなく、どの詩人よりも多く伝記の対象となってきた。また、彼の人生のあらゆる側面が文書化されてきたともいえる。そのなかでも、筆者が議論の拠り所としたのは、多作なマーシャン教授の、わけても一九五七年に出版された三巻本の『バイロン伝』（*Byron : A Biography*）、並びに新成果を加えられて一九七一年に出版された『バイロンの肖像』（*Byron : A Portrait*）であった。それら以外の本については、手に入るものをすべて読んだわけではないが、いくつか有用なものがある。そのなかには、フィリス・グロスカス氏の最近刊行された『バイロン——過ちを犯した天使』（*Byron : The Flawed Angel*）を数えてもよいだろう。（同書はラヴレス・バイロン文書をしっかり踏まえた内容となっている。）

引用、人名、貴族の爵位の扱いに関しては、記録文書や学問的厳密さに付き従うというよりも、親近感や明瞭性のほうを筆者は執筆方針としてきた。意味を変えてしまう虞《おそれ》がない限り、筆者は綴りや発音を修正かつ更新することにやぶさかではなかった。また、登場人物を爵位で呼ぶことを避け、話の中心的人物は親しみを増す意味からファースト・ネームで呼ぶことにした。たとえば、エイダ、アナベラ、ウィリアム、ウォロンゾーといった塩梅にである。（とはいっても、バイロンとバベッジはサーネームで表記することにした。彼らは通常まず間違いなく、これらの名前で世の中では覚えられているのだからら。）

以下に挙げた注〔本訳書では原注を本文中に訳出してある――訳者〕は、テクストから立ち現れてくる諸問題について簡単なコメントを加えたものである。バイロンの詩作品については、その参照事項を示しておいた。彼の作品にあまり馴染みのない読者の方々が、その内容を簡便に調べられるようにとの配慮からである。

訳者あとがき

野島 秀勝

著者ウリーが「科学の花嫁」と呼んでいるのは、あの過激なロマン派詩人バイロンの娘エイダのことである。母はアナベラ・ミルバンク、結婚前バイロンが「平行四辺形の君《プリンセス》」「哲学者四角四面《スクエア》」とひそかに揶揄した、頭も心も無類に固い女である。エイダ出産後まもなく、アナベラは赤児を抱いてバイロンのもとを去る、永久に。バイロンとの結婚生活は一年に満たずに終わった。といっても、それは離婚ではなかった。アナベラは頑なに別居の形に固執しつづけた。一生、バイロン卿夫人を名のりつづけた。別居はバイロンにとって寝耳に水の驚きで、彼は書簡を通じて何度もアナベラにその理由を問いただす。アナベラからの返答はなかった。沈黙を守れば、バイロンは自分の犯した罪をあれこれと想像して、いっそう苦しむことになるはずだ。そこにアナベラの狡知な計算、彼女みずからがいう「沈黙の手管《ポリシー》」があった。そして一方、彼女はバイロンの背信と精神的虐待の思い出の数々をモノマニアックに記録しつづけ、それを内密にと断わりながら人に読ませ、あるいは他言は無用と断わりながらそっと秘密を洩らす、これは別居係争以後四十年の生涯を通じて変わることのなかったアナベラの巧緻な「手管《ポリシー》」であった。他言は無用と断わってそっと洩らすのであれば、そこに「『悪意』があると世間に受け取られる」心配はない。そして、秘密と断わられれば、人は決して秘密を守りはしない。かくして、罪深い「虐待」に独りじっと耐えつづけ、当の罪の片割れに対しても今なお「優しく」ありつづけている受難・忍苦の聖女という伝説は、確実に世間に流布するだろう。なにも自分からこと荒だてて自己正当化の言挙《ことあ》げをするにも及ばない。そんなことをすれば、かえって忍苦の聖女像はたちまち崩れ去るだろう。一切はアナベラの計算のうちにあった。「平行四辺形の君」の人間高等数学の算法であった。現に生前アナベラと会見したストウ夫人、あの『アンクル・トムの小屋』の単純素朴な正義の信奉者は、見事にこの計算の網にかかって『バイロン卿夫人弁護――バイロン論争の歴史』（一八七〇）をものすることになるのである。

それにしても、バイロンの罪の片割れとは誰か。アナベラが暗示しているのはバイロンの異母姉、オーガスタ・リーを措いてほかにない。そして二人が犯した罪とはいうまでもない、姉と弟との近親相姦の大罪だった。この秘密をアナベラに密告したのは、〝気違いカーロ〟の異名をとったキャロライン・ラムだった。自伝的詩篇『御曹子《チャイルド》ハロルドの遍歴』によって一躍時代の寵児になったバイロンに出会ったその日の日記に、キャロラインは記す、「彼は狂気――悪――知るのは危険だ」。そして、こうつけ加える。「あの美しい蒼白な顔は、わたしの宿命だ」と。バイロンにとっても、この才気に満ちた奔放な神経症の女は「宿命」にちがいなかった。彼女は文字どおり宿命のようにバイロンに憑きまとった。その執拗な愛にさしものバイロンも倦み疲れて逃げる、キャロラインはなおも追いすがる。ゴシック小説的遁走と追跡の反復――バイロンが「哲学者四角四面」アナベラとの結婚を決意したのも、キャロラインからの遁走の帰結だったといえないこともない。

そういう女の密告証言に信憑性はないはずだ。なのに、アナベラはキャロラインの言葉を丸ごと信じた。バイロン姉弟の〝危険な関係〟を真実と仮定すれば、バイロンの一連の不可解な言動、残酷さの謎の方程式もすべて解ける。わたしのこの確信に誤りはない――そういえばアナベラとの文通がはじまったばかりの頃、バイロンは彼女の叔母で、自分自身も〝腹心の友《コンフィダント》〟と頼むメルボーン子爵夫人に宛てて書いていた。「あなたの姪御の数学者から依然、書簡がつづいています。……お堅い連中のなかでも一番お堅い乙女が、才女・道学者、宗教家が当代屈指の『放蕩者《ルエ》』と世に悪名高い人物と秘密の文通をしているのです。未婚の淑女がかかるあっぱれ見事な冒険をおかすのは尋常ではないと思いますが――これも我に誤りなしという不可謬性から出ているのです」。メルボーン子爵夫人は息子ウィリアムの妻キャロラインの狂気を静め、併せてバイロンを彼女の「宿命」の呪縛から解放しようと、彼とアナベラとの結婚縁組を願った。そこで夫人はアナベラに彼女の望む夫の適性を書き出すよう要望する。アナベラはそれに応えて、「理想の夫一覧」を書き送った。夫人からバイロンのもとに回送されてきた「一覧」には、八項目にわたって〝理想の夫〟の適性が箇条書きされていた。すべての点でバイロンは完全な失格者だった。子爵夫人への返書にいう、「彼女は甘やかされて増長しているように思われます――それも普通の子供のようにではなく――理路整然と自分を〝クラリッサ・ハーロウ〟に仕立て、一種始末に困る正しさを身につけてしまっている感じです――自分の不可謬性だけを信頼しているわけですが、そんなことをしていれば、いまにとんでもない過ちを犯すことになるやもしれません、いや、きっとなることでしょう」。バイロンのこの洞察は不幸にして正確に的を射ていた。

嫉妬に狂った〝気違いカーロ〟の妄想にすぎなかったかもしれぬ密告を真実と確信させた「不可謬

性」の宿痾が促すままに、アナベラはみずからの記憶、他の人々の証言、自分宛のものはいうまでもなく他の人々宛に書き送られたバイロンの手紙（とくにオーガスタ宛の手紙は、彼女を脅迫してそのすべてを提示させ、克明に写しをとった）をひそかに収集しつづけた。その所産が今日『ラヴレス文書』として知られるアナベラの自己正当化とバイロン断罪の厖大な資料にほかならない。アナベラの孫ラヴレス伯爵家が保管するこの文書は公開されておらず、閲覧を許された伝記作者の著作を通してしか知るよしもないが、彼らが引くおびただしい量の引用によってその大凡《おおよそ》は十分に察知できる。なるほどアナベラの収集した事実は、「平行四辺形の君」「哲学者四角四面」の論理の枠組みのなかでは完璧に論理的整合性をもっている。この整合性をそのまま額面どおりに受け取れば、ラヴレス伯爵の祖母弁護『アシュタルテ』（一九〇五）が、あるいは好意的な伝記を書くという約束によってラヴレス文書の閲覧使用を許されたエセル・メインのアナベラ伝（一九二九）が書かれることになる。一方、その整合性をアナベラの自己正当化の詐術と疑えば、マルコム・エルウィンの精緻な、あるいはドリス・ラングリー・ムアの精力的な、アナベラ告発の伝記群が成立することになる。いずれが正しいか決めるわけにはゆかぬ、歴《れっき》とした物証はなにもないのだから。世にいうバイロン論争、「バイロン事件の謎《ミステリー》」がそこに胚胎する。

アナベラ自身にも自分の主張が情況証拠ばかりで、十分な論拠が欠けているのは分かりすぎるほどに分かっていた。なんとしてでも決定的な証拠を手に入れなければならない。バイロンの「罪の片割れ」オーガスタ当人の口からそれを引き出さなければならない。別居が法的に成立し（一八一六）、バイロンが我が子エイダにたいする親権を奪われて、独りヨーロッパ大陸を転々とし、ついにはギリシア独立義勇軍に参加してミソロンギで病に倒れるまで（一八二四）、いや「罪の片割れ」の死（一八五一）に至るまで、アナベラのオーガスタ誅求はつづけられたのだ。しかし「生まれついての一種の道徳的白痴」とアナベラが呪詛する軟体動物のように捕えどころのないオーガスタの口から、確かな罪の証拠となるものはついになにも引き出せなかった。アナベラは身内にこごる鬱血を蛭《ひる》に吸わせながらオーガスタの死の九年後、世を去った。

＊＊＊

エイダはこのような父と母の間に、一切の束縛を超越しようと希求する奔放な情熱のロマン主義と冷たい理知の計算に基づく精神の合理主義の対立葛藤、つとにパスカルが「繊細の精神《エスプリ・ド・フィネス》」と「幾何学的精神《エスプリ・ド・ジェオメトリ》」といった二様の精神の分裂解離のさなかに、生を享《う》けたのだった。エイダは父の顔を知らない。「彼は狂気——悪——知るのは危険だ。あの美しい蒼白な顔はわたしの宿命だ」とキャロライン・ラムが日記にしるしたバイロンの顔は、父の肖像画は母の手によって厳重に覆い隠され、垣間見ることもかなわなかった。こうしてエイダは父との係わりを完全に絶たれ、ピュリタン的母の厳格な管理のもとに育てられた。当然、父に対しては憎しみの感情しかもち合わせていなかった。バイロンは娘エイダの行く末を案じていた。一八二三年十月十二日、ミソロンギで死を目前に予感した彼はオーガスタに書き送った——

「B卿夫人からエイダの素質、習慣、勉強ぶり、道義心、気質について知らせてもらってくれないか——あの子の容貌についても。なにしろ四年前に描かれたミニアチュールしか手もとにないので（もうあのときの倍の年齢《とし》になっているんだね）、どんな顔をしているものやら見当もつかないのだから。……あの子は想像力に恵まれているだろうか？　あの子の今の年頃には、僕はいろんな感情や考えを抱いていたと思う――今さらそれを言っても誰も信じてくれないだろうけれど……あの子は社交的だろうか、孤独好きだろうか。無口だろうか、話好きだろうか。本を読むのが好きだろうか、それともその逆かな。ところで、その子の癖《ティック》はなんだろう？　つまり欠点は？　情熱的だろうか？　どうか詩的にだけは生まれつかなかったようにと、神々に祈るばかり――そんな痴れ者は一家に一人いればば沢山だからね」。

それから一カ月半後、八歳の誕生日を迎えようとするエイダに関するアナベラの消息が、オーガスタを通して届けられる――

「エイダの支配的な性格は快活さ、楽しむことを知っています。……知力についていえば、観察力が一番発達していて、あの子の使う言葉の適切さ、描写の正確さはときに年齢以上のものがあります。といっても想像力が欠けているわけではけっしてなく、今のところは主に機械的発明の才と結びついて使われています。船やボートを自分で考案し造るのに夢中になっています、船やボートばかりでなく他のなんでもあの子の関心をひくことでしょう。／今までのところ詩より散文のほうが好きです、詩語法には戸惑いますから。本を読むのは大好きです。……あまり我慢強くはありません。生まれつきの体質からして、根《こん》をつめるよう刺戟するのは望ましくありません（あらゆる興奮は禁物ですから）。／気質は開放的で率直。幼い頃は衝動的なところがうかがえましたが、それも今は十分に抑制されています。人と交際することも、話をするのも大好きです。一人でいても話が退屈なものになることはありません。／背は高く、体つきはしっかりしています。目鼻立ちは端整とはいえませんが、顔の表情は生き生きとしていて、あのミニアチュールではまだとても――いいえ、同封のプロフィールを見れば一目でおわかりになるでしょう」。

アナベラがこれほど懇切丁寧にエイダの消息を伝えたことはない。それからほぼ五ヵ月後バイロンは息をひきとるが、机の上には書きかけのオーガスタに宛てた手紙があった。そこにはアナベラが初めて見せた心やさしい消息文の礼を伝えて欲しいとしたためられていた。彼女の手紙は娘を思うバイロンの切々たる問いかけに、必要かつ十分に答えるものであった。いや、そればかりではない、この手紙にうかがえるアナベラの観察力は娘エイダの人生の行方をも正確に占う洞察たりえていたのである。

バイロンが望んだとおり、エイダは「詩的」には生まれつかなかった、母「平行四辺形の君」に似て数学の才に恵まれたのである。長じて有名な女流数学者メアリ・サマヴィルに憧れ、一八三〇年代には実際に彼女の愛弟子になった。さらには当代の奇才チャールズ・バベッジと親交を結び、彼と協力して「解析機関《アナリティカル・エンジン》」の発明に熱中した。「解析機関」というのはコンピュータの先駆的なものだったと理解すればいい。バベッジは豪語していた。「『解析機関』が完成するや否や、それは必ずや科学の将来の進路を導くことになるだろう」。「解析機関」に関してエイダが書き残していた豊富な注釈を読んで、現代の数学者B・H・ニューマンは、彼女が「一世紀も前にプログラムを入力された電算機の原理を完全に理解していたことを明らかに示す」ものと評価している。一九八〇年、アメリカ国防総省はコンピュータの標準的プログラム言語を〝エイダ〟(Ada)と命名した。確かに、エイダは人類最初のプログラマーだったのである。

しかし、「解析機関」発明への熱中は、エイダの人生にとって危険な陥穽であったようだ。彼女は競馬に耽溺し、勝つ確率を頭の中の「解析機関」ではじき出した、計算はほとんど外れ、莫大な負債がつもるばかりであったのである。この不幸な賭博癖は父譲りのロマンティックな冒険への情熱の所産であったか。それとも母譲りの数学的論理への狂的偏執、かつてアナベラが書いた「理想の夫」一覧を読んで、バイロンが「一種始末に困る正しさ」といい、「自分の不可謬性だけを信頼している」と辟易した、あの〝不可謬性〟の遺伝が強いた過誤であったか。いずれにせよ、この失敗がもとで母との親密な仲にも亀裂が走り、やがてエイダは母のバイロン＝オーガスタ断罪を一切信じなくなっていった。

一八五〇年九月七日、三十四歳のエイダは初めて父が若年期を過ごしたバイロン家累代の館《やかた》ニューステッド・アビーを訪れる。三十三年前、この館を買い取ったワイルドマン大佐は母校ハロー校でバイロンの級友だった人で、彼はニューステッドをかつてバイロンが住んでいたままに保持していた。バイロンの油彩の肖像、大理石の胸像はいうまでもなく、寝室も「彼が入ってきて」寝られるように昔のままであった。母宛の手紙でエイダは〝父〟に初めて会えた感動を遠慮会釈なしに吐露している――「あの方〔ワイルドマン大佐〕の持ち物になったというのは、ニューステッドの救いだったのです。ほかの人だったら、ニューステッドとその最上の思い出をこんなふうに復活させることはなかったでしょう。本当にわたしの人生で画期のことでした、ここを訪れたのは。この場所についてわたしが抱いていた途方もない、荒涼とした思いは消え失せてしまいました。まるでお墓に入ってゆくような気持ちでしたが、わたしは甦ったのです。今はこの古く由緒ある場所を、わたしの邪悪な父祖たちすべてを心から愛しています」〔強調エイダ〕。

これは母アナベラへの挑戦状といっていい。ニューステッドは母が語りつづけてきたような「途方もない」呪いの場所でも、罪悪の思い出が重なり宿る「荒涼とした」墓場でもない。いや、たとえそのような場所であってもいい、いまやエイダはこう言い切れるところまで生きてきたのだ――「わたしの邪悪な父祖たちすべてを心から愛しています」。確かに、エイダは母の呪縛、「不可謬性」の墓場から「甦った」のである。この母宛の手紙で、エイダはバイロンのことをはっきり〝父〟と名指している。

　ニューステッド訪問の二年後、エイダは子宮頸癌に冒された。死ぬ直前、彼女は競馬関係のあるいかがわしい人物と情交があったことを告白したという。一八五二年十一月二十七日、エイダは死んだ。三十六歳、奇しくも父バイロンと同じ享年であった。生前、自分の亡骸は父の傍らに葬って欲しいと、末期の苦痛のなかで、夫ラヴレス伯爵に切願していた。「一八五〇年九月のニューステッドおよびハクナルの墓地を訪れて以来、この希いはますます強くなったと、彼女は言った。あのとき、彼女がそんなにも真剣にワイルドマン大佐と詩人の父の最後の安息の場所について語り合っていたとは、知らなかった」、これはラヴレスの一八五二年八月十五日の日記である。彼は妻の遺言のままに、ハクナルの地下墓地にうず高く積まれたバイロン家代々の柩を按配して、エイダの柩を父バイロンのそれのすぐ傍らに触れるように安置した。バイロンの柩の真下には、〝邪悪な殿様《ウィキッド・ロード》〟と渾名された彼の祖父、第五代バイロン卿が眠っている。埋葬式には夫のラヴレス伯、詩人の従弟で第七代バイロン卿となっていたジョージ・アンソン、ワイルドマン大佐らが参列した。母アナベラの姿はなかった。オーガスタはすでに前年、この世を去っていた。

　エイダの死が迫った頃、アナベラは三十六年前オーガスタの「道徳的復活」に狂信的に協力したヴィリアーズ夫人（オーガスタの友人だがアナベラに仕えたスパイでもある）に、こんなことを書き送っていた。「娘は父親の傍らに休らうでしょう、でも彼女の愛は父親と共にあると同時に、わたくしとも共にあるでしょう――みんな一つに結びあって」（一八五二年九月七日、強調アナベラ）。どうやらアナベラの〝聖家族〟の悲しい夢はなおも見果てぬままに残っている様子だが、家族三人が「みんな一つに結び合って」再びまみえることは、不可能だった。アナベラがニューステッド（ロビン・フッド伝説で名高いシャーウッドの森のど真ん中にある）のハクナル墓地に葬られることは、ついになかったのである。

彼女が埋葬されたのはずっと南、西ロンドンのケンスル共同墓地だった。彼女の墓のすぐ隣りには、バイロンとの別居係争を勝利に導いた辣腕弁護士ラッシントンの一家が、今なお女主人にかしずく下僕のように横たわっている。さらにアナベラの墓から百ヤードほど離れたあたり、異教徒や背徳者が眠る一角には、オーガスタの柩が彼女を一生貧乏のどん底に突き落としつづけた競馬狂の夫、騎兵大佐ジョージ・リーの柩と共に、納骨堂の最下段の棚に詰め込まれていたという……。

＊　＊　＊

バイロン——アナベラ——エイダという家族の関係力学、彼らが構成する激甚な〝家族の肖像〟は、そのまま彼らが生きた十九世紀前半の時代状況の象徴的縮図だったといっていい。B・ウリーにこの本『科学の花嫁——ロマンス・理性・バイロンの娘』を書かせた視点も、まずはそこにあったに相違ない。これまでのバイロン伝にもアナベラ伝にもエイダは登場する、〝バイロン事件の謎〟を解明するには欠かせない存在であってみれば、当然なことだ。が、彼女は物語の副人物、脇役でしかない、ドリス・ラングリー・ムアの『ラヴレス伯爵夫人エイダ』（一九七七）をほとんど唯一の例外として。しかしムアの語るエイダにしても、なるほど数学者、「解析機関」の解説者としての側面に触れられてはいるが、依然、宿命的な家族関係のなかに、特に母の呪縛のなかに囚えられたままだ。ウリーの著書の一番の功績はエイダをもっと大きな脈絡《コンテクスト》、つまり時代の現実、時代思潮との関連のなかで、とらえ直そうとしたところにある。

エイダの生まれた年、一八一五年はワーテルローでナポレオンが破滅した年である。彼女の死没した一八五一年は、ロンドンで世界初の万国博覧会が開催された年である。一八二四年、ナポレオン心酔者だったバイロンの遺体をロンドンから英国中部ノッティンガムシャーのハクナル墓地に運んだのは、六頭立ての馬車だった。一八五一年、エイダの遺体を父と同じ終焉の地に搬送したのは、ミッドランド鉄道の汽車だった。産業革命は着実に進められていた。

〝科学の花嫁〟エイダの関心は計算機の発明のみに限らず、時代が生んだ危険な新思想――催眠術、骨相学、唯物論にも及んだ。それればかりではない、彼女は社会の慣習や性的慣習がいかなるものであるか知るために、身をもって実験もしてみた。浮気で、遠慮会釈なしにずけずけとものを言い、ときに人びとを驚愕させるのも辞さなかった。社会の中枢にいる人たちばかりでなく、周辺にいる人たちとも付き合った。上流階級の女に生まれついた自分の人生の束縛・限界に反逆した。貴族たちの期待をよそに〝完全な知的専門職業人〟になろうと、経済的独立と名声を希求した。要するに、エイダはバイロンの血を引く〝娘〟であると同時に、あの『女性の諸権利の擁護』を書いたメアリ・ウルストンクラフトの思想を継ぐ〝孫娘〟でもあったのである。

ワーテルローの戦いにはじまり、ロンドン大博覧会に終わるエイダ四十年の人生の時期は、まさに世界が大きく変貌した時代だった。ウリーの序文にいう――「この時期は社会的知的技術的発展が文化に深い裂け目を穿ち、ロマンティックな心情と理性が、本能と知性が、芸術と科学が分裂しはじめた時代であった。エイダはこれら新しい両極性を体現するために生まれたのだった。彼女はこれら対立する二極を和解させようと苦悶した、その苦闘がついに彼女を引き裂いたのだった」、つとに父と母の対立分裂が彼女を引き裂いたように。

＊　＊　＊

著者のベンジャミン・ウリーは現代イギリス有数のジャーナリストで、『サンデー・テレグラフ』、『ガーディアン』、『インディペンデント』、『タイムズ文芸付録』などに論説を寄稿している。またBBCの数多くの教養番組、たとえば「人工的生活の地平と限界」といった番組の製作と放送にも尽力している。彼の最初の著書『バーチャルワールド』はコンピュータのシミュレーション、仮想現実が文化に与える影響を検討したもので、この真摯な関心が本書『科学の花嫁』にも変わりなく通底しているのはいうまでもない。ウリーが単なるジャーナリストにとどまらず、一個優れた文明批評家たり得ている所以である。

「訳者あとがき」に加えて

野島秀勝先生から本書の後半を訳出するよう依頼を受けてから、随分と長い時間――おそらくは三年数ヵ月――が経過してしまった。当初、野島先生は本書を一人で完訳されるつもりでおられたが、視力に問題があって途中から門田にバトンタッチとなった。担当部分としては、野島先生が本書の二九〇頁まで、それ以降と謝辞を含む細々したところは門田が訳した。「訳者あとがき」本論は野島先生が筆を執られた。

まことに残念なことに、野島先生は訳業半ばで永眠され、本書の完成した姿をお目にかけることはできなかった。この点、何を言っても詮ないことであるが、共訳者として胸の痛むところである。碩学のご冥福をお祈りしたい。

最後に、法政大学出版局の秋田公士氏と郷間雅俊氏には大変お世話になった。校正においては、実に細かいところまでご助言をいただいた。特に記してお礼申し上げたい。

二〇一一年六月

門田　守

著　者

ベンジャミン・ウリー (Benjamin Woolley)

現代イギリス有数のジャーナリスト．『サンデー・テレグラフ』，『ガーディアン』，『インディペンデント』，『タイムズ文芸付録』などに論説を寄稿．またBBCの数多くの教養番組（たとえば「人工的生活の地平と限界」）の製作と放送にも尽力．邦訳書に，本書のほか『バーチャルワールド』（インプレス）と『本草家カルペパー』（白水社）がある．前者では仮想現実が文化に与える影響を検討し，後者ではペスト流行期の17世紀英国でハーブの効能を唱えた異端の医学者ニコラス・カルペパーの伝記を扱う．文明批評の立場から自然科学と人文科学の関係に切り込んだ著作活動を続けている．

訳　者

野島秀勝（のじま・ひでかつ）

1930年東京生まれ．東京大学大学院英語英文学博士課程修了．お茶の水女子大学名誉教授，文芸評論家．2009年歿．著書：『V. ウルフ論』，『「日本回帰」のドン・キホーテたち』，『近代文学の虚実』，『自然と自我の原風景』，『終末からの序章』，『迷宮の女たち』（亀井勝一郎賞受賞），『実存の西部』，『孤独の遠近法』，『反アメリカ論』ほか．訳書：トリリング『〈誠実〉と〈ほんもの〉』，カペルラヌス編『宮廷風恋愛の技術』，アイスラー『聖杯と剣』，ルーハン『タオスのロレンゾー』，バーザン『ダーウィン，マルクス，ヴァーグナー』，アダムズ『モン・サン・ミシェルとシャルトル』（日本翻訳出版文化賞受賞――以上，法政大学出版局），メイラー『黒ミサ』『天才と肉欲』，ナボコフ『ヨーロッパ文学講義』，バーンズ『夜の森』，シェイクスピア『リア王』『ハムレット』，ド・クインシー『阿片常用者の告白』『深き淵よりの嘆息』ほか．

門田 守（かどた・まもる）

1960年愛媛県生まれ．名古屋大学修士課程修了．現在，奈良教育大学教授．専攻，イギリス・ロマン派文学（バイロン）．共著：*Voyage of Conceptions*（桐原書店），*Byron and the Isles of Imagination* (Context Publishing House).

《叢書・ウニベルシタス　958》
科学の花嫁
ロマンス・理性・バイロンの娘

2011年7月15日　初版第1刷発行

ベンジャミン・ウリー
野島秀勝・門田守訳
発行所　財団法人　法政大学出版局
〒102-0073 東京都千代田区九段北3-2-7
電話03(5214)5540 振替00160-6-95814
印刷：三和印刷　製本：誠製本

ISBN978-4-588-00958-7

索　引

ア　行

アーヴィング，ワシントン　Irving, Washington　510-11
アースタリン，フランツル　Oesterlin, Franzl　339-40
『アート・ユニオン』 *Art-Union*　410
アイアランド博士（ウェストミンスター寺院の首席司祭） Ireland, Dr (Dean of Westminster Abbey)　154
アカライ・クロッシーイ　*Acari crossii*　488-89, 493
アシャー，大司教　Ussher, Archbishop　217
「アシュタルテ」 'Astarte'　96, 325, 599-600
アシュリー・クーム　Ashley Combe　186, 260, 268, 271-74, 276, 278, 297, 390, 445, 448-49, 452, 457, 464-66, 489, 491, 520, 527, 539
アダムズ，ジョン　Adams, John　212
アチソン，レディ・オリヴィア　Acheson, Lady Olivia　267, 314-15
アデレイド王妃　Adelaide, Queen　205
アデレイド・ギャラリー（ロンドン） Adelaide Gallery (London)　199, 238, 386
『アトランティック・マンスリー』 *Atlantic Monthly*　598-99
阿片チンキ　Laudanum　110, 280, 356, 396, 440, 470-71, 499, 547, 559-60, 562
「アムブロージアの夜」 'Noctes Ambrosianiae'　165
アルバート公，女王の夫君　Albert, Prince Consort　416, 452, 561
暗号化　encryption　389-90
イーグルス師　Eagles, Revd　381
イースト・ホーズリー・タワーズ　East Horsley Towers　465-66, 512, 564, 568, 570-71, 577
『イグザミナー』 *Examiner, The*　123, 128
『イラストレイティド・ロンドン・ニュース』 *Illustrated London News*　136
インターネット　Internet　377, 389
ヴァイスブロート博士（バヴァリア王の侍医） Weisbrod, Dr (King of Bavaria's physician)　228
ヴァレー・オヴ・ザ・ロックス　Valley of the Rocks　271
ウィークス，W. H.　Weeks, W. H.　487, 489
ウィークス，トマス　Weeks, Thomas　238-40
ウィークス機械仕掛け博物館　Weeks's Mechanical Museum　238-39
ヴィクトリア女王　Victoria, Queen　3, 22, 215, 291, 298, 349, 546, 561
『ヴィニーシャ』（ベンジャミン・ディズレイリ作） *Venetia* (Benjamin Disraeli)　47, 81
ウィリアム四世，国王　William IV, King　205, 254

ウィルキンソン，ジョン・ガードナー Wilkinson, John Gardner 307, 559
ウィルソン，ジョン（「クリストファー・ノース」） Wilson, John ('Christopher North') 166
ウィルソン，メアリ Wilson, Mary 529, 560, 574
ウィルバーフォース，ウィリアム Wilberforce, William 103
ウィルモット＝ホートン，サー・ロバート Wilmot-Horton, Sir Robert 162
ウィルモット＝ホートン，レディ Wilmot-Horton, Lady 364
ウィンダム，ヘンリー Wyndham, Henry 319
『ウェスタン・ガゼット』 *Western Gazette* 487
『ウェストミンスター・レヴュー』 *Westminster Review* 473, 533
ウェブスター，ジェイムズ・ウェダバーン Webster, James Wedderburn 50-51, 57
ウェブスター，レディ・フランセス Webster, Lady Frances 50-51, 56-57, 72, 87
ウェリントン，アーサー・ウェルズリー，公爵 Wellington, Arthur Wellesley, Duke of 237, 409
ウェルシュ，ジェイン・ベイリー Welsh, Jane Baillie 585
ウェントワス，トマス，第二代子爵 Wentworth, Thomas, second Viscount 22, 73, 97-98, 206, 257, 264
ウェントワス家の遺贈文書 Wentworth Bequest 607
ウォーナー博士（アナベラの医師） Warner, Dr（Annabella's doctor） 149
ウォーバートン，エリオット Warburton, Eliot 395
ヴォーン氏（エイダの宝石商） Vaughan, Mr（Ada's jeweller） 567, 570
ヴォクソール公園（ロンドン） Vauxhall Gardens（London） 197
ヴォルティジュール Voltigeur 525-26, 544
ウォルフォード，ジョン Walford, John 283-84
ウォルワス（サリー州） Walworth（Surrey） 224
ウラストン，ウィリアム・ハイド Wollaston, William Hyde 235
ウルストンクラフト，メアリ Wollstonecraft, Mary 87
英国科学振興協会 British Association for the Advancement of Science 220-21, 434
エイダ（プログラミング言語） ADA（programming language） 1-2, 423
エカチェリーナ，女帝 Catherine the Great 377, 381
エクセター・ホール（ロンドン） Exeter Hall（London） 199, 389
エデルマン，ジェラルド Edelman, Gerald 482
エリオットソン，ジョン Elliotson, John 9, 283, 304, 360, 457
　と催眠術実験 345-54
エルウィン，マルコム Elwin, Malcolm 15, 32, 600
エルステッド，ハンス・クリスチャン Oersted, Hans Christian 483
王立学士院 Royal Society 213, 215, 220, 236, 255293, 299, 349, 452, 529
王立廃兵病院（チェルシー） Royal Hospital（Chelsea） 213, 259
オーケイ，エリザベスとジェイン

Okey, Elizabeth and Jane　347-51
オッカム　Ockham　13, 80, 186, 255, 265, 268, 287-89, 291, 313, 365, 379-80, 390, 434, 458-61, 465, 473, 495, 554, 564
　実験学校　289, 299-300, 554
オッカム，ウィリアム・オヴ　Occam (Ockham), William of　255
オッカム，バイロン・ノエル・キング，子爵（息子）　Ockham, Byron Noel King, Viscount（son）　313, 446, 464, 466-67, 560-62, 577, 580, 592
　エイダが死去した後の生活　593-94
　誕生　289
オルバニー（ロンドン）　Albany (London)　65, 77, 156-57
オルフォクスデン　Alfoxden　278

カ　行

カー，フランセス　Carr, Frances　187
カークビー・マロリー　Kirkby Mallory　16, 98, 112-14, 136-36, 145, 166, 186
カーズン，ソファイア　Curzon, Sophia　100
カーペンター，マーガレット　Carpenter, Margaret　15
カーペンター，ルイーザ　Carpenter, Louisa　446-47, 459, 467-68
カーペンター博士，ウィリアム・ベンジャミン　Carpenter, Dr William Benjamin　445-53, 455-69, 472-73, 476-77, 584
　『一般・比較生理学原理』　445, 450-51
　解任　466-48
　性格　447-48
　伝記　445-46
　とエイダ　447-64
　とラヴレス家の子供たち　464-66
カーライル，トマス　Carlyle, Thomas　194-95, 222-23, 391, 585-87
　『衣裳哲学』　243
　とバベッジ　222-23
階差機関　Difference Engine　122, 200-02, 220, 234, 236, 241-43, 246, 400, 416-17, 425-26, 483
『階差機関』（ウィリアム・ギブソンとブルース・スターリング作）　*Difference Engine, The*（William Gibson and Bruce Sterling）　428
階差機関第二号　Difference Engine No. 2　242, 426
階差の方法　methods of differences　232-35
解析機関　Analytical Engine　398-400, 412, 414, 416-17, 419, 423, 424-26, 428, 430, 433, 438, 441, 445, 474, 531, 540, 542-43, 605
カプラン，フレッド　Kaplan, Fred　344-45
カマーゼン，アミーリア，レディ　Carmarthen, Amelia, Lady　40
カリー，ウィリアム　Currie, William　465
カリー，ヘンリー　Currie, Henry　526
カリフォナス氏　Calliphonas, Mr　358, 360, 584, 595
ガル，フランツ・ヨーゼフ　Gall, Franz Joseph　300
カルボーン（サマセット）　Culbone, Somerset　276
カレン，ウィリアム　Cullen, William　110
キートリー，トマス　Keightley, Thomas　408
キーン，エドマンド　Kean, Edmund　65, 68
ギブソン，ウィリアム　Gibson, William　426, 430

キネアド，ダグラス　Kinnaird, Douglas 266
キャヴェンディッシュ，エリザベス，デヴォンシャー公爵夫人　Cavendish, Elizabeth, Duchess of Devonshire 18-19
キャッスルトン　Castleton　524-25
ギャムレン，サミュエル　Gamlen, Samuel　265, 472
キャンベル=ケリー，マーティン　Campbell-Kelly, Martin　221
キャンベル，トマス　Campbell, Thomas 170-71
救貧法修正法　Poor Law Amendment Act 195
虚数　imaginary numbers　404-06
キング，ウィリアム　King, William → ラヴレス，ウィリアム・キング，初代伯爵を参照
キング，シャーロット（ウィリアムの姉〔キング家の次女〕）　King, Charlotte（William's sister）　358-60, 582, 584, 595
キング，バイロン（エイダの息子〔長男〕） King, Byron（Ada's son）→ オッカム，バイロン・ノエル・キング，子爵を参照
キング，ヘスター（ウィリアムの姉〔キング家の長女〕）　King, Hester（William's sister）　290-91, 349, 360, 366, 538, 582, 595
キング，レイフ（エイダの息子〔次男〕） King, Ralph（Ada's son）　41, 96, 307, 325, 446, 561-62, 577, 580-81, 592, 598-600
　『アシュタルテ』 96, 325, 599
　誕生　307
キング，レディ・アナベラ（エイダの娘〔一人娘〕）King, Lady Annabella（Ada's daughter）　313, 562, 580, 592, 598
　誕生　294
キング博士，ウィリアム　King, Dr William　13-15, 17, 183, 204-05, 208-09, 242, 248, 254, 262, 268, 287, 371, 439, 453-54, 472
　とエイダの矯正　204-05
　とメドーラ　371
キング夫人，ウィリアム　King, Mrs William　262, 263, 265
『クイーン・マブの洞窟』 *Queen Mab's Cave*　409
グイッチョリ，ティリーザ　Guiccioli, Teresa　115, 266
クーパー夫人（催眠術師）　Cooper, Mrs (mesmerist)　566
クーム，ジョージ　Combe, George 300-04, 346, 476
クック，チャールズ　Cook, Charles 389
クック，トマス　Cook, Thomas　383
クラーク，ジェイムズ　Clark, James 546
クラーモント，ミセス　Clermont, Mrs 79, 91, 107, 120-21, 126
　と「私生活スケッチ」 117, 120
「グライムズ」，エイダの乳母　'Grimes', Ada's nurse　139-40
『クラリッサ』（サミュエル・リチャードソン作）　*Clarissa*（Samuel Richardson）　44-45
『クリア』 *Courier, The*　123-24, 127, 163
クリスティソン，ロバート　Christison, Robert　455
グリニッジ標準時　Greenwich Mean Time　429
クレアモント，メアリ・ジェイン（「クレア」）　Clairmont, Mary Jane（'Claire'）　125
グレート・ウェスタン鉄道　Great Western Railway　271, 384-85, 458

国防総省（アメリカ） Department of Defense（United States） 1-2, 423
ゴスフォード，メアリ・アチソン，伯爵夫人 Gosford, Mary Acheson, Countess of 25, 55-56
国教会教務委員会 Ecclesiastical Commissioners 206-07
骨相学 phrenology 2, 23, 208, 300, 302-04, 306, 331, 346, 476, 484
ゴドウィン，ウィリアム Godwin, William 87, 125, 329
コペルニクス，ニコラウス Copernicus, Nicolaus 393
コリンズ，ウィルキー Collins, Wilkie 535
コリンソン，ジョン Collinson, John 277
コルマー，トマ・ド Colmar, Thomas de 233
コレラ cholera 6, 294-95, 297
コロセウム（リージェンツ・パーク） Colosseum（Regent's Park） 199
コロンブス，クリストファー Columbus, Christopher 175

サ 行

「サーザに」 'Thyrza' 92
催眠学 hypnotism 499
催眠術 mesmerism 2, 23, 240, 337
サイムズ氏（催眠術師） Symes, Mr（mesmerist） 566
サウジー，ロバート Southey, Robert 158, 163, 271, 486
サウス，ジェイムズ South, James 529-30, 560
サド，マルキ・ド Sade, Marquis de 110-11, 474, 560
サマヴィル，アレグザンダー Somerville, Alexander 377, 606
サマヴィル，ウィリアム Somerville, William 213
サマヴィル，メアリ Somerville, Mary 188, 210, 212, 214-15, 220, 245, 248-49, 253-54, 259, 286, 291, 307, 356, 377, 380, 402, 427, 432, 472, 606
　イタリアへの移住 307
　知的業績 210-13, 402, 432
　伝記 214-15
　『天体力学』（ラプラス作）を訳す 211
　とエイダの神経的発作 248
　とJ. M. W. ターナー 409
サミューダ，ジョゼフ・ダグイラとジェイコブ Samuda, Joseph D'Aguilar and Jacob 386
サリー動物園 Surrey Zoological Gardens 197
サリー文学・科学・動物学協会 Surrey Literary, Scientific and Zoological Institution 197
シーアム Seaham 31, 65-68, 74, 76-78, 80, 123, 130, 141, 267
シェイクスピア，ウィリアム Shakespeare, William 7, 408-09
ジェイムズ，ジョージ・ペイン・レインズフォード James, George Payne Rainsford 391
ジェイムソン，アンナ Jameson, Anna 368
シェヴィニクス，リチャード Chevenix, Richard 345
シェリー，パーシー・ビッシュ Shelley, Percy Bysshe 157, 409, 489
シェリー，メアリ Shelley, Mary 2, 87, 126, 174, 488
シェリダン，リチャード Sheridan, Richard 102
シックス・マイル・ボトム Six Mile Bottom 49, 108

ジャカード式紋織機　Jacquard loom
199, 433
ジャカール，ジョゼフ・マリー
Jacquard, Joseph Marie　399, 417
『ジュスティーヌ』　Justine　110, 474, 560
シュプルツハイム，ヨーハン・キャスパー
Spurzheim, Johann Casper　300
情報化時代　Information Age　5
将来的所有権協会　Reversionary Interest Society　321-22, 364
ジョージ四世，国王　George IV, King
170
シヨン　Chillon　174
ジョン・コックスの博物館　John Cox's Museum　238
ジョンソン，ポール　Johnson, Paul
112-13
『ジョン・ブル』　*John Bull*　81-82, 153, 171, 197
　バイロンの結婚初夜を扱った記事
81-83
シンガー，ジョージ　Singer, George
486
水晶宮　Crystal Palace　560
スウェイド，ドロン　Swade, Doron
239, 242
スコット，ウォルター　Scott, Walter
97, 274, 407, 477
　と『ミッドロージアンの心臓』　*Heart of Midlothian*　179
スターリング，ブルース　Sterling, Bruce
426
スタイン，ドロシー　Stein, Dorothy
430-32, 605
スタンプ先生（エイダの女性家庭教師）
Stamp, Miss（Ada's governess）　174, 176, 178, 180
　離職　180
スティーブン，ジョージ　Stephen, George　314
ストウ，ハリエット・ビーチャー
Stowe, Harriet Beecher　25-26, 71, 73, 81, 150, 161, 363, 480, 599-600
　『バイロン卿夫人弁護』　26, 71, 81, 150, 599
　バイロンに対する近親相姦の申し立てを暴露する　599-600
スパランツァーニ，ラザロ　Spallanzani, Lazzaro　487
スミス，アダム　Smith, Adam　231
星雲仮説　nebulous hypothesis　476
セジウィック，アダム　Sedgwick, Adam
475-76, 486
選挙法改正法案（一八三二年）　Reform Bill（1832）　195
セント・ジェイムズ広場（ロンドン）
St James's Square（London）　223, 256, 289, 297, 358-59, 366, 445, 459, 470
一七一四年経度制定法　Longitude Act 1714　201
『ゾイスト』　*Zoist*　351
『創造の自然史の痕跡』（匿名出版）
Vestiges of the Natural History of Creation（Anon.）　475-79
ソッツィーニ主義　Socinianism　23, 182

タ 行

ダーウィン，チャールズ　Darwin, Charles　47, 198, 200, 217, 223, 425, 475-76, 479, 548
ターナー，エドワード　Turner, Edward
187
ターナー，J. M. W.　Turner, J. M. W.
286, 409
ダーモディ，トマス　Dermody, Thomas
28-29, 31
ダイアナ，英国皇太子妃　Diana,

Princess of Wales　19, 155
大気圧鉄道　atmospheric railway　387-90
大博覧会（一八五一年）　Great Exhibition（1851）　3, 560
『タイムズ』　*Times, The*　123, 153
タウンゼンド，チョーンシー・ヘア　Townshend, Chauncy Hare　360
ダグラス，フレデリック　Douglas, Frederick　40
ダラス，アレグザンダー　Dallas Alexander　163
ダラス，ロバート　Dallas, Robert　20, 163
ダラム　Durham　81
『ダラム・カウンティ・アドヴァタイザー』　*Durham County Advertiser*　123
タリオーニ，フィリッポ　Taglioni, Filippo　410
タリオーニ，マリー　Taglioni, Marie　410
タルフォード，トマス・ヌーン　Talfourd, Thomas Noon　584
タルフォード，フィールド　Talfourd, Field　584
タレーラン，シャルル・モーリス・ド　Talleyrand, Charles Maurice de　206, 229
ダンダス，ソファイア，ゼットランド伯爵夫人　Dundas, Sophia, Countess of Zetland　525
ダンダス，トマス，第二代ゼットランド伯爵　Dundas, Thomas, second Earl of Zetland　525, 546
チェイン，ジョージ　Cheyne, George　301-02
チェンバーズ，ロバート　Chambers, Robert　477
チチェスター卿　Lord Chichester　320
チャーチル，チャールズ　Churchill, Charles　129
チャーワス，メアリ　Chaworth, Mary　55, 57, 524
チャタム海軍工廠　Chatham Dockyard　384
チャントリ，フランシス　Chantrey, Francis　215-16
『チャンピオン』　*Champion, The*　53, 117, 122-23
デイヴィ，サー・ハンフリー　Davy, Sir Humphry　201, 235
デイヴィス，スクループ　Davies, Scrope　50, 72, 129, 157
ディオダーティ（バイロンの別荘）　Diodati（Byron's villa）　173, 489
ディケンズ，チャールズ　Dickens, Charles　218, 220-21, 237, 348, 378, 411, 457, 578-80, 585-86
ディズレイリ，ベンジャミン　Disraeli, Benjamin　47, 81
ディドロ，ドニ　Diderot, Denis　380
『テイラー科学論集』　*Taylor's Scientific Memoirs*　401, 434-35, 440
ティリーザ，ヴィリアズ　Villiers, Teresa　143
『デイリー・メール』　*Daily Mail*　113
デヴィル医師　Deville, Dr　304-07
テーヌ，イポリット　Taine, Hippolyte　377
デカルト，ルネ　Descartes, René　300-01
「鉄道狂い」　'railway mania'　377, 379
テニソン，アルフレッド　Tennyson, Alfred　151, 218
　とバベッジ　220
テムズ川トンネル　Thames tunnel　228, 236
デュ・ポテ，男爵　Du Potet, Baron　346
電気学会　Electrical Society　487

電報　telegraph　389, 393
ドイル，セリーナ　Doyle, Selina　112, 115, 144, 187, 364, 370
ドイル，フランシス　Doyle, Francis 144, 161-62, 170
トゥール，ベティ・アレグザンドラ Toole, Betty Alexander　188, 606
トールボット，ウィリアム・フォックス Talbot, William Fox　399
ド・クインシー，トマス　De Quincy, Thomas　287
『毒物論』（クリスティソン作）　*Treatise on Poisons*（Christison）　455
ド・モーガン，オーガスタス　De Morgan, Augustus　187, 310, 403, 413, 424, 432, 440
　エイダの数学的能力についての見解 424
　エイダの注への反応　440
『ドラカーズ・ペイパー』　*Drakard's Paper*　53
ドランブル，ジャン=バチスト=ジョゼフ　Delambre, Jean-Baptiste-Joseph 230-31
『トリビューン』　*Tribune*　600
トリュブレ，ニコラ　Trublet, Nicholas 9
ドルリー・レーン劇場　Drury Lane Theatre　102, 158, 278, 391, 409
トレヴァニオン，ジョージアナ Trevanion, Georgiana → リー，ジョージアナを参照
トレヴァニオン，ヘンリー　Trevanion, Henry　175, 182, 316-17, 319, 321, 364
トレンチ，フランシス　Trench, Francis 186
『ドンビー父子』（チャールズ・ディケンズ作）　*Dombey and Son*（Charles Dickens）　218, 378

ナ　行

ナイティンゲール，ウィリアム Nightingale, William　541
ナイト，フレデリック　Knight, Frederick 472-73
ナッチブル，サー・エドワード Knatchbull, Sir Edward　152
『夏の夜の夢』　*A Midsummer Night's Dream*　409
ナポレオン一世（ナポレオン・ボナパルト）　Napoleon I（Napoleon Bonaparte）　96, 211, 229, 587
ニューサム，デイヴィッド　Newsome, David　243
ニューステッド・アビー　Newstead Abbey　21, 34, 42, 48-51, 57, 72, 76, 94, 101, 125, 154, 156, 266, 506-10, 512-13, 517-21, 523-24, 535, 555, 576, 578
　地震に襲われる　125
　の売却　42, 76, 94, 101
ニュートン，アイザック　Newton, Isaac 4, 7, 211, 244, 292
ニューマン，ジョン・ヘンリー Newman, John Henry　306
『ニュー・マンスリー』　*New Monthly* 171
ニンフォマニア　nymphomania　354-55
ネイピア，マックヴェイ　Napier, Mcvey 476
ノヴァーリス（フリードリヒ・フォン・ハルデンベルク）　Novalis (Friedrich von Hardenberg)　139
ノエル，ロバート　Noel, Robert　484
ノース，クリストファー　North, Christopher → ウィルソン，ジョンを参照

ハ 行

バトラー，ジョゼフ　Butler, Joseph
144
バベッジ，チャールズ　Babbage, Charles
112, 188, 349, 379-80, 472, 483,
528-29, 563
階差機関 → 階差機関の項目を参照
解析機関 → 解析機関の項目を参照
科学的好奇心　220-222
『機械及び生産者の経済』 235
『様々な生命保険会社に関する比較的考察』 227
政府との関係　235-36, 435
大陸旅行　227-28
誕生と子供時代　224-25
ティリーザ・グイッチョリに会う　266
とアナベラ　573-74
と暗号　389-90
とエイダ
彼女との口論　433-40
彼女の注　402
彼女の遺言執行人として　574
彼女の「妖精狂い」 407
と「階差」法　233-35
と「銀の貴婦人」 239
と計算機，その着想　235
とゲームの理論　540
と『痕跡』 477
と催眠術　349
と鉄道
と「ゲージ戦争」 384-85
への熱狂　379
とトマス・カーライル　222-23
の結婚　226
の手紙　606
夕べの集い　200-01, 217
ハミルトン，ウィリアム・ローワン　Hamilton, William Rowan　405
バリー，チャールズ　Barry, Charles
465
ハリソン，ジョン　Harrison, John　201-02
ハルナビー　Halnaby　80, 82, 85, 90,
94, 109, 186
ハレー，エドマンド　Halley, Edmund
292, 393
バンクス，ウィリアム・ジョン　Bankes, William John　25-26, 36
『反ジャコバン評論』 *Antijacobin Review*
53
『パンチ』 *Punch*　220, 386
ハント，リー　Hunt, Leigh　128, 167
ピアソール，ロナルド　Pearsall, Ronald
547
ピール，ロバート　Peel, Robert　102,
235-36, 413
ピネル，フィリップ　Pinel, Philippe
354, 356
ビフロンズ（ケント州） Bifrons（Kent）
175, 177, 182, 316-17
ピュイゼギュール，アマン・マリー・ジャック・ド・シャストネ，侯爵　Puységur, Armand Marie Jacques de Chastenet, Marquis de　342
ヒューエル，ウィリアム　Whewell, William　422
ヒューム，デイヴィッド　Hume, David
244-46
ヒル，ジョン　Hill, John　170
ピンカス，ヘンリー　Pinkus, Henry
383, 413
ビングレー，ウィリアム　Bingley, William　178
ファイン・コート　Fyne Court　486,
489, 491, 495, 532, 534, 572
ファラデー，マイケル　Faraday, Michael
338, 348-49, 382, 393, 402, 482-83,
488
フィールディング，ヘンリー　Fielding, Henry　186

フィリップス，サー・ジョージ　Philips, Sir George　256
フィリップス，トマス　Phillips, Thomas 15, 59, 575
フィリップス，ヘンリー　Phillips, Henry　575
『フィロソフィカル・マガジン』 *Philosophical Magazine*　435, 440
フェニック博士（ミルバンク家の家庭医） Fenwick, Dr（Milbanke family doctor） 34
フェルレンベルク，エマヌエル・ド Fellenberg, Emmanuel de　141
フォークランド，クリスティーナ・ケアリ，子爵夫人　Falkland, Christina Cary, Viscountess of　30, 92
フォード，リチャード　Ford, Richard 538-42, 545
フォードフック　Fordhook　186, 189, 203, 260-61, 265
フォンテーン，マーゴット　Fonteyn, Margot　410
「二つの文化」の議論　'two cultures' debate　7
フック，シオダー　Hook, Theodore 197
プラーナ，ジョヴァンニ　Plana, Giovanni　398
ブラウニング，エリザベス・バレット Browning, Elizabeth Barrett　71
ブラウン，H. L.　Browne, H. L.　544
ブラケット，ジョゼフ　Blacket, Joseph 26-27, 31
『ブラックウッズ・マガジン』 *Blackwood's Magazine*　116, 166
ブラックフライヤーズ橋（ロンドン） Blackfriars Bridge　224
プラット，サミュエル　Pratt, Samuel 27
ブラッドショー，ジョージ　Bradshaw, George　428
フラムスティード，ジョン　Flamsteed, John　292-93
フランクリン，ベンジャミン　Franklin, Benjamin　338, 342
『フランケンシュタイン』（メアリ・シェリー作） *Frankenstein*（Mary Shelley） 2, 87, 488-89
フランシス，イライザ　Francis, Eliza 77
フランシス，ウィリアム　Francis, William　434
プランディ，フォーチュナート　Prandi, Fortunato　399, 535-37
ブランド，ハリエット　Bland, Harriet 100
プリチャード，ジェイムズ・コールズ Prichard, James Cowles　452
ブリッグズ，エリザベス（エイダの女家庭教師） Briggs, Elizabeth（Ada's governess） 204
ブルースター，デイヴィッド　Brewster, David　293, 586
ブルネル，イザムバード・キングダム Brunel, Isambard Kingdom　384-85, 388, 446, 465, 593
ブルネル，マーク　Brunel, Marc　236, 384
ブルワー＝リットン，エドワード Bulwer-Lytton, Edward　266, 538, 607
ブレイクスピア，W. H.　Brakespear, W. H.　388
ブレイド，ジェイムズ　Braid, James 337, 499
プレスリー，リサ・マリー　Presley, Lisa Marie　403
フレッチャー（バイロンの執事） Fletcher（Byron's butler） 107, 148, 156, 323

フレミング（エイダのギャンブル仲間）　Fleming（Ada's gambling associate）　541, 545
フレンド，ウィリアム　Frend, William　182-83, 196, 335
フレンド，ソファイア　Frend, Sophia　183, 187, 190, 261, 305, 310
　オーガスタス・ド・モーガンとの結婚　310
　とエイダの「無分別」　190
フロイト，ジグムント　Freud, Sigmund　338
プロニー，ガスパール・リッシュ・ド　Prony, Gaspard Riche de　230-32, 235
『フロリダ号』（船舶）　*Florida*（ship）　147, 151
フンボルト，アレグザンダー・フォン　Humboldt, Alexander von　495
ヘイウッド，上級法廷弁護士　Heywood, Sergeant　107
ベイコン，フランシス　Bacon, Francis　47, 139
ベイリー，ジョアナ　Baillie, Joanna　45, 67, 110, 174
　アナベラとバイロンの婚約について　67
ベイリー，フランシス　Baily, Francis　289, 292-93
ベイリー博士，マシュー　Baillie, Dr Matthew　110-12, 169
ペスタロッチ，ヨーハン・ハインリヒ　Pestalozzi, Johann Heinrich　141, 158-59, 174
「別居騒動」の新聞報道　'Separation Drama', press coverage of　123-28
ベルヌーイ数　Bernoulli numbers　418-20
ベンサム，ジェレミー　Bentham, Jeremy　186, 196, 208
ペンローズ，ロジャー　Penrose, Roger　482
ホイートストン，チャールズ　Wheatstone, Charles　359, 389-90, 401-02, 435
ボイス，スーザン　Boyce, Susan　102
ホイッティカー・ブックトラック社　Whitaker Booktrack　19
ボースン（バイロンの犬）　Boatswain（Byron's dog）　520
ホーソーン，ソファイア・アミーリア　Hawthorne, Sophia Amelia　518
ホーソーン，ナサニエル　Hawthorne, Nathaniel　597-98
ホール，スペンサー　Hall, Spenser　484
ホール，マーシャル　Hall, Marshall　355
ポーロック　Porlock　466
ホジソン，フランシス　Hodgson, Francis　72, 75, 538
ホブズボーム，エリック　Hobsbawm, Eric　4
ホブハウス，ジョン・キャム　Hobhouse, John Cam　20, 30, 65, 72, 78-80, 88, 98, 106, 152, 157
　とエイダ　109
　とバイロンのイギリスからの出立　129-31
　とバイロンの回想録　161-63
　とバイロンの結婚式　78-80
　とバイロンの死　152
　バイロンの遺言執行人として　163-67
ホランド，ヘンリー　Holland, Henry　452
ホランド，ヘンリー・リチャード・フォックス，第三代男爵　Holland, Henry Richard Fox, third Baron　261
ポリドーリ博士，ジョン・ウィリアム　Polidori, Dr John William　129, 157,

174, 489
ボルゾーヴァー城　Bolsover Castle　524
ボンベッリ，ラファエロ　Bombelli, Rafaello　404

マ　行

マーシャン，レスリー・A.　Marchand, Leslie A.　607
マーセット，ジェイン　Marcet, Jane　402
マーティノー，ハリエット　Martineau, Harriet　73, 82, 484, 485, 488
マーリン，ジョン・ジョゼフ　Merlin, John Joseph　238-40
マコーリー，トマス　Macaulay, Thomas　383
マッケイ博士，チャールズ　Mackay, Dr Charles　316
マッツィーニ，ジュゼッペ　Mazzini, Giuseppe　399, 536
マリ，ジョン（バイロンの出版者）　Murray, John（Byron's publisher）　63, 99, 117, 160-62, 168, 211, 321, 474, 548
マリ，チャールズ・ナイト　Murray, Charles Knight　204, 206-07
マリー（エリザベス・メドーラ・リーの娘）　Marie（daughter of Elizabeth Medora Leigh）　320, 364, 369-70
マルクス，カール　Marx, Karl　587
マルコム（エイダの賭け事仲間）　Malcolm（Ada's gambling associate）　541, 544-45
マルコム博士（ゼットランド家の家庭医）　Malcolm, Dr（Zetlands' doctor）　548
マルサス，トマス　Malthus, Thomas　195-96
ミソロンギ　Missolonghi　148
『ミッドロージアンの心臓』　*Heart of Midlothian*（Walter Scott）　179
ミドルトン，コニヤーズ　Middleton, Conyers　88
ミルトン，ジョン　Milton, John　7, 9
ミルバンク，アナベラ（アンナ・イザベラ）　Milbanke, Annabella（Anna Isabella）→ バイロン，アナベラ，レディを参照
ミルバンク，サー・レイフ（アナベラの父親）　Milbanke, Sir Ralph（Annabella's father）　22, 69, 78-80, 96, 123-24, 170
　アナベラの結婚式　78
ミルバンク，ジューディス，レディ（旧姓ノエル）（アナベラの母親）　Milbanke, Judith, Lady（née Noel）（Annabella's mother）　15, 26, 67, 69, 96, 98, 115, 136-38, 170
　の死　145
ミルバンク感化院　Milbanke Penitentiary　209
ムア，トマス　Moore, Thomas　20, 63, 76, 82, 102, 161, 167-68, 170-72, 305
　とバイロンの回想録　161
　バイロンの伝記　82
ムア，ドリス・ラングリー　Moore, Doris Langley　15, 316, 321, 363, 395, 445, 553, 605-06
メイベリー，トム　Mayberry, Tom　278
メイヨー博士，ハーバート　Mayo, Dr Herbert　149, 178, 181-82, 297, 346, 349, 350, 597-98
メイン，エセル・コルバーン　Mayne, Ethel Colburn　42, 80, 513, 600
メートル法　metrication　229, 231
メスメル，フランツ　Mesmer, Franz　338-42, 352, 362
メドウィン，トマス　Medwin, Thomas　164

メドーラ　Medora → リー，エリザベス・メドーラを参照
メドハースト，ジョージ　Medhurst, George　386
メナブレア，ルイジ　Menabrea, Luigi　399-402, 415, 417, 430-32, 434, 435, 440
メルボーン，エリザベス，子爵夫人（旧姓ミルバンク）（大叔母）　Melbourne, Lady Elizabeth（née Milbanke）（great-aunt）　22, 29, 35-37, 39, 42-44, 49-51, 68-69, 71, 73-74, 96, 298
　性格　22
　バイロンの腹心の友として　35, 49-51, 64, 68, 73, 120
メルボーン子爵邸　Melbourne House　17
モーズリー，マボス　Morsley, Maboth　540
モーツァルト，ヴォルフガング・アマデウス　Mozart, Wolfgang Amadeus　339
モートレイク　Mortlake　182
『モーニング・クロニクル』　*Morning Chronicle*　123-24, 152
『モーニング・スケッチ』　*Morning Sketch*　123
『モーニング・ヘラルド』　*Morning Herald*　265
『モーニング・ポスト』　*Morning Post*　123-24, 265
『モーリー・アーンシュタイン』（ジョージ・ペイン・レインズフォード・ジェイムズ作）　*Morley Ernstein*（George Payne Rainsford James）　391-94
モールズワス，ウィリアム　Molesworth, William　473
モソッティ，オッタヴィアーノ・ファブリィツィオ　Mossotti, Ottaviano Fabrizio　400
モンゴメリー，メアリ・ミリセント　Montgomery, Mary Millicent　187, 364, 591

ヤ　行

ユークリッド　Euclid　54
ユニヴァーシティ・コレッジ（ロンドン）　University College（London）　187, 196, 345
ユニヴァーシティ・コレッジ付属病院（ロンドン）　University College Hospital（London）　346-48, 350
ユニテリアン主義　Unitarianism　46-47, 183, 196, 209, 294, 332, 447, 484
妖精　fairies　406-12

ラ　行

ラードナー，ダイオニシアス　Lardner, Dionysius　13, 209, 266
ライエル，チャールズ　Lyell, Charles　200, 434-35, 548
　とエイダの注　434-35
　と『地質学の諸原理』　548
ライト，H. F.　Lyte, H. F.　219
ライヒェンバッハ，カール・フォン　Reichenbach, Karl von　496-99, 583
ラウザー商店街（ロンドン）　Lowther shopping arcade（London）　199
ラヴレス，ウィリアム・キング，初代伯爵（夫）　Lovelace, William King, first Earl of（husband）
　アナベラとの不和　553-54, 563, 598
　教育計画　289
　公務　288, 298, 394
　書体　605
　邸宅建設　296, 466
　伝記　254-57
　とアンドルー・クロス　490

ラム，ウィリアム，第二代メルボーン子爵　Lamb, William, second Viscount Melbourne　22, 257, 298
ラム，レディ・キャロライン　Lamb, Lady Caroline　24, 29, 69, 116, 164, N298
　アイルランドにて　34
　アナベラとバイロンの仲介者として　31-33
　ねじれた性格　32
　バイロンとの関係　31-32
　バイロンとの関係の暴露　116
ラム夫人，ジョージ　Lamb, Mrs George　364
ラモント，ミス（エイダの女家庭教師）　Lamont, Miss（Ada's governess）　140-42
『ランセット』　*Lancet, The*　283, 347-50
リー，エリザベス・メドーラ　Leigh, Elizabeth Medora　64, 95, 182, 314-23, 326-29, 335, 351, 362-73, 382, 396, 414, 422, 432, 439, 446, 521
　誕生　64
リー，オーガスタ・メアリ（旧姓バイロン）（異母姉）　Leigh, Augusta Mary（née Byron）（half sister）　85, 94, 154, 290, 314
　育ち　40-41
　とアナベラ　40-41, 94-96, 100-01, 171-72, 314-15, 514
　とエイダ　126, 143, 146, 148-49, 172
　とエリザベス・メドーラ・リー　314-16, 366-67
　とバイロン　40-41, 48-50, 57, 522
　とバイロンの伝記　162
　とヘンリー・トレヴァニオン　316-17
　ピカディリーにて　96
リー，ジョージ（オーガスタの夫）　Leigh, George（Augusta's husband）　48-49
リー，ジョージアナ　Leigh, Georgiana　175, 182, 316-20, 364
リー，フランセス　Leigh, Frances　48
リー医師　Lee, Dr　546
リード博士　Reed, Dr　110
離宮（ブライトン）　Royal Pavilion（Brighton）　207
ルヴィール医師　Louville, Dr　317
ル・マン，フランシス　Le Mann, Francis　113-14
レヴィソン=ガウアー，ヘンリエッタ，グランヴィル伯爵夫人　Leveson-Gower, Henrietta, Countess Granville
　アナベラのバイロンへの求愛に対する見解　67
レヴィソン=ガウアー，レディ・シャーロット　Leveson-Gower, Lady Charlotte　66
レン，クリストファー　Wren, Christopher　213
ロコック医師，Locock, Dr　298, 336, 349, 396, 448, 470-72, 546-48, 553
　とジョン・クロスの排除　573
ロジェ，ピーター・マーク　Roget, Peter Mark　452
ロジャーズ，サミュエル　Rogers, Samuel　19, 83
ロック，ジョン　Locke, John　64, 255, 274
ロバートソン，フレデリック　Robertson, Frederick　555-57, 559
ロマン主義　Romanticism　3-5, 122, 139, 158, 277
ロレンス，アラベラ　Lawrence, Arabella　183, 185
ロンドン科学博物館　Science Museum（London）　202, 242, 426
ロンドン―クロイドン間鉄道　London to Croydon railway line　388-89

ロンドン催眠術診療所　London Mesmerical Infirmary　351
ロンドン動物園　London Zoo　197, 562
ロンドン動物協会　London Zoological Society　197, 238
ロンドン図書館　London Library　223, 391
ロンドン橋　London Bridge　224-25, 296
『ロンドン・ポスト』 *London Post*　210
『ロンドン・マガジン』 *London Magazine* 152

ワ　行

ワーズワス，ウィリアム　Wordsworth, William　7-8, 276, 278-79, 283-85, 379, 392, 449, 486, 538-39
『抒情民謡詩集』 278, 284
とサマセット　283-84
ワーズワス，ドロシー　Wordsworth, Dorothy　278
ワーテルローの戦い　Waterloo, Battle of 3, 97, 197
ワームウッド・スクラブズ（ロンドン） Wormwood Scrubs (London)　384-85, 387
『ワールド・オヴ・ファッション』 *World of Fashion*　267
ワイルドマン大佐　Wildman, Colonel 508-09, 512, 515-16, 519, 521, 523, 576-77, 595
ワクリー，トマス　Wakely, Thomas 347, 350

推奨文献

Anderson, Ian G., *History of Esher*, 1948.

Arnold, Rev. Frederick, *Robertson of Brighton with Some Notices of His Times and Contemporaries*, 1886.

Babbage, Charles, *The Ninth Bridgewater Treatise, A Fragment, 1837*; *Passages in the Life of a Philosopher*, 1864（バベッジ『一哲学者の人生の思い出』).

Barber, Rev. Canon T. G., *Byron and Where he is Buried*, 1939.

Bishop, Morchard (ed.), *Recollections of the Table-Talk of Samuel Rogers*, 1952.

Bowra, Maurice, *The Romantic Imagination*, 1950.

Byron, Anne Isabella Noel, *Remarks occasioned by Mr. Moore's Notices of Lord Byron's Life*, 1830.

Campbell-Kelly, M. (ed.), *The Works of Charles Babbage*, 11 vols., 1989.

Carlyle, Thomas, *Sartor Resartus*, 2nd edn., 1841, in *Selected Writings*, Alan Shelston (ed.), 1971.

Carpenter, William Benjamin, 'Carpenter's Principles of General and Comparative Physiology', *Edinburgh Medical and Surgical Journal*, 1840, vol. 53, pp. 213-28（「カーペンターの一般・比較生理学原理」); 'Remarks on some Passages of the "Review of Principles of General and Comparative Physiology" in the *Edinburgh Medical and Surgical Journal*, January 1840, by William B. Carpenter', *British and Foreign Medical Review*, vol. 9, appendix（「「一般・比較生理学原理に関する書評」のいくつかの記述に関する，ウィリアム・B・カーペンターによる所感」).

Cecil, Lord David Gascoyne, *The Young Melbourne*, 1939.（セシル卿『若き日のメルボーン』)

Cheyne, George, *The English Malady or a Treatise of Nervous Diseases of All Kinds*, 1773.（チェイン『英国の慢性病，あるいは神経疾患全般について』)

Coleridge, Samuel Taylor, *Hints Towards the Formation of a more comprehensive Theory of Life*, 1848.（コールリッジ『より包括的な生命理論の形成に向けての指針』)

Collinson, Rev. John, *The History and Antiquities of the Country of Somerset*, 1791.（コリンソン師『サマセット州の歴史と遺物』)

Combe, George, *A System of Phrenology*, 5th edn., 1843.

Crabtree, Adam, *From Mesmer to Freud: Magnetic Sleep and the Roots of Psychological Heal-*

ing, 1993.
Crompton, Louis, *Byron and Greek Love: Homophobia in 19th-century England*, 1985.（クロンプトン『バイロンとギリシア的愛』）
Crosse, Cornelia, *Red Letter Days of My Life*, 2 vols., 1892.
Dallas, R. C., *Correspondence of Lord Byron, with a friend*, 1825.
De Morgan, Sophia Elizabeth, *Memoir of Augustus De Morgan*, 1882; *Threescore Years and Ten*, 1895.
Desmond, Adrian, and Moore, James, *Darwin*, 1991.
Eadie, John *et al.* (eds.), *Imperial Dictionary of Universal Biography*, *c.* 1845.
Elwin, Malcolm, *Lord Byron's Wife*, 1962（エルウィン『バイロン卿の妻』); *The Noels and the Milbankes*, 1967; *Lord Byron's Family*, 1975（『バイロン卿の家族』).
Foster, Vere (ed.), *The Two Duchesses: Georgiana, Duchess of Devonshire, Elizabeth, Duchess of Devonshire*, 1898.
Gay, Peter, *The Bourgeois Experience, Victoria to Freud*, 5 vols., 1984-1998.（ゲイ『ブルジョワジーの経験――ヴィクトリアからフロイトへ』〔邦題『快楽戦争――ブルジョワジーの経験』青土社〕）
Gibson, William and Sterling, Bruce, *The Difference Engine*, 1990.（ギブソン／スターリング『階差機関』）
Golby, J. M. (ed.), *Culture and Society in Britain, 1850-1890*, 1986.
Grattan-Guinness, I., 'Work for the Hairdressers', *Annals of the History of Computing*, 1990, vol. 12, pp. 177-185.（グラタン＝ギネス「理容師たちに与える仕事」）
Grosskurth, Phyllis, *Byron: The Flawed Angel*, 1997.（グロスカス『バイロン――過ちを犯した天使』）
Hall, Marshall, *Lectures on the Nervous System and its Diseases*, 1836.
Hamilton, James, *Turner and the Scientists*, 1998.
Hawthorne, Julian (ed.), *Notes in England and Italy*, 1869.（ホーソーン『英国およびイタリアにおける覚書』）
Himmelfarb, Gertrude, *Marriage and Morals among the Victorians*, 1986.
Hobhouse, John Cam, *Contemporary Account of the Separation of Lord and Lady Byron*, 1870; *Recollections of a Long Life*, 6 vols., 1909-1911.
Houghton, W. E., *The Victorian Frame of Mind, 1830-1870*, 1957.
Irving, Washington, *Abbotsford and Newstead Abbey*, 1835.
Jalland, Pat, *Death in the Victorian Family*, 1996.
James, George Payne Rainsford, *Morley Ernstein*, 1846.（ジェイムズ『モーリー・アーンシュタイン』）
Johnston, Kenneth R., *The Hidden Wordsworth*, 1998.（ジョンソン『隠されたワーズワス』）

Kaplan, Fred, '"The Mesmeric Mania" : The Early Victorians and Animal Magnetism', *Journal of the History of Ideas*, 1974, vol. 35, pp. 691-702.（カプラン「催眠術マニア」）

Knight, Frida, *University Rebel: The Life of William Frend*, 1971.

Laplace, Pierre-Simon, *Philosophical Essay on Probabilities*, trans Andrew I. Dale, 1995.

Lightman, Bernard (ed.), *Victorian Science in Context*, 1997.

Lovelace, Ada, 'Sketch of the Analytical Engine invented by Charles Babbage Esq., by L. F. Menabrea, of Turin, Officer of the Military Engineers, translated with notes by A. A. L.', *Taylor's Scientific Memoirs*, 1843, vol. 3, pp. 666-731.

Lovelace, Mary, Countess of, *Ralph, Earl of Lovelace, A Memoir*, 1920.

Mackay, Charles, *Medora Leigh: A History and an Autobiography*, 1869.（マッケイ『メドーラ・リー，歴史と自伝』）

Marchand, Leslie A., *Byron: A Biography*, 3 vols., 1957（マーシャン『バイロン伝』); *Byron: A Portrait*, 1971 (『バイロンの肖像』); (ed.), *Byron's Letters and Journals*, 1973-1994（『バイロンの手紙と日記』).

Martineau, Harriet, *Letters on Mesmerism*, 1845.（マーティノー『催眠術通信』）

Mason, Michael, *The Making of Victorian Sexual Attitudes*, 1994.

Mayberry, Tom, *Coleridge and Wordsworth in the West Country*, 1992.（メイベリー『西部地方のコールリッジとワーズワス』）

Mayne, Ethel Colburn, *The Life and Letters of Annabella Lady Byron*, 1929.

Mayo, Herbert, *Management of the organs of digestion in health and in disease*, 1837; *A Treatise on Siphilis*, 1840.（メイヨー『消化器系の健康維持について』）

Milbanke, Ralph Gordon Noel, *Astarte*, 1905.（レイフ・ミルバンク『アシュタルテ』）

Moore, Doris Langley, *The Late Lord Byron*, 1961（ムア『バイロン卿の死後』); *Lord Byron: Accounts Rendered*, 1974 (『バイロン卿の貸借清算書』); *Ada, Countess of Lovelace*, 1977（『ラヴレス伯爵夫人エイダ』).

Moore, Thomas, *Letters and Journals of Lord Byron*, 1830.（ムア『バイロン卿の人生と書簡』）

Moseley, Maboth, *Irascible Genius: The Life of Charles Babbage, Inventor*, 1964.（モーズリー『怒れる天才——発明家チャールズ・バベッジの一生』）

Newsome, David, *The Victorian World Picture*, 1997.

Nichol, John Pringle, *Views of the Architecture of the Heavens, in a Series of Letters to a Lady*, 1837.

Nicolson, Harold, *Byron, the Last Journey*, 1924.

Patterson, Elizabeth Chambers, 'Mary Somerville', *British Journal of the History of Science*, vol. 4, pp. 311-35; *Mary Somerville and the Cultivation of Science*, 1983（パターソン

『メアリ・サマヴィルと科学の発達』).
Pearsall, Ronald, *The Worm in the Bud: The World of Victorian Sexuality*, 1969.（ピアソール『蕾に巣くう虫』）
Quennell, Peter, *Byron: A Self-portrait*, 1990.
Ridgway, Elizabeth S., 'John Elliotson (1791-1868): a bitter enemy of legitimate medicine? Part I: Earlier years and the introduction to mesmerism', *Journal of Medical Biography*, 1993, vol. 1, pp. 191-8（「ジョン・エリオットソン（1791-1868）——彼は正統的医学の宿敵なのか——第一部，催眠術の黎明とその概要」); 'Part II: The mesmeric scandal and later years', 1994, vol. 2, pp. 1-7.
Robinson, Henry Crabb, *Diary, Reminiscences and Correspondence*, ed. Thomas Sadlier, 1869.
Rowell, Geoffrey, *Hell and the Victorians: A Study of the nineteenth-century theological controversies concerning eternal punishment and the future life*, 1974.
Sanders, Charles Richard *et al.* (eds.), *The Collected Letters of Thomas Carlyle and Jane Welsh Carlyle*, 1970-.（サンダーズ他編『トマス・カーライルとジェイン・ウェルシェ・カーライル書簡全集』）
Secord, James A., 'Behind the Veil: Robert Chambers and *Vestiges*', *History, Humanity and Evolution*, James R. Moore (ed.), 1989, pp. 165-94.（セコード「ヴェールの奥——ロバート・チェンバーズと『痕跡』」）
Selleck, R. J. W., *James Kay-Shuttleworth: Journey of an Outsider*, 1994.
Shortland, Michael, 'Courting the Cerebellum', *British Journal for the History of Science*, 1987, vol. 20, pp. 173-99.（ショートランド「小脳を探る」）
Somerville, Mary, *The Connexion of the Physical Sciences*, 1834.
Spufford, Francis and Uglow, Jenny (eds.), *Cultural Babbage: Technology, Time and Invention*, 1996.
Stein, Dorothy, *Ada, A Life and a Legacy*, 1985.（スタイン『エイダ——人生と遺産』）
Stowe, Harriet Elizabeth Beecher, *Lady Byron Vindicated*, 1870.（ストウ『バイロン卿夫人弁護』）
Swade, Doron, *Charles Babbage and his Calculating Engines*, 1991.
Thomas, Clara Eileen McCandless, *Love and Work Enough: the life of Anna Jameson*, 1967.
Toole, Betty Alexandra, *Ada, the Enchantress of Numbers*,1992.（トゥール『エイダ——数の女魔法使い』）
Trinder, Barrie, *The Making of the Industrial Landscape*, 1982.
Turner, Stephen, 'William, Earl of Lovelace, 1805-1839', *Surrey Archaeological Collections*, vol. 70, pp. 101-29.（ターナー「ラヴレス伯爵ウィリアム，1805-1839」）
Veith, Ilza, *Hysteria: The History of a Disease*, 1970.
Warter, John Wood (ed.), *Southey's Common-Place Book*, 1876.

Yeo, Richard, 'Science and Industrial Authority in mid-19th century Britain: Robert Chambers and *Vestiges of the Natural History of Creation*', *Victorian Studies*, 1984, vol. 28, pp. 5-31.